2014

辽宁统计年鉴

LIAONING STATISTICAL YEARBOOK

辽宁省统计局 编

中国统计出版社
China Statistics Press

图书在版编目（CIP）数据

辽宁统计年鉴. 2014 / 辽宁省统计局编. -- 北京 : 中国统计出版社, 2014.10

ISBN 978-7-5037-7333-4

Ⅰ. ①辽… Ⅱ. ①辽… Ⅲ. ①统计资料－辽宁省－2014－年鉴 Ⅳ. ①C832.31-54

中国版本图书馆 CIP 数据核字(2014)第 246440 号

辽宁统计年鉴-2014

作　　者/辽宁省统计局
责任编辑/佘竞雄
封面设计/李雪燕
出版发行/中国统计出版社
通信地址/北京市丰台区西三环南路甲 6 号　邮政编码/100073
电　　话/邮购（010）63376907　书店（010）68783172
网　　址/http://csp.stats.gov.cn
印　　刷/河北天普润印刷厂
经　　销/新华书店
开　　本/880×1230 毫米　1/16
字　　数/1142 千字
印　　张/35.75
版　　别/2014 年 10 月第 1 版
版　　次/2014 年 10 月第 1 次印刷
定　　价/390.00 元

本书附同版本 CD-ROM 一张，光盘内容以书面文字为准。
如有印装差错，由本社发行部调换。

《辽宁统计年鉴—2014》编委会和编辑出版人员

编者说明

一、《辽宁统计年鉴—2014》是一部信息高度密集的大型资料性年刊。本书收录了全省和各市、县、区 2013 年经济、社会、科技等方面的统计数据，以及重要年份和改革开放以来的主要统计数据。

二、全书分为二十四个部分，即：1. 行政区划和自然资源；2. 综合；3. 国民经济核算；4. 人口；5. 就业人员和职工工资；6. 固定资产投资；7. 能源；8. 财政；9. 物价；10. 人民生活；11. 城市概况；12. 环境保护；13. 农业；14. 工业；15. 建筑业；16. 运输和邮电；17. 国内贸易；18. 对外经济贸易；19. 旅游；20. 金融业；21. 服务业、22. 教育和科技；23. 文化、体育、卫生；24. 其他社会活动。另附辽宁省与有关省市经济指标对比及各市、县、区主要经济指标。

三、本年鉴中所使用的计量单位均采用国际统一标准计量单位。

四、本年鉴中的资料大部分来自年度统计报表，由于第三次经济普查数据处理工作尚未结束，部分数据使用年度快报数。全国分省资料来自国家统计局出版的有关统计资料。

五、本年鉴中部分数据的合计数或相对数由于单位取舍不同产生的计算误差均未作机械调整。

六、本年鉴中凡带续表的资料，如有注解均加在最后一张续表下面，请使用时注意。

七、本年鉴表中的符合使用说明：“…”表示数据不足本表最小单位数；“空格”表示该项统计指标数据不详或无该项数据；“#”表示其中的主要项。

目 录

一、行政区划和自然资源
Chapter 1 Administrative Division and Natural Resources

二、综合
Chapter 2 General Survey

三、国民经济核算
Chapter 3 National Economy Accounting

四、人口
Chapter 4 Population

五、就业人员和职工工资
Chapter 5 Employment and Wage

六、固定资产投资
Chapter 6 Investment in Fixed Assets

七、能源

Chapter 7 Energy

八、财政
Chapter 8 Government Finance

九、物价
Chapter 9 Price Indices

十、人民生活
Chapter 10 People's Living Conditions

十一、城市概况
Chapter 11 General Survey of Cities

十二、环境保护
Chapter 12 Environment Protection

十三、农业
Chapter 13 Agriculture

十四、工业
Chapter 14 Industry

十五、建筑业
Chapter 15　Construction

十六、运输和邮电
Chapter 16 Transport, Post and Telecommunication Services

十七、国内贸易
Chapter 17 Domestic Trade

十八、对外经济贸易

Chapter 18 Foreign Trade and Economy Cooperation

十九、旅游
Chapter 19 Tourism

二十、金融业
Chapter 20 Financial Intermediation

二十一、服务业
Chapter 21 Service

二十二、教育和科技
Chapter 22 Education, Science and Technology

二十三、文化、体育和卫生
Chapter 23 Culture, Sports and Public Health

二十四、其他社会活动
Chapter 24 Others Social Activities

附录
Appendix

一、行政区划和自然资源

Chapter 1 Administrative Division and Natural Resources

1-1 行政区划

(2013年末)

地区	县级市	县	自治县	区	镇	乡	街道
全省	**17**	**19**	**8**	**56**	**636**	**228**	**657**
沈阳	1	3		9	55	18	141
大连	3	1		6	35	20	106
鞍山	1	1	1	4	52	3	61
抚顺		1	2	4	26	21	36
本溪			2	4	18	5	35
丹东	2		1	3	59	5	26
锦州	2	2		3	54	16	44
营口	2			4	35	3	34
阜新		1	1	5	56	9	30
辽阳	1	1		5	30	6	25
盘锦		2		2	28		28
铁岭	2	3		2	78	11	14
朝阳	2	2	1	2	74	55	40
葫芦岛	1	2		3	36	56	37

1-2 县区一览表

地区	县(市)	区
沈阳	新民市、辽中县、康平县、法库县	和平、沈河、大东、皇姑、铁西、东陵、苏家屯、沈北新区、于洪
大连	瓦房店市、普兰店市、庄河市、长海县	中山、西岗、沙河口、甘井子、旅顺口、金州
鞍山	海城市、台安县、岫岩县(满)	铁东、铁西、立山、千山
抚顺	抚顺县、新宾县(满)、清原县(满)	新抚、东洲、望花、顺城
本溪	本溪县(满)、桓仁县(满)	平山、溪湖、明山、南芬
丹东	东港市、凤城市、宽甸县(满)	元宝、振兴、振安
锦州	凌海市、北镇市、义县、黑山县	古塔、凌河、太和
营口	大石桥市、盖州市	站前、西市、老边、鲅鱼圈
阜新	阜新县(蒙)、彰武县	海州、新邱、太平、细河、清河门
辽阳	辽阳县、灯塔市	白塔、文圣、宏伟、弓长岭、太子河
盘锦	盘山县、大洼县	双台子、兴隆台
铁岭	调兵山市、开原市、铁岭县、西丰县、昌图县	银州、清河
朝阳	北票市、凌源市、朝阳县、建平县、喀左县(蒙)	双塔、龙城
葫芦岛	兴城市、绥中县、建昌县	连山、南票、龙港

1-3 自然状况及资源

指　标	2013年
一、自然状况	
1.经　纬　度	
东　　经	118°53′～125°46′
北　　纬	38°43′～43°26′
2.气　　候	
平均降水量	743.7毫米
平 均 气 温	8.9摄氏度
平均日照时数	2547.9小时
二、土地资源	
土地总面积	14.84万平方公里
山　　地	8.6万平方公里
平　　地	4.9万平方公里
其　　他	1.3万平方公里
农业用地面积	1123.0万公顷
1.耕地面积	408.5万公顷
2.园地面积	59.7万公顷
3.林地面积	569.9万公顷
4.牧草地面积	34.9万公顷
5.其他农业用地	50.0万公顷
建设用地面积	151.98万公顷
1.居民点和工矿用地面积	115.2万公顷
2.交通用地面积	9.1万公顷
3.水利设施用地	14.8万公顷
未利用地面积	518.5万公顷
三、海洋、水产资源	
海岸线总长度	3032公里
大陆岸线长度	2110公里
岛屿岸线长度	922公里
海水养殖面积	942.05千公顷
滩 涂 面 积	132.72千公顷
海 上 面 积	732.371千公顷
其　　他	76.959千公顷
内陆水域养殖面积	206.831千公顷
水 库 面 积	104.512千公顷
池 塘 面 积	47.93千公顷
其 他 面 积	54.389千公顷
四、水资源	
省内流域面积	14.55万平方公里
#辽　河	6.35万平方公里
鸭 绿 江	1.66万平方公里
沿海诸河	5.75万平方公里
地 表 水:	
河川径流量	420.26亿立方米
#辽　河	144.68亿立方米
鸭 绿 江	124.41亿立方米
沿海诸河	136.76亿立方米
地 下 水:	
资　源　量	139.38亿立方米
水资源总量	463.17亿立方米

注：本表土地资源数据，由于第二次国土资源调查数据国土资源部没有确定，因此除土地总面积(仅总值数)、建设用地面积(仅总值数)为2011年数据外，其他均为2008年数据。

1-4 主要城市平均气温

(2013年) 单位：摄氏度

城　　市	1月	2月	3月	4月	5月	6月	7月	8月	9月	10月	11月	12月	年平均
沈　　阳	-14.2	-8.8	-0.5	6.5	19.1	22.5	25.1	24.3	17.6	9.4	1.6	-8.1	7.9
大　　连	-4.4	-2.5	2.3	8.3	16.7	20.4	24.1	25.9	21.3	14.7	7.4		11.2
鞍　　山	-9.7	-5.2	1.4	7.8	20.1	23.2	26.1	25.9	20.1	12.0	4.3	-4.2	10.2
抚　　顺	-15.4	-10.9	-2.0	5.4	17.7	21.6	23.9	23.4	16.6	8.4	0.5	-9.4	6.7
本　　溪	-12.0	-7.9	-0.4	6.5	18.6	21.8	24.5	24.1	17.5	9.9	1.6	-7.6	8.1
丹　　东	-8.6	-6.0		6.8	14.9	20.8	23.4	24.0	18.9	11.9	3.4	-4.0	8.8
锦　　州	-9.0	-4.7	1.1	7.7	19.0	22.0	25.7	25.8	19.5	11.7	4.2	-3.8	9.9
营　　口	-10.2	-5.4	1.0	7.4	17.9	21.8	25.2	25.5	19.7	11.6	4.3	-4.3	9.5
阜　　新	-12.8	-8.4	-0.5	5.7	18.7	21.9	24.6	24.1	17.2	9.1	0.9	-7.5	7.8
辽　　阳	-11.6	-6.0	0.9	7.8	20.0	23.1	25.6	25.2	19.0	10.7	3.0	-6.1	9.3
盘　　锦	-11.0	-5.8	0.2	6.9	18.3	22.1	25.7	25.2	19.0	11.0	3.3	-5.0	9.2
铁　　岭	-14.3	-9.0	-0.7	6.0	19.2	22.6	24.6	24.1	17.8	9.7	2.0	-7.9	7.8
朝　　阳	-10.9	-5.8	1.8	7.1	20.2	22.4	25.2	25.6	18.3	10.5	2.5	-5.6	9.3
葫 芦 岛	-9.5	-4.8	1.1	7.8	18.5	21.3	25.2	25.2	18.8	11.2	4.1	-3.8	9.6

1-5 主要城市平均相对湿度

(2013年) 单位：%

城　　市	1月	2月	3月	4月	5月	6月	7月	8月	9月	10月	11月	12月	年平均
沈　　阳	72	64	60	58	55	65	78	80	75	77	66	68	68
大　　连	62	62	56	51	64	78	85	78	71	64	57	58	66
鞍　　山	61	50	47	50	48	60	70	67	58	60	51	55	56
抚　　顺	69	66	66	62	61	68	81	85	81	76	71	71	71
本　　溪	65	57	54	53	53	64	75	74	71	69	66	69	64
丹　　东	64	60	62	58	77	80	90	85	76	68	65	62	71
锦　　州	58	52	50	47	48	66	72	71	65	62	45	45	57
营　　口	68	62	57	62	65	74	81	77	70	72	63	65	68
阜　　新	62	56	50	56	50	62	74	74	66	65	52	54	60
辽　　阳	68	58	56	56	53	65	75	73	67	70	60	63	64
盘　　锦	69	61	61	62	61	72	78	80	73	72	60	60	67
铁　　岭	67	58	56	57	52	64	79	78	71	70	65	70	66
朝　　阳	59	45	40	49	42	64	72	65	62	60	42	43	54
葫 芦 岛	65	58	57	52	57	76	80	81	75	72	50	48	64

1-6 主要城市降水量

(2013年) 单位：毫米

城市	1月	2月	3月	4月	5月	6月	7月	8月	9月	10月	11月	12月	全年
沈阳	4.1	24.8	18.5	55.1	19.2	51.7	216.3	176.3	106.4	96.3	17.0	2.4	788.1
大连	6.8	17.0	16.6	30.7	61.1	20.1	517.1	80.4	7.6	6.5	49.4	5.1	818.4
鞍山	8.8	15.6	23.5	62.8	14.4	77.2	189.5	92.1	70.4	116.6	45.2	11.4	727.5
抚顺	4.7	31.4	25.6	46.8	33.8	58.5	269.6	338.5	93.0	95.7	25.8	2.2	1025.6
本溪	5.0	21.3	25.1	46.4	44.7	60.2	301.7	220.2	38.8	112.4	61.8	9.9	947.5
丹东	7.2	23.6	29.7	59.5	53.1	121.3	666.4	339.7	64.0	66.6	72.5	2.9	1506.5
锦州	0.8	3.6	11.6	27.3	2.5	99.6	167.9	71.7	35.1	41.0	1.6		462.7
营口	4.4	13.0	19.6	33.8	2.4	95.6	210.0	40.7	90.3	94.0	23.0	3.3	630.1
阜新	1.0	7.7	4.6	51.3	12.6	55.9	288.7	88.9	17.8	62.3	3.0	0.3	594.1
辽阳	5.4	16.8	21.7	49.2	15.9	81.9	231.8	82.5	84.8	126.3	52.5	8.0	776.8
盘锦	2.0	10.1	13.1	39.3	1.9	55.1	156.4	84.1	68.2	106.3	1.3	1.3	539.1
铁岭	5.8	22.3	24.1	45.9	32.4	84.1	206.2	207.3	67.6	87.5	12.8	3.8	799.8
朝阳		0.5	5.8	42.8	8.1	64.7	102.3	46.6	6.6	35.5	0.3		313.2
葫芦岛		2.2	12.7	24.3	3.9	114.1	130.6	94.9	47.2	52.7	0.4		483.0

1-7 主要城市日照时数

(2013年) 单位：小时

城市	1月	2月	3月	4月	5月	6月	7月	8月	9月	10月	11月	12月	全年
沈阳	170.7	199.9	202.3	207.2	266.8	213.6	231.1	168.2	207.7	179.7	168.4	174.0	2389.6
大连	168.7	209.4	231.8	227.2	293.9	213.8	238.9	229.5	238.5	200.0	188.5	189.2	2629.4
鞍山	157.2	204.1	227.7	217.0	270.8	235.5	203.6	193.1	237.6	178.4	156.0	165.6	2446.6
抚顺	152.3	200.1	208.9	236.6	271.4	170.0	223.4	238.9	226.0	197.9	173.4	178.8	2477.7
本溪	168.8	209.8	242.1	249.5	310.4	217.1	245.2	230.7	244.6	208.3	206.6	218.5	2751.6
丹东	157.4	194.8	244.4	234.9	275.3	183.3	241.5	216.6	214.2	155.6	171.0	191.3	2480.3
锦州	160.1	197.7	227.6	235.9	285.3	247.0	243.7	222.1	231.9	192.8	174.8	163.5	2582.4
营口	208.4	214.5	258.5	269.2	275.9	235.2	238.9	238.7	264.9	222.0	192.6	181.2	2800.0
阜新	133.1	164.5	200.3	213.6	256.5	222.7	203.0	180.1	226.0	185.4	157.7	146.5	2289.4
辽阳	166.4	191.9	204.2	204.2	265.9	223.5	201.5	190.1	219.6	166.8	148.1	151.4	2333.6
盘锦	168.5	184.3	225.3	238.6	262.1	173.9	220.4	222.2	227.9	217.9	231.9	235.4	2608.4
铁岭	159.9	176.4	226.1	259.7	287.9	221.8	229.8	169.4	212.5	181.7	183.5	175.4	2484.1
朝阳	170.1	170.4	236.6	262.7	264.3	195.0	132.1	181.1	240.5	254.9	159.5	187.3	2454.5
葫芦岛	178.8	177.0	249.5	286.6	287.9	212.4	175.1	252.7	243.2	244.2	185.0	215.4	2707.8

主要统计指标解释

森林面积 指生长着乔木和竹林，郁闭度在0.3以上(不包括0.3)的林地面积，即有林地面积。它是反映森林资源总面积的重要指标。森林面积包括天然林面积和人工林面积。但不包括灌木林地和疏林面积。

森林覆盖率 通常是指森林面积占土地总面积之比，一般用百分数表示。但国家规定在计算森林覆盖率时，森林面积还包括灌木林面积、农田林网树占地面积以及四旁树木的覆盖面积。森林覆盖率，是反映一个国家或地区森林资源和绿化水平的重要指标。计算公式:

森林覆盖率(%)=(森林面积/土地总面积) × 100%

本《年鉴》内所列森林覆盖率是按有林地面积计算的。

活立木总蓄积量 指全部土地上树木蓄积的总量。包括森林蓄积、疏林蓄积、散生木蓄积和四旁树蓄积。

森林蓄积量 指森林面积上生长着的林木树干材积总量。它是反映一个国家或地区森林资源总规模和水平的重要指标。

草地面积 指牧区和农区用于放牧牲畜或割草，植被盖度在5%以上的草原、草坡、草山等面积。包括天然的和人工种植或改良的草地面积。

矿产保有储量 指探明的矿产储量(包括工业储量和远景储量)扣除已开采部分和地下损失量后的年底实有储量。它反映全省矿产资源的现状。

二、综合

Chapter 2 General Survey

2-1 平均每天主要社会经济活动

指　　标	单位	2005年	2008年	2009年	2010年	2011年	2012年	2013年
一、全省每天创造财富								
地区生产总值(现价)	亿元	22.05	37.45	41.68	50.57	60.90	68.07	74.19
农业总产值	亿元	4.58	6.79	7.41	8.51	9.96	11.13	11.92
地区财政收入	亿元	5.17	10.18	12.64	18.43	21.52	21.21	22.71
地方财政一般预算收入	亿元	1.85	3.72	4.36	5.49	7.24	8.51	9.16
布	万米	156.00	129.00	137.00	197.26	197.26	126.03	112.33
纸及纸板	万吨	0.20	0.20	0.20	0.20	0.21	0.20	0.13
卷　烟	亿支	1257.00	0.70	0.70	0.70	0.75	0.76	0.76
啤　酒	万升	5058.00	643.80	676.70	679.50	717.81	723.65	745.21
发电量	亿千瓦小时	2.48	3.12	3.18	3.55	3.75	3.98	4.15
原　油	万吨	3.45	3.29	2.74	2.60	2.74	2.74	2.74
钢	万吨	8.38	11.15	13.10	14.25	14.86	14.19	17.42
水　泥	万吨	7.34	11.16	12.89	13.11	15.87	15.91	16.62
二、全省每天消费量								
城乡居民消费总额	万元	82164.40	134726.00	159249.30	186564.40	219277.30	253605.48	288340.77
每人平均消费额	元	19.70	31.80	37.50	43.90	51.55	59.67	67.98
三、其他经济活动量								
货物运输总量	万吨	267.80	347.78	382.30	447.41	521.45	583.44	581.66
旅客运输总量	万人	166.02	248.57	263.48	280.11	272.13	285.24	253.78
港口货物吞吐量	万吨	82.76	133.61	152.09	186.17	214.72	242.47	269.46
邮寄函件	万件	34.15	22.82	20.51	21.92	24.11	20.27	18.90
四、人口变动和婚姻								
出　生	人	899	917	883	1020	862	956	732
死　亡	人	667	756	797	1272	827	1110	736
结　婚	对	704	880	1046	882	1021	1022	1013
离　婚	对	218	253	278	273	305	310	339

注：2007年及以前卷烟产量的计量单位为万箱、啤酒产量的计量单位为万吨。

2-2 国民经济和社会发展

指标	单位	总量指标					
		2008年	2009年	2010年	2011年	2012年	2013年
人口与就业							
人口							
年底总人口	万人	4246.1	4256.0	4251.7	4255.0	4244.8	4238.0
男性人口	万人	2146.9	2149.9	2144.7	2143.6	2136.5	2131.4
女性人口	万人	2099.2	2106.1	2107.0	2111.4	2108.3	2106.6
就业							
从业人员数	万人	2198.2	2277.1	2317.5	2364.9	2423.8	2518.9
# 职工人数	万人	585.6	572.1	572.8	557.2	572.3	648.1
城镇登记失业人数	万人	39.0	41.6	39.5	39.4	38.1	39.6
宏观经济							
地区生产总值(现价)	**亿元**	**13668.6**	**15212.5**	**18457.3**	**22226.7**	**24846.4**	**27077.7**
第一产业	亿元	1302.0	1414.9	1631.1	1915.6	2155.8	2321.6
第二产业	亿元	7158.8	7906.3	9976.8	12152.2	13230.5	14269.5
第三产业	亿元	5207.7	5891.3	6849.4	8159.0	9460.1	10486.6
人均地区生产总值	**元**	**31739.0**	**35149.0**	**42355.0**	**50759.8**	**56649.0**	**61686.0**
固定资产投资							
全社会固定资产投资总额	亿元	10019.1	12292.6	16043.0	17726.3	21836.3	25107.7
#国有经济	亿元	2496.8	2845.6	3875.5	3718.6	4492.9	5160.3
集体经济	亿元	442.1	480.7	504.4	457.9	505.3	363.2
私营个体	亿元	3140.7	4108.3	5437.5	6637.7	8402.8	10214.2
其他经济	亿元	3939.4	4858.0	6225.7	6912.1	8435.3	9369.9
财政							
地方财政一般预算收入	亿元	1356.1	1591.2	2004.8	2643.2	3105.4	3343.8
地方财政一般预算支出	亿元	2153.4	2682.4	3195.8	3905.9	4558.6	4893.0
物价总指数(上年=100)							
商品零售价格总指数	%	105.3	99.8	103.2	105.0	102.2	101.6
居民消费价格总指数	%	104.6	100.0	103.0	105.2	102.8	102.4
利用外资							
签订利用外资协议额	亿美元	203.0	281.8	256.4	196.4	247.7	216.3
实际外商直接投资额	亿美元	120.2	154.4	207.5	242.7	267.9	290.4
产业							
农业							
乡村从业人员	万人	1164.7	1180.4	1208.5	1223.1	1217.8	1217.1
农林牧渔业总产值(现价)	亿元	2476.9	2704.6	3106.5	3633.6	4062.4	4349.7
主要农产品产量							
粮食	万吨	1860.3	1591.0	1765.4	2035.5	2070.5	2195.6
棉花	吨	2401.0	956.0	655.0	736.0	560.0	999.0
油料	万吨	83.5	55.3	99.6	119.8	120.9	113.6
甜菜	万吨	7.5	6.2	4.9	7.8	9.7	17.1
水果	万吨	422.5	477.2	521.6	574.4	632.9	661.4
肉类	万吨	373.3	389.2	406.7	408.2	418.7	420.3
水产品	万吨	494.9	534.7	429.1	453.9	480.8	504.9
工业							
主要工业产品产量							
布	亿米	4.7	5.0	7.2	7.2	4.6	4.1
机制纸及纸板	万吨	56.9	77.2	88.5	76.2	73.3	48.8
糖	万吨	2.0	5.6	6.1	24.2	5.4	4.1

注：1.本表总量指标中的价值量指标除邮电业务总量指标外均按当年价格计算。
2.本表速度指标中，地区生产总值和三次产业及人均生产总值、农林牧渔业总产值、邮电业务总量指标均按可比价格计算。

总量与速度指标

速度指标(%)							
指数(2013为以下各年)					平均增长速度		
2008年	2009年	2010年	2011年	2012年	2006-2010年	2003-2012年	2009-2013年
99.8	99.6	99.7	99.6	99.8	0.3	0.2	0.0
99.3	99.1	99.4	99.4	99.8	0.2	0.1	-0.1
100.4	100.0	100.0	99.8	99.9	0.4	0.3	0.1
114.6	110.6	108.7	106.5	103.9	1.8	1.8	2.8
110.7	113.3	113.2	116.3	113.2	-1.2	-1.8	2.1
101.5	95.2	100.3	100.5	103.9	-8.1	-6.6	0.3
172.5	**152.5**	**133.5**	**119.0**	**108.7**	**14.0**	**12.8**	**11.5**
128.0	124.1	117.3	110.1	104.8	5.1	6.0	5.1
184.0	159.2	136.3	119.5	108.9	16.7	15.0	13.0
168.3	150.1	133.5	120.2	109.2	12.7	11.9	11.0
169.3	**150.5**	**132.7**	**118.8**	**108.6**	**13.2**	**12.4**	**11.1**
294.9	240.3	184.2	141.7	115.0	30.5	32.0	24.1
270.1	236.9	173.9	138.8	114.9	25.5	24.6	22.0
98.0	90.2	86.0	79.3	71.9	-0.9	13.2	-0.4
355.9	272.1	205.5	153.9	121.6	46.0	44.0	28.9
237.9	192.9	150.5	135.6	111.1	30.5	31.6	18.9
246.6	210.1	166.8	126.5	107.7	24.3	22.8	19.8
227.2	182.4	153.1	125.3	107.3	21.6	20.8	17.8
112.3	112.5	109.0	103.8	101.6	2.8	2.2	2.3
114.1	114.1	110.8	105.3	102.4	2.8	2.8	2.7
106.6	76.8	84.4	110.1	87.3	18.4	13.2	1.3
241.6	188.1	140.0	119.7	108.4	42.0	21.2	19.3
104.5	103.1	100.7	99.5	99.9	1.7	2.1	0.9
126.7	122.6	115.9	109.3	104.2	5.3	6.0	4.8
118.0	138.0	124.4	107.9	106.0	0.2	3.2	3.4
41.6	104.5	152.5	135.7	178.4	-24.6	-15.4	-16.1
136.1	205.5	114.1	94.9	94.0	22.0	7.9	6.4
228.0	275.8	349.0	219.2	175.7	-4.6	-13.1	17.9
156.5	138.6	126.8	115.1	104.5	9.6	10.4	9.4
112.6	108.0	103.3	103.0	100.4	3.3	4.5	2.4
102.0	94.4	117.7	111.2	105.0	0.2	2.5	0.4
87.2	82.0	56.9	56.9	89.1	4.8	-0.8	-2.7
85.8	63.2	55.1	64.0	66.6	1.2	3.5	-3.0
205.0	73.2	67.2	178.3	76.6	7.7	2.5	15.4

2-2 续表 1

指　　标	单位	总量指标					
		2008年	2009年	2010年	2011年	2012年	2013年
家用电冰箱	万台	139.3	96.2	87.8	102.2	101.5	84.8
彩色电视机	万台	500.2	441.4	576.9	557.5	500.4	440.6
原　　油	万吨	1199.3	1000.0	950.0	1000.0	1000.0	1001.0
发 电 量	亿千瓦小时	1139.0	1162.5	1295.1	1369.9	1453.1	1516.0
钢	万吨	4068.6	4783.2	5202.7	5424.8	5178.4	6356.5
成品钢材	万吨	4285.3	4943.4	5669.4	5761.1	5924.2	6863.0
水　　泥	万吨	4074.4	4704.8	4785.8	5791.1	5809.0	6066.3
全部规模以上工业企业主要指标							
固定资产原价	亿元	12731.7	15419.8	18742.1	19977.7	21748.4	25688.1
利润总额	亿元	658.2	1382.0	2371.4	2511.2	2435.7	2976.2
建　筑　业							
建筑业企业人数	万人	109.3	132.6	165.8	171.7	203.2	197.9
建筑业总产值	亿元	2505.2	3384.6	4690.3	6218.3	7543.3	8629.7
施工房屋面积	万平方米	14616.8	18760.5	26807.0	34906.3	40040.9	42289.0
竣工房屋面积	万平方米	6707.5	9228.4	13003.3	16692.1	17466.1	19786.4
交 通 运 输							
货运量合计	万吨	126939	139541	163303	190329	212957	212306
铁　　路	万吨	17400	18262	18622	18716	17388	17817
公　　路	万吨	92938	105088	127361	151773	174355	172923
水　　运	万吨	9267	9651	10434	11632	12631	13379
空　　运	万吨	10.4	9.5	10.2	8.9	9.6	9.6
管　　道	万吨	7323	6531	6876	8199	8573	8177
客运量合计	万人	90729	96172	102241	99328.4	104113	92629
铁　　路	万人	11958	13336	13298	12016.4	12018	13012
公　　路	万人	77510	81585	87699	86013	90650	78168
水　　运	万人	597	543	490	549	588	534
空　　运	万人	664	708	754	750	857	915
沿海主要港口货物吞吐量	万吨	48768	55513	67952	78374	88502	98354
邮 电 通 信 业							
函　　件	亿件	0.8	0.8	0.8	0.9	0.7	0.7
报刊期发数	万份	375.1	356.1	383.7	554.6	404.0	365.9
国 内 商 业							
社会消费品零售总额	亿元	4917.5	5812.6	6809.6	8003.6	9256.6	10524.4
对 外 贸 易							
进出口总额	亿美元	724.4	629.2	806.7	959.6	1039.9	1142.8
进口额	亿美元	303.8	294.8	375.5	449.2	460.4	497.4
出口额	亿美元	420.5	334.4	431.2	510.4	579.5	645.4
国 际 旅 游							
接待旅游人数	万人	241.9	293.2	361.8	410.3	473.1	503.1
旅游外汇收入	亿美元	15.3	18.6	22.6	27.1	31.8	34.8
金　　　融							
金融机构各项存款余额	亿元	18223.2	22758.6	27372.5	30832.4	35303.5	39418.0
金融机构各项贷款余额	亿元	11794.6	15549.6	18689.8	22831.7	26306.5	29722.0
教育、科技、文化							
教　　育							
专任教师数							
普通高等学校	万人	5.3	5.6	5.7	5.9	6.1	6.3
中等学校	万人	17.5	17.7	17.7	17.7	14.8	14.8
小　　学	万人	15.1	15.0	14.7	14.5	14.5	14.3

速度指标(%)							
指数(2013为以下各年)					平均增长速度		
2008年	2009年	2010年	2011年	2012年	2006-2010年	2003-2012年	2009-2013年
60.9	88.1	96.6	83.0	83.5	-6.1	7.0	-9.4
88.1	99.8	76.4	79.0	88.0	1.0	2.1	-2.5
83.5	100.1	105.4	100.1	100.1	-5.5	-3.0	-3.5
133.1	130.4	117.1	110.7	104.3	7.5	7.2	5.9
156.2	132.9	122.2	117.2	122.8	11.2	10.3	9.3
160.2	138.8	121.1	119.1	115.8	11.9	11.0	9.9
148.9	128.9	126.8	104.8	104.4	12.3	10.5	8.3
201.8	166.6	137.1	128.6	118.1	18.0	12.8	15.1
452.2	215.4	125.5	118.5	122.2	46.1	31.6	35.2
181.0	149.2	119.3	115.2	97.4	12.6	7.9	12.6
344.5	255.0	184.0	138.8	114.4	25.9	24.6	28.1
289.3	225.4	157.8	121.1	105.6	21.3	12.7	23.7
295.0	214.4	152.2	118.5	113.3	20.5	10.8	24.2
167.3	152.1	130.0	111.5	99.7	10.8	9.8	10.8
102.4	97.6	95.7	95.2	102.5	5.5	2.9	0.5
186.1	164.6	135.8	113.9	99.2	11.2	10.5	13.2
144.4	138.6	128.2	115.0	105.9	12.7	15.2	7.6
92.3	101.1	94.1	108.2	100.4	1.6	1.7	-1.6
111.7	125.2	118.9	99.7	95.4	18.5	10.1	2.2
102.1	96.3	90.6	93.3	89.0	11.0	6.7	0.4
108.8	97.6	97.8	108.3	108.3	7.0	2.2	1.7
100.8	95.8	89.1	90.9	86.2	11.9	7.6	0.2
89.4	98.3	109.0	97.3	90.8	-5.5	-0.6	-2.2
137.8	129.2	121.4	122.0	106.8	7.3	6.5	6.6
201.7	177.2	144.7	125.5	111.1	17.6	18.2	15.1
87.5	87.5	87.5	79.5	94.6	-9.3	-8.0	-2.6
97.5	102.8	95.4	66.0	90.6	2.5	-0.3	-0.5
214.0	181.1	154.6	131.5	113.7	17.8	15.2	16.4
157.8	181.6	141.7	119.1	109.9	14.5	16.9	9.5
163.7	168.7	132.5	110.7	108.0	16.4	17.3	10.4
153.5	193.0	149.7	126.4	111.4	13.0	16.7	8.9
208.0	171.6	139.1	122.6	106.3	22.7	17.7	15.8
227.5	187.1	154.0	128.4	109.3	25.0	19.2	17.9
216.3	173.2	144.0	127.8	111.7	18.0	16.6	16.7
252.0	191.1	159.0	130.2	113.0	18.6	15.5	20.3
118.9	112.5	110.5	107.2	104.1	5.3	5.9	3.5
102.8	102.0	101.8	100.4	99.8	0.1	0.4	0.6
94.7	95.3	97.3	98.3	98.9	-2.2	-1.9	-1.1

2-2 续表 2

指　　标	单位	总量指标					
		2008年	2009年	2010年	2011年	2012年	2013年
在校学生数							
普通高等学校	万人	82.0	85.2	88.0	90.2	93.4	96.8
中等学校	万人	273.4	263.1	251.9	234.6	183.1	173.9
小　　学	万人	236.7	225.6	218.3	216.8	213.0	204.4
科　　技							
科技活动人数	万人	20.4	23.5	21.9	23.8	25.5	27.6
研究与发展经费支出	亿元	194.2	241.1	287.5	363.8	390.9	445.9
技术市场成交额	亿元	99.7	119.8	130.7	159.7	230.7	180.0
家庭、生活、环境							
家　　庭							
家庭总户数	万户	1452.7	1473.3	1488.8	1498.7	1508.8	1505.5
城镇居民平均每户家庭人口	人	2.7	2.7	2.7	2.6	2.7	2.5
农村居民平均每户家庭人口	人	3.3	3.2	3.2	3.2	3.2	3.0
婚　　姻							
结 婚 数	万对	32.1	38.2	32.2	37.3	37.3	37.0
离 婚 数	万对	9.2	10.1	10.0	11.1	11.3	12.4
居　　住							
城市居民人均住宅建筑面积	平方米	25.7	26.6	26.9	27.3	27.3	28.8
农村居民人均住房面积	平方米	26.4	27.0	27.3	29.0	29.5	30.8
生　　活							
城镇居民人均可支配收入	元	14392.7	15761.4	17712.6	20466.8	23222.7	25578.0
农村居民人均纯收入	元	5576.0	5958.0	6908.0	8297.5	9383.7	10523.0
城乡储蓄存款余额	亿元	10127.3	12030.9	13690.3	15529.6	17967.4	19857.9
工资和福利							
职工工资总额	亿元	1396.4	1552.5	1771.8	2171.6	2466.9	3078.3
在岗职工平均工资	元	27729	31104	35057	38713	42503	46310
卫　　生							
医疗机构数	个	3701	3711	3879	4001	4171	4743
医　　生	万人	9.1	9.2	9.4	9.9	10.1	10.3
医疗床位数	万张	18.3	19.2	20.4	21.7	23.4	24.2
市政建设							
自来水供应量	亿吨	29.5	28.9	26.2	26.6	27.5	27.9
排水管道长度	公里	12192	13350	14070	14906	15945	16420
城市煤气和天然气供气量	亿立方米	12.0	11.4	12.1	13.4	14.6	15.7
道路长度	公里	12111	12866	14238	14468	15513.3	16244
园林绿地面积	公顷	78841	84145	92751	95968	118297	120514
环境、灾害							
工业固体废物综合利用量	万吨	7581.8	8240.7	8417.5	10747.8	11861.8	11742.3
火灾发生数	起	5134	3785	5601	4080	8012	32618
火灾损失	万元	3930	2773	3587	16046.6	5542.5	21207
交通事故发生数	起	7210	6973	6758	6446	5979	5778
交通事故损失	万元	3758.0	3145.6	3061.8	2745.2	2917.8	2887

速度指标(%)							
指数(2013为以下各年)					平均增长速度		
2008年	2009年	2010年	2011年	2012年	2006-2010年	2003-2012年	2009-2013年
118.0	113.6	110.0	107.3	103.6	6.0	7.6	3.4
80.4	83.7	87.5	91.1	95.0	-3.0	-2.7	-4.3
86.4	90.6	93.6	94.3	96.0	-3.9	-3.6	-2.9
135.3	117.4	126.0	116.0	108.2	3.3	4.9	6.2
229.6	184.9	155.1	122.6	114.1	18.1	19.9	18.1
180.5	150.3	137.7	112.7	78.0	8.6	16.3	12.5
103.6	102.2	101.1	100.5	99.8	1.2	1.2	0.7
93.0	93.0	93.0	95.1	94.0	-0.7	-1.2	-1.4
92.1	94.9	95.5	94.9	96.3	-1.3	-1.1	-1.6
115.3	96.9	114.9	99.2	99.2	4.6	4.7	2.9
134.8	122.8	124.0	111.7	109.5	4.6	10.7	6.2
112.0	108.2	107.0	105.5	105.4	4.1	3.5	2.3
116.5	113.9	112.7	106.1	104.3	1.7	2.5	3.1
177.6	162.2	144.3	124.9	110.1	14.2	13.5	12.2
188.6	176.6	152.3	126.8	112.1	13.4	13.1	13.5
196.1	165.1	145.1	127.9	110.5	14.5	14.4	14.4
220.4	198.3	173.7	141.8	124.8	15.5	14.5	17.1
167.0	148.9	132.1	119.6	109.0	15.1	13.8	10.8
128.2	127.8	122.3	118.5	113.7	2.3	2.0	5.1
113.2	112.0	109.6	104.0	102.2	3.5	2.2	2.5
132.2	126.0	118.6	111.5	103.3	2.8	3.0	5.7
94.6	96.5	106.5	104.9	101.5	-1.5	-0.2	-1.1
134.7	123.0	116.7	110.2	103.0	6.0	6.0	6.1
130.8	137.7	129.8	117.2	107.5	3.9	4.7	5.5
134.1	126.3	114.1	112.3	104.7	6.2	4.6	6.0
152.9	143.2	129.9	125.6	101.9	4.5	6.8	8.9
154.9	142.5	139.5	109.3	99.0	14.6	14.2	9.1
635.3	861.8	582.4	799.5	407.1	-26.1	-9.6	44.7
539.6	764.8	591.2	132.2	382.6	-5.5	4.9	40.1
80.1	82.9	85.5	89.6	96.6	-8.1	-3.6	-4.3
76.8	91.8	94.3	105.2	98.9	-12.3	-4.0	-5.1

2-3 国民经济主要比例关系

单位：%

指　　标	2005年	2006年	2008年	2009年	2010年	2011年	2012年	2013年
地区生产总值产业比例								
第一产业	11.0	10.1	9.5	9.3	8.8	8.7	8.7	8.6
第二产业	48.1	49.1	52.4	52.0	54.1	55.2	53.2	52.7
第三产业	41.0	40.8	38.1	38.7	37.1	36.1	38.1	38.7
就业人数产业比例								
第一产业	34.1	33.7	31.9	30.6	30.4	29.6	28.7	27.1
第二产业	28.1	27.7	27.5	27.2	27.7	27.3	26.9	28.8
第三产业	37.8	38.6	40.6	42.2	42.0	43.1	44.5	44.1
固定资产投资总额资金来源比例								
国家预算	4.1	4.5	4.5	4.2	2.9	5.2	4.1	4.2
国内贷款	12.2	11.3	11.5	13.9	15.5	15.2	14.5	13.7
利用外资	2.9	2.3	3.7	2.9	1.8	1.7	1.5	1.1
自筹和其他	80.8	81.9	80.3	79.0	79.8	77.9	79.9	81.0
农业总产值中五业比例								
农　　业	38.3	38.8	36.2	33.8	36.7	36.0	37.9	38.5
林　　业	2.7	2.8	2.8	2.6	2.7	3.0	3.2	3.1
牧　　业	38.1	35.6	42.5	43.3	40.9	41.9	39.9	38.5
渔　　业	18.3	19.9	15.1	16.3	15.8	15.4	15.2	15.8
农林牧渔服务业	2.6	2.9	3.4	4.0	3.9	3.8	3.8	4.0
工业总产值中分行业比例								
国有企业	12.7	11.6	14.8	9.6	8.5	6.2	5.5	2.3
集体企业	3.4	3.0	2.4	2.6	2.5	2.2	2.2	1.6
其他经济类型企业	83.9	85.5	82.8	87.8	89.0	91.6	92.3	96.0
货运周转总量比例								
铁　　路	35.1	29.5	19.0	16.7	15.4	14.7	12.0	11.1
公　　路	12.2	11.6	19.1	19.9	21.3	22.3	23.0	23.2
水　　运	51.1	57.7	61.2	62.8	62.8	62.4	64.4	65.2
民　　航	0.1	0.1	0.1	0.1	0.1	0.1	0.1	0.1
管　　道	1.5	1.1	0.6	0.5	0.5	0.6	0.5	0.4
客运周转总量比例								
铁　　路	56.7	55.2	52.2	51.4	50.3	51.5	49.3	53.3
公　　路	31.2	31.7	36.2	37.2	38.3	37.5	38.9	33.8
水　　运	1.2	1.2	0.9	0.7	0.6	0.7	0.7	0.6
民　　航	10.9	11.9	10.7	10.6	10.7	10.3	11.1	12.3

2-4 按总人口平均的国民经济主要指标

指　　标	单位	2005年	2008年	2009年	2010年	2011年	2012年	2013年
地区生产总值(现价)	元／人	19074	31736	35239	42355	52258	58463	63841
农业总产值(现价)	元／人	3998	5843	6362	7303	8543	9559	10255
固定资产投资总额	元／人	10127	23636	28916	37715	41677	51381	59197
地方财政收入	元／人	1615	3199	3743	4713	6214	7307	7884
地方财政支出	元／人	2881	5080	6310	7513	9183	10726	11536
粮食产量	公斤／人	417.6	438.9	374.3	415.0	478.6	487.2	517.7
油料产量	公斤／人	8.8	19.7	13.0	23.4	28.2	28.4	26.8
棉花产量	公斤／人	0.1	0.1	0.02	0.02	0.02	0.01	0.02
猪牛羊肉产量	公斤／人	57	60	63	65	65	66	67
水产品产量	公斤／人	101.7	116.8	125.8	100.9	106.7	113.1	119.0
水果产量	公斤／人	78.8	99.7	112.3	122.6	135.0	148.9	155.9
布产量	米／人	13.6	11.0	11.8	16.9	16.9	10.8	9.7
纸及纸板产量	公斤／人	19.9	13.4	18.2	20.8	17.9	17.2	11.5
卷烟产量	支／人	11.0	614.0	612.0	624.0	645.4	650.4	657.6
钢产量	公斤／人	732	960	1125	1223	1275	1218	1498.7
发电量	千瓦小时／人	2162	2687	2735	3045	3221	3419	3574.4
原油产量	公斤／人	302	283	235	223	235	235	236.0
水泥产量	公斤／人	641	961	1107	1125	1362	1367	1430.3
社会消费品零售总额	元／人	7173	11601	13673	16008	18817	21781	24814
出口总额	美元／人	561	992	787	1014	1200	1364	1522
高等学校在校学生	人／万人	157.7	193.5	201.0	207.0	212.1	219.8	228.2
普通中学在校学生	人／万人	553.6	510.0	489.0	467.0	551.6	430.7	410.0
医院床位数	张／万人	42.5	43.2	45.1	48.0	51.0	52.8	57.1
卫生技术人员数	人／万人	49.9	51.4	52.2	53.7	55.8	57.9	60.1
医生	人／万人	21.8	21.4	21.6	22.0	23.3	23.7	24.4
城乡储蓄余额	元／人	16591	23891	28301	32184	36512	42277	46819

注：2005年及以后各年医生数为执业医师和执业助理医师。

主要统计指标解释

可比价格 指在不同时期的价值指标对比时，扣除了价格变动的因素，以确切反映物量的变化。按可比价格计算有两种方法：一种是直接用产品产量乘某一年的不变价格计算；另一种是用价格指数换算。

不变价格 指用同类产品的年平均价格作为固定价格，来计算各年产品价值。按不变价格计算的产品价值消除了价格变动因素，不同时期对比可以反映生产的发展速度。新中国成立后，随着工农业产品价格水平的变化，国家统计局先后五次制定了全国统一的工业产品不变价格和农业产品不变价格，从 1949 年到 1957 年使用 1952 年工(农)业产品不变价格，从 1957 年到 1971 年使用 1957 年不变价格，从 1971 年到 1981 年使用 1970 年不变价格，从 1981 年到 1990 年使用 1980 年不变价格，从 1990 年开始使用 1990 年不变价格。

平均每年增长速度 在我国计算平均增长速度有两种方法，一种是习惯上经常使用的“水平法”，又称几何平均法，是以间隔期最后一年的水平同基期水平对比来计算平均每年增长(或下降)速度。另一种是“累计法”，又称代数平均法或方程法，是以间隔期内各年水平的总和同基期水平对比来计算平均每年增长(或下降)速度。

在一般正常情况下，两种方法计算的平均每年增长速度比较接近，但在经济发展不平衡，出现大起大落时，两种方法计算的结果差别较大。

本《年鉴》内所列的平均每年增长速度均用“水平法”计算。从某年到某年平均增长速度的年份，均不包括基期年在内。如建国四十三年的平均增长速度是以 1949 年为基期计算的，则写为 1950—1992 年平均增长速度，余类推。

各个计划时期 表内所用各个“时期”代表的年份如下：恢复时期为 1950 年到 1952 年；第一个五年计划时期(简称一五时期)为 1953 年到 1957 年；第二个五年计划时期(简称二五时期)为 1958 年到 1962 年；第三个五年计划时期(简称三五时期)为 1966 年到 1970 年；第四个五年计划时期(简称四五时期)为 1971 年到 1975 年；第五个五年计划时期(简称五五时期)为 1976 年到 1980 年；第六个五年计划时期(简称六五时期)为 1981 年到 1985 年；第七个五年计划时期(简称七五时期)为 1986 年到 1990 年；第八个五年计划时期(简称八五时期)为 1991 到 1995 年；第九个五年计划时期(简称九五时期)为 1996 年到 2000 年。

企业(单位)登记注册类型 是以在工商行政管理机关登记注册的各类企业为划分对象，以工商行政管理部门对企业登记注册的类型为依据，将企业登记注册类型分为内资企业、港澳台商投资企业和外商投资企业三大类。内资企业包括国有企业、集体企业、股份合作企业、联营企业、有限责任公司、股份有限公司、私营公司和其他企业；港澳台商投资企业和外商投资企业分别包括合资经营企业、合作经营企业、独资经营企业和股份有限公司。对不在工商行政管理部门进行登记注册的行政机关、事业单位和社会团体，主要按其经费来源和管理方式进行划分。

国有企业 指企业全部资产归国家所有，并按《中华人民共和国企业法人登记管理条例》规定登记注册的非公司制的经济组织。不包括有限责任公司中的国有独资公司。

集体企业 指企业资产归集体所有，并按《中华人民共和国企业法人登记管理条例》规定登记注册的经济组织。

股份合作企业 指以合作制为基础，由企业职工共同出资入股，吸收一定比例的社会资产投资组建，实行自主经营，自负盈亏，共同劳动，民主管理，按劳分配与按股分红相结合的一种集体经济组织。

联营企业 指两个及两个以上相同或不同所有制性质的企业法人或事业单位法人，按自愿、平等、互利的原则，共同投资组成的经济组织。联营企业包括国有联营企业、集体联营企业、国有与集体联营企业和其他联营企业。

有限责任公司 指根据《中华人民共和国公司登记管理条例》规定登记注册，由两个以上、五十个以下的股东共同出资，每个股东以其所认缴的出资额对公司承担有限责任，公司以其全部资产对其债务承担责任的经济组织。有限责任公司包括国有独资公司以及其他有限责任公司。

(1)国有独资公司：指国家授权的投资机构或者国家授权的部门单独投资设立的有限责任公司。

(2)其他有限责任公司：指国有独资公司以外的有限责任公司。

股份有限公司 指根据《中华人民共和国公司登记管理条例》规定登记注册，其全部注册资本由等额股份构成并通过发行股票筹集资本，股东以其认购的股份对公司承担有限责任，公司以其全部资产对其债务承担责任的经济组织。

私营企业 指由自然人投资设立或由自然人控股，以雇佣劳动为基础的营利性经济组织。包括按照《公司法》、《合伙企业法》、《私营企业暂行条例》规定登记注册的私营有限责任公司、私营股份有限公司、私营合伙企业和私营独资企业。

(1)私营独资企业：指按《私营企业暂行条例》的规定，由一名自然人投资经营，以雇佣劳

动为基础，投资者对企业债务承担无限责任的企业。

(2)私营合伙企业：指按《合伙企业法》或《私营企业暂行条例》的规定，由两个以上自然人按照协议共同投资、共同经营、共负盈亏，以雇佣劳动为基础，对债务承担无限责任的企业。

(3)私营有限责任公司：指按《公司法》、《私营企业暂行条例》的规定，由两个以上自然人投资或由单个自然人控股的有限责任公司。

(4)私营股份有限公司：指按《公司法》的规定，由五个以上自然人投资，或由单个自然人控股的股份有限公司。

其他内资企业 指上述企业之外的其他内资经济组织。

政府对生产单位的单方面收入转移，因此视为负生产税处理，包括政府亏损补贴、粮食系统价格补贴、外贸企业出口退税收入等。

固定资产折旧 固定资产折旧是指一定时期内为弥补固定资产损耗按照核定的固定资产折旧率提取的固定资产折旧，或按国民经济核算统一规定的折旧率虚拟计算的固定资产折旧。它反映了固定资产在当期生产中的转移价值。各种类型企业和企业化管理的事业单位的固定资产折旧指实际计提并计入成本费用中的折旧费；不计提折旧的单位，如政府机关、非企业化管理的事业单位和居民住房的固定资产折旧则是按照统一规定的折旧率和固定资产原值计算的虚拟折旧。原则上，固定资产折旧应按固定资产的重置价值来计算，但是我国目前尚不具备对全社会固定资产进行重估的基础，所以暂时只能采用上述方法来计算。

营业盈余 营业盈余是指常住单位创造的增加值扣除劳动者报酬、生产税净额和固定资产折旧后的余额。它相当于企业的营业利润加上生产补贴，但要扣除从利润中开支的工资和福利等。

三、国民经济核算

Chapter 3 National Economy Accounting

3-1 生产总值

单位：亿元

年 份	生产总值	第一产业	第二产业			第三产业	人均生产总值(元)
				工业	建筑业		
1978	229.2	32.4	162.9	155.2	7.7	33.9	680
1979	245.0	40.7	166.4	158.0	8.4	37.9	717
1980	281.0	46.1	192.3	182.7	9.6	42.6	811
1981	288.6	49.1	187.5	174.0	13.5	51.9	823
1982	315.1	54.7	199.7	185.6	14.1	60.7	884
1983	364.0	72.2	219.7	202.2	17.5	72.1	1012
1984	438.2	80.4	268.2	243.3	24.9	89.6	1203
1985	518.6	74.9	328.1	299.2	28.9	115.6	1413
1986	605.3	92.9	357.8	326.0	31.8	154.6	1633
1987	719.1	109.5	417.0	375.6	41.4	192.6	1917
1988	881.0	141.9	492.5	444.4	48.1	246.6	2285
1989	1003.8	141.9	545.1	492.6	52.5	316.9	2574
1990	1062.7	168.6	540.8	482.9	57.9	353.3	2698
1991	1200.1	180.8	590.1	526.8	63.3	429.2	3027
1992	1473.0	194.6	741.9	661.2	80.7	536.5	3693
1993	2010.8	260.8	1039.3	920.6	118.8	710.8	5015
1994	2461.8	319.0	1259.1	1109.8	149.2	883.8	6103
1995	2793.4	392.2	1390.0	1233.4	156.6	1011.2	6880
1996	3157.7	474.1	1537.7	1379.1	158.6	1145.9	7730
1997	3582.5	474.4	1743.9	1567.6	176.3	1364.2	8725
1998	3881.7	531.5	1855.2	1664.1	191.2	1495.1	9415
1999	4171.7	520.8	2001.5	1795.7	205.8	1649.4	10086
2000	4669.1	503.4	2344.4	2114.9	229.5	1821.2	11177
2001	5033.1	544.4	2440.6	2190.1	250.4	2048.1	12015
2002	5458.2	590.2	2609.9	2332.0	277.9	2258.2	13000
2003	6002.5	615.8	2898.9	2556.8	342.1	2487.9	14270
2004	6672.0	798.4	3061.6	2680.4	381.2	2812.0	15835
2005	8047.3	882.4	3869.4	3401.8	467.6	3295.5	19074
2006	9304.5	939.4	4566.8	4017.0	549.8	3798.3	21914
2007	11164.3	1133.4	5544.2	4892.5	651.7	4486.7	26057
2008	13668.6	1302.0	7158.8	6359.4	799.4	5207.7	31739
2009	15212.5	1414.9	7906.3	6925.6	980.7	5891.3	35149
2010	18457.3	1631.1	9976.8	8789.3	1187.5	6849.4	42355
2011	22226.7	1915.6	12152.1	10696.5	1455.6	8159.0	50760
2012	24846.4	2155.8	13230.5	11605.1	1625.4	9460.1	56649
2013	27077.7	2321.6	14269.5	12510.3	1759.2	10486.6	61686

注：1.2000年以后的人均生产总值按常住人口计算。

2.2004年以前数据未与经济普查数据衔接，下同。

3.2005-2008年数据已根据2008年第二次经济普查数据进行了修订，下同。

4.2013年数据为初步核算数，下同。

3-2 生产总值指数

(上年=100) 单位：%

年 份	生产总值	第一产业	第二产业			第三产业	人均生产总值
				工业	建筑业		
1978	110.7	96.9	115.4	116.6	92.6	103.4	109.3
1979	104.9	106.9	103.3	103.2	106.5	111.2	103.6
1980	109.2	103.8	110.0	110.0	109.4	109.9	107.6
1981	98.4	98.1	94.0	92.8	123.5	119.4	97.2
1982	105.3	106.6	102.5	101.8	113.5	113.8	103.7
1983	113.3	128.3	108.8	109.1	104.4	115.2	112.3
1984	116.8	105.0	119.5	120.1	109.3	119.5	115.4
1985	113.3	84.0	118.7	118.2	127.8	120.5	112.4
1986	108.3	111.7	103.5	103.1	109.6	120.5	107.2
1987	114.1	106.0	111.4	111.5	110.4	124.8	112.7
1988	111.7	106.9	111.7	111.5	114.9	113.7	108.7
1989	103.1	95.7	101.6	102.0	95.4	109.3	101.9
1990	100.9	114.5	97.0	96.6	104.0	104.8	100.1
1991	106.1	104.2	104.0	103.2	110.9	110.2	105.4
1992	112.1	104.2	113.6	114.7	104.4	113.6	111.4
1993	114.9	110.7	116.6	116.1	120.4	114.3	114.3
1994	111.2	102.1	113.8	128.1	109.3	111.1	111.2
1995	107.1	104.9	107.1	107.8	100.1	107.8	106.4
1996	108.6	112.6	107.8	108.6	99.1	108.4	107.9
1997	108.9	101.3	110.5	110.9	106.1	109.2	108.7
1998	108.3	113.0	107.6	107.6	108.2	107.9	107.9
1999	108.2	105.1	108.5	108.6	106.7	108.9	107.9
2000	108.9	98.4	110.7	110.8	109.3	109.6	108.6
2001	109.0	106.7	107.5	107.4	108.7	111.5	108.7
2002	110.2	108.4	109.8	109.8	110.3	111.3	110.0
2003	111.5	107.2	112.3	111.6	117.5	111.7	111.3
2004	112.8	107.9	116.0	115.2	121.3	110.7	112.6
2005	112.7	107.9	114.4	114.9	111.0	112.1	112.6
2006	114.2	106.3	117.1	117.5	114.4	112.9	113.5
2007	115.0	104.0	117.8	118.6	111.7	114.5	114.0
2008	113.4	106.3	116.1	117.2	108.3	111.6	112.8
2009	113.1	103.1	115.6	114.4	125.6	112.1	112.5
2010	114.2	105.8	116.8	116.9	116.2	112.5	113.4
2011	112.2	106.5	114.0	114.3	112.3	111.0	111.7
2012	109.5	105.1	109.8	109.7	110.4	110.1	109.4
2013	108.7	104.8	108.9	109.0	108.1	109.2	108.6

注：本表按可比价计算。

3-3 生产总值指数

(1952年=100)　　单位：%

年 份	生产总值	第一产业	第二产业			第三产业	人均生产总值
				工业	建筑业		
1952	100.0	100.0	100.0	100.0	100.0	100.0	100.0
1957	212.8	113.8	297.2	293.7	327.8	174.9	171.9
1965	251.2	134.7	353.4	365.0	183.0	203.4	172.3
1970	382.9	168.5	588.5	616.3	201.4	260.9	237.3
1975	578.8	192.8	955.5	986.6	486.7	359.7	335.3
1978	665.8	173.9	1178.8	1248.7	378.1	380.1	373.7
1979	698.4	185.9	1217.7	1288.7	402.7	422.7	387.2
1980	762.7	193.0	1339.5	1417.5	440.5	464.5	416.6
1981	750.5	189.3	1259.1	1315.5	544.1	554.6	405.0
1982	790.3	201.8	1290.6	1339.2	617.5	631.2	419.9
1983	895.4	258.9	1404.1	1461.0	644.7	727.1	471.6
1984	1045.8	271.8	1677.9	1754.7	704.6	868.9	544.2
1985	1184.9	228.4	1991.7	2074.0	900.5	1047.0	611.7
1986	1283.2	255.1	2061.4	2138.3	987.0	1261.6	655.7
1987	1464.1	270.4	2296.4	2384.2	1089.6	1574.5	739.0
1988	1635.4	289.0	2565.1	2658.4	1252.0	1790.2	803.3
1989	1686.1	276.6	2606.1	2711.6	1194.4	1956.7	818.6
1990	1701.3	316.7	2528.0	2619.4	1242.2	2050.6	819.4
1991	1805.1	330.0	2629.1	2703.2	1377.6	2259.8	863.6
1992	2023.5	343.9	2986.6	3100.6	1438.2	2567.1	962.1
1993	2325.0	380.7	3482.4	3599.8	1731.6	2934.2	1099.7
1994	2585.4	388.7	3963.0	4611.3	1892.6	3259.9	1222.9
1995	2768.9	407.7	4244.3	4971.0	1894.5	3514.2	1301.1
1996	3007.2	459.1	4575.4	5398.5	1877.4	3809.4	1403.9
1997	3274.8	465.1	5055.8	5986.9	1992.0	4159.9	1526.0
1998	3546.7	525.6	5440.1	6442.0	2155.3	4488.5	1646.6
1999	3837.5	552.4	5902.5	6996.0	2299.7	4888.0	1776.7
2000	4179.0	543.6	6534.1	7751.5	2513.6	5357.2	1929.5
2001	4555.1	580.0	7024.2	8325.1	2732.3	5973.3	2097.4
2002	5019.7	628.7	7712.6	9141.0	3013.7	6648.3	2307.1
2003	5596.0	673.8	8657.8	10203.6	3541.3	7423.3	2567.8
2004	6312.0	726.9	10041.4	11757.9	4294.1	8214.6	2891.3
2005	7113.6	784.3	11487.4	13509.8	4766.5	9208.6	3255.6
2006	8123.8	833.7	13451.7	15874.0	5452.8	10396.5	3695.1
2007	9342.3	867.1	15846.1	18826.6	6090.8	11904.0	4212.4
2008	10594.2	921.7	18397.3	22064.8	6596.3	13284.8	4751.6
2009	11982.0	950.3	21267.3	25242.1	8285.0	14892.3	5345.6
2010	13683.4	1005.4	24840.2	29508.0	9627.2	16753.8	6061.9
2011	15352.8	1070.8	28317.8	33727.6	10811.3	18596.7	6771.1
2012	16811.3	1125.4	31092.9	36999.2	11935.7	20475.0	7407.6
2013	18273.9	1179.4	33860.2	40329.2	12902.5	22358.7	8044.7

注：本表按可比价计算。

3-4 生产总值构成

单位：%

年 份	生产总值	第一产业	第二产业			第三产业
				工业	建筑业	
1952	100.0	29.0	48.3			22.7
1953	100.0	23.3	49.5			27.2
1957	100.0	20.3	59.3			20.4
1965	100.0	19.6	60.7			19.7
1970	100.0	20.8	62.4			16.8
1975	100.0	18.1	66.9			15.0
1978	100.0	14.1	71.1	95.3	4.7	14.8
1979	100.0	16.6	67.9	94.9	5.1	15.5
1980	100.0	16.4	68.4	95.0	5.0	15.2
1981	100.0	17.0	65.0	92.8	7.2	18.0
1982	100.0	17.4	63.4	92.9	7.1	19.2
1983	100.0	19.9	60.3	92.1	7.9	19.8
1984	100.0	18.3	61.2	90.7	9.3	20.5
1985	100.0	14.4	63.3	91.2	8.8	22.3
1986	100.0	15.3	59.1	91.1	8.9	25.6
1987	100.0	15.2	58.0	90.1	9.9	26.8
1988	100.0	16.1	55.9	90.2	9.8	28.0
1989	100.0	14.1	54.3	90.4	9.6	31.6
1990	100.0	15.9	50.9	89.3	10.7	33.2
1991	100.0	15.1	49.2	89.3	10.7	35.7
1992	100.0	13.2	50.4	89.1	10.9	36.4
1993	100.0	13.0	51.7	88.6	11.4	35.3
1994	100.0	13.0	51.1	88.2	11.8	35.9
1995	100.0	14.0	49.8	88.7	11.3	36.2
1996	100.0	15.0	48.7	89.7	10.3	36.3
1997	100.0	13.2	48.7	89.9	10.1	38.1
1998	100.0	13.7	47.8	89.7	10.3	38.5
1999	100.0	12.5	48.0	89.7	10.3	39.5
2000	100.0	10.8	50.2	90.2	9.8	39.0
2001	100.0	10.8	48.5	89.7	10.3	40.7
2002	100.0	10.8	47.8	89.4	10.6	41.4
2003	100.0	10.3	48.3	88.2	11.8	41.4
2004	100.0	12.0	45.9	87.5	12.5	42.1
2005	100.0	11.0	48.1	87.9	12.1	41.0
2006	100.0	10.1	49.1	88.0	12.0	40.8
2007	100.0	10.2	49.7	88.2	11.8	40.2
2008	100.0	9.5	52.4	88.8	11.2	38.1
2009	100.0	9.3	52.0	87.6	12.4	38.7
2010	100.0	8.8	54.1	88.1	11.9	37.1
2011	100.0	8.6	54.7	88.0	12.0	36.7
2012	100.0	8.7	53.2	87.7	12.3	38.1
2013	100.0	8.6	52.7	87.7	12.3	38.7

注：1999年初进行了第三产业快速调查，本表中1997、1998年生产总值使用的是快速调查数，以前年度未进行调整。

3-5 分行业增加值

单位：亿元

行 业	2005年	2006年	2007年	2008年	2009年	2010年	2011年	2012年	2013年
总 计	**8047.26**	**9304.51**	**11164.28**	**13668.58**	**15212.49**	**18457.27**	**22226.70**	**24846.43**	**27077.65**
第一产业	**882.41**	**939.43**	**1133.4**	**1302.02**	**1414.9**	**1631.08**	**1915.57**	**2155.82**	**2321.63**
农林牧渔业	882.41	939.43	1133.4	1302.02	1414.9	1631.08	1915.57	2155.82	2321.63
第二产业	**3869.4**	**4566.83**	**5544.14**	**7158.84**	**7906.34**	**9976.82**	**12152.15**	**13230.49**	**14269.46**
工业	3401.8	4017.02	4892.45	6359.43	6925.63	8789.27	10696.54	11605.07	12510.27
建筑业	467.6	549.81	651.69	799.41	980.71	1187.55	1455.61	1625.42	1759.19
第三产业	**3295.45**	**3798.25**	**4486.74**	**5207.72**	**5891.25**	**6849.37**	**8158.98**	**9460.12**	**10486.56**
交通运输、仓储和邮政业	493.75	572.26	665.63	734.13	790.56	926.81	1143.17	1297.18	1384.09
批发和零售业	820.35	919.43	1078.67	1257.5	1410.33	1651.66	1960.33	2191.19	2414.31
住宿和餐饮业	180.81	202.49	231.54	275.86	318.8	369.61	436.13	487.49	541.90
金融业	232.85	303.41	386.34	455.07	560.2	639.27	755.57	969.37	1136.10
房地产业	256.77	318.54	410.43	500.81	605.27	733.37	876.12	1050.03	1134.49
其他服务业	1310.92	1482.12	1714.13	1984.35	2206.09	2528.65	2987.66	3464.86	3875.67

3-6 三次产业贡献率

单位：%

年 份	生产总值	第一产业	第二产业	#工业	第三产业
1991	100.0	13.8	41.2		45.0
1992	100.0	6.4	64.2		29.4
1993	100.0	12.1	63.3	55.6	24.6
1994	100.0	2.7	63.3	59.0	34.0
1995	100.0	8.6	55.7	55.6	35.7
1996	100.0	18.0	50.2	50.7	31.8
1997	100.0	1.9	64.7	61.9	33.4
1998	100.0	17.7	50.2	46.3	32.1
1999	100.0	7.4	56.0	52.8	36.6
2000	100.0	-2.0	65.4	61.3	36.6
2001	100.0	8.0	42.2	37.4	49.8
2002	100.0	8.6	47.5	42.6	43.9
2003	100.0	6.5	51.0	43.2	42.5
2004	100.0	6.4	57.0	47.5	36.6
2005	100.0	6.5	53.0	48.2	40.5
2006	100.0	2.1	53.6	46.6	44.3
2007	100.0	2.7	57.4	52.8	39.9
2008	100.0	4.3	60.1	56.5	35.6
2009	100.0	2.0	60.7	50.0	37.3
2010	100.0	3.2	61.6	54.7	35.2
2011	100.0	4.7	62.1	55.6	33.2
2012	100.0	4.5	56.5	49.5	39.0
2013	100.0	4.5	56.5	50.4	39.0

注：产业贡献率指各产业增加值增量与GDP增量之比。

3-7 三次产业对生产总值增长的拉动

单位：百分点

年 份	生产总值	第一产业	第二产业	#工业	第三产业
1991	6.1	0.8	2.5		2.7
1992	12.1	0.8	7.8		3.6
1993	14.9	1.8	9.4	8.3	3.7
1994	11.2	0.3	7.1	6.6	3.8
1995	7.1	0.6	4.0	3.9	2.5
1996	8.6	1.6	4.3	4.4	2.7
1997	8.9	0.2	5.8	5.5	3.0
1998	8.3	1.5	4.2	3.8	2.7
1999	8.2	0.6	4.6	4.3	3.0
2000	8.9	-0.2	5.8	5.5	3.3
2001	9.0	0.7	3.8	3.4	4.5
2002	10.2	0.9	4.8	4.3	4.5
2003	11.5	0.7	5.9	5.0	4.9
2004	12.8	0.8	7.3	6.1	4.7
2005	12.7	0.8	6.7	6.1	5.2
2006	14.2	0.3	7.6	6.6	6.3
2007	15.0	0.4	8.6	7.9	6.0
2008	13.4	0.5	8.1	7.6	4.8
2009	13.1	0.3	7.9	6.5	4.9
2010	14.2	0.5	8.7	7.8	5.0
2011	12.2	0.6	7.6	6.8	4.1
2012	9.5	0.4	5.4	4.7	3.7
2013	8.7	0.4	4.9	4.4	3.4

注：产业拉动指GDP增长速度与各产业贡献率之乘积。

3-8 各地区生产总值和指数

地 区	2005年	2006年	2007年	2008年	2009年	2010年	2011年	2012年	2013年
生产总值(亿元)									
沈 阳	2084.13	2519.63	3159.69	3780.87	4268.51	5017.54	5915.71	6602.59	7158.57
大 连	2119.82	2541.71	3078.76	3803.35	4349.51	5158.16	6150.63	7002.83	7650.79
鞍 山	1005.21	1122.08	1299.59	1536.96	1730.47	2125.01	2398.76	2429.32	2623.25
抚 顺	386.83	452.03	526.56	637.41	698.64	895.16	1113.37	1236.37	1340.45
本 溪	343.29	399.91	484.92	625.70	688.39	860.37	1044.59	1112.36	1193.66
丹 东	302.22	356.81	430.36	522.42	607.52	728.89	888.67	1015.37	1107.30
锦 州	348.58	432.42	516.60	629.20	727.30	912.63	1116.93	1242.71	1344.93
营 口	375.64	447.77	552.49	674.73	806.96	1002.45	1224.65	1381.18	1513.11
阜 新	143.99	162.09	198.79	243.93	287.97	378.87	480.26	559.96	615.12
辽 阳	304.27	363.18	433.29	523.12	608.26	735.43	888.67	1000.49	1079.99
盘 锦	444.36	517.92	575.59	682.13	676.87	926.32	1119.92	1244.96	1351.06
铁 岭	264.23	323.93	403.97	516.60	605.71	722.13	873.84	975.33	1031.27
朝 阳	211.77	253.07	333.84	446.01	518.09	656.41	813.02	920.63	1002.86
葫芦岛	299.52	335.35	379.41	414.56	445.58	531.45	650.06	719.33	775.11
指数(上年=100)									
沈 阳	116.0	116.7	120.5	116.3	114.1	114.1	112.3	110.0	108.8
大 连	114.2	116.5	117.4	116.5	115.0	115.2	113.5	110.3	109.0
鞍 山	116.2	115.6	115.7	116.8	117.2	116.0	111.0	109.0	108.9
抚 顺	113.8	115.1	116.1	116.0	114.1	117.0	113.7	110.7	109.1
本 溪	115.1	116.1	114.5	115.0	118.3	116.0	113.6	110.0	109.5
丹 东	116.4	116.1	116.2	116.1	116.6	115.8	113.6	110.5	109.3
锦 州	114.1	114.9	114.8	114.4	116.0	116.2	113.2	110.4	108.8
营 口	120.4	118.8	121.3	120.3	120.3	117.8	113.9	110.8	109.6
阜 新	114.3	112.3	116.6	114.8	116.2	117.5	113.7	110.9	108.7
辽 阳	117.0	116.0	116.7	116.0	116.2	116.0	113.5	110.3	109.0
盘 锦	106.4	106.1	108.9	111.0	110.0	117.8	113.9	110.8	109.4
铁 岭	118.1	120.1	120.0	120.0	118.0	116.0	113.8	109.0	106.5
朝 阳	116.6	117.9	121.9	120.5	117.6	116.6	113.8	110.8	108.9
葫芦岛	113.8	110.1	108.0	110.0	110.0	115.5	112.1	109.0	107.2

3-9 各地区生产总值

(2013年)

地　区	生产总值(亿元)	第一产业	第二产业			第三产业
				工业	建筑业	
沈　阳	7158.57	335.52	3709.25	3348.55	360.70	3113.80
大　连	7650.79	477.59	3891.95	3438.54	453.41	3281.25
鞍　山	2623.25	131.88	1391.96	1245.68	146.28	1099.41
抚　顺	1340.45	94.58	794.77	674.69	120.08	451.10
本　溪	1193.66	63.35	712.92	641.45	71.47	417.39
丹　东	1107.30	147.83	547.34	458.11	89.23	412.13
锦　州	1344.93	202.15	656.73	585.91	70.82	486.05
营　口	1513.11	109.56	797.69	711.85	85.84	605.86
阜　新	615.12	133.45	284.96	237.15	47.81	196.71
辽　阳	1079.99	67.65	679.70	638.66	41.04	332.64
盘　锦	1351.06	114.53	911.35	840.29	71.06	325.18
铁　岭	1031.27	205.76	521.78	472.26	49.52	303.73
朝　阳	1002.86	218.38	500.00	407.49	92.51	284.48
葫芦岛	775.11	101.62	363.54	304.12	59.42	309.95

注：人均GDP铁岭按年均户籍人口计算外，其他市按年均常住人口计算。

3-9　续表

地　区	人均生产总值(元)	构成(%)			指数(上年=100)			
		第一产业	第二产业	第三产业	生产总值	第一产业	第二产业	第三产业
沈　阳	86850	4.7	51.8	43.5	108.8	104.7	110.1	107.6
大　连	110600	6.2	50.9	42.9	109.0	104.8	109.4	109.1
鞍　山	72606	5.0	53.1	41.9	108.9	104.9	110.3	107.3
抚　顺	63922	7.1	59.3	33.6	109.1	104.8	110.1	107.9
本　溪	69118	5.3	59.7	35.0	109.5	104.7	109.9	109.3
丹　东	45596	13.4	49.4	37.2	109.3	105.0	109.8	110.0
锦　州	43497	15.0	48.8	36.2	108.8	104.8	109.7	109.2
营　口	61937	7.2	52.7	40.1	109.6	104.9	110.5	109.2
阜　新	34259	21.7	46.3	32.0	108.7	104.9	110.9	108.4
辽　阳	58236	6.3	62.9	30.8	109.0	104.8	109.7	108.3
盘　锦	94052	8.5	67.4	24.1	109.4	104.9	110.2	108.8
铁　岭	34143	20.0	50.6	29.4	106.5	104.9	105.9	108.5
朝　阳	33591	21.8	49.8	28.4	108.9	104.9	111.1	107.4
葫芦岛	29915	13.1	46.9	40.0	107.2	104.8	106.5	109.0

注：人均GDP铁岭按年均户籍人口计算外，其他市按年均常住人口计算。

3-10 生产总值(支出法)

单位：亿元

年 份	生产总值	最终消费支出	资本形成总额	货物和服务净流出	消费率%	投资率%
1978	229.20	109.37	62.33	57.50	47.72	27.19
1980	281.00	157.43	56.82	66.75	56.02	20.22
1981	288.61	177.41	53.80	57.40	61.47	18.64
1982	315.07	185.21	67.87	61.99	58.78	21.54
1983	364.02	208.15	86.81	69.06	57.18	23.85
1984	438.17	236.89	127.59	73.69	54.06	29.12
1985	518.59	276.19	174.24	68.16	53.26	33.60
1986	605.33	314.75	215.95	74.63	52.00	35.67
1987	719.12	371.81	256.83	90.48	51.70	35.71
1988	881.24	459.39	335.39	86.24	52.14	38.07
1989	1003.81	543.60	356.47	103.74	54.15	35.51
1990	1062.74	574.24	392.74	95.76	54.03	36.96
1991	1200.10	640.51	452.62	106.97	53.37	37.72
1992	1472.95	769.94	561.81	141.20	52.27	38.14
1993	2010.82	962.51	901.26	147.05	47.87	44.82
1994	2461.78	1239.61	1024.66	197.51	50.35	41.62
1995	2793.37	1501.84	1046.60	244.93	53.76	37.47
1996	3148.23	1728.74	1076.26	343.23	54.91	34.19
1997	3582.46	1943.35	1146.95	491.66	54.42	32.02
1998	3881.73	2128.05	1225.99	527.69	54.82	31.58
1999	4171.69	2330.53	1284.31	556.85	55.87	30.79
2000	4669.06	2587.52	1471.61	609.93	55.42	31.52
2001	5033.08	2828.09	1625.50	579.49	56.19	32.30
2002	5458.22	3031.47	1835.54	591.21	55.54	33.63
2003	6002.54	3102.51	2333.67	566.36	51.69	38.88
2004	6672.00	3248.30	3161.08	262.62	48.69	47.38
2005	8047.26	3688.94	4580.40	-222.08	45.84	56.92
2006	9304.52	4054.93	5519.65	-270.06	43.58	59.32
2007	11164.30	4717.14	6646.09	-198.93	42.25	59.53
2008	13668.59	5595.95	8547.81	-475.17	40.94	62.54
2009	15212.49	6311.05	9412.02	-510.58	41.49	61.87
2010	18457.27	7374.14	11521.78	-438.65	39.95	62.42
2011	22226.70	8867.21	13930.21	-570.72	39.89	62.67
2012	24846.43	10073.26	15492.08	-718.91	40.54	62.35
2013	27077.65	11214.85	16944.62	-1081.82	41.42	62.58

3-11 生产总值结构(支出法)

年 份	资本形成总额		最终消费支出			
	固定资本形成总额	存货增加	居民消费支出	农村居民	城镇居民	政府消费支出
一、绝对数(亿元)						
1985	130.91	43.33	225.51	90.99	134.52	50.68
1986	158.58	57.37	257.88	100.04	157.84	56.87
1987	210.23	46.60	296.93	113.00	183.93	74.88
1988	260.30	75.09	379.61	131.15	248.46	79.78
1989	241.89	114.58	434.09	148.43	285.66	109.51
1990	262.39	130.35	450.76	140.60	310.16	123.48
1991	323.66	128.96	502.22	156.02	346.20	138.29
1992	405.18	156.63	614.28	200.54	413.74	155.66
1993	731.60	169.66	770.19	240.22	529.97	192.32
1994	887.99	136.67	965.96	302.29	663.67	273.65
1995	884.95	161.65	1177.59	350.38	827.21	324.25
1996	920.66	155.60	1327.68	408.76	918.92	401.06
1997	976.45	170.50	1485.79	425.90	1059.89	458.06
1998	1069.57	156.42	1578.49	462.27	1116.22	549.56
1999	1115.82	168.49	1707.30	491.98	1215.32	623.23
2000	1293.92	177.69	1867.36	535.84	1331.52	720.16
2001	1444.15	181.35	2001.97	566.95	1435.02	826.12
2002	1627.56	207.98	2141.47	590.27	1551.20	890.00
2003	2102.10	231.57	2172.06	487.16	1684.90	930.45
2004	2925.14	235.94	2316.03	486.35	1829.68	932.27
2005	4279.75	300.65	2719.91	553.24	2166.67	969.03
2006	5272.12	247.53	2940.79	612.97	2327.82	1114.14
2007	6297.19	348.90	3399.14	653.15	2745.99	1318.00
2008	8098.60	449.21	4172.81	766.60	3406.21	1423.14
2009	8906.44	505.58	4720.31	867.91	3852.40	1590.74
2010	11079.59	442.19	5672.33	1006.04	4666.29	1701.81
2011	13474.62	455.59	6846.44	1167.53	5678.91	2020.77
2012	15049.60	442.48	7894.45	1333.83	6560.62	2178.81
2013	16479.81	464.82	8847.41	1552.40	7295.01	2367.44
二、比重(%)						
1985	72.60	27.40	79.54	42.81	57.19	20.46
1986	75.13	24.87	81.65	40.35	59.65	18.35
1987	73.43	26.57	81.93	38.79	61.21	18.07
1988	81.86	18.14	79.86	38.06	61.94	20.14
1989	77.61	22.39	82.63	34.55	65.45	17.37
1990	67.86	32.14	79.85	34.19	65.81	20.15
1991	66.81	33.19	78.50	31.19	68.81	21.50
1992	71.51	28.49	78.41	31.07	68.93	21.59
1993	72.12	27.88	79.78	32.65	67.35	20.22
1994	74.41	25.59	80.02	31.19	68.81	19.98
1995	86.66	13.34	77.92	31.29	68.71	22.08
1996	84.55	15.45	78.41	29.75	70.25	21.59
1997	85.54	14.46	76.80	30.79	78.03	23.20
1998	85.13	14.87	76.44	29.99	70.01	23.56
1999	87.24	12.76	74.18	29.29	70.71	25.82
2000	86.88	13.12	73.26	28.82	71.18	26.74
2001	88.84	11.16	70.79	28.32	71.68	29.21
2002	88.67	11.33	70.64	27.56	72.44	29.36
2003	90.08	9.92	70.01	22.43	77.57	29.99
2004	92.54	7.46	71.30	21.00	79.00	28.70
2005	93.44	6.56	73.73	20.34	79.66	26.27
2006	95.52	4.48	72.52	20.84	79.16	27.48
2007	94.75	5.25	72.06	19.22	80.78	27.94
2008	94.74	5.26	74.57	18.37	81.63	25.43
2009	94.63	5.37	74.79	18.39	81.61	25.21
2010	96.16	3.84	76.92	17.74	82.26	23.08
2011	96.73	3.27	77.21	17.05	82.95	22.79
2012	97.14	2.86	78.37	16.90	83.10	21.63
2013	97.26	2.74	78.89	17.55	82.45	21.11

3-12 三大需求对生产总值增长的贡献率和拉动

年 份	最终消费支出		资本形成总额		货物和服务净出口	
	贡献率(%)	拉动(百分点)	贡献率(%)	拉动(百分点)	贡献率(%)	拉动(百分点)
1991	62.3	3.8	37.0	2.3	0.7	
1992	62.1	7.5	36.3	4.4	1.7	0.2
1993	40.2	6.0	60.1	8.9	-0.3	
1994	56.3	6.3	52.7	5.9	-9.0	-1.0
1995	80.4	5.7	-14.1	-1.0	33.7	2.4
1996	51.4	4.4	9.3	0.8	39.3	3.4
1997	50.2	4.5	19.4	1.7	30.4	2.7
1998	54.5	4.5	30.0	2.5	15.5	1.3
1999	65.5	5.4	16.2	1.3	18.3	1.5
2000	56.8	5.1	35.1	3.1	8.2	0.7
2001	61.6	5.5	35.2	3.2	3.2	0.3
2002	53.0	5.4	37.1	3.8	9.9	0.5
2003	31.6	3.6	67.5	7.8	0.9	0.1
2004	33.8	4.1	58.6	7.0	7.6	0.9
2005	33.9	4.3	73.0	9.3	-6.9	-0.9
2006	34.4	4.9	73.1	10.4	-7.5	-1.1
2007	36.1	5.4	74.1	11.1	-10.3	-1.5
2008	41.7	5.6	75.7	10.1	-17.4	-2.3
2009	41.5	5.4	76.6	10.0	-18.1	-2.4
2010	39.6	5.6	71.7	10.2	-11.3	-1.6
2011	41.3	5.0	70.4	8.6	-11.7	-1.4
2012	42.2	4.0	71.5	6.8	-13.7	-1.3
2013	41.7	3.7	69.4	6.0	-11.1	-1.0

注：1.贡献率指三大需求增量与支出法国内生产总值增量之比。
2.拉动指国内生产总值增长速度与三大需求贡献率的乘积。

3-13 居民消费水平

年 份	居民消费水平(元/人)			城镇与农村消费水平对比
	全体居民	农村居民	城镇居民	
1978	267	173	476	2.75：1
1980	355	235	573	2.44：1
1981	400	264	632	2.39：1
1982	410	270	641	2.37：1
1983	443	301	669	2.22：1
1984	510	362	735	2.03：1
1985	605	414	880	2.12：1
1986	686	454	1012	2.23：1
1987	780	508	1160	2.28：1
1988	985	589	1530	2.60：1
1989	1113	662	1722	2.60：1
1990	1144	622	1849	2.97：1
1991	1267	687	2045	2.98：1
1992	1540	884	2407	2.72：1
1993	1921	1065	3021	2.84：1
1994	2397	1348	3704	2.75：1
1995	2900	1566	4540	2.90：1
1996	3250	1826	4975	2.73：1
1997	3619	1906	5665	2.97：1
1998	3828	2073	5897	2.84：1
1999	4128	2209	6366	2.84：1
2000	4490	2403	6903	2.88：1
2001	4789	2540	7366	2.90：1
2002	5095	2643	7874	2.98：1
2003	5159	2630	7147	2.72：1
2004	5492	2621	7748	2.71：1
2005	6447	3175	8749	2.76：1
2006	6926	3508	9317	2.66：1
2007	7934	3727	10845	2.91：1
2008	9690	4409	13265	3.01：1
2009	10906	5039	14786	2.93：1
2010	13016	5955	17488	2.94：1
2011	15635	7221	20560	2.85：1
2012	17999	8652	23065	2.67：1
2013	20156	10417	25161	2.42：1

3-14 居民消费水平指数

单位：%

年 份	以上年为100			以1952年为100		
	全体居民	农村居民	城镇居民	全体居民	农村居民	城镇居民
1978	108.5	97.6	116.3	170.1	143.4	160.2
1980	107.2	119.1	95.2	210.2	187.3	173.4
1981	108.1	109.1	105.5	227.4	204.2	182.9
1982	101.1	100.8	100.2	229.8	205.9	183.2
1983	106.1	108.6	103.1	243.9	223.6	188.9
1984	111.8	115.9	107.1	272.6	259.1	202.3
1985	106.3	104.7	105.8	289.7	271.3	214.1
1986	107.6	105.7	108.5	311.7	286.6	232.2
1987	106.3	105.1	106.7	331.2	301.1	247.8
1988	107.6	104.6	108.9	356.3	314.8	269.7
1989	122.3	157.4	99.9	435.8	495.7	269.4
1990	83.7	56.8	109.9	364.9	281.7	296.1
1991	105.3	104.5	105.5	384.3	294.4	312.5
1992	112.4	112.9	111.5	431.8	332.5	348.3
1993	108.7	108.9	107.6	469.4	361.9	374.8
1994	108.8	108.9	107.7	476.4	330.8	454.7
1995	106.2	102.3	107.3	505.9	338.4	423.8
1996	106.3	106.1	105.9	537.8	359.0	448.8
1997	110.7	110.2	110.4	595.3	395.6	495.5
1998	107.7	109.9	106.3	641.2	434.8	526.7
1999	108.4	107.0	108.6	749.6	465.2	572.0
2000	108.4	107.9	108.2	695.0	502.0	618.9
2001	107.6	106.1	107.8	747.9	532.6	667.2
2002	108.4	107.2	108.4	810.7	571.0	723.2
2003	105.3	109.1	103.6	853.7	622.9	749.2
2004	106.5	99.7	108.4	909.1	621.0	812.2
2005	111.6	114.2	107.5	1014.6	709.2	873.1
2006	106.6	108.6	106.0	1081.5	770.2	925.5
2007	110.1	100.1	112.4	1190.7	770.9	1040.3
2008	116.9	112.2	117.2	1392.0	865.0	1219.2
2009	112.2	114.0	111.1	1561.8	986.1	1354.5
2010	113.4	112.5	112.4	1771.1	1109.4	1522.5
2011	114.3	107.4	117.2	2024.4	1191.5	1784.3
2012	110.4	114.3	107.7	2234.4	1361.5	1921.3
2013	109.5	117.6	106.7	2446.6	1601.1	2050.1

主要统计指标解释

国内生产总值 是按市场价格计算的国内生产总值的简称。它是一个国家(地区)所有常住单位在一定时期内生产活动的最终成果。国内生产总值有三种表现形态，既价值形态、收入形态和产品形态。从价值形态看，它是所有常住单位在一定时期内所生产的全部货物和服务价值超过同期投入的全部非固定资产货物和服务价值的差额，即所有常住单位的增加值之和；从收入形态看，它是所有常住单位在一定时期内所创造并分配给常住单位和非常住单位的初次分配收入之和；从产品形态看，它是最终使用的货物和服务减去进口货物和服务。在实际核算中，国内生产总值的三种表现形态表现为三种计算方法，即生产法、收入法和支出法。三种方法分别从不同的方面反映国内生产总值及构成。

国民生产总值 是按市场价格计算的国民生产总值的简称。它是一个国家(或地区)所有常住单位在一定时期内收入初次分配的最终成果。一国常住单位从事生产活动所创造的增加值在初次分配过程中主要分配给该国的常住单位，但也有一部分以生产税及进口税(扣除生产和进口补贴)、劳动者报酬和财产收入等形式分配给该国的非常住单位，同时，国外生产所创造的增加值也有一部分以生产税及进口税(扣除生产和进口补贴)、劳动者报酬和财产收入等形式分配给该国的常住单位。从而产生了国民生产总值概念，它等于国内生产总值加上来自国外的初次分配收入净额。与国内生产总值不同，国内生产总值是一个生产概念，而国民生产总值则是个收入概念。

三次产业 根据社会生产活动历史发展的顺序对产业结构的划分，产品直接取自自然界的部门称为第一产业，对初级产品进行再加工的部门称为第二产业。为生产和消费提供各种服务的部门称为第三产业。它是世界上通用的产业结构分类，但各国的划分不尽一致。我国的三次产业划分是:

第一产业：农林牧渔业(包括农业、林业、畜牧业和渔业)。

第二产业：工业(包括采掘业、制造业、电力煤气及水的生产和供应业)、建筑业。

第三产业：除第一、第二产业以外的其他各业。包括农林牧渔服务业、地质勘查业及水利管理业、交通运输仓储及邮电通信业、批发和零售贸易及餐饮业、金融保险业、房地产业、社会服务业、卫生体育和社会福利业、教育文化艺术及广播电影电视业、科学研究和综合技术服务业、国家机关政党机关和社会团体、其他行业。

最终消费 最终消费是指常住单位在一定时期内对于货物和服务的全部最终消费支出，也就是常住单位为满足物质、文化和精神生产的需要，从本国经济领土和国外购买的货物和服务的支出。它不包括非常住单位在本国经济领土内的消费支出。最终消费分为居民消费和政府消费。

居民消费 居民消费指常住住户在一定时期内对于货物和服务的全部最终消费支出。居民消费除了包括直接以货币形式购买的货物和服务的消费支出外，还包括以其他方式获得的货物和服务的消费支出。

政府消费 政府消费指政府部门为全社会提供的公共服务的消费支出和免费或以较低的价格向居民住户提供的货物和服务的净支出，前者等于政府服务的产出价值减去政府单位所获得的经营收入的价值，政府服务的产出价值等于它的经营性业务支出加上固定资产折旧；后者等于政府部门免费或以较低价格向居民住户提供的货物和服务的市场价值减去向住户收取的价值。

资本形成总额 资本形成总额指常住单位在一定时期内对固定资产和存货的投资支出合计，包括固定资产形成总额和存货增加。

(1)固定资产形成总额：指从常住单位在一定时期内购置、转入和资产自用的固定资产，扣除固定资产的销售和转出后的价值。可分为有形固定资本形成总额和无形固定资产形成总额。

(2)存货增加：存货增加指常住单位在一定时期内存货实物量变动的市场价值，即期末价值减期初价值的差额。存货增加可以是正值，也可以是负值，正值表示存货上升，负值表示存货下降。它包括生产单位购进的原材料、燃料和储备物资等存货，以及生产单位生产的产成品、在制品和半成品等存货等。

货物和服务净出口 指货物和服务出口减货物和服务进口的差额。出口包括常住单位向非常住单位出售或无偿转让的各种货物和服务的价值；进口包括常住单位从非常住单位购买或无偿得到的各种货物和服务的价值。由于服务活动的提供与使用同时发生，因此服务的进出口业务并不发生出入境现象，一般把常住单位从国外得到的服务作为进口，非常住单位从本国得到的服务作为出口。货物的出口和进口都按离岸价格计算。

劳动者报酬 劳动者报酬是指劳动者因从事生产活动所获得的全部报酬。它包括劳动者获得的各种形式工资、奖金和津贴，即包括货币形式的，也包括实物形式的，它还包括劳动者所享受的公费医疗和医药卫生费、上下班交通补贴和单位支付的社会保险费等。单位支付的社会保险费，就是单位直接支付给负责社会保险的政府单位(一般指劳动部门)的社会保险金或为本单位职工离退休、发生死亡、伤残、医疗保险等而支付的保险费。对于个体经济来说，其所有者所获得的劳动报酬和经营利润不易区分，这两部分统一作为劳动者报酬处理。

生产税净额 生产税净额是指生产税减生产补贴后的差额。生产税指政府对生产单位生产、销售和从事经营活动以及因从事生产活动使用某些生产要素，如固定资产、土地、劳动力所征收的各种税、附加费和规费。具体包括销售锐金及附加、增值税、管理费中开支的各种税、应交纳的养路费、排污费和水电费附加、烟酒专卖上缴政府的专项收入等。生产补贴与生产税相反，是政府对生产单位的单方面收入转移，因此视为负生产税处理，包括政策亏损补贴、粮食系统价格补贴、外贸企业出口退税收入等。

固定资产折旧 固定资产折旧是指一定时期内为弥补固定资产损耗按照核定的固定资产折旧率提取的固定资产折旧，或按国民经济核算统一规定的折旧率虚拟计算的固定资产折旧。它反映了固定资产在当期生产中的转移价值。各种类型企业和企业化管理的事业单位的固定资产折旧指实际计提并计入成本费用中的折旧费；不计提折旧的单位，如政府机关、非企业化管理的事业单位和居民住房的固定资产折旧则是按照统一规定的折旧率和固定资产原值计算的虚拟折旧。原则上，固定资产折旧应按固定资产的重置价值来计算，但是我国目前尚不具备对全社会固定资产进行重估价的基础，所以暂时只能采用上述方法来计算。

营业盈余 营业盈余是指常住单位创造的增加值扣除劳动者报酬、生产税净额和固定资产折旧后的余额。它相当于企业的营业利润加上生产补贴，但要扣除从利润中开支的工资和福利等。

四、人口

Chapter 4 Population

4-1 人口数

单位：万人

年 份	年末总人口	按性别分	
		男	女
1978	3394.0	1735.3	1658.7
1980	3486.9	1779.2	1707.7
1981	3534.8	1803.2	1731.6
1982	3592.1	1832.0	1760.1
1983	3629.1	1852.9	1776.2
1984	3654.8	1866.6	1788.2
1985	3686.2	1883.2	1803.0
1986	3726.0	1904.1	1821.9
1987	3777.4	1930.4	1847.0
1988	3825.5	1955.5	1870.0
1989	3876.0	1979.5	1896.5
1990	3917.3	1999.1	1918.2
1991	3938.5	2009.8	1928.7
1992	3957.9	2018.9	1939.0
1993	3982.9	2031.6	1951.3
1994	4007.2	2043.6	1963.6
1995	4034.0	2056.9	1977.1
1996	4056.8	2067.5	1989.3
1997	4077.1	2076.9	2000.2
1998	4090.4	2083.1	2007.3
1999	4103.2	2088.4	2014.8
2000	4135.3	2103.3	2032.0
2001	4147.0	2109.1	2037.9
2002	4155.4	2111.6	2043.8
2003	4161.6	2113.2	2048.4
2004	4172.8	2117.3	2055.5
2005	4189.2	2123.4	2065.8
2006	4210.4	2132.5	2077.9
2007	4231.7	2141.5	2090.2
2008	4246.1	2146.9	2099.2
2009	4256.0	2149.9	2106.1
2010	4251.7	2144.7	2107.0
2011	4255.0	2143.6	2111.4
2012	4244.8	2136.5	2108.3
2013	4238.0	2131.4	2106.6

注：本表至4-6表为公安户籍统计数。

4-2 人口构成

单位：%

年 份	总人口	按性别分	
		男	女
1978	100	51.2	48.8
1980	100	51.0	49.0
1981	100	51.0	49.0
1982	100	51.0	49.0
1983	100	51.1	48.9
1984	100	51.1	48.9
1985	100	51.1	48.9
1986	100	51.1	48.9
1987	100	51.1	48.9
1988	100	51.1	48.9
1989	100	51.1	48.9
1990	100	51.0	49.0
1991	100	51.0	49.0
1992	100	51.0	49.0
1993	100	51.0	49.0
1994	100	51.0	49.0
1995	100	51.0	49.0
1996	100	51.0	49.0
1997	100	50.9	49.1
1998	100	50.9	49.1
1999	100	50.9	49.1
2000	100	50.9	49.1
2001	100	50.9	49.1
2002	100	50.8	49.2
2003	100	50.1	49.9
2004	100	50.7	49.3
2005	100	50.7	49.3
2006	100	50.6	49.4
2007	100	50.6	49.4
2008	100	50.6	49.4
2009	100	50.5	49.5
2010	100	50.4	49.6
2011	100	50.4	49.6
2012	100	50.3	49.7
2013	100	50.3	49.7

4-3 人口出生率、死亡率、自然增长率

单位：‰

年 份	出生率	死亡率	自然增长率
1978	18.0	5.3	12.7
1980	14.1	5.4	8.7
1981	16.6	5.3	11.3
1982	18.9	5.4	13.5
1983	13.4	5.0	8.4
1984	10.8	5.0	5.8
1985	11.9	5.3	6.6
1986	14.8	5.2	9.6
1987	17.3	5.3	12.0
1988	15.4	5.2	10.2
1989	14.6	5.2	9.4
1990	14.5	5.7	8.8
1991	9.9	5.2	4.7
1992	10.2	5.4	4.8
1993	10.0	5.6	4.4
1994	10.7	5.8	4.9
1995	9.9	5.5	4.4
1996	9.5	5.8	3.7
1997	8.9	5.7	3.2
1998	7.9	5.8	2.1
1999	8.0	6.0	2.0
2000	10.7	6.7	4.0
2001	7.1	5.3	1.8
2002	7.5	5.4	2.1
2003	6.2	5.6	0.6
2004	7.7	6.5	1.2
2005	7.8	5.8	2.0
2006	7.8	5.5	2.3
2007	8.2	5.8	2.4
2008	7.9	6.5	1.4
2009	7.6	6.8	0.8
2010	8.8	10.9	-2.1
2011	7.4	7.1	0.3
2012	8.1	9.4	-1.3
2013	7.6	8.1	-0.5

4-4 各地区年末总户数及总人口

单位：万户、万人

地区	总户数			总人口			男性人口			女性人口		
	2011年	2012年	2013年	2011年	2012年	2013年	2011年	2012年	2013年	2011年	2012年	2013年
全省	**1498.7**	**1508.8**	**1505.5**	**4255.0**	**4244.8**	**4238.0**	**2143.6**	**2136.5**	**2131.4**	**2111.4**	**2108.3**	**2106.6**
沈阳	255.1	257.6	260.2	722.7	724.8	727.1	359.5	360.2	360.8	363.2	364.6	366.3
大连	209.2	210.4	211.8	588.5	590.3	591.4	294.8	295.4	295.3	293.7	294.9	296.1
鞍山	118.7	122.5	119.6	351.6	350.3	349.8	177.7	176.8	176.6	173.9	173.5	173.2
抚顺	83.7	85.1	81.9	220.1	219.3	218.0	110.2	109.7	108.9	109.9	109.6	109.1
本溪	57.1	56.9	56.9	154.3	153.2	152.3	77.4	76.7	76.2	76.9	76.5	76.1
丹东	83.6	84.0	84.3	241.1	240.5	239.6	121.2	120.8	120.3	119.9	119.7	119.3
锦州	104.0	107.0	103.9	308.3	307.8	305.9	155.0	154.7	153.6	153.3	153.1	152.3
营口	88.5	88.4	88.0	235.5	235.1	232.5	119.2	119.2	118.0	116.3	115.9	114.5
阜新	66.7	67.4	68.3	192.1	191.6	191.1	95.9	95.6	95.2	96.2	96.0	95.9
辽阳	68.4	68.1	67.8	182.4	180.3	180.0	92.5	91.3	91.1	89.9	89.0	88.9
盘锦	47.5	46.4	46.5	131.2	128.8	129.0	66.1	64.7	64.8	65.1	64.1	64.2
铁岭	105.8	105.5	105.9	304.9	302.2	301.9	154.9	153.4	153.2	150.0	148.8	148.7
朝阳	113.4	112.7	113.1	341.0	340.6	339.5	174.9	174.7	174.1	166.1	165.9	165.4
葫芦岛	97.0	96.8	97.3	281.3	280.0	279.9	144.3	143.3	143.3	137.0	136.7	136.6

4-5 各地区人口自然变动情况

地区	平均人口(万人)			人口出生率(‰)			人口死亡率(‰)			人口自然增长率(‰)		
	2011年	2012年	2013年	2011年	2012年	2013年	2011年	2012年	2013年	2011年	2012年	2013年
全省	**4253.3**	**4249.9**	**4241.4**	**7.4**	**8.1**	**7.6**	**7.1**	**9.4**	**8.1**	**0.3**	**-1.3**	**-0.5**
沈阳	721.2	723.7	726.0	7.7	8.6	8.0	7.9	8.7	7.9	-0.2	-0.1	0.1
大连	587.5	589.4	590.9	7.7	9.1	8.1	5.5	8.0	7.9	2.2	1.1	0.2
鞍山	351.7	350.9	350.0	8.1	8.6	7.3	7.0	9.9	8.1	1.1	-1.3	-0.8
抚顺	220.5	219.7	218.6	6.0	6.7	6.2	7.7	8.5	9.2	-1.7	-1.8	-3.0
本溪	154.5	153.8	152.7	5.9	6.5	6.2	6.2	12.5	8.9	-0.3	-6.0	-2.7
丹东	241.2	240.8	240.1	5.9	6.6	6.2	6.4	7.7	8.9	-0.5	-1.1	-2.7
锦州	308.3	308.1	306.9	6.3	7.0	6.6	5.6	7.8	10.1	0.7	-0.8	-3.5
营口	235.5	235.3	233.8	8.9	9.0	8.4	10.4	9.3	10.9	-1.5	-0.3	-2.5
阜新	192.2	191.8	191.3	6.7	7.0	6.4	8.6	8.0	7.6	-1.9	-1.0	-1.2
辽阳	182.9	181.4	180.2	7.1	7.0	6.3	9.6	16.2	6.1	-2.5	-9.2	0.2
盘锦	131.2	130.0	128.9	7.1	7.6	7.6	7.8	9.4	5.5	-0.7	-1.8	2.1
铁岭	305.0	303.5	302.0	6.3	6.9	6.6	5.5	12.6	5.8	0.8	-5.7	0.8
朝阳	340.1	340.8	340.0	9.0	9.4	9.6	7.4	7.2	9.1	1.6	2.2	0.5
葫芦岛	281.5	280.7	280.0	7.9	8.5	9.0	7.2	11.0	7.1	0.7	-2.5	1.9

4-6 各地区分年龄人口数

(2013年) 单位：万人

地　区	总人口	18岁以下	18-35岁	35-60岁	60岁以上
全　省	**4238.0**	**571.5**	**988.8**	**1866.8**	**810.9**
沈　阳	727.1	90.8	173.3	320.3	142.7
大　连	591.4	71.5	143.1	254.2	122.6
鞍　山	349.8	48.4	78.7	155.1	67.6
抚　顺	218.0	24.3	47.8	103.0	42.9
本　溪	152.3	16.0	35.4	70.9	30.0
丹　东	239.6	30.2	52.1	108.8	48.5
锦　州	305.9	40.9	67.1	134.0	63.9
营　口	232.5	30.9	60.7	99.0	41.9
阜　新	191.1	26.0	43.9	87.0	34.2
辽　阳	180.0	24.3	39.1	80.9	35.7
盘　锦	129.0	18.8	30.4	57.8	22.0
铁　岭	301.9	42.8	68.6	135.3	55.2
朝　阳	339.5	56.9	80.5	145.7	56.4
葫芦岛	279.9	49.7	68.1	114.8	47.3

4-7 全省历年人口变动抽样调查推算数

年　份	总人口(万人)	出生率(‰)	死亡率(‰)	自然增长率(‰)	文盲率(%)	家庭户规模(人/户)
1990	3946	15.60	6.01	9.59	11.51	3.59
1991	3990	12.10	6.64	5.46		3.60
1992	4016	12.57	6.11	6.46		3.57
1993	4042	12.43	6.11	6.32		3.53
1994	4067	12.26	6.03	6.23	10.46	3.48
1995	4092	12.17	6.15	6.02	9.31	3.49
1996	4116	12.15	6.20	5.95	8.86	3.44
1997	4138	11.78	6.38	5.40	8.21	3.31
1998	4157	11.39	6.81	4.58	8.17	3.27
1999	4171	10.38	7.05	3.33	7.18	3.24
2000	4184	8.46	6.06	2.40	5.79	3.15
2001	4194	7.74	6.10	1.64	5.16	3.12
2002	4203	7.38	6.04	1.34	5.16	3.14
2003	4210	6.90	5.83	1.07	4.74	3.10
2004	4217	6.51	5.60	0.91	4.03	3.13
2005	4221	7.32	6.06	1.26	4.75	2.92
2006	4271	6.40	5.30	1.10	4.17	2.95
2007	4298	6.89	5.36	1.53	3.76	2.91
2008	4315	6.32	5.22	1.10	3.45	2.85
2009	4341	6.06	5.09	0.97	3.29	2.87
2010	4375	6.68	6.26	0.42	2.18	2.78
2011	4383	5.71	6.05	-0.34	2.37	2.72
2012	4389	6.15	6.54	-0.39	2.30	2.70
2013	4390	6.09	6.12	-0.03	1.99	2.70

注：文盲率是指15岁及15岁以上人口中，文盲和半文盲人口所占比例。

4-8 全省历年人口变动抽样调查年龄构成指数

单位：%

年 份	0-14岁占总人口比重	15-64岁占总人口比重	65岁及以上占总人口比重	总负担系数	负担少儿系数	负担老年系数
1990	23.22	71.10	5.68	40.65	32.66	7.99
1991	23.33	70.48	6.19	41.88	33.10	8.78
1992	22.78	70.62	6.60	41.60	32.25	9.35
1993	22.00	71.21	6.79	40.44	30.90	9.54
1994	22.26	71.20	6.54	40.45	31.27	9.18
1995	21.37	71.61	7.02	40.15	29.96	10.19
1996	20.61	72.47	6.92	37.98	28.44	9.54
1997	19.12	73.63	7.25	36.62	25.95	10.67
1998	18.51	73.94	7.55	35.24	25.03	10.21
1999	18.48	73.71	7.81	35.67	25.07	10.60
2000	17.68	74.44	7.88	34.34	23.75	10.59
2001	17.68	74.44	7.88	34.34	23.75	10.59
2002	15.70	76.20	8.10	31.23	20.60	10.63
2003	15.90	75.60	8.50	32.27	21.03	11.24
2004	14.50	76.60	8.90	30.55	18.93	11.62
2005	14.18	76.08	9.74	31.44	18.64	12.80
2006	12.61	76.85	10.54	30.13	16.41	13.72
2007	12.68	76.69	10.63	30.40	16.54	13.86
2008	12.03	76.56	11.41	30.62	15.72	14.90
2009	11.14	77.43	11.43	29.15	14.38	14.77
2010	11.42	78.27	10.31	27.76	14.59	13.17
2011	11.09	78.26	10.65	27.78	14.17	13.61
2012	10.80	78.04	11.16	28.15	13.84	14.31
2013	10.62	77.86	11.52	28.43	13.63	14.80

主要统计指标解释

人口数 指一定时点、一定地区范围内的有生命的个人的总和。

年度统计的年末人口数是指每年 12 月 31 日 24 时的人口数。

出生率(又称粗出生率) 指在一定时期内(通常为一年)平均每千人所出生的人数的比率，一般用千分率表示。计算公式:

出生率=（年出生人数／年平均人数）×1000‰

出生人数 是指活产婴儿，即胎儿脱离母体时(不管怀孕月数)，有过呼吸或其他生命现象。

年平均人数 是指年初、年末人口数的平均数，也可用年中人口数代替。

死亡率(又称粗死亡率) 指在一定时期内(通常为一年)某地区的死亡人数与同期平均人数(或期中人数)之比，一般用千分率表示。计算公式:

死亡率=（年死亡人数／年平均人数）×1000‰

人口自然增长率 指在一定时期内(通常为一年)人口自然增加数(出生人数减死亡人数)与该时期内平均人数(或期中人数)之比，一般用千分率表示。计算公式:

人口自然增长率=（本年出生人数-本年死亡人数／年平均人数）×1000‰

人口自然增长率=人口出生率-人口死亡率

五、就业人员和职工工资

Chapter 5 Employment and Wage

5-1 就业基本情况

指　标	单位	2006年	2007年	2008年	2009年	2010年	2011年	2012年	2013年
年末就业人员	**万人**	**2128.1**	**2180.7**	**2198.2**	**2277.1**	**2317.5**	**2364.9**	**2423.8**	**2518.9**
第一产业	万人	716.2	705.7	700.7	697.5	703.6	699.9	694.7	683.8
第二产业	万人	590.2	601.4	605	619.2	641.5	645.1	651.1	724.2
第三产业	万人	821.7	873.6	892.5	960.4	972.4	1019.9	1078.0	1110.9
按城乡分就业人员									
城镇就业人员	万人	995.2	1027	1033.5	1096.6	1109	1141.8	1206.0	1301.8
国有单位	万人	345.6	336.8	338.1	313.7	312.1	303.8	310.3	292.5
城镇集体单位	万人	99	90.6	83.9	74.6		34.1	35.1	36.7
其他内资	万人	117.1	118	128.2	149.3	154.9	165.7	177.4	272.5
外商投资单位	万人	42.8	44.1	44.7	41	41.8	53.0	51.9	60.1
港澳台投资单位	万人	10.1	11.5	10.8	11.5	11.9	15.1	15.1	19.5
其　　他	万人	4.1	3.9	5	6.5	6.9	7.9	9.0	7.7
私营企业	万人	184.6	202.9	206.1	240.7	271.6	303.3	318.7	337.0
个　　体	万人	191.9	219.2	216.6	259.2	239.9	259.0	288.6	275.7
乡村就业人员	万人	1132.9	1153.6	1164.7	1180.5	1208.5	1223.1	1217.8	1217.1
在岗职工人数	万人	596.7	582.4	585.6	572.1	572.8	557.2	572.3	648.1
国有单位	万人	335.8	327.7	327.2	303.2	300.4	294.6	298.8	279.8
城镇集体单位	万人	97.9	89.6	82.3	72.9	68.5	32.1	33.0	34.6
其他单位	万人	163	165.1	176.1	196.1	204	230.5	240.6	333.7
城镇当年就业(再就业)人数	万人	120.4	122.4	112.6	114	115.6	105.4	103.7	102.2
城镇登记失业人数	万人	53.9	44.5	39	41.6	39.5	39.4	38.1	39.6
#失业女性	万人	28.1	23.4	18.6	19.4	20.5	19.7	18.3	18.2
城镇登记失业率	%	5.1	4.4	3.8	3.9	3.7	3.7	3.6	3.4

注：2013年就业人数(工资总额)增加较多，系将原属于乡镇企业的规模以上法人单位纳入劳动工资统计范围所致。

5-2 按三次产业分的就业人员

(年末数)

年　份	就业人员合计(万人)	第一产业	第二产业	第三产业	构成(%,以合计为100) 第一产业	第二产业	第三产业
1978	1254.1	595.3	433.4	225.4	47.4	34.6	18.0
1980	1441.7	597.1	564.7	279.9	41.4	39.2	19.4
1985	1769.1	634.3	726.4	408.4	35.9	41.0	23.1
1986	1799.2	640.4	735.3	423.5	35.6	40.9	23.5
1987	1835.4	630.7	770.7	434.0	34.4	42.0	23.6
1988	1858.6	625.1	784.2	449.3	33.6	42.2	24.2
1989	1874.8	638.2	777.1	459.5	34.0	41.5	24.5
1990	1897.3	646.0	778.2	473.1	34.0	41.0	25.0
1991	1938.3	666.3	788.5	483.5	34.4	40.7	24.9
1992	1957.8	652.6	797.4	507.8	33.3	40.7	26.0
1993	2006.1	640.3	827.4	538.4	31.9	41.3	26.8
1994	2009.3	627.7	773.3	608.3	31.2	38.5	30.3
1995	2027.8	632.7	787.5	607.6	31.2	38.8	30.0
1996	2031.8	644.7	751.8	635.3	31.7	37.0	31.3
1997	1967.1	639.7	716.7	610.7	32.5	36.4	31.1
1998	1958.8	657.9	684.7	616.2	33.6	35.0	31.4
1999	1994.4	651.5	658.3	684.6	32.7	33.0	34.3
2000	2052.0	685.4	649.6	717.0	33.4	31.7	34.9
2001	2069.3	686.7	625.9	756.7	33.2	30.2	36.6
2002	2025.3	697.6	580.6	747.1	34.4	28.7	36.9
2003	2018.9	700.8	568.8	749.3	34.7	28.2	37.1
2004	2097.3	721.2	586.8	789.3	34.4	28.0	37.6
2005	2120.3	722.1	596.0	802.2	34.1	28.1	37.8
2006	2128.1	716.2	590.2	821.7	33.7	27.7	38.6
2007	2180.7	705.7	601.4	873.6	32.4	27.6	40.1
2008	2198.2	700.7	605.0	892.5	31.9	27.5	40.6
2009	2277.1	697.5	619.2	960.4	30.6	27.2	42.2
2010	2317.5	703.6	641.5	972.4	30.3	27.7	42.0
2011	2364.9	699.9	645.1	1019.9	29.6	27.3	43.1
2012	2423.8	694.7	651.1	1078.0	28.7	26.9	44.5
2013	2518.9	683.8	724.2	1110.9	27.1	28.8	44.1

5-3 各地区按三次产业分的就业人员

(2013年末)

地区	就业人员合计(万人)			构成(%,以合计为100)		
		第一产业	第二产业	第三产业	第一产业	第二产业	第三产业
全省	**2518.9**	**683.8**	**724.2**	**1110.9**	**27.1**	**28.8**	**44.1**
沈阳	402.4	75.7	128.0	198.7	18.8	31.8	49.4
大连	472.8	62.0	156.6	254.2	13.1	33.1	53.8
鞍山	176.6	47.4	62.7	66.5	26.8	35.5	37.7
抚顺	111.7	31.3	32.6	47.9	28.0	29.1	42.9
本溪	75.3	14.3	26.1	34.8	19.0	34.7	46.3
丹东	132.9	44.5	35.6	52.8	33.5	26.8	39.7
锦州	170.6	65.6	36.6	68.3	38.5	21.4	40.1
营口	154.0	36.8	41.2	76.0	23.9	26.7	49.4
阜新	115.2	38.6	28.3	48.3	33.5	24.6	41.9
辽阳	92.7	32.1	29.1	31.6	34.6	31.3	34.1
盘锦	105.5	41.0	24.8	39.8	38.8	23.5	37.7
铁岭	150.4	60.1	36.3	54.0	40.0	24.1	35.9
朝阳	195.9	77.5	49.9	68.4	39.6	25.5	34.9
葫芦岛	147.9	56.8	35.1	56.0	38.4	23.8	37.9

5-4 各地区分行业城镇非私营单位就业人员

(2013年末) 单位：人

行业	沈阳	大连	鞍山	抚顺	本溪	丹东	锦州
总计	**1442165**	**1314051**	**628688**	**328321**	**316553**	**318021**	**320532**
农、林、牧、渔业	2293	5684	3876	4448	847	5461	10591
采矿业	27585	2079	2804	35811	14313	3420	4275
制造业	357927	547825	220963	72689	86131	65786	62476
电力、燃气及水的生产和供应业	35469	16693	12803	13312	8539	11910	16672
建筑业	279911	167608	99433	65186	61502	61896	59067
批发和零售业	84192	55401	37444	11013	6849	8205	11903
交通运输、仓储及邮政业	49273	67100	37122	10702	10360	13416	16797
住宿和餐饮业	23684	24239	4553	2019	1522	2902	1564
信息转输、软件和信息技术服务业	26077	56700	5842	2578	4220	4641	4090
金融业	52031	55673	17442	10449	9659	8274	14827
房地产业	28488	44526	10006	4142	6017	11356	5386
租赁和商务服务业	29703	24200	10966	10363	10197	3240	5135
科学研究和技术服务业	62484	20347	22571	5629	5159	13117	8487
水利、环境和公共设施管理业	43573	13926	17283	9137	8737	11180	5955
居民服务、修理和其他服务业	4568	4594	3226	1794	468	870	1507
教育	141864	81816	48287	25573	25792	39663	36086
卫生和社会工作	82790	44807	27956	14524	32905	23079	18674
文化、体育和娱乐业	17537	13080	3432	2409	1630	2147	3375
公共管理、社会保障和社会组织	92716	67753	42679	26543	21706	27458	33665
国际组织							

5-4 续表 单位：人

行业	营口	阜新	辽阳	盘锦	铁岭	朝阳	葫芦岛
总　计	**291223**	**227018**	**198873**	**498191**	**281635**	**304211**	**271962**
农、林、牧、渔业	554	4129	4279	167835	16476	2583	3127
采　矿　业	943	57392	1342	104423	52654	12215	20745
制　造　业	86976	24573	63463	40469	45797	48395	68126
电力、燃气及水的生产和供应业	7844	8141	3664	4991	8529	9469	6506
建　筑　业	50199	30909	30528	58136	31551	60619	54270
批发和零售业	11598	6397	3858	11514	9779	11502	5502
交通运输、仓储及邮政业	24080	4258	4948	4934	6239	7178	7035
住宿和餐饮业	3456	948	1518	2675	592	1339	2273
信息转输、软件和信息技术服务业	3792	3271	2808	3350	3177	3062	3203
金 融 业	9323	8585	6539	8993	6501	13607	10166
房 地 产 业	4651	3448	3400	5730	4371	4661	2329
租赁和商务服务业	4965	2449	4898	15376	3257	2844	2884
科学研究和技术服务业	3405	3094	3047	4658	5775	5147	4567
水利、环境和公共设施管理业	8148	5765	9229	8197	5672	5989	6091
居民服务、修理和其他服务业	402	320	584	701	411	3562	319
教育	24230	26337	19053	17878	29828	46078	27717
卫生和社会工作	12498	12561	11394	8756	13768	16519	12323
文化、体育和娱乐业	2045	1713	1454	1843	1606	1550	1116
公共管理、社会保障和社会组织	32114	22728	22867	27732	35652	47892	33663
国际组织							

5-5 各地区城镇非私营单位就业人员

（年末数） 单位：万人

地区	2010年			2011年			2012年			2013年		
	单位全部就业人员	全部职工	其他就业人员	单位全部就业人员	全部职工	其他就业人员	单位全部就业人员	全部职工	其他就业人员	单位全部就业人员	全部职工	其他就业人员
全　省	**597.6**	**572.8**	**24.7**	**579.6**	**557.2**	**22.4**	**598.7**	**572.3**	**26.4**	**689.1**	**648.1**	**40.9**
沈　阳	109.9	103.6	6.3	110.0	104.3	5.7	112.8	107.1	5.7	144.2	133.1	11.1
大　连	96.3	89.3	7.0	109.8	104.5	5.4	111.5	106.7	4.8	131.4	125.1	6.3
鞍　山	51.2	49.5	1.7	52.0	49.4	2.6	55.2	51.9	3.2	62.9	59.3	3.6
抚　顺	40.3	39.7	0.7	28.2	27.5	0.7	30.9	29.9	1.0	32.8	31.5	1.4
本　溪	32.3	31.5	0.9	26.4	25.1	1.3	28.0	26.3	1.6	31.7	29.1	2.6
丹　东	24.6	23.9	0.7	26.8	26.3	0.5	26.9	26.2	0.6	31.8	29.0	2.8
锦　州	32.2	31.5	0.6	26.8	26.0	0.8	29.2	28.4	0.8	32.1	29.8	2.2
营　口	20.8	20.4	0.4	26.6	26.4	0.2	28.0	27.7	0.3	29.1	28.7	0.5
阜　新	25.6	24.9	0.7	19.6	18.3	1.3	21.7	19.9	1.8	22.7	20.5	2.2
辽　阳	18.9	18.7	0.2	17.6	17.5	0.1	18.0	17.8	0.2	19.9	19.5	0.4
盘　锦	50.3	47.6	2.7	47.4	46.3	1.1	46.9	44.2	2.7	49.8	46.8	3.0
铁　岭	27.2	26.8	0.5	23.1	22.5	0.6	23.0	22.2	0.8	28.2	27.0	1.2
朝　阳	25.2	24.2	1.0	26.5	25.4	1.1	30.9	28.7	2.2	30.4	28.6	1.8
葫芦岛	25.4	24.2	1.1	22.2	21.3	0.9	20.4	19.9	0.6	27.2	25.3	1.9

5-6 各地区个体从业人员

单位：户、万人

地区	2005年		2010年		2011年		2012年		2013年	
	户数	从业人数	户数	从业人数	户数	从业人数	户数	从业人数	户数	从业人数
全　省	**1274219**	**288.3**	**1529646**	**346.2**	**1612104**	**364.4**	**1677398**	**385.4**	**1704510**	**402.7**
沈　阳	191639	56.9	226732	59.6	226122	55.6	248109	57.8	261272	61.3
大　连	250925	42.1	263602	38.0	287637	41.7	301268	45.4	312773	47.9
鞍　山	91430	24.6	82488	15.1	94666	14.4	102302	17.3	93192	14.2
抚　顺	73769	23.9	109156	28.2	106519	34.5	100944	27.4	96903	24.2
本　溪	38906	12.2	58628	13.1	57295	12.9	54063	12.4	50323	16.6
丹　东	79254	20.3	82526	18.8	85987	18.6	88857	16.0	89530	19.1
锦　州	89065	18.5	127751	29.1	126290	29.6	134019	30.9	130724	40.8
营　口	72557	11.6	120031	47.1	130721	62.1	129371	53.4	139403	59.6
阜　新	59160	16.2	69636	13.5	70521	15.8	74591	23.8	77912	19.6
辽　阳	47225	16.3	62023	15.6	73490	12.9	74311	27.9	61522	12.0
盘　锦	42745	8.6	62249	11.4	68572	9.9	71051	10.4	67918	10.2
铁　岭	87135	14.0	104566	26.2	109648	23.3	113012	24.4	121560	21.5
朝　阳	80647	13.4	76368	15.5	86046	16.9	91425	20.0	97833	20.0
葫芦岛	69762	9.6	83890	15.0	88590	16.2	94075	18.3	103645	35.8

5-7 各地区私营企业从业人员

单位：户、万人

地区	2005年		2010年		2011年		2012年		2013年	
	户数	从业人数	户数	从业人数	户数	从业人数	户数	从业人数	户数	从业人数
全　省	**165217**	**252.1**	**307733**	**371.1**	**337170**	**402.6**	**374024**	**421.6**	**390953**	**435.7**
沈　阳	47703	54.2	80729	64.7	86199	74.2	108938	81.9	112173	88.8
大　连	56056	90.2	85317	144.0	96583	163.9	100970	171.9	106582	182.8
鞍　山	11482	11.0	22293	14.8	22260	15.3	22007	15.4	21493	14.9
抚　顺	5294	14.6	11827	10.8	13804	11.6	14684	12.0	15840	12.4
本　溪	3821	7.4	7116	7.3	7488	7.7	7746	7.6	8113	7.6
丹　东	6556	9.9	13535	11.2	16526	12.2	17409	12.6	17798	13.2
锦　州	6243	6.9	12840	12.5	13320	12.8	14865	13.5	15837	13.6
营　口	6218	8.6	20090	28.0	20972	28.9	22404	30.0	23152	17.4
阜　新	2834	9.6	7745	12.1	9143	12.6	10316	12.3	11555	17.3
辽　阳	4744	11.2	9856	12.4	10921	13.7	12302	13.9	12991	14.6
盘　锦	3108	6.2	8389	13.3	8991	10.0	8950	9.6	10135	10.4
铁　岭	3891	7.1	10202	12.2	10852	10.6	11994	11.1	12637	11.2
朝　阳	3644	10.0	8757	15.6	9968	15.8	10905	16.0	11555	17.3
葫芦岛	3623	5.2	9037	12.3	10143	13.4	10534	13.7	11092	14.2

5-8 分行业在岗职工人数(一)

单位：万人

行 业	2006年	2007年	2008年	2009年	2010年	2011年	2012年	2013年
总 计	**476.0**	**473.0**	**485.7**	**485.0**	**493.4**	**557.2**	**572.3**	**648.1**
农、林、牧、渔业	28.8	29.8	30.9	27.2	27.6	26.1	24.5	22.7
采 矿 业	29.8	29.6	33.3	35.3	35.0	32.8	31.6	33.2
制 造 业	140.5	138.9	140.4	139.2	140.0	164.6	165.6	175.9
电力、燃气及水的生产和供应业	16.5	16.8	16.7	16.0	16.3	16.7	16.0	15.8
建 筑 业	28.8	26.7	27.2	28.2	29.1	44.2	55.1	94.5
批发和零售业	15.7	13.8	14.9	16.6	16.4	21.1	20.0	26.4
交通运输、仓储及邮政业	32.7	32.7	32.7	31.0	29.5	32.4	32.3	37.0
住宿和餐饮业	5.6	6.1	6.2	6.4	6.0	7.0	7.0	7.8
信息转输、计算机服务和软件业	4.9	5.4	5.9	5.9	6.7	8.2	8.8	12.2
金 融 业	13.9	14.2	14.7	15.0	15.3	17.3	18.3	18.7
房 地 产 业	6.0	5.6	6.0	7.0	8.4	11.0	11.8	13.3
租赁和商务服务业	7.7	7.9	9.9	8.3	10.4	12.3	9.2	12.7
科学研究和技术服务业	9.2	9.3	9.7	10.4	11.3	13.1	15.1	16.1
水利、环境和公共设施管理业	10.7	11.0	10.3	10.2	11.0	12.7	13.1	13.6
居民服务、修理和其他服务业	2.0	1.8	1.9	2.2	2.8	2.9	2.6	2.7
教育	50.0	50.2	49.1	49.4	50.7	53.3	55.8	56.8
卫生和社会工作	21.8	21.8	23.1	23.3	24.2	26.8	29.1	31.7
文化、体育和娱乐业	4.9	4.8	4.8	5.3	4.9	5.1	4.9	5.4
公共管理、社会保障和社会组织	46.4	46.7	47.7	48.1	47.7	49.2	51.3	51.8

注：本表到5-17表2011年、2012年、2013年均为含劳务派遣人数。

5-9 分行业在岗职工人数(二)

单位：万人

行 业	2010年			2011年			2012年			2013年		
	在岗职工	#国有单位	#集体单位	在岗职工	#国有单位	#集体单位	在岗职工	#国有单位	#集体单位	在岗职工	#国有单位	#集体单位
总 计	**493.4**	**271.6**	**29.6**	**557.2**	**294.6**	**32.1**	**572.3**	**298.8**	**33.0**	**648.1**	**279.8**	**34.6**
农、林、牧、渔业	27.6	26.6	0.1	26.1	25.0	0.1	24.5	23.8	0.1	22.7	22.1	0.1
采 矿 业	35.0	8.3	1.2	32.8	14.6	1.4	31.6	13.4	1.4	33.2	6.7	0.8
制 造 业	140.0	29.4	11.9	164.6	31.0	12.5	165.6	30.1	12.5	175.9	21.5	12.0
电力、燃气及水的生产和供应业	16.3	9.9	0.2	16.7	9.6	0.4	16.0	9.5	0.4	15.8	8.0	0.2
建 筑 业	29.1	10.1	6.0	44.2	13.4	7.6	55.1	14.8	8.9	94.5	11.3	10.6
批发和零售业	16.4	3.7	1.8	21.1	3.9	1.8	20.0	3.8	1.3	26.4	3.7	1.2
交通运输、仓储及邮政业	29.5	21.6	0.8	32.4	23.4	0.7	32.3	22.8	0.6	37.0	22.8	1.6
住宿和餐饮业	6.0	1.6	0.3	7.0	2.0	0.3	7.0	1.9	0.4	7.8	2.2	0.4
信息转输、软件和信息技术服务业	6.7	2.1		8.2	2.4		8.8	2.5		12.2	1.7	
金 融 业	15.3	6.5	2.3	17.3	7.2	2.4	18.3	7.7	2.4	18.7	7.6	2.3
房 地 产 业	8.4	2.4	0.2	11.0	3.2	0.2	11.8	2.7	0.3	13.3	1.9	0.2
租赁和商务服务业	10.4	4.7	2.0	12.3	6.1	1.6	9.2	4.7	1.5	12.7	5.9	2.1
科学研究和技术服务业	11.3	9.2	0.3	13.1	10.4	0.3	15.1	12.0	0.3	16.1	11.4	0.6
水利、环境和公共设施管理业	11.0	10.3	0.2	12.7	11.7	0.3	13.1	12.0	0.3	13.6	12.3	0.4
居民服务、修理和其他服务业	2.8	2.0	0.3	2.9	2.0	0.4	2.6	1.7	0.3	2.7	1.5	0.2
教育	50.7	49.3	0.2	53.3	51.2	0.5	55.8	53.8	0.4	56.8	55.0	0.4
卫生和社会工作	24.2	21.9	1.4	26.8	24.2	1.4	29.1	26.4	1.6	31.7	28.8	1.4
文化、体育和娱乐业	4.9	4.5		5.1	4.6		4.9	4.5		5.4	4.3	0.1
公共管理、社会保障和社会组织	47.7	47.5	0.1	49.2	48.8	0.1	51.3	50.9	0.1	51.8	51.3	0.1
国际组织												

5-10 各地区在岗职工人数

单位：人

地区	2010年				2011年			
	合计	国有单位	城镇集体单位	其他单位	合计	国有单位	城镇集体单位	其他单位
全省	**4934115**	**2715820**	**295513**	**1922782**	**5571577**	**2945802**	**320882**	**2304893**
沈阳	935114	475621	55529	403964	1042560	523817	53714	465029
大连	871718	273741	23045	574932	1044607	292460	27286	724861
鞍山	392355	276108	40657	75590	493700	309352	53613	130735
抚顺	260972	114252	16031	130689	274579	113248	17126	144205
本溪	223603	176454	20453	26696	251172	178454	21373	51345
丹东	204199	125267	13243	65689	262680	139026	16563	107091
锦州	235007	155234	17767	62006	260283	166120	22358	71805
营口	192284	105488	10743	76053	264097	120274	16231	127592
阜新	168403	129343	16263	22797	183207	135835	13819	33553
辽阳	164414	82605	16978	64831	175220	86538	14116	74566
盘锦	467304	253823	4127	209354	463210	329461	5003	128746
铁岭	216689	127444	20478	68767	225132	131198	21084	72850
朝阳	229738	136978	11207	81553	254080	141154	10241	102685
葫芦岛	214841	125988	28992	59861	213270	115085	28355	69830

5-10 续表

单位：人

地区	2012年				2013年			
	合计	国有单位	城镇集体单位	其他单位	合计	国有单位	城镇集体单位	其他单位
全省	**5723311**	**2987820**	**329914**	**2405577**	**6481415**	**2798453**	**346190**	**3336772**
沈阳	1070957	542630	53365	474962	1331298	511320	53348	766630
大连	1067340	304735	25396	737209	1251468	294945	34428	922095
鞍山	519451	317853	55454	146144	593092	318047	67961	207084
抚顺	299262	115253	19124	164885	314594	108580	19902	186112
本溪	263358	188838	23549	50971	290866	107933	19802	163131
丹东	262136	147501	15022	99613	290106	145602	14918	129586
锦州	283585	167191	26756	89638	298123	164614	23301	110208
营口	277057	119954	16694	140409	286564	109738	16583	160243
阜新	198886	142064	17926	38896	204930	90744	10511	103675
辽阳	177950	91078	14793	72079	195356	94502	19035	81819
盘锦	442194	306675	7408	128111	468051	313717	4139	150195
铁岭	222237	132532	20371	69334	269888	138977	20372	110539
朝阳	287390	141951	11166	134273	286350	142730	10873	132747
葫芦岛	198552	116609	22890	59053	253456	109731	31017	112708

5-11 各地区分行业在岗职工人数

(2013年末) 单位：人

行业	沈阳	大连	鞍山	抚顺	本溪	丹东	锦州
总计	**1331298**	**1251468**	**593092**	**314594**	**290866**	**290106**	**298123**
农、林、牧、渔业	2128	5538	3815	4448	836	5447	10544
采矿业	27361	2079	2684	35805	14274	3420	4018
制造业	350929	535870	218206	71929	84575	64600	62010
电力、燃气及水的生产和供应业	35009	16463	12159	13024	7748	11034	14804
建筑业	224007	154972	86991	60673	50222	41573	44482
批发和零售业	82023	51534	36877	9133	6743	7902	10266
交通运输、仓储及邮政业	46913	65707	36366	10393	10080	13318	16527
住宿和餐饮业	22864	23083	4515	1864	1494	2864	1554
信息转输、软件和信息技术服务业	25363	56081	5826	2578	4129	3896	4004
金融业	36258	38701	16977	8970	7559	7883	14796
房地产业	28288	41679	9089	4082	5392	10640	5289
租赁和商务服务业	29236	23442	10819	10150	10098	3210	5049
科学研究和技术服务业	59689	19308	19946	5443	4890	13006	8376
水利、环境和公共设施管理业	35645	12478	14261	7931	5021	10204	5751
居民服务、修理和其他服务业	4283	4399	3175	1765	442	852	1484
教育	136364	78374	41705	25062	24976	38909	35770
卫生和社会工作	78236	42528	25051	14138	31183	22367	17413
文化、体育和娱乐业	17257	12637	3337	2317	1505	2067	3125
公共管理、社会保障和社会组织	89445	66595	41293	24889	19699	26914	32861
国际组织							

5-11 续表 单位：人

行业	营口	阜新	辽阳	盘锦	铁岭	朝阳	葫芦岛
总计	**286564**	**204930**	**195356**	**468051**	**269888**	**286350**	**253456**
农、林、牧、渔业	554	4068	4279	162186	16294	2559	3114
采矿业	939	50567	1183	103637	52654	12215	20496
制造业	86724	23418	62009	39715	41283	47625	67493
电力、燃气及水的生产和供应业	7696	8109	3633	4853	8419	9225	6065
建筑业	47536	23983	29725	44903	28719	54255	42804
批发和零售业	11540	5714	3855	11368	8992	11174	5388
交通运输、仓储及邮政业	24047	4083	4948	4829	6167	7117	6957
住宿和餐饮业	3423	934	1450	2583	527	1334	2171
信息转输、软件和信息技术服务业	3011	2362	2241	3289	3171	2835	2912
金融业	9323	8036	6484	6508	6239	9786	9674
房地产业	4613	3087	3385	5307	3667	4556	2247
租赁和商务服务业	4949	1770	4893	12166	3247	2818	2664
科学研究和技术服务业	3331	2726	2987	4517	5750	4792	4419
水利、环境和公共设施管理业	8071	4164	9229	8185	5216	5314	4510
居民服务、修理和其他服务业	366	288	569	634	405	3538	317
教育	24081	26182	18983	16786	29763	44198	26919
卫生和社会工作	12360	11880	11231	8241	13298	15482	12155
文化、体育和娱乐业	2025	1686	1443	1779	1585	1511	1075
公共管理、社会保障和社会组织	31975	21873	22829	26565	34492	46016	32076
国际组织							

5-12 分细行业在岗职工人数

(2013年末) 单位：人

项目	在岗职工人数合计	国有经济单位	城镇集体经济单位	其他经济单位
全省总计	**6481415**	**2798453**	**346190**	**3336772**
按隶属关系分组				
中央		595153		
省属		276252		
市属		659864		
县及县以下		1215329		
其他		51855		
按企、事业和机关分组				
企业	4808682	1163970	326604	3318108
#地方		629427		
事业	1212477	1182860	17833	11784
#地方		1145721		
机关	450896	448300	1069	1527
#地方		425016		
按国民经济行业分组				
农、林、牧、渔业	**226870**	**220991**	**615**	**5264**
农业	201656	200936	93	627
林业	11209	11119	69	21
畜牧业	1178	815	4	359
渔业	5538	1063	336	4139
农、林、牧、渔服务业	7289	7058	113	118
采矿业	**331652**	**66793**	**8438**	**256421**
煤炭开采和洗选业	180133	5546	3668	170919
石油和天然气开采业	43843			43843
黑色金属矿采选业	16718	1039	2700	12979
有色金属矿采选业	23153	706	292	22155
非金属矿采选业	7386	510	1778	5098
开采辅助活动	59802	58672		1130
其他采矿业	617	320		297
制造业	**1759371**	**214551**	**120183**	**1424637**
农副食品加工业	90029	5809	1737	82483
食品制造业	28373	699	226	27448
酒、饮料和	22569	124	201	22244
烟草制品业	2164		118	2046
纺织业	24564	804	1020	22740
纺织服装、服饰业	78308	518	1261	76529
皮革、毛皮、羽毛及其制品和制鞋业	5704	277	157	5270
木材加工和木、竹、藤、棕、草制品业	16111	367	869	14875
家具制造业	19940	28	363	19549
造纸和纸制品业	15095	743	1067	13285
印刷和记录媒介复制业	11463	3688	2567	5208
文教、工美、体育和娱乐用品制造业	8065	52	601	7412
石油加工、炼焦和核燃料加工业	86577	13848	7536	65193
化学原料和化学制品制造业	86316	11191	11510	63615

5-12 续表 1

单位：人

项目	在岗职工人数合计	国有经济单位	城镇集体经济单位	其他经济单位
医药制造业	31194	745	194	30255
化学纤维制造业	5365	8	241	5116
橡胶和塑料制品业	56367	501	7457	48409
非金属矿物制品业	68425	4829	8296	55300
黑色金属冶炼和压延加工业	296432	128209	10091	158132
有色金属冶炼和压延加工业	40484	1051	4241	35192
金属制品业	84221	4700	14781	64740
通用设备制造业	186304	10275	11934	164095
专用设备制造业	112204	5075	4763	102366
汽车制造业	114285	3235	3862	107188
铁路、船舶、航空航天和其他运输设备制造业	73884	9117	10241	54526
电气机械和器材制造业	76327	963	3531	71833
计算机、通信和其他电子设备制造业	70199	2220	4261	63718
仪器仪表制造业	19194	1529	865	16800
其他制造业	7938	3622	1016	3300
废弃资源综合利用业	4040	23	376	3641
金属制品、机械和设备修理业	17230	301	4800	12129
电力、热力、燃气及水生产和供应业	**158241**	**79550**	**1654**	**77037**
电力、热力生产和供应业	107876	50156	1071	56649
燃气生产和供应业	13663	3521	192	9950
水的生产和供应业	36702	25873	391	10438
建筑业	**944514**	**112613**	**105594**	**726307**
房屋建筑业	527851	34410	63759	429682
土木工程建筑业	250115	61007	18448	170660
建筑安装业	115251	11276	22154	81821
建筑装饰和其他建筑业	51297	5920	1233	44144
批发和零售业	**264365**	**36581**	**11956**	**215828**
批发业	100549	24796	4635	71118
零售业	163816	11785	7321	144710
交通运输、仓储和邮政业	**370155**	**227779**	**16217**	**126159**
铁路运输业	118601	113344	1063	4194
道路运输业	137914	65246	13041	59627
水上运输业	38640	8283	31	30326
航空运输业	19147	9225	13	9909
管道运输业	3839	2020		1819
装卸搬运和运输代理业	17558	1784	1836	13938
仓 储 业	11153	6278	193	4682
邮政业	23303	21599	40	1664
住宿和餐饮业	**77543**	**22034**	**3831**	**51678**
住宿业	51826	20304	3216	28306
餐饮业	25717	1730	615	23372
信息传输、软件和信息技术服务业	**122020**	**17179**	**258**	**104583**
电信、广播电视和卫星传输服务	66889	14811	177	51901
互联网和相关服务	8261	399	34	7828
软件和信息技术服务业	46870	1969	47	44854

5-12 续表 2

单位：人

项　　目	在岗职工人数合计	国有经济单位	城镇集体经济单位	其他经济单位
金融业	**187214**	**76004**	**23137**	**88073**
货币金融服务业	143493	68131	21777	53585
资本市场服务业	3247	1011		2236
保险业	39281	6532	1110	31639
其他金融业	1193	330	250	613
房地产业	**132826**	**19350**	**1949**	**111527**
房地产开发经营	69034	4681	224	64129
物业管理	52502	8574	1115	42813
房地产中介服务	5145	831	274	4040
租赁和商务服务业	**126549**	**59014**	**21166**	**46369**
租赁业	1065	155	31	879
商务服务业	125484	58859	21135	45490
科学研究、技术服务业	**160571**	**113834**	**5988**	**40749**
研究和试验发展	36695	29545	248	6902
专业技术服务业	106297	70063	5417	30817
科技推广和应用服务业	17579	14226	323	3030
水利、环境和公共设施管理业	**135980**	**122576**	**3658**	**9746**
水利管理业	21691	19574	490	1627
生态保护和环境治理业	6188	5561	132	495
公共设施管理业	108101	97441	3036	7624
居民服务、修理和其他服务业	**27155**	**15384**	**2088**	**9683**
居民服务业	12759	8526	1008	3225
机动车、电子产品和日用产品修理业	4286	682	651	2953
其他服务业	10110	6176	429	3505
教育	**568473**	**550111**	**3642**	**14720**
初等教育	157988	156227	238	1523
中等教育	246775	241722	686	4367
高等教育	101681	99614	744	1323
卫生和社会工作	**316607**	**288137**	**14224**	**14246**
卫生	293904	266367	13720	13817
社会工作	22703	21770	504	429
文化、体育和娱乐业	**53787**	**42908**	**548**	**10331**
新闻和出版业	12517	8414	409	3694
广播、电视、电影和影视录音制作业	15863	14264	56	1543
文化艺术业	18163	17287	53	823
体育	4013	2308	23	1682
娱乐业	3231	635	7	2589
公共管理、社会保障和社会组织	**517522**	**513064**	**1044**	**3414**
中国共产党机关	24220	24220		
国家机构	464869	464869		
人民政协、民主党派	3179	3179		
社会保障	7461	7461		
群众社团、社会团体和其他成员组织	13857	12962	55	840

5-13 国有单位分行业在岗职工人数

单位：万人

行　　业	2006年	2007年	2008年	2009年	2010年	2011年	2012年	2013年
总　　计	**292.5**	**289.4**	**292.8**	**271.2**	**271.6**	**294.6**	**298.8**	**279.8**
农、林、牧、渔业	27.9	28.8	30.1	26.4	26.6	25.0	23.8	22.1
采　　矿　　业	17.3	17.1	20.8	8.2	8.3	14.6	13.4	6.7
制　　造　　业	35.4	33.8	34.2	30.7	29.4	31.0	30.1	21.5
电力、燃气及水的生产和供应业	11.0	10.8	10.4	9.5	9.9	9.6	9.5	8.0
建　　筑　　业	9.3	8.7	9.2	9.2	10.1	13.4	14.8	11.3
批发和零售业	5.2	4.1	3.8	4.6	3.7	3.9	3.8	3.7
交通运输、仓储及邮政业	27.7	27.5	25.5	23.6	21.6	23.4	22.8	22.8
住宿和餐饮业	1.8	1.6	1.4	1.4	1.6	2.0	1.9	2.2
信息转输、软件和信息技术服务业	2.0	1.9	2.1	2.0	2.1	2.4	2.5	1.7
金 融 业	6.4	6.0	6.6	6.6	6.5	7.2	7.7	7.6
房　地　产　业	3.0	2.7	2.5	2.3	2.4	3.2	2.7	1.9
租赁和商务服务业	5.3	5.7	6.0	4.7	4.7	6.1	4.7	5.9
科学研究和技术服务业	7.9	8.1	8.2	8.7	9.2	10.4	12.0	11.4
水利、环境和公共设施管理业	10.2	10.4	9.8	9.6	10.3	11.7	12.0	12.3
居民服务、修理和其他服务业	1.2	1.1	1.2	1.4	2.0	2.0	1.7	1.5
教育	49.8	49.9	48.5	48.5	49.3	51.2	53.8	55.0
卫生和社会工作	20.3	20.3	20.5	21.0	21.9	24.2	26.4	28.8
文化、体育和娱乐业	4.6	4.5	4.5	4.9	4.5	4.6	4.5	4.3
公共管理、社会保障和社会组织	46.3	46.5	47.6	47.9	47.5	48.8	50.9	51.3
国际组织								

5-14 各地区国有单位分行业在岗职工人数

(2013年末)

单位：人

行　　业	沈阳	大连	鞍山	抚顺	本溪	丹东	锦州
总　　计	**511320**	**294945**	**318047**	**108580**	**107933**	**145602**	**164614**
农、林、牧、渔业	2128	1124	3123	4422	696	5424	10544
采　　矿　　业				543	194	662	3335
制　　造　　业	16201	21495	131449	6932	870	2902	5979
电力、燃气及水的生产和供应业	14715	3411	9476	5636	3537	5990	11079
建　　筑　　业	19755	14396	6288	2439	1289	7256	7363
批发和零售业	10183	2961	2726	1734	1910	1944	2432
交通运输、仓储及邮政业	23513	14006	17336	6403	3388	5622	9905
住宿和餐饮业	4353	3400	1437	1049	377	1014	607
信息转输、软件和信息技术服务业	4313	816	2247	409	1612	888	1274
金 融 业	19531	14984	3726	1527	5468	3913	6376
房　地　产　业	223	1005	2819	700	1769	1541	2037
租赁和商务服务业	15306	8627	6607	3325	903	1220	2221
科学研究和技术服务业	40686	9303	11689	2646	4506	11875	7517
水利、环境和公共设施管理业	33606	9213	13310	7414	4710	9390	4915
居民服务、修理和其他服务业	1806	1316	571	288	422	353	1095
教育	130993	75161	39282	23660	24848	37393	35650
卫生和社会工作	72181	37988	21985	13239	30243	20015	16528
文化、体育和娱乐业	12404	9150	3089	1325	1502	1949	2909
公共管理、社会保障和社会组织	89423	66589	40887	24889	19689	26251	32848
国际组织							

5-14 续表

单位：人

行业	营口	阜新	辽阳	盘锦	铁岭	朝阳	葫芦岛
总　计	**109738**	**90744**	**94502**	**313717**	**138977**	**142730**	**109731**
农、林、牧、渔业	554	4003	4279	162133	16228	2248	3025
采　矿　业	216	400		58672	266	1035	1150
制　造　业	311	1149	13346	1585	4366	1274	3707
电力、燃气及水的生产和供应业	4446	5128	1019	1642	3797	5752	3922
建　筑　业	11343	2424	5494	8987	9890	959	5061
批发和零售业	770	1467	850	920	4050	1242	1536
交通运输、仓储及邮政业	9341	3029	2877	2857	5383	6100	5316
住宿和餐饮业	441	507	246	789	234	383	314
信息转输、软件和信息技术服务业	1025	456		1401	1352	757	307
金融业	4471	3095	1083	1753	1896	3767	4394
房地产业	643	783	1231	613	2126	1643	712
租赁和商务服务业	1609	970	658	11211	2495	1037	787
科学研究和技术服务业	2859	2580	2506	2550	5538	3988	4200
水利、环境和公共设施管理业	6071	4117	7978	7624	4771	5032	4425
居民服务、修理和其他服务业	241	179	214	152	405	3397	307
教育	22991	25810	18498	16519	29402	42843	26660
卫生和社会工作	10256	11150	10002	7857	10917	13780	10952
文化、体育和娱乐业	1431	1660	1415	1633	1440	1488	1075
公共管理、社会保障和社会组织	30719	21837	22806	24819	34421	46005	31881
国际组织							

5-15 城镇集体单位分行业在岗职工人数

单位：万人

行业	2006年	2007年	2008年	2009年	2010年	2011年	2012年	2013年
总　计	**37.2**	**34.4**	**32**	**30.3**	**29.6**	**32.1**	**33.0**	**34.6**
农、林、牧、渔业	0.3	0.2	0.2	0.2	0.1	0.1	0.1	0.1
采　矿　业	1.8	1.7	1.4	1.2	1.2	1.4	1.4	0.8
制　造　业	15.6	14.8	13.6	12.7	11.9	12.5	12.5	12.0
电力、燃气及水的生产和供应业	0.4	0.4	0.4	0.3	0.2	0.4	0.4	0.2
建　筑　业	8.2	7.1	6.3	5.9	6.0	7.6	8.9	10.6
批发和零售业	2.1	1.8	1.5	1.5	1.8	1.8	1.3	1.2
交通运输、仓储及邮政业	1.5	1.4	0.9	0.9	0.8	0.7	0.6	1.6
住宿和餐饮业	0.3	0.3	0.3	0.3	0.3	0.3	0.4	0.4
信息转输、软件和信息技术服务业	0.1	0.1						
金融业	2.7	2.6	2.5	2.3	2.3	2.4	2.4	2.3
房地产业	0.2	0.2	0.2	0.2	0.2	0.2	0.3	0.2
租赁和商务服务业	1.5	1.4	2.1	1.9	2.0	1.6	1.5	2.1
科学研究和技术服务业	0.3	0.3	0.3	0.4	0.3	0.3	0.3	0.6
水利、环境和公共设施管理业	0.3	0.3	0.3	0.2	0.2	0.3	0.3	0.4
居民服务、修理和其他服务业	0.3	0.3	0.3	0.3	0.3	0.4	0.3	0.2
教育	0.2	0.2	0.2	0.2	0.2	0.5	0.4	0.4
卫生和社会工作	1.2	1.2	1.3	1.5	1.4	1.4	1.6	1.4
文化、体育和娱乐业								0.1
公共管理、社会保障和社会组织	0.1	0.1	0.1	0.1	0.1	0.1	0.1	0.1
国际组织								

5-16 各地区集体单位分行业在岗职工人数

(2013年末)　　　　单位：人

行　业	沈阳	大连	鞍山	抚顺	本溪	丹东	锦州
总　计	**53348**	**34428**	**67961**	**19902**	**19802**	**14918**	**23301**
农、林、牧、渔业		369	69	26	42	18	
采　矿　业			688	923	1617	145	655
制　造　业	17252	12301	26836	5315	8063	3914	8308
电力、燃气及水的生产和供应业	287	13	219	558	28	162	162
建　筑　业	19113	10485	17810	8801	5259	4064	6734
批发和零售业	2718	834	2048	534	483	826	1223
交通运输、仓储及邮政业	664	639	10510	127	595	468	911
住宿和餐饮业	409	1164	192	105	40	268	271
信息转输、软件和信息技术服务业	4			26		121	
金 融 业	3732		1990	1153	1008	717	1711
房 地 产 业	226	843	114	29	64	434	117
租赁和商务服务业	4731	4232	1191	1079	1270	453	1855
科学研究和技术服务业	1713	565	2426	97	61	179	178
水利、环境和公共设施管理业	400	127	720	47	178	403	638
居民服务、修理和其他服务业	519	250	775	147	13	93	81
教育	657	868	588	8	128	909	31
卫生和社会工作	836	1721	1710	556	940	1708	426
文化、体育和娱乐业	65	17	53	371	3	25	
公共管理、社会保障和社会组织	22		22		10	11	
国际组织							

5-16 续表　　　　单位：人

行　业	营口	阜新	辽阳	盘锦	铁岭	朝阳	葫芦岛
总　计	**16583**	**10511**	**19035**	**4139**	**20372**	**10873**	**31017**
农、林、牧、渔业		65		15		11	
采　矿　业	57	3295	1016				42
制　造　业	7314	2231	5860	760	7588	1242	13199
电力、燃气及水的生产和供应业	55		85	49			36
建　筑　业	2826	905	7904	1618	5480	3757	10838
批发和零售业	858	985	139	344	491	261	212
交通运输、仓储及邮政业	82	284	1349	63	208	267	50
住宿和餐饮业	22	139	19	283	21	9	889
信息转输、软件和信息技术服务业	65	14					28
金 融 业	210	1152	1100	317	3794	3332	2921
房 地 产 业	40		3	36	28	15	
租赁和商务服务业	2722	506	464	8	640	305	1710
科学研究和技术服务业	100	56	125	128	116	135	109
水利、环境和公共设施管理业	41	47	539	214	249		55
居民服务、修理和其他服务业	29	65	10	50		46	10
教育	4	165		13	271		
卫生和社会工作	1169	598	422	241	1486	1493	918
文化、体育和娱乐业	10	4					
公共管理、社会保障和社会组织	979						
国际组织							

5-17 其他经济单位分行业在岗职工人数

单位：万人

行业	2006年	2007年	2008年	2009年	2010年	2011年	2012年	2013年
总　计	**146.4**	**149.2**	**160.9**	**183.5**	**192.3**	**230.5**	**240.6**	**333.7**
农、林、牧、渔业	0.7	0.7	0.6	0.6	0.9	1.0	0.6	0.5
采　矿　业	10.6	10.9	11.1	25.9	25.5	16.8	16.7	25.6
制　造　业	89.6	90.3	92.6	95.8	98.7	121.1	123.0	142.5
电力、燃气及水的生产和供应业	5.2	5.7	5.9	6.2	6.1	6.7	6.2	7.7
建　筑　业	11.3	10.9	11.7	13.0	13.0	23.3	31.4	72.6
批发和零售业	8.4	7.9	9.6	10.6	10.9	15.5	14.9	21.6
交通运输、仓储及邮政业	3.6	3.8	6.3	6.4	7.2	8.3	8.9	12.6
住宿和餐饮业	3.5	4.2	4.5	4.7	4.1	4.8	4.7	5.2
信息转输、软件和信息技术服务业	2.8	3.3	3.8	3.9	4.6	5.8	6.3	10.5
金 融 业	4.8	5.6	5.5	6.1	6.5	7.7	8.3	8.8
房 地 产 业	2.8	2.7	3.3	4.6	5.8	7.6	8.8	11.2
租赁和商务服务业	0.9	0.8	1.8	1.7	3.7	4.6	3.0	4.6
科学研究和技术服务业	1.0	0.9	1.2	1.4	1.8	2.4	2.8	4.1
水利、环境和公共设施管理业	0.2	0.3	0.3	0.4	0.4	0.7	0.8	1.0
居民服务、修理和其他服务业	0.4	0.4	0.4	0.4	0.5	0.6	0.6	1.0
教育	0.1	0.1	0.5	0.6	1.2	1.7	1.5	1.5
卫生和社会工作	0.3	0.3	1.3	0.8	0.9	1.2	1.2	1.4
文化、体育和娱乐业	0.3	0.3	0.3	0.3	0.4	0.4	0.4	1.0
公共管理、社会保障和社会组织				0.1	0.1	0.3	0.3	0.3
国际组织								

5-18 城镇登记失业人数及失业率

（年末数）

年份	城镇登记失业人数（万人）	#女性	女性占城镇登记失业人数（%）	失业率（%）
1980	44.7			
1985	19.7			1.9
1986	20.2			2.0
1987	25.4			2.4
1988	25.8			2.4
1989	28.3			3.3
1990	23.7			2.7
1991	24.9			2.2
1992	26.7			2.4
1993	28.5			2.6
1994	30.0			2.5
1995	30.4			2.6
1996	40.8	22.5	55.1	3.6
1997	43.5	23.4	53.8	3.7
1998	40.0	21.0	52.5	3.4
1999	39.8	21.5	54.0	3.5
2000	40.8	21.6	52.9	3.7
2001	55.5	29.2	52.6	4.8
2002	75.5	39.1	51.8	6.8
2003	72.0	46.0	63.9	6.7
2004	68.2	44.2	64.8	6.3
2005	60.4	35.3	58.4	5.7
2006	53.9	28.1	52.1	5.1
2007	44.5	23.4	52.6	4.4
2008	39.0	18.6	47.7	3.8
2009	41.6	19.4	46.6	3.9
2010	39.5	20.5	51.9	3.7
2011	39.4	19.7	50.0	3.7
2012	38.1	18.3	48.0	3.6
2013	39.6	18.2	46.0	3.4

5-19 各地区城镇登记失业人数及失业率

地 区	年末城镇登记失业人数(万人)							城镇登记失业率(%)						
	2007年	2008年	2009年	2010年	2011年	2012年	2013年	2007年	2008年	2009年	2010年	2011年	2012年	2013年
全 省	**44.5**	**39.0**	**41.6**	**39.5**	**39.4**	**38.1**	**39.6**	**4.4**	**3.8**	**3.9**	**3.7**	**3.7**	**3.6**	**3.4**
沈 阳	8.1	7.6	7.7	7.8	7.6	7.7	9.1	3.3	3.3	3.1	3.1	3.1	3.0	3.0
大 连	5.0	5.3	6.7	7.2	8.0	8.5	9.5	2.2	2.4	2.8	2.7	2.9	2.6	2.6
鞍 山	4.4	3.2	3.2	2.0	2.0	2.0	2.2	4.3	3.3	3.1	2.0	2.0	2.0	2.0
抚 顺	4.1	3.8	4.1	4.0	3.7	3.6	2.4	4.5	4.4	4.5	4.3	4.2	3.9	2.5
本 溪	3.4	3.1	3.0	2.9	2.7	2.7	3.0	5.2	5.0	4.5	4.0	4.2	3.9	4.0
丹 东	2.4	2.4	2.4	2.2	2.3	2.3	1.5	4.8	4.9	4.5	4.1	4.2	4.3	2.8
锦 州	3.5	1.7	1.7	1.8	1.3	1.1	1.4	4.7	4.1	3.7	3.9	3.8	2.3	2.1
营 口	1.8	1.7	2.2	1.6	1.7	1.2	1.3	3.3	3.2	3.5	2.6	3.1	2.0	2.0
阜 新	2.1	2.1	1.8	1.7	2.0	2.0	2.0	5.0	5.1	4.3	4.0	3.9	4.0	3.9
辽 阳	2.0	1.7	1.5	1.2	1.0	0.9	1.2	4.5	4.0	3.3	2.7	2.6	2.3	2.5
盘 锦	1.3	1.3	1.8	1.9	1.8	1.7	1.7	2.8	2.9	3.6	3.7	2.9	2.7	2.7
铁 岭	1.9	1.6	1.8	1.8	1.9	1.4	1.1	3.6	3.4	3.9	3.9	3.6	2.7	2.7
朝 阳	1.9	1.4	1.4	1.5	1.7	1.3	1.0	4.2	3.2	2.8	2.8	3.8	2.9	1.9
葫芦岛	2.6	2.3	2.2	2.0	1.7	1.6	1.5	4.7	4.4	3.9	3.6	3.7	3.1	2.9

5-20 职工工资总额及指数

年份、地区	绝对数(亿元)				指数(上年=100)			
	合计	国有经济单位	城镇集体经济单位	其他经济单位	合计	国有经济单位	城镇集体经济单位	其他经济单位
1990	217.8	158.1	55.3	4.4	112.3	113.6	108.2	122.2
1991	242.1	174.8	61.6	5.7	111.2	110.6	111.4	129.5
1992	282.0	204.1	70.1	7.8	116.5	116.8	113.8	136.8
1993	342.5	248.5	79.1	14.9	121.5	121.8	112.8	191.0
1994	439.7	319.4	90.4	29.9	128.4	128.5	114.3	200.7
1995	496.9	368.1	97.2	31.6	113.0	115.2	107.5	105.7
1996	525.3	394.2	94.6	36.5	105.7	107.1	97.3	115.4
1997	544.5	408.1	92.4	44.0	103.6	103.5	97.6	120.6
1998	521.3	384.9	71.7	64.7	95.7	94.3	197.6	147.0
1999	529.6	388.9	62.1	78.6	101.6	101.0	86.6	121.5
2000	553.1	404.2	57.1	91.8	104.4	103.9	91.9	116.8
2001	595.9	425.3	51.9	118.7	107.7	105.2	90.9	129.3
2002	635.9	437.8	43.7	154.4	106.7	102.9	84.1	130.1
2003	680.6	455.6	41.3	183.7	107.0	104.1	94.5	118.9
2004	759.8	501.0	40.8	218.1	111.6	110.0	98.8	118.7
2005	862.9	566.4	39.7	256.8	113.6	113.1	97.3	117.7
2006	973.0	631.9	44.0	297.1	112.8	111.6	110.8	115.7
2007	1143.0	745.1	46.4	351.5	117.5	117.9	105.5	118.3
2008	1396.4	892.0	53.7	450.7	122.2	119.7	115.8	128.2
2009	1552.5	912.5	56.4	583.6	111.2	102.3	105.0	129.5
2010	1771.8	1013.0	63.4	695.5	114.1	111.0	112.3	119.2
2011	2171.6	1186.5	83.5	901.6	122.6	117.1	131.7	129.6
2012	2466.9	1320.7	99.3	1046.9	113.6	111.3	119.0	116.1
2013	3078.3	1303.4	118.9	1656.0	124.8	98.7	119.7	158.2
沈　阳	699.9	287.9	20.2	391.9	133.8	96.3	109.0	190.4
大　连	742.7	197.6	16.4	528.7	126.6	97.9	156.7	141.3
鞍　山	244.1	145.9	18.1	80.1	135.6	115.8	142.6	193.6
抚　顺	147.0	44.8	6.1	96.1	124.5	101.9	121.3	139.1
本　溪	124.3	43.0	4.6	76.6	120.4	54.0	89.1	417.7
丹　东	92.7	48.1	4.1	40.5	124.4	99.2	116.4	180.0
锦　州	124.1	63.0	6.8	54.3	111.0	99.2	88.4	133.6
营　口	114.0	48.0	4.6	61.4	111.2	100.6	101.4	122.3
阜　新	83.5	36.4	2.7	44.4	108.9	59.5	61.0	398.6
辽　阳	89.7	37.1	10.6	42.1	118.1	115.5	117.3	120.8
盘　锦	177.8	92.6	0.9	84.3	119.0	116.3	67.4	123.1
铁　岭	111.5	49.2	6.6	55.7	135.8	119.4	158.0	151.7
朝　阳	124.0	60.4	7.9	55.7	107.9	102.3	111.6	114.0
葫芦岛	100.1	46.8	9.3	44.0	141.1	114.8	164.6	179.1

5-21 在岗职工平均工资及指数

年份、地区	在岗职工平均工资(元)				指数(上年=100)			
	合计	国有经济单位	城镇集体经济单位	其他经济单位	合计	国有经济单位	城镇集体经济单位	其他经济单位
1990	2180	2388	1740	2300	111.0	111.7	108.6	108.6
1991	2371	2582	1904	2741	108.8	108.1	109.4	119.2
1992	2715	2975	2134	3265	114.5	115.2	112.1	119.1
1993	3305	3593	2568	4071	121.7	120.8	120.3	124.7
1994	4269	4766	2940	5717	129.2	132.6	114.5	140.4
1995	4877	5434	3333	6349	114.2	114.0	113.4	111.1
1996	5269	5894	3462	6648	108.0	108.5	103.9	104.7
1997	5591	6226	3583	7266	106.1	105.6	103.5	109.3
1998	7161	7604	4972	8285	128.1	122.1	138.8	114.0
1999	7895	8370	5161	9122	110.2	110.1	103.8	110.1
2000	8811	9221	5721	10196	111.6	110.2	110.9	111.8
2001	10145	10609	6354	11258	115.1	115.1	111.1	110.4
2002	11659	12239	7094	12214	114.9	115.4	111.6	108.5
2003	13008	13603	7629	13665	111.6	111.1	107.5	111.9
2004	14922	15716	8466	15301	114.7	115.5	111.0	112.0
2005	17331	18360	9161	17550	116.1	116.8	108.2	114.7
2006	19624	20681	10888	19797	113.2	112.6	118.9	112.8
2007	23202	24748	12242	22834	118.2	119.7	112.4	115.3
2008	27729	29456	15365	27163	119.5	119.0	125.5	119.0
2009	31104	32572	17369	31266	112.2	110.6	113.0	115.1
2010	35057	36371	20237	35527	112.7	111.7	116.5	113.6
2011	38713	40553	24591	38462	110.4	111.5	121.5	108.3
2012	42503	44062	28634	42559	109.8	108.7	116.4	110.7
2013	46310	46890	32417	47305	109.0	106.4	113.2	111.2
沈　阳	51344	57771	38042	48270	105.1	106.1	108.4	110.2
大　连	59061	68095	47286	56689	107.7	101.8	111.1	112.6
鞍　山	40263	45033	26856	37287	116.6	114.3	117.8	131.7
抚　顺	42527	41345	28862	44450	109.7	107.8	117.5	109.1
本　溪	41277	39572	23354	44406	106.5	94.7	107.5	125.2
丹　东	32179	33073	25345	32016	112.4	100.3	108.8	139.6
锦　州	39752	39414	28864	42163	105.4	106.4	98.8	102.6
营　口	39615	44050	27058	37936	110.0	110.6	99.6	111.8
阜　新	40035	40727	23564	41190	103.8	94.2	92.0	148.8
辽　阳	43053	39102	38807	48729	107.0	111.1	101.6	103.4
盘　锦	37760	29697	22588	54397	111.2	113.2	120.6	102.8
铁　岭	39763	35304	31834	46287	109.0	113.2	155.6	91.4
朝　阳	39091	42326	44295	35551	107.7	101.3	122.4	113.6
葫芦岛	39724	42401	28424	40426	113.4	122.1	117.0	102.0

注：1978-1997年为全部职工平均工资。

5-22 按登记注册类型分在岗职工平均工资

单位：元

年份、地区	合计	国有经济单位	城镇集体经济单位	股份合作单位	联营单位	有限责任公司	股份有限公司	其他经济单位	港澳台商投资单位	外商投资单位
1995	4877	5434	3333							
1996	5269	5894	3462							
1997	5591	6226	3583							
1998	7161	7604	4972	5381	5547	7875	7946	5684	9133	9951
1999	7895	8370	5161	5817	6578	8534	8517	6380	10060	11487
2000	8811	9221	5721	6422	6460	9816	10003	4828	10539	12109
2001	10145	10609	6354	6584	8877	10826	11441	5643	12505	12766
2002	11659	12239	7094	8122	9173	11206	13960	9186	12805	14277
2003	13008	13603	7629	8685	8810	12839	16165	8422	13846	15060
2004	14922	15716	8466	10132	10439	14489	19009	9828	15902	15821
2005	17331	18360	9161	11364	10646	17148	21874	10163	17164	17448
2006	19624	20681	10888	13261	11843	19056	25312	10053	18959	19556
2007	23202	24748	12242	14640	15471	22074	29851	12089	21520	21826
2008	27729	29456	15365	18305	19166	26826	34466	17202	25307	26388
2009	31104	32572	17369	19927	20288	29670	39677	19546	29123	29626
2010	35057	36371	20237	23099	22486	33368	46281	23092	31241	34121
2011	38713	40553	24591	27409	27636	36064	51237	25964	36018	38513
2012	42503	44062	28634	32169	30429	39161	56226	30671	40261	44633
2013	46310	46890	32417	35876	41436	42822	59752	33430	46243	53836
沈　阳	51344	57771	38042	37417	28421	43300	56837	39075	48078	60296
大　连	59061	68095	47286	43823	42769	53054	80664	45365	50005	56850
鞍　山	40263	45033	26856	39143	19240	36996	44988	26810	37324	34259
抚　顺	42527	41345	28862	41041	15200	39752	60552	48364	36017	37294
本　溪	41277	39572	23354	18772		42316	49694	25407	46104	36196
丹　东	32179	33073	25345	21080	20929	30960	38349	20810	42243	31301
锦　州	39752	39414	28864	31451	38080	37865	58548	28326	37761	39871
营　口	39615	44050	27058	23451	39305	36499	43455	33986	38806	38956
阜　新	40035	40727	23564	43107	30199	41787	42622	30519	27670	41137
辽　阳	43053	39102	38807	30336		39113	73531	26719	63377	35595
盘　锦	37760	29697	22588	36627		39051	67613	23853	47816	48774
铁　岭	39763	35304	31834	28182	30467	47444	38492	30981	49737	41669
朝　阳	39091	42326	44295	24379	54352	35139	41197	37911	31525	48523
葫芦岛	39724	42401	28424	32346	29631	37511	50110	33716	21092	49703

注：1995-1997年为全部职工平均工资。

5-23 分细行业在岗职工平均工资

(2013年) 单位：元

项目	在岗职工合计	国有经济单位	城镇集体经济单位	其他经济单位
全省总计	**46310**	**46890**	**32417**	**47305**
按隶属关系分组				
中　　央		67739		
省　　属		58077		
市　　属		43181		
县及县以下		35757		
其　　他		54089		
按企、事业和机关分组				
企　　业	46507	48113	32262	47389
#地　方		31589		
事　　业	46415	46768	35157	28871
#地　方		45631		
机　　关	43952	44011	41617	28335
#地　方		43499		
按国民经济行业分组				
农、林、牧、渔业	**13195**	**12368**	**32904**	**45606**
农　　业	10604	10554	21774	24936
林　　业	30006	29961	44174	7762
畜 牧 业	20749	16560	37250	30195
渔　　业	44698	27328	24306	50958
农、林、牧、渔服务业	32640	32338	60877	23424
采 矿 业	**56807**	**64589**	**22295**	**55985**
煤炭开采和洗选业	50737	36794	16839	51961
石油和天然气开采业	80525			80525
黑色金属矿采选业	44250	13950	23839	50821
有色金属矿采选业	41026	27695	31058	41632
非金属矿采选业	31984	22667	30520	33408
开采辅助活动	68863	69234		49606
其他采矿业	44576	53647		34539
制 造 业	**45372**	**48482**	**28194**	**46340**
农副食品加工业	38926	51167	14370	38533
食品制造业	34677	17948	21173	35226
酒、饮料和	40890	17839	21463	41189
烟草制品业	98374		68588	101218
纺织业	25789	29064	22265	25832
纺织服装、服饰业	34854	17514	18850	35231
皮革、毛皮、羽毛及其制品和制鞋业	37349	26841	11451	38716
木材加工和木、竹、藤、棕、草制品业	35754	29337	24885	36559
家具制造业	45078	32357	27874	45428
造纸和纸制品业	27429	26838	18993	28126
印刷和记录媒介复制业	34185	35430	25042	37705
文教、工美、体育和娱乐用品制造业	33144	34865	19575	34250
石油加工、炼焦和核燃料加工业	68239	71880	23815	72569
化学原料和化学制品制造业	45294	35741	42922	47334

5-23 续表 1

单位：元

项　　目	在岗职工合计	国有经济单位	城镇集体经济单位	其他经济单位
医药制造业	38158	55133	22096	37855
化学纤维制造业	28247	22500	33231	28033
橡胶和塑料制品业	40978	42903	23819	43595
非金属矿物制品业	33554	30071	26084	34942
黑色金属冶炼和压延加工业	46273	48410	20178	46078
有色金属冶炼和压延加工业	39204	58615	25846	40361
金属制品业	43586	35847	19701	49628
通用设备制造业	44225	56645	25298	44838
专用设备制造业	54198	49717	24665	55844
汽车制造业	61508	32934	27812	63567
铁路、船舶、航空航天和其他运输设备制造业	56257	59915	30227	60503
电气机械和器材制造业	39085	42158	24994	39756
计算机、通信和其他电子设备制造业	44577	49734	89374	41407
仪器仪表制造业	35216	20005	24375	37189
其他制造业	34299	39451	22099	32488
废弃资源综合利用业	35285	22167	27086	36072
金属制品、机械和设备修理业	33551	61837	25123	36223
电力、热力、燃气及水生产和供应业	**56246**	**59312**	**26683**	**53712**
电力、热力生产和供应业	64719	74642	22982	56454
燃气生产和供应业	41159	28798	21078	46014
水的生产和供应业	36923	32648	39680	46836
建筑业	**39621**	**43561**	**34432**	**39847**
房屋建筑业	40521	42278	34965	41247
土木工程建筑业	39734	45922	30782	38599
建筑安装业	36916	38842	35507	37018
建筑装饰和其他建筑业	33050	35988	31552	32697
批发和零售业	**41011**	**54558**	**22595**	**39720**
批发业	51483	65500	24471	48285
零售业	34597	31237	21408	35540
交通运输、仓储和邮政业	**56132**	**58419**	**37916**	**54365**
铁路运输业	71436	71998	25665	67843
道路运输业	34751	29630	41673	38858
水上运输业	72917	78920	45742	71323
航空运输业	95321	99699	13846	91388
管道运输业	59005	53384		65239
装卸搬运和运输代理业	53448	51016	19282	58203
仓 储 业	40635	37937	28515	44861
邮政业	53633	55911	51964	27944
住宿和餐饮业	**33169**	**37789**	**26437**	**31687**
住宿业	35014	38461	27333	33379
餐饮业	29508	29899	21850	29680
信息传输、软件和信息技术服务业	**74059**	**60320**	**36252**	**76437**
电信、广播电视和卫星传输服务	64835	58108	43831	66822
互联网和相关服务	121102	43986	15412	126174
软件和信息技术服务业	79543	80824	22787	79547

5-23 续表 2

单位：元

项目	在岗职工合计	国有经济单位	城镇集体经济单位	其他经济单位
金融业	**83404**	**88083**	**49529**	**88430**
货币金融服务业	89241	90302	49707	104163
资本市场服务业	129226	199761		102198
保险业	57924	50299	47614	59976
其他金融业	63553	83942	42448	61003
房地产业	**45946**	**34695**	**34111**	**48129**
房地产开发经营	59670	47160	31465	60705
物业管理	29638	27657	25231	30158
房地产中介服务	41344	36059	79056	39720
租赁和商务服务业	**35564**	**32848**	**27010**	**42844**
租赁业	24605	40219	38600	21374
商务服务业	35657	32829	26994	43256
科学研究、技术服务业	**60182**	**56102**	**49436**	**73136**
研究和试验发展	72048	71578	28894	75633
专业技术服务业	59881	53601	51194	75636
科技推广和应用服务业	37128	36040	35868	42324
水利、环境和公共设施管理业	**31194**	**31439**	**23728**	**30996**
水利管理业	33630	32980	25310	44113
生态保护和环境治理业	41313	43035	26424	27703
公共设施管理业	30160	30514	23354	28472
居民服务、修理和其他服务业	**34995**	**39037**	**29558**	**29821**
居民服务业	30764	30999	32000	29778
机动车、电子产品和日用产品修理业	35539	32848	25790	38273
其他服务业	40156	50918	29698	22464
教育	**50771**	**51060**	**35027**	**43819**
初等教育	46925	46995	54266	38435
中等教育	48138	48145	39532	49122
高等教育	66970	67124	41599	70259
卫生和社会工作	**49340**	**50459**	**35844**	**40194**
卫生	49855	51023	36338	40749
社会工作	42705	43579	22668	23305
文化、体育和娱乐业	**47401**	**48053**	**34302**	**45454**
新闻和出版业	54428	50193	35926	65957
广播、电视、电影和影视录音制作业	53469	54957	31018	40401
文化艺术业	41795	41674	24547	45470
体育	38140	45920	40174	27009
娱乐业	34172	46118	18167	31597
公共管理、社会保障和社会组织	**42985**	**43175**	**31478**	**18087**
中国共产党机关	43671	43671		
国家机构	43173	43173		
人民政协、民主党派	52292	52292		
社会保障	40655	40655		
群众社团、社会团体和其他成员组织	40395	41727	28643	20576

5-24 各地区在岗职工平均工资

单位：元

地区	2010年				2011年				2012年				2013年			
	合计	国有单位	集体单位	其他单位	合计	国有单位	集体单位	其他单位	合计	国有单位	集体单位	其他单位	合计	国有单位	集体单位	其他单位
全省	**35057**	**36371**	**20237**	**35527**	**38713**	**40553**	**24591**	**38462**	**42503**	**44062**	**28634**	**42559**	**46310**	**46890**	**32417**	**47305**
沈阳	41525	49968	24706	34118	45306	52049	27711	39834	48835	54455	35081	43817	51344	57771	38042	48270
大连	44617	56729	30412	39356	49730	62882	36699	44872	54820	66860	42564	50337	59061	68095	47286	56689
鞍山	32913	37080	17123	26302	33730	39501	20182	26037	34527	39412	22799	28322	40263	45033	26856	37287
抚顺	35148	34872	19773	37251	36191	35786	23070	38058	38757	38342	24559	40745	42527	41345	28862	44450
本溪	31823	34791	15416	24525	36845	41188	19951	29203	38766	41795	21727	35462	41277	39572	23354	44406
丹东	25863	30911	17988	17862	27055	32315	24445	20612	28630	32977	23304	22932	32179	33073	25345	32016
锦州	29450	30164	16943	31325	33500	33035	25206	36667	37703	37055	29202	41090	39752	39414	28864	42163
营口	30592	35068	18720	26299	31902	36332	22141	28903	36028	39826	27160	33944	39615	44050	27058	37936
阜新	25354	27670	14712	19929	33110	36859	20710	24125	38558	43216	25603	27686	40035	40727	23564	41190
辽阳	32028	28211	26196	38315	36161	31255	31215	43619	40244	35194	38198	47124	43053	39102	38807	48729
盘锦	28028	13152	20922	46371	30397	23546	23102	48107	33947	26234	18727	52926	37760	29697	22588	54397
铁岭	27959	23626	14290	39896	32640	27777	18600	44737	36479	31185	20453	50640	39763	35304	31834	46287
朝阳	29947	32169	24800	26946	31402	33086	30861	29711	36281	41783	36188	31307	39091	42326	44295	35551
葫芦岛	26041	26517	17604	29452	31498	31939	18509	36093	35031	34738	24285	39638	39724	42401	28424	40426

5-25 分行业在岗职工工资总额

单位：万元

行业	2010年				2011年			
	合计	国有单位	集体单位	其他单位	合计	国有单位	集体单位	其他单位
总计	**17310261**	**9860507**	**609805**	**6839949**	**21715637**	**11865251**	**834721**	**9015665**
农、林、牧、渔业	277348	245674	2899	28776	301319	265099	3237	32984
采矿业	1437951	211882	21362	1204708	1606814	703659	33614	869541
制造业	4494150	1145822	211501	3136827	5991715	1317555	257035	4417126
电力、燃气及水的生产和供应业	698934	452178	4886	241870	771742	479497	9066	283178
建筑业	905240	358154	136234	410853	1639692	544472	252843	842378
批发和零售业	482200	133076	32904	316220	672184	150366	38938	482880
交通运输、仓储及邮政业	1143523	858800	12134	272589	1418950	1025582	12483	380884
住宿和餐饮业	131429	39006	6512	85910	182172	54609	5937	121626
信息转输、软件和信息技术服务业	368994	101120	361	267513	480544	124866	575	355104
金融业	930380	451937	77086	401357	1184190	555412	90799	537980
房地产业	236121	66743	4815	164563	349806	95389	5530	248888
租赁和商务服务业	282876	136686	35280	110910	360044	162509	35922	161614
科学研究和技术服务业	543848	426126	12148	105574	707005	556603	14838	135564
水利、环境和公共设施管理业	291374	276611	4327	10437	354786	332004	5230	17553
居民服务、修理和其他服务业	69651	53132	5713	10806	85924	61949	8886	15090
教育	2132586	2093213	5700	33673	2361880	2293052	14192	54637
卫生和社会工作	899909	840895	33239	25775	1091322	1009339	42084	39900
文化、体育和娱乐业	183081	171867	452	10762	208516	193796	603	14117
公共管理、社会保障和社会组织	1800667	1797587	2254	827	1947030	1939494	2912	4624

5-25 续表

单位：万元

行业	2012年				2013年			
	合计	国有单位	集体单位	其他单位	合计	国有单位	集体单位	其他单位
总计	**24668874**	**13206768**	**993036**	**10469070**	**307830948**	**130343094**	**11890563**	**165597291**
农、林、牧、渔业	300071	270911	2551	26609	2964035	2706203	20499	237333
采矿业	1713796	716153	35417	962226	19111445	4254724	191960	14664761
制造业	6566700	1282840	301397	4982464	80454190	10778733	3406933	66268524
电力、燃气及水的生产和供应业	839912	511155	10292	318466	8643839	4601168	44428	3998243
建筑业	2227315	703373	334392	1189550	44771789	5003141	4337619	35431029
批发和零售业	722204	164424	28005	529776	10842198	2010969	271318	8559911
交通运输、仓储及邮政业	1652739	1197445	13117	442178	20678748	13231044	615866	6831838
住宿和餐饮业	212863	67680	9694	135490	2569438	834388	100328	1634722
信息转输、软件和信息技术服务业	578477	137158	865	440455	8936818	1035084	9353	7892381
金融业	1426188	631795	110906	683486	15323277	6642681	1142334	7538262
房地产业	442151	102396	6869	332886	6033479	670835	65459	5297185
租赁和商务服务业	302034	162716	39721	99597	4512628	1940717	568375	2003536
科学研究和技术服务业	829309	653892	17656	157761	9404938	6212111	288361	2904466
水利、环境和公共设施管理业	392061	361484	7844	22733	4143198	3754409	87009	301780
居民服务、修理和其他服务业	89905	64342	8842	16721	946025	594775	61481	289769
教育	2702375	2626435	13706	62234	28420775	27660909	122209	637657
卫生和社会工作	1310108	1217798	48334	43976	15443526	14374235	505407	563884
文化、体育和娱乐业	216100	198953	893	16254	2543309	2044227	18729	480353
公共管理、社会保障和社会组织	2144566	2135821	2536	6209	22087293	21992741	32895	61657

5-26 各地区在岗职工工资总额

单位：万元

地区	2010年				2011年			
	合计	国有单位	集体单位	其他单位	合计	国有单位	集体单位	其他单位
全省	**17310261**	**9860507**	**609805**	**6839949**	**21715637**	**11865251**	**834721**	**9015665**
沈阳	3853139	2333191	138538	1381410	4594936	2634634	144834	1815468
大连	3849830	1547295	67733	2234802	5142861	1830015	97788	3215057
鞍山	1289331	1020406	70153	198772	1669034	1209451	108798	350786
抚顺	919875	397633	31582	490660	1007425	405964	40327	561133
本溪	716592	619702	31331	65559	935552	734896	42696	157960
丹东	528188	386672	24031	117485	709296	449072	39989	220236
锦州	694798	469693	30809	194296	913515	546399	57847	309268
营口	593218	365260	19974	207984	840214	438638	35090	366486
阜新	429145	359433	24602	45109	613164	497479	33243	82442
辽阳	547420	237653	48281	261486	672850	280023	70467	322360
盘锦	1299816	332658	8630	958527	1408540	774759	11526	622255
铁岭	616259	303433	30210	282616	746225	364852	38276	343096
朝阳	688980	440104	27818	221057	920490	463886	60653	395950
葫芦岛	572164	335865	56113	180186	675522	369167	53187	253168

5-26 续表

单位：万元

地区	2012年				2013年			
	合计	国有单位	集体单位	其他单位	合计	国有单位	集体单位	其他单位
全省	**24668874**	**13206768**	**993036**	**10469070**	**307830948**	**130343094**	**11890563**	**165597291**
沈阳	5232527	2988493	185412	2058622	69993676	28785604	2021021	39187051
大连	5865315	2018662	104930	3741724	74271389	19760271	1644198	52866920
鞍山	1800411	1259356	127215	413840	24414014	14588416	1814210	8011388
抚顺	1181234	440073	50073	691089	14704794	4483748	607393	9613653
本溪	1031904	796589	51824	183491	12428880	4303338	461845	7663697
丹东	744578	484672	34814	225093	9265471	4808661	405373	4051437
锦州	1118828	635308	76945	406575	12414465	6302340	680038	5432087
营口	1024707	477203	44876	502628	11399228	4799541	455035	6144652
阜新	766280	611122	43693	111464	8346673	3636590	266584	4443499
辽阳	759703	320944	90236	348523	8974372	3706369	1058457	4209546
盘锦	1494837	796457	13886	684494	17784187	9261681	93648	8428858
铁岭	821112	411783	41923	367407	11152728	4915487	662329	5574912
朝阳	1149256	590527	70430	488299	12396602	6044031	785708	5566863
葫芦岛	709920	407318	56779	245823	10013638	4676186	934724	4402728

5-27 分行业在岗职工平均工资

单位：元

行业	2010年				2011年			
	合计	国有单位	集体单位	其他单位	合计	国有单位	集体单位	其他单位
总计	**35057**	**36371**	**20237**	**35527**	**38713**	**40553**	**24591**	**38462**
农、林、牧、渔业	10109	9289	19235	34413	11550	10614	23521	33826
采矿业	41419	25224	17669	47981	49244	48463	23408	52150
制造业	32256	39447	17654	31911	36462	42305	20938	36534
电力、燃气及水的生产和供应业	43069	45710	20571	39662	46754	50399	21731	43067
建筑业	28545	34198	21180	27746	31182	38567	26546	29105
批发和零售业	28635	34737	17958	28294	32112	38954	21625	31619
交通运输、仓储及邮政业	38833	39341	15086	40008	44053	44234	16763	46002
住宿和餐饮业	21708	24356	19417	20865	26242	28648	20609	25618
信息转输、软件和信息技术服务业	56870	48011	15301	61376	61650	52628	23549	65788
金融业	61507	70523	33177	62767	69494	77680	38255	71571
房地产业	28395	27510	21353	29054	32740	31331	22271	33672
租赁和商务服务业	26905	28308	17604	30130	28988	26665	21298	34835
科学研究和技术服务业	48882	46840	45841	59869	54990	54890	49626	56074
水利、环境和公共设施管理业	27105	27290	18585	27386	28202	28684	17661	24750
居民服务、修理和其他服务业	25196	27615	18701	20202	28760	30698	24054	25141
教育	42266	42656	24642	29197	45240	45593	32790	36867
卫生和社会工作	37552	38799	23735	28938	41463	42537	29754	33885
文化、体育和娱乐业	37218	37962	17240	29437	40765	41529	18331	33958
公共管理、社会保障和社会组织	37842	37936	19716	9846	39976	40172	20504	16357

5-27 续表

单位：元

行　业	2012年				2013年			
	合计	国有单位	集体单位	其他单位	合计	国有单位	集体单位	其他单位
总　计	**42503**	**44062**	**28634**	**42559**	**46310**	**46890**	**32417**	**47305**
农、林、牧、渔业	12213	11372	29563	40256	13195	12368	32904	45606
采　矿　业	54578	54480	25544	57040	56807	64589	22295	55985
制　造　业	39467	42348	24072	40321	45372	48482	28194	46340
电力、燃气及水的生产和供应业	52372	54021	27155	51398	56246	59312	26683	53712
建　筑　业	34788	42067	31122	32537	39621	43561	34432	39847
批发和零售业	35950	43282	21768	35310	41011	54558	22595	39720
交通运输、仓储及邮政业	51433	52780	20075	50287	56132	58419	37916	54365
住宿和餐饮业	30743	35246	24659	29386	33169	37789	26437	31687
信息转输、软件和信息技术服务业	67171	55219	26694	72257	74059	60320	36252	76437
金　融　业	78577	83090	46841	83569	83404	88083	49529	88430
房　地　产　业	36462	34124	22066	37767	45946	34695	34111	48129
租赁和商务服务业	33282	34674	27898	33665	35564	32848	27010	42844
科学研究和技术服务业	55775	55584	53601	56843	60182	56102	49436	73136
水利、环境和公共设施管理业	29896	30220	23691	27682	31194	31439	23728	30996
居民服务、修理和其他服务业	33021	36917	26060	26106	34995	39037	29558	29821
教育	48562	48973	33960	38583	50771	51060	35027	43819
卫生和社会工作	45675	46836	31119	38965	49340	50459	35844	40194
文化、体育和娱乐业	44102	44327	20664	44109	47401	48053	34302	45454
公共管理、社会保障和社会组织	42099	42281	26719	18742	42985	43175	31478	18087

5-28　各地区分行业在岗职工平均工资

(2013年)

单位：元

行　业	沈阳	大连	鞍山	抚顺	本溪	丹东	锦州
总　计	**51344**	**59061**	**40263**	**42527**	**41277**	**32179**	**39752**
农、林、牧、渔业	36864	50494	22804	24598	24988	16427	11089
采　矿　业	50781	38446	41065	54681	52771	23760	38966
制　造　业	51159	50300	40381	49116	41770	27717	39849
电力、燃气及水的生产和供应业	62835	63047	55665	52864	27946	37426	49424
建　筑　业	38563	51775	33842	31373	43090	39180	39359
批发和零售业	39701	56450	40296	34564	31332	30837	30363
交通运输、仓储及邮政业	51225	74466	41549	34243	30404	27932	36485
住宿和餐饮业	31158	37807	25439	21098	33143	22719	24654
信息转输、软件和信息技术服务业	77984	88724	52146	56301	38743	42368	58450
金　融　业	113051	126539	62073	72322	43469	43257	64211
房　地　产　业	62931	50490	39290	37444	32883	23924	41723
租赁和商务服务业	37420	48562	30732	28441	44124	21182	25468
科学研究和技术服务业	72129	88551	54665	74277	38541	25991	44950
水利、环境和公共设施管理业	34883	42548	32959	25664	34444	23799	36036
居民服务、修理和其他服务业	31518	38164	22965	44216	31674	22492	36812
教育	56484	72519	44293	45343	42641	37390	41491
卫生和社会工作	63559	71499	36344	42330	43388	33610	38443
文化、体育和娱乐业	55464	56428	36915	38875	33003	31194	34619
公共管理、社会保障和社会组织	47989	61193	39388	42215	39610	35512	38505

5-28 续表

单位：元

行　业	营口	阜新	辽阳	盘锦	铁岭	朝阳	葫芦岛
总　计	**39615**	**40035**	**43053**	**37760**	**39763**	**39091**	**39724**
农、林、牧、渔业	20835	26783	10252	9779	15536	32666	24081
采　矿　业	33587	46410	23912	74155	58421	30957	33075
制　造　业	34600	28535	52574	47447	32826	37039	39793
电力、燃气及水的生产和供应业	66579	44784	76812	58732	49515	56932	82960
建　筑　业	35603	34862	39786	37574	40091	36285	37926
批发和零售业	34336	36255	34635	31485	37498	30007	33735
交通运输、仓储及邮政业	45147	33650	35061	33657	25557	38299	30017
住宿和餐饮业	29562	20034	27832	31435	25162	24402	23472
信息转输、软件和信息技术服务业	55185	50721	56280	45679	54899	56737	59158
金 融 业	68034	55035	66936	74044	38801	55032	55183
房　地　产　业	39506	28887	32525	46188	30304	31338	35750
租赁和商务服务业	25983	27085	24808	24740	28602	27848	23917
科学研究和技术服务业	41181	37414	39803	52834	34756	41833	41280
水利、环境和公共设施管理业	25695	26056	27069	24078	27353	30160	25137
居民服务、修理和其他服务业	37634	35393	31349	30940	37725	14506	34803
教育	49159	49025	41765	48219	40853	45917	44317
卫生和社会工作	39488	37177	39622	36764	37102	43811	35713
文化、体育和娱乐业	33295	33607	39105	34645	37937	39105	36940
公共管理、社会保障和社会组织	41210	37767	36080	37772	35287	39651	38534

5-29 国有单位分行业职工工资总额

单位：万元

行　业	2006年	2007年	2008年	2009年	2010年	2011年	2012年	2013年
总　计	**6318724**	**7451021**	**8614665**	**9125030**	**10129558**	**11865251**	**13206768**	**130343094**
农、林、牧、渔业	177394	205179	209295	229049	251731	265099	270911	2706203
采　矿　业	447602	516551	819843	208675	221642	703659	716153	4254724
制　造　业	953740	1058849	1143282	1216148	1249490	1317555	1282840	10778733
电力、燃气及水的生产和供应业	307249	356931	367542	365902	468089	479497	511155	4601168
建　筑　业	204294	214970	242402	303917	371666	544472	703373	5003141
批发和零售业	106541	103330	102246	149227	142834	150366	164424	2010969
交通运输、仓储及邮政业	667600	762695	741406	809326	884354	1025582	1197445	13231044
住宿和餐饮业	27106	26148	25707	29716	39897	54609	67680	834388
信息转输、软件和信息技术服务业	79161	77464	81674	93996	102840	124866	137158	1035084
金 融 业	244036	265188	365367	395474	473440	555412	631795	6642681
房　地　产　业	50613	52707	54283	56972	69316	95389	102396	670835
租赁和商务服务业	87439	94424	117169	132464	145834	162509	162716	1940717
科学研究和技术服务业	203572	246864	283124	357649	432281	556603	653892	6212111
水利、环境和公共设施管理业	148241	170072	196485	247954	282774	332004	361484	3754409
居民服务、修理和其他服务业	23791	20962	25211	34276	53274	61949	64342	594775
教育	1029385	1323509	1579923	1897978	2101899	2293052	2626435	27660909
卫生和社会工作	439672	507023	593094	726596	850639	1009339	1217798	14374235
文化、体育和娱乐业	103938	119276	138153	182261	174210	193796	198953	2044227
公共管理、社会保障和社会组织	1017348	1328879	1528459	1687451	1813348	1939494	2135821	21992741

5-30 城镇集体单位分行业职工工资总额

单位：万元

行业	2006年	2007年	2008年	2009年	2010年	2011年	2012年	2013年
总计	**439975**	**464149**	**513765**	**564377**	**633720**	**834721**	**993036**	**11890563**
农、林、牧、渔业	2844	3646	2861	3349	2965	3237	2551	20499
采矿业	20473	24057	21292	20853	23021	33614	35417	191960
制造业	168188	180203	201521	208171	222885	257035	301397	3406933
电力、燃气及水的生产和供应业	4166	5611	7470	6423	4994	9066	10292	44428
建筑业	100747	99303	110885	122143	140216	252843	334392	4337619
批发和零售业	21838	22459	17662	21646	34000	38938	28005	271318
交通运输、仓储及邮政业	17839	18582	11415	13073	12678	12483	13117	615866
住宿和餐饮业	3904	3939	4016	5548	6566	5937	9694	100328
信息转输、软件和信息技术服务业	3142	2715	269	373	363	575	865	9353
金融业	48801	50868	56847	70345	80549	90799	110906	1142334
房地产业	2163	2625	4082	3747	4932	5530	6869	65459
租赁和商务服务业	18886	20345	34439	32696	35710	35922	39721	568375
科学研究和技术服务业	5364	5386	8015	10649	12338	14838	17656	288361
水利、环境和公共设施管理业	2386	2999	3054	3919	4436	5230	7844	87009
居民服务、修理和其他服务业	3771	4109	4836	5954	5985	8886	8842	61481
教育	2013	2084	3007	4489	5803	14192	13706	122209
卫生和社会工作	12175	13456	20045	28518	33568	42084	48334	505407
文化、体育和娱乐业	244	174	344	476	452	603	893	18729
公共管理、社会保障和社会组织	1031	1588	1706	2005	2259	2912	2536	32895

5-31 其它单位分行业职工工资总额

单位：万元

行业	2006年	2007年	2008年	2009年	2010年	2011年	2012年	2013年
总计	**2971070**	**3515195**	**4393707**	**5835691**	**6954732**	**9015665**	**10469070**	**165597291**
农、林、牧、渔业	13501	15924	19108	15728	28976	32984	26609	237333
采矿业	264767	299490	354712	1047349	1218527	869541	962226	14664761
制造业	1647495	1929735	2340636	2686378	3187697	4417126	4982464	66268524
电力、燃气及水的生产和供应业	140629	173102	192945	229511	251388	283178	318466	3998243
建筑业	199601	217824	286419	374188	418731	842378	1189550	35431029
批发和零售业	142394	161097	215881	279667	320051	482880	529776	8559911
交通运输、仓储及邮政业	85284	100362	198480	233744	281841	380884	442178	6831838
住宿和餐饮业	46820	53718	67996	82665	86156	121626	135490	1634722
信息转输、软件和信息技术服务业	121501	148811	207003	232379	269227	355104	440455	7892381
金融业	178225	260294	260667	334872	415993	537980	683486	7538262
房地产业	51863	55500	81550	123943	166214	248888	332886	5297185
租赁和商务服务业	15586	20312	43583	46380	111637	161614	99597	2003536
科学研究和技术服务业	42056	52034	78131	83136	105741	135564	157761	2904466
水利、环境和公共设施管理业	3653	6891	7233	8896	10466	17553	22733	301780
居民服务、修理和其他服务业	5539	6207	6964	8324	10872	15090	16721	289769
教育	1375	1976	13591	18957	33791	54637	62234	637657
卫生和社会工作	4399	6543	12391	21354	25825	39900	43976	563884
文化、体育和娱乐业	6292	5266	6049	7532	10768	14117	16254	480353
公共管理、社会保障和社会组织	91	110	370	689	834	4624	6209	61657

主要统计指标解释

劳动力资源总数 指在劳动年龄内，具有劳动能力，在正常情况下，可能或实际参加社会劳动的人口数。

从业人员 指从事一定社会劳动并取得劳动报酬或经营收入的全部劳动力。包括:

(1)全部职工

(2)城镇私营企业从业人员

(3)城镇个体劳动者

(4)农村社会劳动者

(5)其他社会劳动者

这一指标反映了一定时期内全部劳动力资源的实际利用情况，是研究国情国力的重要指标。

各单位的从业人员是指在各级国家机关、政党机关、社会团体及企业、事业单位中工作，并取得劳动报酬的全部人员。包括职工、再就业的离退休人员、民办教师以及在各单位中工作的外方人员和港、澳、台方人员。

各单位的从业人员反映了各单位实际参加生产或工作的全部劳动力。

在岗职工 是指在本单位工作并由单位支付劳动报酬的在岗职工。

在岗职工可分为在岗长期职工和在岗临时职工。包括由单位派出学习、劳务及病伤产假并由单位支付劳动报酬的人员。

使用的农村劳动力 指国有经济、城镇集体经济、联营经济、股份制经济、外商和港、澳、台投资经济、其他经济单位的职工中，现仍保留农村户籍关系的人员。

在岗长期职工 指用工期限在一年以上(含一年)的职工。包括原固定职工、合同制职工、长期临时工以及国有单位使用的城镇集体所有制单位的人员和其他使用期限在一年以上的原计划外用工。

在岗临时职工 指用工期限不超过一年的职工。包括各单位根据国家有关规定招用的，签订一年以内的劳动合同或使用期不超过一年的临时性、季节性用工。

其他从业人员 指劳动统计制度规定不作职工统计，但实际参加社会劳动并取得劳动报酬的人员。

各单位的其他从业人员是指单位中除职工以外的全部参加本单位生产或工作并取得劳动报酬的人员。包括再就业的离退休人员、民办教师以及在各单位中工作的外方人员和港、澳、台方人员。

离岗职工(离开本单位仍保留劳动关系的职工) 指由于各种原因已离开本人的生产或工作岗位，并已不在本单位从事其他工作，但仍与用人单位保留劳动关系的职工。

城镇集体经济单位职工 指在城镇集体经济单位及其管理部门工作，并由其支付工资的各类人员。

其他经济单位职工 指在联营经济、股份制经济、外商投资经济、港、澳、台投资经济单位工作，并由其支付工资的各类人员。

城镇个体劳动者 指经工商行政管理部门核准登记，领取营业执照，参加生产经营活动，户口在城镇的全部人员。

农村社会劳动者 指农村人口中经常参加合作经济组织〔包括乡(镇)办企业事业单位〕和家庭副业生产劳动的劳动力。凡是由合作经济组织分配劳动任务或承包各种生产任务，并从中直接取得实物、现金收入和从承包的生产任务中获得实物、现金收入的劳动力，不管从事何种劳动，都要统计为农村社会劳动者。国家从乡(村)调用的建勤民工；由集体经费支付工资或补贴的乡(村)脱产管理干部；乡(村)劳动力到国有经济单位或城镇集体经济单位工作，其收入交给合作经济组织，并从中取得实物或现金收入的合同工、临时工、亦工亦农人员；自行外出，但户口没有转出的劳动力，都应包括在内。

城镇登记失业人员 指有非农业户口，在一定的劳动年龄内(16岁以上及男50岁以下、女45岁以下)，有劳动能力，无业而要求就业，并在当地就业服务机构进行求职登记的人员。

城镇登记失业率 是城镇登记失业人数与城镇从业人数与城镇失业人数之和的比。计算公式为:

城镇登记失业率=（城镇登记失业人数／城镇从业人数+城镇登记失业人数）×100%

从业人员劳动报酬 指各单位在一定时期内直接支付给本单位全部从业人员的劳动报酬总额。包括职工工资总额和本单位其他从业人员劳动报酬两部分。

在岗职工工资总额 指各单位在一定时期内直接支付给本单位全部在岗职工的劳动报酬总额。

在岗工资总额的计算原则应以直接支付给在岗职工的全部劳动报酬为根据。各单位支付给在岗职工的劳动报酬以及其他根据有关规定支付的工资，不论是计入成本的还是不计入成本的，不论是按国家规定列入计征奖金税项目的，还是未列入计征奖金税项目的，不论是以货币形式支付的还是以实物形式支付的，均包括在在岗职工工资总额内。

计时工资 指按计时工资标准(包括地区生活费补贴)和工作时间支付给个人的劳动报酬，以及根据国家法律、法规和政策规定，因病、工伤、产假、计划生育假、婚丧假、事假、探亲假、定期休假、停工学习、执行国家或社会义务等原因按计时工资标准或计时工资标准的一定比例支付的工资。

计件标准工资 是指实行计件工资制的单位按照批准的计件单价和规定的劳动定额或工作量应支付给计件工人的劳动报酬。

计件超额工资 是计件工资的一部分，指计件工人超额完成定额任务后所得的工资。即计件工人实得的全部计件工资减去应得的计件标准工资后的数额。某些企业的工人由于从事生产的工作物等级高于本人工资等级，因而其计件标准工资高于本人标准工资，其计件超额工资也应是全部工资减去应得的计件标准工资后的数额。

奖金 指支付给职工的超额劳动报酬和增收节支的劳动报酬。

津贴和补贴 指为了补偿职工特殊或额外的劳动消耗和因其他特殊原因支付给职工的津贴，以及为了保证职工工资水平不受物价影响支付给职工的物价补贴。

离岗生活费(离开本单位仍保留劳动关系的职工生活费) 指离开本单位仍保留劳动关系的职工，在离开本单位仍保留劳动关系期间从单位领取的生活费。

其他从业人员劳动报酬 指各单位在一定时期内直接支付给本单位其他从业人员的全部劳动报酬。

在岗职工平均工资 指企业、事业、机关单位的在岗职工在一定时期内平均每人所得的货币工资额。它表明一定时期在岗职工工资收入的高低程度，是反映在岗职工工资水平的主要指标。计算公式为:

在岗职工平均工资=（报告期实际支付的全部在岗职工工资总额／报告期全部在岗职工平均人数）

在岗职工平均实际工资 指扣除物价变动因素后的在岗职工平均工资。计算公式为:

在岗职工平均实际工资=（报告期在岗职工平均工资／报告期在岗职工生活费价格指数）

六、固定资产投资

Chapter 6 Investment in Fixed Assets

6-1 全社会固定资产投资

指　　标	2006年	2008年	2009年	2010年	2011年	2012年	2013年
投资总额(亿元)	**5689.6**	**10019.1**	**12292.6**	**16043.0**	**17726.3**	**21836.3**	**25107.7**
1.按经济类型分							
国有经济	1700.3	2496.8	2845.6	3875.5	3718.6	4492.9	5160.3
集体经济	185.3	442.1	480.7	504.4	457.9	505.3	363.2
私营个体经济	1486.6	3140.7	4108.3	5437.5	6637.7	8402.8	10214.2
其他经济	2317.5	3939.4	4858.0	6225.7	6912.1	8435.3	9369.9
2.按投资渠道分							
建设项目投资	3835.7	6821.2	8964.6	11640.6	11927.7	14468.2	16404.6
房地产开发投资	1142.2	2060.8	2640.6	3465.8	4487.6	5455.8	6450.8
3.按资金来源分							
国家预算内资金	258.8	448.1	518.3	472.5	928.4	898.7	1064.5
国内贷款	641.0	1153.7	1705.1	2485.7	2691.3	3172.2	3437.2
利用外资	132.4	372.4	350.5	280.9	293.8	330.2	264.2
自筹投资	4034.1	7238.2	8803.6	11843.5	12215.6	15469.9	18232.5
其他投资	623.4	806.7	915.1	960.4	1597.2	1965.2	2109.2
4.按构成分							
建筑安装工程	3437.6	6208.1	7891.1	10348.8	11597.3	14008.2	17262.7
设备、工具、器具购置	1367.4	2574.2	3007.6	3756.0	3740.9	4953.0	5469.6
其他费用	884.7	1236.9	1393.9	1938.3	2388.1	2875.1	2375.4
5.按建设性质分							
#新建	2320.2	4691.7	5666.6	8174.8	9281.0	12060.7	14126.4
扩建	1014.9	1277.2	1344.6	1217.0	1852.4	2038.4	2157.7
改建	741.1	1238.8	1764.5	2206.5	1266.9	1359.9	1323.2
6.按产业分							
第一产业	155.6	325.1	322.6	358.3	537.0	601.4	526.8
第二产业	2644.4	4833.1	5833.7	7498.1	7468.9	9424.1	10303.2
第三产业	2889.7	4860.8	6136.3	8186.7	9720.4	11810.8	14277.7
7.按城乡分							
城镇	4977.8	8882.0	11605.2	15106.3	16415.3	19924.0	22855.4
农村	711.8	1137.1	687.4	936.7	1311.0	1912.3	2252.3
8.按主要行业分							
#农业	155.6	325.1	322.6	358.3	537.0	601.4	575.5
工业	2560.4	4764.4	5704.5	7302.6	7221.3	8954.7	10105.9
#能源工业	435.9	541.2	726.8	972.3	767.1	1173.0	1221.1
运输邮电业	561.3	804.2	757.6	1080.8	907.5	1068.6	1603.1
本年新增固定资产(亿元)	**3394.5**	**6087.6**	**7508.6**	**10150.4**	**10071.2**	**13177.7**	**15029.8**
房屋建筑面积(万平方米)							
施工面积	19863.9	29420.1	33861.3	49050.4	60774.2	68320.2	71452.5
#住宅	10863.3	15741.3	18429.9	24867.6	31734.3	34069.7	35972.2
竣工面积	10241.7	12909.2	12731.0	13603.7	15210.7	16867.6	18807.6
#住宅	5960.0	6879.9	7152.5	7504.3	9161.0	9103.7	8902.9

注：从2011年开始统计范围为500万元的建设项目投资。

6-2 按登记注册类型分全社会固定资产投资

年 份	总计	国有经济	集体经济	私营个体	其他经济
投资额(亿元)					
1985	142.18	110.41	15.73	16.04	
1990	262.88	217.94	22.13	22.81	
1991	317.96	261.15	21.61	35.19	
1992	436.85	362.88	43.19	30.78	
1993	718.25	476.47	98.54	36.66	106.58
1994	887.98	592.97	98.62	41.11	155.28
1995	884.95	584.39	95.46	49.53	155.57
1996	876.07	548.54	102.83	59.83	164.88
1997	953.69	603.76	97.36	54.22	198.35
1998	1052.57	651.21	119.26	95.20	186.90
1999	1102.32	662.95	111.44	132.84	195.10
2000	1267.69	649.42	154.14	149.10	315.02
2001	1420.96	690.71	158.49	179.08	392.68
2002	1605.55	648.90	173.54	240.19	542.92
2003	2082.70	712.23	229.49	336.18	804.81
2004	3000.11	928.20	341.26	589.66	1140.99
2005	4234.06	1245.53	526.28	819.75	1642.50
2006	5689.64	1700.33	185.30	1486.56	2317.45
2007	7435.23	2051.43	278.71	2091.58	3013.50
2008	10019.07	2496.84	442.12	3140.67	3939.44
2009	12292.59	2845.55	480.72	4108.29	4858.03
2010	16043.03	3875.48	504.36	5437.46	6225.73
2011	17726.29	3718.57	457.93	6637.67	6912.12
2012	21836.28	4492.91	505.33	8402.81	8435.23
2013	25107.66	5160.31	363.17	10214.24	9369.94
比上年增长速度(%)					
1985	47.1	50.7	48.3	25.2	
1990	3.7	8.3	23.3	-33.4	
1991	21.0	19.8	-2.4	54.3	
1992	37.4	39.0	99.9	-12.5	
1993	64.4	31.3	128.2	19.1	
1994	23.6	24.5	0.1	12.2	45.7
1995	-0.3	-1.4	-3.2	20.5	0.6
1996	-1.0	-6.1	7.7	20.8	6.0
1997	8.9	10.1	-5.3	-9.4	20.3
1998	10.4	7.9	21.3	75.6	-5.8
1999	4.7	1.8	-8.4	39.5	4.4
2000	15.0	-2.0	38.3	12.2	61.5
2001	12.1	6.4	2.8	20.1	24.7
2002	13.0	-6.1	9.5	34.1	38.3
2003	29.7	9.8	32.2	40.0	48.2
2004	44.0	30.3	48.7	75.4	41.8
2005	41.1	34.2	54.2	39.0	44.0
2006	34.4	36.5	-64.8	81.3	41.1
2007	30.7	20.6	50.4	40.7	30.0
2008	34.8	21.7	58.6	50.2	30.7
2009	22.7	14.0	8.7	30.8	23.3
2010	30.5	36.2	4.9	32.4	28.2
2011	30.0	25.3	8.4	33.5	11.0
2012	23.2	20.8	10.3	26.6	22.0
2013	15.0	14.9	-28.1	21.6	11.1

6-3 按资金来源和构成分全社会固定资产投资

年 份	按资金来源分				按构成分		
	国家投资	国内贷款	利用外资	自筹和其他资金	建筑安装工程	设备工具器具购置	其他费用
投资额(亿元)							
1985	21.14	29.97	1.07	90.00	91.21	38.47	12.50
1990	17.32	54.30	21.61	169.65	162.77	73.21	26.90
1991	16.98	81.18	31.04	188.76	192.75	92.58	32.63
1992	17.20	113.21	25.05	281.39	275.78	108.42	52.65
1993	22.50	149.72	66.74	479.30	462.57	178.46	77.22
1994	16.41	186.28	119.81	565.49	546.98	234.77	106.24
1995	21.78	178.34	112.43	572.40	536.18	223.31	125.46
1996	19.67	151.26	92.58	612.56	531.29	212.99	131.79
1997	29.35	163.36	133.47	627.50	583.67	231.47	138.55
1998	36.63	190.03	94.61	731.30	642.00	273.72	136.85
1999	71.10	216.50	70.62	744.10	718.77	248.24	135.31
2000	72.25	252.22	73.23	869.98	801.57	301.08	165.04
2001	112.21	264.50	53.44	990.80	885.71	325.90	209.34
2002	108.29	279.92	72.16	1145.18	969.71	348.08	287.76
2003	89.35	372.14	58.55	1562.66	1222.23	472.60	387.87
2004	114.00	390.01	90.00	2406.10	1791.86	728.97	479.29
2005	173.74	516.84	124.49	3418.99	2490.04	1050.16	693.86
2006	258.78	640.95	132.44	4657.47	3437.55	1367.37	884.72
2007	363.11	967.00	203.91	5901.21	4703.50	1703.47	1028.26
2008	448.05	1153.72	372.41	8044.89	6208.05	2574.14	1236.88
2009	518.33	1705.09	350.45	9718.72	7891.13	3007.54	1393.92
2010	472.50	2485.74	280.91	12803.88	10348.82	3755.95	1938.26
2011	928.42	2691.33	293.75	13812.79	11597.33	3740.88	2388.08
2012	898.74	3172.24	330.19	17435.11	14008.24	4952.97	2875.07
2013	1064.47	3437.22	264.22	20341.75	17262.71	5469.56	2375.39
构成(%)							
1985	14.9	21.1	0.7	63.3	64.1	27.1	8.8
1990	6.6	20.7	8.2	64.5	61.9	27.8	10.3
1991	5.3	25.5	9.8	59.4	60.6	29.1	10.3
1992	3.9	25.9	5.7	64.5	63.1	24.8	12.1
1993	3.1	20.8	9.3	66.8	64.4	24.8	10.8
1994	1.8	21.0	13.5	63.7	61.6	26.4	12.0
1995	2.5	20.2	12.7	64.6	60.6	25.2	14.2
1996	2.2	17.3	10.6	69.9	60.6	24.3	15.1
1997	3.1	17.1	14.0	65.8	61.2	24.3	14.5
1998	3.5	18.1	9.0	69.4	61.0	26.0	13.0
1999	6.5	19.6	6.4	67.5	65.2	22.5	12.3
2000	5.7	19.9	5.8	68.6	63.2	23.8	13.0
2001	7.9	18.6	3.8	69.7	62.3	22.9	14.8
2002	6.7	17.4	4.5	71.4	60.4	21.7	17.9
2003	4.3	17.9	2.8	75.0	58.7	22.7	18.6
2004	3.8	13.0	3.0	80.2	59.7	24.3	16.0
2005	4.1	12.2	2.9	80.8	58.8	24.8	16.4
2006	4.5	11.3	2.3	81.9	60.4	24.0	15.5
2007	4.9	13.0	2.7	79.4	63.3	22.9	13.8
2008	4.5	11.5	3.7	80.3	62.0	25.7	12.3
2009	4.2	13.9	2.9	79.0	64.2	24.5	11.3
2010	2.9	15.5	1.8	79.8	64.5	23.4	12.1
2011	5.2	15.2	1.7	77.9	65.4	21.1	13.5
2012	4.1	14.5	1.5	79.9	64.2	22.7	13.1
2013	4.2	13.7	1.1	81.0	68.8	21.8	9.4

6-4 全社会固定资产投资及构成

(2013年)

指　　标	总计	建设项目投资	房地产开发投资	农村集体单位投资	农村私人投资
一、绝　对　数					
1.投资总额(亿元)	25107.7	16404.6	6450.8	1936.0	316.3
# 住　　宅	4874.2	24.8	4665.0	2.6	181.8
(1)按资金来源分					
国家预算内投资	1064.5	1033.5		31.0	
国 内 贷 款	3437.2	2345.9	780.5	309.8	1.0
债　　券	15.2	14.8		0.4	
利 用 外 资	264.2	213.3	45.2	5.8	
自 筹 投 资	18232.5	12600.4	3747.9	1569.7	314.5
其 他 投 资	2094.1	196.9	1877.2	19.4	0.7
(2)按 构 成 分					
建筑安装工程	17262.7	10540.9	5307.6	1206.8	207.4
设备工器具购置	5469.6	4685.3	131.1	581.6	71.5
其 他 费 用	2375.4	1178.4	1012.0	147.6	37.4
2.本年新增固定资产(亿元)	15029.8	11103.7	2212.4	1400.6	313.2
3.房屋建筑面积(万平方米)					
施 工 面 积	71452.5	21919.3	41625.6	3326.6	4581.0
竣 工 面 积	18807.6	7266.1	6152.0	1130.6	4259.0
# 住 宅	8902.9	129.4	5025.7	0.6	3747.2
二、构　　成(%)					
(1)按资金来源分					
国家预算内投资	4.2	6.3		1.6	
国 内 贷 款	13.7	14.3	12.1	16.0	0.3
债　　券	0.1	0.1		0.0	
利 用 外 资	1.1	1.3	0.7	0.3	
自 筹 投 资	72.6	76.8	58.1	81.1	99.5
其 他 投 资	8.3	1.2	29.1	1.0	0.2
(2)按 构 成 分					
建筑安装工程	68.8	64.3	82.3	62.3	65.6
设备工具器具购置	21.8	28.6	2.0	30.0	22.6
其 他 费 用	9.5	7.2	15.7	7.6	11.8

6-5 各地区全社会固定资产投资

(2013年) 单位：万元

地　区	总计	建设项目投资	房地产开发投资	农村集体单位投资	农村私人投资
全　省	**251076568**	**164046340**	**64507513**	**19360165**	**3162550**
沈　阳	63988725	38583289	21840129	3415707	149600
大　连	65111048	41332556	17103585	6344907	330000
鞍　山	18783643	10398831	4559099	3625713	200000
抚　顺	11110268	8829669	1495420	638479	146700
本　溪	8460476	7003322	1327049	100105	30000
丹　东	10295244	6960205	2562833	513506	258700
锦　州	9521408	6943776	1879992	697640	
营　口	12911897	8528158	3074737	1109002	200000
阜　新	5832327	3151333	1328399	1252595	100000
辽　阳	7209185	5385354	1469125	108820	245886
盘　锦	11541933	8929091	2257521	190321	165000
铁　岭	10594128	7578204	2439878	426046	150000
朝　阳	8416109	6431797	1350923	420479	212910
葫芦岛	6519662	3990755	1818823	516845	193239

注：分市数据由各市提供。

6-6 各地区按经济类型分全社会固定资产投资

(2013年) 单位：万元

地　区	总计	国有经济	集体经济	私营个体		联营经济	股份制经济	外商投资经济	港澳台商投资经济	其他经济
					#农户					
全　省	**251076568**	**51603155**	**3631697**	**102142362**	**3162550**	**232322**	**65941741**	**9257022**	**11739797**	**6528472**
沈　阳	63988725	10563716	913493	21189928	149600	44311	19534779	5696058	4288575	1757865
大　连	65111048	18045871	1257194	21153487	330000	48835	16522893	2276027	3482080	2324661
鞍　山	18783643	1949655	101698	9245566	200000	17620	5715164	204133	577300	972507
抚　顺	11110268	1826680	246174	6510981	146700		2171672	20249	234758	99754
本　溪	8460476	2760603	77918	3204292	30000		2175006	59186	165304	18167
丹　东	10295244	1507979	421952	5978180	258700	7750	2012395	112202	82352	172434
锦　州	9521408	1520641	140831	3497260		19300	3180560	92731	586830	483255
营　口	12911897	1926071	61932	8006152	200000		2092089	301757	357423	166473
阜　新	5832327	2207367	16767	2489124	100000		960121	53816	64635	40497
辽　阳	7209185	1135530	235615	4184733	245886		900421	66000	590708	96178
盘　锦	11541933	3249495	16500	3616093	165000	29847	3417344	178928	933554	100172
铁　岭	10594128	1759650	16130	4895220	150000	61000	3419076	122279	229391	91382
朝　阳	8416109	2275788	3600	4411441	212910	1000	1623767	4900	38036	57577
葫芦岛	6519662	831292	81055	4055950	193239	2659	1473020			75686

6-7 各地区按隶属关系和构成分全社会固定资产投资

(2013年) 单位：万元

地 区	总计	按隶属关系分		按构成分		
		中央项目	地方项目	建安工程投资	设备工器具购置	其他费用
全 省	**251076568**	**8065678**	**243010890**	**172627062**	**54695586**	**23753920**
沈 阳	63988725	1606995	62381730	43456435	14086178	6446112
大 连	65111048	2729527	62381521	51901157	6883517	6326374
鞍 山	18783643	314542	18469101	12258197	4183650	2341796
抚 顺	11110268	474271	10635997	5504586	5132029	473653
本 溪	8460476		8460476	4850486	2015157	1594833
丹 东	10295244	41312	10253932	7590915	1689983	1014346
锦 州	9521408	194060	9327348	4908783	2890664	1721961
营 口	12911897	186797	12725100	9250331	3003926	657640
阜 新	5832327	929969	4902358	3648821	1788861	394645
辽 阳	7209185	96980	7112205	4309334	2576747	323104
盘 锦	11541933	1056006	10485927	7903247	2845796	792890
铁 岭	10594128	15849	10578279	6828637	3306130	459361
朝 阳	8416109	112718	8303391	4376581	3241186	798342
葫芦岛	6519662	306652	6213010	5617437	570571	331654

6-8 各地区按主要行业分全社会固定资产投资

单位：亿元

年份、地区	合计	农林牧渔业	采矿业	制造业	电力、燃气及水的生产和供应业	建筑业	交通运输仓储和邮政业	信息传输、计算机服务和软件业	批发和零售业	住宿和餐饮业
2003	2082.70	93.65	101.75	576.18	98.38	61.98	208.95		91.02	
2004	3000.11	94.28	147.42	942.49	110.20	63.66	237.76	50.60	100.99	47.96
2005	4234.06	143.83	226.44	1588.86	144.32	53.14	308.81	41.28	132.04	44.19
2006	5689.64	155.55	256.09	2088.88	215.46	83.96	561.26	97.21	141.67	60.86
2007	7435.23	197.99	334.92	2839.84	342.66	55.61	592.75	67.05	200.15	91.85
2008	10019.07	325.14	400.48	3917.72	446.24	68.67	804.23	116.42	243.21	119.82
2009	12292.59	322.59	388.20	4637.55	678.73	129.24	757.62	132.56	393.60	177.41
2010	16043.03	358.28	635.72	5838.22	828.65	195.49	1080.82	146.51	323.93	210.19
2011	17726.29	536.95	547.44	5975.61	698.28	247.58	907.53	105.46	532.03	323.74
2012	21836.28	601.39	684.21	7494.21	776.31	469.39	1068.60	133.13	763.10	428.46
2013	25107.66	575.50	650.27	8632.10	823.53	253.02	1019.71	1603.14	498.25	122.53
沈　阳	6398.87	77.89	21.57	2007.04	120.91	56.42	406.28	360.45	110.01	57.44
大　连	6511.10	230.35	10.91	1816.42	180.97	83.52	404.51	36.49	143.45	179.78
鞍　山	1878.36	40.92	41.26	832.49	61.82	4.70	200.16	88.03	25.40	1.40
抚　顺	1111.03	17.28	59.31	611.69	38.83	38.50	21.68	0.23	9.47	26.38
本　溪	846.05	21.00	51.65	291.50	39.79	6.31	96.71	4.24	30.25	28.61
丹　东	1029.52	32.40	100.80	253.87	17.92	9.66	41.92	113.28	40.99	7.72
锦　州	952.14	8.57	27.09	389.91	58.17	4.38	62.35	5.09	17.36	17.42
营　口	1291.19	7.09	9.24	610.04	31.62	2.82	67.63	84.30	28.55	1.46
阜　新	583.23	32.01	29.33	142.64	98.98	0.16	7.77	27.25	4.86	0.00
辽　阳	720.92	10.72	54.71	345.81	29.83	3.58	16.22	8.08	4.22	0.01
盘　锦	1154.19	20.38	133.55	401.90	38.45	0.79	211.17	3.00	12.15	1.48
铁　岭	1059.41	22.53	9.77	535.27	35.93	14.74	32.31		26.90	4.02
朝　阳	841.61	71.23	98.84	303.31	46.63	18.80	11.43		15.84	3.09
葫芦岛	651.97	25.37	5.88	176.08	11.15	0.33	61.82	5.47	10.98	27.79

6-8 续表 单位：亿元

年份、地区	金融业	房地产业	租赁和商务服务业	科学研究、技术服务和地质勘查业	水利、环境和公共设施管理业	居民服务和其他服务业	教育	卫生、社会保障和社会福利业	文化、体育和娱乐业	公共管理和社会组织
2003	4.57	516.43	5.38	14.92	16.85	101.63		11.90	68.44	110.68
2004	4.13	797.30	25.86	25.27	168.33	13.27	68.24	19.46	32.90	49.84
2005	17.49	981.30	38.87	27.16	274.38	13.58	89.60	23.31	36.05	49.41
2006	10.36	1318.95	58.39	36.75	318.23	27.19	92.43	30.07	60.16	76.17
2007	20.81	1701.06	87.66	49.30	541.95	41.37	101.18	44.66	57.92	66.50
2008	47.20	2306.87	128.74	63.31	684.55	39.87	110.70	54.25	64.34	77.31
2009	41.06	2861.99	158.40	95.04	899.34	59.94	129.12	84.35	132.16	213.68
2010	32.53	3755.53	340.84	122.30	1377.03	89.87	132.68	86.84	186.60	301.00
2011	56.68	4884.53	410.43	107.78	1489.28	156.53	178.05	92.99	184.26	291.14
2012	63.88	5828.43	547.80	161.23	1677.42	210.09	196.22	161.89	282.61	287.93
2013	159.48	6910.35	400.48	194.94	2233.35	208.13	236.20	144.80	280.69	161.19
沈　阳	38.05	2302.98	108.64	119.87	246.45	98.04	92.45	59.99	79.13	35.26
大　连	23.47	1796.95	125.76	34.20	1187.80	45.64	78.12	39.60	82.70	10.46
鞍　山	4.53	459.48	24.94	1.07	50.11	16.59	6.05	5.23	9.48	4.72
抚　顺	4.42	161.07	26.17	10.22	60.18	2.49	8.30	3.34	8.65	2.82
本　溪	0.46	133.42	22.22	2.48	79.22	4.85	4.19	5.99	6.91	16.23
丹　东	0.54	256.28	30.59	0.93	80.03	7.81	6.02	8.18	16.38	4.21
锦　州	2.65	230.70	8.43	0.86	55.93	11.37	9.37	6.01	7.97	28.50
营　口	3.15	307.98	3.04	12.43	93.92	11.43	3.29	3.07	9.76	0.38
阜　新	0.10	150.36	1.39	1.07	74.16	0.93	2.59	2.07	1.55	6.02
辽　阳		157.26	4.38	5.41	55.15	4.19	11.62	2.48	6.22	1.04
盘　锦		226.75			47.93	2.36	6.34	5.59	40.57	1.76
铁　岭		261.13	7.67	4.99	95.74	0.30	2.01	0.45	3.51	2.15
朝　阳		160.25	9.46	1.14	41.40	0.43	5.21	2.80	7.79	43.97
葫芦岛	82.12	185.13	28.01	0.47	26.48	0.08	1.01	0.08		3.72

6-9 各地区全社会住宅投资

单位：亿元

年份、地区	合计	城镇		农村	
			#房地产		#农户
2000	317.00	252.03	181.29	64.98	53.19
2001	323.49	275.79	227.57	47.71	43.55
2002	376.31	323.76	275.89	52.55	45.06
2003	439.70	388.10	343.47	51.60	43.37
2004	608.55	535.75	494.28	72.80	53.49
2005	751.79	685.11	614.54	66.68	57.44
2006	1041.86	929.38	838.90	112.48	92.59
2007	1380.53	1256.50	1165.89	124.03	101.26
2008	1768.62	1639.17	1579.21	129.45	121.15
2009	2128.39	1984.13	1933.92	144.26	142.35
2010	2724.15	2562.10	2481.35	162.05	158.73
2011	3691.60	3511.95	3410.49	179.65	177.49
2012	4201.12	4020.31	3961.95	180.81	178.30
2013	4874.19	4689.77	4664.99	184.41	181.76
沈阳	1596.69	1581.73	1574.58	14.96	14.96
大连	1282.80	1262.09	1257.97	20.71	19.80
鞍山	309.77	307.18	306.37	2.59	2.20
抚顺	109.64	104.64	103.37	5.00	5.00
本溪	95.33	95.33	92.41		
丹东	184.68	184.68	184.68		
锦州	138.13	138.13	138.13		
营口	262.67	242.17	242.17	20.50	20.00
阜新	94.31	92.44	88.44	1.88	1.02
辽阳	109.63	91.07	91.07	18.56	18.56
盘锦	155.99	138.93	138.93	17.06	16.50
铁岭	204.93	196.93	194.18	8.00	8.00
朝阳	111.56	105.99	104.22	5.57	5.50
葫芦岛	167.30	148.45	148.45	18.85	18.70

6-10 各地区全社会施工、竣工房屋面积

单位：万平方米

年 份	施工房屋建筑面积	#住宅	竣工房屋建筑面积	#住宅
1990	4353.9		3049.0	2112.1
1991	5267.0		3640.4	2678.8
1992	6123.7		3772.8	2531.6
1993	7379.4		3972.3	2633.3
1994	7756.6		4058.2	2614.5
1995	6844.0	4002.8	3648.6	2477.7
1996	6172.0	3652.3	3536.0	2407.3
1997	5705.7	3447.4	3254.1	2314.4
1998	5816.4	3321.1	3469.5	2144.5
1999	6347.2	3850.9	4002.4	2686.2
2000	7986.4	5449.2	5202.0	3920.1
2001	8877.8	5871.3	5519.0	4033.8
2002	10359.3	6552.0	6309.8	4221.1
2003	11820.7	7017.8	6949.9	4352.1
2004	13594.0	7865.5	7799.1	4846.6
2005	15881.9	8595.4	8177.5	4762.5
2006	19863.9	10863.3	10241.7	5960.0
2007	25805.9	13503.7	11279.3	6189.6
2008	29420.1	15741.3	12909.2	6879.9
2009	33861.3	18429.9	12731.0	7152.5
2010	49050.4	24867.6	13603.7	7504.3
2011	60774.2	31734.3	15210.7	9161.0
2012	68320.2	34069.7	16867.6	9103.7
2013	71452.5	35972.2	18807.6	8902.9
沈 阳	18072.2	8544.9	4771.8	1290.3
大 连	10868.3	4979.8	1801.3	851.0
鞍 山	7050.7	3359.9	487.2	233.6
抚 顺	3273.2	1161.2	1227.1	245.1
本 溪	2841.6	1348.4	776.4	482.0
丹 东	2116.0	1094.0	337.0	117.0
锦 州	3002.8	1317.1	687.6	144.3
营 口	5255.6	2638.2	1185.0	461.2
阜 新	2347.0	1134.0	615.0	217.0
辽 阳	2264.3	942.6	192.1	108.9
盘 锦	2181.9	1268.5	236.2	162.8
铁 岭	4005.5	1747.7	1708.3	607.9
朝 阳	2835.0	1625.2	853.4	471.9
葫芦岛	2055.2	1422.8	236.5	209.4

6-11 按构成和建设性质分的城镇固定资产投资

单位：亿元

年份、地区	投资额	按构成分			按建设性质分	
		建筑安装工程	设备、工器具购置	其他费用	#新建	#改、扩建
2000	1067.10	676.69	246.37	144.04	249.66	489.24
2001	1203.74	772.27	257.44	174.03	278.91	545.87
2002	1364.04	839.45	276.04	248.55	307.31	600.27
2003	1777.57	1065.42	375.51	336.64	511.82	687.51
2004	2600.80	1579.60	593.60	427.60	807.55	941.98
2005	3672.87	2167.63	882.14	623.09	1388.41	1224.34
2006	3015.85	1164.71	797.28	1976.40	888.65	689.09
2007	6576.05	4176.03	1459.18	940.84	3073.58	1657.19
2008	8881.95	5526.65	2229.01	1126.29	4144.82	2203.95
2009	11605.17	7473.49	2813.46	1318.22	5399.68	2946.08
2010	15106.33	9775.50	3477.08	1853.75	7724.28	3236.78
2011	16415.32	10790.42	3384.03	2240.86	8548.16	2872.64
2012	19924.01	12788.70	4440.28	2695.03	10859.91	3008.00
2013	22855.39	15848.50	4816.44	2190.44	12645.16	3077.30
沈　阳	6042.34	4147.80	1270.45	624.09	2482.55	1020.32
大　连	5843.61	4712.73	589.33	541.56	3551.91	398.63
鞍　山	1495.79	1006.03	301.24	188.53	932.36	97.83
抚　顺	1032.51	507.10	478.13	47.29	724.39	152.55
本　溪	833.04	478.83	198.66	155.54	413.63	278.29
丹　东	952.30	693.01	159.50	99.80	534.89	159.93
锦　州	882.38	459.01	259.11	164.25	554.43	117.88
营　口	1160.29	847.77	251.47	61.05	835.41	9.86
阜　新	447.97	287.40	124.34	36.23	277.36	37.18
辽　阳	685.45	407.01	247.56	30.88	364.97	140.07
盘　锦	1118.66	772.13	283.77	62.76	740.90	134.65
铁　岭	1001.81	654.88	303.87	43.06	632.72	110.47
朝　阳	778.27	404.47	297.41	76.39	247.18	375.94
葫芦岛	580.96	470.34	51.61	59.01	352.47	43.71

6-12 按资金来源和隶属关系分的城镇固定资产投资

单位：亿元

年份、地区	按资金来源分					按隶属关系分	
	国家预算资金	国内贷款	利用外资	自筹资金	其他投资	中央项目	地方项目
2000	65.63	245.25	69.30	511.43	175.48	283.93	783.07
2001	107.69	256.03	51.33	592.83	195.86	302.20	901.54
2002	100.68	265.02	65.80	726.20	206.34	269.85	1094.19
2003	82.89	345.98	49.35	1051.91	247.44	250.90	1526.67
2004	105.02	359.85	79.61	1676.65	379.67	363.65	2237.14
2005	164.74	489.57	117.64	2447.25	453.67	476.68	3196.19
2006	252.39	618.77	127.01	3376.11	603.56	606.17	4371.67
2007	355.49	917.52	199.76	4394.80	708.48	861.29	5714.76
2008	422.62	1117.03	367.31	6198.79	776.20	1073.03	7808.91
2009	510.98	1677.54	348.16	8159.79	908.70	815.50	10789.67
2010	465.62	2417.01	278.85	10996.13	948.72	994.90	14111.43
2011	917.24	2581.58	289.69	11040.79	1586.02	799.57	15615.75
2012	853.62	3040.78	323.91	13755.63	1950.07	779.27	19144.74
2013	1033.49	3126.40	258.42	16348.29	2088.79	782.41	22072.98
沈　阳	351.84	682.58	174.61	4571.00	897.75	160.70	5881.64
大　连	630.69	1243.81	80.53	3769.57	737.07	266.49	5577.12
鞍　山	16.79	268.45	6.23	1242.21	207.44	31.11	1464.69
抚　顺	38.17	105.36	1.19	814.94	79.15	47.43	985.08
本　溪	10.44	28.42	5.87	761.94	71.97		833.04
丹　东	47.98	151.95	7.01	695.00	114.63	4.13	948.17
锦　州	8.13	99.16	4.10	768.81	86.27	15.20	867.18
营　口	3.00	86.50	14.53	961.35	80.45	18.68	1141.61
阜　新	29.61	66.53		372.63	13.58	79.99	367.98
辽　阳	4.30	45.49	0.10	606.10	44.31	9.70	675.75
盘　锦	0.94	279.90	60.37	684.38	86.56	105.60	1013.06
铁　岭	25.46	120.63	6.67	782.63	116.33	1.58	1000.22
朝　阳	12.61	83.83		762.86	68.74	11.27	767.00
葫芦岛	20.44	100.13	3.12	421.59	87.34	30.53	550.43

注：本表资金来源分市数据为本年到位资金。

6-13 按行业分的城镇固定资产投资额

(2013年) 单位：万元

行　业	投资额	建筑安装工程投资	设备工器具购置	其他费用
全省合计	**228553853**	**158485027**	**48164399**	**21904427**
农、林、牧、渔业	**2263570**	**1382362**	**701639**	**179569**
农业	692899	403770	254335	34794
林业	174272	112416	22988	38868
畜牧业	653658	325557	272108	55993
渔业	491379	365404	98143	27832
农、林、牧、渔服务业	251362	175215	54065	22082
采矿业	**5449925**	**2896302**	**2259511**	**294112**
煤炭开采和洗选业	395051	160619	228905	5527
石油和天然气开采业	1193851	797921	335791	60139
黑色金属矿采选业	1994036	939447	971171	83418
有色金属矿采选业	651644	370146	209772	71726
非金属矿采选业	929702	450599	409814	69289
开采辅助活动	271646	167775	99858	4013
其他采矿业	13995	9795	4200	
制造业	**75191426**	**39679718**	**30594201**	**4917507**
农副食品加工业	5288466	2797152	1986628	504686
食品制造业	1393495	861722	427576	104197
酒、饮料和精制茶制造业	933688	560041	308301	65346
烟草制品业	3600	1700	1900	
纺织业	789377	409906	324552	54919
纺织服装、服饰业	1163118	732432	341939	88747
皮革、毛皮、羽毛及其制品和制鞋业	258148	102497	133757	21894
木材加工和木、竹、藤、棕、草制品业	1419638	739816	617257	62565
家具制造业	581571	371468	173884	36219
造纸和纸制品业	803861	378489	369681	55691
印刷和记录媒介复制业	388871	184875	195192	8804
文教、工美、体育和娱乐用品制造业	382628	172824	192053	17751
石油加工、炼焦和核燃料加工业	2061563	1053837	863466	144260
化学原料和化学制品制造业	5635135	3182383	2169774	282978
医药制造业	1990820	1087216	600342	303262
化学纤维制造业	334850	182470	132751	19629
橡胶和塑料制品业	3624455	1622352	1768323	233780
非金属矿物制品业	6859556	3280529	3099762	479265
黑色金属冶炼和压延加工业	3752891	1743978	1677306	331607
有色金属冶炼和压延加工业	2392126	1121536	1145534	125056
金属制品业	4067289	2305672	1547607	214010
通用设备制造业	9848273	5337210	4045078	465985

6-13 续表 1 单位：万元

行　业	投资额	建筑安装工程投资	设备工器具购置	其他费用
专用设备制造业	7165790	3594248	3241493	330049
汽车制造业	4944385	2503175	2103366	337844
铁路、船舶、航空航天和其他运输设备制造业	1693570	1009012	516774	167784
电气机械和器材制造业	3780032	2177867	1412578	189587
计算机、通信和其他电子设备制造业	1483265	884470	557760	41035
仪器仪表制造业	1034893	617376	356570	60947
其他制造业	286687	147163	85393	54131
废弃资源综合利用业	573672	344914	122821	105937
金属制品、机械和设备修理业	255713	171388	74783	9542
电力、热力、燃气及水生产和供应业	**7578787**	**4452519**	**2794192**	**332076**
电力、热力生产和供应业	4884391	2911898	1831999	140494
燃气生产和供应业	1505545	702179	683537	119829
水的生产和供应业	1188851	838442	278656	71753
建筑业	**2231390**	**1804471**	**336708**	**90211**
房屋建筑业	334769	299802	17869	17098
土木工程建筑业	1536513	1276867	202577	57069
建筑安装业	176893	96684	78468	1741
建筑装饰和其他建筑业	183215	131118	37794	14303
批发和零售业	**9668155**	**7043144**	**1613835**	**1011176**
批发业	4437892	3035332	966907	435653
零售业	5230263	4007812	646928	575523
交通运输、仓储和邮政业	**14832606**	**10483547**	**2967419**	**1381640**
铁路运输业	1189136	676139	62591	450406
道路运输业	7045431	4808864	1736768	499799
水上运输业	2358863	1877095	416363	65405
航空运输业	323442	194612	73665	55165
管道运输业	331101	305733	17868	7500
装卸搬运和运输代理业	856200	622780	149550	83870
仓储业	2727164	1998324	509345	219495
邮政业	1269		1269	
住宿和餐饮业	**4686058**	**3560504**	**676067**	**449487**
住宿业	3790730	2915066	536918	338746
餐饮业	895328	645438	139149	110741
信息传输、软件和信息技术服务业	**1210159**	**862395**	**265242**	**82522**
电信、广播电视和卫星传输服务	222637	91355	97328	33954
互联网和相关服务	132009	83045	43944	5020
软件和信息技术服务业	855513	687995	123970	43548

6-13 续表 2

单位：万元

行业	投资额	建筑安装工程投资	设备工器具购置	其他费用
金融业	**1570515**	**1354875**	**164732**	**50908**
货币金融服务	1056697	984364	61404	10929
资本市场服务	393291	290222	74113	28956
保险业	59709	33689	16816	9204
其他金融业	60818	46600	12399	1819
房地产业	**67211868**	**55348076**	**1565200**	**10298592**
租赁和商务服务业	**3955968**	**2821307**	**626058**	**508603**
租赁业	249162	122283	83582	43297
商务服务业	3706806	2699024	542476	465306
科学研究和技术服务业	**1843694**	**1321596**	**443754**	**78344**
研究和试验发展	714297	562986	108838	42473
专业技术服务业	494508	326656	154942	12910
科技推广和应用服务业	634889	431954	179974	22961
水利、环境和公共设施管理业	**21459000**	**18355630**	**1753100**	**1350270**
水利管理业	1432797	979876	412780	40141
生态保护和环境治理业	442749	329649	105209	7891
公共设施管理业	19583454	17046105	1235111	1302238
居民服务、修理和其他服务业	**1938476**	**1474901**	**188177**	**275398**
居民服务业	903248	635893	55442	211913
机动车、电子产品和日用产品修理业	302303	247172	45023	10108
其他服务业	732925	591836	87712	53377
教育	**2001481**	**1695254**	**143734**	**162493**
卫生和社会工作	**1378555**	**1035351**	**270380**	**72824**
卫生	1150112	833348	246677	70087
社会工作	228443	202003	23703	2737
文化、体育和娱乐业	**2628562**	**2013639**	**475331**	**139592**
新闻和出版业	7240	3800	3440	
广播、电视、电影和影视录音制作业	104866	55143	47845	1878
文化艺术业	1056330	808117	187531	60682
体育	995766	767651	186548	41567
娱乐业	464360	378928	49967	35465
公共管理、社会保障和社会组织	**1453658**	**899436**	**325119**	**229103**
中国共产党机关				
国家机构	1243133	786469	277756	178908
人民政协、民主党派				
社会保障				
群众团体、社会团体和其他成员组织	174595	96277	29501	48817
基层群众自治组织	35930	16690	17862	1378

6-14　按行业、隶属关系和注册类型分城镇固定资产投资

(2013年)　　单位：万元

行　业	投资额	中央	地方	内资	港澳台商投资	外商投资	个体经营
全省合计	**228553853**	**7824124**	**220729729**	**207273539**	**11620258**	**9159207**	**500849**
农、林、牧、渔业	**2263570**	**17368**	**2246202**	**2186309**		**14948**	**62313**
农业	692899		692899	681699			11200
林业	174272	15548	158724	164772			9500
畜牧业	653658		653658	604210		14948	34500
渔业	491379		491379	491379			
农、林、牧、渔服务业	251362	1820	249542	244249			7113
采矿业	**5449925**	**825372**	**4624553**	**5034567**	**380128**	**4900**	**30330**
煤炭开采和洗选业	395051		395051	372821			22230
石油和天然气开采业	1193851	681573	512278	813723	380128		
黑色金属矿采选业	1994036		1994036	1994036			
有色金属矿采选业	651644		651644	651644			
非金属矿采选业	929702		929702	916702		4900	8100
开采辅助活动	271646	143799	127847	271646			
其他采矿业	13995		13995	13995			
制造业	**75191426**	**2085329**	**73106097**	**68732288**	**1446434**	**4853656**	**159048**
农副食品加工业	5288466		5288466	5147133	90825	45758	4750
食品制造业	1393495		1393495	1266331		127164	
酒、饮料和精制茶制造业	933688		933688	744767	38002	129841	21078
烟草制品业	3600		3600	3600			
纺织业	789377		789377	789117			260
纺织服装、服饰业	1163118		1163118	1127898	28820		6400
皮革、毛皮、羽毛及其制品和制鞋业	258148		258148	251903		6245	
木材加工和木、竹、藤、棕、草制品业	1419638		1419638	1352581	52437	5800	8820
家具制造业	581571		581571	563071		13800	4700
造纸和纸制品业	803861		803861	696737	86984	16940	3200
印刷和记录媒介复制业	388871		388871	388871			
文教、工美、体育和娱乐用品制造业	382628		382628	368917		13711	
石油加工、炼焦和核燃料加工业	2061563	545469	1516094	2025878	6080	29605	
化学原料和化学制品制造业	5635135	204736	5430399	5267640	58220	302705	6570
医药制造业	1990820		1990820	1988820		2000	
化学纤维制造业	334850		334850	334850			
橡胶和塑料制品业	3624455		3624455	2435621	270987	917847	
非金属矿物制品业	6859556	29600	6829956	6654777	39780	153199	11800
黑色金属冶炼和压延加工业	3752891	321030	3431861	3708692	1999	42200	
有色金属冶炼和压延加工业	2392126	66498	2325628	1852580	437825	101721	
金属制品业	4067289	80835	3986454	3805579	83382	170928	7400
通用设备制造业	9848273	52310	9795963	9640341	18000	180341	9591

6-14 续表 1

单位：万元

行　　业	投资额	中央	地方	内资	港澳台商投资	外商投资	个体经营
专用设备制造业	7165790	275365	6890425	7045162		108903	11725
汽车制造业	4944385		4944385	3068703	38987	1831741	4954
铁路、船舶、航空航天和其他运输设备制造业	1693570	394792	1298778	1522936	9800	160834	
电气机械和器材制造业	3780032	46455	3733577	3537982	91574	150476	
计算机、通信和其他电子设备制造业	1483265		1483265	1173166	49865	202434	57800
仪器仪表制造业	1034893		1034893	923972	42867	68054	
其他制造业	286687		286687	286687			
废弃资源综合利用业	573672		573672	573672			
金属制品、机械和设备修理业	255713	68239	187474	184304		71409	
电力、热力、燃气及水生产和供应业	**7578787**	**1775391**	**5803396**	**7366539**	**182928**	**29320**	
电力、热力生产和供应业	4884391	1032925	3851466	4723074	160977	340	
燃气生产和供应业	1505545	732186	773359	1483594	21951		
水的生产和供应业	1188851	10280	1178571	1159871		28980	
建筑业	**2231390**	**58987**	**2172403**	**2207070**	**12920**	**7400**	**4000**
房屋建筑业	334769		334769	334769			
土木工程建筑业	1536513	35625	1500888	1519593	12920		4000
建筑安装业	176893	1102	175791	176893			
建筑装饰和其他建筑业	183215	22260	160955	175815		7400	
批发和零售业	**9668155**	**105291**	**9562864**	**9153958**	**385363**	**103753**	**25081**
批发业	4437892	103506	4334386	4367586	59113		11193
零售业	5230263	1785	5228478	4786372	326250	103753	13888
交通运输、仓储和邮政业	**14832606**	**892629**	**13939977**	**14309577**	**389145**	**133884**	
铁路运输业	1189136	98653	1090483	907137	281999		
道路运输业	7045431	29816	7015615	7015180	23251	7000	
水上运输业	2358863	108816	2250047	2358863			
航空运输业	323442	57556	265886	323442			
管道运输业	331101		331101	330829	272		
装卸搬运和运输代理业	856200		856200	777077	79123		
仓储业	2727164	597788	2129376	2595780	4500	126884	
邮政业	1269		1269	1269			
住宿和餐饮业	**4686058**	**5770**	**4680288**	**4247940**	**229539**	**74449**	**134130**
住宿业	3790730		3790730	3457127	229539	71125	32939
餐饮业	895328	5770	889558	790813		3324	101191
信息传输、软件和信息技术服务业	**1210159**	**47130**	**1163029**	**1111992**	**13704**	**84463**	
电信、广播电视和卫星传输服务	222637	41430	181207	189060		33577	
互联网和相关服务	132009		132009	132009			
软件和信息技术服务业	855513	5700	849813	790923	13704	50886	

6-14 续表 2

单位：万元

行 业	投资额						
		中央	地方	内资	港澳台商投资	外商投资	个体经营
金融业	**1570515**	**84881**	**1485634**	**1566020**		**4495**	
货币金融服务	1056697	80181	976516	1052202		4495	
资本市场服务	393291		393291	393291			
保险业	59709	4700	55009	59709			
其他金融业	60818		60818	60818			
房地产业	**67211868**	**760193**	**66451675**	**55069428**	**8468584**	**3673856**	
租赁和商务服务业	**3955968**	**65600**	**3890368**	**3769547**	**75191**	**104660**	**6570**
租赁业	249162		249162	249162			
商务服务业	3706806	65600	3641206	3520385	75191	104660	6570
科学研究和技术服务业	**1843694**	**25871**	**1817823**	**1811233**	**5351**	**27110**	
研究和试验发展	714297	25871	688426	690416		23881	
专业技术服务业	494508		494508	491519		2989	
科技推广和应用服务业	634889		634889	629298	5351	240	
水利、环境和公共设施管理业	**21459000**	**788858**	**20670142**	**21416017**		**42313**	**670**
水利管理业	1432797	552	1432245	1407141		25656	
生态保护和环境治理业	442749	7634	435115	442749			
公共设施管理业	19583454	780672	18802782	19566127		16657	670
居民服务、修理和其他服务业	**1938476**	**3600**	**1934876**	**1895817**			**42659**
居民服务业	903248	3600	899648	863519			39729
机动车、电子产品和日用产品修理业	302303		302303	299373			2930
其他服务业	732925		732925	732925			
教育	**2001481**	**68564**	**1932917**	**1961260**	**29871**		**10350**
卫生和社会工作	**1378555**	**28692**	**1349863**	**1376977**			**1578**
卫生	1150112	28692	1121420	1150112			
社会工作	228443		228443	226865			1578
文化、体育和娱乐业	**2628562**	**174598**	**2453964**	**2603342**	**1100**		**24120**
新闻和出版业	7240		7240	7240			
广播、电视、电影和影视录音制作业	104866		104866	104866			
文化艺术业	1056330	3088	1053242	1056330			
体育	995766	171510	824256	994666	1100		
娱乐业	464360		464360	440240			24120
公共管理、社会保障和社会组织	**1453658**	**10000**	**1443658**	**1453658**			
中国共产党机关							
国家机构	1243133	10000	1233133	1243133			
人民政协、民主党派							
社会保障							
群众团体、社会团体和其他成员组织	174595		174595	174595			
基层群众自治组织	35930		35930	35930			

6-15 各地区按主要行业分城镇固定资产投资

单位：万元

年份、地区	合计	农林牧渔业	采矿业	制造业	电力、燃气及水的生产和供应业	建筑业	交通运输仓储和邮政业	信息传输、计算机服务和软件业	批发和零售业	住宿和餐饮业
2003	17775685	234325	915589	4699166	943523	111335	1929401		796023	
2004	26007969	253367	1288067	7734975	1087657	250849	2194541	503526	970188	416317
2005	36728695	341531	1829455	13593118	1386721	246171	2805633	411454	1190215	379739
2006	49778419	383657	2120810	17907431	2077061	578028	5264691	963092	1276364	561116
2007	65760474	548289	2815200	24505157	3363528	386305	5478029	657518	1876047	850319
2008	88819463	867756	3106769	34622302	4321872	464902	7483593	1149446	2245410	1108692
2009	116051706	1485099	3417380	44368986	6524871	1126099	7214713	1321260	3887762	1726569
2010	151063279	2163769	5643295	55032705	7870743	1717387	10482028	1464595	3098954	1965858
2011	164153167	2655814	4827510	54688918	6669618	2141251	8601729	1046901	4925353	2969173
2012	199240096	2555682	5931491	66438142	7013792	4118104	7238927	10015472	3813846	1296904
2013	228553853	2263570	5449925	75191426	7578787	2231390	9668155	14832606	4686058	1210159
沈　阳	60423418	453061	140885	17442358	1136123	552887	3969298	3543024	1093289	559278
大　连	58436141	741371	22300	14647406	1695060	729450	1492731	3450292	1684508	364893
鞍　山	14957930	36176	155994	5953470	436002	6353	1859991	729313	202515	13704
抚　顺	10325089	105872	451400	5727409	385814	379668	94140	213869	263806	2322
本　溪	8330371	170982	498926	2872897	390964	63137	289500	955563	286136	42419
丹　东	9523038	43886	911912	2297700	179230	79488	425424	1127927	385659	77224
锦　州	8823768	85745	162093	3528330	489687	43821	156534	623540	174174	50918
营　口	11602895	9801	87831	5232942	285772	13717	547506	809364	199602	14551
阜　新	4479732	62091	75519	898057	867958		45392	227692	21335	47
辽　阳	6854479	54004	528430	3296178	288148	34594	156647	78017	40718	75
盘　锦	11186612	38849	1335546	3831689	516654	7936	121545	2111692	14800	30000
铁　岭	10018082	57987	77614	5100891	355153	147386	264970	323104	40152	
朝　阳	7782720	376153	956885	2860747	460908	172953	151867	106737	30141	
葫芦岛	5809578	27592	44590	1501352	91314		92610	532472	249223	54728

6-15 续表

单位：万元

年份、地区	金融业	房地产业	租赁和商务服务业	科学研究、技术服务和地质勘查业	水利、环境和公共设施管理业	居民服务和其他服务业	教育	卫生、社会保障和社会福利业	文化、体育和娱乐业	公共管理和社会组织
2003	43986	5014438	53077	143409	105645	960830		108821	637396	1078721
2004	41271	7424980	241364	252248	1654275	101378	610905	188193	324261	468059
2005	173555	9232250	370072	268299	2591290	110551	851655	214137	330560	402289
2006	101482	12236920	571007	345972	3016699	187220	888807	284697	532540	480825
2007	208014	15938297	861383	458820	4992339	354511	964571	390367	536500	575280
2008	471310	21885701	1239833	608542	6180492	327680	1048700	510951	580516	594996
2009	410232	27246609	1574604	945500	8834138	547760	1258501	833296	1288585	2039742
2010	325279	35995812	3336478	1219997	13134381	827292	1319221	848511	1812590	2804384
2011	566805	47040827	4022261	1050982	14267792	1451001	1758492	894835	1788613	2785292
2012	630261	58134809	3619489	1587629	16046049	1990149	1809012	1588693	2739483	2672162
2013	1570515	67211868	3955968	1843694	21459000	1938476	2001481	1378555	2628562	1453658
沈　阳	380479	22875418	1075280	1183615	2404041	959363	924460	599925	778075	352559
大　连	234700	17737719	1231762	293952	11980218	456390	485818	343333	747959	96279
鞍　山	21055	4577924	239193	4900	431968	107511	54582	39192	53669	34418
抚　顺	44201	1504020	261650	93875	571959	24862	83024	29737	59290	28171
本　溪	4600	1334229	222211	24808	792213	48498	41931	59946	69063	162348
丹　东	5361	2562833	305934	9250	702184	73255	51304	81811	160590	42066
锦　州	26500	2307026	84275	4300	549803	113719	93724	60062	79729	189788
营　口	31458	3074737	30413	119250	909800	74265	29700	30699	97639	3848
阜　新	1010	1466385	11549	10665	694778	9278	16333	20673	6347	44623
辽　阳		1518962	42347	36955	532676	40450	112259	23940	60071	10008
盘　锦		2267479			380445	23635	29601	55930	403196	17615
铁　岭		2531265	76720	49915	908826	2950	20128	4455	35070	21496
朝　阳		1602548	94536	7500	375091	4300	52097	28017	77864	424376
葫芦岛	821151	1851323	280098	4709	224998		6520	835		26063

6-16 城镇固定资产投资各行业资金来源和新增固定资产

(2013年)

单位：万元

行业	本年资金来源合计	国家预算内资金	国内贷款	利用外资	自筹资金
全省合计	**248340658**	**12004103**	**33627267**	**3643406**	**172150073**
农、林、牧、渔业	**2554275**	**69878**	**411823**	**3705**	**2049945**
农业	882770	9600	161512		699214
林业	174274	33982	17757	3705	118830
畜牧业	712151	1600	72634		631537
渔业	529952	185	142160		387607
农、林、牧、渔服务业	255128	24511	17760		212757
采矿业	**6059039**	**12300**	**472453**	**500811**	**5066576**
煤炭开采和洗选业	437653	5820	46000		385833
石油和天然气开采业	1296443			497811	798632
黑色金属矿采选业	2161689		143409	1000	2014481
有色金属矿采选业	820483	6480	207974		606029
非金属矿采选业	1054104		46170	2000	1001834
开采辅助活动	271749		24900		246849
其他采矿业	16918		4000		12918
制造业	**77778755**	**177055**	**9556251**	**2094449**	**65070959**
农副食品加工业	5180238	2000	785652	13494	4250686
食品制造业	1435791		114592	17160	1302539
酒、饮料和精制茶制造业	965574	4457	43411		914639
烟草制品业	3600	2500			1100
纺织业	871147		150670		711941
纺织服装、服饰业	1286408	8840	179652		1081076
皮革、毛皮、羽毛及其制品和制鞋业	263563		33492		226070
木材加工和木、竹、藤、棕、草制品业	1466852		165062		1285790
家具制造业	594709		54068	400	533961
造纸和纸制品业	828569	4914	72150		746060
印刷和记录媒介复制业	411155		44578		363577
文教、工美、体育和娱乐用品制造业	430227		71590	5000	353637
石油加工、炼焦和核燃料加工业	1937809		421024	30805	1366786
化学原料和化学制品制造业	5551087		884218	118860	4502759
医药制造业	1913216	3310	145499		1725607
化学纤维制造业	342989		10500		332489
橡胶和塑料制品业	3381169		255051	175595	2933189
非金属矿物制品业	7440431	8307	1032783	4900	6369521
黑色金属冶炼和压延加工业	4196952	3385	251593	48100	3849524
有色金属冶炼和压延加工业	2632229		389990	28651	2211388
金属制品业	4286136	40800	450201	128476	3630950
通用设备制造业	10416081	1000	1291238	94410	8978856

6-16 续表 1

单位：万元

行 业	本年资金来源合计	国家预算内资金	国内贷款	利用外资	自筹资金
专用设备制造业	7381212	20000	806277	59670	6442815
汽车制造业	5032493	35050	600048	1158341	3225554
铁路、船舶、航空航天和其他运输设备制造业	2094854	42492	434710		1490952
电气机械和器材制造业	3832769		481213	14055	3298169
计算机、通信和其他电子设备制造业	1455122		146460	139260	1138752
仪器仪表制造业	1059603		112187	54490	874926
其他制造业	285601		10300		275301
废弃资源综合利用业	579381		108050	2782	440549
金属制品、机械和设备修理业	221788		9992		211796
电力、热力、燃气及水生产和供应业	**8201857**	**361992**	**2006864**	**15725**	**5598865**
电力、热力生产和供应业	5388486	219493	1747089		3329666
燃气生产和供应业	1590711		123807	15725	1441329
水的生产和供应业	1222660	142499	135968		827870
建筑业	**2769757**	**236092**	**514181**		**1995172**
房屋建筑业	394014	67017	6267		314786
土木工程建筑业	1927139	158399	423864		1330508
建筑安装业	184649	10676	31773		142200
建筑装饰和其他建筑业	263955		52277		207678
批发和零售业	**10917512**	**100561**	**1309046**	**146131**	**9149039**
批发业	4998016	85750	531496	200	4312140
零售业	5919496	14811	777550	145931	4836899
交通运输、仓储和邮政业	**16163875**	**3472521**	**5240121**		**7082555**
铁路运输业	1277732	100500	348297		685435
道路运输业	7653148	2226964	2412877		2838831
水上运输业	2612264	807229	998386		788509
航空运输业	297653	120456	100400		76797
管道运输业	353201	110011	112500		130690
装卸搬运和运输代理业	850555		235161		615394
仓储业	3118053	107361	1032500		1945630
邮政业	1269				1269
住宿和餐饮业	**5004692**	**81450**	**677417**	**96300**	**4119782**
住宿业	4124588	81060	545840	95600	3377933
餐饮业	880104	390	131577	700	741849
信息传输、软件和信息技术服务业	**1274532**	**53601**	**150064**	**54186**	**1006681**
电信、广播电视和卫星传输服务	226440	47780	4700	33530	140430
互联网和相关服务	134243	5821	9654		118768
软件和信息技术服务业	913849		135710	20656	747483

6-16 续表 2

单位：万元

行　　业	本年资金来源合计	国家预算内资金	国内贷款	利用外资	自筹资金
金融业	**1817874**	**16802**	**1700**		**1799372**
货币金融服务	1055514	3677			1051837
资本市场服务	623452	9005	1700		612747
保险业	74161	4120			70041
其他金融业	64747				64747
房地产业	**77716405**	**285685**	**8792603**	**624178**	**43457832**
租赁和商务服务业	**4201090**	**241577**	**475712**	**3600**	**3340603**
租赁业	259281		30011		228517
商务服务业	3941809	241577	445701	3600	3112086
科学研究和技术服务业	**2052288**	**97510**	**312055**	**12100**	**1625316**
研究和试验发展	818960	55336	90673	12100	660851
专业技术服务业	539356	7674	61572		465590
科技推广和应用服务业	693972	34500	159810		498875
水利、环境和公共设施管理业	**22347308**	**4948724**	**2855813**	**90350**	**14321476**
水利管理业	1591549	481493	347220		762836
生态保护和环境治理业	431192	31002	15439		371251
公共设施管理业	20324567	4436229	2493154	90350	13187389
居民服务、修理和其他服务业	**1972113**	**408958**	**112127**		**1396941**
居民服务业	919387	58609	66564		743630
机动车、电子产品和日用产品修理业	313761		33833		276425
其他服务业	738965	350349	11730		376886
教育	**2038828**	**415529**	**46465**		**1505501**
卫生和社会工作	**1409088**	**338900**	**180800**	**500**	**869716**
卫生	1172221	311059	145576		702986
社会工作	236867	27841	35224	500	166730
文化、体育和娱乐业	**2645210**	**519764**	**412007**	**1371**	**1708868**
新闻和出版业	7440				7440
广播、电视、电影和影视录音制作业	85742	5075			80667
文化艺术业	1182771	268791	216662		697318
体育	925461	195198	134610	1371	592782
娱乐业	443796	50700	60735		330661
公共管理、社会保障和社会组织	**1416160**	**165204**	**99765**		**984874**
中国共产党机关					
国家机构	1203966	130691	99765		820393
人民政协、民主党派					
社会保障					
群众团体、社会团体和其他成员组织	176264	27063			136001
基层群众自治组织	35930	7450			28480

6-16 续表 3

单位：万元

行　业	其他资金	投资额	新增固定资产	固定资产交付使用率(%)
全省合计	**26915809**	**228553853**	**133161083**	**58.3**
农、林、牧、渔业	**18924**	**2263570**	**1776515**	**78.48**
农业	12444	692899	633864	91.48
林业		174272	177678	101.95
畜牧业	6380	653658	448194	68.57
渔业		491379	326691	66.48
农、林、牧、渔服务业	100	251362	190088	75.62
采矿业	**6899**	**5449925**	**3792500**	**69.59**
煤炭开采和洗选业		395051	353770	89.55
石油和天然气开采业		1193851	439859	36.84
黑色金属矿采选业	2799	1994036	1461519	73.29
有色金属矿采选业		651644	504303	77.39
非金属矿采选业	4100	929702	760529	81.8
开采辅助活动		271646	267680	98.54
其他采矿业		13995	4840	34.58
制造业	**880041**	**75191426**	**53042468**	**70.54**
农副食品加工业	128406	5288466	4290130	81.12
食品制造业	1500	1393495	857109	61.51
酒、饮料和精制茶制造业	3067	933688	760040	81.4
烟草制品业		3600	3600	100
纺织业	8536	789377	672472	85.19
纺织服装、服饰业	16840	1163118	821188	70.6
皮革、毛皮、羽毛及其制品和制鞋业	4001	258148	193179	74.83
木材加工和木、竹、藤、棕、草制品业	16000	1419638	1219208	85.88
家具制造业	6280	581571	470126	80.84
造纸和纸制品业	5445	803861	575750	71.62
印刷和记录媒介复制业	3000	388871	372050	95.67
文教、工美、体育和娱乐用品制造业		382628	260175	68
石油加工、炼焦和核燃料加工业	119194	2061563	1165848	56.55
化学原料和化学制品制造业	45250	5635135	3393193	60.21
医药制造业	38800	1990820	1368135	68.72
化学纤维制造业		334850	170434	50.9
橡胶和塑料制品业	17334	3624455	2775782	76.58
非金属矿物制品业	24920	6859556	5498701	80.16
黑色金属冶炼和压延加工业	44350	3752891	3397138	90.52
有色金属冶炼和压延加工业	2200	2392126	1253409	52.4
金属制品业	35709	4067289	2568361	63.15
通用设备制造业	50577	9848273	6169309	62.64

6-16 续表 4

单位：万元

行　业	其他资金	投资额	新增固定资产	固定资产交付使用率(%)
专用设备制造业	52450	7165790	4959626	69.21
汽车制造业	13500	4944385	3364566	68.05
铁路、船舶、航空航天和其他运输设备制造业	126700	1693570	1350801	79.76
电气机械和器材制造业	39332	3780032	2898701	76.68
计算机、通信和其他电子设备制造业	30650	1483265	979511	66.04
仪器仪表制造业	18000	1034893	383826	37.09
其他制造业		286687	182366	63.61
废弃资源综合利用业	28000	573672	581915	101.44
金属制品、机械和设备修理业		255713	85819	33.56
电力、热力、燃气及水生产和供应业	**218411**	**7578787**	**5591912**	**73.78**
电力、热力生产和供应业	92238	4884391	3954204	80.96
燃气生产和供应业	9850	1505545	485143	32.22
水的生产和供应业	116323	1188851	1152565	96.95
建筑业	**24312**	**2231390**	**1396815**	**62.6**
房屋建筑业	5944	334769	193721	57.87
土木工程建筑业	14368	1536513	937734	61.03
建筑安装业		176893	130145	73.57
建筑装饰和其他建筑业	4000	183215	135215	73.8
批发和零售业	**212735**	**9668155**	**5594601**	**57.87**
批发业	68430	4437892	2408855	54.28
零售业	144305	5230263	3185746	60.91
交通运输、仓储和邮政业	**368678**	**14832606**	**9068492**	**61.14**
铁路运输业	143500	1189136	87990	7.4
道路运输业	174476	7045431	4950917	70.27
水上运输业	18140	2358863	1408563	59.71
航空运输业		323442	300717	92.97
管道运输业		331101	197551	59.66
装卸搬运和运输代理业		856200	354359	41.39
仓储业	32562	2727164	1768395	64.84
邮政业		1269		
住宿和餐饮业	**29743**	**4686058**	**3593408**	**76.68**
住宿业	24155	3790730	2876917	75.89
餐饮业	5588	895328	716491	80.03
信息传输、软件和信息技术服务业	**10000**	**1210159**	**833118**	**68.84**
电信、广播电视和卫星传输服务		222637	144702	64.99
互联网和相关服务		132009	74281	56.27
软件和信息技术服务业	10000	855513	614135	71.79

6-16 续表 5

单位：万元

行　　业	其他资金	投资额	新增固定资产	固定资产交付使用率(%)
金融业		**1570515**	**1276918**	**81.31**
货币金融服务		1056697	1061993	100.5
资本市场服务		393291	131599	33.46
保险业		59709	58255	97.56
其他金融业		60818	25071	41.2
房地产业	**24556107**	**67211868**	**23964455**	**35.66**
租赁和商务服务业	**139598**	**3955968**	**2738600**	**69.23**
租赁业	753	249162	115648	46.41
商务服务业	138845	3706806	2622952	70.76
科学研究和技术服务业	**5307**	**1843694**	**1323299**	**71.77**
研究和试验发展		714297	408235	57.15
专业技术服务业	4520	494508	503735	101.87
科技推广和应用服务业	787	634889	411329	64.79
水利、环境和公共设施管理业	**130945**	**21459000**	**11077181**	**51.62**
水利管理业		1432797	808440	56.42
生态保护和环境治理业	13500	442749	361665	81.69
公共设施管理业	117445	19583454	9907076	50.59
居民服务、修理和其他服务业	**54087**	**1938476**	**1352353**	**69.76**
居民服务业	50584	903248	677773	75.04
机动车、电子产品和日用产品修理业	3503	302303	286323	94.71
其他服务业		732925	388257	52.97
教育	**71333**	**2001481**	**1604392**	**80.16**
卫生和社会工作	**19172**	**1378555**	**1079079**	**78.28**
卫生	12600	1150112	844183	73.4
社会工作	6572	228443	234896	102.82
文化、体育和娱乐业	**3200**	**2628562**	**2497186**	**95**
新闻和出版业		7240	7240	100
广播、电视、电影和影视录音制作业		104866	83258	79.39
文化艺术业		1056330	780855	73.92
体育	1500	995766	945940	95
娱乐业	1700	464360	679893	146.42
公共管理、社会保障和社会组织	**166317**	**1453658**	**1557791**	**107.16**
中国共产党机关				
国家机构	153117	1243133	1352156	108.77
人民政协、民主党派				
社会保障				
群众团体、社会团体和其他成员组织	13200	174595	169705	97.2
基层群众自治组织		35930	35930	100

6-17 各地区城镇固定资产投资施工、竣工房屋面积

单位：万平方米

年份、地区	施工房屋建筑面积	#住宅	竣工房屋建筑面积	#住宅
2000	5693.4	3553.2	3017.0	2092.1
2001	6120.1	3869.7	2991.0	2116.3
2002	7237.3	4429.0	3209.8	2116.1
2003	8254.7	4809.1	3667.4	2214.0
2004	10437.4	5653.5	4711.0	2646.9
2005	12381.8	6329.8	5032.3	2539.0
2006	15104.0	7805.5	6164.4	2950.1
2007	20932.3	10350.5	6847.7	3130.4
2008	23875.5	12389.6	7988.8	3568.3
2009	29221.2	14886.9	8397.8	3638.4
2010	44138.5	21222.0	9245.7	3865.9
2011	54173.3	27752.4	10527.7	5475.6
2012	61131.9	30093.9	11838.7	5407.2
2013	63544.9	31903.4	13418.0	5155.1
沈　阳	17588.2	8544.9	4384.1	1290.3
大　连	9840.6	4971.6	1570.9	850.7
鞍　山	6265.8	3320.3	399.6	213.3
抚　顺	3162.4	1111.7	1172.8	195.6
本　溪	2822.0	1348.4	772.1	482.0
丹　东	2089.1	1094.4	318.3	116.5
锦　州	2942.2	1317.1	636.5	144.3
营　口	4937.4	2573.8	972.2	401.2
阜　新	1990.5	1051.7	403.0	172.1
辽　阳	1509.5	786.6	90.7	59.1
盘　锦	2157.6	1268.5	236.2	162.8
铁　岭	3700.7	1633.5	1492.5	493.7
朝　阳	2637.6	1525.2	740.5	371.9
葫芦岛	1901.6	1355.6	228.8	201.6

6-18 各地区按行业分城镇固定资产投资新增固定资产

单位：万元

年份、地区	合计	农林牧渔业	采矿业	制造业	电力、燃气及水的生产和供应业	建筑业	交通运输仓储和邮政业	信息传输、计算机服务和软件业	批发和零售业	住宿和餐饮业
2005	23785868	278332	1466943	9828630	956830	188933	1416108	359388	923303	401408
2006	27641611	354483	1944056	11027672	948659	324995	1756914	394289	1059344	421746
2007	36316002	477202	2100599	14261494	2353587	285779	2493073	319701	1445176	584539
2008	50566948	770661	2355216	21893841	2192069	406054	2328227	618041	1799541	973428
2009	68569660	1151381	2295717	29092046	3411559	938757	4058862	864654	3229421	1261212
2010	94292140	1384973	4126137	35728460	3762066	1134045	4108876	958593	1883003	1080068
2011	90101829	2066201	2964006	34722047	3052749	1429403	4192201	576606	2250995	1194100
2012	115723387	1685006	4524880	45738723	4571954	2425923	4398017	5230732	2093167	924977
2013	133161083	1776515	3792500	53042468	5591912	1396815	5594601	9068492	3593408	833118
沈　阳	33945758	527723	131365	12802354	818400	415862	2797305	2412916	753075	396638
大　连	26732010	534761	22300	7723063	1039075	529350	815386	1195365	1396317	209176
鞍　山	5591828	17681	252234	2490763	310357		694886	129406	87342	
抚　顺	8402346	99823	317260	4845587	272624	103070	66783	224702	538442	12293
本　溪	6368805	84563	369363	2501287	337978	19559	154901	330846	181394	
丹　东	7083610	33021	763628	2495144	634439	39224	206054	1027110	153330	77224
锦　州	6231751	59280	147855	2879813	396173	43821	148099	256645	85174	50818
营　口	8081003	12201	101476	3801370	514644	13722	206093	714516	83512	
阜　新	2058145	76337	66174	548444	138211		43013	302531	1200	1269
辽　阳	3945235	48804	474683	2004145	66407	41250	75199	68643	32000	
盘　锦	7648267	38849	577588	2703613	200475	7936	90324	1979192	11450	30000
铁　岭	8109552	33587	65254	5297872	315774	148681	105825	112740	37080	
朝　阳	5182587	182293	459246	1832400	495809	34340	106143	100407	4800	
葫芦岛	3780186	27592	44074	1116613	51546		84590	213473	228292	55700

6-8 续表

单位：亿元

年份、地区	金融业	房地产业	租赁和商务服务业	科学研究、技术服务和地质勘查业	水利、环境和公共设施管理业	居民服务和其他服务业	教育	卫生、社会保障和社会福利业	文化、体育和娱乐业	公共管理和社会组织
2003	4.57	516.43	5.38	14.92	16.85	101.63		11.90	68.44	110.68
2004	4.13	797.30	25.86	25.27	168.33	13.27	68.24	19.46	32.90	49.84
2005	17.49	981.30	38.87	27.16	274.38	13.58	89.60	23.31	36.05	49.41
2006	10.36	1318.95	58.39	36.75	318.23	27.19	92.43	30.07	60.16	76.17
2007	20.81	1701.06	87.66	49.30	541.95	41.37	101.18	44.66	57.92	66.50
2008	47.20	2306.87	128.74	63.31	684.55	39.87	110.70	54.25	64.34	77.31
2009	41.06	2861.99	158.40	95.04	899.34	59.94	129.12	84.35	132.16	213.68
2010	32.53	3755.53	340.84	122.30	1377.03	89.87	132.68	86.84	186.60	301.00
2011	56.68	4884.53	410.43	107.78	1489.28	156.53	178.05	92.99	184.26	291.14
2012	63.88	5828.43	547.80	161.23	1677.42	210.09	196.22	161.89	282.61	287.93
2013	159.48	6910.35	400.48	194.94	2233.35	208.13	236.20	144.80	280.69	161.19
沈　阳	38.05	2302.98	108.64	119.87	246.45	98.04	92.45	59.99	79.13	35.26
大　连	23.47	1796.95	125.76	34.20	1187.80	45.64	78.12	39.60	82.70	10.46
鞍　山	4.53	459.48	24.94	1.07	50.11	16.59	6.05	5.23	9.48	4.72
抚　顺	4.42	161.07	26.17	10.22	60.18	2.49	8.30	3.34	8.65	2.82
本　溪	0.46	133.42	22.22	2.48	79.22	4.85	4.19	5.99	6.91	16.23
丹　东	0.54	256.28	30.59	0.93	80.03	7.81	6.02	8.18	16.38	4.21
锦　州	2.65	230.70	8.43	0.86	55.93	11.37	9.37	6.01	7.97	28.50
营　口	3.15	307.98	3.04	12.43	93.92	11.43	3.29	3.07	9.76	0.38
阜　新	0.10	150.36	1.39	1.07	74.16	0.93	2.59	2.07	1.55	6.02
辽　阳		157.26	4.38	5.41	55.15	4.19	11.62	2.48	6.22	1.04
盘　锦		226.75			47.93	2.36	6.34	5.59	40.57	1.76
铁　岭		261.13	7.67	4.99	95.74	0.30	2.01	0.45	3.51	2.15
朝　阳		160.25	9.46	1.14	41.40	0.43	5.21	2.80	7.79	43.97
葫芦岛	82.12	185.13	28.01	0.47	26.48	0.08	1.01	0.08		3.72

6-19 按构成和建设性质分的建设项目投资

单位：亿元

年份、地区	投资额	按构成分			按建设性质分	
		建筑安装工程	设备、工器具购置	其他费用	#新建	#改、扩建
2000	784.42	462.30	239.86	82.25	249.66	489.24
2001	873.10	529.57	252.15	91.38	278.91	545.87
2002	969.01	560.24	268.07	140.70	307.31	600.27
2003	1279.14	733.57	368.64	176.92	511.82	687.51
2004	1875.04	1082.72	584.61	207.70	807.55	941.98
2005	2792.27	1570.08	868.22	353.97	1388.41	1224.34
2006	3835.65	2250.14	1153.40	432.10	1976.40	1577.74
2007	5078.47	3009.83	1442.12	626.52	3073.58	1657.19
2008	6821.15	3956.06	2193.86	671.23	4144.82	2203.95
2009	8964.61	5388.60	2777.61	798.39	5399.68	2946.08
2010	11640.57	7100.08	3422.75	1117.75	7724.28	3236.78
2011	11927.76	7183.68	3264.08	1480.00	8548.16	2872.64
2012	14468.19	8527.51	4327.53	1613.15	10859.91	3008.00
2013	16404.63	10540.93	4685.31	1178.40	12645.16	3077.30
沈　阳	3858.33	2375.51	1236.06	246.76	2482.55	1020.32
大　连	4133.26	3346.65	561.66	224.95	3551.91	398.63
鞍　山	1039.88	635.38	275.18	129.32	932.36	97.83
抚　顺	882.97	389.87	474.10	18.99	724.39	152.55
本　溪	700.33	365.50	197.40	137.44	413.63	278.29
丹　东	696.02	463.86	152.12	80.04	534.89	159.93
锦　州	694.38	322.39	252.96	119.03	554.43	117.88
营　口	852.82	563.56	247.36	41.89	835.41	9.86
阜　新	315.13	179.20	122.21	13.73	277.36	37.18
辽　阳	538.54	282.46	244.51	11.56	364.97	140.07
盘　锦	892.91	577.26	273.23	42.41	740.90	134.65
铁　岭	757.82	425.81	302.29	29.72	632.72	110.47
朝　阳	643.18	288.95	297.06	57.17	247.18	375.94
葫芦岛	399.08	324.53	49.15	25.39	352.47	43.71

6-20 按资金来源和隶属关系分的建设项目投资

单位：亿元

年份、地区	按资金来源分					按隶属关系分	
	国家预算内资金	国内贷款	利用外资	自筹资金	其他投资	中央项目	地方项目
2000	65.13	184.98	64.15	420.69	67.25	277.40	524.80
2001	107.51	192.97	46.36	479.35	54.48	300.40	580.27
2002	99.49	190.62	59.92	572.13	53.56	266.19	709.54
2003	82.59	229.86	44.51	853.85	80.37	245.37	1045.80
2004	104.88	251.74	71.32	1372.45	74.65	358.04	1516.99
2005	164.74	374.16	108.90	2016.02	128.44	474.18	2318.09
2006	252.39	480.22	102.80	2852.19	148.06	603.41	3232.23
2007	355.49	761.77	121.88	3656.50	182.82	856.53	4221.94
2008	422.62	858.00	260.66	5125.31	154.56	1059.69	5761.46
2009	510.98	1255.05	268.94	6813.10	116.54	787.41	8177.20
2010	465.62	1862.49	209.53	8916.68	186.25	930.91	10709.66
2011	917.25	1908.44	155.06	8707.26	239.75	702.25	11225.51
2012	853.62	2271.51	225.70	10885.87	231.49	702.46	13765.73
2013	1033.49	2345.86	213.26	12600.40	211.62	707.37	15697.26
沈 阳	351.84	533.19	129.20	3095.43	50.65	152.21	3706.12
大 连	630.69	806.93	78.76	2801.86	51.26	221.18	3912.08
鞍 山	16.79	183.43	0.95	944.13	47.84	23.66	1016.22
抚 顺	38.17	89.98	0.57	745.00	8.75	44.68	838.28
本 溪	10.44	21.18	5.87	659.10	14.52		700.33
丹 东	47.98	100.76	6.64	574.25	1.74	1.18	694.84
锦 州	8.13	91.72	4.10	608.77	13.84	15.20	679.18
营 口	3.00	58.00	13.88	723.50	1.81	18.68	834.14
阜 新	29.61	62.74		245.08		78.31	236.82
辽 阳	4.30	36.72	0.10	497.44	3.31	5.07	533.46
盘 锦	0.94	256.75	60.37	580.50	10.66	103.80	789.11
铁 岭	25.46	100.77	1.98	663.30	0.36	1.58	756.24
朝 阳	12.61	79.96		665.77	20.78	11.27	631.91
葫芦岛	20.44	92.97		320.70	16.79	30.53	368.55

注：本表资金来源分市数据为本年到位资金。

6-21 按行业分的建设项目投资额

(2013年) 单位：万元

行业	投资额	#新建	#扩建	#改建	建筑安装工程投资	设备工器具购置	其他费用
全省合计	**164046340**	**126451629**	**18406414**	**12366596**	**105409315**	**46853062**	**11783963**
农、林、牧、渔业	**2263570**	**1591503**	**373463**	**282355**	**1382362**	**701639**	**179569**
农业	692899	516142	176757		403770	254335	34794
林业	174272	150854	13650	5912	112416	22988	38868
畜牧业	653658	497957	127410	23991	325557	272108	55993
渔业	491379	214432	19652	252452	365404	98143	27832
农、林、牧、渔服务业	251362	212118	35994		175215	54065	22082
采矿业	**5449925**	**2733464**	**1597146**	**888007**	**2896302**	**2259511**	**294112**
煤炭开采和洗选业	395051	113390	41010	240651	160619	228905	5527
石油和天然气开采业	1193851	1193851			797921	335791	60139
黑色金属矿采选业	1994036	713366	746493	480125	939447	971171	83418
有色金属矿采选业	651644	219528	366093	52103	370146	209772	71726
非金属矿采选业	929702	316567	429555	106619	450599	409814	69289
开采辅助活动	271646	176762		8509	167775	99858	4013
其他采矿业	13995		13995		9795	4200	
制造业	**75191426**	**54079604**	**10628772**	**6303261**	**39679718**	**30594201**	**4917507**
农副食品加工业	5288466	3667956	1125072	344513	2797152	1986628	504686
食品制造业	1393495	1047406	208870	98381	861722	427576	104197
酒、饮料和精制茶制造业	933688	721193	99120	58566	560041	308301	65346
烟草制品业	3600	3600			1700	1900	
纺织业	789377	569666	89824	15346	409906	324552	54919
纺织服装、服饰业	1163118	733452	278896	77897	732432	341939	88747
皮革、毛皮、羽毛及其制品和制鞋业	258148	196575	12390	34723	102497	133757	21894
木材加工和木、竹、藤、棕、草制品业	1419638	913078	339239	115406	739816	617257	62565
家具制造业	581571	372907	142918	41447	371468	173884	36219
造纸和纸制品业	803861	588187	97125	73569	378489	369681	55691
印刷和记录媒介复制业	388871	220347	37098	57308	184875	195192	8804
文教、工美、体育和娱乐用品制造业	382628	237806	64110	29546	172824	192053	17751
石油加工、炼焦和核燃料加工业	2061563	1367172	371890	285434	1053837	863466	144260
化学原料和化学制品制造业	5635135	4595407	513023	389146	3182383	2169774	282978
医药制造业	1990820	1631708	234421	112452	1087216	600342	303262
化学纤维制造业	334850	320125	7600	2990	182470	132751	19629
橡胶和塑料制品业	3624455	2059032	1020583	93939	1622352	1768323	233780
非金属矿物制品业	6859556	4818359	1206860	622625	3280529	3099762	479265
黑色金属冶炼和压延加工业	3752891	1933304	635327	1134620	1743978	1677306	331607
有色金属冶炼和压延加工业	2392126	1579194	353912	402140	1121536	1145534	125056
金属制品业	4067289	2742059	606757	229437	2305672	1547607	214010
通用设备制造业	9848273	6943249	1560355	708367	5337210	4045078	465985

6-21 续表 1

单位：万元

行 业	投资额	#新建	#扩建	#改建	建筑安装工程投资	设备工器具购置	其他费用
专用设备制造业	7165790	5659694	447320	466574	3594248	3241493	330049
汽车制造业	4944385	4143734	312212	261844	2503175	2103366	337844
铁路、船舶、航空航天和其他运输设备制造业	1693570	1270392	196283	72833	1009012	516774	167784
电气机械和器材制造业	3780032	2844932	365120	389706	2177867	1412578	189587
计算机、通信和其他电子设备制造业	1483265	1165539	113892	48599	884470	557760	41035
仪器仪表制造业	1034893	834117	86307	65493	617376	356570	60947
其他制造业	286687	194290	57272	21205	147163	85393	54131
废弃资源综合利用业	573672	498711	19450	31732	344914	122821	105937
金属制品、机械和设备修理业	255713	206413	25526	17423	171388	74783	9542
电力、热力、燃气及水生产和供应业	**7578787**	**6345136**	**712494**	**442886**	**4452519**	**2794192**	**332076**
电力、热力生产和供应业	4884391	3961541	497651	361974	2911898	1831999	140494
燃气生产和供应业	1505545	1357386	125353	22806	702179	683537	119829
水的生产和供应业	1188851	1026209	89490	58106	838442	278656	71753
建筑业	**2231390**	**1707105**	**109240**	**244394**	**1804471**	**336708**	**90211**
房屋建筑业	334769	307762	8246	4572	299802	17869	17098
土木工程建筑业	1536513	1262827	80049	130097	1276867	202577	57069
建筑安装业	176893	56675	11626	47797	96684	78468	1741
建筑装饰和其他建筑业	183215	79841	9319	61928	131118	37794	14303
批发和零售业	**9668155**	**7502742**	**998780**	**786472**	**7043144**	**1613835**	**1011176**
批发业	4437892	3085901	582700	475736	3035332	966907	435653
零售业	5230263	4416841	416080	310736	4007812	646928	575523
交通运输、仓储和邮政业	**14832606**	**12582370**	**923000**	**593336**	**10483547**	**2967419**	**1381640**
铁路运输业	1189136	1046038	44445	98653	676139	62591	450406
道路运输业	7045431	5900504	376623	341992	4808864	1736768	499799
水上运输业	2358863	1594212	396224	104210	1877095	416363	65405
航空运输业	323442	310338		13104	194612	73665	55165
管道运输业	331101	331101			305733	17868	7500
装卸搬运和运输代理业	856200	791867	18310	14023	622780	149550	83870
仓储业	2727164	2608310	87398	21354	1998324	509345	219495
邮政业	1269					1269	
住宿和餐饮业	**4686058**	**3886736**	**452678**	**326691**	**3560504**	**676067**	**449487**
住宿业	3790730	3243150	346227	187708	2915066	536918	338746
餐饮业	895328	643586	106451	138983	645438	139149	110741
信息传输、软件和信息技术服务业	**1210159**	**838004**	**81716**	**186169**	**862395**	**265242**	**82522**
电信、广播电视和卫星传输服务	222637	99846	40056	58078	91355	97328	33954
互联网和相关服务	132009	98049	4580	3050	83045	43944	5020
软件和信息技术服务业	855513	640109	37080	125041	687995	123970	43548

6-21 续表 2 单位：万元

行 业	投资额	#新建	#扩建	#改建	建筑安装工程投资	设备工器具购置	其他费用
金融业	**1570515**	**1338004**	**58385**	**150271**	**1354875**	**164732**	**50908**
货币金融服务	1056697	910517	37015	109165	984364	61404	10929
资本市场服务	393291	359392	8200	17730	290222	74113	28956
保险业	59709	15887	8620	19316	33689	16816	9204
其他金融业	60818	52208	4550	4060	46600	12399	1819
房地产业	**2704355**	**2311242**	**178971**	**181646**	**2272364**	**253863**	**178128**
租赁和商务服务业	**3955968**	**3379689**	**256879**	**214735**	**2821307**	**626058**	**508603**
租赁业	249162	200391	11510	19714	122283	83582	43297
商务服务业	3706806	3179298	245369	195021	2699024	542476	465306
科学研究和技术服务业	**1843694**	**1170753**	**134046**	**286517**	**1321596**	**443754**	**78344**
研究和试验发展	714297	544021	30454	108512	562986	108838	42473
专业技术服务业	494508	294345	33359	73191	326656	154942	12910
科技推广和应用服务业	634889	332387	70233	104814	431954	179974	22961
水利、环境和公共设施管理业	**21459000**	**19108366**	**1317178**	**934881**	**18355630**	**1753100**	**1350270**
水利管理业	1432797	1318177	49077	61565	979876	412780	40141
生态保护和环境治理业	442749	362176	41480	26233	329649	105209	7891
公共设施管理业	19583454	17428013	1226621	847083	17046105	1235111	1302238
居民服务、修理和其他服务业	**1938476**	**1767199**	**90292**	**68020**	**1474901**	**188177**	**275398**
居民服务业	903248	822916	47371	32961	635893	55442	211913
机动车、电子产品和日用产品修理业	302303	245973	23671	19694	247172	45023	10108
其他服务业	732925	698310	19250	15365	591836	87712	53377
教育	**2001481**	**1628899**	**132940**	**184785**	**1695254**	**143734**	**162493**
卫生和社会工作	**1378555**	**987652**	**147212**	**126918**	**1035351**	**270380**	**72824**
卫生	1150112	771974	146152	125053	833348	246677	70087
社会工作	228443	215678	1060	1865	202003	23703	2737
文化、体育和娱乐业	**2628562**	**2251863**	**169082**	**124596**	**2013639**	**475331**	**139592**
新闻和出版业	7240			3800	3800	3440	
广播、电视、电影和影视录音制作业	104866	63070	9913	12654	55143	47845	1878
文化艺术业	1056330	906222	93238	22456	808117	187531	60682
体育	995766	940812	23391	5625	767651	186548	41567
娱乐业	464360	341759	42540	80061	378928	49967	35465
公共管理、社会保障和社会组织	**1453658**	**1241298**	**44140**	**40656**	**899436**	**325119**	**229103**
中国共产党机关							
国家机构	1243133	1054646	31200	40656	786469	277756	178908
人民政协、民主党派							
社会保障							
群众团体、社会团体和其他成员组织	174595	150722	12940		96277	29501	48817
基层群众自治组织	35930	35930			16690	17862	1378

6-22 按行业、隶属关系和注册类型分建设项目投资

(2013年) 单位：万元

行业	投资额						
		中央	地方	内资	港澳台商投资	外商投资	个体经营
全省合计	**164046340**	**7073726**	**156972614**	**154696039**	**3315142**	**5534310**	**500849**
农、林、牧、渔业	**2263570**	**17368**	**2246202**	**2186309**		**14948**	**62313**
农业	692899		692899	681699			11200
林业	174272	15548	158724	164772			9500
畜牧业	653658		653658	604210		14948	34500
渔业	491379		491379	491379			
农、林、牧、渔服务业	251362	1820	249542	244249			7113
采矿业	**5449925**	**825372**	**4624553**	**5034567**	**380128**	**4900**	**30330**
煤炭开采和洗选业	395051		395051	372821			22230
石油和天然气开采业	1193851	681573	512278	813723	380128		
黑色金属矿采选业	1994036		1994036	1994036			
有色金属矿采选业	651644		651644	651644			
非金属矿采选业	929702		929702	916702		4900	8100
开采辅助活动	271646	143799	127847	271646			
其他采矿业	13995		13995	13995			
制造业	**75191426**	**2085329**	**73106097**	**68732288**	**1446434**	**4853656**	**159048**
农副食品加工业	5288466		5288466	5147133	90825	45758	4750
食品制造业	1393495		1393495	1266331		127164	
酒、饮料和精制茶制造业	933688		933688	744767	38002	129841	21078
烟草制品业	3600		3600	3600			
纺织业	789377		789377	789117			260
纺织服装、服饰业	1163118		1163118	1127898	28820		6400
皮革、毛皮、羽毛及其制品和制鞋业	258148		258148	251903		6245	
木材加工和木、竹、藤、棕、草制品业	1419638		1419638	1352581	52437	5800	8820
家具制造业	581571		581571	563071		13800	4700
造纸和纸制品业	803861		803861	696737	86984	16940	3200
印刷和记录媒介复制业	388871		388871	388871			
文教、工美、体育和娱乐用品制造业	382628		382628	368917		13711	
石油加工、炼焦和核燃料加工业	2061563	545469	1516094	2025878	6080	29605	
化学原料和化学制品制造业	5635135	204736	5430399	5267640	58220	302705	6570
医药制造业	1990820		1990820	1988820		2000	
化学纤维制造业	334850		334850	334850			
橡胶和塑料制品业	3624455		3624455	2435621	270987	917847	
非金属矿物制品业	6859556	29600	6829956	6654777	39780	153199	11800
黑色金属冶炼和压延加工业	3752891	321030	3431861	3708692	1999	42200	
有色金属冶炼和压延加工业	2392126	66498	2325628	1852580	437825	101721	
金属制品业	4067289	80835	3986454	3805579	83382	170928	7400
通用设备制造业	9848273	52310	9795963	9640341	18000	180341	9591

6-22 续表 1

单位：万元

行　业	投资额	中央	地方	内资	港澳台商投资	外商投资	个体经营
专用设备制造业	7165790	275365	6890425	7045162		108903	11725
汽车制造业	4944385		4944385	3068703	38987	1831741	4954
铁路、船舶、航空航天和其他运输设备制造业	1693570	394792	1298778	1522936	9800	160834	
电气机械和器材制造业	3780032	46455	3733577	3537982	91574	150476	
计算机、通信和其他电子设备制造业	1483265		1483265	1173166	49865	202434	57800
仪器仪表制造业	1034893		1034893	923972	42867	68054	
其他制造业	286687		286687	286687			
废弃资源综合利用业	573672		573672	573672			
金属制品、机械和设备修理业	255713	68239	187474	184304		71409	
电力、热力、燃气及水生产和供应业	**7578787**	**1775391**	**5803396**	**7366539**	**182928**	**29320**	
电力、热力生产和供应业	4884391	1032925	3851466	4723074	160977	340	
燃气生产和供应业	1505545	732186	773359	1483594	21951		
水的生产和供应业	1188851	10280	1178571	1159871		28980	
建筑业	**2231390**	**58987**	**2172403**	**2207070**	**12920**	**7400**	**4000**
房屋建筑业	334769		334769	334769			
土木工程建筑业	1536513	35625	1500888	1519593	12920		4000
建筑安装业	176893	1102	175791	176893			
建筑装饰和其他建筑业	183215	22260	160955	175815		7400	
批发和零售业	**9668155**	**105291**	**9562864**	**9153958**	**385363**	**103753**	**25081**
批发业	4437892	103506	4334386	4367586	59113		11193
零售业	5230263	1785	5228478	4786372	326250	103753	13888
交通运输、仓储和邮政业	**14832606**	**892629**	**13939977**	**14309577**	**389145**	**133884**	
铁路运输业	1189136	98653	1090483	907137	281999		
道路运输业	7045431	29816	7015615	7015180	23251	7000	
水上运输业	2358863	108816	2250047	2358863			
航空运输业	323442	57556	265886	323442			
管道运输业	331101		331101	330829	272		
装卸搬运和运输代理业	856200		856200	777077	79123		
仓储业	2727164	597788	2129376	2595780	4500	126884	
邮政业	1269		1269	1269			
住宿和餐饮业	**4686058**	**5770**	**4680288**	**4247940**	**229539**	**74449**	**134130**
住宿业	3790730		3790730	3457127	229539	71125	32939
餐饮业	895328	5770	889558	790813		3324	101191
信息传输、软件和信息技术服务业	**1210159**	**47130**	**1163029**	**1111992**	**13704**	**84463**	
电信、广播电视和卫星传输服务	222637	41430	181207	189060		33577	
互联网和相关服务	132009		132009	132009			
软件和信息技术服务业	855513	5700	849813	790923	13704	50886	

6-22 续表 2

单位：万元

行业	投资额						
		中央	地方	内资	港澳台商投资	外商投资	个体经营
金融业	**1570515**	**84881**	**1485634**	**1566020**		**4495**	
货币金融服务	1056697	80181	976516	1052202		4495	
资本市场服务	393291		393291	393291			
保险业	59709	4700	55009	59709			
其他金融业	60818		60818	60818			
房地产业	**2704355**	**9795**	**2694560**	**2491928**	**163468**	**48959**	
租赁和商务服务业	**3955968**	**65600**	**3890368**	**3769547**	**75191**	**104660**	**6570**
租赁业	249162		249162	249162			
商务服务业	3706806	65600	3641206	3520385	75191	104660	6570
科学研究和技术服务业	**1843694**	**25871**	**1817823**	**1811233**	**5351**	**27110**	
研究和试验发展	714297	25871	688426	690416		23881	
专业技术服务业	494508		494508	491519		2989	
科技推广和应用服务业	634889		634889	629298	5351	240	
水利、环境和公共设施管理业	**21459000**	**788858**	**20670142**	**21416017**		**42313**	**670**
水利管理业	1432797	552	1432245	1407141		25656	
生态保护和环境治理业	442749	7634	435115	442749			
公共设施管理业	19583454	780672	18802782	19566127		16657	670
居民服务、修理和其他服务业	**1938476**	**3600**	**1934876**	**1895817**			**42659**
居民服务业	903248	3600	899648	863519			39729
机动车、电子产品和日用产品修理业	302303		302303	299373			2930
其他服务业	732925		732925	732925			
教育	**2001481**	**68564**	**1932917**	**1961260**	**29871**		**10350**
卫生和社会工作	**1378555**	**28692**	**1349863**	**1376977**			**1578**
卫生	1150112	28692	1121420	1150112			
社会工作	228443		228443	226865			1578
文化、体育和娱乐业	**2628562**	**174598**	**2453964**	**2603342**	**1100**		**24120**
新闻和出版业	7240		7240	7240			
广播、电视、电影和影视录音制作业	104866		104866	104866			
文化艺术业	1056330	3088	1053242	1056330			
体育	995766	171510	824256	994666	1100		
娱乐业	464360		464360	440240			24120
公共管理、社会保障和社会组织	**1453658**	**10000**	**1443658**	**1453658**			
中国共产党机关							
国家机构	1243133	10000	1233133	1243133			
人民政协、民主党派							
社会保障							
群众团体、社会团体和其他成员组织	174595		174595	174595			
基层群众自治组织	35930		35930	35930			

6-23 各地区按主要行业分建设项目投资

单位：亿元

年份、地区	合计	农林牧渔业	采矿业	制造业	电力、燃气及水的生产和供应业	建筑业	交通运输仓储和邮政业	信息传输、计算机服务和软件业	批发和零售业	住宿和餐饮业
2003	1291.17	23.43	91.56	469.92	94.35	11.13	192.94		79.60	
2004	1880.05	25.34	128.81	773.50	108.77	25.08	219.45	50.35	97.02	41.63
2005	2798.62	34.15	182.95	1359.31	138.67	24.62	280.56	41.15	119.02	37.97
2006	3835.65	38.37	212.08	1790.74	207.71	57.80	526.47	96.31	127.64	56.11
2007	5078.47	54.83	281.52	2450.52	336.35	38.63	547.80	65.75	187.60	85.03
2008	6821.15	86.78	310.68	3462.23	432.19	46.49	748.36	114.94	224.54	110.87
2009	8964.61	148.51	341.74	4436.90	652.49	112.61	721.47	132.13	388.78	172.66
2010	11640.57	216.38	564.33	5503.27	787.07	171.74	1048.20	146.46	309.90	196.59
2011	11927.76	265.58	482.75	5468.89	666.96	214.13	860.17	104.69	492.54	296.92
2012	14468.19	255.57	593.15	6643.81	701.38	411.81	723.89	1001.55	381.38	129.69
2013	16404.63	226.36	544.99	7519.14	757.88	223.14	966.82	1483.26	468.61	121.02
沈　阳	3858.33	45.31	14.09	1744.24	113.61	55.29	396.93	354.30	109.33	55.93
大　连	4133.26	74.14	2.23	1464.74	169.51	72.95	149.27	345.03	168.45	36.49
鞍　山	1039.88	3.62	15.60	595.35	43.60	0.64	186.00	72.93	20.25	1.37
抚　顺	882.97	10.59	45.14	572.74	38.58	37.97	9.41	21.39	26.38	0.23
本　溪	700.33	17.10	49.89	287.29	39.10	6.31	28.95	95.56	28.61	4.24
丹　东	696.02	4.39	91.19	229.77	17.92	7.95	42.54	112.79	38.57	7.72
锦　州	694.38	8.57	16.21	352.83	48.97	4.38	15.65	62.35	17.42	5.09
营　口	852.82	0.98	8.78	523.29	28.58	1.37	54.75	80.94	19.96	1.46
阜　新	315.13	6.21	7.55	89.81	86.80		4.54	22.77	2.13	0.00
辽　阳	538.54	5.40	52.84	329.62	28.81	3.46	15.66	7.80	4.07	0.01
盘　锦	892.91	3.88	133.55	383.17	51.67	0.79	12.15	211.17	1.48	3.00
铁　岭	757.82	5.80	7.76	510.09	35.52	14.74	26.50	32.31	4.02	
朝　阳	643.18	37.62	95.69	286.07	46.09	17.30	15.19	10.67	3.01	
葫芦岛	399.08	2.76	4.46	150.14	9.13		9.26	53.25	24.92	5.47

6-23 续表

单位：亿元

年份、地区	金融业	房地产业	租赁和商务服务业	科学研究、技术服务和地质勘查业	水利、环境和公共设施管理业	居民服务和其他服务业	教育	卫生、社会保障和社会福利业	文化、体育和娱乐业	公共管理和社会组织
2003	4.40	15.05	5.31	14.34	10.56	96.08		10.88	63.74	107.87
2004	4.13	21.75	24.14	25.22	165.43	10.14	61.09	18.82	32.43	46.81
2005	17.36	48.97	37.01	26.83	259.13	11.06	85.17	21.41	33.06	40.23
2006	10.15	81.50	57.10	34.60	301.67	18.72	88.88	28.47	53.25	48.08
2007	20.80	96.25	86.14	45.88	499.23	35.45	96.46	39.04	53.65	57.53
2008	47.13	127.77	123.98	60.85	618.05	32.77	104.87	51.10	58.05	59.50
2009	41.02	84.10	157.46	94.55	883.41	54.78	125.85	83.33	128.86	203.97
2010	32.53	133.83	333.65	122.00	1313.44	82.73	131.92	84.85	181.26	280.44
2011	56.68	216.52	402.23	105.10	1426.78	145.10	175.85	89.48	178.86	278.53
2012	63.03	357.66	361.95	158.76	1604.60	199.01	180.90	158.87	273.95	267.22
2013	157.05	270.44	395.60	184.37	2145.90	193.85	200.15	137.86	262.86	145.37
沈　阳	38.05	103.53	107.53	118.36	240.40	95.94	92.45	59.99	77.81	35.26
大　连	23.47	63.41	123.18	29.40	1198.02	45.64	48.58	34.33	74.80	9.63
鞍　山	2.11	1.88	23.92	0.49	43.20	10.75	5.46	3.92	5.37	3.44
抚　顺	4.42	0.86	26.17	9.39	57.20	2.49	8.30	2.97	5.93	2.82
本　溪	0.46	0.72	22.22	2.48	79.22	4.85	4.19	5.99	6.91	16.23
丹　东	0.54		30.59	0.93	70.22	7.33	5.13	8.18	16.06	4.21
锦　州	2.65	42.70	8.43	0.43	54.98	11.37	9.37	6.01	7.97	18.98
营　口	3.15		3.04	11.93	90.98	7.43	2.97	3.07	9.76	0.38
阜　新	0.10	13.80	1.15	1.07	69.48	0.93	1.63	2.07	0.63	4.46
辽　阳		4.98	4.23	3.70	53.27	4.05	11.23	2.39	6.01	1.00
盘　锦		1.00			38.04	2.36	2.96	5.59	40.32	1.76
铁　岭		9.14	7.67	4.99	90.88	0.30	2.01	0.45	3.51	2.15
朝　阳		25.16	9.45	0.75	37.51	0.43	5.21	2.80	7.79	42.44
葫芦岛	82.12	3.25	28.01	0.47	22.50		0.65	0.08		2.61

6-24 建设项目投资各行业资金来源和新增固定资产

(2013年) 单位：万元

行　业	本年资金来源合计	国家预算内资金	国内贷款	利用外资	自筹资金
全省合计	**173850785**	**12004103**	**25150910**	**3024164**	**131248412**
农、林、牧、渔业	**2554275**	**69878**	**411823**	**3705**	**2049945**
农业	882770	9600	161512		699214
林业	174274	33982	17757	3705	118830
畜牧业	712151	1600	72634		631537
渔业	529952	185	142160		387607
农、林、牧、渔服务业	255128	24511	17760		212757
采矿业	**6059039**	**12300**	**472453**	**500811**	**5066576**
煤炭开采和洗选业	437653	5820	46000		385833
石油和天然气开采业	1296443			497811	798632
黑色金属矿采选业	2161689		143409	1000	2014481
有色金属矿采选业	820483	6480	207974		606029
非金属矿采选业	1054104		46170	2000	1001834
开采辅助活动	271749		24900		246849
其他采矿业	16918		4000		12918
制造业	**77778755**	**177055**	**9556251**	**2094449**	**65070959**
农副食品加工业	5180238	2000	785652	13494	4250686
食品制造业	1435791		114592	17160	1302539
酒、饮料和精制茶制造业	965574	4457	43411		914639
烟草制品业	3600	2500			1100
纺织业	871147		150670		711941
纺织服装、服饰业	1286408	8840	179652		1081076
皮革、毛皮、羽毛及其制品和制鞋业	263563		33492		226070
木材加工和木、竹、藤、棕、草制品业	1466852		165062		1285790
家具制造业	594709		54068	400	533961
造纸和纸制品业	828569	4914	72150		746060
印刷和记录媒介复制业	411155		44578		363577
文教、工美、体育和娱乐用品制造业	430227		71590	5000	353637
石油加工、炼焦和核燃料加工业	1937809		421024	30805	1366786
化学原料和化学制品制造业	5551087		884218	118860	4502759
医药制造业	1913216	3310	145499		1725607
化学纤维制造业	342989		10500		332489
橡胶和塑料制品业	3381169		255051	175595	2933189
非金属矿物制品业	7440431	8307	1032783	4900	6369521
黑色金属冶炼和压延加工业	4196952	3385	251593	48100	3849524
有色金属冶炼和压延加工业	2632229		389990	28651	2211388
金属制品业	4286136	40800	450201	128476	3630950
通用设备制造业	10416081	1000	1291238	94410	8978856

6-24 续表 1

单位：万元

行　　业	本年资金来源合计	国家预算内资金	国内贷款	利用外资	自筹资金
专用设备制造业	7381212	20000	806277	59670	6442815
汽车制造业	5032493	35050	600048	1158341	3225554
铁路、船舶、航空航天和其他运输设备制造业	2094854	42492	434710		1490952
电气机械和器材制造业	3832769		481213	14055	3298169
计算机、通信和其他电子设备制造业	1455122		146460	139260	1138752
仪器仪表制造业	1059603		112187	54490	874926
其他制造业	285601		10300		275301
废弃资源综合利用业	579381		108050	2782	440549
金属制品、机械和设备修理业	221788		9992		211796
电力、热力、燃气及水生产和供应业	**8201857**	**361992**	**2006864**	**15725**	**5598865**
电力、热力生产和供应业	5388486	219493	1747089		3329666
燃气生产和供应业	1590711		123807	15725	1441329
水的生产和供应业	1222660	142499	135968		827870
建筑业	**2769757**	**236092**	**514181**		**1995172**
房屋建筑业	394014	67017	6267		314786
土木工程建筑业	1927139	158399	423864		1330508
建筑安装业	184649	10676	31773		142200
建筑装饰和其他建筑业	263955		52277		207678
批发和零售业	**10917512**	**100561**	**1309046**	**146131**	**9149039**
批发业	4998016	85750	531496	200	4312140
零售业	5919496	14811	777550	145931	4836899
交通运输、仓储和邮政业	**16163875**	**3472521**	**5240121**		**7082555**
铁路运输业	1277732	100500	348297		685435
道路运输业	7653148	2226964	2412877		2838831
水上运输业	2612264	807229	998386		788509
航空运输业	297653	120456	100400		76797
管道运输业	353201	110011	112500		130690
装卸搬运和运输代理业	850555		235161		615394
仓储业	3118053	107361	1032500		1945630
邮政业	1269				1269
住宿和餐饮业	**5004692**	**81450**	**677417**	**96300**	**4119782**
住宿业	4124588	81060	545840	95600	3377933
餐饮业	880104	390	131577	700	741849
信息传输、软件和信息技术服务业	**1274532**	**53601**	**150064**	**54186**	**1006681**
电信、广播电视和卫星传输服务	226440	47780	4700	33530	140430
互联网和相关服务	134243	5821	9654		118768
软件和信息技术服务业	913849		135710	20656	747483

6-24 续表 2

单位：万元

行　业	本年资金来源合计	国家预算内资金	国内贷款	利用外资	自筹资金
金融业	**1817874**	**16802**	**1700**		**1799372**
货币金融服务	1055514	3677			1051837
资本市场服务	623452	9005	1700		612747
保险业	74161	4120			70041
其他金融业	64747				64747
房地产业	**3226532**	**285685**	**316246**	**4936**	**2556171**
租赁和商务服务业	**4201090**	**241577**	**475712**	**3600**	**3340603**
租赁业	259281		30011		228517
商务服务业	3941809	241577	445701	3600	3112086
科学研究和技术服务业	**2052288**	**97510**	**312055**	**12100**	**1625316**
研究和试验发展	818960	55336	90673	12100	660851
专业技术服务业	539356	7674	61572		465590
科技推广和应用服务业	693972	34500	159810		498875
水利、环境和公共设施管理业	**22347308**	**4948724**	**2855813**	**90350**	**14321476**
水利管理业	1591549	481493	347220		762836
生态保护和环境治理业	431192	31002	15439		371251
公共设施管理业	20324567	4436229	2493154	90350	13187389
居民服务、修理和其他服务业	**1972113**	**408958**	**112127**		**1396941**
居民服务业	919387	58609	66564		743630
机动车、电子产品和日用产品修理业	313761		33833		276425
其他服务业	738965	350349	11730		376886
教育	**2038828**	**415529**	**46465**		**1505501**
卫生和社会工作	**1409088**	**338900**	**180800**	**500**	**869716**
卫生	1172221	311059	145576		702986
社会工作	236867	27841	35224	500	166730
文化、体育和娱乐业	**2645210**	**519764**	**412007**	**1371**	**1708868**
新闻和出版业	7440				7440
广播、电视、电影和影视录音制作业	85742	5075			80667
文化艺术业	1182771	268791	216662		697318
体育	925461	195198	134610	1371	592782
娱乐业	443796	50700	60735		330661
公共管理、社会保障和社会组织	**1416160**	**165204**	**99765**		**984874**
中国共产党机关					
国家机构	1203966	130691	99765		820393
人民政协、民主党派					
社会保障					
群众团体、社会团体和其他成员组织	176264	27063			136001
基层群众自治组织	35930	7450			28480

6-24 续表 3

单位：万元

行 业	其他资金	投资额	新增固定资产	固定资产交付使用率(%)
全省合计	**2423196**	**164046340**	**111037073**	**67.7**
农、林、牧、渔业	**18924**	**2263570**	**1776515**	**78.48**
农业	12444	692899	633864	91.48
林业		174272	177678	101.95
畜牧业	6380	653658	448194	68.57
渔业		491379	326691	66.48
农、林、牧、渔服务业	100	251362	190088	75.62
采矿业	**6899**	**5449925**	**3792500**	**69.59**
煤炭开采和洗选业		395051	353770	89.55
石油和天然气开采业		1193851	439859	36.84
黑色金属矿采选业	2799	1994036	1461519	73.29
有色金属矿采选业		651644	504303	77.39
非金属矿采选业	4100	929702	760529	81.8
开采辅助活动		271646	267680	98.54
其他采矿业		13995	4840	34.58
制造业	**880041**	**75191426**	**53042468**	**70.54**
农副食品加工业	128406	5288466	4290130	81.12
食品制造业	1500	1393495	857109	61.51
酒、饮料和精制茶制造业	3067	933688	760040	81.4
烟草制品业		3600	3600	100
纺织业	8536	789377	672472	85.19
纺织服装、服饰业	16840	1163118	821188	70.6
皮革、毛皮、羽毛及其制品和制鞋业	4001	258148	193179	74.83
木材加工和木、竹、藤、棕、草制品业	16000	1419638	1219208	85.88
家具制造业	6280	581571	470126	80.84
造纸和纸制品业	5445	803861	575750	71.62
印刷和记录媒介复制业	3000	388871	372050	95.67
文教、工美、体育和娱乐用品制造业		382628	260175	68
石油加工、炼焦和核燃料加工业	119194	2061563	1165848	56.55
化学原料和化学制品制造业	45250	5635135	3393193	60.21
医药制造业	38800	1990820	1368135	68.72
化学纤维制造业		334850	170434	50.9
橡胶和塑料制品业	17334	3624455	2775782	76.58
非金属矿物制品业	24920	6859556	5498701	80.16
黑色金属冶炼和压延加工业	44350	3752891	3397138	90.52
有色金属冶炼和压延加工业	2200	2392126	1253409	52.4
金属制品业	35709	4067289	2568361	63.15
通用设备制造业	50577	9848273	6169309	62.64

6-24 续表 4 单位：万元

行 业	其他资金	投资额	新增固定资产	固定资产交付使用率(%)
专用设备制造业	52450	7165790	4959626	69.21
汽车制造业	13500	4944385	3364566	68.05
铁路、船舶、航空航天和其他运输设备制造业	126700	1693570	1350801	79.76
电气机械和器材制造业	39332	3780032	2898701	76.68
计算机、通信和其他电子设备制造业	30650	1483265	979511	66.04
仪器仪表制造业	18000	1034893	383826	37.09
其他制造业		286687	182366	63.61
废弃资源综合利用业	28000	573672	581915	101.44
金属制品、机械和设备修理业		255713	85819	33.56
电力、热力、燃气及水生产和供应业	**218411**	**7578787**	**5591912**	**73.78**
电力、热力生产和供应业	92238	4884391	3954204	80.96
燃气生产和供应业	9850	1505545	485143	32.22
水的生产和供应业	116323	1188851	1152565	96.95
建筑业	**24312**	**2231390**	**1396815**	**62.6**
房屋建筑业	5944	334769	193721	57.87
土木工程建筑业	14368	1536513	937734	61.03
建筑安装业		176893	130145	73.57
建筑装饰和其他建筑业	4000	183215	135215	73.8
批发和零售业	**212735**	**9668155**	**5594601**	**57.87**
批发业	68430	4437892	2408855	54.28
零售业	144305	5230263	3185746	60.91
交通运输、仓储和邮政业	**368678**	**14832606**	**9068492**	**61.14**
铁路运输业	143500	1189136	87990	7.4
道路运输业	174476	7045431	4950917	70.27
水上运输业	18140	2358863	1408563	59.71
航空运输业		323442	300717	92.97
管道运输业		331101	197551	59.66
装卸搬运和运输代理业		856200	354359	41.39
仓储业	32562	2727164	1768395	64.84
邮政业		1269		
住宿和餐饮业	**29743**	**4686058**	**3593408**	**76.68**
住宿业	24155	3790730	2876917	75.89
餐饮业	5588	895328	716491	80.03
信息传输、软件和信息技术服务业	**10000**	**1210159**	**833118**	**68.84**
电信、广播电视和卫星传输服务		222637	144702	64.99
互联网和相关服务		132009	74281	56.27
软件和信息技术服务业	10000	855513	614135	71.79

6-24 续表 5

单位：万元

行　业	其他资金	投资额	新增固定资产	固定资产交付使用率(%)
金融业		**1570515**	**1276918**	**81.31**
货币金融服务		1056697	1061993	100.5
资本市场服务		393291	131599	33.46
保险业		59709	58255	97.56
其他金融业		60818	25071	41.22
房地产业	**63494**	**2704355**	**1840445**	**68.05**
租赁和商务服务业	**139598**	**3955968**	**2738600**	**69.23**
租赁业	753	249162	115648	46.41
商务服务业	138845	3706806	2622952	70.76
科学研究和技术服务业	**5307**	**1843694**	**1323299**	**71.77**
研究和试验发展		714297	408235	57.15
专业技术服务业	4520	494508	503735	101.87
科技推广和应用服务业	787	634889	411329	64.79
水利、环境和公共设施管理业	**130945**	**21459000**	**11077181**	**51.62**
水利管理业		1432797	808440	56.42
生态保护和环境治理业	13500	442749	361665	81.69
公共设施管理业	117445	19583454	9907076	50.59
居民服务、修理和其他服务业	**54087**	**1938476**	**1352353**	**69.76**
居民服务业	50584	903248	677773	75.04
机动车、电子产品和日用产品修理业	3503	302303	286323	94.71
其他服务业		732925	388257	52.97
教育	**71333**	**2001481**	**1604392**	**80.16**
卫生和社会工作	**19172**	**1378555**	**1079079**	**78.28**
卫生	12600	1150112	844183	73.4
社会工作	6572	228443	234896	102.82
文化、体育和娱乐业	**3200**	**2628562**	**2497186**	**95**
新闻和出版业		7240	7240	100
广播、电视、电影和影视录音制作业		104866	83258	79.39
文化艺术业		1056330	780855	73.92
体育	1500	995766	945940	95
娱乐业	1700	464360	679893	146.42
公共管理、社会保障和社会组织	**166317**	**1453658**	**1557791**	**107.16**
中国共产党机关				
国家机构	153117	1243133	1352156	108.77
人民政协、民主党派				
社会保障				
群众团体、社会团体和其他成员组织	13200	174595	169705	97.2
基层群众自治组织		35930	35930	100

6-25 各地区建设项目施工、竣工房屋面积

单位：万平方米

年份、地区	施工房屋建筑面积	#住宅	竣工房屋建筑面积	#住宅
2000	2125.80	822.50	1132.20	568.50
2001	2019.30	717.10	1018.70	493.50
2002	2368.00	625.40	1110.40	363.90
2003	2830.70	564.50	1417.80	378.20
2004	3633.90	424.80	1898.50	256.60
2005	5250.70	725.60	2516.20	343.40
2006	6525.20	1110.60	3275.60	503.70
2007	9317.20	995.40	3717.70	445.30
2008	8970.97	653.96	4162.71	303.62
2009	10642.16	360.00	4366.03	243.64
2010	17307.47	544.66	4748.32	174.51
2011	19809.01	1107.47	4204.95	250.35
2012	22629.89	808.97	5400.50	274.91
2013	21919.33	486.85	7266.07	129.38
沈　阳	6019.87	62.38	2924.30	60.00
大　连	3444.39	103.74	524.35	
鞍　山	1891.83	13.52	140.35	
抚　顺	1686.60	10.94	957.81	10.94
本　溪	1165.15	85.43	168.86	0.76
丹　东	622.43		177.72	
锦　州	1333.78		452.92	
营　口	1630.25		485.86	
阜　新	725.87	157.72	215.89	43.96
辽　阳	386.93		15.79	
盘　锦	352.01			
铁　岭	1702.52	17.06	918.53	10.71
朝　阳	716.89	36.07	283.69	3.01
葫芦岛	240.82			

6-26 各地区按行业分建设项目新增固定资产

单位：万元

年份、地区	合计	农林牧渔业	采矿业	制造业	电力、燃气及水的生产和供应业	建筑业	交通运输仓储和邮政业	信息传输、计算机服务和软件业	批发和零售业	住宿和餐饮业
2005	19464179	278332	1466943	9828630	956830	188933	1416108	359388	923303	401408
2006	22422137	354483	1944056	11027672	948659	324995	1756914	394289	1059344	421746
2007	30472909	477202	2100599	14261494	2353587	285779	2493073	319701	1445176	584539
2008	41978223	770661	2355216	21893841	2192069	406054	2328227	618041	1799541	973428
2009	58021883	1151381	2295717	29092046	3411559	938757	4058862	864654	3229421	1261212
2010	81599523	1384973	4126137	35728460	3762066	1134045	4108876	958593	1883003	1080068
2011	68713502	2066201	2964006	34722047	3052749	1429403	4192201	576606	2250995	1194100
2012	92568783	1685006	4524880	45738723	4571954	2425923	4398017	5230732	2093167	924977
2013	111037073	1776515	3792500	53042468	5591912	1396815	5594601	9068492	3593408	833118
沈　阳	28726195	527723	131365	12802354	818400	415862	2797305	2412916	753075	396638
大　连	21385179	534761	22300	7723063	1039075	529350	815386	1195365	1396317	209176
鞍　山	4333146	17681	252234	2490763	310357		694886	129406	87342	
抚　顺	7734932	99823	317260	4845587	272624	103070	66783	224702	538442	12293
本　溪	4618961	84563	369363	2501287	337978	19559	154901	330846	181394	
丹　东	6530778	33021	763628	2495144	634439	39224	206054	1027110	153330	77224
锦　州	5437742	59280	147855	2879813	396173	43821	148099	256645	85174	50818
营　口	6583139	12201	101476	3801370	514644	13722	206093	714516	83512	
阜　新	1586447	76337	66174	548444	138211		43013	302531	1200	1269
辽　阳	3562658	48804	474683	2004145	66407	41250	75199	68643	32000	
盘　锦	6523287	38849	577588	2703613	200475	7936	90324	1979192	11450	30000
铁　岭	6631332	33587	65254	5297872	315774	148681	105825	112740	37080	
朝　阳	4079652	182293	459246	1832400	495809	34340	106143	100407	4800	
葫芦岛	3303625	27592	44074	1116613	51546		84590	213473	228292	55700

6-26 续表 单位：万元

年份、地区	金融业	房地产业	租赁和商务服务业	科学研究、技术服务和地质勘查业	水利、环境和公共设施管理业	居民服务和其他服务业	教育	卫生、社会保障和社会福利业	文化、体育和娱乐业	公共管理和社会组织
2005	98925	301902	297858	206698	1313070	106320	608380	180826	213179	317146
2006	53810	582206	348341	166703	1450509	134351	588452	177265	336290	352052
2007	93356	709596	392885	330772	2710649	250160	708908	282776	290804	381853
2008	219398	1274875	747145	477847	3731698	317367	669226	334031	390321	479237
2009	215985	682616	848711	581705	5841711	485911	726414	594542	511926	1228753
2010	125389	718588	1640555	322560	6987561	276354	14752804	620434	779497	1209560
2011	504351	1009774	1772265	537061	8073340	583466	726459	503195	684118	1871165
2012	357002	1639317	1911086	1027945	9294834	1092993	1580444	861322	1531331	1679130
2013	1276918	1840445	2738600	1323299	11077181	1352353	1604392	1079079	2497186	1557791
沈　阳	315481	771004	1015078	951024	1412298	660225	904741	451618	833505	355583
大　连	24502	368354	834285	56708	5114826	442171	292839	189605	510722	86374
鞍　山	8124		9250	4900	167685	65935	32736	18457	26561	16829
抚　顺	39720	9600	282424	70784	620698	4512	37062	29395	141677	18476
本　溪	17200		39929	5153	288214	21750	47012	55767	29040	135005
丹　东	20000		47128	11550	635048	70212	33724	18930	223607	41405
锦　州	26500	413967	88230	4300	495463	9163	63254	43262	25040	200885
营　口			12000	113163	746692	9900	20000	110441	123409	
阜　新	4240	119448	69972	25053	63493		9231	28594	20856	68381
辽　阳		51537	15186	36955	455116	30950	34029	15640	107536	4578
盘　锦		16416			341169	23635	29601	55999	403196	13844
铁　岭		39619	45020	39000	304779	9600	17588		35617	23296
朝　阳		50500			86193	4300	62315	56751	16420	587735
葫芦岛	821151		280098	4709	345507		20260	4620		5400

6-27 各地区城镇500万元以上施工、投产项目个数

年份、地区	施工项目(个)	新开工项目(个)	全部建成投产项目(个)	项目建成投产率(%)
2003	8200	6809	5420	66.1
2004	10485	8632	6244	59.6
2005	14339	10535	10068	70.2
2006	13477	10904	9670	71.8
2007	13193	10413	9157	69.4
2008	14749	12544	11710	79.4
2009	19388	16998	14519	74.9
2010	10263	8053	6684	65.1
2011	14690	10624	9063	61.7
2012	14698	9336	9485	64.5
2013	13000	8900	8308	63.9
沈　阳	3681	2919	2771	75.3
大　连	2318	1459	1183	51.0
鞍　山	919	639	438	47.7
抚　顺	788	481	524	66.5
本　溪	635	264	308	48.5
丹　东	731	578	556	76.1
锦　州	606	474	474	78.2
营　口	594	283	290	48.8
阜　新	367	215	236	64.3
辽　阳	465	363	339	72.9
盘　锦	355	216	214	60.3
铁　岭	653	435	459	70.3
朝　阳	635	397	307	48.4
葫芦岛	253	177	209	82.6

6-28 按行业分城镇500万元以上施工、投产项目个数

(2013年)

行业	施工项目(个)	#新开工	全部建成投产项目(个)	项目建成投产率(%)
全省合计	**13000**	**8900**	**8308**	**63.9**
农、林、牧、渔业	**319**	**207**	**219**	**68.7**
农业	103	58	69	67.0
林业	36	23	29	80.6
畜牧业	97	70	74	76.3
渔业	49	35	23	46.9
农、林、牧、渔服务业	34	21	24	70.6
采矿业	**629**	**472**	**412**	**65.5**
煤炭开采和洗选业	62	56	52	83.9
石油和天然气开采业	7	5	5	71.4
黑色金属矿采选业	283	194	177	62.5
有色金属矿采选业	89	68	60	67.4
非金属矿采选业	173	137	106	61.3
开采辅助活动	11	9	11	100.0
其他采矿业	4	3	1	25.0
制造业	**6398**	**4360**	**4226**	**66.1**
农副食品加工业	517	359	378	73.1
食品制造业	146	103	93	63.7
酒、饮料和精制茶制造业	101	73	68	67.3
烟草制品业	2	1	1	50.0
纺织业	88	62	58	65.9
纺织服装、服饰业	170	135	126	74.1
皮革、毛皮、羽毛及其制品和制鞋业	53	37	31	58.5
木材加工和木、竹、藤、棕、草制品业	173	126	123	71.1
家具制造业	75	59	54	72.0
造纸和纸制品业	75	54	50	66.7
印刷和记录媒介复制业	47	30	40	85.1
文教、工美、体育和娱乐用品制造业	65	52	39	60.0
石油加工、炼焦和核燃料加工业	148	83	94	63.5
化学原料和化学制品制造业	326	209	231	70.9
医药制造业	140	89	87	62.1
化学纤维制造业	15	11	7	46.7
橡胶和塑料制品业	288	194	201	69.8
非金属矿物制品业	732	525	491	67.1
黑色金属冶炼和压延加工业	286	160	143	50.0
有色金属冶炼和压延加工业	135	94	95	70.4
金属制品业	389	275	238	61.2
通用设备制造业	859	585	548	63.8

6-28 续表 1

行　业	施工项目(个)	#新开工	全部建成投产项目(个)	项目建成投产率(%)
专用设备制造业	576	398	405	70.3
汽车制造业	242	156	145	59.9
铁路、船舶、航空航天和其他运输设备制造业	114	63	59	51.8
电气机械和器材制造业	348	236	236	67.8
计算机、通信和其他电子设备制造业	100	67	64	64.0
仪器仪表制造业	76	50	44	57.9
其他制造业	37	27	26	70.3
废弃资源综合利用业	48	29	29	60.4
金属制品、机械和设备修理业	27	18	22	81.5
电力、热力、燃气及水生产和供应业	**578**	**342**	**354**	**61.3**
电力、热力生产和供应业	361	214	226	62.6
燃气生产和供应业	81	55	46	56.8
水的生产和供应业	136	73	82	60.3
建筑业	**236**	**224**	**116**	**49.2**
房屋建筑业	28	25	11	39.3
土木工程建筑业	163	155	69	42.3
建筑安装业	20	19	14	70.0
建筑装饰和其他建筑业	25	25	22	88.0
批发和零售业	**829**	**626**	**572**	**69.0**
批发业	431	351	314	72.9
零售业	398	275	258	64.8
交通运输、仓储和邮政业	**602**	**351**	**310**	**51.5**
铁路运输业	19	6	5	26.3
道路运输业	333	201	185	55.6
水上运输业	68	32	17	25.0
航空运输业	16	14	16	100.0
管道运输业	16	5	3	18.8
装卸搬运和运输代理业	37	24	21	56.8
仓储业	113	69	63	55.8
邮政业				***
住宿和餐饮业	**360**	**249**	**231**	**64.2**
住宿业	215	140	133	61.9
餐饮业	145	109	98	67.6
信息传输、软件和信息技术服务业	**105**	**86**	**63**	**60.0**
电信、广播电视和卫星传输服务	25	18	13	52.0
互联网和相关服务	6	5	4	66.7
软件和信息技术服务业	74	63	46	62.2

6-28 续表 2

行业	施工项目(个)	#新开工	全部建成投产项目(个)	项目建成投产率(%)
金融业	**100**	**81**	**80**	**80.0**
货币金融服务	61	48	55	90.2
资本市场服务	21	19	13	61.9
保险业	12	10	9	75.0
其他金融业	6	4	3	50.0
房地产业	**162**	**79**	**97**	**59.9**
租赁和商务服务业	**236**	**168**	**138**	**58.5**
租赁业	24	22	14	58.3
商务服务业	212	146	124	58.5
科学研究和技术服务业	**236**	**189**	**141**	**59.8**
研究和试验发展	90	74	53	58.9
专业技术服务业	60	41	44	73.3
科技推广和应用服务业	86	74	44	51.2
水利、环境和公共设施管理业	**1343**	**910**	**766**	**57.0**
水利管理业	91	51	48	52.8
生态保护和环境治理业	60	36	34	56.7
公共设施管理业	1192	823	684	57.4
居民服务、修理和其他服务业	**142**	**94**	**98**	**69.0**
居民服务业	67	45	50	74.6
机动车、电子产品和日用产品修理业	42	27	28	66.7
其他服务业	33	22	20	60.6
教育	**279**	**194**	**183**	**65.6**
卫生和社会工作	**148**	**86**	**95**	**64.2**
卫生	114	63	72	63.2
社会工作	34	23	23	67.7
文化、体育和娱乐业	**173**	**98**	**118**	**68.2**
新闻和出版业	1	1	1	100.0
广播、电视、电影和影视录音制作业	15	12	12	80.0
文化艺术业	61	29	33	54.1
体育	51	25	33	64.7
娱乐业	45	31	39	86.7
公共管理、社会保障和社会组织	**125**	**84**	**89**	**71.2**
中国共产党机关				
国家机构	106	68	77	72.6
人民政协、民主党派				
社会保障				
群众团体、社会团体和其他成员组织	15	12	8	53.3
基层群众自治组织	4	4	4	100.0

6-29 农村集体固定资产投资主要指标

指　　标	2006年	2008年	2009年	2010年	2011年	2012年	2013年
一、投资总额（万元）	**5644176**	**9354679**	**4592962**	**6873125**	**10161447**	**16113649**	**19360165**
1.按资金来源分							
国家资金	63915	254329	73487	68731	111776	451182	309763
国内贷款	181178	328961	275578	687313	1087275	1305206	3097626
引进外资	54327	50977	22965	20619	40646	62843	58080
自筹资金	5146360	8415699	4156631	5979619	8816071	14149395	15697222
其他资金	198396	304713	64301	116843	105679	145023	197474
2.按构成分							
建筑安装工程	3204560	5471020	2572513	3918798	6085415	10182672	12068215
设备、工具、器具购置	1838183	3175411	1638066	2474399	3138915	4628116	5816015
其他费用	601433	708248	382383	479928	937117	1302861	1475935
3.按建设性质分							
#新　建	3437972	5468596	2669488	4505528	7328153	12007827	14811871
扩　建	1262945	2118639	1142780	1417344	1666283	3070175	3170379
改　建	520480	1002467	487367	449864	800207	832816	865808
二、新增固定资产（万元）	**4871711**	**8292248**	**4235129**	**4718290**	**7691591**	**13071645**	**14005652**
三、房屋建设面积（万平方米）							
施工面积	1703.1	1948.7	706	843.7	2116.7	2690.3	3326.6
#住　宅	177.3	69.1	14.5	7.5	24.1	13.8	50.3
竣工面积	1035.3	1324.6	429.3	289.9	550.3	852.8	1130.6
#住　宅	131.2	29	5.6	0.3	10.5	6.3	0.6

6-30 农村个人固定资产投资和建房

年份、地区	投资总额（万元）		竣工房屋建筑面积（万平方米）	
		#住宅		#住宅
2000	820527	531850	1750.0	1711.0
2001	829920	435463	2061.5	1841.1
2002	927219	450638	2273.0	2013.0
2003	1044548	433702	2273.0	2013.0
2004	1188251	534916	2207.8	2083.4
2005	1328935	574375	2276.9	2153.2
2006	1473789	925869	3042.0	2878.7
2007	1670728	1012628	3276.0	2981.0
2008	2016553	1211542	3595.8	3282.6
2009	2281262	1423481	3904.0	3508.5
2010	2493851	1587274	4068.1	3638.1
2011	2948251	1774916	4132.6	3674.9
2012	3009086	1782976	4176.1	3690.2
2013	3162550	1817636	4259.0	3747.2
沈阳	149600	149600		
大连	330000	198000		
鞍山	200000	22023	30.5	20.0
抚顺	146700	50000	49.5	49.5
本溪	30000			
丹东	258700			
锦州				
营口	200000	200000	60.0	60.0
阜新	100000	10249	45.0	45.0
辽阳	245886	185587	101.0	49.8
盘锦	165000	165000	32.2	30.9
铁岭	150000	80000	174.3	114.3
朝阳	212910	55000	100.0	100.0
葫芦岛	193239	187025	6.5	6.5

注：本表为抽样调查推算数，分市数据由各市统计局提供。

6-31 房地产开发主要指标

指　标	单位	2006年	2008年	2009年	2010年	2011年	2012年	2013年
土地购置								
本年土地购置面积	万平方米	2316.9	2953.8	2086.8	3134.6	3446.3	3199.5	2502.3
本年完成投资额	万元	**11421948**	**20607952**	**26405639**	**34657562**	**44875610**	**54558196**	**64507513**
土地开发投资额	万元	1393514	1254806	1316844				
配套工程投资	万元	619007	1019087	709545	738642	630488	744553	885946
#住　宅	万元	8388987	15792147	19339201	24813478	34104876	39619482	46649928
#经济适用房屋	万元	574098	495296	637407	503756			
本年资金来源小计	万元	**13002851**	**22029829**	**32684449**	**50708103**	**55650848**	**63287555**	**74489873**
#国内贷款	万元	1728346	2769112	4737260	6483457	7671009	8507560	8476357
利用外资	万元	242602	1140114	1149245	1742831	1920617	1178814	619242
自筹资金	万元	5924162	11475416	15800648	27857536	27758717	33105096	40901661
房屋建筑面积								
施工面积	万平方米	8615.5	14904.6	18579.1	26831.1	34364.3	38502.0	41625.6
竣工面积	万平方米	2907.8	3826.1	4031.7	4497.4	6322.8	6438.2	6152.0
本年新开工面积	万平方米	4531.4	6761.9	8305.4	12647.9	12444.3	13828.9	13444.5
#住　宅	万平方米	3797.7	5563.3	6639.9	9870.4	9910	10644.0	10141.7
#经济适用房屋	万平方米	390	214	281.6	252.8			
商品房屋销售额	万元	**9278590**	**15376463**	**21685950**	**30633172**	**35691155**	**43627815**	**47592106**
#住　宅	万元	7909896	13338922	18834702	25876571	30092300	36112089	39418642
#经济适用房屋	万元	340400	288019	300723	205561			
商品房屋销售面积	万平方米	**3026.5**	**4091.2**	**5375.5**	**6800.5**	**7541.5**	**8827.9**	**9292.3**
#住　宅	万平方米	2749.9	3731.2	4864.2	6013.5	6624.1	7655.4	8014.8
#经济适用房屋	万平方米	151.7	137.5	138.3	67.1			

6-32 房地产开发企业(单位)的土地购置

年份、地区	本年购置土地面积(万平方米)	本年土地成交价款(万元)
2000	1019.3	
2001	1107.1	
2002	1384.7	
2003	1668.7	1395759
2004	2256.9	1779227
2005	2432.8	2034432
2006	2316.9	2065722
2007	3323.6	2899565
2008	2953.8	3080834
2009	2086.9	2936827
2010	3134.6	4878841
2011	3446.3	5312808
2012	3199.5	4918076
2013	2502.3	5668331
沈　阳	860.0	2477814
大　连	336.3	1214533
鞍　山	128.3	214123
抚　顺	67.6	183721
本　溪	131.0	180614
丹　东	50.5	83995
锦　州	99.6	303577
营　口	120.8	155910
阜　新	123.8	199687
辽　阳	65.1	112673
盘　锦	119.9	132142
铁　岭	125.0	73524
朝　阳	124.8	159544
葫芦岛	149.7	176474

6-33 按用途分的房地产开发建设投资

单位：万元

年份、地区	本年完成投资额	住宅	#经济适用房屋	办公楼	商业营业用房	其他
2000	2649062	1812920	250726	155384	445326	235432
2001	3230692	2275667	289402	155329	511287	288409
2002	3883147	2758906	317602	182161	632742	309338
2003	4863947	3434716	234820	131670	866730	430831
2004	7207433	4942767	170802	221662	1253815	789189
2005	8742525	6145405	154200	258764	1502775	835581
2006	11421948	8388987	574098	376442	1539711	1116808
2007	14975793	11658892	509414	391338	1946253	979310
2008	20607952	15792147	495296	668581	3006798	1140426
2009	26405639	19339201	637407	867569	4321470	1877399
2010	34657562	24813478	503756	1029344	5886469	2928271
2011	44875610	34104876		929622	6753253	3087859
2012	54558196	39619482		1633776	8627741	4677197
2013	64507513	46649928		1557668	10979210	5320707
沈　阳	21840129	15745799		619732	3966554	1508044
大　连	17103585	12579700		470859	2517862	1535164
鞍　山	4559099	3063727		73670	734660	687042
抚　顺	1495420	1033728		37268	324814	99610
本　溪	1327049	924125		55910	220410	126604
丹　东	2562833	1846817		74428	469593	171995
锦　州	1879992	1381343		34667	222612	241370
营　口	3074737	2421699		26749	471222	155067
阜　新	1328399	884416		18973	288675	136335
辽　阳	1469125	910675		19900	397788	140762
盘　锦	2257521	1389340		68518	602397	197266
铁　岭	2439878	1941822		5151	376636	116269
朝　阳	1350923	1042228		49260	185812	73623
葫芦岛	1818823	1484509		2583	200175	131556

6-34 按构成分房地产开发建设投资

单位：万元

年份、地区	建筑安装工程	设备、工具器具购置	其他费用	
				#土地购置费
2000	1966063	65137	617862	347314
2001	2351326	52831	826535	516854
2002	2724912	79696	1078539	581343
2003	3198149	68635	1597163	1024229
2004	4918594	89875	2198964	1267595
2005	5912043	139201	2691281	1682273
2006	7657084	113123	3651741	2021204
2007	11662016	170600	3143177	1971841
2008	15705901	351522	4550529	3002435
2009	20848847	358489	5198303	3606763
2010	26754213	543356	7359993	5080384
2011	36067442	1199549	7608619	5225988
2012	42611906	1127517	10818773	7405576
2013	53075712	1311337	10120464	5695472
沈　阳	17722882	343942	3773305	2380060
大　连	13660795	276677	3166113	1533334
鞍　山	3706483	260531	592085	288607
抚　顺	1172221	40281	282918	228540
本　溪	1133355	12655	181039	63340
丹　东	2291504	73736	197593	96376
锦　州	1366261	61472	452259	236168
营　口	2842085	41090	191562	167640
阜　新	1082090	21246	225063	197298
辽　阳	1245460	30479	193186	112596
盘　锦	1948632	105373	203516	87050
铁　岭	2290648	15774	133456	66615
朝　阳	1155185	3505	192233	73909
葫芦岛	1458111	24576	336136	163939

6-35 房地产开发企业(单位)的资金来源

单位：万元

年份、地区	本年资金来源小计	国内贷款	利用外资	自筹资金	其他资金	
						#定金及预收款
2000	2837089	645522	55167	971842	1159178	910460
2001	3532286	689515	54351	124710	1545785	1179279
2002	4180547	800959	63316	1658685	1644787	1234539
2003	5582992	1332891	55561	2273464	1917688	1578904
2004	8490919	1366702	82619	3496051	3544047	2740905
2005	9372018	1267527	89308	4586225	3428958	2531636
2006	13002851	1728346	242602	5924162	5107741	3266026
2007	18703917	2598871	924053	8429379	6751614	4520319
2008	22029829	2769112	1140114	11475416	6645187	4543873
2009	32684449	4737260	1149245	15800648	10997296	7506860
2010	50708103	6483457	1742831	27857536	14624279	9666914
2011	55650848	7671009	1920617	27758717	18300505	10950702
2012	63287555	8507560	1178814	33105096	20496085	13905878
2013	74489873	8476357	619242	40901661	24492613	15809722
沈　阳	25174752	1493900	454116	14755670	8471066	5945146
大　连	20921631	4368820	17700	9677080	6858031	4061469
鞍　山	5479855	850211	52852	2980816	1595976	944311
抚　顺	1563416	153819	6174	699472	703951	509902
本　溪	1675139	72361		1028323	574455	282975
丹　东	2852005	511896	3720	1207473	1128916	689973
锦　州	2399194	74482		1600418	724294	379308
营　口	3456393	284963	6530	2378507	786393	510675
阜　新	1449115	37838		1275454	135823	114785
辽　阳	1584250	87670		1086595	409985	276984
盘　锦	2029214	231495		1038729	758990	522844
铁　岭	2598503	198596	46910	1193350	1159647	780133
朝　阳	1489263	38726		970862	479675	359192
葫芦岛	1817143	71580	31240	1008912	705411	432025

6-36 房地产开发建设房屋建筑面积和竣工率

年份、地区	施工房屋面积（万平方米）	竣工房屋面积（万平方米）	房屋建筑面积竣工率（%）	竣工房屋价值（万元）
2000	3301.8	1618.9	49.0	1507495
2001	3971.2	1842.7	46.4	1818229
2002	4754.1	1984.3	41.7	2061219
2003	5314.1	2139.7	40.3	2301203
2004	6294.6	2303.6	36.6	2805817
2005	7058.9	2443.9	34.6	2931979
2006	8615.5	2907.8	33.8	3885888
2007	11615.1	3129.9	26.9	4453006
2008	14904.6	3826.1	25.7	6399392
2009	18579.1	4031.7	21.7	7524878
2010	26831.1	4497.4	16.8	9711392
2011	34364.3	6322.8	18.4	15176420
2012	38502.0	6438.2	16.7	15937814
2013	41625.6	6152.0	14.0	14908128
沈　阳	11568.3	1459.8	12.6	3588205
大　连	6396.2	1046.6	16.4	3423939
鞍　山	4374.0	259.3	5.9	561168
抚　顺	1475.8	215.0	14.6	549570
本　溪	1656.9	603.2	36.4	1432306
丹　东	1466.6	140.6	9.6	372092
锦　州	1608.4	183.6	11.4	386717
营　口	3307.1	486.3	14.7	924961
阜　新	1264.6	187.1	14.8	338900
辽　阳	1122.5	74.9	6.7	161527
盘　锦	1805.6	236.2	13.1	552298
铁　岭	1998.2	574.0	28.7	1131801
朝　阳	1920.7	456.8	23.8	1058585
葫芦岛	1660.8	228.8	13.8	426059

6-37 各地区房地产开发企业基本情况

年份、地区	开发公司个数(个)	#国有经济	#集体经济	#外商投资经济	#港澳台投资经济	年末从业人员人数(人)
2000	1417	293	161	73	109	42098
2001	1545	209	106	79	103	44612
2002	1635	158	81	70	94	47284
2003	1800	127	61	78	93	49497
2004	2303	121	65	105	126	53579
2005	2744	134	77	136	157	51692
2006	2771	113	56	150	165	56411
2007	2981	104	50	163	184	57032
2008	4841	142	96	261	254	70435
2009	3920	130	59	203	226	73829
2010	4181	126	57	211	245	79346
2011	3647	97	39	155	229	76248
2012	3961	105	39	142	256	92574
2013	4082	73	14	143	268	90809
沈　阳	837	13		72	98	22132
大　连	1025	18	5	33	95	25211
鞍　山	377	7	3	14	21	5265
抚　顺	156	4		1	8	2673
本　溪	126	7			4	4510
丹　东	214	2	4	9	4	5014
锦　州	121		1		5	3156
营　口	283	3		6	7	4672
阜　新	161	6		2	3	2711
辽　阳	134	1		1	2	2451
盘　锦	121			2	13	2992
铁　岭	163	8			3	3125
朝　阳	187	1		1	2	3362
葫芦岛	177	3	1	2	3	3535

6-38 各地区房地产开发经营情况

单位：万元

年份、地区	主营业务收入					主营业务税金及附加	利润总额
		土地转让收入	商品房屋销售收入	房屋出租收入	其他收入		
2000	2339911	33981	2156412	10251	139267	129169	3473
2001	2573462	15737	2408399	13501	135825	141554	-10552
2002	2882505	27624	2763036	13909	77936	173135	-22649
2003	3675534	43475	3518507	15173	98379	217110	-32804
2004	5347879	91369	5075229	76381	104900	339651	88536
2005	6144218	20145	6025782	31680	66611	376911	198983
2006	7223740	41758	7036720	42193	103069	486136	282916
2007	8761740	68877	8575020	20793	97050	636021	488180
2008	11731198	102669	11439215	52501	136813	792186	1087841
2009	15404024	25404	15193794	44263	140563	1064018	1269888
2010	20597959	73968	20159693	135406	228891	1421464	1865672
2011	22947376	190599	22177928	204193	374656	1710041	2753903
2012	24747923	122510	24038626	169517	417271	2046951	2336588
2013	27519657	27437	26830178	240002	422040	2296795	3042733
沈　阳	8201101	624	8081088	64316	55074	648864	630146
大　连	8432134	1780	8053839	108715	267800	808931	1715157
鞍　山	1768497	407	1755172	438	12480	159570	254291
抚　顺	833281	2191	822308	3422	5358	59880	57855
本　溪	683082	10	667864	5155	10053	48501	4213
丹　东	681931		660520	10321	11090	55546	
锦　州	1239609	9767	1216917	7310	5616	68372	106103
营　口	1411175	780	1402099	2336	5960	92663	149367
阜　新	456582	16	425538	105	30924	27582	21510
辽　阳	569125	5842	531257	30657	1369	57033	32928
盘　锦	842985	6021	830438	707	5818	90797	4898
铁　岭	642027		638286	1236	2505	53051	41819
朝　阳	1099277		1090170	3237	5871	76356	65357
葫芦岛	658851		654683	2046	2122	49649	973

6-39 按用途分的商品房屋实际销售面积

单位：万平方米

年份、地区	商品房销售面积	住宅	#经济适用房	办公楼	商业营业用房	其他
2000	948.7	804.4	146.8	20.3	114.3	9.7
2001	1165.7	994.7	179.2	27.1	128.4	15.5
2002	1277.5	1120.4	133.3	20.7	127.7	8.7
2003	1499.1	1320.3	110.4	25.9	133.6	19.3
2004	2013.5	1798.4	72.3	17.2	164.0	33.9
2005	2564.5	2340.4	71.4	16.1	182.6	25.3
2006	3026.4	2749.9	151.7	24.1	201.6	50.8
2007	3830.4	3545.6	114.4	19.1	220.4	45.3
2008	4091.2	3731.2	137.5	35.9	268.0	56.1
2009	5375.5	4864.2	138.3	30.1	394.0	87.2
2010	6800.5	6013.5	67.1	64.7	510.0	212.2
2011	7541.5	6624.1		52.4	583.5	281.5
2012	8827.9	7655.4		79.1	775.9	317.5
2013	9292.3	8014.8		53.6	859.0	364.9
沈　阳	2262.3	2017.4		17.5	202.0	25.5
大　连	1222.1	1104.0		6.4	88.8	23.0
鞍　山	889.6	690.5		10.6	98.7	89.8
抚　顺	335.6	289.1			43.7	2.9
本　溪	527.1	358.6		2.3	44.8	121.4
丹　东	490.8	444.5		6.2	33.7	6.5
锦　州	528.1	500.0		2.3	19.3	6.5
营　口	621.0	536.6		1.2	60.2	23.0
阜　新	210.7	166.4		3.5	34.5	6.4
辽　阳	275.1	244.3			25.0	5.7
盘　锦	372.9	321.0			42.7	9.2
铁　岭	494.5	398.0		0.5	73.0	23.1
朝　阳	749.1	648.2		3.3	79.3	18.3
葫芦岛	313.3	296.2			13.4	3.7

6-40 按用途分的商品房屋实际销售额

单位：万元

年份、地区	商品房销售额	住宅		办公楼	商业营业用房	其他
			#经济适用房			
2000	1969468	1514151	213338	81327	350835	23155
2001	2478449	1988320	261222	78822	387466	23841
2002	2732993	2231000	199616	83089	398162	20742
2003	3434521	2813999	185315	87307	488483	44732
2004	4866124	4165674	138291	50524	564718	85208
2005	7174340	6205959	150932	61993	829475	76913
2006	9278590	7909896	340400	131269	1073899	163526
2007	13368797	11893975	278991	90342	1208087	176393
2008	15376463	13338922	288019	171558	1647920	218063
2009	21685950	18834702	300723	187058	2356123	308067
2010	30633172	25876571	205561	524527	3328874	903200
2011	35691155	30092300		307547	4078586	1212722
2012	43627815	36112089		763539	5464026	1288161
2013	47592106	39418642		363416	6365457	1444591
沈 阳	14360531	12252851		186244	1759989	161447
大 连	10098738	8676651		41401	1235285	145401
鞍 山	3665196	2891740		34673	453548	285235
抚 顺	1680682	1299038			364225	17419
本 溪	1969323	1298184		9714	229119	432306
丹 东	2117326	1748858		49321	281140	38007
锦 州	1887418	1746215		10370	105979	24854
营 口	2704327	2159635		5341	432186	107165
阜 新	802278	561652		13021	208985	18620
辽 阳	1168420	969214			177517	21689
盘 锦	1559885	1252899			263349	43637
铁 岭	1827826	1387048		1720	347119	91939
朝 阳	2314320	1875876		11611	381021	45812
葫芦岛	1435836	1298781			125995	11060

6-41 房地产开发企业(单位)施工、销售情况

(2013年)

指标	单位	合计	住宅	#90平米以下住房	144平米以上住房	别墅、高档公寓	办公楼	商业营业用房	其他
房屋施工面积	万平方米	41625.6	31416.5	15048.5	3226.3	940.5	796.5	6230.3	3182.4
#新开工面积	万平方米	13444.5	10141.7	5275.7	611.4	244.9	196.8	1965.5	1140.5
房屋竣工面积	万平方米	6152.0	5025.7	3072.4	407.8	45.9	66.2	716.1	344.0
#不可销售面积	万平方米	181.9	82.4	59.2	7.8	1.4	9.0	27.7	62.9
竣工房屋价值	亿元	1490.8	1214.6	690.5	144.5	14.8	14.7	180.6	80.9
出租房屋面积	万平方米	23.8	2.5	3.3			0.3	31.4	
商品房销售面积	万平方米	9292.3	8014.8	4604.3	795.1	198.2	53.6	859.0	364.9
#现房销售面积	万平方米	2365.2	1926.8	1160.8	209.6	38.5	9.4	276.2	152.7
期房销售面积	万平方米	6927.2	6088.0	3443.5	585.5	159.7	44.2	582.8	212.2
商品房销售额	亿元	4759.2	3941.9	2056.2	546.2	157.3	36.3	636.5	144.5
#现房销售额	亿元	1134.5	892.0	478.3	121.3	28.6	5.5	180.2	56.8
期房销售额	亿元	3624.7	3049.8	1577.9	424.8	128.7	30.9	456.4	87.7

6-42 房地产开发企业(单位)投资、资金和土地情况

单位：万元

指标	2006年	2008年	2009年	2010年	2011年	2012年	2013年
计划总投资	36503869	75407081	91859648	144692113	184107428	227292321	258901273
自开始建设累计完成投资	22272502	42097592	55564174	83464409	113205599	145384135	178526342
本年完成投资	11421948	20607952	26405639	34657562	44875610	54558196	64507513
土地开发投资额	1393514	1254806	1316844				
配套工程投资额	619007	1019087	709545	738642	630488	744553	885946
按构成分:							
建筑工程	7130483	14396878	18662694	24417347	32471278	38281458	47339656
安装工程	526601	1309023	2186153	2336866	3596164	4330448	5736056
设备工器具购置	113123	351522	358489	543356	1199549	1127517	1311337
其他费用	3651741	4550529	5198303	7359993	7608619	10818773	10120464
#旧建筑物购置费	217520	202965	173395	296701	252364	313691	407444
土地购置费	2021204	3002435	3606763	5080384	5225988	7405576	5695472
按工程用途分:							
住宅	8388987	15792147	19339201	24813478	34104876	39619482	46649928
经济适用房	574098	495296	637407	503756			
别墅、高档公寓	488660	1232710	1528912	1915220	2067588	1811848	2435467
办公楼	376442	668581	867569	1029344	929622	1633776	1557668
商业营业用房	1539711	3006798	4321470	5886469	6753253	8627741	10979210
其他	1116808	1140426	1877399	2928271	3087859	4677197	5320707
本年新增固定资产	5219474	8588725	10547777	12692617	21388327	23154604	22124010
本年购置土地面积(万平米)	2316.9	2953.8	2086.9	3134.6	3446.3	3199.5	2502.3
本年土地成交价款	2065722	3080834	2936827	4878841	5312808	4918076	5668331

主要统计指标解释

全社会固定资产投资 固定资产投资是社会固定资产再生产的主要手段。通过建造和购置固定资产的活动，国民经济不断采用先进技术装备，建立新兴部门，进一步调整经济结构和生产力的地区分布，增强经济实力，为改善人民物质文化生活创造物质条件。这对我国的社会主义现代化建设具有重要意义。

固定资产投资额是以货币表现的建造和购置固定资产活动的工作量，它是反映固定资产投资规模、速度、比例关系和使用方向的综合性指标。全社会固定资产投资包括国有经济单位投资、城乡集体经济单位投资、各种经济类型的单位投资和城乡居民个人投资。按照我国现行计划管理体制，国有经济单位固定资产投资总额分为基本建设、更新改造、商品房屋建设投资和其他固定资产投资四个部分；城乡集体经济单位投资包括城镇集体所有制单位投资和农村集体所有制单位投资；各种经济类型的单位投资包括联营经济、股份制经济、中外合资经营、中外合作经营、外资、与大陆合资经营、与大陆合作经营、港澳台独资及其他经济类型的单位投资。城镇居民个人投资包括城市、县城、镇、工矿区所辖范围内的个人建房和农村个人建房及购买生产性固定资产的投资。

基本建设投资 基本建设是国有企业、事业单位以扩大生产能力或工程效益为主要目的的新建、扩建工程及有关工作。包括工厂、矿山、铁路、桥梁、港口、农田水利、商店、住宅、学校、医院等工程的建造和机器设备、车辆、船舶、飞机等的购置。

基本建设投资额是以货币表现的基本建设完成的工作量，是反映一定时期内基本建设规模和建设进度的综合性指标。它是根据工程的实际进度按预算价格(预算价格是编制施工图预算时所用的价格)计算的工作量，没有形成工程实体的建筑材料和没有开始安装的设备，都不计算投资完成额。

更新改造投资 更新改造是指国有企业、事业单位对原有设施进行固定资产更新和技术改造，以及相应配套的工程和有关工作(不包括大修理和维护工程)。更新改造投资是以货币表现的更新改造完成的工作量。根据我国现行统计制度，基本建设和更新改造的划分是：(1)列入基本建设计划的项目作为基本建设投资，列入更新改造计划的项目作为更新改造投资；(2)更新改造计划与基本建设计划结合安排的项目及未列入计划的项目，根据工程性质分别作为基本建设投资或更新改造投资。属于对企业、事业单位原有设施进行技术改造或更新的项目和增建主要生产车间、分厂等，其新增生产能力或效益尚未达到大中型标准的项目，以及由于城市环境保护和安全生产的需要而进行的迁建工程，作为更新改造投资。

其他固定资产投资 是指按照国家规定不纳入基本建设和更新改造计划管理，其总投资在五万元以上的固定资产投资。具体包括：国有经济单位用油田维护费和石油开发基金进行的油田维护和开发工程；煤炭、铁矿、森林工业等采掘采伐业用维检费进行的开拓延伸工程；交通部门用公路养路费对原有公路、桥梁进行改建的工程；商业部门用简易建筑费建造的仓库工程。

固定资产投资的资金来源 根据固定资产投资的资金来源不同，分为上年末结余资金、本年资金来源小计和各项应付款。其中本年资金来源小计又分为国家预算内资金、国内贷款、股票、债券、利用外资、自筹资金和其他资金来源七种：

(1)国家预算内资金指国家预算、地方财政、主管部门和国家专业投资公司拨给或委托银行贷给建设单位的基本建设拨款和中央基本建设基金，拨给企业单位的更新改造拨款，以及中央财政安排的专项拨款中用于基本建设的资金。

(2)国内贷款指报告期企、事业单位向银行及非银行金融机构借入的用于固定资产投资的各种国内借款。国内贷款包括：银行利用自有资金及吸收的存款发放的贷款、上级主管部门拨入的国内贷款、国家专项贷款(包括煤代油贷款、劳改煤矿专项贷款等)，地方财政专项资金安排的贷款、国内储备贷款、周转贷款等。

(3)股票是股份制企业通过发行股票筹集到的，用于固定资产投资的资金。

(4)债券是企业(公司)或金融机构通过发行各种债券筹集到的用于固定资产投资的资金，包括由银行代理国家专业投资公司发行的重点企业债券和重点建设债券。

(5)利用外资指报告期收到的用于固定资产投资的国外资金，包括统借统还、自借自还的国外贷款，中外合资项目中的外资，以及无偿捐赠等。其中，国家统借统还的外资，是指由我国政府出面同外国政府、团体或金融组织签订贷款协议、并负责偿还本息的国外贷款。

(6)自筹资金指建设单位报告期收到的，用于进行固定资产投资的上级主管部门、地方和本单位自筹资金。

(7)其他资金来源指报告期收到的除以上各种拨款、借款、自筹资金之外，其他用于固定资产投资的资金。

固定资产投资按国民经济行业分 建设项目归哪个行业，按其建成投产后的主要产品或主要用途及社会经济活动性质来确定。基本建设按建设项目划分国民经济行业，更新改造、国有经济单位其他固定资产投资及城镇集体投资根据整个企业、事业单位所属的行业来划分。一般情况下，一个建设项目或一个企业、事业单位只能属于一种国民经济行业。为了更准确地反映国民经济各行业之间的比例关系，联合企业(总厂)所属分厂属于不同行业的，原则上按分厂划分行业。

固定资产投资按建设性质分 建设项目的性质一般分为新建、扩建、改建、迁建、恢复。基本建设按建设项目划分建设性质，更新改造、国有经济单位其他固定资产投资及城镇集体投资按整个企业、事业单位的建设情况确定建设性质。目前基本建设和更新改造是根据我国现行的计划管理体制区分的，所以基本建设和更新改造都可以分别按新建、扩建等划分。

(1)新建一般是指从无到有、“平地起家”新开始建设单位。有的单位原有的基础很小，经过建设后其新增加的固定资产价值超过原有固定资产价值(原值)三倍以上的也算新建。

(2)扩建一般是指为扩大原有产品的生产能力，在厂内或其他地点增建主要生产车间(或主要工程)、独立的生产线或总厂之下的分厂的企业；事业单位和行政单位在原单位增建业务用房(如学校增建教学用房、医院增建门诊部或病床用房、行政机关增建办公楼等)也作为扩建。

(3)改建一般是指现有企业、事业单位为了技术进步，提高产品质量，增加花色品种，促进产品升级换代、降低消耗和成本，加强资源综合利用和三废治理、劳保安全等，采用新技术、新工艺、新设备、新材料等对现有设施、工艺条件进行技术改造或更新(包括相应配套的辅助性生产、生活福利设施)。有的企业为充分发挥现有生产能力，进行填平补齐而增建不增加本单位主要产品生产能力的车间等，也属于改建。

固定资产投资按用途分 固定资产投资按工程的经济用途分为用于第一产业、第二产业、第三产业和住宅四部分的建设，是研究不同用途的固定资产投资之间比例关系的重要指标。基本建设投资、国有经济单位其他固定资产投资及城镇集体投资的用途按单项工程确定，现有企业、事业单位更新改造投资的用途按更新改造项目确定。

固定资产投资按构成分 固定资产投资活动按其工作内容和实现方式分为建筑安装工程，设备、工具、器具购置，其他费用三个部分。

(1)建筑安装工程(建筑工作量)指各种房屋、建筑物的建造工程和各种设备、装置的安装工程。包括各种房屋建造工程，各种用途设备基础和各种工业窑炉的砌筑工程；为施工而进行的各种准备工作和临时工程以及完工后的清理工作等；铁路、道路的铺设，矿井的开凿及石油管道的架设等；水利工程；防空地下建筑等特殊工程；以及各种机械设备的安装工程；为测定安装工程质量，对设备进行的试行工作。在安装工程中，不包括被安装设备本身的价值。

(2)设备、工具、器具购置指购置或自制达到固定资产标准的设备、工具、器具的价值，固定资产的标准按财务部门规定。新建单位、扩建单位的新建车间按照设计和计划要求购置或自制的全部设备、工具、器具，不论是否达到固定资产标准均计入“设备、工具、器具购置中”。

(3)其他费用指除建筑安装工程和设备、工具、器具购置以外的投资完成额。它包括两种性质的费用，一种是属于增加固定资产的费用，主要有：建设单位管理费，土地、青苗等补偿费和安置补助费、勘察设计费，研究实验费、农林单位牲畜购置费、各种经济林木的营造费、办公和生活家具、器具购置费、引进技术和进口设备项目的其他费用、联合试运转费等；一种是属于不增加固定资产的费用，主要有：施工机械转移费、生产职工培训费、农业开荒费用及报废工程损失费等。

基本建设项目按大中小型划分 基本建设划分大中小型项目原则上应按照上级批准的设计任务书或初步设计所确定的总规模或总投资划分，没有正式批准设计任务书或初步设计的，按国家或省、自治区、直辖市年度基本建设投资计划中所列的总规模或总投资划分。上述两条均不具备的，按本年计划施工工程的建设总规模或总投资划分。生产单一产品的工业项目，按产品的设计能力划分的；生产多种产品的工业项目，按其主要产品的设计能力划分。品种繁多，难以按生产能力划分的，按全部计划投资额划分。划分标准以国家颁发的《大中小型建设项目划分标准》依据。国家曾在 1958 年、1962 年、1977 年和 1979 年先后五次修订《大中小型建设项目划分标准》，因此各历史时期的大中型项目数不完全可比。

施工项目 指报告期内曾进行建筑或安装工程施工活动的建设项目。包括报告期内新开工项目、报告期以前开工跨入报告期继续施工的项目以及报告期施过工并在报告期内全部建设投产或停缓建的项目。

全部建成投产项目 工业项目是指设计文件规定形成生产能力的主体工程及其相应配套的辅助设施全部建成，经负荷试运转，证明具备生产设计规定合格产品的条件，并经过验收鉴定合格或达到竣工验收标准，与生产性工程配套的生产福利设施可以满足近期正常生产的需要，正式移交生产的建设项目。非工业项目是指设计文件规定的主体工程和相应的配套工程全部建成，能够发挥设计规定的全部效益，经验收鉴定合格或达到竣工验收标准，正式移交使用的建设项目。

新增生产能力 指通过固定资产投资活动而增加的设计能力或工程效益，它是用实物形态表示的固定资产投资的成果。新增生产能力的计算，是以能独立发挥生产能力或效益的单项工程(或项目)为对象，当单项工程(或项目)建成，经有关部门鉴定合格，正式移交投入生产，即可计算新增生产能力。

新增生产能力或工程效益有以下几种表现形式：

(1)以建设项目或单项工程建成后的年产能力表示。如煤炭开采、石油开采等。

(2)以建设项目或单项工程建成后处理原料的能力表示。如选矿工程的年处理矿石能力，洗煤厂年洗原煤能力等。

(3)以新增的主要设备数量或容量表示。如棉纺绽枚数、发电机组容量等。

(4)以建筑物容积、容量、面积或长度表示。如水库容量、铁路公路里程等。

新增生产能力的数量一般按设计能力计算。设计能力是指设计文件中规定的在正常情况下能够达到的生产能力，而不论投产后的实际产量如何。以设备数量、建筑物容积、面积、长度等表示的新增生产能力(或效益)，则按建成的实际数量计算。

施工和竣工房屋建筑面积 房屋建筑面积是从房屋外墙线算起的各层平面面积的总和，包括房屋结构(如柱、墙)占用的面积和地下室面积。多层建筑按各自然层面积总和计算，包括房屋内的楼隔层，突出墙面的眺望间、门斗、有柱雨罩的面积。不包括突出墙面结构的构件、艺术装饰等所占的面积，如台阶等。凹阳台、挑阳台按其水平投影面积一半计算建筑面积。

竣工面积 指在报告期内房屋建筑按照设计要求已全部完工，达到住人和使用条件，经验收鉴定合格，正式移交使用单位的建筑面积。

房屋建筑面积竣工率 指一定时间内房屋竣工面积占同期房屋施工面积的比率。它是从房屋建筑施工速度的角度反映投资效果和建筑业经济效益的指标。

新增固定资产 指通过投资活动所形成的新的固定资产价值。包括已经建成投入生产或交付使用的工程价值和达到固定资产标准的设备、工具、器具的价值及有关应摊入的费用。它是以价值形式表示的固定资产投资成果的综合性指标，可以综合反映不同时期、不同部门、不同地区的固定资产投资成果。

建设项目投资率 指一定时期内全部建成投入生产项目个数占同期正式施工项目个数的比率。它是从项目建设速度的角度反映投资效果的指标。

固定资产交付使用率 指一定时期新增固定资产与同期完成投资额的比率。它是反映各个时期固定资产动用速度，衡量建设过程中投资效果的一个综合性指标。

未完工程占用率 指年末未完工程累计完成投资额占全年实际完成投资额的比率。它反映未完工程的相对规模，并可从资金占用的角度反映固定资产投资效果。由于未完工程是指已经开工，但尚未建成交付使用的工程，有个跨年度问题，因此未完工程占用率会出现大于1的情况。

七、能源

Chapter 7 Energy

7-1 能源生产总量及构成

年 份	能源生产总量(万吨标准煤)	占能源生产总量的%			
		原煤	原油	天然气	水电
1978	3890.7	78.9	14.0	5.6	1.5
1980	3765.8	70.8	20.2	6.3	2.7
1985	4953.2	66.2	26.6	4.1	3.1
1986	5011.4	63.4	29.1	4.0	3.5
1987	5094.9	60.5	32.1	4.1	3.3
1988	5410.9	60.6	33.5	4.0	2.0
1989	5766.6	61.7	33.3	4.0	2.0
1990	5958.9	61.1	32.8	3.9	2.2
1991	6082.4	61.4	32.3	3.9	2.4
1992	6233.4	61.8	31.8	4.5	1.9
1993	6327.2	62.8	32.1	4.6	0.5
1994	6384.8	61.6	33.6	4.4	0.4
1995	6239.3	59.5	35.6	4.1	0.8
1996	6610.8	63.0	32.5	3.6	0.9
1997	6638.7	63.3	32.4	3.8	0.5
1998	6422.5	64.3	32.3	2.9	0.5
1999	5649.5	60.4	36.2	3.0	0.4
2000	5380.5	59.1	37.2	3.3	0.3
2001	5376.8	59.4	36.8	3.3	0.5
2002	5809.8	63.6	33.2	2.8	0.4
2003	6288.3	66.7	30.3	2.6	0.4
2004	6749.9	70.3	27.1	1.9	0.7
2005	6219.8	67.4	29.0	2.5	1.1
2006	6513.4	69.8	26.9	2.4	0.9
2007	6311.2	69.2	28.0	1.9	0.9
2008	6257.5	69.7	27.4	1.8	1.1
2009	6037.8	73.3	23.7	1.8	1.2
2010	6769.5	73.9	22.2	1.6	1.9
2011	6890.0	75.5	20.7	1.4	1.9
2012	6393.3	72.8	22.4	1.5	2.8
2013	5619.7	67.1	25.5	1.7	5.3

7-2 能源消费总量及构成

年 份	能源消费总量(万吨标准煤)	占能源消费总量的%			
		煤炭	石油	天然气	水电
1978	5261.5	64.6	30.2	4.2	1.0
1980	5272.1	67.8	25.8	4.5	1.9
1985	6325.1	78.7	15.2	3.7	2.4
1986	6360.3	79.4	14.6	3.2	2.8
1987	6475.8	81.5	12.7	3.2	2.6
1988	6824.6	83.0	12.3	3.1	1.6
1989	7000.1	83.1	12.8	3.3	0.8
1990	7170.8	82.2	12.8	3.3	1.7
1991	7218.0	83.0	11.7	3.3	2.0
1992	7191.6	83.7	10.7	3.9	1.7
1993	8695.5	74.6	21.8	3.3	0.3
1994	9204.6	76.0	20.9	2.9	0.2
1995	9381.7	77.1	19.6	2.7	0.6
1996	9417.6	79.6	17.3	2.5	0.6
1997	9191.6	82.0	14.9	2.7	0.4
1998	8873.7	82.5	14.6	2.6	0.3
1999	8869.9	80.5	16.7	2.6	0.2
2000	9877.2	77.5	19.8	2.5	0.2
2001	10356.9	73.8	23.7	2.2	0.3
2002	10333.5	77.8	19.8	2.2	0.2
2003	11430.7	78.6	18.8	2.3	0.3
2004	12454.0	79.2	19.0	1.5	0.3
2005	12883.3	71.3	24.1	1.5	0.6
2006	14228.0	71.4	24.3	1.2	0.4
2007	15757.9	73.2	22.6	1.2	0.4
2008	16925.7	73.1	22.7	1.3	0.4
2009	18172.5	73.0	22.5	1.2	0.4
2010	19856.4	67.9	27.3	1.3	0.6
2011	21492.1	65.3	29.0	2.4	0.6
2012	22313.9	61.3	31.6	3.8	0.8
2013	22951.5	58.3	33.5	4.5	1.3

7-3 能源生产弹性系数

年　份	能源生产比上年增长 %	电力生产比上年增长 %	生产总值比上年增长 %	能源生产弹性系数	电力生产弹性系数
1985	10.3	8.8	13.3	0.84	0.72
1990	3.3	3.6	1.1	3.30	3.60
1991	2.1	3.0	6.1	0.50	0.70
1992	0.5	9.5	12.1	0.40	0.80
1993	11.0	5.2	14.9	0.75	0.35
1994	0.9	-2.2	11.2	0.08	
1995	-2.1	1.3	7.1		0.18
1996	6.0	8.4	8.6	0.70	0.98
1997	0.4	8.9	8.9	0.45	1.00
1998	-3.3	-8.5	8.3		
1999	-12.0	-3.5	8.2		
2000	-4.8	5.3	8.9		0.59
2001	-0.1	2.5	9.0		0.27
2002	8.1	14.5	10.2	0.79	1.42
2003	8.2	10.7	11.5	0.71	0.93
2004	7.3	4.2	12.8	0.57	0.33
2005	0.3	4.0	12.3	0.02	0.33
2006	1.9	10.8	13.8	0.14	0.78
2007	-5.6	10.2	14.5		0.70
2008	-0.9	2.4	13.4		0.18
2009	-3.5	4.9	13.1		0.37
2010	12.1	12.2	14.2	0.85	0.86
2011	1.8	6.2	12.2	0.15	0.51
2012	-7.2	4.5	9.5		0.47
2013	-12.1	5.7	8.7		

7-4 能源消费弹性系数

年　份	能源消费比上年增长 %	电力消费比上年增长 %	生产总值比上年增长 %	能源消费弹性系数	电力消费弹性系数
1985	6.8	7.6	13.3	0.55	0.62
1990	1.4	2.6	1.1	1.40	2.60
1991	0.6	6.0	6.1	0.10	1.30
1992	1.0	10.0	12.1	0.10	0.90
1993	11.0	10.6	14.9	0.75	0.72
1994	8.2	-1.8	11.2	0.73	
1995	2.5	4.8	7.1	0.35	0.68
1996	0.4	8.4	8.6	0.04	0.98
1997	-2.5	7.6	8.9		0.85
1998	-3.5	-5.2	8.3		
1999	0.1	12.1	8.2	0.14	1.47
2000	14.1	4.8	8.9	1.58	0.54
2001	1.3	2.0	9.0	0.14	0.22
2002	-0.2	6.0	10.2		0.59
2003	7.2	5.5	11.5	0.63	0.48
2004	12.4	16.5	12.8	0.96	1.28
2005	12.0	5.0	12.3	0.97	0.40
2006	10.8	10.6	13.8	0.78	0.77
2007	9.9	10.7	14.5	0.68	0.74
2008	7.6	3.9	13.1	0.58	0.30
2009	7.4	5.4	13.1	0.56	0.41
2010	9.6	15.3	14.2	0.68	1.08
2011	8.4	8.5	12.2	0.69	0.70
2012	3.6	2.1	9.5	0.38	0.22
2013	3.7	5.7	8.7		

7-5 分行业主要能源品种消费量

(2013年)

行业	煤炭消费量(万吨)	焦炭消费量(万吨)	原油消费量(万吨)	汽油消费量(万吨)	煤油消费量(万吨)	柴油消费量(万吨)	燃料油消费量(万吨)	天然气消费量(亿立方米)	电力消费量(亿千瓦小时)
消费总量	**18310.12**	**3600.33**	**6944.68**	**806.03**	**35.05**	**1326.88**	**446.14**	**49.52**	**2008.46**
农、林、牧、渔业	**26.23**			**60.02**		**99.57**			**27.99**
采矿业	**1765.49**	**69.17**	**24.71**	**5.61**	**0.72**	**94.10**	**74.15**	**16.88**	**156.73**
煤炭开采和洗选业	1533.04	0.04		0.91	0.72	6.21			28.78
石油和天然气开采业	0.57		1.00	0.66		0.57	68.97	16.68	27.31
黑色金属矿采选业	29.01	20.73		1.87		30.95	0.01		76.75
有色金属矿采选业	59.91	5.79		0.29		1.69	3.46		16.86
非金属矿采选业	55.81	42.59		1.12		50.00			0.91
开采辅助活动	87.15	0.02	23.71	0.76		4.68	1.71	0.20	6.00
其他采矿业									0.12
制造业	**7523.01**	**3529.23**	**6887.97**	**182.10**	**4.38**	**387.11**	**151.45**	**22.97**	**1022.94**
农副食品加工业	135.69	0.45		8.73	0.01	20.29	0.16	0.04	31.16
食品制造业	27.02	0.18		1.26		4.09	0.01	0.06	6.85
酒、饮料和精制茶制造业	37.52			1.42		1.95	0.03	0.16	6.27
烟草制品业	0.32					0.33		0.02	0.32
纺织业	22.46	1.10		0.88		0.70			9.85
纺织服装、服饰业	17.64	0.05		3.40	0.01	2.24	0.01		5.50
皮革、毛皮、羽毛及其制品和制鞋业	1.47			0.37		0.27			1.25
木材加工及木、竹、藤、棕、草制品业	15.55			1.97	0.01	2.73		0.04	5.90
家具制造业	6.33	0.04		1.11		0.80			3.87
造纸及纸制品业	68.18		0.01	2.13		3.19		0.05	8.74
印刷和记录媒介复制业	2.89			1.09		0.52			1.23
文教、工美、体育和娱乐用品制造业	3.48			0.70		0.60			0.32
石油加工、炼焦和核燃料加工业	855.62		6290.50	0.91		23.59	101.72	5.01	64.73
化学原料和化学制品制造业	546.02	3.74	597.09	8.48	0.48	43.67	19.65	5.35	72.60
医药制造业	68.13	0.01		0.92		1.92	0.21	0.08	7.55
化学纤维制造业	42.45			0.02		0.03	0.21		15.72
橡胶和塑料制品业	97.61	0.14		4.35		4.17	0.25	0.04	24.24
非金属矿物制品业	1285.47	429.80	0.37	8.76	0.02	56.72	25.21	9.86	163.28
黑色金属冶炼和压延加工业	3959.17	2884.25		15.78	0.01	54.69	0.34	0.33	373.16
有色金属冶炼和压延加工业	56.78	31.68		19.04		6.05	0.34	0.25	69.92
金属制品业	34.31	2.33		25.83		8.65	0.03	0.31	26.87
通用设备制造业	67.29	165.45		19.08	0.10	55.87	0.34	0.15	30.00
专用设备制造业	24.84	5.62		15.68	0.19	40.97	0.11	0.14	28.90
汽车制造业	32.84	3.97		13.68	0.02	19.12	0.04	0.66	17.83
铁路、船舶、航空航天和其他运输设备制造业	47.49	0.09		15.27	3.52	21.65	2.70	0.02	9.77
电气机械和器材制造业	48.30	0.33		5.77	0.01	5.73	0.01	0.36	20.57
通信设备、计算机和其他电子设备制造业	2.85			0.90		2.51		0.02	8.96
仪器仪表制造业	2.25			2.72		2.38		0.02	2.45
其他制造业	4.46			0.25		0.54			1.27
废弃资源综合利用业	7.64			0.09		0.69	0.08		1.52
金属制品、机械和设备修理业	0.94			1.51		0.45			2.34
电力、燃气及水的生产和供应业	**8438.66**	**1.90**		**2.68**		**10.98**	**0.71**	**1.16**	**316.44**
电力、热力的生产和供应业	8434.90			2.06		7.35	0.71		289.55
燃气生产和供应业	0.28	1.90		0.25		1.43		1.16	4.81
水的生产和供应业	3.48			0.37		2.20			22.08
建筑业	**29.48**			**15.98**	**0.69**	**40.60**	**1.92**		**30.20**
房屋和土木工程建筑业	19.45			11.00	0.64	33.78	1.50		27.32
建筑安装业	4.88			2.45	0.05	3.90	0.42		0.52
建筑装饰业	2.17			1.68		1.05			1.91
其它建筑业	2.98			0.85		1.87			0.45
交通运输储运业和邮政业	**77.96**	**0.03**	**32.00**	**312.82**	**28.56**	**554.60**	**216.68**		**43.09**
铁路运输业	67.84	0.03		0.51		18.77			34.95
道路运输业	0.83			310.30		490.51			2.24
水上运输业	9.29			0.19		33.17	117.68		0.07
航空运输业					28.56		99.00		
管道运输业			32.00						2.32
装卸搬运及其他运输服务业				1.04		7.61			
仓储业				0.32		3.14			2.95
邮政业				0.46		1.40			0.56
批发、零售业和住宿、餐饮业	**68.00**			**20.50**	**0.10**	**4.86**	**0.42**	**1.06**	**81.34**
其他行业	**66.00**			**89.86**	**0.60**	**94.09**	**0.81**	**0.35**	**117.27**
城乡居民生活	**315.29**			**116.46**		**40.97**		**7.10**	**212.46**

7-6 能源加工转换效率

单位：%

年 份	总效率	发电及电站供热	炼焦	炼油
1985	79.1	37.2	94.5	98.6
1990	82.7	48.1	97.1	98.0
1991	82.2	49.1	98.5	98.9
1992	81.0	48.3	97.5	86.3
1993	80.6	48.1	83.0	99.0
1994	75.2	46.0	72.6	97.0
1995	80.2	50.3	98.6	97.4
1996	77.6	46.0	90.6	98.0
1997	75.9	43.8	91.7	97.8
1998	76.9	44.9	96.0	99.6
1999	76.0	44.8	97.1	95.6
2000	75.3	41.9	93.2	96.7
2001	73.5	43.8	92.8	89.9
2002	76.8	42.8	98.1	98.0
2003	73.3	39.9	98.1	96.2
2004	72.4	38.2	92.3	96.6
2005	74.7	42.1	98.9	92.4
2006	74.1	43.0	96.7	93.6
2007	75.4	43.3	97.3	95.5
2008	75.9	43.5	97.8	95.0
2009	75.6	43.4	98.1	94.4
2010	77.4	46.2	97.3	95.2
2011	76.9	46.5	97.5	94.7
2012	78.6	47.5	97.4	95.7
2013	78.9	49.2	95.8	94.9

7-7 平均每天能源消费量

能源品种	单位	2006年	2007年	2008年	2009年	2010年	2011年	2012年	2013年
煤　　炭	万吨	38.93	41.71	42.05	43.92	46.32	49.46	49.91	50.16
焦　　炭	万吨	5.36	6.30	6.69	7.66	8.67	9.28	9.43	9.86
原　　油	万吨	15.22	16.15	16.29	16.09	17.97	18.37	19.18	19.03
燃 料 油	万吨	0.63	0.61	1.04	0.82	0.98	1.04	1.16	1.22
汽　　油	万吨	1.07	1.21	1.12	1.27	1.63	1.94	2.14	2.21
煤　　油	万吨	0.09	0.10	0.07	0.06	0.06	0.04	0.09	0.10
柴　　油	万吨	1.61	1.90	2.13	2.22	2.64	3.02	3.35	3.64
天 然 气	亿立方米	0.03	0.04	0.04	0.05	0.05	0.11	0.17	0.14
电　　力	亿千瓦小时	3.36	3.72	3.87	4.08	4.70	5.10	5.21	5.50

注：能源消费量包括加工转换量。

7-8 综合能源平衡表

单位：万吨标准煤

指　　标	2005年	2006年	2008年	2009年	2010年	2011年	2012年	2013年
一、可供本地区消费的能源量	**12883.32**	**14228.02**	**16925.68**	**18172.45**	**19856.39**	**21492.07**	**22313.93**	**22951.47**
1.年初库存量	1066.82	1298.89	1456.92	1572.40	1474.50	1670.64	1907.08	1728.62
2.一次能源生产量	6219.88	6513.36	6257.47	6037.79	6769.52	6889.99	6393.34	5619.73
3.外省(区、市)调入量	11124.33	11401.45	13665.53	12946.55	14076.39	17776.98	17124.83	16361.71
4.进口量	1188.15	1450.23	2187.54	2947.55	3099.70	2665.47	3485.17	6471.72
5.境内轮船和飞机在境外加油量	24.78	30.92	51.80	47.80	59.43	75.80	82.09	59.53
6.本省(区、市)调出量(－)	-5018.42	-4895.41	-5749.84	-4336.85	-3933.12	-4884.43	-4264.85	-4579.88
7.出口量(－)	-353.65	-415.45	-381.40	-795.18	-974.54	-726.50	-571.30	-785.07
8.境外轮船和飞机在境内加油量(－)	-108.77	-32.35	-95.19	-93.91	-92.16	-84.07	-76.76	-73.02
9.年末库存量(－)	-1340.71	-1213.01	-1481.48	-1516.50	-1638.51	-1891.80	-1765.67	-1851.87
二、加工转换投入(－)产出(＋)量	**-4060.09**	**-4432.55**	**-4537.95**	**-4661.20**	**-4496.71**	**-4450.23**	**-4277.36**	**-4238.23**
1.火力发电	-2389.89	-2689.79	-2886.08	-2916.90	-2813.32	-2941.65	-2938.61	-2848.02
2.供热	-372.14	-438.60	-516.80	-521.81	-475.59	-483.23	-452.82	-419.15
3.洗选煤	-673.11	-731.23	-672.78	-698.50	-700.73	-799.94	-721.06	-644.19
4.炼焦	-18.28	-63.31	-47.39	-43.22	-61.70	-62.58	-68.38	-114.96
5.炼油	-577.62	-488.98	-407.06	-447.83	-233.92	-297.45	-298.89	-287.06
6.制气	-28.99	-20.32	513.73	363.66	-2.01	-1.53	-5.64	-9.00
7.天然气液化								
8.煤制品加工						-2.79	-1.78	-0.01
9.回收能						340.18	351.24	309.74
三、损失量	**118.82**	**126.46**	**87.25**	**103.73**	**203.89**	**201.80**	**202.01**	**209.36**
#运输和输配损失	118.82	126.46	87.25	103.73	203.89	201.80	202.01	209.36
四、终端消费量	**8704.41**	**9669.01**	**12300.47**	**13407.52**	**15155.78**	**16840.05**	**17834.56**	**18503.88**
(一)第一产业	215.59	235.33	244.14	249.85	266.73	284.55	287.59	290.70
(二)第二产业	6176.60	6845.28	8885.83	9833.29	11112.25	12378.85	13014.25	13376.72
工业	6093.39	6751.67	8775.85	9708.30	10966.99	12217.15	12835.51	13188.43
建筑业	83.21	93.61	109.98	124.99	145.26	161.70	178.75	188.29
(三)第三产业	1323.69	1517.86	1960.00	2088.74	2348.51	2614.63	2819.72	2958.34
交通运输、仓储及邮电通讯业	1031.92	1147.07	1374.72	1445.64	1597.03	1746.40	1879.08	1976.89
批发和零售贸易业、餐饮业	85.04	90.55	135.16	154.11	170.34	203.95	216.58	234.66
其他	206.73	280.23	450.12	488.99	581.15	664.28	724.06	746.80
(四)生活消费	988.53	1070.54	1210.50	1235.64	1428.30	1562.02	1713.00	1878.12
城镇	772.71	867.12	993.67	1023.37	1175.58	1276.00	1393.40	1523.62
乡村	215.81	203.42	216.84	212.27	252.72	286.02	319.60	354.50
五、平衡差额								

注：电、热按当量值计算。

主要统计指标解释

能源生产总量 指一定时期内全省一次能源生产量的总和，是观察全省能源生产水平、规模、构成和发展速度的总量指标。一次能源生产量包括原煤、原油、天然气、水电及其他动力能(如风能、地热能等)发电量。不包括低热值燃料生产量、生物质能、太阳能等的利用和由一次能源加工转换而成的二次能源产量。

能源消费总量 指一定时期内全省物质生产部门、非物质生产部门和生活消费的各种能源的总和，是观察能源消费水平、构成和增长速度的总量指标，能源消费总量包括原煤和原油及其制品、天然气、电力。不包括低热值燃料、生物质能和太阳能等的利用。能源消费总量分为三部分，即终端能源消费量、能源加工转换损失量和损失量。

(1)终端能源消费量指一定时期内全省物质生产部门、非物质生产部门和生活消费的各种能源在扣除了用于加工转换二次能源消费量和损失量以后的数量。

(2)能源加工转换损失量指一定时期内全省投入加工转换的各种能源数量之和与产出各种能源产品之和的差额。它是观察能源在加工转换过程中损失量变化的指标。

(3)能源损失量指一定时期内能源在输送、分配、储存过程中发生的损失和由客观原因造成的各种损失量。不包括各种气体能源放空、放散量。

能源生产弹性系数 是研究能源生产量的增长与国民经济增长之间关系的指标。计算公式:

能源生产弹性系数=（能源生产总量年平均增长速度／国民经济年平均增长速度）

国民经济年平均增长速度，可根据不同的目的或需要，用国内生产总值等指标来计算，本资料是采用国内生产总值指标计算的。

电力生产弹性系数 是研究电力生产量的增长与国民经济增长之间关系的指标。一般来说，电力的发展应当快于国民经济的发展，也就是说电力应超前发展。计算公式:

电力生产弹性系数=（电力生产量年平均增长速度／国民经济年平均增长速度）

能源消费弹性系数 是反映能源消费增长速度与国民经济增长速度之间的比例关系的指标。计算公式:

能源消费弹性系数=（能源消费量年平均增长速度／国民经济年平均增长速度）

电力消费弹性系数 是反映电力消费增长速度与国民经济增长速度之间比例关系的指标。计算公式:

电力消费弹性系数=（电力消费量年平均增长速度／国民经济年平均增长速度）

能源加工转换效率 指一定时期内能源经过加工转换后，产出的各种能源产品的数量与同期内投入加工转换的各种能源数量的比率。它是观察能源加工转换装置和生产工艺先进与落后、管理水平高低等的重要指标。计算公式:

能源加工转换效率=（加工转换产出量／加工转换投入量）×100%

八、财政

Chapter 8 Government Finance

8-1 地区财政收入

单位：亿元

年 份	地区财政收入合计	预算收入			财政专户管理资金收入		
			中央	地方		中央	地方
1981	146.8	97.5	18.0	79.5	49.3	9.6	39.7
1982	155.1	96.9	17.0	79.9	58.2	15.7	42.5
1983	185.3	114.6	46.7	67.9	70.7	20.7	50.0
1984	215.3	127.7	50.6	77.1	87.6	27.0	60.6
1985	288.4	162.2	77.0	85.2	126.2	37.3	88.9
1986	309.2	172.9	74.0	98.9	136.3	34.6	101.7
1987	338.4	185.6	77.6	108.0	152.8	45.8	107.0
1988	366.0	192.8	76.9	115.9	173.2	53.3	119.9
1989	400.5	212.2	78.3	133.9	188.3	62.2	126.1
1990	399.2	196.8	67.5	129.3	202.4	65.1	137.3
1991	491.5	256.8	95.3	161.5	234.7	90.2	144.5
1992	519.5	229.3	77.7	151.6	290.2	136.8	153.4
1993	387.3	292.8	79.1	213.7	94.5	6.8	87.7
1994	443.8	336.8	183.1	153.7	107.0	8.3	98.7
1995	500.6	369.1	184.7	184.4	131.5	11.5	120.0
1996	558.7	410.6	198.9	211.7	148.1	7.6	140.5
1997	584.1	458.9	230.7	228.2	125.2	8.6	116.6
1998	682.9	551.3	251.4	299.9	131.6	13.1	118.5
1999	727.3	579.2	265.0	314.2	148.1	18.5	129.6
2000	830.4	659.1	323.5	335.6	171.3	15.6	155.7
2001	1010.1	816.4	386.9	429.5	193.7	22.6	171.1
2002	1119.1	914.4	423.3	491.1	204.7	20.5	184.2
2003	1283.0	1063.2	491.2	572.0	219.8	25.1	194.7
2004	1572.9	1335.4	631.6	703.8	237.5	26.2	211.3
2005	1888.8	1639.5	723.9	915.6	249.3	10.5	238.8
2006	2332.8	2068.4	898.3	1170.1	264.4	11.9	252.5
2007	3153.8	2824.8	1137.2	1687.6	329.0	12.2	316.8
2008	3716.3	3452.6	1262.6	2190.0	263.7	19.8	243.9
2009	4615.2	4363.9	1460.5	2903.3	251.4	37.9	213.5
2010	6728.2	6546.0	1991.3	4554.7	182.2	33.4	148.8
2011	7824.2	7719.4	2196.3	5523.1	104.8	8.8	96.0
2012	7741.4	7621.0	2408.9	5212.1	120.4	27.5	92.9
2013	8289.0	8179.8	2379.1	5800.7	109.2	16.7	92.5

注：1.本表中不含债务类收入。
2.2003年以前中央预算收入为国地税上缴中央收入合计，2003年后为人民银行国库收入。

8-2 历年公共财政预算收入

单位：亿元

年 份	公共财政预算收入	各项税收	国有资本经营收入	国有企业计划亏补	其他各项收入
1980	86.9	41.6	43.3		2.0
1985	85.2	102.3	1.4	-20.2	1.7
1986	98.9	107.1	1.4	-13.3	3.7
1987	108.0	115.5	1.4	-14.8	5.9
1988	115.9	128.4	1.7	-24.9	10.7
1989	133.9	145.6	1.6	-29.7	16.4
1990	129.3	140.3	2.0	-31.0	18.0
1991	161.5	155.7	1.6	-30.2	34.4
1992	151.6	158.6	1.5	-24.5	16.0
1993	213.7	220.0	1.9	-24.8	16.6
1994	153.7	147.5	0.8	-17.3	22.7
1995	184.4	174.0	0.6	-18.0	27.8
1996	211.7	195.8	0.7	-17.1	32.3
1997	228.2	215.1	1.0	-16.6	28.7
1998	264.6	233.5	2.6	-13.1	41.6
1999	279.6	247.5	2.5	-11.2	40.8
2000	295.6	266.4	3.7	-9.7	35.2
2001	370.4	320.0	3.5	-4.7	51.6
2002	399.7	333.0	6.7	-3.5	63.5
2003	447.0	361.4	9.1	-3.3	79.8
2004	529.6	411.5	13.0	-2.9	108.0
2005	675.3	528.4	24.5	-3.0	125.4
2006	817.7	626.2	40.9	-3.0	153.6
2007	1082.7	815.7	57.8	-	209.2
2008	1356.1	1017.1	92.9	-	246.1
2009	1591.2	1184.0	145.7	-	261.5
2010	2004.8	1516.7	131.2	-	356.9
2011	2643.2	1974.9	142.8	-	525.5
2012	3105.4	2317.2	157.4	-	630.8
2013	3343.8	2521.6	180.9	-	641.3

注：1.本表财政收入为当年财政决算数据。
2.各项税收1983年利改税以后含企业所得税，1994年以后为新税制收入。
3.国有资产经营收益1998年以前指国企上缴利润，1983年前含企业上缴的基本折旧。
4.其他各项收入指行政性收费、罚没收入、海域场地矿区使用费收入、专项收入和其他各项收入。
5.国有资本经营收入2007年以前为“国有资产经营收益”。

8-3 公共财政预算收入

单位：亿元

项　　目	2006年	2007年	2008年	2009年	2010年	2011年	2012年	2013年
合　　计	**817.67**	**1082.69**	**1356.08**	**1591.22**	**2004.84**	**2643.15**	**3105.38**	**3343.81**
一、各项税收小计	**626.21**	**815.67**	**1017.10**	**1183.98**	**1516.65**	**1974.85**	**2317.19**	**2521.62**
增值税	124.40	149.11	172.76	163.56	188.84	218.32	216.70	248.41
营业税	205.37	252.01	304.00	363.94	453.75	556.20	606.49	657.00
企业所得税	74.00	108.06	142.44	125.09	174.06	227.16	242.39	250.68
个人所得税	35.63	45.78	51.73	48.94	64.20	76.94	60.92	64.15
资源税	18.74	24.26	28.25	32.65	46.45	68.12	109.30	142.05
城市维护建设税	43.87	51.58	58.71	57.69	71.62	102.79	108.41	119.25
房产税	29.80	29.86	35.38	41.09	45.91	55.87	64.17	72.35
印花税	9.62	12.66	16.38	16.67	22.81	27.71	28.15	30.28
城镇土地使用税	16.83	49.42	66.03	85.18	108.05	145.75	221.92	246.28
土地增值税	11.54	18.24	24.78	47.99	77.59	128.80	190.38	190.21
车船税	2.23	3.02	11.11	9.80	12.28	14.98	19.90	23.59
耕地占用税	5.29	5.97	24.33	69.56	96.43	140.40	225.20	239.92
契税	48.32	64.74	78.15	116.89	152.94	209.84	217.47	235.55
烟叶税	0.23	0.46	0.53	0.83	0.53	0.83	1.07	1.45
其他税收收入	0.44	0.51	2.07	4.10	1.20	1.13	4.73	0.45
二、非税收入小计	**191.46**	**267.03**	**338.98**	**407.24**	**488.18**	**668.30**	**788.19**	**822.20**
专项收入	34.50	50.85	50.67	45.67	55.02	99.28	110.53	107.12
行政事业性收费收入	81.14	96.54	117.17	93.76	131.92	158.64	194.59	198.04
罚没收入	29.82	32.91	35.91	41.89	60.10	69.96	88.06	78.94
国有资本经营收入	35.95	57.79	92.93	145.66	131.19	142.77	157.43	180.86
国有资源有偿使用收入	6.81	25.63	39.03	69.46	97.84	171.42	206.29	225.58
其他收入	3.25	3.32	3.27	10.80	12.10	26.23	31.31	31.66

8-4 各项税收及附加收入

单位：亿元

税种分类	2005年	2006年	2008年	2009年	2010年	2011年	2012年	2013年
收入合计	**1270.34**	**1456.21**	**2295.04**	**2651.89**	**3504.61**	**4216.10**	**4749.42**	**4963.68**
一、税收合计	**1244.35**	**1428.10**	**2256.94**	**2605.57**	**3445.44**	**4125.00**	**4646.47**	**4856.03**
1.增值税	517.03	572.17	861.83	816.22	1091.61	1208.15	1307.98	1353.13
#国内增值税	455.11	499.23	694.15	677.09	821.27	914.36	919.74	977.66
2.消费税	67.39	92.17	112.76	392.64	495.03	493.84	557.48	525.59
#国内消费税	62.80	84.46	99.56	366.23	443.31	435.76	532.49	478.12
3.营业税	164.69	205.37	303.99	363.94	453.83	556.25	606.74	655.91
4.个人所得税	82.02	89.09	129.32	122.36	160.51	192.36	152.30	159.83
5.外商外国企业所得税	31.46	38.43		82.30	128.22	158.05	167.16	183.80
6.企业所得税	160.64	162.29	373.50	222.42	303.72	407.03	432.10	432.17
7.资源税	12.05	18.65	28.33	32.73	46.43	68.08	109.16	141.91
8.投资方向调节税	0.20	0.35	0.45	0.05			0.03	
9.城市维护建设税	39.92	43.86	58.71	74.35	95.09	125.00	136.11	141.71
10.房产税	24.83	29.80	35.38	41.08	45.92	55.87	64.17	72.35
11.印花税	7.51	9.62	16.38	16.67	22.81	27.71	28.15	30.26
12.城镇土地使用税	9.76	16.84	66.03	85.18	108.05	145.75	221.92	246.28
13.土地增值税	5.95	11.54	24.78	47.99	77.59	128.80	190.37	190.21
14.车船使用税	1.68	2.23	11.11	9.80	12.28	14.98	19.90	23.59
15.屠宰税								
16.筵席税								
17.农业税	0.53							
18.农业特产税	0.63	0.33						
19.耕地占用税	3.69	5.29	24.33	69.56	96.43	140.40	225.20	239.92
20.契税	38.93	48.36	78.12	116.89	152.94	209.84	217.47	235.55
21.车辆购置税	22.64	26.68	39.19	44.72	66.46	78.35	80.38	91.17
22.烟叶税			0.53	0.83	0.53	0.83	1.07	1.45
23.关税	52.80	55.03	90.02	61.89	86.80	112.80	125.66	129.16
24.其他税收			2.18	3.95	1.20	0.91	3.12	2.03
二、其他收入	**25.99**	**28.11**	**38.10**	**46.32**	**59.17**	**91.10**	**102.95**	**107.65**
1.教育费附加	17.35	19.49	27.13	33.52	42.95	55.90	60.76	63.26
2.文化事业建设费	0.91	1.05	1.27	1.27	1.53	1.87	2.02	1.47
3.地方教育费收入	5.41	5.90	8.72	10.74	13.15	32.58	39.76	42.57
4.矿区使用费	0.33	0.31						
5.罚没收入	1.43	0.72	0.30	0.20	0.85	0.45	0.34	0.28
6.其他收入	0.56	0.64	0.68	0.58	0.69	0.30	0.07	0.07

注：1.本表按1994年新税制改革以来的地区实际税收收入整理。
2.增值税和消费税含海关代征，不含出口退税绝对值；国内增值税和国内消费税不含海关代征，含出口退税绝对值。

8-5 各地区公共财政预算收入

(2013年)

单位：万元

项　　目	沈阳	大连	鞍山	抚顺	本溪	丹东	锦州
合　　计	**8009997**	**8501646**	**2392487**	**1342092**	**1297005**	**1363630**	**1360902**
一、各项税收小计	**6508537**	**6778282**	**1644282**	**1003757**	**972271**	**1026984**	**1026940**
增值税	653681	626444	187684	97714	99699	57460	79547
营业税	1956634	1869796	405440	199650	141000	253933	274740
企业所得税	816083	774668	138812	76590	41408	78456	56492
个人所得税	197698	228963	28578	19227	16009	14565	19029
资源税	32244	522985	96974	58859	94600	59936	68531
城市维护建设税	361737	309164	70642	45729	35692	31605	41963
耕地占用税	384701	324532	158811	249926	253584	195317	139525
契税	627048	776713	162322	68527	49264	61432	82793
烟叶税				529		4003	
其他税收收入	1478711	1345017	395019	187006	241015	270277	264320
二、非税收入小计	**1501460**	**1723364**	**748205**	**338335**	**324734**	**336646**	**333962**
专项收入	206477	170261	74079	34957	41242	25327	34010
行政事业性收费收入	338466	392636	95514	86057	60472	97550	54410
罚没收入	122293	218591	33619	25488	37615	28550	25684
国有资本经营收入	493428	271001	498814	121766	48629	42431	39965
国有资源有偿使用收入	324814	634099	25716	60001	134938	134672	149179
其他收入	15982	36776	20463	10066	1838	8116	30714

8-5 续表

单位：万元

项　　目	营口	阜新	辽阳	盘锦	铁岭	朝阳	葫芦岛
合　　计	**1842545**	**704970**	**1113222**	**1487670**	**1036379**	**1124885**	**883756**
一、各项税收小计	**1373340**	**503286**	**814020**	**1140369**	**774945**	**814120**	**652138**
增值税	121033	53455	104643	187618	59376	82233	73491
营业税	315608	133701	160336	285135	135757	163865	201943
企业所得税	106542	38947	72403	56216	49673	42194	39083
个人所得税	18655	10887	18466	26023	11996	19273	12076
资源税	9088	28454	124902	82076	47156	181481	13164
城市维护建设税	65470	21216	42385	75443	24790	27360	35076
耕地占用税	163171	108046	85687	84354	79344	116818	55368
契税	124024	38811	61091	71236	71508	70131	90601
烟叶税		2296			5262	2381	
其他税收收入	449749	67473	144107	272268	290083	108384	131336
二、非税收入小计	**469205**	**201684**	**299202**	**347301**	**261434**	**310765**	**231618**
专项收入	40616	17486	48839	41905	21732	41027	25502
行政事业性收费收入	143075	87790	73784	49713	85214	67457	55475
罚没收入	18434	22431	34081	21530	37299	43875	50790
国有资本经营收入	119768	10998	50609		44897	2990	63316
国有资源有偿使用收入	110699	42628	87916	230723	65634	132425	35684
其他收入	36613	20351	3973	3430	6658	22991	851

8-6 公共财政预算支出

单位：亿元

行　业	2006年	2007年	2008年	2009年	2010年	2011年	2012年	2013年
合　计	**1422.75**	**1764.28**	**2153.43**	**2682.39**	**3195.82**	**3905.85**	**4558.59**	**4893.04**
一般公共服务	233.81	271.16	307.65	329.16	352.40	415.23	485.71	501.34
国　　防	3.42	5.89	5.38	7.49	7.58	11.43	13.75	11.99
公 共 安 全	99.26	126.77	147.58	154.16	191.29	210.29	228.80	244.57
教　　育	193.14	252.13	306.36	346.73	405.39	544.09	728.79	669.48
科 学 技 术	27.72	38.69	49.02	57.49	68.90	87.20	101.24	118.99
文化体育与传媒	23.58	24.80	29.94	76.25	56.76	68.60	79.25	95.34
社会保障和就业	322.99	402.98	469.97	518.07	579.84	657.36	727.71	824.03
医疗卫生	46.30	66.60	83.90	163.32	151.36	182.07	200.19	229.50
节能环保	21.16	28.07	48.18	55.71	77.44	74.20	93.27	108.59
城乡社区事务	143.47	171.78	217.22	289.66	360.31	442.58	595.19	807.26
农林水事务	101.81	121.80	149.29	240.71	289.00	329.20	405.02	466.52
交通运输	17.76	26.92	37.25	106.60	140.29	220.53	256.10	302.51
工业商业金融等事务	112.78	150.22	221.28	211.64	441.88	298.81	315.94	366.59
其他支出	75.57	76.48	80.40	125.40	73.38	364.26	327.63	146.33

8-7 各地区公共财政预算支出

(2013年) 单位：万元

行　业	沈阳	大连	鞍山	抚顺	本溪	丹东	锦州
合　计	**8812817**	**10835360**	**3253879**	**2249406**	**1823992**	**2243175**	**2242213**
一般公共服务	954001	823384	286137	171852	352859	178944	197489
国　防	36149	14582	4808	9542	99	3189	679
公共安全	444777	429913	142138	92479	98698	107521	106263
教　育	1316194	1222048	308368	177178	252985	274860	249797
科学技术	277931	462566	25441	26830	28830	21594	25658
文化体育与传媒	146140	182262	37502	21505	34774	26356	30634
社会保障和就业	1378986	1336267	613765	570637	287455	386570	440101
医疗卫生	361458	442463	147738	81267	68593	98701	117415
环境保护(节能环保)	183678	105412	84785	77720	50526	66069	60910
城乡社区事务	1667345	2201173	895941	347912	298433	373250	305758
农林水事务	448434	704978	209870	242562	136371	300116	316272
交通运输	307104	736307	83963	55488	45058	89234	105476
商业服务业金融等事务	171043	136026	34102	37323	18489	29690	32596
其他支出	1119577	2037979	379321	337111	150822	287081	253165

8-7 续表 单位：万元

行　业	营口	阜新	辽阳	盘锦	铁岭	朝阳	葫芦岛
合　计	**2477586**	**1720375**	**1627540**	**1952589**	**2195327**	**2290576**	**1805623**
一般公共服务	246027	132923	174610	213170	270081	236416	207000
国　防	2944	1785	1978	2653	1270	4550	3940
公共安全	102058	72811	89390	66096	103992	107550	111429
教　育	298149	196254	225870	191099	288148	327697	276376
科学技术	37897	12707	20528	21346	34341	16567	23792
文化体育与传媒	30706	18228	20942	21617	22965	31932	29579
社会保障和就业	393923	263263	282214	255741	264385	405091	350441
医疗卫生	156719	92104	80902	77029	124044	155364	109081
环境保护(节能环保)	22958	83270	37766	40180	118064	93515	25231
城乡社区事务	527017	201065	235247	383532	291621	188698	148574
农林水事务	160194	254577	121443	202765	322492	375749	217253
交通运输	74256	47841	69863	33982	79867	85138	59754
商业服务业金融等事务	28540	18246	18022	15444	29510	23011	16113
其他支出	396198	325301	248765	427935	244547	239298	227060

主要统计指标解释

财政总收入 指国家财政参与社会产品分配所取得的收入，是实现国家职能的财力保证。财政收入所包括的内容几经变化，目前主要包括:

(1) 税收收入 包括增值税、营业税、企业所得税、个人所得税、资源税、固定资产投资方向调节税、城市维护建设税、房产税、印花税、城镇土地使用税、土地增值税、车船税、耕地占用税、契税、烟叶税、其他税收收入。

(2) 非税收入 包括专项收入、行政事业性收费收入、罚没收入、国有资本经营收入、国有资源有偿使用收入、其他收入。

财政总支出 国家财政将筹集起来的资金进行分配使用，以满足经济建设和各项事业的需要，主要包括以下各项支出:

(1) 一般公共服务 反映政府提供一般公共服务的支出。

(2) 公共安全 反映政府维护社会公共安全方面的支出，有关事务包括武装警察、公安、国家安全、检察、法院、司法行政、监狱、劳教、国家保密、缉私警察等。

(3) 教育支出 反映政府教育事务支出。有关具体教育事务包括教育行政管理、学前教育、小学教育、初中教育、普通高中教育、普通高等教育、初等职业教育、中专教育、技校教育、职业高中教育、高等职业教育、广播电视教育、留学生教育、特殊教育、干部继续教育、教育机关服务等。

(4) 科学技术 反映政府用于科学技术方面的支出。

(5) 文化体育与传媒 反映政府在文化、文物、体育、广播电视、新闻出版等方面的支出。

(6) 社会保障和就业 反映政府在社会保障与就业方面的支出。有关事项包括社会保障与就业管理事务、民政管理事务、财政对社会保险基金的补助、补充全国社会保障基金、行政事业单位离退休、企业改革补助、就业补助、抚恤、退役安置、社会福利、残疾人事业、城市居民最低生活保障、其他城镇社会救济、农村社会救济、自然灾害生活补助、红十字事务等。

(7) 医疗卫生 反映政府医疗卫生方面的支出。具体包括医疗卫生管理事务支出、医疗服务支出、医疗保障支出、疾病预防控制支出、卫生监督支出、妇幼保健支出、农村卫生支出等。

(8) 环境保护 反映政府环境保护支出。具体包括: 环境保护管理事务支出、环境监测与监察支出、污染治理支出、自然生态保护支出、天然林保护工程支出、退耕还林支出、风沙荒漠治理支出、退牧还草支出、已垦草原退耕还草支出。

(9) 城乡社区事务 反映政府城乡社区事务支出。具体包括: 城乡社区管理事务支出、城乡社区规划与管理支出、城乡社区公共设施支出、城乡社区住宅支出、城乡社区环境卫生支出、建设市场管理与监督支出等

(10) 农林水事务 反映政府农林水事务方面的支出。具体包括农业、林业、水利、扶贫支出、农业综合开发支出等。

(11) 交通运输 反映政府交通运输方面的支出。包括公路运输支出、水路运输支出、铁路运输支出、民用航空运输支出等。

(12) 工业商业金融等事务 反映政府工业、商业、金融等事务支出。具体包括: 采掘业支出、制造业支出、电力支出、信息产业支出、旅游业支出、涉外发展支出、粮油事务支出、商业流通事务支出、物资储备支出、金融保险支出、烟草事务支出、安全生产支出、国有资产监督支出、中小企业发展支出、清洁生产支出等。

(13) 其他支出 反映不能划分到上述功能科目的其他政府支出。包括预备费、年初预留、住房改革支出以及其他支出。

中央财政和地方财政 财政是国家为了实现其职能，凭借政治权力，对一部分社会产品进行分配和再分配的经济活动。中央财政和地方财政，是指财政体制上划分中央政府和地方政府以及地方各级政府之间财政管理权限的一项根本制度，它是经济管理体制的重要组成部分，它在财政管理体制中居于主导地位。它具体规定了各级政府筹集资金、支配使用资金的权力、范围和责任，使各级政府在财政管理上有责有权。这对于正确处理中央和地方之间，以及地方各级之间的分配关系，充分发挥各级政府的积极性，更好地完成国家财政收支任务，促进社会主义建设的发展有着极其重要的意义。中央财政收入和地方财政收入，是指中央和地方各级负责组织征收的收入，不是按财政体制计算的收入分成数。其收入中还包括了国外借款。

预算外资金 是指不纳入国家财政预算，由各地方、各部门、各企业、事业、行政单位，按国家规定范围自行筹集和使用的资金。它是国家财政预算内资金的补充财力。

九、物价

Chapter 9 Price Indices

9-1 各种价格指数

(上年=100)

年 份	居民消费价格指数	城市居民消费价格指数	农村居民消费价格指数	商品零售价格指数	工业生产者出厂价格指数	工业生产者购进价格指数	固定资产投资指数
1980		104.4		105.9			
1985	110.7	111.4	106.7	110.0			
1986	106.7	107.0	105.0	106.0			
1987	108.6	109.8	105.6	109.0			
1988	119.3	119.6	115.9	119.3	122.4	133.9	
1989	118.2	117.2	120.1	118.4	121.2	133.3	
1990	103.3	103.1	104.1	102.7	103.8	117.6	105.9
1991	105.6	106.0	104.2	104.1	119.2	108.1	108.2
1992	106.7	108.1	102.3	106.0	112.1	116.6	120.9
1993	115.2	116.7	110.9	113.5	138.4	149.9	136.4
1994	124.3	126.1	120.9	120.6	119.9	118.2	117.4
1995	116.1	116.1	116.0	114.0	109.9	114.2	104.9
1996	107.9	108.2	106.8	105.4	102.8	103.7	102.2
1997	103.1	103.8	102.1	101.0	100.1	103.1	102.3
1998	99.3	99.8	98.7	97.6	95.8	99.3	99.8
1999	98.6	98.7	98.3	96.1	102.0	99.0	100.0
2000	99.9	100.0	99.7	98.4	108.8	103.9	101.1
2001	100.0	99.9	100.2	99.4	98.6	100.0	100.4
2002	98.9	98.9	98.7	97.4	97.8	98.3	100.7
2003	101.7	101.2	103.7	98.9	103.6	105.1	102.5
2004	103.5	102.8	106.3	101.9	107.1	112.1	104.8
2005	101.4	100.8	104.0	100.1	105.1	108.1	102.8
2006	101.2	101.1	101.6	101.3	104.1	104.2	102.1
2007	105.1	104.6	107.0	104.4	104.4	104.8	104.3
2008	104.6	104.4	105.5	105.3	110.9	111.5	109.1
2009	100.0	100.0	100.3	99.8	94.0	93.3	97.0
2010	103.0	102.8	104.0	103.2	107.4	108.6	103.3
2011	105.2	105.1	105.5	105.0	106.5	108.3	106.6
2012	102.8	102.9	102.5	102.2	99.9	99.0	101.0
2013	102.4	102.4	102.4	101.6	99.0	98.5	100.0

9-2 各种价格定基指数

年 份	居民消费价格指数(1984=100)	城市居民消费价格指数(1978=100)	农村居民消费价格指数(1984=100)	商品零售价格总指数(1978=100)	工业生产者出厂价格指数(1988=100)	工业生产者购进价格指数(1988=100)	固定资产投资指数(1990=100)
1979		101.7		101.4			
1980		106.2		105.4			
1981		112.3		108.8			
1982		113.9		110.1			
1983		115.8		111.8			
1984		120.0		116.2			
1985	110.7	133.7	106.7	127.8			
1986	118.1	143.1	112.0	135.5			
1987	128.3	157.1	118.3	147.7			
1988	153.0	187.9	137.1	176.2			
1989	180.9	220.2	164.7	208.6	121.2	133.3	
1990	186.8	227.0	171.4	214.3	125.8	156.8	
1991	197.3	240.6	178.6	223.0	150.0	169.5	108.2
1992	210.5	260.1	182.7	236.4	168.1	197.6	130.9
1993	242.5	303.6	202.7	268.3	232.7	296.2	178.6
1994	301.4	382.8	245.0	323.6	279.0	350.1	209.6
1995	350.0	444.4	284.2	368.9	306.6	399.8	219.9
1996	377.6	480.8	303.5	388.8	315.2	414.6	224.7
1997	389.3	499.1	309.9	392.7	315.5	427.4	229.9
1998	386.6	498.1	305.9	383.3	302.2	424.5	229.4
1999	381.2	491.6	305.0	368.4	308.3	420.2	229.4
2000	380.8	491.6	304.1	362.5	335.4	436.6	231.9
2001	380.8	491.1	304.7	360.3	330.7	436.6	232.9
2002	376.6	485.7	300.7	350.9	323.4	429.2	234.5
2003	383.0	494.0	311.9	347.0	335.1	451.1	240.6
2004	396.4	507.8	331.5	353.6	358.9	505.7	252.1
2005	401.9	511.9	344.8	354.0	377.2	546.7	259.2
2006	406.7	517.5	350.3	358.6	392.7	569.7	264.6
2007	427.4	541.3	374.8	374.4	409.9	596.9	275.9
2008	447.2	565.0	395.5	394.4	454.6	665.5	301.0
2009	447.2	565.0	396.7	393.6	427.3	621.0	291.9
2010	460.6	580.8	412.6	406.2	458.9	674.4	301.6
2011	484.6	610.4	435.3	426.5	488.7	730.3	321.5
2012	498.2	628.1	446.2	435.9	488.2	723.0	324.7
2013	510.2	643.2	456.9	442.9	483.3	712.2	324.7

9-3 居民消费价格分类指数

(2013年，上年=100)

项　目	全省	城市	农村
居民消费价格总指数	**102.4**	**102.4**	**102.4**
一、食品	**104.6**	**104.6**	**104.5**
1.粮食	105.9	106.7	104.5
2.淀粉及制品	101.5	100.4	103.4
3.干豆类及豆制品	107.4	107.3	107.6
4.油脂	99.8	99.9	99.5
5.肉禽及其制品	107.4	107.4	107.7
6.蛋	104.2	104.5	103.4
7.水产品	101.5	101.4	102.3
8.菜	104.9	104.8	105.2
9.调 味 品	104.0	103.6	104.9
10.糖	102.0	101.5	102.8
11.茶及饮料	101.4	101.5	100.9
12.干鲜瓜果	101.1	101.0	101.5
13.糕点饼干面包	102.1	101.8	103.5
14.液体乳及乳制品	105.6	106.0	102.7
15.在外用膳食品	105.4	105.5	104.5
16.其他食品	103.4	103.5	103.0
二、烟酒	**100.6**	**100.4**	**101.5**
1.烟草	100.1	99.9	100.7
2.酒	101.4	101.1	102.4
三、衣着	**102.1**	**101.8**	**103.3**
1.服　　装	102.1	101.9	102.9
2.衣着材料	102.1	102.1	102.1
3.鞋袜帽	102.0	101.6	104.1
4.衣着加工服务费	106.8	106.0	108.5
四、家庭设备用品及维修服务	**101.2**	**101.3**	**100.8**
1.耐用消费品	100.0	100.1	99.6
2.室内装饰品	100.9	101.0	100.8
3.床上用品	100.6	100.3	102.2
4.家庭日用杂品	102.4	102.5	101.6
5.家庭服务及加工维修服务	103.1	103.2	102.3
五、医疗保健和个人用品	**101.5**	**101.6**	**101.2**
1.医疗保健	101.3	101.3	101.0
2.个人用品及服务	102.1	102.1	101.9
六、交通和通信	**99.7**	**99.6**	**99.8**
1.交通	100.2	100.2	100.5
2.通信	99.1	99.1	99.0
七、娱乐教育文化用品及服务	**100.9**	**100.9**	**101.0**
1.文娱用耐用消费品及服务	96.2	96.1	96.4
2.教育	101.9	101.9	102.0
3.文化娱乐类	101.3	101.4	100.3
4.旅游	100.5	100.4	100.5
八、居住	**102.3**	**102.4**	**101.9**
1.建房及装修材料	101.0	101.1	100.9
2.住房租金	102.8	102.6	104.8
3.自有住房	103.2	103.2	103.1
4.水、电、燃料	100.8	100.9	100.7

9-4 居民消费价格分类指数

(2013年，2010年平均价格=100)

项　　目	全省	城市	农村
居民消费价格总指数	**111.9**	**111.9**	**111.8**
一、食品	**123.5**	**123.8**	**122.2**
1.粮食	124.5	126.2	121.5
2.淀粉及制品	127.5	133.4	118.0
3.干豆类及豆制品	114.2	114.6	112.7
4.油脂	117.8	117.3	118.9
5.肉禽及其制品	142.6	143.8	138.1
6.蛋	115.0	114.4	116.7
7.水产品	120.2	119.9	122.0
8.菜	117.2	117.3	116.5
鲜　　菜	117.8	117.9	117.2
9.调 味 品	116.3	117.6	113.1
10.糖	117.8	116.9	119.7
11.茶及饮料	110.9	111.7	105.6
12.干鲜瓜果	114.1	113.5	118.3
13.糕点饼干面包	117.3	118.0	114.4
14.液体乳及乳制品	122.4	123.9	112.2
15.在外用膳食品	120.8	121.1	117.9
16.其他食品	120.6	121.5	116.6
二、烟酒	**104.9**	**104.8**	**105.4**
1.烟草	100.9	100.4	102.7
2.酒	111.4	112.3	108.9
三、衣着	**108.1**	**107.5**	**110.8**
1.服　　装	110.6	110.7	110.1
2.衣着材料	117.7	117.4	118.1
3.鞋袜帽	101.5	99.6	110.5
4.衣着加工服务费	134.7	139.0	126.3
四、家庭设备用品及维修服务	**107.4**	**108.2**	**103.9**
1.耐用消费品	101.4	102.0	99.1
2.室内装饰品	102.9	103.1	102.1
3.床上用品	115.9	117.0	109.5
4.家庭日用杂品	109.6	110.0	107.7
5.家庭服务及加工维修服务	122.5	124.1	112.8
五、医疗保健和个人用品	**107.3**	**107.2**	**107.6**
1.医疗保健	106.0	105.8	106.9
2.个人用品及服务	110.2	110.4	109.5
六、交通和通信	**99.9**	**99.9**	**100.0**
1.交通	104.2	104.3	103.6
2.通信	95.9	95.9	96.0
七、娱乐教育文化用品及服务	**103.4**	**102.9**	**105.5**
1.文娱用耐用消费品及服务	82.3	81.4	86.1
2.教育	106.7	105.6	110.7
3.文化娱乐类	103.5	104.0	100.2
4.旅游	119.2	120.7	104.3
八、居住	**112.2**	**112.4**	**111.1**
1.建房及装修材料	108.6	108.6	108.7
2.住房租金	113.7	113.7	114.6
3.自有住房	115.2	115.3	114.4
4.水、电、燃料	107.2	107.3	107.0

9-5 各市居民消费价格分类指数

(2013年，上年=100)

市名称	居民消费价格指数	食品	#粮食	#油脂	#肉禽及其制品	#蛋类	#水产品	#菜类	#茶和饮料
全　　省	**102.4**	**104.6**	**105.896952**	**99.8**	**107.4**	**104.2**	**101.5**	**104.9**	**101.4**
沈　　阳	102.5	106.1	108.226434	98.9	108.7	105.4	101.8	103.6	101.6
大　　连	102.5	103.4	106.395353	100.7	104.9	105.0	105.0	104.2	100.8
鞍　　山	102.4	104.8	108.305706	100.1	108.3	104.2	94.5	109.9	104.3
抚　　顺	102.5	105.6	104.774062	98.8	105.8	102.4	106.2	110.4	101.1
本　　溪	102.2	103.5	107.578926	101.0	107.7	105.1	100.4	100.8	104.3
丹　　东	102.1	102.7	105.752537	100.1	107.8	103.6	96.7	101.0	103.1
锦　　州	102.4	103.4	110.461709	102.6	113.1	101.9	102.5	94.4	100.5
营　　口	102.5	106.8	107.757505	100.2	108.9	105.0	102.9	120.4	101.4
阜　　新	102.2	104.7	107.833242	100.6	106.5	106.1	99.1	110.8	100.0
辽　　阳	101.7	101.9	103.838606	96.9	103.3	101.1	103.4	104.9	100.0
盘　　锦	102.1	105.1	109.024361	103.5	106.5	104.7	98.1	104.7	104.1
铁　　岭	101.8	102.3	102.76463	98.3	106.4	104.6	102.6	103.6	100.8
朝　　阳	102.4	103.1	101.472777	99.4	106.7	102.8	102.7	105.6	100.6
葫 芦 岛	102.2	102.9	105.02684	100.2	106.8	103.4	97.6	99.4	101.0

9-5　续表

市名称	#干鲜瓜果	#奶及奶制品	烟酒及用品	衣着	家庭设备及服务	医疗保健个人用品	交通和通讯	娱乐教育文化用品	居住
全　　省	**101.1**	**105.6**	**100.6**	**102.1**	**101.2**	**101.5**	**99.7**	**100.9**	**102.3**
沈　　阳	104.3	104.6	100.2	102.3	100.7	100.5	98.9	100.2	101.5
大　　连	97.3	110.2	101.0	101.3	102.5	103.0	101.1	100.9	103.2
鞍　　山	102.6	109.1	100.3	103.2	103.5	102.4	99.7	100.1	100.8
抚　　顺	103.0	104.0	99.4	100.2	99.6	102.7	99.5	101.2	101.8
本　　溪	103.3	102.2	102.1	100.2	99.9	100.1	99.9	102.2	105.1
丹　　东	98.0	104.6	99.5	100.1	99.0	102.1	99.8	99.8	106.9
锦　　州	86.1	113.2	99.5	104.5	101.7	104.3	99.6	100.2	102.4
营　　口	109.1	102.2	100.1	102.3	100.0	100.9	98.7	99.3	100.8
阜　　新	102.3	106.5	100.9	102.3	101.2	101.8	100.5	99.1	101.2
辽　　阳	92.7	100.6	100.0	103.4	103.0	100.7	100.5	100.1	102.7
盘　　锦	107.2	106.3	101.8	101.1	101.7	101.2	99.4	103.7	96.9
铁　　岭	97.5	100.2	101.3	101.1	100.4	101.3	100.6	103.2	101.7
朝　　阳	103.4	102.9	99.8	101.9	97.5	102.0	99.4	106.4	102.5
葫 芦 岛	102.4	99.7	100.3	100.8	101.6	100.9	99.1	102.2	104.5

9-6 农业生产资料价格指数

(上年=100)

项　目	2006年	2007年	2008年	2009年	2010年	2011年	2012年	2013年
农业生产资料价格指数	**100.5**	**114.2**	**128.1**	**96.7**	**103.7**	**112.8**	**106.9**	**99.9**
1.农用手工工具	104.6	105.6	112.0	102.5	104.9	105.0	106.8	101.8
2.饲　　料	101.8	109.6	120.9	104.7	112.8	108.1	106.4	103.8
3.产　品　畜	76.6	196.6	157.9	71.3	99.6	135.5	104.2	91.6
4.半机械化农具	100.2	102.1	107.2	100.4	102.9	102.2	101.3	100.1
5.机械化农具	100.0	102.0	106.5	101.4	103.4	103.3	102.0	100.3
6.化 学 肥 料	100.6	100.9	134.3	94.1	95.3	116.4	108.5	98.0
7.农药及农药械	101.6	102.0	108.7	103.1	99.0	102.9	102.9	102.0
8.农 机 用 油	114.3	105.5	114.8	87.3	112.5	111.7	104.4	99.8
9.其他农业生产资料	103.4	105.4	115.1	101.9	103.6	108.2	111.6	104.2
10.农业生产服务	109.1	118.1	121.1	112.6	108.4	108.2	106.6	104.0

9-7 各地区农村消费价格分类指数

(2013年，上年=100)

项　目	辽中	瓦房店	海城	新宾	凤城	昌图	建平	北票	绥中
总 指 数	**101.4**	**102.6**	**102.3**	**103.2**	**102.7**	**102.2**	**102.1**	**103.0**	**102.6**
一、食　　品	100.6	103.7	104.7	105.5	108.0	103.4	103.3	106.1	104.6
二、烟 酒 及 用 品	101.8	101.0	100.5	100.0	101.8	100.0	102.2	104.5	102.8
三、衣　着　类	100.9	109.0	100.9	101.0	98.3	105.4	101.9	101.0	103.4
四、家庭设备及服务	99.7	101.4	101.0	101.4	100.2	100.8	100.8	100.2	100.5
五、医疗保健及个人用品	103.4	100.8	101.7	101.1	100.7	100.9	101.3	101.3	101.9
六、交 通 和 通 讯	100.3	99.6	100.7	99.2	99.2	99.8	99.1	99.8	99.9
七、娱乐教育文化	103.6	100.2	101.7	99.7	100.2	100.4	103.9	100.4	100.5
八、居　　住	101.5	101.7	100.9	106.2	101.1	102.6	101.0	102.5	102.1

9-8 工业生产者出厂价格分类指数

(上年=100)

类　别	2005年	2006年	2008年	2009年	2010年	2011年	2012年	2013年
全部工业产品出厂价格总指数	**105.1**	**104.1**	**110.9**	**94.0**	**107.4**	**106.5**	**99.9**	**99.0**
一、按轻重工业分								
1.轻　工　业	101.7	100.4	106.3	98.8	102.9	104.7	101.4	100.0
以农产品为原料	100.0	100.3	108.9	98.5	103.8	105.5	102.0	100.3
以非农产品为原料	102.7	100.6	103.6	99.2	102.0	101.7	99.1	98.9
2.重　工　业	107.3	105.1	112.1	92.2	109.2	106.9	99.6	98.8
采 掘 工 业	119.0	108.3	114.7	85.8	120.3	110.2	95.5	97.3
原 料 工 业	107.5	107.7	114.0	91.9	115.2	111.7	101.9	99.0
加 工 工 业	103.6	100.8	108.9	93.8	103.5	104.6	99.2	98.8
二、按两大部类分								
1.生 产 资 料	106.5	104.7	111.3	93.2	108.2	107.0	99.7	98.8
采 掘 工 业	119.1	108.0	115.8	87.6	119.1	110.2	95.5	97.3
原 料 工 业	107.2	107.8	113.7	91.6	115.8	111.9	101.8	98.9
加 工 工 业	103.7	100.9	108.1	95.0	103.2	104.7	99.3	99.0
2.生 活 资 料	99.7	99.6	107.3	98.9	103.0	104.1	101.2	99.8
食　　品	99.8	100.3	110.9	97.6	104.3	106.8	101.9	100.0
衣　　着	99.6	101.7	102.6	101.8	100.8	102.3	102.1	100.7
一般日用品	100.0	100.5	103.2	97.9	101.5	102.1	99.8	99.6
耐用消费品	99.6	93.8	100.1	101.0	102.4	100.6	100.1	99.1
三、按工业部门分								
1.冶 金 工 业	105.3	100.0	117.4	84.9	109.4	108.3	94.6	97.4
2.电 力 工 业	103.3	102.9	101.8	102.4	102.2	100.8	103.6	100.0
3.煤炭及炼焦工业	122.8	106.7	120.1	109.0	112.8	109.6	100.1	94.9
4.石 油 工 业	117.4	117.6	117.1	87.0	125.1	119.4	105.4	99.4
5.化 学 工 业	109.6	100.5	108.9	94.3	108.4	106.0	98.0	98.4
6.机 械 工 业	101.5	100.9	102.6	99.9	99.3	102.5	100.1	99.4
7.建筑材料工业	102.6	101.8	105.0	100.3	102.8	104.4	103.5	100.0
8.森 林 工 业	101.3	101.0	102.9	99.6	104.1	104.6	103.1	99.5
9.食 品 工 业	99.5	99.7	112.6	97.3	103.9	106.6	102.1	100.5
10.纺 织 工 业	101.7	101.3	101.1	97.7	111.2	106.9	98.4	99.9
11.缝 纫 工 业	100.8	101.0	101.4	101.2	100.5	102.3	102.1	100.7
12.皮 革 工 业	95.6	102.8	107.3	104.7	103.3	99.2	101.1	100.7
13.造 纸 工 业	102.2	99.4	107.3	98.0	103.5	103.2	100.4	98.8
14.文教艺术用品工业	99.5	98.8	100.3	98.5	102.1	99.3	100.1	96.8
15.其 他 工 业	102.2	102.0	105.2	98.6	103.0	104.3	99.7	96.8

9-9 工业生产者购进价格分类指数

(上年=100)

类　别	2005年	2006年	2008年	2009年	2010年	2011年	2012年	2013年
全部原材料、燃料、动力购进总指数	**108.1**	**104.2**	**111.5**	**93.3**	**108.6**	**108.3**	**99.0**	**98.5**
1.燃 料、动 力 类	112.5	110.2	111.7	97.1	112.4	109.6	101.1	97.0
2.黑色金属材料类	108.2	97.3	120.6	85.5	106.8	108.7	95.9	97.0
3.有色金属材料和电线类	112.8	122.1	99.1	84.3	111.1	108.9	97.4	95.0
4.化 工 原 料 类	110.4	102.4	107.1	90.6	108.1	107.3	96.5	97.8
5.木材及纸浆类	101.1	100.4	106.9	99.0	101.2	104.6	101.8	100.5
6.建 筑 材 料 类	105.5	101.1	117.1	98.5	105.3	109.4	103.3	99.8
7.非 金 属 矿 类	103.2	101.3	108.1	97.5	104.4	103.0	99.7	100.5
8.农 副 产 品 类	103.9	103.2	115.0	95.6	110.8	114.6	99.3	100.6
9.纺 织 原 料 类	102.9	102.7	103.5	99.9	105.2	106.3	99.7	99.8

主要统计指标解释

商品零售价格指数 商品零售价格，是指工业、商业、餐饮业和其他零售企业向城乡居民、机关团体出售生活消费品和办公用品的价格。商品零售价格指数，是反映一定时期内商品零售价格变动趋势和变动程度的相对数，利用商品零售价格指数，可以全面掌握市场商品零售价格的变动状况，为国家制定经济政策提供参考依据，同时还可在此基础上编制出其他各种派生价格指数，为研究市场流通、进行国民经济核算提供科学依据。

商品零售价格指数的汇总计算公式为加权算术平均公式，权数资料来源于社会消费品销售额统计和重点调查资料。所选商品为十四个大类，必报商品为 304 种。

居民消费价格指数 居民消费价格，是指城乡居民支付生活消费品和服务项目消费的价格，是社会产品和服务项目的最终价格。居民消费价格指数，是反映一定时期内居民消费价格变动趋势和变动程度的相对数，利用居民消费价格指数，可以全面观察居民消费价格变动对居民生活的影响，为党政领导和决策部门掌握消费价格状况，研究和制定居民消费政策、价格政策、工资政策、货币政策以及进行国民经济核算提供科学依据。

居民消费价格指数还是反映通货膨胀程度的重要指标。

农产品收购价格指数 农产品收购价格，是指各种经济类型的工商企业和其他单位以及个人直接从农民个人和国有农业生产单位收购农产品的价格。农产品收购价格指数，是反映一定时期内农产品收购价格变动趋势和变动程度的相对数，利用这一指数，可以反映农产品收购价格的变动情况及其对农产品生产者、收购者货币收支的影响，为国家制定、检查农产品收购政策，研究收购价格水平，差价政策和比价政策提供科学依据。

农产品收购价格指数的计算公式为加权倒数平均公式，权数资料来源于农村住户主要农村产品出售量、农村住户出售畜禽及渔业产品情况、国家和社会其他农产品收购部门的收购金额或收购量资料、历年农产品收购金额资料等。所选商品为十一个大类，250 种商品。

农业生产资料价格指数 农业生产资料价格，是指工商企业、供销合作社和其他单位及个人向农民出售农业生产资料的价格，也是农业生产资料在流通领域中最后一个环节的价格。农业生产资料价格指数，是反映一定时期内农业生产资料价格变动趋势和变动程度的相对数。利用这一指数可以掌握农业生产资料价格的变动情况，为国家制定有关政策，保障农民利益，促进农业发展提供决策参考依据；同时，也为研究市场流通和新国民经济核算体系提供科学依据。1994 年以前，农业生产资料价格指数仅仅是商品零售价格指数的一个类别，此后，从商品零售价格指数中单列出来，独立编制。

农业生产资料价格指数的计算公式为加权算术平均公式。权数资料来源于供销合作社等部门的销售统计资料和农村住户调查资料中的农业生产资料购买数量和金额资料。所选商品为十个大类，49 种主要商品。

工业品出厂价格指数 是反映工业产品出厂价格水平变动趋势及变动程度的相对数，一般用百分数(%)表示。

原材料、燃料和动力购进价格指数 是反映工业企业作为生产投入，而从物资交易市场和能源、原材料生产企业购买原材料、燃料和动力产品时，所支付的价格水平变动趋势和程度的统计指标，是扣除工业企业物质消耗成本中的价格变动影响的重要依据。

十、人民生活

Chapter 10 People's Living Conditions

10-1 人民物质文化生活提高情况

项　　目	单位	2005年	2006年	2008年	2009年	2010年	2011年	2012年	2013年
就　　业									
每一农村劳动力负担人数	人	1.34	1.34	1.31	1.30	1.30	1.30	1.30	1.38
每一城镇就业者负担人数	人	2.03	2.01	1.97	1.95	1.95	2.03	1.99	1.84
收　　入									
农民家庭人均纯收入	元	3690.2	4090.4	5576.5	5958.0	6908.0	8296.5	9383.7	10522.7
城镇居民家庭人均可支配收入	元	9107.6	10369.6	14392.7	15761.4	17712.6	20466.8	23222.7	25578.2
在岗职工平均工资	元	17331.0	19624.0	27729.0	31104.0	35057.0	38713.4	42502.9	46309.8
消 费 水 平									
全省居民消费水平	元	6447	6926	9690	10906	13016	15635	17999	20156
农村居民	元	3175	3508	4409	5039	5955	7221	8652	10417
城镇居民	元	8749	9317	13265	14786	17488	20560	23065	25161
储　　蓄									
城乡居民年底储蓄存款余额	亿元	6950.2	7701.2	10127.3	12030.9	13690.3	15529.6	17967.4	19857.9
平均每人储蓄存款余额	元	16591.0	18291.0	23891.4	28300.8	32183.6	36511.9	42277.2	46819.3
住　　房									
农村平均每人住房面积	平方米	25.1	25.2	26.4	27.0	27.3	29.0	29.5	30.8
城市平均每人建筑面积	平方米	22.0	23.0	25.7	26.6	26.9	27.3	27.3	28.8
交 通、邮 电									
城市每万人拥有公共汽车	辆	8.9	9.7	10.6					
每人每年函件交寄	件	3.0	2.3	2.0	1.8	2.0	2.1	1.7	1.7
城 市 公 用 事 业									
自来水普及率	%	93.8	96.7	96.9	97.2	97.4	98.4	98.5	98.8
燃气普及率	%	88.1	92.3	92.4	93.7	94.2	95.5	96.0	96.2
文　　化									
每百户拥有彩色电视机									
城　　镇	台	122.1	123.5	119.3	121.8	123.1	115.7	114.7	106.9
农　　村	台	102.3	106.7	109.8	110.9	111.7	112.1	112.2	109.5
教　　育									
学龄儿童入学率	%	99.7	99.8	99.9	99.9	99.9	99.9	99.9	99.9
每万人口有大学生	人	157.7	171.6	193.5	200.8	206.9	212.1	219.8	228.2
卫　　生									
每万人拥有医院病床	张	42.5	42.9	43.1	45.1	48.0	51.0	52.8	57.1
每万人拥有医生	人	21.8	22.4	21.4	21.6	22.0	23.3	23.7	24.4

10-2 城乡居民家庭人均收入及恩格尔系数

年 份	城镇居民家庭人均可支配收入(元)	指数(1978=100)	农村居民家庭人均纯收入(元)	指数(1978=100)	城镇居民家庭恩格尔系数(%)	农村居民家庭恩格尔系数(%)
1978	363.3	100.0	185.2	100.0		63.8
1979			235.0	126.9		60.5
1980	493.9	136.0	273.0	147.4		56.3
1981	508.1	139.9	306.6	165.6		53.8
1982	529.4	145.7	334.3	180.5		54.7
1983	548.7	151.0	452.5	244.3		53.0
1984	636.1	175.1	477.4	257.8		54.9
1985	704.3	193.9	485.7	262.3	54.7	51.6
1986	881.9	242.8	533.2	287.9	53.6	51.0
1987	992.4	273.2	599.3	323.6	53.6	50.7
1988	1204.0	331.4	699.6	377.8	50.7	48.5
1989	1417.3	390.1	740.2	399.7	54.3	49.5
1990	1551.0	426.9	836.2	419.2	55.3	54.1
1991	1705.6	469.5	896.7	484.2	55.9	52.6
1992	1936.0	532.9	995.1	537.3	54.4	51.7
1993	2299.5	633.0	1161.0	626.9	50.5	55.1
1994	3047.0	838.7	1423.5	768.6	51.5	58.0
1995	3691.4	1016.1	1756.5	948.4	51.9	60.3
1996	4207.2	1158.1	2150.0	1160.9	50.1	56.5
1997	4518.1	1243.6	2301.5	1242.7	48.1	55.4
1998	4617.2	1270.9	2579.8	1393.0	44.6	52.8
1999	4898.6	1348.4	2501.0	1350.4	43.4	50.6
2000	5357.8	1474.8	2355.6	1271.9	40.7	46.5
2001	5797.0	1595.7	2557.9	1381.2	39.7	45.6
2002	6524.6	1795.9	2751.3	1485.6	38.8	45.0
2003	7240.6	1993.0	2934.2	1584.3	39.4	43.2
2004	8007.6	2204.1	3307.1	1785.7	40.4	46.4
2005	9107.6	2506.9	3690.2	1992.6	38.8	41.6
2006	10369.6	2854.3	4090.4	2208.6	38.8	41.2
2007	12300.4	3385.7	4773.4	2577.4	37.8	39.6
2008	14392.7	3961.7	5576.5	3011.0	39.0	40.6
2009	15761.4	4338.4	5958.0	3217.1	38.0	36.7
2010	17712.6	4875.5	6908.0	3730.0	35.1	38.2
2011	20466.8	5633.6	8297.5	4480.3	35.5	39.1
2012	23222.7	6392.2	9383.7	5066.8	35.0	38.4
2013	25578.2	7040.5	10522.7	5681.8	32.2	32.9

注：1.1978年可支配收入为推算数。
2.1978-1984年为全省城市数。

10-3 城镇居民家庭基本情况

指　标	单位	2005年	2006年	2008年	2009年	2010年	2011年	2012年	2013年
一、调查户数	**户**	**3650**	**3650**	**4300**	**4300**	**4300**	**4300**	**4300**	**3345**
二、平均每户家庭人口	**人**	**2.85**	**2.80**	**2.75**	**2.73**	**2.71**	**2.64**	**2.67**	**2.51**
三、平均每户就业人口	**人**	**1.40**	**1.39**	**1.39**	**1.40**	**1.38**	**1.30**	**1.34**	**1.36**
四、平均每户就业面	**%**	**49.12**	**49.60**	**50.50**	**51.28**	**50.92**	**49.24**	**50.19**	**54.30**
五、负担系数	**人**	**2.03**	**2.01**	**1.98**	**1.95**	**1.96**	**2.03**	**1.99**	**1.84**
六、平均每人全部年收入	**元**	**9837.20**	**11230.03**	**15836.25**	**17757.70**	**20014.57**	**22879.77**	**25915.72**	**27904.89**
#可支配收入	元	9107.55	10369.61	14392.69	15761.38	17712.58	20466.84	23222.67	25578.17
(一)工资性收入	元	6103.41	6611.44	9494.59	10420.60	11712.68	13093.86	14846.05	15882.02
1.工资及补贴收入	元	6003.75	6446.40	9283.71	10233.65	11563.68	12835.69	14589.80	15653.81
2.其它劳动收入	元	99.66	165.04	210.88	186.95	149.01	258.18	256.25	228.21
(二)经营净收入	元	486.03	688.16	1483.30	1553.18	1797.82	2285.41	2710.30	3009.60
(三)财产性收入	元	95.60	146.49	248.04	239.81	249.59	333.55	493.01	674.17
1.利息收入	元	13.12	15.41	42.94	42.01	49.71	59.60	248.98	211.48
2.股息与红利收入	元	9.45	13.82	58.23	41.41	34.23	33.01	18.36	112.45
3.保险收益	元	3.57	5.50	9.10	7.50	3.02	4.20	7.15	15.42
4.其它投资收入	元	13.14	40.82	64.46	62.40	65.71	81.66	23.66	54.07
5.出租房屋收入	元	55.29	65.78	69.11	75.05	79.84	99.24	182.01	251.79
6.知识产权收入	元	0.09	2.64	0.02	1.78	10.73	49.37	3.96	4.65
7.其它财产性收入	元	0.93	2.52	4.17	9.66	6.36	6.47	8.90	16.96
(四)转移性收入	元	3152.17	3783.94	4610.32	5544.11	6254.48	7166.95	7866.35	8339.10
1.养老金或离退休金	元	2573.62	3089.75	3865.03	4638.72	5379.14	6160.02	7017.41	6713.28
2.社会救济收入	元	35.68	32.80	53.02	50.57	45.48	65.27	70.65	123.77
3.辞退金	元	44.24	32.22	7.69	6.31	20.68	8.24	1.78	5.35
4.赔偿收入	元	5.32	22.48	15.92	12.11	3.63	5.70	4.28	2.09
5.保险收入	元	46.31	31.12	20.46	17.04	17.06	9.87	14.67	5.24
#失业保险金	元	42.51	26.08	9.92	9.18	11.32	7.37	10.80	5.24
6.赡养收入	元	82.20	118.99	196.29	224.46	172.73	201.86	199.88	616.60
7.捐赠收入	元	250.35	302.51	306.19	385.53	379.87	484.48	237.13	370.01
8.亲友搭伙费	元	13.07	13.72					61.93	
9.提取住房公积金	元	43.82	67.12	33.35	77.89	55.53	39.10	221.93	166.11
10.记帐补贴	元	42.51	51.69	79.30	102.67	142.68	135.49	36.68	230.16
11.其它转移性收入	元	15.05	21.53	33.06	28.81	37.68	56.92		106.48
七、平均每人出售财物收入	**元**	**164.41**	**244.47**	**267.81**	**222.36**	**349.45**	**274.92**	**137.88**	**185.85**
1.出售住房收入	元	161.11	231.88	257.75	217.88	306.42	242.69	117.13	179.41
2.出售其它物品收入	元	3.29	12.59	10.06	4.47	43.03	32.23	20.75	6.44
八、平均每人消费性支出	**元**	**7369.27**	**7987.49**	**11231.48**	**12324.58**	**13280.04**	**14789.61**	**16593.60**	**18029.65**
1.食品支出	元	2860.98	3102.13	4378.14	4680.85	4658.00	5254.96	5809.39	5803.90
2.衣着支出	元	740.83	846.91	1187.41	1338.84	1586.81	1854.63	2042.40	2100.71
3.家庭设备用品及服务	元	304.80	362.10	507.40	607.51	785.67	929.37	1069.65	1145.57
4.医疗保健支出	元	751.16	767.13	913.13	1018.44	1079.81	1208.30	1309.62	1343.05
5.交通和通信支出	元	744.02	797.64	1295.70	1493.17	1773.26	1899.06	2323.29	2589.18
6.教育和文化娱乐服务支出	元	849.53	853.92	1145.46	1283.68	1495.90	1614.52	1843.89	2258.46
7.居住支出	元	792.75	909.42	1270.95	1293.00	1314.79	1385.62	1433.28	1936.10
8.其它商品和服务支出	元	325.18	348.23	533.29	609.09	585.78	643.15	762.07	852.69

10-4 城镇居民家庭平均每人总收入

(2013年)

指　标	单位	合计	低收入户	中低收入户	中等收入户	中高收入户	高收入户
家庭总收入	**元**	**27904.89**	**11134.25**	**18533.99**	**24441.94**	**31705.26**	**60158.74**
可支配收入	元	25578.17	9706.29	16915.66	22311.49	29081.42	55942.97
(一)工资性收入	元	15882.02	6991.73	11160.86	14264.25	17026.09	33362.07
1.工资及补贴收入	元	15653.81	6920.58	10971.97	14073.21	16837.44	32805.11
2.其它劳动收入	元	228.21	71.15	188.89	191.05	188.65	556.97
(二)经营净收入	元	3009.60	356.96	1158.46	1402.68	2491.62	10924.13
(三)财产性收入	元	674.17	141.18	251.89	307.64	538.83	2406.80
1.利息收入	元	211.48	84.53	89.35	165.14	267.64	510.60
2.股息与红利收入	元	112.45	8.14	15.01	48.42	17.85	532.80
3.保险收益	元	15.42		3.93	7.91		73.40
4.其它投资收入	元	54.07	5.57	12.67		4.93	277.46
5.出租房屋收入	元	251.79	29.79	125.95	80.53	243.90	882.85
6.知识产权收入	元	4.65	-0.04	0.06	2.50	1.44	21.89
7.其它财产性收入	元	16.96	13.18	4.41	0.01	2.29	71.30
(四)转移性收入	元	8339.10	3644.38	5962.77	8467.35	11648.71	13465.74
1.养老金或离退休金	元	6713.28	2568.31	5081.45	7167.15	10094.07	9813.07
2.社会救济收入	元	123.77	275.64	128.79	82.61	41.60	59.25
3.辞退金	元	5.35		17.90			8.70
4.赔偿收入	元	2.09	0.13	0.47	2.09	3.50	5.03
5.保险收入	元	5.24	6.07	11.48	3.40	4.04	
#失业保险金	元	5.24	6.07	11.48	3.40	4.04	
6.赡养收入	元	616.60	298.86	210.37	491.23	532.77	1734.06
7.捐赠收入	元	370.01	230.09	223.85	369.71	466.41	620.22
8.亲友搭伙费	元	166.11	6.20	15.02	26.69	94.27	781.27
9.提取住房公积金	元	230.16	200.11	214.57	226.22	248.28	272.04
10.记帐补贴	元	106.48	58.96	58.87	98.25	163.78	172.08
出售财物收入	**元**	**185.85**		**0.71**	**0.19**	**53.55**	**990.32**
1.出售住房收入	元	179.41				34.28	975.48
2.出售其它物品收入	元	6.44		0.71	0.19	19.27	14.84

10-5 各地区城镇居民平均每人全年可支配收入

单位：元

地　区	2006年	2008年	2009年	2010年	2011年	2012年	2013年
全　省	**10369.61**	**14392.69**	**15761.38**	**17712.58**	**20466.84**	**23222.67**	**25578.17**
沈　阳	11651.43	17013.06	18474.61	20541.23	23326.20	26430.83	29073.91
大　连	13350.10	17500.48	19014.37	21292.56	24276.16	27539.20	30238.04
鞍　山	10760.94	15074.42	16530.15	18423.08	21297.11	24194.09	26661.89
抚　顺	9304.98	12434.22	13557.01	15302.92	18068.75	20545.01	22702.24
本　溪	9477.74	13310.59	14705.47	16774.92	19752.32	22466.46	24960.24
丹　东	7859.65	11640.78	12827.31	14535.99	17123.38	19625.08	21744.59
锦　州	9980.96	13962.50	15386.09	17375.10	20170.85	22994.67	25340.13
营　口	10135.11	14352.26	15858.03	18054.61	20893.72	23986.01	26600.49
阜　新	7598.21	10113.77	11116.52	12710.83	14993.73	17123.38	19058.32
辽　阳	9649.12	13262.40	14567.58	16570.34	19469.21	22259.45	24618.95
盘　锦	12205.45	17046.00	18563.20	21035.41	24265.87	27532.77	30148.38
铁　岭	7437.05	10907.22	12054.67	13730.03	16203.39	18586.87	20575.67
朝　阳	7440.18	10517.08	11553.65	12960.55	14957.79	17111.74	18891.36
葫芦岛	9794.71	13941.53	15305.32	17371.22	20159.00	22941.23	25304.18

10-6 城镇居民家庭平均每人总支出

(2013年)

指　　标	合计	低收入户	中低收入户	中等收入户	中高收入户	高收入户
家庭总支出	24339.96	12239.42	16579.81	21077.52	27479.24	49245.05
(一)消费性支出	18029.65	9524.40	12755.76	15968.03	20534.96	34742.93
#服务性消费支出						
1.食品	5803.90	3519.04	4828.23	5490.54	6911.86	9034.68
2.衣着	2100.71	943.21	1396.85	1932.49	2393.61	4283.76
3.居住	1936.10	1294.74	1482.95	1818.79	2106.01	3240.41
4.家庭设备用品及服务	1145.57	486.35	757.33	1059.27	1321.54	2353.38
5.医疗保健	1343.05	684.81	988.72	1410.74	1721.65	2122.05
6.交通和通信	2589.18	990.17	1336.74	1701.82	3112.27	6548.61
7.教育文化娱乐服务	2258.46	1290.93	1547.77	2009.16	2177.77	4696.36
8.其它商品和服务	852.69	315.15	417.17	545.23	790.24	2463.66
(二)财产性支出	117.21	16.61	51.13	94.90	117.93	347.64
1.非生产性贷款利息支出	110.38	16.53	44.07	94.68	109.99	326.35
2.其它财产性支出	6.83	0.09	7.06	0.22	7.94	21.29
(三)转移性支出	3007.67	1476.01	1918.64	3039.62	3529.19	5658.97
1.交纳所得税	48.43	6.27	9.89	14.94	47.53	186.27
2.捐赠支出	2399.68	1248.65	1615.67	2587.76	2842.72	4113.11
3.购买彩票	7.68	2.80	4.15	11.83	10.00	10.95
4.赡养支出	287.90	152.22	182.46	210.62	262.18	699.29
#在外就学子女费用	115.90	64.77	97.23	107.21	101.55	227.72
5.各种非储蓄性保险支出	112.83	22.06	54.58	70.22	120.50	336.82
#车辆保险支出	62.27	12.60	14.61	36.91	55.71	217.46
6. 其它转移性支出	151.16	44.00	51.89	144.24	246.26	312.53
(四)社会保障支出	2048.13	1221.59	1393.86	1889.29	2328.03	3757.47
1.个人交纳的养老基金	954.16	756.12	750.20	882.75	957.53	1525.10
2.个人交纳的住房公积金	722.14	163.24	376.74	667.12	987.98	1621.86
3.个人交纳的医疗基金	300.15	248.73	226.81	276.09	304.27	475.58
4.个人交纳的失业基金	59.07	19.61	37.21	57.30	74.45	120.76
5.其它社会保障支出	12.62	33.89	2.90	6.02	3.81	14.16
(五)购房与建房支出	1137.28	0.81	460.41	85.68	969.14	4738.05
1.购房	1130.36		460.07	71.49	965.88	4719.76
2.建房	6.93	0.81	0.35	14.19	3.26	18.29

10-7 各地区城市居民平均每人全年消费支出

单位：元

地 区	2005年	2006年	2008年	2009年	2010年	2011年	2012年	2013年
全 省	**7369.27**	**7987.49**	**11231.48**	**12324.58**	**13280.04**	**14789.61**	**16593.60**	**18029.65**
沈 阳	7862.83	8670.32	14667.90	16110.85	16961.44	18146.92	20002.92	24633.69
大 连	9996.41	10533.92	14101.38	15329.83	16579.70	18846.40	20417.46	23071.24
鞍 山	7631.91	8286.84	11136.03	12065.20	13709.68	14909.06	16388.93	17456.16
抚 顺	6747.38	6852.56	8747.72	9265.29	10006.53	12440.24	13767.50	15342.68
本 溪	6730.90	7693.69	10166.97	11218.02	12119.39	13981.95	16064.51	17863.27
丹 东	5909.87	6087.77	9210.15	10380.10	11322.67	12725.15	14490.39	13773.37
锦 州	7203.15	8059.65	9904.18	10795.09	11801.50	13651.75	16967.55	14279.09
营 口	7254.28	7910.71	10448.16	11301.20	12223.26	12994.43	16453.15	16467.43
阜 新	5413.73	5999.48	7509.61	8384.05	9047.36	11126.98	12796.58	14914.06
辽 阳	6527.26	7253.89	9234.49	10459.60	11070.63	12651.18	15090.31	15258.59
盘 锦	8858.99	9155.55	12631.38	13486.39	13923.00	15213.02	18152.64	18883.27
铁 岭	5503.11	6211.93	8404.29	9366.00	10322.56	12039.06	14385.68	11590.30
朝 阳	5329.45	5899.66	8111.40	8634.90	9318.12	10334.12	11375.56	12008.59
葫芦岛	6694.50	7549.15	9012.12	10051.28	10969.40	12132.26	12990.57	13344.81

注：由于居民收支调查一体化改革，2013年消费数据为全省城镇常住居民新口径数据，与2012年以前的老口径数据不匹配。

10-8 城镇居民家庭平均每人消费支出

(2013年)

指 标	合计	低收入户	中低收入户	中等收入户	中高收入户	高收入户
消费支出	**18029.65**	**9524.40**	**12755.76**	**15968.03**	**20534.96**	**34742.93**
#服务性消费支出						
一、食 品	5803.90	3519.04	4828.23	5490.54	6911.86	9034.68
(一)粮油类	788.32	673.08	785.45	815.97	850.74	840.12
#粮 食	491.78	425.45	491.04	512.22	519.57	524.05
油脂类	159.34	127.25	160.80	160.75	176.42	178.39
(二)肉禽蛋水产品类	1577.51	983.77	1404.55	1580.63	1949.33	2136.89
1.肉类	880.89	569.41	834.82	916.21	1056.71	1103.43
2.禽类	110.40	71.98	111.17	115.29	125.42	136.54
3.蛋类	125.17	96.71	120.82	127.97	143.85	143.38
4.水产品类	461.05	245.68	337.74	421.16	623.35	753.54
(三)蔬菜类	594.22	438.83	550.98	605.51	722.65	693.50
#鲜菜	541.69	405.59	503.00	551.39	659.14	624.58
(四)调味品	86.88	62.02	81.63	87.40	102.88	107.01
(五)糖烟酒饮料类	628.98	328.53	479.07	547.49	785.29	1113.61
#烟草类	291.67	158.75	253.98	251.07	356.70	481.12
酒 类	176.47	89.68	115.68	157.94	235.61	317.06
饮 料	124.55	60.53	83.68	104.34	146.53	253.72
(六)干鲜瓜果类	601.11	345.52	501.48	589.42	728.54	921.28
(七)糕点、奶及奶制品	346.85	188.05	283.00	344.20	422.56	546.58
#奶及奶制品	235.17	125.66	194.89	238.58	288.01	361.91
#鲜乳品	111.74	68.75	97.00	117.83	125.66	162.12
奶 粉	72.33	29.35	58.68	72.23	103.49	110.08
酸 奶	29.00	11.08	21.24	28.22	35.98	54.40
(八)其它食品	116.84	82.24	96.94	102.70	134.70	181.25
(九)饮食服务	1063.15	417.00	645.13	817.03	1215.17	2494.44
#在外饮食	1059.74	415.09	642.43	812.59	1211.98	2489.19
二、衣 着	2100.71	943.21	1396.85	1932.49	2393.61	4283.76
#服 装	1453.96	628.63	928.02	1340.14	1666.26	3028.94
三、家庭设备用品及服务	1145.57	486.35	757.33	1059.27	1321.54	2353.38
#耐用消费品	448.72	167.35	251.60	438.92	510.87	985.43
室内装饰品	44.61	10.41	15.86	58.86	49.40	101.24
四、医疗保健	1343.05	684.81	988.72	1410.74	1721.65	2122.05
#药品费	493.83	295.78	448.05	504.96	595.38	678.65
医疗费	899.32	410.04	635.18	858.32	1243.69	1514.83
五、交通和通信	2589.18	990.17	1336.74	1701.82	3112.27	6548.61
交 通	1612.14	465.96	581.35	778.76	2035.65	4779.37
通 信	977.04	524.21	755.39	923.06	1076.62	1769.24
六、教育文化娱乐服务	2258.46	1290.93	1547.77	2009.16	2177.77	4696.36
#文化娱乐用品	420.19	167.53	192.80	374.11	475.25	1005.10
教 育	1252.05	948.90	1061.12	1192.61	1063.02	2130.26
七、居 住	1936.10	1294.74	1482.95	1818.79	2106.01	3240.41
#住 房	523.52	298.11	300.29	435.63	565.34	1129.88
水电燃料及其它	1297.51	942.80	1120.15	1297.16	1416.64	1832.07
八、其它商品和服务	852.69	315.15	417.17	545.23	790.24	2463.66
#服 务	299.47	124.17	171.57	224.40	291.68	766.39

10-9 城镇居民家庭平均每人消费支出构成

(2013年) 单位：%

指　　标	合计	低收入户	中低收入户	中等收入户	中高收入户	高收入户
消费支出	**100.00**	**100.00**	**100.00**	**100.00**	**100.00**	**100.00**
一、食　　品	32.19	36.95	37.85	34.38	33.66	26.00
(一)粮油类	4.37	7.07	6.16	5.11	4.14	2.42
(二)肉禽蛋水产品类	8.75	10.33	11.01	9.90	9.49	6.15
(三)蔬菜类	3.30	4.61	4.32	3.79	3.52	2.00
(四)调味品	0.48	0.65	0.64	0.55	0.50	0.31
(五)糖烟酒饮料类	3.49	3.45	3.76	3.43	3.82	3.21
(六)干鲜瓜果类	3.33	3.63	3.93	3.69	3.55	2.65
(七)糕点、奶及奶制品	1.92	1.97	2.22	2.16	2.06	1.57
(八)其它食品	0.65	0.86	0.76	0.64	0.66	0.52
(九)饮食服务	5.90	4.38	5.06	5.12	5.92	7.18
二、衣　　着	11.65	9.90	10.95	12.10	11.66	12.33
#服　　装	8.06	6.60	7.28	8.39	8.11	8.72
三、家庭设备用品及服务	6.35	5.11	5.94	6.63	6.44	6.77
#耐用消费品	2.49	1.76	1.97	2.75	2.49	2.84
室内装饰品	0.25	0.11	0.12	0.37	0.24	0.29
四、医疗保健	7.45	7.19	7.75	8.83	8.38	6.11
#药品费	2.74	3.11	3.51	3.16	2.90	1.95
医疗费	4.99	4.31	4.98	5.38	6.06	4.36
五、交通和通信	14.36	10.40	10.48	10.66	15.16	18.85
交　　通	8.94	4.89	4.56	4.88	9.91	13.76
通　　信	5.42	5.50	5.92	5.78	5.24	5.09
六、教育文化娱乐服务	12.53	13.55	12.13	12.58	10.61	13.52
#文化娱乐用品	2.33	1.76	1.51	2.34	2.31	2.89
教　　育	6.94	9.96	8.32	7.47	5.18	6.13
七、居　　住	10.74	13.59	11.63	11.39	10.26	9.33
#住　房	2.90	3.13	2.35	2.73	2.75	3.25
水电燃料及其它	7.20	9.90	8.78	8.12	6.90	5.27
八、其它商品和服务	4.73	3.31	3.27	3.41	3.85	7.09
#服　务	1.66	1.30	1.35	1.41	1.42	2.21

10-10 城镇居民家庭平均每人购买的主要商品数量

(2013年)

品　名	单位	合计	低收入户	中低收入户	中等收入户	中高收入户	高收入户
大米	千克	42.77	44.27	44.99	44.77	41.01	37.86
面粉	千克	21.14	19.90	22.53	21.87	21.69	19.63
猪肉	千克	19.12	14.97	19.09	19.85	22.11	20.39
牛肉	千克	3.32	1.58	3.04	3.65	4.16	4.60
羊肉	千克	1.41	0.78	1.33	1.23	1.73	2.16
鸡	千克	3.76	2.76	4.12	3.94	4.02	4.09
鲜蛋	千克	12.48	10.33	12.41	12.79	14.04	13.30
鱼	千克	10.70	7.83	10.61	10.40	13.39	11.93
虾	千克	2.01	1.02	1.55	1.95	2.75	3.13
鲜菜	千克	125.63	102.36	122.61	134.84	147.44	125.25
白酒	千克	2.89	2.14	2.81	2.97	3.86	2.83
果酒	千克	0.13	0.06	0.08	0.11	0.17	0.23
啤酒	千克	11.91	8.24	9.92	14.03	15.06	13.23
茶叶	千克	0.19	0.08	0.13	0.17	0.21	0.39
鲜果	千克	51.56	35.30	47.22	52.37	60.42	66.99
鲜瓜	千克	9.10	6.23	8.33	9.24	10.66	11.82
糕点	千克	6.07	3.93	5.31	6.17	6.90	8.66
鲜乳品	千克	16.75	10.24	14.89	18.13	18.99	23.28
奶粉	千克	0.47	0.27	0.43	0.61	0.45	0.61
酸奶	千克	3.27	1.19	2.67	3.29	4.03	5.80
鞋类	双	3.24	2.43	3.03	3.33	3.33	4.31

10-11 城镇居民家庭平均每百户年末耐用品拥有量

(2013年)

品　名	单位	合计	低收入户	中低收入户	中等收入户	中高收入户	高收入户
摩托车	辆	5.66	7.95	4.92	6.40	6.69	2.34
助力车	辆	12.87	14.70	17.99	10.53	12.40	8.74
家用汽车	辆	14.74	7.50	6.08	10.65	14.62	34.85
洗衣机	台	87.94	83.02	87.27	88.01	89.87	91.52
电冰箱(柜)	台	91.30	83.36	89.27	92.89	95.84	95.13
彩色电视机	台	106.86	102.22	102.74	109.67	112.31	107.38
家用电脑	台	61.57	41.07	56.58	59.69	63.06	87.46
组合音响	套	4.56	2.45	3.01	2.81	5.09	9.42
摄像机	架	8.82	2.12	3.95	6.79	9.27	21.96
照相机	架	33.26	16.31	24.50	31.06	36.83	57.60
其它中高档乐器	件	4.00	0.97	1.44	2.47	5.89	9.24
微波炉	台	53.00	32.69	44.21	55.33	62.68	70.08
空调器	台	26.42	9.71	18.12	20.75	29.80	53.70
淋浴热水器	台	69.10	46.95	59.42	72.23	78.50	88.38
消毒碗柜	台	5.04	1.40	1.26	3.18	4.85	14.50
洗碗机	台	0.88	0.20		0.35	0.79	3.08
健身器材	套	2.76	0.65	1.46	1.67	3.08	6.93
固定电话	部	53.15	42.59	49.76	55.45	57.60	60.35
移动电话	部	183.00	177.76	184.59	177.99	184.54	190.12

10-12 城市居民家庭住房情况

指　　标	单位	2009年	2010年	2011年	2012年	2013年
1.房屋产权(合计)	%	100	100	100	100	100
租赁公房	%	9.27	8.67	7.80	5.80	4.52
租赁私房	%	2.13	2.01	3.63	2.81	8.88
原有私房	%	1.26	1.30	1.24	1.01	12.41
房改私房	%	42.41	43.19	43.03	42.71	20.19
商品房	%	43.88	43.40	42.90	46.29	50.17
其　它	%	1.06	1.43	1.39	1.13	3.71
2.住宅建筑式样(合计)	%	100	100	100	100	100
单栋住宅	%	0.12	0.14	0.20	0.11	0.52
四居室	%	1.48	1.43	1.40	1.11	0.73
三居室	%	18.81	19.00	18.14	17.83	14.47
二居室	%	62.78	62.63	61.54	64.89	60.53
一居室	%	13.26	13.24	14.65	13.13	15.23
普通楼房	%	1.53	1.45	2.02	1.14	2.08
平房及其它	%	2.02	2.09	2.05	1.79	6.31
3.建筑年份	年	15.39	16.20	16.76	17.02	13.78
4.装修状况(合计)	%	100	100	100	100	
有装修	%	67.00	66.83	64.40	68.58	
未装修	%	33.00	33.17	35.60	31.42	
5.现有住房按市场价估计值	元	230868.14	236906.48	396067.59	410237.48	335310.50
6.租赁房房租	元	201.14	201.86	369.81	27.56	73.14
7.现住房房租折算	元	8279.75	8404.81	9372.93	882.02	750.49
8.购房时间	年	8.09	9.00	9.23	9.89	9.60
9.购房总金额	元	98277.70	100836.52	109410.25	125520.07	120425.38
购房实际支出金额	元	94421.54	96794.46	105155.25	118805.32	105509.16
10.饮水情况(合计)	%	100	100	100	100	100
自来水	%	89.08	89.68	93.29	95.40	96.98
矿泉水	%	6.89	6.63	4.69	2.92	
纯净水	%	3.93	3.60	1.96	1.63	1.90
井、河水	%	0.10	0.10	0.04	0.04	0.11
其它	%			0.02		0.90
11.用水情况(合计)	%	100	100	100	100	
独用自来水	%	99.74	99.74	99.74	99.89	98.73
公用自来水	%	0.16	0.16	0.22	0.08	
井、河水	%	0.10	0.10	0.04	0.03	
其它	%					1.15
12.卫生设备(合计)	%	100	100	100	100	
无卫生设备	%	0.90	0.94	1.13	0.87	3.85
有厕所浴室	%	70.75	71.17	72.80	75.43	70.78
有厕所无浴室	%	27.48	26.99	25.17	22.81	24.09
公用	%	0.87	0.90	0.91	0.89	1.16
13.取暖设备(合计)	%	100	100	100	100	
无取暖设备	%	0.29	0.31	0.36	0.25	0.78
空调设备	%	0.13	0.11	0.20	0.10	
暖气	%	97.63	97.56	97.89	98.17	
其它	%	1.96	2.01	1.55	1.48	99.11
14.炊用燃料使用情况(合计)	%	100	100	100	100	100
管道煤气	%	68.49	68.52	69.10	70.25	54.62
液化石油气	%	27.64	27.43	25.41	23.97	32.00
煤	%	1.11	1.16	1.60	1.49	3.08
其它	%	2.76	2.88	3.89	4.29	10.18
15.除了现住房，还有几处其它住房	套	0.10	0.11	0.10	0.12	0.05
(1)出租房	套	0.05	0.06	0.05	0.05	0.03
#建筑面积	平方米	3.59	3.75	3.02	3.30	2.14
(2)偶尔居住房	套	0.03	0.03	0.03	0.04	0.01
#建筑面积	平方米	2.16	1.98	2.26	3.07	
(3)其它用途房	套	0.02	0.02	0.02	0.03	0.01
#建筑面积	平方米	1.61	1.66	1.80	2.28	2.32

10-13 农民家庭基本情况

指 标	单位	2005年	2006年	2008年	2009年	2010年	2011年	2012年	2013年
调查户数	**户**	**1890**	**1890**	**1890**	**1890**	**1890**	**2160**	**2160**	**2622.5**
调查户人口									
1.常住人口	人	6368	6315	6168	6057	6010	6914	6813	7926
2.平均每户常住人口	人	3.37	3.34	3.26	3.20	3.18	3.20	3.15	3.04
3.平均每户整、半劳动力	人	2.52	2.50	2.49	2.46	2.45	2.47	2.42	2.20
4.平均每个劳动力负担人口(含本人)	人	1.34	1.34	1.31	1.30	1.30	1.30	1.30	1.38
平均每人全年收入									
1.总收入	元	6028.30	6521.40	9346.41	9912.58	10902.52	13898.12	15274.61	17280.05
2.纯收入	元	3690.20	4090.40	5576.48	5958.00	6907.93	8296.54	9383.72	10522.69
3.现金收入	元	5491.40	5783.50	8449.53	9219.59	9907.70	12855.16	14171.21	16924.77
按人均纯收入分组的户数占调查户数比重									
200元以下	%	1.69	1.32	1.69	1.75	2.01	2.87	3.80	3.07
200-500	%	1.06	0.85	0.63	0.69	0.63	0.69	0.42	0.40
500-800	%	1.43	1.75	0.79	0.90	0.85	0.83	0.51	0.56
800-1000	%	1.38	1.22	1.06	0.74	0.42	0.37	0.46	1.02
1000-1200	%	2.38	2.17	1.38	0.79	0.85	0.32	0.37	0.56
1200-1500	%	4.87	3.44	2.06	2.22	1.06	0.74	0.74	0.82
1500-1700	%	4.18	3.81	1.75	1.69	1.01	0.83	0.65	0.60
1700-2000	%	6.35	4.92	2.75	3.02	1.96	1.25	1.16	1.03
2000-2500	%	10.21	10.42	5.50	4.92	4.18	2.31	1.71	1.45
2500-3000	%	11.22	10.47	7.25	5.66	4.39	2.96	2.69	1.78
3000-3500	%	8.84	9.37	6.77	6.19	4.76	3.70	2.87	3.10
3500-4000	%	9.26	7.46	6.19	6.14	4.81	3.52	2.92	2.40
4000-4500	%	8.31	7.04	5.50	6.19	5.93	3.98	3.43	2.50
4500-5000	%	5.03	6.30	7.09	7.09	5.45	4.35	3.38	3.47
5000元以上	%	23.81	29.46	49.58	52.01	61.69	71.25	74.91	77.26
平均每人全年支出	**元**	**5566.30**	**5959.40**	**8289.70**	**9147.74**	**9604.74**	**12241.38**	**13326.99**	**16054.71**
家庭经营费用支出	元	2061.20	2126.60	3386.63	3551.88	3618.78	4833.96	5175.80	6266.44
购置生产性固定资产支出	元	238.50	146.90	240.50	316.35	403.47	609.30	571.16	448.26
税费支出	元	6.30	5.10	4.60	9.72	1.76	9.41	9.64	0.53
生活消费支出	元	2699.70	3066.90	3814.03	4255.61	4489.50	5406.41	5998.39	7158.96
财产性支出	元	37.10	47.80	31.36	61.36	79.80	0.73	22.75	4.27
转移性支出	元	521.80	565.10	808.18	949.15	1003.41	1371.32	1537.96	2172.19

10-14 农民家庭人均总收入与人均纯收入

单位：元

指　　标	2006年	2007年	2008年	2009年	2010年	2011年	2012年	2013年
一、人均总收入	**6521.4**	**7680.4**	**9346.4**	**9912.6**	**10902.5**	**13898.1**	**15274.6**	**17280.1**
(一)工资性收入	1499.5	1719.7	2035.5	2239.8	2650.0	3179.7	3630.2	4209.4
在非企业组织中得到收入	376.2	398.5	452.6	518.9	543.4	277.3	297.6	
在本乡地域内劳动得到收入	720.8	831.3	977.3	1038.0	1195.1	1694.0	2001.4	
外出从业得到收入	402.5	489.9	605.6	682.8	911.5	1208.4	1331.3	
(二)家庭经营收入	4515.5	5394.8	6529.3	6830.1	7383.6	9632.2	10497.2	11873.8
(三)财产性收入	141.8	179.4	201.3	205.5	234.2	244.6	246.2	283.2
(四)转移性收入	364.7	386.5	580.3	637.2	634.8	841.6	901.0	913.7
二、人均纯收入	**4090.4**	**4773.4**	**5576.5**	**5958.0**	**6907.9**	**8296.5**	**9383.7**	**10522.7**
(一)工资性收入	1499.5	1719.7	2035.5	2239.8	2650.0	3179.7	3630.2	4209.4
在非企业组织中得到收入	376.2	398.5	452.6	518.9	543.4	277.3	297.6	
在本乡地域内劳动得到收入	720.8	831.3	977.3	1038.0	1195.1	1694.0	2001.4	
外出从业得到收入	402.5	489.9	605.6	682.8	911.5	1208.4	1331.3	
(二)家庭经营净收入	2210.8	2592.2	2931.3	3017.3	3486.1	4271.0	4783.4	5160.2
1.农业	1432.9	1603.4	1802.5	1823.0	2188.9	2708.0	3219.4	3407.7
2.林业	18.0	22.1	11.1	16.9	18.2	23.8	32.1	67.3
3.牧业	431.6	587.9	652.3	629.8	665.0	825.7	710.7	758.5
4.渔业	3.1	33.1	44.7	46.7	52.2	15.1	20.3	59.9
5.工业	44.0	55.6	61.7	68.9	77.6	109.2	133.6	177.1
6.建筑业	13.3	23.7	46.9	55.8	48.8	65.7	83.0	56.0
7.交通运输、邮电业	82.0	62.6	69.1	77.4	91.7	124.2	148.0	380.0
8.批零贸易、餐饮业	116.1	130.2	148.1	189.7	223.1	295.0	323.0	183.2
9.社会服务业	29.8	32.5	37.2	46.4	53.2	61.6	67.0	42.6
10.文教卫生业	23.2	17.0	22.3	20.9	24.0	31.7	37.1	
11.其他家庭经营	16.9	24.3	35.4	42.0	43.5	10.9	9.0	27.9
(三)财产性净收入	141.8	179.4	201.3	205.5	234.2	244.6	246.2	283.2
(四)转移性净收入	238.3	282.1	408.4	495.4	537.7	601.2	724.0	870.0

10-14 续表

单位：元

指 标	构成(%)							
	2006年	2007年	2008年	2009年	2010年	2011年	2012年	2013年
一、人均总收入	**100.0**	**100.0**	**100.0**	**100.0**	**100.0**	**100.0**	**100.0**	**100.0**
(一)工资性收入	23.0	22.4	21.8	22.6	24.4	22.9	23.8	24.4
在非企业组织中得到收入	5.8	5.2	4.8	5.2	5.0	2.0	1.9	
在本乡地域内劳动得到收入	11.0	10.8	10.5	10.5	11.0	12.2	13.1	
外出从业得到收入	6.2	6.4	6.5	6.9	8.4	8.7	8.7	
(二)家庭经营收入	69.2	70.2	69.9	68.9	67.7	69.3	68.7	68.7
(三)财产性收入	2.2	2.3	2.2	2.1	2.1	1.8	1.6	1.6
(四)转移性收入	5.6	5.0	6.2	6.4	5.8	6.0	5.9	5.3
二、人均纯收入	**100.0**	**100.0**	**100.0**	**100.0**	**100.0**	**100.0**	**100.0**	**100.0**
(一)工资性收入	36.7	36.0	36.5	37.6	38.4	38.3	38.7	40.0
在非企业组织中得到收入	9.2	8.3	8.1	8.7	7.9	3.3	3.2	
在本乡地域内劳动得到收入	17.6	17.4	17.5	17.4	17.3	20.4	21.3	
外出从业得到收入	9.9	10.3	10.9	11.5	13.2	14.6	14.2	
(二)家庭经营净收入	54.0	54.3	52.6	50.6	50.5	51.5	51.0	49.0
1.农业	35.0	33.6	32.3	30.6	31.7	32.6	34.3	32.4
2.林业	0.4	0.5	0.2	0.3	0.3	0.3	0.3	0.6
3.牧业	10.6	12.3	11.7	10.6	9.6	10.0	7.6	7.2
4.渔业	0.1	0.7	0.8	0.8	0.8	0.2	0.2	0.6
5.工业	1.1	1.2	1.1	1.2	1.1	1.3	1.4	1.7
6.建筑业	0.3	0.5	0.8	0.9	0.7	0.8	0.9	0.5
7.交通运输、邮电业	2.0	1.3	1.2	1.3	1.3	1.5	1.6	3.6
8.批零贸易、餐饮业	2.8	2.7	2.7	3.2	3.2	3.6	3.4	1.7
9.社会服务业	0.7	0.7	0.7	0.8	0.8	0.7	0.7	0.4
10.文教卫生业	0.6	0.4	0.4	0.4	0.4	0.4	0.4	
11.其他家庭经营	0.4	0.5	0.6	0.7	0.6	0.1	0.1	0.3
(三)财产性净收入	3.5	3.8	3.6	3.4	3.3	3.0	2.6	2.7
(四)转移性净收入	5.8	5.9	7.3	8.3	7.8	7.2	7.7	8.3

10-15 各地区农民家庭人均纯收入

单位：元

地区	2005年	2006年	2008年	2009年	2010年	2011年	2012年	2013年
全省	**3690**	**4090**	**5576**	**5958**	**6908**	**8297**	**9384**	**10523**
沈阳	5050	5712	8029	8753	10022	11575	13045	14467
大连	5903	6984	9818	10725	12317	14213	15990	17717
鞍山	4750	5282	7291	8094	9250	11146	12617	14207
抚顺	3743	4160	5560	6146	7203	8780	10062	11310
本溪	4022	4455	6164	6750	7845	9524	10800	12204
丹东	4178	4650	6630	7295	8340	10033	11428	12822
锦州	3730	4165	6089	6627	7756	9447	10788	12137
营口	4503	5001	6944	7687	8863	10662	12080	13675
阜新	3090	2852	5030	5382	6372	7615	8772	9939
辽阳	4133	4600	6423	7076	8095	9844	11183	12379
盘锦	5067	5711	7701	8479	9750	11437	12935	14462
铁岭	3756	4222	6050	6585	7739	9271	10569	11869
朝阳	3002	3365	4900	5170	6142	7536	8689	9949
葫芦岛	3428	3650	5152	5595	6597	7901	8983	9927

10-16 农民家庭人均总支出

单位：元

指　标	2006年	2007年	2008年	2009年	2010年	2011年	2012年	2013年
总 支 出	**5959.4**	**6922.2**	**8289.7**	**9147.7**	**9604.7**	**12241.4**	**13327.0**	**16054.7**
(一)家庭经营费用支出	2126.6	2609.2	3386.6	3551.9	3618.8	4834.0	5175.8	6266.4
(二)购置生产性固定资产支出	146.9	212.3	240.5	316.4	403.5	609.3	571.2	448.3
(三)税费支出	5.1	6.2	4.6	9.7	1.8	9.4	9.6	0.5
(四)生 活 消 费 支 出	3066.9	3368.2	3814.0	4255.6	4489.5	5406.4	5998.4	7159.0
1.食　　品	1162.5	1334.2	1549.0	1563.3	1714.2	2116.3	2300.0	2518.9
2.衣　　着	243.0	281.2	298.8	335.9	369.2	446.1	517.9	584.2
3.居　　住	509.7	513.1	601.7	795.5	745.0	860.2	979.8	1279.3
4.家庭设备、用品及服务	112.2	142.1	158.9	185.5	185.2	225.4	250.5	299.4
5.医 疗 保 健	267.9	265.0	283.4	409.6	413.8	482.9	548.8	789.5
6.交 通 和 通 讯	337.1	361.8	426.5	416.4	449.0	577.7	668.7	850.3
7.文教娱乐用品及服务	354.6	362.8	388.0	437.8	500.3	550.0	556.6	632.9
8.其他商品和服务	79.9	108.1	107.8	111.5	112.9	147.8	176.2	204.4
(五)财产性支出	47.8	38.2	31.4	61.4	79.8	0.7	22.8	4.3
(六)转移性支出	565.1	673.5	808.2	949.2	1003.4	1371.3	1538.0	2172.2

10-16 续表

单位：元

指　标	构成(%)							
	2006年	2007年	2008年	2009年	2010年	2011年	2012年	2013年
总 支 出	**100**	**100**	**100**	**100**	**100**	**100**	**100.0**	**100.0**
(一)家庭经营费用支出	35.7	37.7	40.9	38.8	37.7	39.5	38.8	39.0
(二)购置生产性固定资产支出	2.5	3.1	2.9	3.5	4.2	5.0	4.3	2.8
(三)税费支出	0.1	0.1	0.1	0.1		0.1	0.1	0.0
(四)生 活 消 费 支 出	51.5	48.7	46.0	46.5	46.7	44.2	45.0	44.6
1.食　　品	19.5	19.3	18.7	17.1	17.8	17.3	17.3	15.7
2.衣　　着	4.1	4.1	3.6	3.7	3.8	3.7	3.9	3.6
3.居　　住	8.6	7.4	7.3	8.7	7.8	7.0	7.4	8.0
4.家庭设备、用品及服务	1.9	2.1	1.9	2.0	1.9	1.8	1.9	1.9
5.医 疗 保 健	4.5	3.8	3.4	4.5	4.3	4.0	4.1	4.9
6.交 通 和 通 讯	5.7	5.2	5.1	4.6	4.7	4.7	5.0	5.3
7.文教娱乐用品及服务	6.0	5.2	4.7	4.8	5.2	4.5	4.2	3.9
8.其他商品和服务	1.3	1.6	1.3	1.2	1.2	1.2	1.3	1.3
(五)财产性支出	0.8	0.6	0.4	0.7	0.8	0.0	0.2	0.0
(六)转移性支出	9.5	9.7	9.7	10.4	10.4	11.2	11.5	13.5

10-17 农村居民人均食品消费情况

单位：公斤

指　　标	2006年	2007年	2008年	2009年	2010年	2011年	2012年	2013年
一、谷物和薯类	189.12	186.71	192.83	176.14	171.47	169.71	158.50	130.67
#小　麦	36.35	35.89	34.24	35.92	36.94	38.30	36.13	31.73
稻　谷	93.69	97.05	98.46	92.44	92.58	103.61	98.36	78.98
玉　米	39.69	36.51	42.45	31.30	26.72	15.79	16.15	11.65
薯　类	2.06	2.26	3.06	2.19	1.74	1.03	0.70	2.39
二、豆类及豆制品	8.32	8.24	9.04	7.66	11.07	6.97	6.20	11.47
大　豆	3.91	3.60	4.04	3.22	6.21	2.70	1.93	1.81
三、蔬菜及菜制品	171.78	168.25	162.79	167.92	150.33	111.75	103.09	95.43
四、油 脂 类	6.86	7.49	7.87	7.57	7.58	9.03	9.27	9.65
植 物 油	5.88	6.87	7.11	6.89	7.00	8.64	8.78	9.30
动 物 油	0.98	0.62	0.76	0.68	0.58	0.39	0.50	0.35
五、肉禽及其制品	22.54	20.14	21.22	22.61	20.46	18.63	19.58	20.72
#猪　肉	18.46	15.22	15.86	17.80	15.77	14.22	15.17	15.60
牛　肉	0.40	0.49	0.49	0.38	0.40	0.49	0.46	0.51
羊　肉	0.35	0.31	0.30	0.34	0.26	0.23	0.25	0.22
家　禽	1.77	2.58	2.68	2.36	2.01	1.50	1.48	2.27
肉禽制品	1.57	1.55	1.88	1.74	2.01	2.19	2.22	2.11
六、蛋类及蛋制品	9.35	8.87	10.96	10.23	8.72	8.31	8.48	7.30
七、奶及奶制品	3.08	3.11	3.05	3.19	2.82	3.68	3.54	4.68
八、水 产 品	6.18	5.80	5.50	5.20	4.85	5.19	5.21	6.20
鱼　类	3.80	4.24	4.08	3.82	3.52	3.91	3.81	4.31
虾、贝、蟹类	1.90	1.02	0.94	0.94	0.86	0.81	0.89	1.22
藻　类	0.18	0.17	0.15	0.16	0.16	0.15	0.18	0.18
其　他	0.30	0.36	0.32	0.27	0.30	0.32	0.33	0.49
九、食　糖	0.79	0.70	0.81	0.77	0.87	0.61	0.68	0.76
十、酒	13.60	14.21	13.29	13.96	12.78	15.14	15.35	14.61
#白　酒	4.18	4.32	3.93	3.83	3.57	4.24	4.03	4.15
啤　酒	9.30	9.79	9.28	10.07	9.15	10.83	11.24	10.42
果　酒	0.08	0.06	0.06	0.05	0.04	0.04	0.03	0.03
十一、糖　果								
十二、水果及水果制品	19.20	23.10	23.27	24.46	21.58	20.96	25.88	13.87
十三、坚果及果仁制品	0.59	0.64	0.56	0.58	0.54	0.64	0.88	1.25

10-18 农民家庭平均每百户年末耐用消费品拥有量

品　名	单位	2005年	2006年	2007年	2008年	2009年	2010年	2011年	2012年	2013年
洗衣机	台	63.71	68.04	67.72	72.28	74.23	76.24	79.03	80.74	76.46
电冰箱	台	28.04	32.22	38.84	44.44	53.97	58.73	77.87	81.99	77.12
空调机	台	0.79	0.53	0.58	0.79	1.01	1.01	2.27	2.22	1.75
抽油烟机	台	7.35	7.62	7.83	8.36	9.79	10.74	10.14	11.25	12.10
吸尘器	台	1.48	1.64	1.11	1.27	1.38	1.59	0.97	0.97	
微波炉	台	2.70	4.34	5.45	5.98	6.77	7.25	7.13	7.78	8.39
热水器	台	5.19	6.08	5.61	7.35	8.73	10.26	14.12	15.88	13.74
自行车	辆	104.29	105.66	103.12	102.54	103.12	101.61	79.68	81.81	23.34
摩托车	辆	45.40	50.05	54.60	56.46	57.83	59.21	63.19	64.03	53.48
汽车(生活用)	台	0.26	0.37	0.48	1.11	1.11	1.43	3.01	3.94	8.00
电话机	部	87.25	90.98	92.41	91.11	92.35	92.51	80.79	80.69	64.63
移动电话	部	53.49	66.61	77.94	91.06	107.35	117.72	150.60	158.06	161.83
彩色电视机	台	102.28	106.67	106.03	109.79	110.90	111.69	112.08	112.18	109.47
黑白电视机	台	9.05	5.29	4.50	2.65	2.28	2.01	0.42	0.28	
摄像机	台	0.58	0.74	0.74	1.11	1.27	1.22	0.97	1.44	0.69
影碟机	台	43.54	45.71	41.53	41.96	42.28	41.22	29.17	29.58	
照相机	架	6.14	6.30	6.72	7.09	7.30	7.30	5.65	5.97	4.85
家用计算机	台	2.59	3.17	2.43	4.02	5.93	9.95	16.67	20.23	20.14
中高档乐器	件	0.69	0.53	0.69	0.48	0.74	0.74	0.09	0.14	0.16

10-19 农民家庭住房情况

指　　标	单位	2005年	2006年	2008年	2009年	2010年	2011年	2012年	2013年
期末住房情况									
(一)住 房 面 积	平方米/人	25.1	25.2	26.4	27.0	27.3	29.0	29.5	30.8
#租用住房面积	平方米/人	0.1	0.1				0.1	0.1	0.4
(二)住 房 价 值	元/平方米	343.5	356.1	431.0	455.2	515.6	818.0	821.8	955.6
(三)住 房 类 型									
1.楼　　房	平方米/人	1.3	0.9	1.1	1.4	1.8	1.4	1.5	1.5
2.砖 瓦 平 房	平方米/人	23.0	23.2	24.3	24.4	24.6	26.6	27.2	27.9
3.其　　他	平方米/人	0.8	1.0	1.0	1.2	0.8	0.9	0.7	
(四)住 房 结 构									
1.钢筋混凝土结构	平方米/人	4.3	4.4	4.6	4.9	4.4	6.6	5.9	13.1
2.砖 木 结 构	平方米/人	20.5	20.4	21.2	21.8	22.5	21.7	22.9	16.2
3.其　　他	平方米/人	0.3	0.4	0.6	0.3	0.3	0.6	0.4	0.1
期内新建(购)住房情况									
(一)新建(购)住房面积	平方米/人	0.4	0.3	0.4	0.5	0.3	0.5	0.4	0.5
(二)新建(购)住房价值	元/平方米	522.1	620.7	684.8	875.5	980.0	1100.7	1166.8	1178.3
(三)新建(购)住房类型									
1.楼　　房	平方米/人		0.1		0.1	0.1	0.1	0.1	
2.砖 瓦 平 房	平方米/人	0.4	0.3	0.4	0.3	0.2	0.4	0.3	
3.其　　他	平方米/人				0.1		0.0	0.0	
(四)新建住(购)房结构									
1.钢筋混凝土结构	平方米/人	0.1	0.1	0.2	0.2	0.1	0.3	0.2	
2.砖 木 结 构	平方米/人	0.3	0.2	0.3	0.3	0.1	0.2	0.2	
3.其　　他	平方米/人						0.0	0.0	
期内新建(购)住房资金来源									
1.自　　筹	元/人	158.1	178.3	277.8	299.2	268.7	426.7	439.2	269.9
2.银行、信用社贷款	元/人	8.6	3.9	7.8	9.2	9.8	31.8	11.0	66.0
3.其　　他	元/人	21.2	10.2	15.1	16.6	16.6	68.0	11.7	98.6
居 住 条 件	(百户均)								
住房有卫生设备的户数	户	99.1	99.8	100.0	100.0	100.0	100.0	100.0	100.0
使用安全饮用水的户数	户	100.0	99.5	99.5	99.5	99.5	100.0	100.0	
有取暖设备的户数	户	100.0	100.0	100.0	100.0	100.0	100.0	100.0	
#1.空　调	户	0.1	0.1	0.1	0.1		0.3	0.2	
2.暖　气	户	19.8	23.1	22.4	25.6	24.5	16.7	17.6	
3.火　炕	户	80.1	76.8	77.2	74.0	75.4	82.4	81.6	
燃 料 使 用 情 况	(百户均)								
#1.液 化 气	户	10.8	7.4						
2.煤　　炭	户	4.3	5.3	4.1	4.2	4.0	2.2	2.3	4.6
3.柴　　草	户	83.9	86.1	75.3	75.1	76.3	75.5	75.7	73.0

主要统计指标解释

城镇居民家庭就业人口 指城镇居民从事社会劳动并取得劳动报酬或经营收入的人口。就业人口包括通过国家统筹规划和指导由劳动部门介绍就业，自愿组织起来就业和自谋职业等方式，在国有制、集体所有制、中外合资、中外合作、外资在华独资的企事业单位和私营企业单位工作或从事个体劳动的有固定性职业或临时性职业的人口。被聘用和留用的离退休人员也计入就业人口。本指标可以反映城镇居民的就业情况，是计算就业面、负担系数的重要资料。

城镇居民家庭总收入 指调查户中生活在一起的所有家庭成员在调查期得到的工薪收入、经营净收入、财产性收入、转移性收入的总和，不包括出售财物和借贷收入。

城镇居民可支配收入 指调查户可用于最终消费支出和其它非义务性支出以及储蓄的总和，即居民家庭可以用来自由支配的收入。它是家庭总收入扣除交纳的所得税、个人交纳的社会保障费以及调查户的记账补贴后的收入。

城镇居民工薪收入 指就业人员通过各种途径得到的全部劳动报酬，包括所从事的主要职业的工资以及从事第二职业、其他兼职和零星劳动得到的其它劳动收入。

城镇居家家庭总支出 指家庭除借贷支出外的全部实际支出。包括消费性支出、购房建房支出、转移性支出、财产性支出、社会保障支出。

城镇居民消费支出 指调查户用于本家庭日常生活的全部支出，包括食品、衣着、家庭设备用品及服务、医疗保健、交通和通讯、娱乐教育文化服务、居住、杂项商品和服务八大类等。不包括用于赠送的商品或服务。消费支出按商品(服务)的用途分类。

城镇居民服务性消费支出 指调查户用于本家庭支付社会提供的各种文化和生活方面的非商品性服务费用。不包括为别人付款的服务。服务消费与商品消费不同，其特点在于其劳动过程和消费过程在时间与空间上的统一。

农村居民家庭纯收入 指农村常住居民家庭总收入中，扣除从事生产和非生产经营费用支出、缴纳税款和上交承包集体任务金额以后剩余的，可直接用于进行生产性、非生产性建设投资、生活消费和积蓄的那一部分收入。它是反映农民家庭实际收入水平的综合性的主要指标。农民家庭纯收入，既包括从事生产性和非生产性的经营收入，又包括取自在外人口寄回带回和国家财政救济、各种补贴等非经营性收入，既包括货币收入，又包括自产自用的实物收入。但不包括向银行、信用社和向亲友借款等属于借贷性的收入。

农村居民家庭整半劳动力 指农村常住居民家庭成员中有劳动能力并经常参加实际劳动的人员。是生产的基本要素指标之一，是发展生产增加农民家庭收入的重要源泉。按规定，农村男 18 周岁至 50 周岁、女 18 周岁至 45 周岁为整劳动力；男 16 周岁至 17 周岁、51 周岁至 60 周岁、女 16 周岁至 17 周岁、46 周岁至 55 周岁为半劳动力。农民家庭整半劳动力，既包括在上述规定劳动年龄内和在劳动年龄以外有劳动能力并经常参加实际劳动的男女整半劳动力；也包括农民家庭常住人员中属于职工的劳动力。但不包括在劳动年龄内已丧失劳动能力的人员。

农村居民家庭生活消费支出 指农村常住居民家庭年内用于日常生产的全部开支。它是用来反映和研究农民家庭实际生活消费水平高低的重要指标。农民家庭生活消费支出，包括用于吃、穿、住、烧、用等生活消费品开支和文化、生活服务费用开支两大部分。

农村居民家庭商品性生活消费支出 指农村常住居民家庭用其货币收入，在市场上购买食品、衣着、家庭用家具器皿、日用杂品、燃料、耐用消费品，以及文教卫生用品等生活消费总量。包括向国有商店、集体商店和集市贸易市场以及其他流通渠道购买的全部生活消费品。农民家庭商品性生活消费支出，是农民家庭生活消费支出的一个重要组成部分，是用来反映和分析农民家庭生活消费水平的商品化程度，及其由自给性经济向商品经济发展趋势的重要指标，也是研究和预测农民家庭对市场消费品需求，制定商品供应计划的重要依据。

城乡储蓄存款余额 城乡储蓄存款，包括城镇居民储蓄存款和农民个人储蓄存款两部分。不包括居民的手存现金和工矿企业、部队、机关团体等集团存款。储蓄存款余额，是指城乡居民存入银行及农村信用社储蓄的时点数(存入数扣除取出数的余额)，如月末、季末或年末数额。

十一、城市概况

Chapter 11　General Survey of Cities

11-1 城市公用事业基本情况

指　　标	单位	2005年	2006年	2008年	2009年	2010年	2011年	2012年	2013年
自来水全年供水总量	亿吨	28.3	28.1	18.4	28.9	26.2	26.6	27.5	27.9
#生 活 用 水 量	亿吨	10.4	9.3	7.1	9.2	9.1	9.9	10.4	10.8
人均日生活用水量	升	147.3	134.1	125.8	124.2	121.0	126.0	128.1	128.7
用 水 普 及 率	%	93.8	96.7	96.9	97.2	97.4	98.4	98.5	98.8
公共车辆(汽、电车)数	辆	17548	17907	19490	19457	20146	21025		
道 路 长 度	公里	10556	11096	12111	12866	14238	14468	15513	16244
道 路 面 积	万平米	16337	17623	20546	21857	23658	24727	26200	28091
排水管道长度	公里	10519	10860	12192	13350	14070	14906	15945	16420
公用煤气、液化气									
人工煤气全年供气总量	亿立米	6.4	5.4	6.2	5.4	5.5	5.7	6.0	5.9
# #家庭用量	亿立米	4.3	3.6	3.7	3.7	3.8	3.8	4.0	4.0
煤气管道长度	公里	4897	4702	5033	5081	5476	5580	5465	5567
天然气全年供气总量	亿立米	3.7	5.3	5.6	6.0	6.6	7.7	8.6	9.8
液化气家庭用量	亿立米	25.1	28.1	24.3	24.1	23.6	23.8	25.0	23.1
燃气普及率	%	88.1	92.3	92.4	93.7	94.2	95.5	96.0	96.2
城 市 绿 化									
园林绿地面积	公顷	74583	63535	78841	84145	92751	95968	118297	120514
公园个数	个	259	260	283	294	316	322	338	347
公园面积	公顷	8300	9814	9959	10263	11005	11693	12222	12877
清 洁 卫 生									
生活垃圾清运量	万吨	769.0	756.0	796.7	813.3	837.3	876.0	929.9	927.1
粪便清运量	万吨	148.0	132.0	176.3	129.2	124.3	118.5	113.4	98.1

注：人均指标按全部城镇人口计算，2000年以前是按城镇人口中的非农人口计算。

11-2 各地区城市设施水平

年份、城市	城市用水普及率 (%)	城市燃气普及率 (%)	人均城市道路面积 (平方米)	人均公园绿地面积 (平方米)
2000	98.20	89.30	6.47	5.72
2001	86.92	76.79	6.91	5.01
2002	87.08	81.96	7.08	5.68
2003	87.88	85.55	7.35	6.25
2004	92.99	87.16	7.67	7.12
2005	93.83	88.11	7.95	7.49
2006	96.74	92.34	8.93	8.32
2007	96.94	91.99	9.61	9.03
2008	96.90	92.40	10.00	9.40
2009	97.23	93.74	10.41	9.76
2010	97.44	94.19	11.19	10.21
2011	98.36	95.46	11.27	10.56
2012	98.45	96.02	11.55	10.89
2013	98.77	96.15	12.09	11.06
沈　阳	100.00	100.00	13.55	12.39
大　连	100.00	99.98	13.50	11.22
鞍　山	100.00	100.00	8.81	11.20
抚　顺	98.63	97.60	10.39	10.36
本　溪	97.89	93.40	10.78	10.26
丹　东	100.00	97.99	16.15	10.99
锦　州	100.00	99.09	11.24	12.83
营　口	97.17	94.02	7.17	10.15
阜　新	98.77	75.01	6.43	12.09
辽　阳	100.00	98.02	16.56	9.54
盘　锦	100.00	100.00	13.35	11.63
铁　岭	97.70	97.36	18.46	11.95
朝　阳	98.84	94.69	6.57	8.87
葫芦岛	100.00	98.40	12.22	14.95

11-3 各地区城市建设情况

年份、城市	建成区面积(平方公里)	征用土地面积(平方公里)	城市人口密度(人/平方公里)
2000	1558.6	22.6	1174
2001	1612.4	11.2	1236
2002	1660.4	21.2	1246
2003	1694.6	36.6	1244
2004	1737.3	38.7	1256
2005	1779.9	71.9	1243
2006	1859.6	77.2	2163
2007	1917.6	72.0	1945
2008	1955.5	226.7	1916
2009	2030.7	83.8	1922
2010	2220.5	128.2	1814
2011	2276.5	185.7	1712
2012	2329.1	194.8	1624
2013	2386.5	105.4	1663
沈阳	455.0	30.9	1832
大连	395.5	30.5	2762
鞍山	167.2	2.8	2593
抚顺	134.4	3.7	2123
本溪	109.0	8.6	626
丹东	53.4	6.8	2878
锦州	77.1	1.1	2195
营口	109.6		5459
阜新	76.5		1747
辽阳	104.2	6.9	1104
盘锦	69.6	1.4	2598
铁岭	57.0	0.5	2216
朝阳	43.0		1070
葫芦岛	80.8		793

11-4 各地区城市市政设施情况

年份、城市	年末实有道路长度（公里）	年末实有道路面积（万平方米）	城市桥梁（座）	城市排水管道长度（公里）	城市污水日处理能力（万立方米）	道路照明灯（千盏）
2000	9249	10152	1253	8354	110.7	298
2001	9462	13793	1260	8394	122.9	372
2002	9875	14270	1247	8880	200.4	482
2003	10204	14885	1326	9120	249.0	635
2004	10407	15635	1300	9308	306.1	664
2005	10556	16337	1232	10519	347.1	786
2006	11096	17623	1314	10860	365.6	804
2007	11530	19452	1395	11655	385.6	947
2008	12111	20546	1406	12192	416.8	1270
2009	12866	21857	1462	13350	444.8	1337
2010	14238	23658	1514	14070	503.1	1380
2011	14468	24727	1549	14906	547.2	1446
2012	15513	26200	1612	15945	606.0	1487
2013	16244	28091	1682	16420	748.2	1558
沈　阳	3527	7777	337	3981	218.6	243
大　连	3025	4362	220	2654	99.0	272
鞍　山	622	1427	44	905	83.0	85
抚　顺	854	1386	131	921	56.0	30
本　溪	734	1024	183	361	65.0	29
丹　东	499	1051	124	782	10.0	28
锦　州	548	1075	45	493	20.0	25
营　口	547	720	36	550	20.0	315
阜　新	347	503	37	275	10.0	17
辽　阳	1065	1331	119	879	39.6	84
盘　锦	468	923	58	613	20.0	93
铁　岭	330	833	27	465	10.0	49
朝　阳	268	401	13	636	10.0	19
葫芦岛	400	557	47	628	15.8	15

11-5 各地区城市供水情况

年份、城市	年末供水综合生产能力（万立方米/日）	年末供水管道长度（公里）	全年供水总量（万立方米）			用水人口（万人）	人均日生活用水量（升）
				#生活用水	#生产用水		
2000	1393	20627	308500	103812	163667	1751	162.4
2001	1351	21708	297247	101406	164091	1734	160.2
2002	1338	21602	279644	95501	136908	1755	149.1
2003	1347	21999	280510	94322	131973	1780	145.2
2004	1357	23636	281080	101877	126676	1896	147.2
2005	1339	23211	282618	103683	130232	1929	147.3
2006	889	22093	193825	73794	45301	1736	134.1
2007	1333	25422	283174	91560	121342	1963	127.9
2008	1384	26850	294792	91717	121806	2001	125.8
2009	1386	27735	288732	92470	120376	2042	124.2
2010	1391	29123	261879	90763	92543	2060	121.0
2011	1355	31487	266033	99151	87156	2158	126.0
2012	1339	32062	274953	104179	97403	2233	128.1
2013	1320	33118	278710	107547	98206	2295	128.7
沈 阳	193	3422	59677	34163	9414	574	163.1
大 连	163	5321	40972	16024	9342	323	135.8
鞍 山	163	2884	31178	9027	17045	162	152.8
抚 顺	129	2241	21646	3410	10530	132	71.0
本 溪	118	1013	25753	3711	19344	93	109.3
丹 东	48	1178	6100	2747	1806	65	115.7
锦 州	76	1467	13587	4431	6133	96	126.9
营 口	56	2187	7099	3125	1275	97	87.9
阜 新	38	2039	7847	3347	3325	77	118.6
辽 阳	66	1307	11429	4670	4361	80	159.2
盘 锦	30	991	7637	2857	3064	69	113.2
铁 岭	22	915	3550	1947	218	44	121.0
朝 阳	29	596	4912	1634	1589	60	74.3
葫芦岛	41	1110	7278	2383	3963	46	143.2

11-6 各地区城市燃气情况

年份、城市	人工煤气生产能力(万立米/日)	管道长度(公里)			全年供气总量			用气人口(万人)		
		人工煤气	液化石油气	天然气	人工煤气(万立米)	液化石油气(吨)	天然气(万立米)	人工煤气	液化石油气	天然气
2000	163.1	4470	195	2950	81957	379194	24923	422.1	568.8	409.9
2001	201.5	4595	217	3169	58642	387530	30764	458.5	645.8	427.6
2002	218.7	4718	254	3355	61430	377990	30701	511.6	698.5	441.5
2003	230.5	4871	290	4286	69121	432358	30338	541.6	734.4	456.5
2004	214.4	4535	198	5214	61112	456355	37698	474.7	726.8	575.9
2005	190.8	4897	437	4979	63614	402659	36817	531.5	713.1	566.6
2006	168.9	4702	478	5610	54347	487296	53495	474.1	718.5	629.5
2007	273.9	4828	550	5940	55785	456504	54085	486.6	718.7	657.3
2008	293.9	5033	589	6364	61958	396282	57736	503.3	693.7	710.5
2009	293.9	5081	626	6941	54441	398309	60035	523.7	693.6	751.1
2010	321.2	5476	644	7405	55177	395058	66173	542.4	652.1	797.0
2011	313.2	5580	656	9059	56625	504938	76601	573.6	665.9	852.4
2012	254.6	5465	690	10160	59736	516426	85701	556.7	665.7	955.9
2013	335.6	5567	670	12426	59264	495244	97745	573.6	639.4	1021.2
沈　阳				5400		149000	47277		62.3	511.6
大　连	140.0	2088	424		25523	158312		225.1	98.0	
鞍　山	20.0	1467		260	15178	5100	1311	135.2	8.7	18.0
抚　顺				761		38742	11808		56.7	73.5
本　溪	21.0	529		185	4796	6650	919	64.9	14.5	9.4
丹　东	61.0	488		258	4114	5186	496	53.2	8.8	1.8
锦　州	60.0	853	14	159	9148	111	933	90.0	0.7	4.2
营　口			20	547		6005	1913		25.3	69.0
阜　新				317		5120	4039		16.7	42.0
辽　阳			3	648		11372	2754		41.1	37.7
盘　锦			10	493		14655	2240		27.6	41.5
铁　岭				696		3118	4364		9.7	34.2
朝　阳	3.6	132		329	389	5976	904	3.6	12.3	41.9
葫芦岛				764		4052	6315		5.8	39.1

11-7 各地区城市集中供热情况

年份、城市	供热能力		供热总量		管道长度(公里)		供热面积(万平方米)
	蒸汽(吨/小时)	热水(兆瓦)	蒸汽(万吉焦)	热水(万吉焦)	蒸汽	热水	
2000	11569	19154	2201	11388	1303	7211	20030
2001	11435	20564	2747	12888	1659	8617	22048
2002	10911	29269	3437	19616	1722	9679	24963
2003	10975	30874	3999	19719	1707	10927	29669
2004	11844	30488	5269	18729	1711	12376	38150
2005	12583	36051	6435	22508	2312	14093	47621
2006	10967	43765	5936	26157	2143	14770	46773
2007	11718	39717	5886	28036	2023	15387	54118
2008	11612	46395	6253	31218	2228	17057	60990
2009	12013	51183	6479	35643	2294	18129	68464
2010	13186	55770	6521	39613	2302	20599	74526
2011	11544	59855	6599	41926	2283	22694	81581
2012	13038	62826	6320	42748	2259	24787	87108
2013	12787	68631	6521	43494	1357	30493	92109
沈　阳	774	15142	205	10903	202	9008	25900
大　连	5406	12170	3090	6261	307	3412	19120
鞍　山	180	4599	165	3800	12	2391	5673
抚　顺	865	6733	254	2251	5	1246	4464
本　溪		2482		1391		1459	2748
丹　东	2910	1566	1295	730	166	425	2905
锦　州	660	2432	135	2160	70	1252	3302
营　口	316	2236	133	1233	8	1973	2557
阜　新		2519		1685		1492	3088
辽　阳		1827		1880		1035	2835
盘　锦		2079		1618		876	2865
铁　岭		1654		798		719	2101
朝　阳	680	1527	434	2372	111	754	2300
葫芦岛		2540		1333		575	1905

11-8 各地区城市园林绿化情况

年份、城市	城市园林绿地面积（公顷）	#公园绿地	公园（个）	公园面积（公顷）
2000	61432	8977	197	4751
2001	65394	10002	206	5852
2002	61519	11451	212	6083
2003	65211	12654	225	6946
2004	71797	14513	247	7862
2005	74583	15387	259	8300
2006	63535	16426	260	9814
2007	76888	18291	270	10287
2008	78841	19351	283	9959
2009	84145	20501	294	10263
2010	92751	21593	316	11005
2011	95968	23174	322	11693
2012	118297	24710	338	12222
2013	120514	25708	347	12877
沈　阳	28461	7112	66	3138
大　连	18301	3627	73	1644
鞍　山	6372	1814	11	501
抚　顺	5046	1382	16	842
本　溪	23353	975	16	444
丹　东	2183	715	11	662
锦　州	3049	1228	15	784
营　口	4061	1018	13	654
阜　新	3034	946	17	631
辽　阳	3984	767	11	144
盘　锦	2518	804	9	400
铁　岭	2058	539	8	76
朝　阳	1306	541	7	234
葫芦岛	3014	682	10	393

11-9 各地区城市环境卫生情况

年份、城市	清扫保洁面积（万平方米）	生活垃圾清运量（万吨）	粪便清运量（万吨）	市容环卫专用车辆总数（台）	公共厕所（座）	#三类以上
2000	16588	838	160	3009	10523	
2001	16574	768	148	2997	9211	
2002	17772	774	152	3017	10352	
2003	18590	791	144	2920	9529	
2004	18931	779	159	2883	10077	
2005	19588	769	148	3313	9661	
2006	21864	756	132	3381	8321	753
2007	24282	771	152	4058	7889	851
2008	25620	797	176	4134	7868	1041
2009	27546	813	129	4457	6948	1337
2010	28122	837	124	4998	6322	1493
2011	132135	876	119	5200	5863	1653
2012	33403	930	113	5323	5582	1713
2013	35713	927	98	5743	5500	1810
沈　阳	13107	248	20	1880	960	614
大　连	5068	122	3	848	471	187
鞍　山	2986	55	8	237	207	161
抚　顺	1553	50	4	277	249	46
本　溪	851	39	3	229	274	64
丹　东	759	21	10	332	52	41
锦　州	1017	29	1	157	151	56
营　口	757	33	4	199	162	16
阜　新	480	44	3	103	251	75
辽　阳	1032	24	10	215	272	15
盘　锦	940	23	1	139	95	18
铁　岭	1001	14	1	101	137	32
朝　阳	750	32		157	210	94
葫芦岛	803	22	3	56	129	35

主要统计指标解释

年底自来水生产能力 指年底城建部门管理的自来水厂和自备水源的社会单位取水、净化、送水、出厂输水干管等环节的实际生产能力。

年底供水管道长度 指从送水泵到用户水表之间所有管道的长度。

全年供水总量 指公用自来水厂和自备水源的社会单位全年的供水总量，包括有效供水量及损失水量。

生活用水量 指居民日常生活与公共福利设施的用水量。包括居民、饮食店、旅馆、医院、理发店、浴池、洗衣店、游泳池、商店、学校、机关、部队等单位的用水量。

城市人口用水普及率 指城市用水的非农业人口数(不包括临时人口和流动人口)与城市非农业人口总数之比。计算公式:

用水普及率=（城市用水的非农业人口数／城市非农业人口数）×100%

人工煤气生产能力 指城市煤气厂制气、净化、输送等环节的综合实际生产能力。

全年供气总量 指全年售给各类用户的全部煤气量。包括工业用量、家庭用量和其他用量。

城市用气普及率 指使用煤气(包括人工煤气、液化石油气、天然气)的城市非农业人口数(不包括临时人口和流动人口)与城市非农业人口总数之比。计算公式:

城市煤气普及率=（城市用气的非农业人口数／城市非农业人口总数）×100%

城市供热能力 指热电厂、热力公司和达到标准的集中采暖锅炉房向城市输送的供热源的设计能力。每小时向城市输送的蒸汽、热水能力。

城市供热总量 指热电厂、热力公司和达到标准的集中采暖锅炉房全年向城市输送的全部蒸汽、热水量。

城市供热管道长度 指热电厂、热力公司 和达到标准的集中采暖锅炉房管理的集中供热热源到用户之间的全部供气、供热水的管道长度。

年底实有铺装道路长度 指除土路外，路面经过铺装宽度在3.5米以上的道路，包括高级、次高级道路和普通道路。

城市桥梁 指城市范围内，修建在河道上的桥梁和道路与道路立交、道路跨越铁路的立交桥，以及人行天桥，包括永久性桥和半永久性桥，不包括临时性桥、铁路桥、涵洞。

城市下水道总长度 指所有排水总管、干管、支管及暗渠、检查井、连接井进出口等长度之和。

城市污水日处理能力 指污水处理厂每昼夜处理污水量的设计能力。

年末实有公共汽(电)车 指年底可参加营运的全部车辆数，包括年底营运车辆数和库存查封未参加营运的车辆，不包括非营运车辆，如架线车、油罐车、工程车、货车及其他专用车辆和借人的客运车辆。

营运线路长度 指设置的固定营运线路长度，包括郊区营运线路长度。不包括临时行驶的线路长度。

城市园林绿地面积 指城市公共绿地、专用绿地、生产绿地、防护绿地、郊区风景名胜区的全部面积。

公共绿地 指供游览休息的各种公园、动物园、植物园、陵园以及花园、游园和供游览休息用的林荫道绿地、广场绿地。不包括一般栽植的行道树及林荫道的面积。

十二、环境保护

Chapter 12 Environment Protection

12-1 环境保护基本情况

指 标	单位	2006年	2007年	2008年	2009年	2010年	2011年	2012年	2013年
废水排放总量	万吨	212952.93	220996.73	212021.33	217154.68	215868.50	232247.02	238786.35	238786.35
#工业废水排放量	万吨	94724.21	95196.71	83072.94	75158.59	71284.39	90457.12	87167.54	78285.60
生活污水排放量	万吨	118228.72	125800.02	128948.39	141996.09	144584.11	141698.99	151495.12	156106.49
工业废气排放量	万标立方米	271950422	239459177	402189043	252111855	270887017	317007874	319169877	294434651
二氧化硫排放量	万吨	125.91	123.38	113.07	105.14	91.40	112.62	105.87	102.70
#工业	万吨	103.69	106.72	100.08	91.88	78.48	104.89	97.90	94.73
生活	万吨	22.21	16.67	12.99	13.26	12.92	7.72	7.96	7.97
烟粉尘排放量	万吨	71.45	71.64	69.20	61.27	61.90	69.32	72.63	67.05
#工业	万吨	45.64	48.72	46.90	40.15	39.79	59.12	62.63	57.28
生活	万吨	25.81	22.92	22.30	21.12	22.11	7.05	6.99	7.06
一般工业固体废物产生量	万吨	13012.62	14341.81	15841.42	17221.41	17419.57	28269.61	27279.74	26759.45
危险废物产生量	万吨	44.50	61.96	91.24	90.98	105.98	78.49	73.21	104.64
工业固体废物综合利用量	万吨	4958.01	5710.82	7581.81	8240.68	8417.48	10747.78	11861.83	11742.28
工业固体废物综合利用率	%	38.10	39.01	46.83	47.19	47.68	37.89	43.37	43.82
工业固体废物排放量	万吨	24.69	4.48	1.16	2.75	2.88	8.18	10.40	9.05

12-2 各地区废水排放及处理情况

(2013年)

地 区	汇总工业企业数(个)	废水治理设施数(套)	工业废水排放总量(万吨)	生活污水排放量(万吨)
全 省	**6305**	**2290**	**78285.60**	**156106.49**
沈 阳	971	341	8533.05	34710.54
大 连	833	505	26153.78	31340.64
鞍 山	646	193	6322.30	14527.33
抚 顺	270	114	2089.74	8876.62
本 溪	401	196	2952.85	4314.38
丹 东	433	159	4780.18	6230.07
锦 州	217	82	4940.49	11282.05
营 口	532	135	2789.93	7549.70
阜 新	257	94	3614.82	5881.39
辽 阳	380	117	6807.74	5946.12
盘 锦	244	51	4231.33	5475.15
铁 岭	269	104	1667.35	6925.88
朝 阳	562	92	810.06	6766.00
葫 芦 岛	290	107	2591.98	6280.62

12-3 各地区工业废气排放及处理情况

(2013年)

地　区	废气治理设施数(套)	工业废气排放总量(万标立方米)	工业二氧化硫排放量(吨)	工业烟粉尘排放量(吨)
全　省	**11601**	**29443.47**	**947330.22**	**572774.46**
沈　阳	2107	2067.54	130672.44	60424.82
大　连	1869	2261.71	102937.75	46331.83
鞍　山	1528	4748.33	116009.01	89518.36
抚　顺	486	2469.62	51430.08	48169.76
本　溪	773	4660.68	70002.46	61696.67
丹　东	378	872.32	30042.47	28656.15
锦　州	506	787.11	36584.49	20004.62
营　口	1198	3506.67	52069.16	37292.26
阜　新	242	975.27	102913.15	24785.40
辽　阳	659	1489.84	44580.85	34575.11
盘　锦	270	1036.32	53562.62	12703.02
铁　岭	480	1106.12	33063.84	40855.33
朝　阳	675	1904.01	50541.82	48209.02
葫芦岛	430	1557.93	72920.08	19552.12

12-4 各地区工业固体废物产生及处理利用情况

(2013年)

地　区	一般工业固体废物产生量(万吨)	一般工业固体废物综合利用量(万吨)	一般工业固体废物贮存量(万吨)	一般工业固体废物处置量(万吨)	一般工业固体废物倾倒丢弃量(万吨)	危险废物产生量(万吨)	危险废物综合利用量(万吨)	危险废物处置量(万吨)	危险废物贮存量(万吨)
全　省	**26759.45**	**11742.28**	**3883.11**	**11289.33**	**9.05**	**104.64**	**76.634**	**39.754**	**5.388**
沈　阳	790.93	733.09	50.69	132.53		4.42	1.715	2.689	0.021
大　连	517.98	467.91	0.15	49.93		13.13	2.401	10.730	
鞍　山	5177.50	1349.62	2550.47	1277.44		2.04	1.669	0.369	0.000
抚　顺	2912.92	726.57	319.85	1866.49		8.56	3.650	4.685	0.267
本　溪	6464.44	1049.87	284.24	5122.32	8.01	10.90	10.723	0.177	0.005
丹　东	641.41	243.54	30.33	367.55		0.02	0.000	0.022	0.001
锦　州	252.01	235.18	14.49	2.44		32.88	44.742	0.209	5.000
营　口	660.46	568.12	91.58	0.76		0.33	0.000	0.325	0.003
阜　新	931.43	797.56	26.50	107.37		0.12		0.107	0.013
辽　阳	3519.04	2575.94	19.85	923.25		12.01	9.610	2.404	0.000
盘　锦	136.47	125.76	0.0001	10.71		17.30	0.360	16.931	0.006
铁　岭	717.11	508.93	246.85	0.13		0.003		0.003	0.000
朝　阳	3446.02	1997.37	26.37	1422.28		0.08	0.083	0.002	0.000
葫芦岛	591.73	362.82	221.74	6.13	1.04	2.84	1.681	1.101	0.072

主要统计指标解释

工业废水排放量 指经过企业厂区所有排放口排到企业外部的工业废水量。包括生产废水、外排的直接冷却水、超标排放的矿井地下水和与工业废水混排的厂区生活污水，不包括外排的间接冷却水(清污不分流的间接冷却水应计算在内)。

工业废水排放达标量 指报告期内废水中各项污染物指标都达到国家或地方排放标准的外排工业废水量，包括未经处理外排达标的，经废水处理设施处理后达标排放的，以及经污水处理厂处理后达标排放的。

工业废水排放达标率 指工业废水排放达标量占工业废水排放量的百分率，计算公式为:

工业废水排放达标率=工业废水排放达标量/工业废水排放量 × 100%

城镇生活污水排放量 指城镇居民每年排放的生活污水。用人均系数法测算。测算公式为:

城镇生活污水排放量=城镇生活污水排放系数 × 市镇非农业人口 × 365

城镇生活污水中化学需氧量(COD)产生量 指城镇居民每年排放的生活污水中的 COD 的产生量。用人均系数法测算。测算公式为:

城镇生活污水中 COD 产生量=城镇生活污水中 COD 产生系数 × 市镇非农业人口 × 365

化学需氧量(COD) 测量有机和无机物质化学所消耗氧的质量浓度的水污染指数。

工业废气排放量 指报告期内企业厂区内燃料燃烧和生产工艺过程中产生的各种排入大气的含有污染物的气体的总量，以标准状态(273K，101325Pa)计算。测算公式为:

工业废气排放量=燃料燃烧过程中废气排放量+生产工艺过程中废气排放量

生活及其他 SO_2 排放量 以生活及其他煤炭消费量和其含硫量为基础，根据以下公式计算:

生活及其他 SO_2 排放量=生活及其他煤炭消费量 × 含硫量 × 0.8 × 2

工业排放量 指报告期内企业在燃料燃烧和生产工艺过程中排入大气的 SO_2 总量，计算公式为:

工业 SO_2 排放量=燃料燃烧过程中 SO_2 排放量+生产工艺过程中 SO_2 排放量

工业烟尘排放量 指企业厂区内燃料燃烧过程中产生的烟气中夹带的颗粒物排放量。

生活及其他烟尘排放量 指除工业生产活动以外的所有社会、经济活动及公共设施的经营活动中燃烧所排放的烟尘纯重量。以生活及其他煤炭消费量为基础进行测算。

工业粉尘排放量 指企业在生产工艺过程中排放的能在空气中悬浮一定时间的固体颗粒物排放量。如钢铁企业的耐火材料粉尘、焦化企业的筛焦系统粉尘、烧结机的粉尘、石灰窑的粉尘、建材企业的水泥粉尘等。不包括电厂排入大气的烟尘。

工业固体废物产生量 指报告期内企业在生产过程中产生的固体状、半固体状和高浓度液体状废弃物的总量，包括危险废物、冶炼废渣、粉煤灰、炉渣、煤矸石、尾矿、放射性废物和其他废物等；不包括矿山开采的剥离废石和掘进废石(煤矸石和呈酸性或碱性的废石除外)。酸性或碱性废石指采掘的废石其流经水、雨淋水的 pH 值小于 4 或 pH 值大于 10.5 者。

危险废物 指列入国家危险废物名录或根据国家规定的危险废物鉴别标准和鉴别方法认定的，具有爆炸性、易燃性、易氧化性、毒性、腐蚀性、易传染疾病等危险特性之一的废物。

工业固体废物综合利用量 指报告期内企业通过回收、加工、循环、交换等方式，从固体废物中提取或者使其转化为可以利用的资源、能源和其他原材料的固体废物量(包括当年利用往年的工业固体废物贮存量)，如用作农业肥料、生产建筑材料、筑路等。综合利用量由原产生固体废物的单位统计。

工业固体废物综合利用率 指工业固体废物综合利用量占工业固体废物产生量(包括综合利用往年贮存量)的百分率。计算公式为:

工业固体废物综合利用率=工业固体废物综合利用量/（工业固体废物产生量+综合利用往年贮存量）×100%

工业固体废物贮存量 指报告期内企业以综合利用或处置为目的，将固体废物暂时贮存或堆存在专设的贮存设施或专设的集中堆存场所内的数量。专设的固体废物贮存场所或贮存设施必须有防扩散、防流失、防渗漏、防止污染大气、水体的措施。

工业固体废物处置量 指报告期内企业将固体废物焚烧或者最终置于符合环境保护规定要求的场所，并不再回取的工业固体废物量(包括当年处置往年的工业固体废物贮存量)。处置方式有填埋(其中危险废物应安全填埋)、焚烧、专业贮存场(库)封场处理、深层灌注、回填矿井及海洋处置(经海洋管理部门同意投海处置)等。

工业固体废物排放量 指报告期内企业将所产生的固体废物排到固体废物污染防治设施、场所以外的数量，不包括矿山开采的剥离废石和掘进废石(煤矸石和呈酸性或碱性的废石除外)。

“三废”综合利用产品产值 指报告期内利用“三废”作为主要原料生产的产品价值(现行价)；已经销售或准备销售的应计算产品价值，留作生产自用的不应计算产品价值。

十三、农业

Chapter 13 Agriculture

13-1 农村基层组织和农业基本情况

指　标	单位	2005年	2006年	2008年	2009年	2010年	2011年	2012年	2013年
乡　镇　数	个	993	976	944	940	924	903	889	876
#镇　数	个	611	598	574	576	590	598	605	622
村民委员会	个	11920	11902	11822	11770	11764	11707	11659	11296.0
乡村户数	万户	695.6	689.2	703.8	710.7	722.9	722.5	720.1	719.2
乡村从业人员	万人	1113.5	1132.9	1164.7	1180.5	1208.5	1223.1	1217.8	1217.1
按行业分的乡村从业人员									
农林牧渔业	万人	686.4	680.9	662.3	661.4	663.6	663.6	660.0	652.0
工　业	万人	106.1	112.9	124.0	129.7	138.6	142.9	143.3	144.1
建筑业	万人	77.1	81.9	91.6	94.9	101.7	110.0	110.7	111.9
交通运输业、仓储及邮电通信业	万人	44.5	43.7	47.2	48.8	51.0	52.8	53.0	54.0
批发零售贸易业、餐饮业	万人	70.0	71.3	78.8	83.4	87.1	90.1	88.4	92.2
其他非农行业	万人	129.4	142.2	160.7	162.4	166.5	163.6	162.4	163.0
年末常用耕地面积	千公顷	3655.2	4085.1	4085.3					
水　田	千公顷	581.7	646.9	643.1					
旱　田	千公顷	3073.5	3438.2	3442.1					
年内减少耕地面积	千公顷	33.1		5.0					
#国家基建占地	千公顷	4.0							
退耕还林还草占地	千公顷	8.7							
耕地改为园地	千公顷	2.8							
农业机械总动力	万千瓦	1922.7	1995.3	2192.9	2299.4	2408.3	2558.1	2678.0	2788.5
农用大中型拖拉机	台	42777	45035	117651	135725	151708	174321	190581	208000
农用大中型拖拉机	万千瓦	158.6	176.6	306.6	354.0	388.2	463.1	510.3	564.2
小型拖拉机	台	235585	244337	236861	244596	263303	282623	308368	322500
小型拖拉机	万千瓦	267.8	275.1	253.0	258.0	276.9	287.5	304.8	314.2
大中型拖拉机配套农具	部	56923	60879	155061	170234	187426	223748	251948	274000
小型拖拉机配套农具	部	281395	311894	323030	355201	410555	445088	472436	491700
渔用机动船	艘	37590	43912	47264	44302	48238	47115	45770	43343
渔用机动船	万千瓦	121.7	131.9	154.0	156.5	159.6	158.2	151.1	155.6
灌溉面积	千公顷	1715.4	1732.9	1693.3	1707.6	1722.8	1758.0	1860.1	1531.7
化肥施用量(折纯)	万吨	119.9	121.1	128.8	133.6	140.1	144.6	146.9	151.8
乡村办水电站个数	个	146	152	162	165	169	174	177	180
装机容量	千瓦	384200.0	358000.0	379000.0	391333.0	395488.0	397348.0	476073.0	511373.0
农村售电量	亿千瓦小时	153.3	219.0	270.8	283.9	359.5	366.3	373.4	394.8
农作物总播种面积	千公顷	3801.0	3627.2	3946.4	4064.7	4184.9	4356.2	4361.3	4208.8
粮　食	千公顷	3179.7	3089.7	3035.9	3124.1	3179.3	3169.8	3217.3	3226.4
谷　物	千公顷	2871.8	2836.4	2739.2	2848.6	2948.3	2943.3	2995.4	3013.3
#稻　谷	千公顷	538.1	624.9	658.7	656.7	677.5	659.6	661.8	649.2
小　麦	千公顷	21.4	8.0	10.3	8.8	7.5	6.9	6.8	5.6
玉　米	千公顷	2076.7	1983.1	1884.9	1964.1	2093.0	2134.6	2206.7	2245.6
豆　类	千公顷	214.8	149.9	203.9	183.6	151.0	143.4	139.9	134.2
薯　类	千公顷	93.2	103.5	92.8	91.9	80.0	83.1	82.0	78.9
油　料	千公顷	164.3	106.6	282.4	277.3	347.4	392.0	376.7	354.7
棉　花	千公顷	2.3	1.5	1.4	0.9	0.4	0.4	0.3	0.5
糖　料	千公顷	1.8	0.8	2.0	1.8	1.1	1.8	1.9	3.3
烟　叶	千公顷	16.1	8.3	11.5	12.5	10.9	10.8	11.8	9.8
蔬　菜	千公顷	353.1	354.0	388.7	402.7	430.2	465.4	487.1	492.1
果园面积	千公顷	317.0	313.6	323.6	349.7	354.2	359.9	368.5	400.4

注：农作物总播种面积由粮食作物、经济作物和其他作物构成，2013年粮食作物数据采用抽样调查数据，2013年以前该项指标为全面统计数据。

13-2　主要农牧渔业生产情况

指　　标	单位	2005年	2006年	2008年	2009年	2010年	2011年	2012年	2013年
农产品产量									
粮　　食	万吨	1745.8	1797.0	1860.3	1591.0	1765.4	2035.5	2070.5	2195.6
谷　　物	万吨	1877.0	1708.7	1760.0	1517.2	1677.1	1933.5	1986.5	2122.7
#稻谷	万吨	414.5	426.6	505.6	506.0	457.6	501.3	507.8	506.9
小麦	万吨	8.9	3.1	4.9	4.5	3.7	3.7	3.2	2.7
玉米	万吨	1340.3	1211.5	1189.0	963.1	1150.5	1360.3	1423.5	1563.2
豆　　类	万吨	49.3	40.1	52.9	32.1	37.0	37.0	34.2	31.3
薯　　类	万吨	50.0	48.2	47.5	41.7	51.3	65.0	49.8	41.6
油　　料	吨	368411	257100	835027	553499	995980	1197565	1208739	1136410.7
#花　生	吨	330103	245000	800740	534697	961477	1165363	1165335	1112919.7
油菜籽	吨	1071	1000	1188	798	546	758	937	1221.0
芝　麻	吨	6036	2036	2997	815	2176	2330	2139	686.0
棉　　花	吨	2685	2000	2401	956	655	736	560	999.0
麻　　类	吨	114	12	21	9		15		
甜　　菜	吨	62379	30000	74952	61941	48728	77977	97317	171219.0
烟　　叶	吨	34234	26900	32255	31531	28560	29846	33621	27960.0
#烤　烟	吨	31742	24200	29655	29155	24505	26423	30537	26852.0
柞　蚕　茧	吨	43200	44075	53516	50142	49847	54827	50856	51674.0
水　　果	万吨	329.3	343.7	422.5	477.2	521.6	574.4	632.9	661.4
农产品单位面积产量									
谷　　物	公斤/公顷	6536.0	6024.2	6425.2	5326.1	6375.6	6569.2	6631.8	6805.1
棉　　花	公斤/公顷	1167.0	1333.3	1696.0	1098.9	1523.3	1821.8	1842.1	1881.4
花生	公斤/公顷	2347.0	2549.4	3041.0	2052.0	2892.9	3090.5	3240.4	3259.2
油菜籽	公斤/公顷	1471.0	2000.0	1977.0	1995.0	1950.0	2071.0	1952.1	1910.8
芝麻	公斤/公顷	1161.0	783.1	1281.0	465.7	1490.4	1906.7	2254.0	1943.3
甜菜	公斤/公顷	41865.0	37500.0	37608.0	34033.5	45969.8	44482.0	52041.2	51401.7
烤烟	公斤/公顷	2109.0	3226.7	2778.0	2559.7	2500.5	2733.3	2830.6	2875.9
大牲畜年末头数	万头	495.9	427.1	524.1	515.6	525.9	530.8	524.4	515.5
#牛	万头	344.7	281.5	356.4	354.0	366.7	371.2	367.1	
马	万头	28.2	26.7	27.7	26.5	26.9	24.8	22.9	22.2
驴	万头	98.9	95.9	116.2	113.9	112.1	116.3	117.4	111.9
骡	万头	24.1	23.0	23.7	21.2	20.1	18.5	17.0	16.1
肉猪出栏头数	万头	2063.2	2245.4	2435.5	2597.0	2682.7	2652.1	2728.5	2785.8
猪年底头数	万头	1642.4	1416.1	1548.5	1606.2	1567.6	1585.4	1592.6	1624.5
羊年底只数	万只	830.2	673.9	733.4	717.0	733.5	725.6	721.8	735.4
山羊	万只	426.3	410.9	428.0	447.8	414.1	401.8	392.3	401.0
绵羊	万只	404.0	263.0	305.4	269.2	319.4	323.8	329.5	334.4
肉类产量	万吨	346.1	329.7	376.0	389.2	406.7	408.2	418.7	420.3
#猪牛羊肉	万吨	238.8	231.0	252.4	266.8	277.9	275.8	281.3	284.9
猪肉	万吨	184.7	189.3	204.2	218.8	228.4	225.9	230.2	233.6
牛肉	万吨	42.2	35.3	40.5	40.2	41.6	42.0	43.2	43.2
羊肉	万吨	11.9	6.4	7.8	7.8	7.9	7.9	7.9	8.1
奶类	万吨	78.8	95.8	120.1	115.6	126.7	132.0	130.2	125.7
#牛奶	万吨	74.9	91.7	114.1	110.0	121.2	124.5	124.7	120.9
绵羊毛	吨	10412.0	8580.0	11468.0	10136.0	12154.0	13471.4	14660.0	14987.9
山羊毛	吨	1680.0	1877.0	2401.0	2736.0	2565.0	2169.3	1827.0	2554.1
羊绒	吨	1053.0	1182.0	1372.0	1216.0	1293.0	1115.9	1056.0	995.9
禽蛋	万吨	224.0	195.2	230.0	263.1	275.7	277.4	279.9	276.8
水产品总产量	万吨	425.3	351.3	494.9	534.7	429.1	453.9	480.8	504.9
海水产品	万吨	364.2	296.0	411.6	437.9	348.4	368.3	391.5	411.0
淡水产品	万吨	61.1	55.3	83.3	96.8	80.6	85.7	89.3	93.9

注：1.粮食作物产量为抽样调查定产数，其他品种产量为全面调查报表数。
2.2006年水产品产量为农业普查衔接数据，2010年、2011年为国家核定数据，下同。
3.全省畜牧业数据为国家核定数据，下同。
4.国家新制度,山羊毛中包括羊绒产量。

13-3 农村基层组织情况

年份、地区	乡镇数(个)	#镇数	村民委员会(个)	乡村户数(万户)	乡村人口数(万人)	乡村从业人员(万人)
1990	1216	436	16498	631.4	2337.5	869.4
1991	1208	453	16512	641.4	2345.5	888.1
1992	1221	466	16535	645.0	2342.9	891.3
1993	1265	483	16529	646.9	2320.0	892.9
1994	1225	505	16509	651.6	2311.7	894.2
1995	1235	538	16483	655.5	2311.1	903.0
1996	1217	580	16444	656.1	2302.9	907.5
1997	1198	592	16372	660.4	2298.8	921.4
1998	1217	634	16310	663.8	2289.9	933.2
1999	1156	652	16287	674.6	2315.5	938.8
2000	1134	639	16192	680.1	2311.5	966.0
2001	1143	658	16033	685.3	2318.6	977.5
2002	1033	622	15950	685.9	2314.5	993.5
2003	1011	617	13720	692.1	2325.6	1016.3
2004	1007	620	12024	696.2	2338.9	1083.8
2005	993	611	11920	695.6	2331.4	1113.5
2006	976	598	11902	689.2	2289.3	1132.9
2007	945	575	11896	701.1	2323.5	1153.6
2008	944	574	11822	703.8	2320.4	1164.7
2009	940	576	11770	710.7	2327.6	1180.5
2010	924	590	11764	722.9	2328.2	1208.5
2011	903	598	11707	722.5	2322.9	1223.1
2012	889	605	11659	720.1	2310.5	1217.8
2013	876	625	11296	719.2	2301.7	1217.1
沈　阳	73	55	1203	87.4	273.4	140.0
大　连	55	35	844	87.7	263.6	133.3
鞍　山	55	52	832	55.3	187.2	96.8
抚　顺	47	24	615	27.3	85.5	51.5
本　溪	22	17	291	15.5	53.2	28.8
丹　东	63	58	672	45.0	147.9	81.1
锦　州	79	50	1099	59.9	194.4	102.9
营　口	38	35	635	44.9	139.4	74.6
阜　新	66	53	623	34.2	115.6	66.6
辽　阳	36	30	533	36.9	111.5	57.9
盘　锦	31	28	319	24.3	72.6	41.4
铁　岭	89	78	1189	63.4	209.1	99.9
朝　阳	131	72	1364	77.7	253.6	143.9
葫芦岛	91	38	1077	59.8	194.7	98.6

13-4 乡村从业人员

(年末数) 单位：万人

年份、地区	农林牧渔业	工业	建筑业	交通运输业、仓储及邮电通信业	批发零售贸易业、餐饮业	其他非农行业
1990	631.2	99.1	34.6	20.0	23.1	61.4
1991	650.6	97.0	33.5	20.2	24.8	62.1
1992	637.0	100.0	36.0	22.3	29.2	67.1
1993	621.2	94.4	43.6	25.6	31.5	76.4
1994	611.3	91.8	47.6	30.3	37.6	75.5
1995	617.5	89.1	48.9	31.7	39.7	76.1
1996	629.4	89.7	51.9	32.3	40.7	63.5
1997	624.3	83.9	49.5	33.1	42.7	87.9
1998	633.3	78.1	49.2	33.4	43.8	95.3
1999	643.2	76.8	51.3	35.7	47.3	84.5
2000	651.2	77.6	56.3	37.5	49.8	93.7
2001	649.0	77.2	57.9	37.5	50.7	105.3
2002	659.2	80.5	60.2	38.2	51.5	103.9
2003	667.3	85.8	65.7	39.8	55.0	102.7
2004	685.8	94.9	71.1	43.2	68.9	119.9
2005	686.4	106.1	77.1	44.5	70.0	129.4
2006	680.9	112.9	81.9	43.6	71.3	142.2
2007	669.1	121.8	89.8	45.9	74.4	152.5
2008	662.3	124.0	91.6	47.2	78.8	160.7
2009	661.0	130.0	94.9	48.7	83.4	162.4
2010	663.6	138.6	101.7	51.0	87.1	166.5
2011	663.6	142.9	110.0	52.8	90.1	163.6
2012	660.0	143.3	110.7	53.0	88.4	162.4
2013	652.0	144.1	111.9	54.0	92.2	163.0
沈　阳	74.6	18.1	10.3	6.4	13.5	17.0
大　连	57.7	21.9	14.5	6.5	8.9	23.8
鞍　山	46.9	16.9	8.8	6.3	9.4	8.5
抚　顺	30.7	5.0	3.3	2.1	3.5	6.9
本　溪	14.0	3.7	2.5	1.5	2.4	4.8
丹　东	43.8	11.0	6.2	3.2	6.2	10.6
锦　州	64.5	7.8	9.0	4.6	7.0	10.1
营　口	34.6	13.4	6.5	4.6	6.9	8.5
阜　新	37.8	4.8	4.7	2.1	3.8	13.4
辽　阳	31.6	10.1	4.3	3.0	4.4	4.6
盘　锦	24.0	5.1	2.3	1.9	4.4	3.8
铁　岭	58.2	7.8	10.6	3.3	6.3	13.8
朝　阳	77.3	12.3	18.4	4.6	8.1	23.2
葫芦岛	56.3	6.4	10.5	3.9	7.4	14.1

注：1.本表分行业劳动力是按从事的主行业划分的，如以农业为主、兼营商业的，仍作为农林牧渔业劳动力。
2.工业劳动力中包括村及村以下办的工业劳动力。

13-5 农林牧渔业总产值

单位：亿元

年 份	农林牧渔业总产值	农业	林业	牧业	渔业	农林牧渔服务业
1978	49.2	38.9	1.1	7.1	2.1	
1979	59.9	45.8	1.4	10.6	2.1	
1980	73.5	55.6	2.5	13.2	2.2	
1985	118.1	74.6	4.2	31.3	8.0	
1986	142.0	95.0	4.2	32.3	10.5	
1987	169.2	108.3	4.9	39.6	16.4	
1988	227.4	131.8	5.0	67.7	22.9	
1989	222.8	125.4	4.8	69.8	22.8	
1990	273.8	163.5	6.6	75.5	28.2	
1991	295.9	175.3	6.9	80.6	33.1	
1992	330.1	193.8	7.5	88.6	40.2	
1993	425.7	245.7	9.4	117.4	53.3	
1994	546.8	294.2	11.0	171.9	69.7	
1995	691.8	382.7	12.9	206.0	90.2	
1996	804.7	449.5	13.9	224.7	116.6	
1997	834.7	433.8	15.1	247.1	138.6	
1998	969.8	534.7	17.4	269.6	148.1	
1999	977.1	510.9	18.5	282.4	165.2	
2000	967.4	463.5	19.7	304.2	180.0	
2001	1045.7	503.1	21.8	332.3	188.5	
2002	1132.5	540.1	27.9	361.3	203.2	
2003	1215.0	497.3	38.4	422.0	224.0	33.3
2004	1510.5	611.3	40.7	548.3	272.2	38.0
2005	1671.6	640.1	44.5	636.5	306.7	43.8
2006	1738.1	713.0	52.3	615.3	292.6	64.9
2007	2128.0	837.5	60.3	830.8	326.1	73.3
2008	2476.9	896.9	69.4	1052.4	374.5	83.7
2009	2704.6	913.5	70.0	1171.4	441.9	107.8
2010	3106.5	1140.3	82.5	1270.6	491.0	122.1
2011	3633.6	1307.2	107.4	1521.1	560.0	138.0
2012	4062.4	1539.6	128.7	1621.2	618.7	154.1
2013	4349.7	1673.9	136.5	1675.4	689.3	174.7

注：1.本表按当年价格计算。2003年以后数据按新的国民经济行业分类标准和新的产值计算方法计算。
2.2006-2007年农林牧渔业总产值为与农业普查衔接后国家核定数据。

13-6 农林牧渔业总产值指数

(1952年=100)

单位：%

年　份	农林牧渔业合计	农业	林业	牧业	渔业
1952	100	100	100	100	100
1978	200.0	197.4	489.6	189.7	298.3
1979	206.7	204.0	536.2	199.3	283.2
1980	222.2	206.9	564.9	209.1	279.9
1985	270.0	223.4	734.9	465.3	463.3
1986	288.6	250.0	659.1	444.2	524.0
1987	303.6	263.0	700.2	441.5	664.2
1988	337.0	274.8	627.6	591.3	748.9
1989	322.6	249.9	613.2	606.5	837.7
1990	371.9	309.4	738.0	603.3	885.4
1991	388.5	319.7	737.8	636.8	947.0
1992	419.7	340.3	795.3	699.0	1044.3
1993	474.4	386.3	866.4	827.1	1091.3
1994	473.8	335.1	939.8	1008.3	1126.1
1995	530.7	373.1	1001.3	1111.7	1327.5
1996	612.3	453.8	1065.4	1166.2	1595.9
1997	629.7	426.7	1137.1	1282.3	1802.0
1998	730.9	529.5	1263.6	1407.3	1979.1
1999	755.4	512.8	1319.5	1514.1	2212.7
2000	749.2	470.2	1349.4	1603.6	2302.3
2001	799.0	510.1	1474.7	1710.3	2373.3
2002	865.1	547.2	1856.1	1861.5	2547.0
2003	926.3	570.2	2120.4	2028.8	2726.9
2004	999.5	607.2	2250.0	2225.9	2933.0
2005	1074.5	630.3	2493.0	2473.0	3164.7
2006	1149.7	653.0	2744.8	2683.2	3436.9
2007	1195.7	682.4	2882.0	2777.1	3591.6
2008	1273.6	708.8	3041.1	2999.6	3931.8
2009	1315.6	691.1	3238.8	3167.6	4277.8
2010	1392.4	729.8	3452.6	3310.1	4662.3
2011	1475.9	810.1	3763.3	3349.8	4942.0
2012	1548.3	864.4	3970.3	3453.7	5159.5
2013	1613.3	915.4	4216.5	3477.8	5556.8

注：本表按不变价格计算，2007年以后农林牧渔业产值指数为调整后的口径。

13-7 农林牧渔业总产值指数

(上年=100) 单位：%

年 份	农林牧渔业合计	农业	林业	牧业	渔业	农林牧渔服务业
1978	106.4	110.1	84.3	94.0	103.5	
1979	103.4	103.3	109.5	105.0	94.9	
1980	101.9	101.4	105.4	104.9	98.8	
1985	90.8	80.3	92.2	124.8	118.0	
1986	106.9	111.9	89.7	95.5	113.1	
1987	105.2	105.2	106.2	99.4	126.7	
1988	111.0	104.5	89.6	133.9	112.7	
1989	95.7	90.9	97.7	102.6	111.9	
1990	115.3	123.8	120.4	99.5	105.7	
1991	104.5	103.3	100.0	105.6	106.9	
1992	108.0	106.4	107.8	109.8	110.3	
1993	113.0	113.5	108.9	118.3	104.5	
1994	99.9	86.7	108.5	121.9	103.2	
1995	112.0	111.3	106.5	110.3	117.9	
1996	115.4	121.6	106.4	104.9	120.2	
1997	102.8	94.0	106.7	110.0	112.9	
1998	116.1	124.1	111.1	109.7	109.8	
1999	103.3	96.9	104.4	107.6	111.8	
2000	99.2	91.7	102.3	105.9	104.0	
2001	106.6	108.5	109.3	106.7	103.1	
2002	108.3	107.3	125.9	108.8	107.3	
2003	107.1	104.2	114.2	109.0	107.1	110.8
2004	107.9	106.5	106.1	109.7	107.6	110.3
2005	107.5	103.8	110.8	111.1	107.9	109.2
2006	107.0	103.6	110.1	108.5	108.6	119.7
2007	104.0	104.5	105.0	103.5	104.5	104.0
2008	106.5	103.9	105.5	108.0	109.5	107.6
2009	103.3	97.5	106.5	105.6	108.8	103.2
2010	105.8	105.6	106.6	104.5	109.0	109.0
2011	106.0	111.0	109.0	101.2	106.0	107.0
2012	104.9	106.7	105.5	103.1	104.4	109.2
2013	104.2	105.9	106.2	100.7	107.7	109.0

13-8 各地区农林牧渔业总产值及指数

(2013年)

地区	农林牧渔业总产值	农业	林业	牧业	渔业
一、绝对数(万元)					
全省	**43497149**	**16738567**	**1364832**	**16753514**	**6892997**
沈阳	6432787	2539408	109351	3292963	258432
大连	8723558	2338938	80488	2291498	3369775
鞍山	2446503	1089281	8503	1259969	58750
抚顺	1850785	730667	270040	536086	272481
本溪	1238844	395313	343205	406462	78612
丹东	2513460	852297	100408	734835	751724
锦州	3947050	1429799	22985	2133433	311276
营口	1900518	672683	40757	614842	549552
阜新	2649013	1224503	101394	1263642	8634
辽阳	1351514	576984	27584	573713	148507
盘锦	2012606	828447	7162	454883	688557
铁岭	4584546	1647548	151498	2720593	47019
朝阳	4409536	2171621	340808	1818914	5168
葫芦岛	1942017	734889	32634	795525	329868
二、指数(以上年为100)					
全省	**104.2**	**105.9**	**106.2**	**100.7**	**107.7**
沈阳	104.9	103.1	104.8	106.4	101.4
大连	104.8	104.9	104.3	104.6	104.8
鞍山	105.0	105.1	155.6	104.4	105.6
抚顺	104.8	105.4	105.7	103.6	104.6
本溪	104.7	103.6	113.7	100.0	100.6
丹东	105.1	105.1	106.1	103.9	106.1
锦州	105.0	105.1	110.1	105.1	103.8
营口	105.3	104.6	103.7	106.2	105.3
阜新	105.3	106.4	101.3	103.9	104.0
辽阳	104.3	118.6	111.9	91.1	110.6
盘锦	105.0	104.2	98.4	107.9	104.2
铁岭	105.1	104.0	118.9	104.7	130.5
朝阳	104.8	100.5	114.9	108.8	105.5
葫芦岛	104.2	106.5	117.6	101.9	103.6

注：绝对数按当年价格计算。指数按可比价计算。

13-9 农林牧渔业增加值

(2013年) 单位：万元

指　　标	农林牧渔业合计	农业	林业	牧业	渔业	农林牧渔服务业
一、当年现价产值	**43497174**	**16738567**	**1364857**	**16753514**	**6892997**	**1747238**
二、农林牧渔业中间消耗	**20280807**	**6626959**	**566749**	**9983710**	**2410962**	**692452**
1.物 质 消 耗	16150592	4705688	363545	8951205	1731914	398239
(1)用 种 量	1219715	808250	165132	246333		
(2)饲料、饲草	9008512	317320		7814451	876741	
(3)肥　　料	1542331	1519809	22522			
(4)燃　　料	1053101	568702	32635	111785	339978	
(5)农药或兽药	536466	222750	7752	305965		
(6)用 电 量	310754	208478	5167	70981	26128	
(7)农用塑料薄膜	237395	237395				
(8)其它物质消耗	2242318	822984	130337	401691	489067	398239
2.生产服务支出	4130240	1921271	203204	1032505	679048	294213
三、农林牧渔业增加值	**23216342**	**10111608**	**798108**	**6769804**	**4482036**	**1054786**
中间消耗占总产值(%)	46.6	39.6	41.5	59.6	35.0	39.6
增加值占总产值(%)	53.4	60.4	58.5	40.4	65.0	60.4

13-10 农业机械和农产品加工机械拥有量

机械名称	单位	2007年	2008年	2009年	2010年
农业机械总动力	万千瓦	2087.4	2192.9	2299.4	2408.3
农用大中型拖拉机	台	67556	117651	135725	151629
小 型 拖 拉 机	台	240121	236861	244596	263306
大中型拖拉机配套农具	万部	7.66	15.51	17.02	18.74
小型拖拉机机引农具	万部	33.43	32.3	35.52	41.06
机　引　犁	万部	7.25	8.75	9.12	11.37
机　引　耙	万部	2.92	3.31	3.22	3.70
机 引 播 种 机	万部	11.62	13.22	15.12	16.70
机动水稻插秧机	台	4274	7296	12098	16124
农用排灌动力机械	万台/万千瓦	103.56/328.87	98.81/345.00	103.96/350.59	103.83/353.26
#柴　油　机	万台/万千瓦	17.64/143.04	19.41/159.00	21.42/166.48	22.87/173.64
电　动　机	万台/万千瓦	85.46/181.32	78.85/180.00	82.05/179.27	79.49/175.77
农 用 水 泵	万台	118.6	121.81	128.99	127.67
节 水 灌 溉 机 械	套	53061	104370	105316	110531
联 合 收 割 机	台	1456	2374	3924	5432
机 动 脱 粒 机	万台	11.92	11.7	11.71	12.66
谷 物 烘 干 机	台	368	327	266	412
粮食加工机械	万台	12.12	14.4	14.61	14.57
棉花加工机械	万台	0.02	0.01	0.02	0.02
油料加工机械	万台	0.53	0.47	0.61	0.67
机动喷雾(粉)机	万部	5.59	7.04		9.66
饲草料加工机械	万台	8.93	15.91	16.42	17.17
渔 用 机 动 船	艘	47312	47264	44302	48238

13-10 续表

机械名称	单位	2011年	2012年	2013年
农业机械总动力	万千瓦	2558.1	2678.02	2788.49
农用大中型拖拉机	台	174321	190581	208000
小 型 拖 拉 机	台	282623	308368	322500
大中型拖拉机配套农具	万部	22.37	25.19	27.40
小型拖拉机机引农具	万部	44.51	47.24	49.17
机 引 犁	万部	8.91	10.44	11.28
机 引 耙	万部	2.85	2.95	2.95
机 引 播 种 机	万部	17.66	20.13	21.28
机动水稻插秧机	台	21566	26324	32896
农用排灌动力机械	万台/万千瓦	107.51/359.20	106.06/361.02	105.47/361.15
#柴 油 机	万台/万千瓦	21.56/170.06	23.90/171.70	21.63/171.98
电 动 机	万台/万千瓦	83.18/180.37	81.71/181.04	80.99/181.11
农 用 水 泵	万台	129.71	127.33	125.30
节 水 灌 溉 机 械	套	116001	123306	125200
联 合 收 割 机	台	7984	10922	14500
机 动 脱 粒 机	万台	13.36	13.77	14.72
谷 物 烘 干 机	台	466	545	751
粮食加工机械	万台	14.33	14.72	14.94
棉花加工机械	万台	0.02	0.02	0.013
油料加工机械	万台	0.67	0.67	0.68
机动喷雾(粉)机	万部	9.46	9.55	9.67
饲草料加工机械	万台	16.44	16.97	17.07
渔 用 机 动 船	艘	47115	45770	43343

13-11 机耕、灌溉面积、化肥施用量、农村小水电站和农村售电量

年 份	机耕面积(万公顷)	有效灌溉面积(万公顷)	#机电提灌	机电提灌面积占有效灌溉面积比重(%)	化肥施用量(万吨)		农村小型水电站		农村售电量(亿千瓦小时)
					实物量	折纯量	个数(个)	装机容量(千瓦)	
1978	204.5	85.3	68.5	80.2	205.8		111	33837	17.8
1980	208.4	76.0	59.6	78.4	298.4		57	10469	23.8
1985	187.7	72.4	59.7	82.5	273.4	70.9	75		29.3
1986	194.5	73.1	60.1	82.2	264.0	70.1	73		33.8
1987	207.8	76.9	62.8	81.7	265.2	67.3	66		38.7
1988	219.8	76.3	63.4	83.1	273.6	70.1	111	74617	50.6
1989	219.2	76.0	62.8	82.6	281.8	74.6	113	92522	46.0
1990	236.3	105.9	51.6	48.7	301.1	81.4	116	94123	51.3
1991	251.8	108.9	87.7	80.5	313.4	85.1	114	95638	54.8
1992	258.1	114.0	91.3	80.1	320.6	90.5	115	98363	63.5
1993	256.7	117.0	92.7	79.2	320.7	95.1	115	99218	73.7
1994	250.4	118.4	92.3	78.0	325.7	100.2	116	105440	72.7
1995	246.3	120.4	94.0	78.1	334.9	103.1	120	134721	81.6
1996	249.8	123.4	96.6	78.3	346.5	110.7	124	181531	91.3
1997	260.9	127.7	99.0	77.5	344.2	113.0	121	183000	96.0
1998	265.0	133.5	100.8	75.5	349.1	114.1			89.1
1999	278.8	138.9	105.0	75.6	353.8	116.7	97	100360	93.7
2000	290.9	144.1	106.9	74.0	334.6	109.4	119	148000	103.5
2001	277.2	148.2	106.3	71.7	329.2	109.8	133	208800	105.4
2002	275.4	150.0	109.9	73.3	330.8	111.4	134	218800	119.2
2003	272.1	151.3	105.6	69.8	329.3	112.6	134	208800	145.8
2004	277.8	152.0	105.7	69.5	341.2	117.9	140	346700	149.6
2005	297.9	152.7	104.1	68.2	354.2	119.9	146	384200	153.3
2006	301.0	150.0	97.4	64.9	358.5	121.2	152	358000	219.0
2007	301.2	149.1	115.8	77.7	370.1	127.5	153	385300	265.4
2008	321.0	149.3	110.2	73.8	385.5	128.8	162	379000	270.8
2009	328.9	151.0	108.2	71.7	392.8	133.6	165	391333	283.9
2010	342.0	153.8	108.7	70.7	403.4	140.1	169	395488	359.5
2011	373.3	158.8	109.7	69.1	418.3	144.6	174	397348	366.3
2012	384.5	169.9	120.9	71.2	428.3	146.9	177	476073	373.4
2013	388.8	140.8			432.6	151.8	180	511373	394.8

13-12 各地区化肥施用量

(2013年) 单位：万吨

地　区	合计		氮肥		磷肥		钾肥		复合肥	
	实物量	折纯量	实物量	折纯量	实物量	折纯量	实物量	折纯量	实物量	折纯量
全　省	**432.6**	**151.8**	**197.6**	**70.1**	**52.9**	**12.2**	**32.7**	**13.5**	**149.4**	**56.0**
沈　阳	66.9	20.7	28.1	8.7	7.7	1.6	5.7	2.5	25.3	8.0
大　连	49.8	16.7	22.5	6.4	5.6	1.3	4.1	1.9	17.6	7.0
鞍　山	24.9	9.5	14.6	5.1	2.0	0.6	1.2	0.6	7.1	3.2
抚　顺	9.6	3.5	4.6	1.8	1.2	0.4	0.9	0.4	2.8	0.9
本　溪	4.5	1.3	2.5	0.9	0.6	0.1	0.4	0.1	1.0	0.2
丹　东	21.8	7.6	13.9	4.2	2.0	0.3	1.2	0.6	4.7	2.5
锦　州	40.9	17.0	18.0	7.8	3.7	0.9	3.3	1.4	15.9	6.9
营　口	17.0	6.1	7.9	3.1	2.5	0.7	2.0	0.8	4.7	1.6
阜　新	40.1	15.4	16.5	6.9	3.9	0.7	2.9	1.3	16.8	6.6
辽　阳	16.2	5.4	7.7	2.5	2.4	0.7	1.3	0.5	4.9	1.7
盘　锦	14.2	4.7	6.9	2.7	3.3	0.8	1.3	0.4	2.7	0.8
铁　岭	56.9	23.0	19.1	7.8	6.2	1.5	2.9	1.3	28.8	12.4
朝　阳	44.7	12.3	23.2	7.8	8.1	1.6	2.8	0.8	10.6	2.1
葫芦岛	25.1	8.6	12.0	4.4	3.8	1.0	2.8	1.0	6.5	2.3

13-13 灌溉、水库和除涝、治水、治碱情况

指　标	单位	2005年	2006年	2008年	2009年	2010年	2011年	2012年	2013年
年底灌区数	处	79	73	73	72	70	74	73	221
#50万亩以上	处	4	4	4	4	4	4	4	6
30-50万亩	处	5	4	4	5	5	6	6	5
灌区有效灌溉面积	万公顷	52.6	48.5	48.4	48.4	48.2	50.5	50.1	
#50万亩以上	万公顷	17.4	17.4	17.4	17.4	17.4	17.4	17.4	
30-50万亩	万公顷	12.6	10.6	10.6	12.9	12.9	14.9	14.9	
水库座数	座	963.0	918.0	952.0	952.0	951.0	922.0	905.0	911.0
大型水库	座	29.0	33.0	33.0	33.0	33.0	33.0	33.0	33.0
中型水库	座	71.0	74.0	74.0	74.0	74.0	74.0	74.0	76.0
小型水库	座	863.0	811.0	845.0	845.0	844.0	815.0	798.0	802.0
水库总容量	亿立方米	335.5	359.3	357.5	359.9	359.3	358.3	358.1	
大型水库	亿立方米	303.1	325.5	325.6	328.0	327.7	326.8	326.8	
中型水库	亿立方米	21.2	22.9	21.3	21.3	21.1	21.2	20.9	
小型水库	亿立方米	11.2	10.9	10.6	10.6	10.5	10.3	10.3	
除涝面积	千公顷	996.3	996.1	995.0	983.2	985.3	989.1	993.1	911.2
本年新增除涝面积	千公顷	0.3		0.2	1.4	6.2	4.9	15.8	2.2
治理水土流失面积	万平方公里	5.7	5.9	6.1	6.2	6.3	6.5	6.7	4.5
本年水土流失治理面积	千公顷	192.6	149.2	128.2	140.4	144.0	181.8	265.9	233.8
堤防长度	万公里	1.9	1.9	2.0	2.2	2.1	2.2	2.2	2.0
堤防保护面积	千公顷	1806.6	1897.7	1885.2	1934.7	1935.8	1997.6	2046.6	

注：1.大型水库为库容1亿立方米以上；中型水库为库容1千万至1亿立方米；小型水库为库容10万至1千万立方米。
2.年底灌区数中往年不包含万亩以下灌区，2013年包含。

13-14 各地区农田水利情况

(2013年)

地区	农田水利情况			
	有效灌溉面积(千公顷)	#机电提灌溉	机电提灌溉面积占灌溉面积(%)	规模以上机电井数(眼)
全省	**1407.84**			**155875**
沈阳	257.54			25652
大连	69.07			21761
鞍山	72.75			3998
抚顺	33.68			1785
本溪	17.34			400
丹东	77.57			1373
锦州	157.20			15827
营口	73.18			12268
阜新	97.96			20709
辽阳	67.97			4040
盘锦	95.46			1081
铁岭	157.25			17193
朝阳	158.88			15963
葫芦岛	71.99			13825

13-15 各地区水利设施和除涝治碱面积

(2013年)

地区	水库数(座)	水库总库容量(亿立方米)	除涝面积(千公顷)
全省	**911**		**911.24**
省直			
沈阳	35		325.54
大连	246		53.59
鞍山	23		97.66
抚顺	119		
本溪	35		
丹东	57		39.32
锦州	25		105.40
营口	37		47.10
阜新	58		29.49
辽阳	5		38.20
盘锦	16		84.20
铁岭	101		88.40
朝阳	81		0.41
葫芦岛	73		1.93

13-16 农作物

年 份	农作物总播种面积				占总播种面积比重(%)			粮食作物						
		粮食作物	经济作物	其他作物	粮食作物	经济作物	其他作物		水稻	小麦	玉米	高粱	谷子	薯类
1980	3914.8	3221.1	392.1	301.5	82.3	10.0	7.7	3221.1	385.7	40.9	1416.2	558.3	190.1	42.5
1985	3705.8	2889.5	532.3	283.9	78.0	14.4	7.6	2889.5	480.2	11.8	1198.0	416.7	210.1	72.3
1986	3663.7	3036.9	338.3	288.4	82.9	9.2	7.9	3036.9	510.1	20.5	1258.5	441.3	205.9	65.7
1987	3620.6	3130.8	199.3	290.5	86.5	5.5	8.0	3130.8	548.4	27.2	1341.1	448.4	188.7	64.0
1988	3603.2	3101.3	203.7	298.1	86.1	5.6	8.3	3101.3	553.7	34.4	1318.0	450.5	179.4	70.6
1989	3594.5	3083.5	211.8	299.2	85.8	5.9	8.3	3083.5	553.4	55.0	1313.2	420.3	177.3	73.6
1990	3618.9	3121.6	204.9	292.4	86.3	5.7	8.1	3121.6	543.3	112.8	1365.7	395.0	169.3	73.7
1991	3638.1	3089.9	257.5	290.7	84.9	7.1	8.0	3089.9	542.2	147.2	1372.4	367.5	147.2	78.8
1992	3633.1	3051.5	281.7	299.9	84.0	7.7	8.3	3051.5	556.6	165.7	1384.0	342.0	120.4	88.0
1993	3630.0	3049.2	224.6	356.2	84.0	6.1	9.9	3049.2	484.1	183.1	1416.2	326.0	120.1	99.9
1994	3623.5	3026.4	226.8	370.3	83.5	6.3	10.2	3026.4	458.7	162.4	1464.6	321.7	109.0	95.9
1995	3623.7	3030.9	210.4	382.4	83.6	5.8	10.6	3030.9	472.6	171.3	1517.5	308.3	102.8	102.5
1996	3627.8	3073.1	165.8	388.9	84.7	4.6	10.7	3073.1	478.1	177.9	1576.7	300.2	104.9	110.0
1997	3627.0	3037.1	181.1	408.8	83.7	5.0	11.3	3037.1	491.7	167.9	1573.4	257.6	106.1	105.6
1998	3630.2	3039.2	178.4	412.6	83.7	4.9	11.4	3039.2	496.0	150.2	1638.0	222.8	100.8	109.6
1999	3643.1	3055.3	163.3	424.5	83.9	4.5	11.7	3055.3	501.5	152.9	1677.8	202.5	89.6	130.5
2000	3622.0	2858.6	248.0	515.4	78.9	6.8	14.2	2858.6	489.7	117.5	1422.5	188.6	86.9	167.1
2001	3559.9	2758.1	279.9	522.0	77.5	7.9	14.7	2758.1	449.5	86.1	1366.3	163.0	130.5	151.1
2002	3577.0	2658.6	327.8	590.6	74.3	9.2	16.5	2658.6	457.1	47.2	1395.1	168.8	101.6	145.1
2003	3476.6	2563.6	344.6	568.4	73.7	9.9	16.3	2563.6	392.0	19.8	1401.4	125.3	111.2	138.8
2004	3666.5	2965.8	242.2	458.5	80.9	6.6	12.5	2965.8	492.1	19.9	1835.9	106.4	94.2	103.4
2005	3801.0	3179.7	199.4	421.9	83.7	5.2	11.1	3179.7	538.1	21.4	2076.7	107.8	86.6	93.2
2006	3627.2	3089.7	118.6	418.9	85.2	3.3	11.5	3089.7	624.9	8.0	1983.1	95.7	82.8	103.5
2007	3703.9	3127.2	118.1	458.6	84.4	3.2	12.4	3127.2	660.6	12.4	1998.6	85.1	82.2	96.3
2008	3946.4	3035.9	320.7	589.8	76.9	8.1	15.0	3035.9	658.7	10.3	1884.9	72.7	76.1	92.8
2009	4064.7	3124.1	313.6	627.0	76.9	7.7	15.4	3124.1	656.7	8.8	1964.1	95.2	87.4	91.9
2010	4184.9	3179.3	380.8	624.8	76.0	9.1	14.9	3179.3	677.5	7.5	2093.0	70.6	76.8	80.0
2011	4356.2	3169.8	428.3	758.1	72.8	9.8	17.4	3169.8	659.6	6.9	2134.6	58.9	63.5	83.1
2012	4361.3	3217.3	390.7	753.3	73.8	9.0	17.3	3217.3	661.8	6.8	2206.7	51.1	52.0	82.0
2013	4208.8	3226.4	368.4	614.0	76.7	8.8	14.6	3226.4	649.2	5.6	2245.6	47.1	51.9	78.9

注：2013年农作物总播种面积为粮食作物抽样数据与经济作物全面数据合计，2013年以前为两类作物全面数据合计。

播种面积

单位：千公顷

大豆	其他杂粮	经济作物	棉花	油料	#花生	芝麻	向日葵(籽)	麻类	甜菜	烟叶	#烤烟	其他作物	#蔬菜	绿肥
472.9	114.7	392.1	38.5	303.2	97.5	12.3	169.6	25.5	11.1	9.6	8.7	301.5	202.1	67.6
393.0	107.5	532.3	39.1	447.5	251.7	92.7	77.7	2.7	13.7	18.6	10.1	283.9	217.3	23.0
410.3	124.6	338.3	17.9	280.6	161.6	22.9	81.5	2.7	12.9	15.7	7.2	288.4	230.6	19.9
395.2	117.8	199.3	4.6	151.3	86.6	7.1	50.1	2.5	16.1	14.3	8.4	290.5	234.2	17.6
381.5	113.3	203.7	10.3	135.4	83.8	3.3	42.9	2.5	25.9	18.6	12.4	298.1	241.5	13.3
370.3	120.5	211.8	16.2	132.0	83.2	5.1	37.4	1.7	17.0	31.7	24.1	299.2	248.3	11.6
349.0	112.8	204.9	19.1	125.1	78.0	4.7	37.7	1.8	22.5	26.0	20.3	292.4	253.3	11.9
326.2	81.6	257.5	55.4	142.6	92.6	15.0	31.8	1.6	25.1	23.0	18.0	290.7	255.0	6.6
302.3	74.8	281.7	74.9	142.7	90.4	24.5	25.5	1.5	20.8	24.3	19.6	299.9	267.8	6.7
325.1	94.5	224.6	24.6	141.3	91.6	24.4	21.5	0.9	23.2	24.1	17.5	356.2	294.6	43.4
318.6	95.4	226.8	25.7	144.4	102.9	18.1	22.2	0.7	28.8	18.7	13.5	370.3	318.3	
273.0	82.9	210.4	31.0	131.8	94.1	14.1	22.0	0.8	30.2	16.6	13.4	382.4	330.6	33.4
239.2	86.1	162.4	12.4	95.1	67.1	6.5	20.4	0.4	27.2	27.3	24.8	388.9	342.2	
249.2	85.5	181.1	19.5	98.2	69.1	6.1	22.5	0.3	23.8	33.2	29.0	408.8	354.2	
249.6	72.2	178.4	20.5	122.4	91.0	9.0	21.9	0.2	17.1	15.2	13.0	412.6	353.2	
235.1	65.2	163.4	6.9	122.1	89.0	6.7	25.0	0.4	13.7	17.0	15.3	424.5	369.9	
301.9	84.5	248.0	7.3	199.5	142.8	1.4	28.2	0.7	16.5	18.4	16.7	515.4	413.2	
290.4	121.2	279.9	7.3	235.4	184.1	13.1	32.1	0.2	18.0	11.5	10.1	522.0	412.9	
266.6	77.1	327.8	2.9	286.1	227.9	16.2	37.5	0.1	13.1	13.0	11.8	590.6	467.3	
285.2	89.9	344.6	3.9	312.0	253.3	12.3	40.7	0.5	1.1	12.8	11.0	568.4	450.1	
244.4	69.6	242.2	4.4	205.2	173.3	8.2	19.8	0.2	0.9	11.6	10.4	458.5	378.4	
184.9	71.0	199.4	2.3	164.3	140.6	5.2	15.8	0.1	1.5	16.1	15.1	421.9	353.1	
128.9	41.8	118.6	1.5	106.6	96.1	2.6	7.4		0.8	8.3	7.5	418.9	354.0	
130.4	40.4	118.1	1.1	106.8	98.7	2.0	5.8		0.7	8.0	7.3	458.6	376.0	
181.0	59.4	320.7	1.4	282.5	263.3	2.3	14.5	0.01	2.0	11.5	10.7	589.8	388.7	
164.1	55.9	313.6	0.9	277.3	260.6	1.8	12.3	0.01	1.8	12.5	11.4	627.0	402.7	
123.4	50.5	380.8	0.4	347.4	332.4	1.5	12.0		1.1	10.9	9.8	624.8	430.2	
120.2	43.0	428.3	0.4	392.0	377.1	1.2	12.0	0.01	1.8	10.8	9.7	758.1	465.4	
115.8	41.1	390.7	0.3	376.7	359.6	0.9	8.1	0.01	1.9	11.8	10.8	753.3	487.1	
114.9	33.3	368.4	0.5	354.7	341.5	0.4	7.4		3.3	9.8	9.3	614.0	492.1	

13-17 各地区农作物播种面积

(2013年) 单位：千公顷

地区	农作物总播种面积	粮食作物								
			水稻	小麦	玉米	高粱	谷子	薯类	大豆	其他杂粮
全　省	**4208.8**	**3226.4**	**649.2**	**5.6**	**2245.6**	**47.1**	**51.9**	**78.9**	**114.9**	**33.3**
沈　阳	629.3	466.3	106.7	1.3	330.6	2.0	0.7	12.2	12.0	0.83
大　连	329.1	276.6	27.0	0.1	189.2	0.6	1.7	20.9	35.0	2.08
鞍　山	250.3	208.9	36.0	0.1	165.6	0.6	0.2	1.3	4.8	0.24
抚　顺	127.0	98.4	20.4		71.6	0.2	0.1	2.3	3.6	0.28
本　溪	58.3	49.4	8.9		35.4	0.1	0.7	1.5	2.5	0.29
丹　东	204.7	162.6	50.1	0.1	100.0	0.4	0.2	4.4	6.6	0.77
锦　州	448.1	352.7	30.1	0.2	300.1	7.9	1.8	4.4	7.6	0.55
营　口	105.5	89.4	39.5		46.9	0.5	0.4	0.6	1.3	0.26
阜　新	500.3	295.7	4.2	0.1	261.2	5.9	5.3	1.0	10.9	7.10
辽　阳	161.6	139.1	49.6		85.4	0.1	0.0	2.1	1.5	0.43
盘　锦	145.3	128.1	107.6		15.3	0.1			5.1	
铁　岭	572.4	456.8	59.7	0.8	379.7	1.4	2.0	6.8	6.4	0.13
朝　阳	485.5	363.8	0.1	2.1	289.1	17.9	31.2	5.2	6.9	11.44
葫芦岛	242.6	189.5	7.8	0.0	157.5	1.8	3.0	11.2	7.2	0.97

注：各地区2013年粮食作物数据主要采用抽样调查数据，2013年以前的粮食数据为全面调查数据。

13-17 续表 单位：千公顷

地区	经济作物								其他作物
	棉花	油料				甜菜	烟叶		蔬菜
			花生	芝麻	向日葵(籽)			烤烟	
全　省	**0.5**	**354.7**	**341.5**	**0.4**	**7.4**	**3.3**	**9.8**	**9.3**	**492.1**
沈　阳	0.0	46.2	43.7	0.0	2.5	0.1			86.1
大　连	0.0	6.3	6.1		0.0				37.4
鞍　山		5.5	5.5				0.0		33.6
抚　顺		0.8	0.8		0.0		0.4		11.3
本　溪		0.4	0.4		0.0		0.0		4.4
丹　东		3.3	3.1				4.0	3.9	20.6
锦　州		37.9	37.4	0.0	0.2	0.2			49.0
营　口	0.0	0.2	0.2						12.5
阜　新		178.0	174.3						21.5
辽　阳		1.1	1.1		0.0				18.7
盘　锦		0.1	0.1			0.0			16.1
铁　岭		44.4	44.4				2.8	2.8	57.4
朝　阳	0.5	6.7	0.9	0.3	4.7	3.0	2.6	2.5	96.0
葫芦岛	0.0	23.7	23.4		0.0		0.0		27.4

13-18 主要农产品产量

年 份	粮食(万吨)									棉花(吨)
		水稻	小麦	玉米	高粱	谷子	薯类	大豆	其他杂粮	
1978	1117.2	206.8	9.4	560.0	225.2	30.0	18.5	53.5	13.8	23372
1980	1221.6	235.3	5.5	653.6	226.8	23.3	10.5	53.6	13.0	21348
1985	976.0	263.0	2.8	448.1	150.7	29.9	15.8	54.6	11.2	24166
1986	1222.2	323.8	4.0	607.3	168.4	27.9	15.3	63.5	12.0	11647
1987	1276.2	340.7	5.6	671.5	159.0	25.7	13.5	49.2	11.1	3337
1988	1307.2	340.2	8.2	680.6	161.6	20.0	18.8	44.4	13.6	6381
1989	1018.2	283.8	15.3	496.7	106.9	16.2	12.1	24.1	13.1	7808
1990	1494.7	375.7	44.3	812.3	180.8	30.5	19.4	43.5	14.5	13595
1991	1532.4	403.4	49.8	848.6	181.2	23.3	24.6	37.5	13.1	41987
1992	1568.4	417.7	65.5	864.5	152.7	18.5	26.2	32.4	11.1	27949
1993	1696.0	389.6	66.5	989.1	178.1	24.4	34.5	52.2	14.0	19439
1994	1337.1	297.7	49.5	613.9	181.5	25.5	28.3	48.3	14.4	16727
1995	1423.5	255.3	63.3	804.5	156.6	22.2	35.9	40.3	12.4	23666
1996	1660.1	366.1	59.4	1047.3	183.0	29.1	42.5	43.6	15.8	10813
1997	1313.5	389.4	56.5	674.7	100.3	18.7	39.5	35.1	11.3	15067
1998	1828.9	407.5	61.4	1205.3	141.6	28.6	47.8	52.8	15.0	17876
1999	1648.8	415.8	59.2	988.3	77.1	13.2	51.0	39.3	9.5	4574
2000	1140.0	375.5	35.4	547.9	51.6	9.3	61.5	47.9	8.7	5604
2001	1394.4	341.2	15.7	833.7	74.5	25.7	54.7	55.2	19.2	7508
2002	1510.4	359.2	11.5	889.4	83.1	23.3	60.3	52.6	31.0	2983
2003	1498.3	310.6	6.1	930.5	58.9	24.4	66.2	63.7	16.4	3481
2004	1720.0	382.4	6.9	1352.1	62.0	26.9	50.6	59.2	15.6	4742
2005	1745.8	414.5	8.9	1340.3	70.8	30.8	48.0	43.5	11.6	2685
2006	1797.0	426.6	3.1	1211.5	41.0	17.9	48.2	38.0	8.6	2000
2007	1835.0	505.0	5.3	1167.8	38.7	23.2	50.8	32.0	8.2	2100
2008	1860.3	505.6	4.9	1189.0	31.9	20.4	47.5	48.8	12.2	2401
2009	1591.0	506.0	4.5	963.1	22.9	15.1	41.7	30.0	7.7	956
2010	1765.4	457.6	3.7	1150.5	35.2	24.7	51.3	34.1	8.3	655
2011	2035.5	501.3	3.7	1360.3	36.3	22.1	65.0	34.1	12.7	736
2012	2070.5	507.8	3.2	1423.5	30.5	16.5	49.8	31.2	8.0	560
2013	2195.6	506.9	2.7	1563.2	29.5	16.5	41.6	28.4	6.8	999

13-18 续表

年 份	油料(吨)	#花生	芝麻	向日葵	麻类(吨)	甜菜(吨)	烟叶(吨)	#烤烟	蔬菜(万吨)
1978	105271	44811	1471	41080	14994	63376	31280	29483	652.0
1980	282529	137440	4059	13142	9487	127239	23617	22361	548.7
1985	540147	402737	43717	76731	2446	226775	34143	18424	589.5
1986	316211	221858	8899	76336	2054	218267	27137	10370	700.9
1987	192045	130062	3070	54351	1660	283685	28869	15692	756.1
1988	167916	133437	1362	29448	2875	481603	36383	22094	784.8
1989	70809	46084	1365	20354	2334	233945	45378	31376	790.0
1990	174537	133427	2879	33939	2586	497538	44005	31575	861.3
1991	202878	153230	8895	38066	2011	585929	39022	28525	893.5
1992	176256	129402	15415	29663	2494	523226	44297	32283	1003.2
1993	218478	168448	18427	27973	1234	538234	49878	31591	1162.7
1994	244305	200079	14022	29192	1050	392366	35721	23534	1130.6
1995	197717	162764	10040	22518	1039	504147	31959	21913	1268.1
1996	170003	134450	5618	28367	396	585516	56091	50344	1438.6
1997	160745	134136	3901	21826	294	400727	60890	51527	1492.2
1998	233611	198115	5798	28422	210	416120	31319	26182	1588.1
1999	197797	166326	4320	24736	355	263581	32487	29938	1650.8
2000	295527	256249	8298	12685	883	286894	31507	28589	1757.0
2001	462553	420504	10367	22994	245	355910	23548	19787	1826.6
2002	564529	507904	14139	34245	155	397226	28679	25987	2098.6
2003	614049	548406	10099	40844	611	33964	26487	22945	2148.2
2004	459299	419110	7293	24153	606	27427	26932	24243	2034.6
2005	368411	330103	6036	27337	114	62379	34234	31742	1954.8
2006	257100	245000	2036	9064	12	30000	26900	24200	2129.8
2007	263800	250000	2159	10541	9	50300	29100	23300	2232.0
2008	835027	800740	2997	25225	21	74952	32255	29655	2438.3
2009	553499	534697	815	11004	9	61941	31531	29155	2604.4
2010	995980	961477	2176	20507		48728	28560	24505	2668.2
2011	1197565	1165363	2330	25917	15	77977	29846	26423	2832.5
2012	1208739	1165335	2139	20284		97317	33621	30537	2977.6
2013	1136411	1112920	686	17764		171219	27960	26852	3171.4

13-19 各地区主要农产品产量

(2013年)

地区	粮食(万吨)	水稻	小麦	玉米	高粱	谷子	薯类	大豆	其他杂粮	棉花(吨)
全省	**2195.6**	**506.9**	**2.7**	**1563.2**	**29.5**	**16.5**	**41.6**	**28.4**	**6.8**	**999**
沈阳	383.5	94.0	0.6	275.6	1.4	0.3	7.9	3.5	0.2	10
大连	160.4	17.4	0.1	122.5	0.2	0.3	10.6	8.7	0.6	17
鞍山	140.4	28.3	0.0	109.7	0.3	0.1	0.7	1.3	0.1	
抚顺	66.0	12.5		50.5	0.1	0.0	1.9	0.9	0.1	
本溪	28.8	5.5		21.7	0.1	0.1	0.9	0.5	0.1	
丹东	95.9	37.1	0.0	55.4	0.1	0.0	2.1	1.1	0.1	
锦州	253.7	27.9	0.1	214.5	5.2	0.5	3.3	1.9	0.3	
营口	67.9	38.9		28.0	0.3	0.1	0.3	0.3	0.1	5
阜新	250.6	3.5	0.0	235.8	4.4	2.0	0.8	2.8	1.2	
辽阳	101.7	40.9		58.6	0.1	0.0	1.6	0.4	0.1	
盘锦	110.1	96.8		11.5	0.1			1.7	0.0	
铁岭	369.2	46.0	0.4	316.7	0.5	1.5	2.5	1.6	0.0	
朝阳	250.9	0.0	1.3	222.4	9.8	9.5	3.2	1.4	3.3	963
葫芦岛	128.2	6.1	0.0	110.4	0.8	0.7	8.3	1.8	0.2	4

13-19 续表

地区	油料(吨)	#花生	#芝麻	#向日葵	麻类(吨)	甜菜(吨)	烟叶(吨)	#烤烟	蔬菜(万吨)
全省	**1136411**	**1112920**	**686**	**17764**		**171219**	**27960**	**26852**	**3171**
沈阳	146128	140174	32	5922		125			573
大连	20686	19290		2					251
鞍山	16391	16391					12		216
抚顺	3804	3753		17			838		50
本溪	1621	1597		24			3		21
丹东	11507	11021					9661	9593	105
锦州	116333	115404	1	534		8557			338
营口	481	481							85
阜新	585068	585068							121
辽阳	4486	4481		4					91
盘锦	228	228				37			132
铁岭	156335	156335					8557	8557	369
朝阳	18616	4582	653	11260		162500	8826	8702	552
葫芦岛	54727	54115		1			63		266

13-20 主要农产品单位面积产量

（按播种面积计算）　　单位：公斤/亩

年 份	粮食	水稻	小麦	玉米	高粱	谷子	薯类	大豆	其他杂粮	棉花
1978	224	367	93	279	238	95	161	69	86	16
1980	253	407	89	308	271	82	165	76	76	37
1985	225	365	158	249	241	95	146	93	69	41
1986	268	427	129	322	254	90	155	103	64	43
1987	272	421	136	334	236	91	141	83	63	48
1988	281	419	159	344	239	74	178	78	80	41
1989	220	348	185	252	170	61	110	44	59	32
1990	319(325)	461	262	397	305	120	176	83	86	48
1991	331(341)	491	226	412	329	105	208	77	85	51
1992	343(347)	500	264	416	298	103	199	71	80	25
1993	371(382)	536	242	466	364	135	231	107	99	53
1994	295(277)	433	204	279	376	156	197	101	100	43
1995	313(306)	360	246	353	339	144	233	98	100	51
1996	360(388)	511	222	443	406	185	257	122	122	58
1997	288(291)	528	224	286	259	118	249	94	88	52
1998	401(430)	548	273	491	424	189	291	141	139	58
1999	360(361)	553	258	393	254	98	261	111	97	44
2000	266(265)	511	201	257	182	71	245	106	69	51
2001	337(343)	506	122	407	305	131	241	127	106	69
2002	379(375)	524	163	425	328	153	277	132	268	69
2003	390(384)	528	206	443	313	146	318	149	122	59
2004	395(440)	518	232	491	389	190	326	162	149	72
2005	381(414)	514	278	430	438	237	343	157	187	78
2006	357(397)	455	258	407	286	144	310	197	137	89
2007	391	510	285	390	303	188	352	164	135	127
2008	409	512	319	421	293	179	341	180	149	113
2009	340	514	341	327	160	115	303	122	92	73
2010	370	450	329	366	332	214	428	184	110	103
2011	428	507	357	425	411	232	521	189		121
2012	429	512	314	430	398	212	405	180	92	123
2013	454	521	324	464	417	213	352	165	136	125

13-20 续表

单位：公斤/亩

年 份	油料	#花生	#芝麻	#向日葵	麻类	甜菜	烟叶	#烤烟	蔬菜
1978	33	69	20	37	28	428	147	160	1956
1980	62	94	22	52	25	767	164	171	1811
1985	81	107	31	61	59	1101	122	122	1808
1986	75	92	26	62	51	1131	122	96	2026
1987	85	100	28	72	44	1178	135	125	2152
1988	83	106	28	46	76	1240	130	119	2167
1989	36	37	18	36	88	917	96	87	2121
1990	93	114	40	60	97	1473	113	104	2267
1991	95	110	39	80	83	1554	113	106	2336
1992	82	95	42	78	113	1674	122	109	2498
1993	103	123	50	87	93	1547	138	120	2631
1994	113	130	52	88	80	908	128	116	2368
1995	100	115	47	68	91	1115	128	109	2557
1996	119	134	58	92	71	1437	137	135	2803
1997	109	129	43	65	77	1121	122	119	2809
1998	127	145	43	87	88	1618	137	134	2998
1999	108	125	43	66	60	1278	127	130	2975
2000	99	120	40	30	88	1157	114	114	2835
2001	131	152	53	48	74	1319	137	130	2949
2002	132	149	58	61	110	2015	147	147	2994
2003	131	144	55	67	75	2132	138	139	3088
2004	149	161	60	81	210	2078	155	155	3585
2005	149	156	77	115	158	2791	141	141	3691
2006	161	170	52	82	73	2500	216	215	4011
2007	165	169	72	121	100	2630	243	213	3957
2008	197	203	85	116	117	2507	187	185	4182
2009	133	137	31	60	60	2269	168	171	4311
2010	191	193	99	114		3053	175	167	4135
2011	204	206	127	144	100	2965	185	182	4057
2012	214	216	150	167		3469	190	189	4074
2013	214	217	130	160		3427	190	192	4296

13-21 各地区主要农产品单位面积产量

（按播种面积计算，2013年）

单位：公斤/公顷

地　区	粮食								棉花
		水稻	小麦	玉米	高粱	谷子	薯类	大豆	
全　省	**6805**	**7808**	**4857**	**6961**	**6259**	**3189**	**5275**	**2471**	**1881**
沈　阳	8224	8815	4437	8334	7114	4453	6482	2919	1429
大　连	5799	6436	6752	6475	4228	1577	5084	2495	2125
鞍　山	6722	7853	4500	6625	5075	2773	5008	2672	
抚　顺	6701	6117		7058	4108	3493	8295	2443	
本　溪	5826	6172		6121	4406	1895	5980	1973	
丹　东	5900	7406	2823	5537	3286	1141	4702	1639	
锦　州	7193	9272	4680	7147	6574	2947	7629	2435	
营　口	7590	9838		5968	4816	2260	4790	2515	1000
阜　新	8474	8206	3725	9029	7458	3752	8276	2599	
辽　阳	7307	8245		6860	5066	3583	7666	2751	
盘　锦	8593	8997		7522	7496			3281	
铁　岭	8082	7701	5633	8340	3893	7500	3737	2439	
朝　阳	6895	8538	5932	7692	5480	3059	6114	1985	1907
葫芦岛	6766	7743	5800	7014	4435	2342	7388	2462	667

13-21　续表

单位：公斤/公顷

地　区	油料				麻类	甜菜	烟叶		蔬菜
		#花生	#芝麻	#向日葵				#烤烟	
全　省	**3204**	**3259**	**1943**	**2399**		**51402**	**2856**	**2876**	**64447**
沈　阳	3166	3210	2000	2396		856			66538
大　连	3287	3175		2000					67122
鞍　山	2986	2986					1000		64352
抚　顺	4656	4674		4250			2341		43886
本　溪	3618	3621		3429			3000		49209
丹　东	3467	3529					2424	2432	51093
锦　州	3073	3089	1000	2198		52497			68988
营　口	2628	2628							68187
阜　新	3287	3357							56317
辽　阳	3921	3924		2000					48602
盘　锦	2533	2533				5286			82013
铁　岭	3518	3518					3007	3007	64339
朝　阳	2764	4890	1943	2409		53897	3420	3417	57485
葫芦岛	2304	2309		1000			10500		97037

13-22 水果、蚕茧、人参、芦苇生产情况

指　标	单位	2005年	2006年	2008年	2009年	2010年	2011年	2012年	2013年
一、水　果									
果园面积	千公顷	317.0	313.6	323.6	349.7	354.1	359.86	368.5	400.4
#苹果园	千公顷	110.3	109.1	114.0	121.9	125.9	133.96	139.0	155.0
梨园	千公顷	91.6	87.7	83.2	97.9	98.6	98.84	98.8	113.4
葡萄园	千公顷	28.1	26.8	26.6	26.8	26.6	27.38	35.3	36.8
山楂园	千公顷	14.0	12.0	10.6	12.8	12.7	12.44	11.5	10.9
果树株数	万株	32435.0	33236.7	37020.1	47340.6	46704.8	42561.3	46785.4	44711.8
#苹果	万株	5838.5	6172.4	6961.3	8036.5	8799.7	10015.4	12174.0	13341.4
梨	万株	5600.2	5386.7	5308.9	6469.2	6580.2	6527.1	6921.0	7940.4
葡萄	万株	11679.0	11238.1	11928.3	17060.5	16722.8	12207.6		
山楂	万株	1337.5	1270.5	1035.9	1166.9	1286.4	1292.0		
结果株数	万株	22553.0	22640.6	26275.9	30634.2	31517.8	32039.7	34673.0	34128.7
#苹果	万株	3562.3	3813.6	4803.7	5340.5	5830.2	6572.8	7727.0	9139.1
梨	万株	3196.4	3225.4	3563.9	4443.6	4691.4	4719.9	5119.0	6002.6
葡萄	万株	9785.8	9086.7	9685.6	10856.5	10735.0	10427.1		
山楂	万株	1123.2	1082.7	808.7	932.2	960.1	969.8		
水果产量	吨	3292674	3437027	4225182	4772144	5215623	5743860	6329172	6613757
#苹果	吨	1299595	1301399	1709138	1948100	2094719	2396805	2634128	2752280
梨	吨	690345	705232	937944	1103509	1261402	1401586	1547193	1653343
葡萄	吨	581711	587191	614422	642124	634296	672695	769027	816325
山楂	吨	64756	62783	64934	86032	84087	92281	82659	93482
二、蚕　业									
柞蚕茧产量	吨	43200	44075	53516	50142	49847	54827	50856	51674
桑蚕茧产量	吨	159	191	194	224	102	103.0	107	77
三、人　参									
人参产量	吨	2461.5	2390.5	1817.3	2928.7	3788.0	4392.9	1175.0	1256.0
四、芦　苇									
芦苇产量	万吨	50.9	54.3	56.7	53.8	46.9	51.9	46.2	46.0

13-23 水果、蚕茧、人参产量

单位：吨

年 份	水果总产量	#苹果	#梨	#葡萄	#山楂	蚕茧总产量	柞蚕茧	桑蚕茧	人参总产量
1978	937915	656750	227700	7130		40587	40521	66	
1980	782677	610133	109907	6244		56757	56634	123	775
1985	806799	547791	173077	20902	14342	26996	26945	51	985
1986	803832	546862	171840	23521	14717	24790	24760	30	1302
1987	933062	637092	177808	35017	21571	39137	39086	51	1813
1988	958557	621544	195066	53092	24643	34825	34768	57	2639
1989	1003137	655737	174370	72170	33395	39415	39348	67	2437
1990	1112886	759244	166806	73567	36562	40772	40641	131	2766
1991	1011230	570542	204839	89895	50659	23982	23812	170	2704
1992	1527272	979434	222916	121829	73918	26124	25926	198	2719
1993	1888380	1196127	300099	146162	97312	36486	36349	137	3720
1994	1845580	1069137	323985	158210	99411	27808	27720	178	2073
1995	2199889	1277295	402963	153317	98566	32988	32805	183	1431
1996	2480339	1505993	477330	185421	80719	29411	29158	253	1226
1997	2641058	1611487	471870	193380	79456	39685	39532	153	2141
1998	2985505	1674628	610898	275557	85093	44563	44455	108	1304
1999	2566685	1469839	424605	307453	71638	28760	28720	40	1297
2000	2499660	1231479	455404	430282	67148	39051	38959	92	1218
2001	2416697	1134657	509942	396991	61151	43870	43790	80	1492
2002	2344015	1005142	412724	522061	59314	41998	41652	34	2132
2003	2678104	1089937	515892	586124	54253	44402	44362	40	3001
2004	3076521	1222119	605679	613683	61482	39152	38867	285	2316
2005	3292674	1299595	690345	581711	64756	43359	43200	159	2462
2006	3437027	1301399	705232	587191	62783	44266	44075	191	2390
2007	3961160	1551508	874282	625421	66256	48285	48025	260	1892
2008	4225182	1709138	937944	614422	64934	53710	53516	194	1817
2009	4772144	1948100	1103509	642124	86032	50366	50142	224	2929
2010	5215623	2094719	1261402	634296	84087	49949	49847	102	3788
2011	5743860	2396805	1401586	672695	92281	54930	54827	103	4393
2012	6329172	2634128	1547193	769027	82659	50963	50856	107	1175
2013	6613757	2752280	1653343	816325	93482	51751	51674	77	1256

13-24 林业生产情况

指　　标	单位	2005年	2006年	2008年	2009年	2010年	2011年	2012年	2013年
造林面积	千公顷	126.49	70.77	81.53	129.97	190.67	246.77	246.67	233.30
按造林用途分:									
用材林	千公顷	20.93	2.93	6.15	2.85	26.33	11.95	13.36	8.00
经济林	千公顷	6.18	4.19	3.64	4.26	7.50	16.67	17.85	38.70
防护林	千公顷	98.21	63.65	71.74	122.62	156.80	218.03	215.42	186.60
薪炭林	千公顷	1.17			0.24		0.06		
特种用材林	千公顷					0.03	0.05	0.03	
封山育林面积	千公顷			866.98	989.55	1562.33	1213.83	1101.40	1368.32
#本年新封面积	千公顷	68.48	4.54	26.66					
零星植树	万株		7097.00	9982.00		14169.00	9777.38	7330.27	6645.66
育苗面积	千公顷	17.11	18.19	19.34	16.92	17.94	19.48	21.26	21.10
#当年新育	千公顷	6.16	6.42	7.33	6.31	7.93	7.35	5.96	6.43
当年苗木产量	万株	175414.00	303478.00	233273.00	261320.00	489432.00	789389.62	415997.72	417302.82
幼林抚育作业面积	千公顷			186.82	366.12	202.00	175.45		95.64
成林抚育面积	千公顷			76.04	95.46	60.38	74.05	103.20	
木材采运量	万立方米	147.07	229.00	181.00	187.00	194.00	198.00	191.00	178.20

13-25 各地区造林面积

单位：千公顷

地区	合计						#用材林					
	2008年	2009年	2010年	2011年	2012年	2013年	2008年	2009年	2010年	2011年	2012年	2013年
全省	**81.5**	**130**	**190.1**	**246.8**	**246.7**	**233.3**	**6.1**	**2.9**	**26.4**	**11.9**	**13.4**	**8.0**
沈阳	5.7	12.4	8.3	29	10.3	16.7	0.3			1.0	1	0.3
大连	7.7	15.1	10	8.8	10.0	20.7	0.1		0.3			0.1
鞍山	1	3.3	7.3	6.3	6.3	9.7	0.6			0.3	0.3	
抚顺	2	3.7	9.5	4.8	6.1	6.3	1		6.1	2.9	1.2	0.3
本溪	0.7	6.6	19.4	2.5	2.0	2.4	0.3	0.7	10.1	0.8	0.2	
丹东	0.8	2.7	8.8	8.3	1.5	5.1			3.8	2.5	0.4	
锦州	5.5	6.6	12.1	15.8	31.4	33.5	0.8		0.4			1.7
营口	1.3	1	8.2	4	11.1	7.7			0.2			0.6
阜新	14.4	16.7	20.4	27.7	45.4	35.3	0.2		0.1	2.2	3.7	2
辽阳	0.7	3	7.5	4.5	5.4	4.6		0.2	2.8	0.3	1.8	
盘锦	0.5	0.3	0.4	0.7	0.7							
铁岭	4.7	13.3	11.2	14.5	37.0	20.8	1.1	1.6	2.6	2.1	4.8	1
朝阳	29.3	41	54.7	104	39.2	41.7		0.3				2
葫芦岛	7.2	4.4	12.3	15.2	40.3	28.6	1.7					
厅直单位						0.2						

13-25 续表

单位：千公顷

地区	#经济林						#防护林					
	2008年	2009年	2010年	2011年	2012年	2013年	2008年	2009年	2010年	2011年	2012年	2013年
全省	**3.7**	**4.3**	**7.5**	**16.7**	**17.9**	**38.7**	**71.7**	**122.6**	**156.3**	**218.0**	**215.4**	**186.6**
沈阳		0.6		8.0	3.8	3.0	5.4	11.8	8.3	20.0	5.5	13.4
大连	1.1	1.4	0.3	0.5	0.8	4.0	6.5	13.6	9.4	8.3	9.2	16.6
鞍山				0.9		1.9	0.4	3.3	7.3	5.1	6.0	7.8
抚顺					0.7	1.0	1.0	3.7	3.4	1.9	4.2	5
本溪	0.1					0.5	0.3	5.9	9.3	1.7	1.8	1.9
丹东				0.9		1.0	0.8	2.7	5.2	4.9	1.1	4.1
锦州	0.4				0.4	5.0	4.3	6.6	11.7	15.8	31.0	26.8
营口			3.5	0.9		0.9	1.3	1.0	4.5	3.1	11.1	6.2
阜新	0.6		0.1	0.8	3.6	5.1	13.6	16.7	20.1	24.7	38.1	28.2
辽阳			0.6	0.4	0.5	0.9	0.7	2.5	4.0	3.8	3.1	3.7
盘锦							0.5	0.3	0.4	0.7	0.7	
铁岭	0.3	0.9		1.0	4.3	3.2	3.3	10.8	8.5	11.4	27.9	16.6
朝阳	1.1	1.3	2.5	3.0	2.1	6.3	28.2	39.4	52.4	101.0	37.1	33.4
葫芦岛	0.1		0.5		1.7	5.7	5.4	4.4	11.8	15.2	38.6	22.9
厅直单位						0.1						0.1

13-26 大牲畜头数

单位：万头

年 份	大牲畜年末头数	#役畜	牛	马	驴	骡
1978	287.3	193.7	136.0	61.4	52.7	37.2
1980	279.1	177.3	130.6	61.9	46.9	39.7
1985	303.3	216.4	134.9	56.9	70.3	41.2
1986	313.9	219.5	140.2	56.1	75.3	42.3
1987	315.2	254.6	140.7	53.7	77.9	42.9
1988	319.1	217.4	142.8	51.9	80.8	43.6
1989	323.8	217.3	147.7	49.4	83.1	43.6
1990	326.1	217.2	150.9	47.0	84.4	43.8
1991	326.0	220.1	149.4	46.1	86.6	43.9
1992	331.6	214.2	155.4	45.1	87.5	43.6
1993	368.3	219.3	192.0	44.7	89.0	42.6
1994	438.9	228.6	261.2	44.3	91.2	42.2
1995	476.4	232.3	301.6	42.2	92.6	40.0
1996	505.4	244.4	330.9	42.2	93.5	38.9
1997	366.7	182.2	193.5	39.5	96.2	37.5
1998	382.1	187.9	209.3	40.6	95.2	37.0
1999	399.8	198.9	228.1	39.9	95.8	35.9
2000	420.7	212.8	254.0	37.0	95.3	34.4
2001	411.7	208.0	251.1	35.7	93.5	31.5
2002	421.5	198.7	264.8	34.4	92.9	29.4
2003	455.0	196.6	301.9	33.3	91.9	28.0
2004	476.9	192.6	329.1	31.3	91.8	24.8
2005	495.9	193.8	344.7	28.2	98.9	24.1
2006	427.1	165.7	281.5	26.7	95.9	23.0
2007	475.9	165.5	332.2	25.9	96.2	21.6
2008	524.1	188.1	356.4	27.7	116.2	23.7
2009	515.6	223.5	354.0	26.5	113.9	21.2
2010	525.9	127.0	366.7	26.9	112.1	20.1
2011	530.8	118.3	371.2	24.8	116.3	18.5
2012	524.4	89.3	367.1	22.9	117.4	17.0
2013	515.5	75.9		22.2	111.9	16.1

13-27 肉类产量和猪羊头数

年 份	猪牛羊肉产量(万吨)	肉猪出栏头数(万头)	猪年末存栏头数(万头)	羊年末只数(万只)	
				山羊	绵羊
1978		554.3	1184.6	138.2	28.1	110.1
1980	42.9	656.3	1057.5	194.7	36.6	158.1
1985	57.0	647.4	1035.6	193.6	35.5	158.1
1986	58.1	650.9	1031.7	215.5	39.5	176.0
1987	57.3	626.4	930.4	233.7	47.0	186.7
1988	68.9	691.4	1065.4	274.2	60.9	213.3
1989	71.9	733.4	1089.6	294.9	74.3	220.6
1990	78.8	797.2	1093.5	267.2	73.4	193.8
1991	88.8	865.0	1137.7	239.5	75.7	163.8
1992	99.7	945.4	1222.0	247.9	73.7	174.2
1993	115.4	1020.9	1228.6	264.4	88.8	175.6
1994	144.5	1254.4	1340.1	302.0	115.8	186.2
1995	173.9	1461.6	1468.4	373.2	146.5	226.7
1996	190.4	1640.6	1426.5	403.1	164.1	238.9
1997	126.9	1131.0	953.3	292.6	133.7	158.9
1998	138.8	1223.9	1039.9	318.1	146.3	171.7
1999	148.4	1320.3	1123.4	347.8	159.3	188.5
2000	156.5	1413.8	1270.7	386.1	187.3	198.8
2001	169.0	1525.2	1291.8	449.4	212.6	236.8
2002	182.8	1648.7	1304.3	548.4	251.9	296.5
2003	198.6	1754.3	1365.8	730.8	319.7	411.1
2004	216.8	1894.6	1498.0	819.2	387.4	431.8
2005	238.8	2063.2	1642.4	830.2	426.3	404.0
2006	231.0	2245.4	1416.1	673.9	410.9	263.0
2007	236.2	2265.8	1429.4	675.9	412.6	263.3
2008	252.4	2435.5	1548.5	733.4	428.0	305.4
2009	266.8	2597.0	1606.2	717.0	447.8	269.2
2010	277.9	2682.7	1567.6	733.5	414.1	319.4
2011	275.8	2652.1	1585.4	725.6	401.8	323.8
2012	281.3	2728.5	1592.6	721.8	392.3	329.5
2013	284.9	2785.8	1624.5	735.4	401.0	334.4

13-28 畜牧业生产情况

指　　标	单位	2005年	2006年	2008年	2009年	2010年	2011年	2012年	2013年
一、畜产品产量									
1.猪牛羊出栏头数									
肉猪出栏头数	万头	2063.2	2245.4	2435.5	2597.0	2682.7	2652.1	2728.5	2785.8
出售和自宰的牛	万头	278.8	236.5	277.8	270.0	278.9	281.8	286.9	287.2
出售和自宰的羊	万只	774.8	597.2	695.9	721.0	729.7	725.8	719.7	734.3
2.肉类总产量	万吨	346.1	329.7	376.0	389.2	406.7	408.2	418.7	420.3
#猪　　肉	万吨	184.7	189.3	204.2	218.8	228.4	225.9	230.2	233.6
牛　　肉	万吨	42.2	35.3	40.5	40.2	41.6	42.0	43.2	43.2
羊　　肉	万吨	11.9	6.4	7.8	7.8	7.9	7.9	7.9	8.1
禽　　肉	万吨	102.1	93.1	116.3	115.1	121.9	125.2	130.3	128.1
兔　　肉	万吨	0.4	0.4	0.4	0.4	0.4	0.3	0.3	0.2
3.其他畜产品产量									
奶　　类	万吨	78.8	95.8	120.1	115.6	126.7	132.0	130.2	125.7
#牛　　奶	万吨	74.9	91.7	114.1	110.0	121.2	124.5	124.7	120.9
山　羊　毛	吨	1680.0	1876.5	2401.1	2735.6	2565.1	2169.3	1827.0	2554.1
绵　羊　毛	吨	10412.0	8580.3	11468.5	10136.0	12153.7	13471.4	14660.0	14987.9
羊　　绒	吨	1053.0	1182.0	1371.8	1215.5	1292.6	1115.9	1056.0	995.9
蜂　　蜜	吨	1942.0	2661.6	2006.7	1683.9	1728.1	1659.4	1484.0	1187.0
禽　　蛋	万吨	224.0	195.2	230.0	263.1	275.7	277.4	279.9	276.8
二、牲畜年末头数									
1.大　牲　畜	万头	495.9	427.1	524.1	515.6	525.9	530.8	524.4	515.5
#役　畜	万头	193.8	165.7	188.1	223.5	127.0	118.3	89.3	75.9
牛	万头	344.7	281.5	356.4	354.0	366.7	371.2	367.1	365.4
马	万头	28.2	26.7	27.7	26.5	26.9	24.8	22.9	22.2
驴	万头	98.9	95.9	116.2	113.9	112.1	116.3	117.4	111.9
骡	万头	24.1	23.0	23.7	21.2	20.1	18.5	17.0	16.1
2.猪	万头	1642.4	1416.1	1548.5	1606.2	1567.6	1585.4	1592.6	1624.5
3.羊	万只	830.2	673.9	733.4	717.0	733.5	725.6	721.8	735.4
山　　羊	万只	426.3	410.9	428.0	447.8	414.1	401.8	392.3	401.0
绵　　羊	万只	404.0	263.0	305.4	269.2	319.4	323.8	329.5	334.4

13-29 各地区牲畜饲养情况

(2013年)

地区	大牲畜年末头数(万头)	#役畜	#牛		马	驴	骡	肉猪出栏头数(万头)	猪年末头数(万头)	羊年末只数(万只)	山羊	绵羊
				#乳牛								
全省	**515.5**	**75.9**			**22.2**	**111.9**	**16.1**	**2785.8**	**1624.5**	**735.4**	**401.0**	**334.4**
沈阳	118.5	4.4	111.0	15.4	2.6	3.8	1.1	590.1	366.3	84.3	30.6	53.7
大连	33.7	16.3	30.3	1.7	0.9	1.1	1.4	445.5	253.2	63.4	61.3	2.2
鞍山	27.8	5.0	23.2	0.9	1.8	1.8	1.0	234.8	134.2	51.8	47.8	4.0
抚顺	14.3	4.5	12.6	1.8	0.7	0.3	0.8	80.2	38.5	24.5	23.6	0.9
本溪	10.4	5.7	9.9	0.4	0.2	0.1	0.1	61.7	35.2	30.8	30.2	0.5
丹东	16.0	9.9	12.3	0.6	1.4	1.3	1.1	132.7	82.9	40.8	40.8	0.0
锦州	87.2	11.7	71.6	10.4	3.0	10.1	2.5	591.8	374.0	84.2	5.3	78.9
营口	6.4	0.8	5.3	0.3	0.2	0.8	0.2	87.2	49.1	44.0	42.4	1.7
阜新	68.9		37.8	11.0	4.2	26.2	0.8	313.8	185.8	167.0	6.8	160.1
辽阳	5.7	0.8	4.8	0.3	0.3	0.3	0.3	90.7	49.2	15.3	13.4	1.8
盘锦	3.0	0.0	3.0	0.6	0.0	0.0	0.01	103.2	74.6	2.5	2.0	0.6
铁岭	129.7	10.2	124.4	5.7	1.7	2.5	1.1	485.5	344.4	69.9	43.5	26.4
朝阳	140.2	35.9	75.3	7.1	4.0	56.7	4.2	341.6	229.7	210.7	50.0	160.7
葫芦岛	23.6	6.3	14.0	1.1	1.2	6.9	1.5	371.5	182.0	79.6	38.7	40.9

13-30 各地区畜产品产量

(2013年)

地区	肉类总产量(万吨)				奶类(万吨)		绵羊毛(吨)	山羊毛(吨)	羊绒(吨)	禽蛋(万吨)	蜂蜜(吨)
		猪肉	牛肉	羊肉		#牛奶					
全省	**420.3**	**233.6**	**43.2**	**8.1**	**125.7**	**120.9**	**14987.9**	**2554.1**	**995.9**	**276.8**	**1187.0**
沈阳	105.9	46.5	21.2	1.5	50.9	50.8	1397.1	91.0	6.1	79.3	19.0
大连	81.6	35.2	3.4	1.0	7.8	6.7	19.4	331.4	184.6	3.5	10.2
鞍山	69.2	19.4	3.0	0.7	1.9	1.9	58.2	451.5	192.8	42.3	8.0
抚顺	18.4	6.7	1.7	0.5	7.0	7.0	25.0	35.3	25.4	11.4	24.9
本溪	11.4	5.0	0.8	0.4	0.6	0.6	10.7	337.5	142.3	5.6	18.8
丹东	35.2	11.1	0.6	0.5	3.1	3.0		284.3	150.0	15.9	152.8
锦州	73.6	47.9	6.3	1.2	27.9	26.9	2520.6	1.4	0.9	95.5	153.6
营口	22.3	7.4	1.1	0.7	1.2	1.2	19.6	269.1	138.0	16.7	13.0
阜新	50.5	26.4	4.5	4.1	32.2	32.0	5532.4			20.2	50.6
辽阳	13.0	7.2	1.2	0.2	1.2	1.2	21.6	116.0	15.2	9.4	19.1
盘锦	22.0	8.6	0.5	0.04	2.4	2.4	3.9	0.4		10.2	
铁岭	113.4	48.6	20.3	1.9	20.8	18.5	530.9	364.4	56.0	29.4	0.1
朝阳	63.0	27.1	8.6	3.0	18.2	18.1	3998.9	6.1	6.1	45.6	600.4
葫芦岛	50.0	31.0	2.3	1.5	4.8	4.8	849.7	265.9	78.6	23.0	116.8

13-31 水产品生产情况

指　　标	2005年	2006年	2008年	2009年	2010年	2011年	2012年	2013年
水产品养殖面积(千公顷)	616.5	387.9	735.0	832.9	961.2	953.0	1015.6	1148.9
海水养殖面积	449.3	271.3	534.5	630.7	763.1	751.4	813.0	942.1
海上 养 殖	301.0	186.6	340.4	412.2	547.2	553.9	611.7	732.4
滩 涂 养 殖	95.8	55.5	136.5	141.3	139.0	128.2	130.1	132.7
陆基 养 殖	52.5	29.2	57.7	77.2	76.9	69.4	71.3	77.0
内陆水域养殖面积	167.2	116.6	200.5	202.7	198.1	201.6	202.6	206.8
#池　　塘	46.7	36.7	53.2	59.6	52.4	48.2	47.2	47.9
水　　库	98.5	68.0	114.5	111.7	103.4	105.0	103.9	104.5
河　　沟	2.0	0.6	1.8	1.8	2.7	2.7	1.9	1.9
水产品产量(万吨)	425.3	351.3	494.9	534.7	429.1	453.9	480.8	504.9
海水产品产量	364.1	296.0	411.6	437.9	348.4	368.3	391.5	411.0
#海洋捕捞	152.0	118.4	147.8	148.3	117.0	124.7	128.0	128.2
人工养殖	212.1	177.6	263.8	289.6	231.5	243.5	263.6	282.8
#鱼　类	91.3	69.4	76.1	80.3	59.6	70.6	71.5	71.8
甲壳类	35.0	28.0	30.2	29.7	22.4	23.1	23.4	23.3
贝　类	173.5	152.6	220.2	241.0	190.5	201.9	219.1	237.3
藻　类	39.5	27.4	33.3	33.6	26.5	31.2	32.6	32.0
其　他	24.8	18.6	18.9	39.5	33.2	22.8	24.9	26.3
淡水产品产量	61.2	55.3	83.3	96.8	80.6	85.7	89.3	93.9
#天然生产	4.3	2.8	4.9	5.6	5.7	4.6	5.2	5.4
人工养殖	56.9	52.5	78.4	91.1	75.0	81.1	84.1	88.5
#鱼　类	54.4	50.3	75.5	87.9	72.6	77.1	79.8	83.3
甲壳类	5.6	4.1	6.1	7.4	6.4	7.4	8.4	9.2

13-32 水产品产量

单位：万吨

年 份	水产品合计	海水产品	#人工养殖	淡水产品	#人工养殖	比重(%)	
						海水	淡水
1978	46.9	46.2	10.7	0.7	0.7	98.5	1.5
1980	42.1	41.2	11.3	0.9	0.7	97.9	2.1
1985	58.3	55.2	16.7	3.1	2.5	94.7	5.3
1986	67.0	63.2	24.5	3.8	3.4	94.3	5.7
1987	80.6	75.9	32.1	4.7	4.5	94.2	5.8
1988	94.7	88.8	43.2	5.9	5.7	93.8	6.2
1989	101.2	94.8	48.1	6.4	6.0	93.7	6.3
1990	107.3	100.7	51.4	6.6	6.0	93.8	6.2
1991	114.1	106.4	54.9	7.7	6.9	93.3	6.7
1992	132.2	122.6	65.5	9.6	8.8	92.7	7.3
1993	151.7	139.7	73.8	12.0	11.3	92.1	7.9
1994	167.8	151.3	76.5	16.5	15.8	90.2	9.8
1995	197.9	178.4	87.3	19.5	15.8	90.1	9.9
1996	258.0	235.3	111.2	22.7	21.6	91.2	8.8
1997	285.1	258.0	112.3	27.1	24.6	90.5	9.5
1998	312.7	281.4	120.8	31.3	28.5	90.0	10.0
1999	333.8	296.8	139.2	37.0	31.3	88.9	11.1
2000	338.5	302.3	152.1	36.1	29.1	89.3	10.7
2001	350.8	310.5	160.9	40.3	36.8	88.5	11.5
2002	374.8	327.0	178.2	47.8	44.6	87.2	12.8
2003	382.0	330.8	182.8	51.1	48.0	86.6	13.4
2004	402.5	346.1	197.0	56.4	52.2	86.0	14.0
2005	425.3	364.1	212.1	61.2	56.9	85.6	14.4
2006	351.3	296.0	177.6	55.3	52.5	84.3	15.7
2007	361.3	302.1	185.5	59.2	55.1	83.6	16.4
2008	494.9	411.6	263.8	83.3	78.4	83.2	16.8
2009	534.7	437.9	289.6	96.8	91.1	81.9	18.1
2010	429.1	348.4	231.5	80.6	75.0	81.2	18.8
2011	453.9	368.3	243.5	85.7	81.1	81.1	18.9
2012	480.8	391.5	263.6	89.3	84.1	81.4	18.6
2013	504.9	411.0	282.8	93.9	88.5	81.4	18.6

13-33 农业事业机构和人员数

单位：个、人

年 份	农业技术推广站		家畜繁育改良站		乡镇畜牧兽医站		种畜禽场总数		种子站、种子公司	
	机构	人数	机构	人数	机构	人数	机构	人数	机构	人数
1979	1289	8514					70	2629		
1980					1210	9204	69	2946	48	3751
1985	1268	8390	309	764	1224	8479	70	3959	46	3346
1986			89	290	1321	8738	71	4025	46	3300
1987	1268	8514	72	226	1280	8709	74	4660	46	3258
1988	1276	8602	63	218	1323	8902	76	4567	46	3150
1989	1329	8552	72	212	1232	8327	77	5072	46	3070
1990	1332	8323	122	418	1246	8480	77	4734	49	3041
1991	1337	8323	122	381	1234	8988	78	5160	49	2976
1992	1337	8268	99	377	1240	9975	78	5370	49	2898
1993	1105	6074	64	207	1230	10244	49	2917	77	4848
1994	1122	6779	58	419	1233	10374	49	2876	82	5499
1995	1209	13065	7	25	1254	10597	49	2897	82	5499
1996	1292	7738	3	18	1234	10422	49	2342	83	5560
1997	1337	8018	3	18	1240	10674	49	2658	88	5930
1998	1337	8018	93	1301	1242	9838				
1999	1337	8400	55	1196	1217	9800				
2000					1190	9681	49			
2001					1200	9551	49			
2002			70	1325	1038	9399	336			
2003			61		1141	8862	379			
2004			65	1212	1116	8491	441			
2005			67	1195	1081	7529	423			
2006			110	1067	660	4781	639			
2007			33	420	473	2746	796			
2008			32	318	105	1440	944			
2009			32	475	26	186	1268			
2010			37	500	3	39	1333			
2011			33	473	3	21	1279			
2012			35	411	2	22	1091			
2013			33	371	2	22	1114			

注：2002年以后种畜场总数为全社会口径。

13-34 农作物受灾及成灾面积

单位：千公顷

年 份	粮豆成灾面积			
		减产三至五成的	减产五至八成的	减产八成以上的
1981	893.9	348.6	276.7	268.6
1982	1599.7	781.8	544.9	272.9
1983	672.3	432.0	177.2	63.1
1984	1343.3	776.7	391.1	175.5
1985	1983.9	918.8	675.8	389.2
1986	1068.1	502.9	293.1	272.2
1987	1353.1	867.4	371.3	114.4
1988	1676.1	952.6	538.8	184.8
1989	2448.1	1050.0	868.4	529.7
1990	1156.3	776.3	279.5	100.5
1991	1207.2	773.7	272.8	160.8
1992	1431.8	609.0	399.9	203.0
1993	914.9	632.8	161.8	64.0
1994	1995.8	907.6	605.4	442.7
1995	1500.9	799.5	363.5	337.9
1996	996.1	702.8	191.0	102.3
1997	2249.9	1148.0	844.5	257.4
1998	590.4	345.3	141.5	102.9
1999	1321.0	598.4	399.0	323.2
2000	2101.0	690.0	678.0	731.0
2001	1454.6	654.1	480.7	315.7
2002	1437.4	874.5	423.8	139.1
2003	1143.3	665.1	352.7	125.0
2004	500.7	370.4	93.2	37.0
2005	1316.5	888.5	254.2	129.9
2006	1299.2	685.3	412.3	198.5
2007	885.0	637.9	189.9	53.1
2008	1013.7	327.8	386.6	64.2
2009	2042.0	573.1	511.6	465.8
2010	1204.9	683.5	317.0	190.4
2011	418.5	142.5	43.7	12.4
2012	475.3	288.1	86.5	75.6
2013	525.5	307.2	124.9	80.3

13-35 国营农场基本情况

指　　标	单位	2005年	2006年	2008年	2009年	2010年	2011年	2012年	2013年
一、农　场　数	个	120	115	109	109	108	108	109	109
职　工　人　数	万人	26.7	26.7	28.3	29.3	29.6	29.7	30.5	30.5
二、耕　地　面　积	万公顷	13.4	13.8	14.5	14.7	14.7	15.6	15.5	15.5
三、农业机械总动力	万千瓦	67.9	68.2	84.5	97.1	98.8	106.8	113.6	115.5
四、农业机械拥有量									
大中型农用拖拉机	台	1653	1465	1789	2843	3815	4023	4097	4340
小型及手扶拖拉机	台	8538	8986	10825	10757	10383	11274	11815	11997
农用排灌动力机械	台	16131	13847	19230	23020	18488	18394	19514	20139
联　合　收　割　机	台	20	20	39	35	120	262	738	926
农　用　载　重　汽　车	辆	756	789	935	958	961	1238	1362	1389
五、农用化肥施用量(折纯)	吨	53294	68025	81110	95435	97923	89164	81233	99534
六、农　业　总　产　值	亿元	63.64	69.45	92.09	103.55	125.03	143.28	159.35	178.50
七、盈　亏　总　额	亿元	1.18	1.78		2.98	3.30		3.60	3.83
八、农作物总播种面积	万公顷	14.61	18.56	15.66	15.88	15.96	17.41	16.86	17.21
#粮食作物	万公顷	13.08	16.87	13.74	13.98	14.05	15.51	14.91	15.29
棉　　花	公顷			2					
油　　料	公顷	1470	2038	5104	4540	4575	4976	4268	4197
糖　　料	公顷	51	121	139	27	4	31	35	24
年末实有果园面积	公顷	11521	12165	12797	13062	13091	12395	13044	13115
九、主要农产品产量									
#粮食作物	万吨	99.47	108.41	117.45	116.83	120.08	131.27	133.80	139.03
棉　　花	吨			2					
油　　料	吨	3236	3079	11121	10027	19078	24504	13995	13927
糖　　料	万吨	0.20	0.33	0.57	0.13	0.02	0.13	0.16	0.10
水　　果	万吨	7.21	8.05	9.24	11.26	11.88	13.46	16.00	18.84
十、畜牧业、渔业生产									
1.大牲畜年末头数	万头	9.91	9.43	11.10	12.59	11.55	13.33	12.26	10.54
2.猪年末头数	万头	50.68	49.50	65.85	84.75	80.94	79.27	81.41	107.59
3.羊年末只数	万只	9.19	9.10	13.52	15.06	9.68	15.78	14.23	13.00
#绵　　羊	万只	4.24	4.20	6.43	8.90	4.93	10.17	7.44	7.30
4.畜产品产量									
猪牛羊肉产量	万吨	10.22	11.63	15.60	18.50	22.39	24.94	27.10	29.81
#猪肉产量	万吨	5.97	6.76	8.50	9.15	10.74	11.76	13.80	12.35
牛　奶　产　量	万吨	8.79	8.98	11.00	12.10	13.41	13.02	13.93	14.91
禽　蛋　产　量	万吨	3.18	3.29	4.56	5.63	5.95	7.78	8.28	8.78
羊　毛　产　量	吨	111	94	109	193	195	210	191	217
5.水产品总产量	万吨	18.16	20.10	23.82	28.23	33.41	40.18	44.37	48.80

主要统计指标解释

农业总产值 是以货币表现的农、林、牧、渔业全部产品的总量，它反映一定时期内农业生产的总规模和总成果。

农、林、牧、渔业的统计范围是:

(1)农业 包括农作物种植业和其他农业。

农作物种植业 包括谷物、豆类、薯类、棉、油料、糖料、麻类、烟叶、蔬菜、药材、瓜类和其他农作物的种植，以及茶园、桑园、果园的生产经营。

其他农业 包括采集野生植物的果实、纤维、树胶、树脂、油料以及柴草、野生药材、菌类等及农民家庭兼营的商品性工业。

(2)林业 包括林木的栽培(不包括茶园、桑园和果园的栽培、管理和收获等活动)、林产品的采集和村及村以下合作经济组织和农户的竹木采伐。

(3)牧业 包括除渔业养殖以外的一切动物饲养和放牧以及野生动物的捕猎和饲养。

(4)渔业 包括水生动物和海藻类植物的养殖和捕捞。

从所有制看，包括国有经济的各种专业农(农、林、牧、渔)场以及国家各级机关团体学校、科研机构、部队经营的农业；集体所有制的乡镇村各级办农场；农村各种经济组织经营的农、林、牧、渔业以及工矿企业家属集体经营的农业；农民家庭自营的农林牧渔业及兼营商品性工业等。

农业总产值的计算方法通常是按农林牧渔业产品及其副产品的产量分别乘以各自单位产品价格求得，少数生产周期较长，当年没有产品或产品产量不易统计的，则采用间接方法匡算其产值，然后将四业产品产值相加即为农业总产值。

1957 年以前的农业总产值中包括了厩肥和农民自给性手工业(如农民自制衣服、鞋、袜，自己从事粮食初步加工等)。1958 年及以后的农业总产值，林业中增加了村及村以下竹木采伐产值；牧业中取消费厩肥产值；副业中取消了农民自给性手工业产值，增加了村及村以下办的工业产值；渔业中增加了海洋捕捞水产品产值。1980 年及以后的农业总产值，在副业中增加了农民家庭兼营业商品部分的产值。从 1984 年起村及村以下办工业产值划归工业。从 1993 年起，取消副业。将野生动物的捕猎划入牧业，野生植物采集和农民家庭兼营商品性工业划归农业。

粮食产量 指全社会的产量。包括国有经济经营的、集体统一经营的和农民家庭经营的粮食产量，还包括工矿企业家属办的农场和其他生产单位的产量。粮食除包括稻谷、小麦、玉米、高粱、谷子及其他杂粮外，还包括薯类和大豆。其产量计算方法，豆类按去豆荚后的干豆计算；薯类(包括甘薯和马铃薯，不包括芋头和木薯)1963 年以前按每 4 公斤鲜薯折 1 公斤粮食计算，从 1964 年开始及以后改为按 5 公斤鲜薯折 1 公斤粮食计算。城市郊区作为蔬菜的薯类(如：马铃薯等)按鲜品计算，并且不做为粮食统计。其他粮食一律按脱粒后的原粮计算。

油料产量 指全部油料作物的生产量。包括花生、油菜籽、芝麻、向日葵籽、胡麻籽(亚麻籽)和其他油料。不包括大豆，也不包括木本油料和野生油料。花生以带壳干花生计算。

水产品产量 指人工养殖的水产品和天然生长的水产品的捕捞量。包括海水的鱼类、虾蟹类、贝类和藻类以及内陆水域的鱼类、虾蟹类和贝类，不包括淡水生植物。

猪、牛、羊肉产量 指当年出栏并已屠宰后除去头蹄下水后带骨肉(即胴体重)的重量。

耕地面积 指年初可以用来种植农作物、经常进行耕锄的田地，除包括熟地、当年新开荒地、连续撂荒未满三年的耕地和当年的休闲地(轮歇地)外，还包括以种植农作物为主并附带种植桑树、茶树、果树和其他林木的土地，以及沿海、沿湖地区已围垦利用的“海涂”、“湖田”等面积。但不包括属于专业性的桑园、茶园、果园、果木苗圃、林地、芦苇地、天然或人工草地面积。

农作物播种面积 指实际播种或移植有农作物的面积。凡是实际种植有农作物的面积，不论种植在耕地上还是种植在非耕地上，均包括在农作物播种面积中，同时还包括因遭灾而重新改种和补种的农作物面积，种一公顷算一公顷。

有效灌溉面积 指具有一定水源，地块比较平整，灌溉工程或设备已经配套，在一般年景下当年能够进行正常灌溉的耕地面积。

农用化肥施用量 指本年内实际用于农业生产的化肥数量。包括氮肥、磷肥、钾肥和复合肥。化肥施用量要求按折纯量计算数量。折纯法化肥施用量是把氮肥、磷肥和钾肥分别按含氮、含五氧化二磷、含氧化钾含量的百分比折算。复合肥按其所含主要成分折算。

农业机械总动力 指主要用于农、林、牧、渔业的各种动力机械的动力总和。包括耕作机械、排灌机械、收获机械、农产品加工机械、运输机械、植物保护机械、牧业机械、林业机械、渔业机械和其他农业机械〔内燃机按引擎马力折成瓦(特)计算，电动机按功率折成瓦(特)计算〕。不包括专门用于乡、镇、村、组办工业、基本建设、非农业运输、科学试验和教学等非农业生产方面用的动力机械与作业机械。

农林牧渔业劳动力 指直接参加农林牧渔业生产劳动的劳动力。

谷物 指籽实主要供作粮食的作物。这类作物包括稻谷、小麦、玉米、谷子、高粱和其他谷物，不包括豆类和薯类作物。

十四、工业

Chapter 14 Industry

14-1 规模以上工业企业单位数和总产值

分　类	企业单位数(个)						
	2007年	2008年	2009年	2010年	2011年	2012年	2013年
总　计	**16556**	**17269**	**23364**	**23832**	**16914**	**17347**	**17305**
在总计中:							
国有经济	476	472	424	387	250	241	161
中央企业	91	92	81	75	67	65	42
地方企业	385	380	343	312	183	176	119
集体企业	1166	1195	1254	1166	689	632	529
股份合作企业	253	302	288	261	160	134	85
联营经济	25	25	34	33	24	22	15
有限责任公司	2090	2217	2565	2601	2022	2158	2657
股份有限公司	372	375	429	432	332	337	391
私营企业	9352	9818	15157	15898	11172	11653	11512
港澳台投资企业	594	592	619	601	482	470	464
合资经营企业(港或澳台)	360	364	369	356	290	280	275
合作经营企业(港或澳台)	33	33	29	28	22	17	15
港澳台商独资经营企业	191	184	210	204	163	164	164
港澳台商投资股份有限公司	10	11	11	13	7	8	9
外商投资经济	2228	2221	2470	2310	1551	1499	1411
中外合资经营企业	1130	1142	1231	1142	779	734	682
中外合作经营企业	115	121	129	128	93	92	76
外资企业	953	924	1082	1010	655	646	628
外商投资股份有限公司	30	34	28	30	19	20	21
其他工业		52	124	143	232	201	80
在总计中:							
国有及国有控股企业	839	851	883	852	630	635	651
在总计中:							
轻工业	4945	5122	6420	6523	4612	4690	4624
重工业	11611	12147	16944	17309	12302	12657	12681
在总计中:							
大型企业	123	127	134	147	247	296	300
中型企业	1041	1008	1249	1358	1578	1914	1972
小型企业	15392	16134	21981	22327	14250	14555	14358

注：规模以上2010年以前是指年主营业务收入500万元及以上工业企业，企业规模为大、中、小型，2011年是年主营业务收入2000万元及以上工业企业，2011年企业规模分为大、中、小、微型。

14-1 续表

分 类	工业总产值(亿元)						
	2007年	2008年	2009年	2010年	2011年	2012年	2013年
总 计	**18249.53**	**22720.54**	**28152.73**	**36219.42**	**41776.73**	**49031.54**	**52892.01**
在总计中:							
国有经济	2092.66	3372.05	2705.00	3082.92	2589.31	2719.81	1225.80
中央企业	1191.21	2669.90	2073.36	2362.33	1957.32	1979.64	959.73
地方企业	901.45	702.15	631.63	720.59	631.99	740.16	266.06
集体企业	505.28	540.98	729.60	893.45	931.40	1057.68	870.17
股份合作企业	134.42	160.25	183.05	204.42	244.76	253.86	131.80
联营经济	21.99	33.53	43.05	56.74	40.72	35.51	30.54
有限责任公司	4370.48	4226.60	5576.92	7040.69	7647.18	8333.06	10521.72
股份有限公司	2658.42	2977.91	2916.58	3775.10	5451.33	5771.74	6162.36
私营企业	4354.76	6518.94	10184.97	14166.35	16897.11	22277.31	24636.32
港澳台投资企业	752.24	863.65	1281.08	1571.38	1766.57	1836.89	2270.71
合资经营企业(港或澳台)	431.85	510.84	728.36	938.82	993.45	1055.11	1463.64
合作经营企业(港或澳台)	35.22	27.63	39.52	45.17	52.56	57.20	74.57
港澳台商独资经营企业	274.36	310.16	496.91	571.66	705.90	702.52	701.66
港澳台商投资股份有限公司	10.81	15.02	16.28	15.73	14.65	19.66	28.62
外商投资经济	3359.29	3895.62	4391.55	5336.91	5859.86	6452.58	6919.64
中外合资经营企业	2164.49	2469.27	2867.13	3385.01	3462.76	4068.26	4517.40
中外合作经营企业	71.70	104.07	122.65	146.98	170.58	191.44	192.66
外资企业	1053.28	1247.38	1331.49	1707.53	2117.34	2090.46	2073.77
外商投资股份有限公司	69.82	74.90	70.28	97.38	102.49	96.88	125.84
其他工业		131.04	140.94	91.48	348.51	293.11	122.96
在总计中:							
国有及国有控股企业	8058.78	9262.58	9289.74	11219.96	12420.83	12889.82	12437.74
在总计中:							
轻工业	3277.80	4098.01	5440.96	7053.13	8153.53	10225.94	11164.44
重工业	14971.73	18622.54	22711.77	29166.29	33623.21	38805.60	41727.57
在总计中:							
大型企业	7675.48	8643.24	8841.97	11181.88	13798.21	15003.22	15609.22
中型企业	3994.13	5223.97	6136.48	7155.00	6999.79	9895.08	11404.70
小型企业	6579.92	8853.33	13174.29	17882.54	19689.87	23717.31	25515.00

14-2 规模以上工业职工人数

单位：万人

分　类	2005年	2006年	2008年	2009年	2010年	2011年	2012年	2013年
总　计	**276.55**	**302.02**	**319.88**	**386.62**	**401.74**	**368.92**	**405.81**	**400.62**
在总计中:								
国有经济	52.06	49.12	55.33	53.80	49.58	38.92	47.23	28.02
中央企业	26.42	25.15	35.31	35.38	32.39	26.50	30.27	22.25
地方企业	25.64	23.97	20.02	18.42	17.19	12.42	16.97	5.77
集体企业	18.92	17.33	15.03	17.03	16.79	13.79	13.09	10.35
股份合作企业	2.93	2.97	2.23	2.48	2.06	2.02	1.96	1.02
联营经济	0.34	0.36	1.11	1.24	1.37	0.73	0.73	0.75
有限责任公司	74.20	78.53	61.64	80.68	81.91	77.57	78.90	101.44
股份有限公司	15.88	16.07	18.91	17.53	19.50	25.53	28.66	30.99
私营企业	59.28	78.15	100.57	140.70	153.86	142.31	165.75	164.87
港澳台投资企业	10.97	12.73	12.85	15.05	16.27	13.90	14.21	13.51
合资经营企业(港或澳台)	6.77	7.31	7.87	9.27	9.83	7.12	7.47	7.02
合作经营企业(港或澳台)	0.72	0.84	0.73	0.73	0.95	0.67	0.63	0.47
港澳台商独资经营企业	3.36	4.47	4.07	4.88	5.30	5.95	5.89	5.8
港澳台商投资股份有限公司	0.11	0.11	0.19	0.16	0.19	0.15	0.16	0.17
外商投资经济	41.96	46.72	50.88	56.33	59.37	51.36	53.24	48.86
中外合资经营企业	17.37	20.32	22.05	25.79	26.88	21.70	23.83	22.87
中外合作经营企业	2.06	2.35	2.35	2.44	2.58	2.55	2.80	2.32
外资企业	21.95	23.62	25.43	26.75	28.59	26.12	25.26	22.19
外商投资股份有限公司	0.58	0.44	1.05	1.34	1.32	0.92	1.24	1.33
其他工业		0.03	1.32	1.79	1.02	2.81	2.04	0.82
在总计中:								
国有及国有控股企业	116.99	112.96	109.48	116.84	111.85	103.28	113.84	113.56
在总计中:								
轻工业	68.94	77.31	78.71	96.62	100.47	86.47	95.17	93.97
重工业	207.61	224.71	241.16	290.00	301.27	282.45	310.64	306.66
在总计中:								
大型企业	100.69	105.90	104.40	115.91	119.70	120.15	141.76	140.03
中型企业	70.07	71.99	78.95	87.11	91.83	88.70	105.66	106.91
小型企业	105.79	124.13	136.53	183.61	190.21	150.85	157.52	152.04

14-3 工业总产值

(按经济类型分)　　单位：亿元

年份	工业总产值	#国有企业	#集体企业	#其他经济类型工业	总计中：国有及国有控股工业
1978	370.40	313.80	63.00		313.80
1980	443.99	362.00	74.80	7.19	362.00
1985	715.07	530.95	163.00	21.12	530.95
1986	786.79	578.69	183.15	24.95	578.69
1987	913.72	668.19	213.22	32.25	668.19
1988	1112.44	798.37	267.13	46.94	798.37
1989	1316.09	951.87	305.04	59.18	951.87
1990	1348.17	983.92	305.42	58.83	983.92
1991	1544.39	1121.03	341.09	82.26	1121.03
1992	1876.95	1326.63	426.56	123.76	1326.63
1993	2609.99	1813.61	551.94	244.44	1813.61
1994	3117.82	1966.44	692.66	458.72	1966.44
1995	3055.54	1876.53	716.28	462.73	1876.53
1996	3354.61	1947.05	804.87	602.69	2106.14
1997	3644.88	2040.10	783.34	821.45	2292.03
1998	3147.86	1687.23	364.46	1096.17	2109.37
1999	3390.27	1600.68	337.14	1452.45	2208.77
2000	4249.46	1326.14	315.12	2608.20	2827.94
2001	4480.32	999.33	265.07	3215.92	2928.95
2002	4888.02	971.82	258.34	3657.86	3051.61
2003	6112.96	973.99	285.24	4853.73	3552.30
2004	8603.90	1303.10	292.76	7008.04	4881.66
2005	10814.51	1375.59	368.45	9070.47	5771.15
2006	14167.95	1641.23	419.10	12107.62	6449.76
2007	18249.53	2092.66	505.28	15651.59	8058.78
2008	22720.54	3372.05	540.98	18807.51	9262.58
2009	28152.73	2705.00	729.60	24718.13	9289.74
2010	36219.42	3082.92	893.45	32243.05	11219.96
2011	41776.73	2589.31	931.40	38256.02	12420.83
2012	49031.54	2719.81	1057.68	45254.05	12889.82
2013	52892.01	1225.80	870.17	50796.04	12437.74

注：本表1997年以前为乡及乡以上工业，1998年以后为规模以上工业产值。

14-4 各地区全部规模以上工业企业主要指标

单位：亿元

年份、地区	企业单位数（个）	实收资本	流动资产合计	固定资产小计	固定资产原价合计	流动负债合计	长期负债合计	所有者权益合计
1998	6249	1484.05	2668.69	3497.46	4537.00	2912.85	1399.70	2283.44
1999	5816	1746.30	2983.00	3859.10	5141.10	3165.20	1300.90	2947.60
2000	6017	2056.60	3155.90	3912.00	5372.80	3220.90	1454.40	3066.30
2001	5847	2288.31	3354.48	4354.16	6112.04	3475.59	1414.73	3460.95
2002	6017	2419.70	3540.88	4514.29	6543.85	3695.87	1508.87	3598.88
2003	6842	2417.98	3843.47	4367.12	6814.11	4003.90	1369.75	3776.27
2004	10635	3316.46	4770.35	5026.97	7543.08	5036.77	1372.94	4519.86
2005	11510	3225.57	5330.42	5493.10	8202.52	5323.14	1549.11	4852.41
2006	14754	3546.87	6476.86	6453.31	9191.33	6237.06	1707.39	5845.19
2007	16556	3911.88	7895.35	7141.43	10922.97	7817.31	1950.54	7001.69
2008	17269	4790.97	8851.42	8857.95	12731.65	8957.66	2292.33	8314.19
2009	23364	5778.87	11357.33	11022.98	15419.80	10906.67	3114.68	10478.28
2010	23832	6072.07	13283.41	12230.66	18742.09	12600.82	3631.24	12082.43
2011	16914	6664.29	14645.77	12456.53	19977.69	13164.38		13298.77
2012	17347	6982.16	15899.64	13152.82	21748.37	14388.74		14448.05
2013	17305	7662.33	17432.94	15137.56	25688.13	16625.95		16076.49
沈　阳	3901	1456.47	3744.97	3277.31	6409.56	3521.38		3724.85
大　连	3101	1949.5	5089.41	3169.23	4668.1	4451.07		3534.64
鞍　山	1229	518.87	1671.58	926.24	1737.6	1502.5		1736.37
抚　顺	967	200.75	633.54	693.55	1091.19	662.54		607.89
本　溪	647	291.67	790.87	711.59	1932.66	1099.87		604.34
丹　东	792	167.43	379.99	233.05	364.68	257.97		316.05
锦　州	839	260.49	456.43	493.55	892.19	375.92		591.79
营　口	1468	572.12	1021.36	843.28	1163.38	1013.63		861.17
阜　新	652	167.8	386.63	375.19	482.16	365.84		316.51
辽　阳	665	369.94	900.39	527.01	847.29	690.79		726.63
盘　锦	534	742.85	815.21	1131.8	2113.14	789.69		841.31
铁　岭	1301	461.46	557.24	1196.73	1416.96	396.73		1217.42
朝　阳	817	167.35	419.27	509.07	610.7	526.76		356.26
葫芦岛	391	235.61	499.54	399.62	593.39	527.19		307.67

14-4 续表 单位：亿元

年份、地区	主营业务收入	主营业务成本	主营业务税金及附加	销售费用	利润总额	本年应交增值税	利税总额
1998	3090.51	2608.76	54.75	78.92	-16.50	145.47	183.72
1999	3429.70	2875.10	55.10	92.26	58.20	154.90	268.20
2000	4311.90	3623.50	65.40	109.24	176.20	190.40	432.10
2001	4580.34	3892.85	62.88	114.44	144.46	194.59	401.93
2002	5013.91	4221.40	71.17	135.99	156.16	210.46	437.79
2003	6340.92	5321.37	84.67	163.18	235.95	245.58	566.20
2004	8540.71	7264.61	99.44	199.85	430.78	294.39	824.61
2005	10747.31	9409.07	120.57	236.69	355.98	336.47	813.02
2006	13997.96	12223.93	160.37	282.29	449.75	418.24	1028.36
2007	17965.81	15213.19	234.95	380.86	852.67	565.52	1653.14
2008	22355.49	19640.09	249.38	428.73	658.19	611.30	1518.86
2009	27870.09	23760.52	578.11	539.37	1381.95	765.19	2725.25
2010	36049.59	30578.87	702.10	703.63	2371.35	968.69	4042.14
2011	42845.44	36381.14	734.54	835.36	2511.21	1047.26	4310.54
2012	48199.85	41146.95	872.31	973.43	2435.69	1295.54	4612.30
2013	51533.44	44185.02	882.6	1098.7	2976.15	1492.37	5372.62
沈　阳	13426.31	11376.6	161.59	412.25	772.45	270.86	1209.47
大　连	10875.36	9272.17	258.63	275.13	594	378.6	1232.68
鞍　山	3400.65	2859.84	39.1	61.4	194.93	118.47	353.09
抚　顺	2681.35	2374.33	68.33	32.89	65	45.85	179.99
本　溪	2223.21	2002.4	16.68	29.29	92.93	67.05	176.70
丹　东	1320.01	1181.08	8.67	18.01	56.28	38.27	103.37
锦　州	2760.02	2352.65	64.71	39.29	209.78	74.72	349.34
营　口	2937.55	2435.02	42.67	55.94	283.9	140.64	467.26
阜　新	856.94	728.84	5.07	17.8	42.92	21.06	69.17
辽　阳	2087.66	1780.54	52.2	24.75	117.97	42.82	213.36
盘　锦	2815.66	2449.81	82.43	27.98	145.26	84.19	316.28
铁　岭	2772.62	2351.84	17.13	74.55	163.99	83.84	272.93
朝　阳	1398.21	1212.56	16.67	17.16	111.01	64.19	192.39
葫芦岛	1005.04	873.97	44.95	12.11	100.11	27.35	172.64

14-5 全部规模以上工业企业主要指标

(2013年) 单位：亿元

甲栏分组	企业单位数(个)	工业总产值(当年价格)	资产总计	流动资产合计	固定资产合计	固定资产原价	负债合计	流动负债合计
总　计	**17305**	**52892.01**	**38665.07**	**17432.94**	**15137.56**	**25688.13**	**22396.73**	**16625.95**
按登记注册类型分组:								
内资企业	15430	43701.67	30951.61	13243.48	12630.77	21523.10	17918.53	13284.83
国有企业	161	1225.80	3261.48	1326.80	936.19	1793.25	2014.92	1519.58
中央企业	42	959.73	2557.09	1001.06	613.55	1419.77	1523.37	1155.53
地方企业	119	266.06	704.39	325.74	322.64	373.49	491.55	364.05
集体企业	529	870.17	298.56	160.18	119.35	234.86	161.53	128.06
股份合作企业	85	131.80	63.89	32.60	22.00	51.73	25.94	22.28
联营企业	15	30.54	16.14	5.13	10.67	36.62	9.87	9.50
国有联营企业	1	1.99	3.28	0.86	2.40	5.48	1.07	1.06
集体联营企业	8	16.11	5.71	2.94	2.66	3.05	3.51	3.36
国有与集体联营企业	1	0.50	0.05	0.03	0.02	0.02		
其他联营企业	5	11.94	7.09	1.29	5.59	28.06	5.28	5.08
有限责任公司	2657	10521.72	12765.54	5767.72	4658.94	7018.12	8749.16	6452.97
国有独资公司	87	1765.14	2777.21	744.77	1419.45	2493.56	1870.59	1340.93
其他有限责任公司	2570	8756.59	9988.34	5022.95	3239.49	4524.56	6878.56	5112.04
股份有限公司	391	6162.36	4622.04	1889.66	2175.06	4501.02	2681.41	1974.04
私营企业	11512	24636.32	9873.00	4043.54	4685.08	7838.77	4255.39	3166.54
私营独资企业	2460	4235.62	1149.05	389.12	622.20	1018.64	385.42	259.97
私营合伙企业	119	217.93	66.76	29.67	33.53	62.20	26.96	14.94
私营有限责任公司	8412	18921.33	8047.29	3316.12	3809.63	6386.63	3522.07	2653.63
私营股份有限公司	521	1261.44	609.89	308.63	219.71	371.30	320.93	238.00
其他企业	80	122.96	50.97	17.86	23.47	48.72	20.32	11.85
港、澳、台商投资企业	464	2270.71	2174.27	1253.35	651.93	1022.35	1226.26	955.46
合资经营企业(港或澳、台资)	275	1463.64	1109.06	605.22	333.64	534.47	704.15	604.57
合作经营企业(港或澳、台资)	15	74.57	36.78	13.83	9.85	17.51	24.54	12.75
港澳台商独资经营企业	164	701.66	1002.47	620.07	304.28	462.62	484.48	325.81
港澳台商投资股份有限公司	9	28.62	20.46	12.71	3.71	6.77	10.91	10.74
其他港澳台商投资企业	1	2.22	5.49	1.51	0.44	0.99	2.19	1.59
外商投资企业	1411	6919.64	5539.19	2936.11	1854.86	3142.68	3251.94	2385.67
中外合资经营企业	682	4517.40	3249.32	1849.39	928.17	1618.19	2036.61	1632.96
中外合作经营企业	76	192.66	115.30	59.04	44.56	72.19	69.97	41.84
外资企业	628	2073.77	1994.90	961.46	814.91	1306.25	1066.84	657.06
外商投资股份有限公司	21	125.84	177.86	65.50	66.34	145.21	77.88	53.36
其他外商投资企业	4	9.97	1.80	0.72	0.88	0.85	0.64	0.45
在总计中：轻工业	4624	11164.44	5306.47	2489.29	2197.43	3814.72	2436.13	1823.89
重工业	12681	41727.57	33358.60	14943.65	12940.13	21873.42	19960.60	14802.07
在总计中：大型企业	300	15609.22	18904.64	8538.56	6560.30	11858.63	12174.99	9115.12
中型企业	1972	11404.70	8424.63	3972.36	3545.40	5394.47	4856.51	3668.85
小型企业	14358	25515.00	10941.67	4782.02	4874.03	8226.65	5126.11	3684.65
微型企业	675	363.09	394.14	140.00	157.83	208.38	239.12	157.33

14-5 续表

单位：亿元

甲栏分组	所有者权益合计	实收资本	主营业务收入	主营业务成本	主营业务税金及附加	利润总额	利税总额	本年应交增值税
总　计	**16076.49**	**7662.33**	**51533.44**	**44185.02**	**882.60**	**2976.15**	**5372.62**	**1492.37**
按登记注册类型分组:								
内资企业	12887.68	5745.12	42901.11	37004.24	739.53	2409.94	4355.80	1189.62
国有企业	1246.42	539.13	1315.76	1095.39	15.39	0.63	78.43	50.66
中央企业	1033.62	374.36	1048.67	852.95	13.70	3.24	61.06	40.24
地方企业	212.80	164.77	267.09	242.44	1.70	-2.60	17.37	10.42
集体企业	135.49	52.76	860.17	749.42	6.83	45.84	76.46	23.64
股份合作企业	37.57	12.94	127.68	112.53	0.88	7.54	11.73	3.30
联营企业	6.12	1.75	28.61	20.75	0.41	1.17	2.32	0.74
国有联营企业	2.21	0.46	1.99	1.88	0.01	0.04	0.16	0.11
集体联营企业	2.05	0.66	15.47	9.42	0.24	0.78	1.35	0.33
国有与集体联营企业	0.05	0.05	0.50	0.47		0.03	0.03	
其他联营企业	1.81	0.58	10.66	8.98	0.16	0.33	0.78	0.29
有限责任公司	3973.86	2021.99	10433.44	9032.88	117.94	600.62	1035.82	314.84
国有独资公司	906.53	369.83	1784.99	1608.59	15.29	49.20	141.17	75.39
其他有限责任公司	3067.33	1652.16	8648.45	7424.29	102.65	551.41	894.65	239.45
股份有限公司	1933.96	1157.06	6115.25	5201.23	405.54	82.67	662.11	173.59
私营企业	5524.11	1946.92	23899.85	20694.06	191.61	1660.31	2474.80	620.86
私营独资企业	749.91	261.15	4113.66	3563.22	38.81	282.64	425.12	103.30
私营合伙企业	39.63	13.50	206.29	180.64	1.69	15.42	23.53	6.41
私营有限责任公司	4451.58	1563.49	18396.05	15918.93	142.43	1277.42	1903.67	482.20
私营股份有限公司	282.99	108.78	1183.85	1031.26	8.68	84.82	122.48	28.95
其他企业	30.16	12.58	120.35	97.98	0.93	11.16	14.13	2.01
港、澳、台商投资企业	915.40	524.07	2041.04	1772.35	7.99	136.29	224.35	79.76
合资经营企业(港或澳、台资)	392.71	242.40	1289.62	1160.07	4.14	75.69	128.13	48.26
合作经营企业(港或澳、台资)	12.25	3.03	58.55	43.60	0.22	2.92	6.19	3.05
港澳台商独资经营企业	497.59	272.65	665.19	546.48	3.52	55.18	86.40	27.44
港澳台商投资股份有限公司	9.56	5.39	25.49	21.90	0.10	1.98	2.91	0.83
其他港澳台商投资企业	3.30	0.60	2.20	0.30	0.02	0.52	0.72	0.18
外商投资企业	2273.41	1393.14	6591.28	5408.44	135.08	429.92	792.47	222.99
中外合资经营企业	1206.82	582.26	4248.88	3401.40	119.91	324.01	616.55	168.34
中外合作经营企业	44.96	36.35	190.10	164.35	1.28	13.32	21.89	7.18
外资企业	920.49	715.99	2021.43	1736.26	11.98	81.61	136.97	43.30
外商投资股份有限公司	99.98	57.74	120.95	97.30	1.79	10.69	16.65	4.17
其他外商投资企业	1.16	0.80	9.92	9.12	0.11	0.29	0.41	
在总计中：轻工业	2840.85	1183.13	10910.24	9305.66	111.80	759.37	1142.14	270.33
重工业	13235.65	6479.20	40623.19	34879.36	770.80	2216.78	4230.48	1222.04
在总计中：大型企业	6668.09	3376.20	15353.29	13039.90	522.93	530.71	1537.82	473.43
中型企业	3538.19	1618.77	10916.09	9206.01	156.13	798.32	1360.03	397.04
小型企业	5740.72	2564.09	24913.22	21627.88	201.38	1632.82	2449.50	613.17
微型企业	129.49	103.27	350.83	311.23	2.16	14.30	25.28	8.73

14-6 按行业分的全部规模以上工业企业主要指标

(2013年) 单位：亿元

甲栏分组	企业单位数(个)	工业总产值(当年价格)	资产总计	流动资产合计	固定资产合计	固定资产原价	负债合计	流动负债合计
总 计	**17305**	**52892.01**	**38665.07**	**17432.94**	**15137.56**	**25688.13**	**22396.73**	**16625.95**
煤炭开采和洗选业	172	412.01	1048.70	409.32	354.07	617.37	672.54	450.28
石油和天然气开采业	1	369.19	620.74	106.78	513.95	1226.94	305.46	72.76
黑色金属矿采选业	819	1862.91	841.79	356.44	291.01	525.79	407.87	337.47
有色金属矿采选业	191	348.86	161.60	75.45	65.25	94.83	71.69	62.77
非金属矿采选业	391	526.64	212.50	75.24	114.93	142.96	71.28	50.94
开采辅助活动	32	132.78	269.49	148.11	85.31	177.02	176.72	170.90
其他采矿业	2	1.12	0.57	0.48	0.09	0.14	0.46	0.42
农副食品加工业	1533	4762.72	1823.03	837.46	783.60	1486.55	848.35	603.06
食品制造业	321	749.58	420.02	205.10	176.79	287.39	179.13	117.36
酒、饮料和精制茶制造业	230	506.67	274.59	100.64	140.15	242.61	121.90	102.01
烟草制品业	4	75.64	50.23	25.81	24.39	30.90	48.46	47.85
纺织业	313	499.09	228.98	100.23	95.41	148.74	109.12	86.23
纺织服装、服饰业	523	883.32	274.60	137.85	109.02	181.02	116.11	91.14
皮革、毛皮、羽毛及其制品和制鞋业	96	277.43	89.42	43.85	38.48	59.96	29.42	21.59
木材加工和木、竹、藤、棕、草制品业	398	830.59	237.42	96.98	105.81	193.94	92.21	66.03
家具制造业	173	413.66	159.68	73.18	72.26	145.48	53.43	47.37
造纸和纸制品业	233	436.89	173.73	62.46	80.35	139.44	80.39	55.51
印刷和记录媒介复制业	110	169.26	102.63	53.33	38.58	70.36	55.05	46.76
文教、工美、体育和娱乐用品制造业	133	206.85	59.78	25.74	27.07	61.89	20.22	16.12
石油加工、炼焦和核燃料加工业	267	4355.65	1843.37	861.57	841.22	1460.47	1235.96	921.88
化学原料和化学制品制造业	978	3326.44	2351.92	1108.00	1040.75	1444.11	1519.87	1210.71
医药制造业	270	760.52	542.70	285.16	177.41	252.84	249.53	195.98
化学纤维制造业	20	51.83	38.21	16.94	12.77	20.59	22.51	16.82
橡胶和塑料制品业	863	1737.47	1052.53	432.76	490.54	735.64	472.42	320.31
非金属矿物制品业	1714	3770.12	1948.02	884.83	786.72	1209.18	1034.67	796.56
黑色金属冶炼和压延加工业	889	5417.85	5818.17	2209.73	1866.74	4058.05	3642.22	2884.39
有色金属冶炼和压延加工业	333	1394.56	993.97	589.79	330.48	507.74	564.30	414.20
金属制品业	943	1998.86	1129.48	538.38	468.72	680.86	533.01	424.59
通用设备制造业	2020	4544.80	2772.94	1472.86	1059.23	1716.27	1395.66	1106.15
专用设备制造业	947	2426.73	2111.59	1256.98	645.51	990.80	1241.12	979.09
汽车制造业	433	2865.50	2207.64	1178.13	558.08	787.47	1441.44	1195.70
铁路、船舶、航空航天和其他运输设备制造业	216	1125.73	2354.58	1570.29	505.01	701.19	1755.93	1271.65
电气机械和器材制造业	854	2301.69	1377.43	776.46	442.55	796.54	672.98	511.61
计算机、通信和其他电子设备制造业	202	936.20	743.71	409.92	207.79	406.02	341.68	255.01
仪器仪表制造业	175	258.85	197.21	103.64	62.72	93.83	89.21	69.91
其他制造业	38	67.83	41.28	20.60	15.72	32.43	17.22	12.74
废弃资源综合利用业	56	86.08	54.69	23.94	20.56	23.59	25.55	19.00
金属制品、机械和设备修理业	61	188.77	94.08	37.39	47.83	65.01	30.44	21.88
电力、热力生产和供应业	268	1659.28	3461.49	556.12	2194.28	3528.54	2417.71	1396.37
燃气生产和供应业	39	74.57	186.17	65.88	88.75	114.56	98.15	80.28
水的生产和供应业	44	77.41	294.40	99.10	157.67	229.06	135.37	74.53

14-6 续表

单位：亿元

甲栏分组	所有者权益合计	实收资本	主营业务收入	主营业务成本	主营业务税金及附加	利润总额	利税总额	本年应交增值税
总　计	**16076.49**	**7662.33**	**51533.44**	**44185.02**	**882.60**	**2976.15**	**5372.62**	**1492.37**
煤炭开采和洗选业	376.07	91.57	434.40	313.24	7.97	16.70	62.90	37.07
石油和天然气开采业	315.28	315.28	350.12	217.91	16.57	61.05	107.76	30.15
黑色金属矿采选业	426.39	105.25	1875.64	1575.67	38.03	185.59	321.08	97.05
有色金属矿采选业	85.63	37.15	341.94	282.09	3.14	33.22	53.39	17.01
非金属矿采选业	138.42	37.91	502.37	419.46	5.96	40.92	66.84	19.88
开采辅助活动	92.76	190.65	132.23	131.64	2.74	-19.16	1.08	13.60
其他采矿业	0.11	0.06	1.09	0.91	0.07	0.06	0.13	
农副食品加工业	961.83	380.12	4635.09	4094.92	25.31	301.82	425.83	98.45
食品制造业	238.48	95.66	762.34	640.22	5.12	54.58	78.18	18.46
酒、饮料和精制茶制造业	152.03	79.00	485.21	389.11	11.54	40.47	65.76	13.61
烟草制品业	1.77	1.66	74.74	23.04	38.88	4.81	51.92	8.23
纺织业	117.39	51.56	491.94	429.07	4.25	35.51	54.72	14.93
纺织服装、服饰业	156.79	55.50	831.60	711.31	5.06	53.52	77.27	18.62
皮革、毛皮、羽毛及其制品和制鞋业	59.22	23.35	264.95	219.62	1.01	37.58	41.16	2.57
木材加工和木、竹、藤、棕、草制品业	141.71	56.73	804.58	686.75	4.12	52.98	69.49	12.37
家具制造业	105.87	23.68	392.52	339.98	1.53	22.23	31.58	7.81
造纸和纸制品业	92.23	40.34	425.04	367.77	2.02	31.18	43.09	9.89
印刷和记录媒介复制业	47.11	22.54	165.90	137.30	0.86	13.86	18.13	3.42
文教、工美、体育和娱乐用品制造业	39.23	18.76	204.08	179.49	1.52	13.24	20.67	5.91
石油加工、炼焦和核燃料加工业	606.00	288.05	4253.23	3738.40	361.77	-19.16	472.15	129.32
化学原料和化学制品制造业	826.67	584.55	3196.35	2816.77	78.18	119.27	292.78	94.98
医药制造业	291.60	109.62	769.46	571.41	6.91	71.26	114.49	36.29
化学纤维制造业	15.69	8.40	53.23	48.60	0.06	0.45	2.38	1.87
橡胶和塑料制品业	574.06	264.16	1699.98	1456.91	10.38	106.10	156.37	39.80
非金属矿物制品业	896.16	408.22	3686.89	3136.47	28.30	263.26	420.32	128.23
黑色金属冶炼和压延加工业	2160.87	954.99	5305.78	4729.64	24.91	186.79	336.38	124.25
有色金属冶炼和压延加工业	426.64	209.48	1360.19	1175.33	9.41	182.10	226.31	34.44
金属制品业	564.54	230.14	1955.36	1685.63	15.82	119.01	186.07	51.14
通用设备制造业	1360.13	549.00	4368.07	3698.14	40.10	289.35	448.18	110.66
专用设备制造业	869.60	353.18	2323.14	1986.65	11.95	137.82	208.54	58.57
汽车制造业	756.52	332.90	2751.54	2171.87	87.23	201.61	387.26	94.23
铁路、船舶、航空航天和其他运输设备制造业	595.57	341.93	1093.63	967.43	3.94	55.48	74.97	15.30
电气机械和器材制造业	677.44	262.95	2234.12	1932.31	10.10	120.48	173.03	42.38
计算机、通信和其他电子设备制造业	399.27	183.18	916.54	787.09	4.35	60.82	77.13	11.72
仪器仪表制造业	107.06	37.03	248.38	210.87	1.36	17.42	27.45	8.68
其他制造业	23.82	14.46	65.93	55.66	0.39	4.24	6.75	2.11
废弃资源综合利用业	29.13	9.51	87.72	77.01	0.82	4.88	10.03	4.32
金属制品、机械和设备修理业	63.51	25.22	181.41	145.44	1.74	14.87	21.69	5.08
电力、热力生产和供应业	1039.82	701.43	1660.50	1509.04	8.06	59.54	133.11	65.30
燃气生产和供应业	88.00	69.17	72.25	60.86	0.46	-0.07	2.39	1.95
水的生产和供应业	156.11	98.02	73.96	64.00	0.65	0.49	3.89	2.73

14-7 按行业分的全部规模以上工业企业主要经济效益指标

(2013年)

行　业	总资产贡献率 (%)	资产负债率 (%)	工业成本费用利润率 (%)	产品销售率 (%)
总　计	**15.00**	**57.92**	**6.09**	**97.81**
煤炭开采和洗选业	7.52	64.13	2.80	99.98
石油和天然气开采业	18.53	49.21	23.55	100.01
黑色金属矿采选业	39.21	48.45	11.11	97.10
有色金属矿采选业	34.14	44.36	10.75	98.11
非金属矿采选业	32.30	33.54	9.05	97.33
开采辅助活动	1.04	65.58	-6.01	99.48
其他采矿业	23.24	80.39	6.67	98.14
农副食品加工业	24.46	46.54	6.96	98.83
食品制造业	19.11	42.65	7.78	98.35
酒、饮料和精制茶制造业	24.51	44.39	9.30	98.40
烟草制品业	103.29	96.48	13.77	99.51
纺织业	24.84	47.66	7.80	97.19
纺织服装、服饰业	29.00	42.28	6.96	97.43
皮革、毛皮、羽毛及其制品和制鞋业	46.70	32.90	16.51	96.33
木材加工和木、竹、藤、棕、草制品业	30.15	38.84	7.11	97.97
家具制造业	20.47	33.46	5.98	97.43
造纸和纸制品业	25.64	46.27	7.99	98.49
印刷和记录媒介复制业	18.20	53.64	9.13	98.70
文教、工美、体育和娱乐用品制造业	35.71	33.83	7.01	98.04
石油加工、炼焦和核燃料加工业	27.45	67.05	-0.46	99.24
化学原料和化学制品制造业	13.87	64.62	3.90	95.31
医药制造业	21.86	45.98	10.17	93.59
化学纤维制造业	8.58	58.93	0.85	93.55
橡胶和塑料制品业	15.75	44.88	6.65	98.19
非金属矿物制品业	22.67	53.11	7.80	97.53
黑色金属冶炼和压延加工业	7.24	62.60	3.58	98.55
有色金属冶炼和压延加工业	24.30	56.77	13.78	98.41
金属制品业	17.44	47.19	6.52	98.24
通用设备制造业	17.23	50.33	7.11	97.42
专用设备制造业	10.77	58.78	6.29	96.27
汽车制造业	18.26	65.29	7.94	97.52
铁路、船舶、航空航天和其他运输设备制造业	3.19	74.57	5.24	97.85
电气机械和器材制造业	13.38	48.86	5.73	97.38
计算机、通信和其他电子设备制造业	10.92	45.94	6.96	97.15
仪器仪表制造业	14.48	45.23	7.47	96.81
其他制造业	17.00	41.71	6.73	98.48
废弃资源综合利用业	19.49	46.73	5.80	97.49
金属制品、机械和设备修理业	23.51	32.35	9.09	97.57
电力、热力生产和供应业	5.37	69.85	3.61	99.63
燃气生产和供应业	2.54	52.72	-0.09	98.37
水的生产和供应业	1.86	45.98	0.60	96.42

14-8 国有及国有控股工业企业主要指标

(2013年)

单位：亿元

行业	企业单位数(个)	实收资本	资产总计	流动资产合计	固定资产合计	固定资产原价	负债合计	流动负债合计
总计	**651**	**3264.35**	**17211.18**	**7182.32**	**6634.30**	**11841.58**	**11647.86**	**8563.82**
在总计中：亏损企业	200	1050.89	3934.64	1608.20	1740.56	3058.69	2953.05	2202.75
在总计中：中央企业	42	374.36	2557.09	1001.06	613.55	1419.77	1523.37	1155.53
地方企业	609	2889.99	14654.09	6181.26	6020.75	10421.81	10124.49	7408.29
在总计中:轻工业	118	170.26	848.10	448.95	275.40	447.18	475.94	375.55
重工业	533	3094.10	16363.08	6733.37	6358.90	11394.40	11171.92	8188.27
在总计中:大型企业	109	2535.84	14462.05	6200.69	5156.52	9690.49	9780.73	7259.62
中型企业	198	495.62	1787.50	702.56	929.34	1440.16	1272.74	952.83
小型企业	312	217.73	915.15	271.14	517.29	674.94	564.47	336.63
微型企业	32	15.18	46.47	7.92	31.15	36.00	29.93	14.74
煤炭开采和洗选业	9	77.80	943.17	356.86	311.89	561.51	616.44	406.36
石油和天然气开采业	1	315.28	620.74	106.78	513.95	1226.94	305.46	72.76
黑色金属矿采选业	7	23.69	206.13	62.44	41.46	86.83	123.47	109.09
有色金属矿采选业	6	3.04	17.45	9.38	6.60	10.85	11.88	10.24
非金属矿采选业	9	3.15	53.76	14.48	36.77	11.42	13.36	6.95
开采辅助活动	13	187.84	255.81	141.06	79.74	169.60	169.31	164.09
其他采矿业								
农副食品加工业	19	4.36	92.32	70.06	18.50	27.04	73.33	71.00
食品制造业	8	1.83	52.99	21.56	29.18	50.16	8.60	4.77
酒、饮料和精制茶制造业	5	3.87	24.01	7.02	9.16	28.76	13.87	12.63
烟草制品业	3	1.62	49.98	25.56	24.39	30.88	48.45	47.84
纺织业	4	1.24	1.49	1.00	0.48	0.89	0.78	0.64
纺织服装、服饰业	7	0.31	2.20	0.96	1.24	4.99	1.59	1.56
皮革、毛皮、羽毛及其制品和制鞋业	1	0.10	0.23	0.13	0.10	0.22	0.13	
木材加工和木、竹、藤、棕、草制品业	4	1.10	2.86	1.92	0.75	1.54	3.14	2.92
家具制造业	2	0.72	2.17	1.45	0.49	1.17	0.82	0.82
造纸和纸制品业	2	3.50	15.83	2.13	0.20	0.28	11.55	8.12
印刷和记录媒介复制业	11	8.88	24.30	16.18	4.19	14.22	18.21	17.22
文教、工美、体育和娱乐用品制造业	1	1.02	1.00	0.56	0.37	0.92	0.95	0.95
石油加工、炼焦和核燃料加工业	21	210.25	1254.74	486.98	688.48	1265.61	829.63	606.30
化学原料和化学制品制造业	34	226.98	489.48	189.90	276.23	438.30	357.58	283.41
医药制造业	10	26.17	131.81	69.39	26.99	34.40	74.90	61.45
化学纤维制造业	3	1.92	11.78	7.05	3.76	3.80	10.47	6.69
橡胶和塑料制品业	10	2.74	17.89	10.75	6.13	11.13	7.95	6.33
非金属矿物制品业	32	28.54	112.22	51.92	49.61	70.81	83.22	74.58
黑色金属冶炼和压延加工业	36	687.02	4601.73	1730.68	1316.52	2860.48	3045.10	2413.21
有色金属冶炼和压延加工业	15	42.43	129.73	42.37	95.51	111.37	92.15	76.28
金属制品业	17	17.58	78.41	49.29	26.13	42.36	41.32	38.43
通用设备制造业	41	80.56	722.36	513.03	169.26	234.36	509.37	436.82
专用设备制造业	35	127.48	1111.68	777.67	250.82	369.89	819.16	669.48
汽车制造业	42	102.25	626.15	371.57	99.35	138.33	545.30	433.22
铁路、船舶、航空航天和其他运输设备制造业	40	272.09	1939.99	1369.84	338.96	457.41	1446.58	1137.51
电气机械和器材制造业	18	10.95	44.62	29.15	11.72	19.38	23.41	21.21
计算机、通信和其他电子设备制造业	10	25.20	191.97	149.86	23.73	51.28	100.25	85.41
仪器仪表制造业	8	7.04	34.68	18.48	6.06	5.38	12.97	8.92
其他制造业	2	2.32	16.32	8.18	4.70	7.81	7.78	4.00
废弃资源综合利用业	2	0.76	7.68	2.79	4.87	6.31	3.39	1.72
金属制品、机械和设备修理业	4	8.30	11.12	2.06	9.05	11.55	1.92	1.92
电力、热力生产和供应业	121	610.55	2951.71	344.11	1955.10	3198.02	2057.14	1162.67
燃气生产和供应业	10	45.73	101.65	29.91	55.92	71.17	39.91	31.91
水的生产和供应业	28	88.14	257.02	87.78	135.92	204.22	117.04	64.40

14-8 续表 单位：亿元

行 业	所有者权益	主营业务收入	主营业务成本	主营业务税金及附加	利润总额	本年应交增值税	利税总额
总 计	**5548.27**	**12255.27**	**10587.90**	**502.75**	**240.11**	**402.37**	**1159.30**
在总计中：亏损企业	981.31	4189.23	3767.52	316.14	-237.21	131.97	215.49
在总计中：中央企业	1033.62	1048.67	852.95	13.70	3.24	40.24	61.06
地方企业	4514.65	11206.60	9734.95	489.05	236.87	362.13	1098.24
在总计中:轻工业	370.99	633.17	503.53	41.31	40.94	19.40	101.81
重工业	5177.27	11622.10	10084.37	461.43	199.17	382.97	1057.49
在总计中:大型企业	4673.17	10206.75	8828.62	426.05	172.22	312.70	917.08
中型企业	509.82	1463.00	1260.81	70.12	34.94	72.35	185.32
小型企业	348.95	571.77	487.40	6.47	33.03	16.39	55.94
微型企业	16.32	13.75	11.07	0.10	-0.08	0.94	0.96
煤炭开采和洗选业	326.72	316.22	212.55	6.43	10.00	31.65	49.22
石油和天然气开采业	315.28	350.12	217.91	16.57	61.05	30.15	107.76
黑色金属矿采选业	82.66	109.69	84.40	3.69	9.94	8.90	22.53
有色金属矿采选业	5.57	13.37	10.09	0.14	-0.71	0.94	0.37
非金属矿采选业	40.41	4.51	3.19	0.14	0.35	0.21	0.72
开采辅助活动	86.50	113.32	115.62	2.48	-20.36	13.32	-0.66
其他采矿业							
农副食品加工业	18.99	175.05	160.80	0.17	22.02	3.63	25.93
食品制造业	44.47	53.42	42.73	0.54	2.91	0.67	4.12
酒、饮料和精制茶制造业	10.14	25.59	21.94	0.16	2.47	0.54	3.17
烟草制品业	1.54	74.50	23.01	38.87	4.80	8.15	51.83
纺织业	0.71	6.01	5.00	0.01	0.39		0.40
纺织服装、服饰业	0.61	4.86	3.56	0.05	0.15	0.25	0.45
皮革、毛皮、羽毛及其制品和制鞋业	0.10	0.47	0.39		0.01	0.03	0.04
木材加工和木、竹、藤、棕、草制品业	-0.28	1.96	1.92	0.02	-0.23		-0.21
家具制造业	1.35	2.19	1.80	0.01	0.15		0.16
造纸和纸制品业	4.28	0.74	0.56				0.01
印刷和记录媒介复制业	6.09	11.32	9.84	0.06	0.02	0.32	0.40
文教、工美、体育和娱乐用品制造业	0.05	0.32	0.25		-0.08		-0.07
石油加工、炼焦和核燃料加工业	425.03	3420.35	2978.10	355.74	-64.73	113.58	404.80
化学原料和化学制品制造业	131.82	506.02	451.33	40.09	-44.28	7.55	3.37
医药制造业	55.99	115.42	89.44	0.51	5.06	2.84	8.42
化学纤维制造业	1.31	7.71	7.41	0.01	-0.96	0.10	-0.84
橡胶和塑料制品业	9.75	26.16	21.34	0.17	1.70	0.62	2.48
非金属矿物制品业	29.00	66.97	54.86	0.55	2.77	3.22	6.54
黑色金属冶炼和压延加工业	1556.63	2540.90	2264.82	12.85	10.04	57.26	80.34
有色金属冶炼和压延加工业	37.59	124.93	113.55	0.21	84.48	2.19	87.00
金属制品业	35.96	84.21	69.11	0.39	8.34	2.62	11.34
通用设备制造业	209.94	514.41	436.81	2.87	13.99	16.02	40.71
专用设备制造业	292.30	545.94	464.78	2.35	14.95	11.72	29.15
汽车制造业	75.49	404.62	354.17	7.48	11.36	10.00	28.84
铁路、船舶、航空航天和其他运输设备制造业	493.41	790.85	701.33	1.23	41.73	7.32	50.48
电气机械和器材制造业	21.20	33.63	27.25	0.32	2.16	1.15	3.63
计算机、通信和其他电子设备制造业	91.72	179.73	154.06	0.84	10.96	0.92	12.76
仪器仪表制造业	21.31	19.50	15.46	0.12	1.85	0.44	2.41
其他制造业	8.54	7.42	6.25	0.01	0.55	0.06	0.62
废弃资源综合利用业	4.29	4.71	3.75	0.04	0.21	0.24	0.49
金属制品、机械和设备修理业	9.20	10.06	7.31	0.25	0.92	0.61	1.78
电力、热力生产和供应业	890.88	1512.89	1382.21	6.92	50.37	62.37	119.79
燃气生产和供应业	61.74	22.79	20.33	0.14	-2.19	0.52	-1.50
水的生产和供应业	139.97	52.38	48.70	0.32	-2.06	2.23	0.52

14-9 各地区国有及国有控股工业企业主要指标

(2013年)

单位：亿元

指　标	沈阳	大连	鞍山	抚顺	本溪	丹东	锦州
企业单位数(个)	188	134	30	41	46	21	22
实收资本	415.71	733.13	217.59	79.84	195.32	45.37	24.74
资产总计	2896.81	4571.04	2211.06	798.34	1247.55	205.29	183.98
流动资产合计	1560.95	2436.86	837.81	297.98	524.01	82.41	54.65
固定资产合计	881.22	1228.21	409.61	461.96	434.23	72.69	74.77
固定资产原价合计	1219.53	1790.12	1081.29	736.11	1179.79	137.78	202.24
流动负债合计	1690.90	2384.77	961.39	391.76	828.54	67.32	69.15
主营业务收入	1734.13	2861.02	807.75	758.61	1174.26	131.11	413.05
主营业务成本	1468.35	2480.48	614.66	658.15	1115.58	117.94	335.17
主营业务税金及附加	27.93	154.82	11.79	60.33	4.04	0.86	49.94
利润总额	58.93	66.97	20.37	-55.35	6.93	1.20	5.84
本年应交增值税	42.89	85.29	32.63	20.25	20.58	2.78	16.54
利税总额	130.08	307.52	64.84	26.02	31.55	4.84	72.36

14-9 续表

单位：亿元

指　标	营口	阜新	辽阳	盘锦	铁岭	朝阳	葫芦岛
企业单位数(个)	21	24	20	30	21	29	23
实收资本	342.34	80.69	147.22	568.84	84.63	66.88	162.05
资产总计	717.25	315.37	265.04	1272.09	557.13	474.66	595.82
流动资产合计	197.18	88.43	82.11	383.44	140.06	130.41	299.51
固定资产合计	430.36	221.67	128.55	826.96	259.99	271.49	282.22
固定资产原价合计	588.30	303.69	312.88	1707.56	464.27	320.39	432.48
流动负债合计	299.26	107.84	162.67	390.95	205.44	250.34	309.44
主营业务收入	401.09	130.33	415.47	1392.79	255.41	295.32	512.09
主营业务成本	334.30	94.11	377.81	1154.91	202.20	268.62	432.25
主营业务税金及附加	28.82	1.41	40.12	71.38	3.90	0.56	43.06
利润总额	5.34	4.42	-50.53	62.24	6.82	-0.35	81.64
本年应交增值税	24.69	8.93	5.91	66.07	17.24	5.73	18.38
利税总额	58.88	14.88	-4.49	203.58	35.90	6.10	143.27

14-10 各地区全部规模以上工业企业主要经济效益指标

年份、地区	总资产贡献率 (%)	资产负债率 (%)	工业成本费用利润率 (%)	产品销售率 (%)
1998	4.90	65.55	-0.53	98.18
1999	5.20	60.35	1.73	97.88
2000	7.08	60.46	4.27	97.79
2001	6.13	58.69	3.26	97.33
2002	6.25	59.18	3.24	98.24
2003	7.31	58.76	3.92	98.09
2004	8.48	58.30	5.34	98.13
2005	7.84	58.22	3.46	98.47
2006	8.22	57.50	3.38	98.31
2007	10.67	58.64	5.13	98.06
2008	8.65	58.56	7.15	97.37
2009	11.66	58.36	5.37	97.84
2010	14.84	58.11	7.15	97.85
2011	14.78	57.23	6.26	98.38
2012	14.45	57.93	5.37	97.79
2013	15.00	57.92	6.09	97.81
沈　阳	15.78	53.65	6.11	98.24
大　连	13.39	63.54	5.77	96.44
鞍　山	10.43	53.69	6.14	96.90
抚　顺	13.83	57.69	2.52	98.40
本　溪	10.75	67.43	4.23	97.75
丹　东	14.52	57.75	4.44	97.25
锦　州	32.18	46.22	8.34	97.66
营　口	23.06	58.32	10.79	98.92
阜　新	9.82	62.50	5.22	96.84
辽　阳	14.60	55.45	5.88	98.48
盘　锦	16.28	60.48	5.09	97.52
铁　岭	14.83	37.80	6.18	100.76
朝　阳	19.91	66.70	8.36	97.34
葫芦岛	18.81	69.13	10.47	98.10

14-11　各地区国有及国有控股工业企业主要经济效益指标

年份、地区	总资产贡献率 (%)	资产负债率 (%)	工业成本费用利润率 (%)	产品销售率 (%)
1998	4.60	65.99	-1.41	97.90
1999	4.64	59.96	0.76	98.47
2000	6.64	60.85	3.98	98.95
2001	5.59	59.63	2.60	98.38
2002	5.57	61.00	2.16	98.93
2003	6.76	59.51	3.14	98.76
2004	8.42	58.06	5.84	98.69
2005	7.45	59.33	2.78	99.86
2006	7.28	57.75	2.62	99.31
2007	8.86	60.88	4.14	99.21
2008	4.16	63.05	3.66	98.63
2009	7.63	65.38	1.96	98.80
2010	9.77	66.00	3.31	98.78
2011	8.96	66.25	1.95	98.94
2012	7.86	67.29	0.08	99.33
2013	8.05	67.68	1.93	98.76
沈　阳	6.13	72.66	3.23	96.16
大　连	7.34	72.38	2.34	98.55
鞍　山	4.17	57.71	2.60	100.18
抚　顺	5.13	62.27	-7.05	99.86
本　溪	4.15	72.74	0.56	99.97
丹　东	3.89	75.57	0.93	97.47
锦　州	41.21	64.06	1.62	97.00
营　口	9.55	54.07	1.41	96.07
阜　新	7.12	64.35	3.28	99.66
辽　阳	0.69	70.13	-11.82	99.65
盘　锦	17.60	60.49	4.36	99.08
铁　岭	8.22	64.52	2.21	102.34
朝　阳	4.26	80.11	-0.11	97.94
葫芦岛	25.05	72.01	17.03	100.68

14-12 按行业分的规模以上外商投资工业企业主要指标

(2013年) 单位：亿元

行业	企业单位数(个)	资产总计	负债合计	所有者权益	主营业务收入	利税总额	本年应交增值税
总计	**1411**	**5539.19**	**3251.94**	**2273.41**	**6591.28**	**792.47**	**222.99**
在总计中:轻工业	554	911.77	451.97	457.57	1563.73	174.25	46.00
重工业	857	4627.42	2799.96	1815.84	5027.56	618.22	176.99
在总计中:大型企业	66	2498.26	1532.73	964.75	2522.90	368.41	84.68
中型企业	313	1635.97	958.48	674.93	2211.22	268.98	92.81
小型企业	989	1353.20	736.04	608.76	1826.75	153.69	44.77
微型企业	43	51.76	24.68	24.96	30.41	1.40	0.73
煤炭开采和洗选业							
石油和天然气开采业							
黑色金属矿采选业	2	0.65	0.44	0.22	5.97	0.94	0.45
有色金属矿采选业	10	12.17	4.00	8.14	30.35	6.15	1.76
非金属矿采选业	7	5.97	1.27	4.70	11.51	2.17	1.09
开采辅助活动	1	2.07	0.53	1.54	4.65	1.02	
其他采矿业							
农副食品加工业	129	210.87	116.45	93.48	467.76	49.69	15.10
食品制造业	39	85.70	44.55	41.04	106.34	12.14	2.63
酒、饮料和精制茶制造业	35	134.08	71.27	62.76	147.47	28.36	5.64
烟草制品业							
纺织业	25	14.44	6.46	7.98	35.14	3.39	0.70
纺织服装、服饰业	124	65.36	27.28	37.82	190.88	17.17	5.04
皮革、毛皮、羽毛及其制品和制鞋业	15	22.91	11.31	11.60	42.42	5.46	1.11
木材加工和木、竹、藤、棕、草制品业	18	39.86	17.15	22.71	51.66	3.63	0.43
家具制造业	39	66.38	25.32	41.06	106.93	7.63	1.27
造纸和纸制品业	16	23.80	10.28	13.50	52.25	2.20	0.63
印刷和记录媒介复制业	4	3.73	0.55	3.17	2.16	0.25	0.07
文教、工美、体育和娱乐用品制造业	24	8.78	3.56	5.04	28.20	1.95	0.45
石油加工、炼焦和核燃料加工业	11	160.60	189.74	-29.16	389.68	55.18	33.15
化学原料和化学制品制造业	72	223.03	133.80	87.43	185.48	26.02	5.66
医药制造业	14	100.55	41.58	58.81	144.62	33.89	10.39
化学纤维制造业							
橡胶和塑料制品业	70	376.34	196.67	179.15	301.47	18.34	4.14
非金属矿物制品业	81	194.33	117.24	76.99	208.40	27.73	8.42
黑色金属冶炼和压延加工业	53	210.23	108.93	100.35	310.41	21.33	4.93
有色金属冶炼和压延加工业	23	45.00	15.22	29.55	81.91	6.38	1.37
金属制品业	81	196.31	96.22	100.02	207.03	26.56	7.94
通用设备制造业	153	532.09	260.93	268.60	543.46	40.25	13.46
专用设备制造业	59	521.02	378.58	141.55	301.27	13.23	3.12
汽车制造业	94	1190.68	785.81	402.88	1775.49	302.68	72.36
铁路、船舶、航空航天和其他运输设备制造业	25	299.35	229.73	69.52	93.77	3.23	1.64
电气机械和器材制造业	74	208.26	112.02	95.54	267.50	15.80	4.69
计算机、通信和其他电子设备制造业	52	246.15	91.76	152.38	295.59	29.78	2.24
仪器仪表制造业	20	26.58	13.82	12.63	67.61	6.14	3.68
其他制造业	10	15.10	5.15	9.96	15.54	1.51	0.65
废弃资源综合利用业	2	4.45	3.41	1.05	1.06	-0.45	0.01
金属制品、机械和设备修理业	3	0.82	0.65	0.17	3.56	-0.05	0.01
电力、热力生产和供应业	18	241.43	114.99	126.43	92.22	18.22	8.24
燃气生产和供应业	4	43.27	13.15	30.12	16.30	3.80	0.35
水的生产和供应业	4	6.85	2.14	4.71	5.21	0.72	0.14

14-13 按行业分的大中型工业企业主要指标

(2013年) 单位：亿元

行业	企业单位数(个)	实收资本	资产总计	流动资产合计	固定资产合计	固定资产原价	负债合计	流动负债合计
总计	**2272**	**4994.98**	**27329.27**	**12510.92**	**10105.70**	**17253.10**	**17031.50**	**12783.97**
煤炭开采和洗选业	27	81.67	998.15	381.88	335.88	592.61	638.21	422.41
石油和天然气开采业	1	315.28	620.74	106.78	513.95	1226.94	305.46	72.76
黑色金属矿采选业	52	38.39	422.46	191.87	123.98	209.81	228.15	203.61
有色金属矿采选业	30	15.19	78.47	37.34	34.84	51.42	35.44	32.08
非金属矿采选业	20	3.99	72.59	21.71	46.89	48.11	26.24	18.95
开采辅助活动	2	187.84	255.81	141.06	79.74	169.60	169.31	164.09
其他采矿业								
农副食品加工业	239	167.59	932.22	451.58	357.17	573.68	475.46	314.14
食品制造业	56	53.55	255.84	135.62	98.37	138.59	112.70	66.67
酒、饮料和精制茶制造业	31	34.43	122.40	46.95	61.73	99.38	53.43	47.34
烟草制品业	3	1.62	49.98	25.56	24.39	30.88	48.45	47.84
纺织业	38	16.43	86.66	50.60	20.84	36.43	54.39	42.40
纺织服装、服饰业	132	26.67	141.91	80.08	51.26	79.39	60.39	48.01
皮革、毛皮、羽毛及其制品和制鞋业	12	11.94	39.49	14.47	23.10	31.01	8.87	8.59
木材加工和木、竹、藤、棕、草制品业	40	10.54	67.24	25.29	31.23	41.86	24.41	15.20
家具制造业	33	8.26	99.77	50.19	41.85	73.37	28.81	28.09
造纸和纸制品业	27	19.81	72.66	19.71	32.09	50.93	42.35	27.48
印刷和记录媒介复制业	10	7.86	26.72	11.53	10.28	25.26	13.17	11.76
文教、工美、体育和娱乐用品制造业	10	2.85	12.81	7.66	3.17	7.94	5.56	4.94
石油加工、炼焦和核燃料加工业	27	232.79	1561.56	717.22	743.30	1328.51	1096.68	809.36
化学原料和化学制品制造业	101	400.65	1641.22	760.72	763.63	980.30	1162.07	932.98
医药制造业	34	53.45	305.80	194.72	54.60	74.63	151.53	124.69
化学纤维制造业	4	4.93	24.14	11.31	6.59	13.42	13.75	10.66
橡胶和塑料制品业	81	121.04	521.77	203.68	238.76	363.91	260.64	159.79
非金属矿物制品业	150	174.91	897.62	393.47	338.55	482.88	495.58	381.88
黑色金属冶炼和压延加工业	127	806.89	5196.98	1966.20	1595.30	3462.15	3354.70	2669.46
有色金属冶炼和压延加工业	37	138.87	704.13	450.76	225.71	356.89	406.61	287.74
金属制品业	94	91.58	555.90	288.82	220.92	281.45	293.01	245.00
通用设备制造业	256	228.62	1594.12	964.49	528.01	775.87	902.38	743.17
专用设备制造业	105	199.86	1525.61	995.44	393.20	603.05	976.73	798.73
汽车制造业	107	261.87	1876.58	1015.85	423.08	598.19	1294.02	1089.89
铁路、船舶、航空航天和其他运输设备制造业	57	294.15	2086.42	1424.43	425.88	571.08	1548.45	1178.55
电气机械和器材制造业	121	118.57	748.13	436.57	230.15	354.21	366.63	281.75
计算机、通信和其他电子设备制造业	46	151.07	584.27	336.38	143.23	267.34	278.54	209.11
仪器仪表制造业	18	14.00	91.00	47.59	21.26	41.89	44.35	34.53
其他制造业	9	10.16	30.00	15.82	9.94	20.66	13.12	8.91
废弃资源综合利用业	4	1.05	14.17	3.90	5.51	7.21	5.70	3.58
金属制品、机械和设备修理业	24	19.04	67.63	26.79	36.94	45.38	19.78	13.44
电力、热力生产和供应业	73	556.27	2600.64	331.31	1639.48	2890.58	1837.32	1110.36
燃气生产和供应业	15	30.13	110.40	45.76	46.27	61.26	71.52	56.04
水的生产和供应业	19	81.15	235.25	79.81	124.59	185.02	107.59	58.01

14-13 续表

单位：亿元

行　业	所有者权益	主营业务收入	主营业务成本	主营业务税金及附加	利润总额	本年应交增值税	利税总额
总　计	**10206.28**	**26269.38**	**22245.91**	**679.06**	**1329.03**	**870.47**	**2897.85**
煤炭开采和洗选业	359.94	362.10	248.01	7.31	14.58	35.14	58.18
石油和天然气开采业	315.28	350.12	217.91	16.57	61.05	30.15	107.76
黑色金属矿采选业	189.98	434.39	327.13	10.28	62.40	32.50	105.18
有色金属矿采选业	43.03	77.10	56.54	1.12	9.16	5.68	15.98
非金属矿采选业	45.89	66.79	53.80	0.85	6.56	3.00	10.41
开采辅助活动	86.50	113.32	115.62	2.48	-20.36	13.32	-0.66
其他采矿业							
农副食品加工业	453.09	1944.39	1708.17	9.74	144.21	56.08	210.16
食品制造业	142.93	286.79	237.79	1.30	22.65	8.43	32.38
酒、饮料和精制茶制造业	68.95	145.11	100.65	7.58	13.98	7.26	28.82
烟草制品业	1.54	74.50	23.01	38.87	4.80	8.15	51.83
纺织业	31.87	116.54	103.51	0.52	5.42	2.87	8.82
纺织服装、服饰业	80.73	386.87	327.97	2.28	25.20	7.45	34.94
皮革、毛皮、羽毛及其制品和制鞋业	30.62	62.98	52.26	0.29	8.60	1.01	9.90
木材加工和木、竹、藤、棕、草制品业	42.83	212.61	173.78	1.19	17.27	5.57	24.04
家具制造业	70.96	174.62	148.16	0.55	9.73	3.66	13.95
造纸和纸制品业	29.78	117.44	96.27	0.37	11.80	3.10	15.28
印刷和记录媒介复制业	13.55	47.20	36.27	0.10	5.43	0.51	6.04
文教、工美、体育和娱乐用品制造业	7.25	35.87	31.74	0.31	2.10	1.16	3.57
石油加工、炼焦和核燃料加工业	464.85	3519.56	3074.48	352.66	-57.99	110.14	405.03
化学原料和化学制品制造业	478.65	1788.79	1595.68	69.93	20.55	65.88	156.68
医药制造业	154.27	286.33	172.51	2.26	38.32	15.41	56.00
化学纤维制造业	10.39	39.63	37.74	0.03	0.08	1.36	1.47
橡胶和塑料制品业	257.94	539.91	446.67	3.16	35.59	10.15	48.96
非金属矿物制品业	400.86	1148.73	965.46	8.87	96.22	45.21	150.59
黑色金属冶炼和压延加工业	1830.89	3570.57	3175.23	16.67	79.79	84.98	181.67
有色金属冶炼和压延加工业	296.28	695.96	587.76	5.72	140.05	20.89	167.00
金属制品业	240.17	682.95	577.15	4.99	47.08	21.02	73.09
通用设备制造业	685.64	1765.33	1470.31	9.38	110.00	50.79	178.01
专用设备制造业	548.46	1029.14	863.43	4.36	58.85	30.21	93.56
汽车制造业	574.80	2192.22	1684.02	83.64	171.44	82.77	341.98
铁路、船舶、航空航天和其他运输设备制造业	537.97	898.06	796.19	1.89	47.06	10.04	59.23
电气机械和器材制造业	358.89	805.85	685.57	2.27	45.11	17.44	64.90
计算机、通信和其他电子设备制造业	305.45	489.69	412.15	2.22	37.89	4.81	44.94
仪器仪表制造业	46.62	101.14	88.09	0.36	7.39	4.74	12.50
其他制造业	16.88	25.16	20.37	0.16	1.50	0.96	2.64
废弃资源综合利用业	8.47	26.72	22.91	0.19	1.76	1.43	3.40
金属制品、机械和设备修理业	47.85	120.59	92.30	1.30	10.31	2.92	14.53
电力、热力生产和供应业	759.67	1467.29	1353.94	6.83	42.86	61.33	111.12
燃气生产和供应业	38.88	30.74	30.82	0.18	-6.28	0.95	-5.12
水的生产和供应业	127.66	36.30	34.56	0.24	-3.14	1.98	-0.90

14-14 按行业分的大中型工业企业主要经济效益指标

(2013年)

行　业	总资产贡献率 (%)	资产负债率 (%)	工业成本费用利润率 (%)	产品销售率 (%)
总　计	**11.79**	**62.32**	**5.22**	**98.01**
煤炭开采和洗选业	7.40	63.94	2.78	100.06
石油和天然气开采业	18.53	49.21	23.55	100.01
黑色金属矿采选业	26.40	54.00	16.65	99.16
有色金属矿采选业	21.29	45.16	13.21	96.74
非金属矿采选业	14.74	36.15	10.88	99.35
开采辅助活动	0.38	66.18	-6.75	100.00
其他采矿业				
农副食品加工业	23.80	51.00	7.89	100.48
食品制造业	12.89	44.05	8.50	99.28
酒、饮料和精制茶制造业	24.01	43.65	11.13	100.38
烟草制品业	103.62	96.93	13.86	99.51
纺织业	11.57	62.76	4.76	98.54
纺织服装、服饰业	25.57	42.55	7.08	96.41
皮革、毛皮、羽毛及其制品和制鞋业	25.58	22.46	15.79	95.82
木材加工和木、竹、藤、棕、草制品业	36.67	36.30	8.85	97.18
家具制造业	14.58	28.88	5.84	97.53
造纸和纸制品业	22.05	58.28	11.30	99.41
印刷和记录媒介复制业	22.94	49.28	13.08	99.92
文教、工美、体育和娱乐用品制造业	29.97	43.41	6.26	100.07
石油加工、炼焦和核燃料加工业	27.97	70.23	-1.70	99.13
化学原料和化学制品制造业	11.11	70.81	1.18	94.40
医药制造业	19.26	49.55	14.95	88.98
化学纤维制造业	8.45	56.96	0.19	91.10
橡胶和塑料制品业	10.52	49.95	6.98	97.76
非金属矿物制品业	18.02	55.21	9.16	96.43
黑色金属冶炼和压延加工业	5.02	64.55	2.22	98.85
有色金属冶炼和压延加工业	25.40	57.75	19.90	98.81
金属制品业	14.25	52.71	7.30	98.13
通用设备制造业	12.42	56.61	6.55	96.86
专用设备制造业	7.14	64.02	5.94	95.04
汽车制造业	18.95	68.96	8.51	97.82
铁路、船舶、航空航天和其他运输设备制造业	2.78	74.22	5.40	98.65
电气机械和器材制造业	9.43	49.01	5.87	96.81
计算机、通信和其他电子设备制造业	8.18	47.67	8.03	98.06
仪器仪表制造业	14.25	48.74	7.68	96.77
其他制造业	8.89	43.73	6.08	99.38
废弃资源综合利用业	25.26	40.24	7.04	96.16
金属制品、机械和设备修理业	21.81	29.25	9.53	97.78
电力、热力生产和供应业	5.84	70.65	2.93	99.95
燃气生产和供应业	-3.34	64.78	-13.63	98.24
水的生产和供应业	-0.06	45.73	-6.55	95.80

14-15 各地区大中型工业企业主要指标

单位：亿元

年份、地区	企业单位数（个）	实收资本	资产总计	流动资产合计	固定资产合计	固定资产原价	固定资产净值年平均余额	负债合计	流动负债合计
1998	1331	1210.42	5699.55	2189.07	3118.29	4065.90	2641.39	3705.71	2378.86
1999	847	1334.40	5933.87	2259.48	3238.46	4362.61	2626.00	3409.07	2296.96
2000	857	1458.65	5908.55	2312.97	3088.51	4351.57	2733.46	3515.17	2338.83
2001	869	1635.55	6398.33	2471.46	3463.49	4947.97	3032.42	3645.86	2527.98
2002	883	1703.09	6718.00	2605.10	3573.53	5269.20	3242.04	3879.93	2706.67
2003	810	1763.21	6879.72	2771.05	3309.07	5432.53	3279.89	3870.74	2924.72
2004	964	2451.48	8343.69	3372.61	4090.47	6285.24	3671.47	4668.19	3528.31
2005	1013	2408.23	9209.77	3981.22	4486.60	6910.54	3915.82	5374.15	4002.55
2006	1085	2551.74	10721.56	4726.19	5175.40	7592.23	4365.99	6162.70	4610.99
2007	1164	2735.46	12761.68	5744.25	5537.97	8709.02	4755.01	7591.30	5842.09
2008	1135	3536.14	14960.78	6547.99	6725.85	9983.83	5403.41	9206.41	6971.63
2009	1383	3987.07	17995.86	8089.60	7874.67	11128.84	6447.18	11147.83	8221.30
2010	1505	4001.97	20118.92	9398.47	8481.96	12939.61	7390.59	12554.80	9331.80
2011	1825	4276.04	21237.69	10030.88	8169.94	13295.54		13100.38	9766.00
2012	2210	4599.30	24664.73	11530.95	8676.11	14257.71		15391.41	11113.24
2013	2272	4994.98	27329.27	12510.92	10105.70	17253.10		17031.50	12783.97
沈　阳	534	792.67	5438.19	2717.54	1840.33	2894.02		3224.45	2661.63
大　连	780	1335.97	7583.26	3991.49	2378.18	3536.61		5056.51	3648.42
鞍　山	102	294.88	2859.57	1214.69	585.75	1356.52		1605.71	1212.34
抚　顺	66	114.51	1036.15	427.83	536.23	850.60		632.57	507.73
本　溪	71	225.40	1395.46	592.87	481.99	1281.70		994.48	891.41
丹　东	113	89.75	444.96	230.88	110.25	204.39		262.85	152.76
锦　州	98	142.94	660.39	290.57	251.79	594.08		341.65	251.93
营　口	93	432.70	1401.50	611.36	616.31	806.28		832.27	661.30
阜　新	59	85.64	428.67	203.35	190.09	273.50		276.93	213.30
辽　阳	60	285.03	1174.22	695.69	358.27	626.05		683.49	519.10
盘　锦	53	635.81	1667.80	590.80	960.09	1868.90		1054.85	586.16
铁　岭	96	179.39	892.06	248.79	476.62	681.12		466.07	271.49
朝　阳	90	98.54	725.57	268.80	350.00	414.85		534.83	393.18
葫芦岛	56	181.75	721.74	359.73	319.47	499.33		498.71	369.19

14-15 续表 单位：亿元

年份、地区	长期负债合计	所有者权益	主营业务收入	主营业务成本	主营业务税金及附加	利润总额	本年应交增值税	利税总额
1998	1303.62	1993.84	2378.74	2005.48	49.13	-25.30	122.79	146.61
1999	1106.82	2524.79	2568.69	2146.07	47.74	50.13	126.41	224.28
2000	1171.62	2386.85	3196.35	2681.87	56.32	142.54	150.46	349.32
2001	1106.09	1635.55	3398.32	2874.07	55.32	118.89	150.07	324.27
2002	1168.43	2837.12	3671.30	3072.43	61.50	121.10	160.23	342.80
2003	937.82	2999.36	4751.49	3937.53	76.37	194.97	189.26	460.60
2004	1133.17	3587.59	6349.30	5352.85	88.45	367.20	230.66	686.31
2005	1349.24	3715.13	8000.32	6990.98	105.92	268.27	262.38	636.57
2006	1480.57	4394.64	9733.03	8502.61	134.49	307.39	317.32	759.19
2007	1674.76	5126.57	11597.55	9788.64	194.05	547.28	398.19	1139.52
2008	1988.99	5754.37	13787.29	12304.22	173.37	217.70	399.19	790.26
2009	2649.68	6815.16	15120.81	12831.03	477.81	655.13	447.61	1580.55
2010	2955.76	7529.34	18663.03	15734.42	588.10	1113.86	574.62	2276.57
2011		8063.52	21459.08	18213.55	602.50	1058.85	645.83	2313.16
2012		9180.03	24719.23	21022.81	724.25	974.84	822.60	2528.44
2013		10206.28	26269.38	22245.91	679.06	1329.03	870.47	2897.85
沈阳		2182.23	5876.35	4796.00	119.87	354.38	166.28	645.04
大连		2517.98	7539.44	6431.24	206.96	378.23	266.46	852.28
鞍山		1250.73	1509.20	1231.21	18.94	67.73	57.03	143.99
抚顺		400.52	1053.37	906.65	62.40	-25.49	27.11	64.81
本溪		396.98	1378.82	1275.84	6.99	30.15	30.35	67.49
丹东		176.14	489.04	431.37	2.82	27.52	13.77	44.11
锦州		308.05	1266.14	1066.15	54.45	85.05	39.97	179.54
营口		546.50	1071.88	867.62	28.94	93.44	57.95	180.35
阜新		151.74	357.78	289.78	2.55	18.77	13.42	34.86
辽阳		490.62	913.68	765.86	44.05	11.62	21.83	77.54
盘锦		612.64	1776.17	1506.17	72.94	95.07	69.61	241.78
铁岭		425.83	779.13	637.84	7.24	39.17	33.94	88.30
朝阳		189.31	637.39	550.52	4.24	44.16	17.27	66.07
葫芦岛		223.41	648.17	556.28	42.90	83.61	21.00	147.72

14-16 历年主要工业产品产量

年份、地区	化学纤维（万吨）	纱（万吨）	布（亿米）	毛线（吨）	呢绒（万米）	丝（吨）	机制纸及纸板（万吨）	缝纫机（万架）	自行车（万辆）	手表（万只）	灯泡（亿只）
1990	15.6	109.8	6.5	5087.0	1840.0	2905.0	77.5	0.5	97.2	430.4	1.2
1991	15.8	110.1	6.4	4099.0	1781.1	2667.0	75.1	0.4	85.5	467.7	1.5
1992	17.1	112.0	6.0	4981.0	1672.7	1917.0	79.1	0.3	125.9	359.9	1.5
1993	15.7	99.3	5.6	3524.0	1431.4	2280.0	75.4	0.4	195.4	554.5	1.1
1994	17.9	18.2	5.4	2785.0	1548.6	3292.0	82.3	0.3	190.7	397.7	3.3
1995	19.8	18.0	5.8	2725.0	1185.0	3484.0	97.5	0.2	112.1	409.9	3.7
1996	20.7	16.9	4.7	4449.0	745.4	4550.0	95.7	0.2	87.9	316.4	4.3
1997	28.1	17.2	5.4	1902.0	648.5	3588.0	84.2	0.2	55.1	212.4	1.4
1998	30.5	14.3	4.7	1970.0	373.2	1996.0	72.0	0.1	53.1	98.0	1.3
1999	29.2	15.2	5.3	1655.0	606.1	1328.0	58.8	0.1	16.3	97.0	1.1
2000	34.2	18.3	5.0	1633.0	479.0	2414.0	55.2	0.2	46.2	69.0	0.5
2001	36.0	16.0	4.3	1179.0	230.3	1675.0	62.9	0.3	15.2	69.2	1.3
2002	33.5	16.4	5.0	1491.0	168.1	2110.0	52.0	0.3	2.2	86.0	1.5
2003	26.3	15.6	3.4	1447.0	109.2	1640.0	59.1	0.3			1.4
2004	30.7	17.2	4.3	1840.0	379.8	3297.0	72.6	0.7	1.4	152.8	1.8
2005	24.1	18.7	5.7	1541.0	106.0	2191.0	83.4	0.6	0.4	169.6	1.8
2006	22.5	18.2	5.4	1811.0	118.4	2592.0	67.5	0.6		145.1	5.1
2007	21.1	18.0	7.7	1015.0	60.3	2955.0	87.5	0.5		133.4	6.2
2008	17.0	16.8	4.7		54.1	3045.0	56.9	0.1		139.3	8.1
2009	21.4	16.0	5.0	1736.6	88.6	4812.0	77.2			9.1	1.1
2010	19.9	15.4	7.2	2191.0	74.0	7182.0	88.5	0.1	1.2	5.7	1.4
2011	16.4	13.8	7.2	2402.7		4184.3	76.2			6.2	1.5
2012	18.4	12.9	4.6	1526.1		2462.5	73.3		5.0		2.1
2013	17.9	10.3	4.1	2796.0		2310.4	48.8		10.0		2.0
沈　阳		1.8	0.1	1399.0			2.0				1.9
大　连	2.8	1.7					19.1				
鞍　山	4.1	0.9	1.0			1586.9					
抚　顺	0.5	0.4	0.1								
本　溪		0.1									
丹　东	7.0	0.1	0.2				8.8				
锦　州		1.6	0.1				11.4				
营　口	1.7	0.9	1.6			502.5					
阜　新		1.1	0.4	1397.0			0.8				
辽　阳	1.8		0.2				0.4				
盘　锦							5.4				
铁　岭						221.0	1.0				
朝　阳		0.8	0.3						10.0		
葫芦岛		0.8	0.1								

注：1993年以前纱产量的计量单位为万件。2007年及以前卷烟产量的计量单位为万箱、啤酒产量的计量单位为万吨；从2009年起自行车产
中不仅包括两轮自行车，还包括电动自行车。

14-16 续表 1

年份、地区	合成洗涤剂（万吨）	原盐（万吨）	糖（万吨）	卷烟（亿支）	罐头（万吨）	啤酒（亿升）	家用电冰箱（万台）	电视机（万台）	原煤（万吨）	原油（万吨）	天然气（亿立方米）
1990	5.3	129.9	3.2	50.6	5.8	55.0	16.4	115.1	5101.0	1368.7	20.4
1991	4.2	240.4	3.6	42.8	7.6	64.3	11.8	59.6	5234.7	1374.2	20.6
1992	4.3	293.2	5.4	45.3	8.8	78.5	10.3	73.2	5394.6	1387.8	21.1
1993	2.9	282.9	5.2	40.3	4.0	62.8	12.0	49.9	5566.8	1420.1	23.8
1994	3.5	275.9	3.8	40.3	7.6	108.0	12.2	54.3	5509.3	1502.5	21.2
1995	2.9	230.9	3.8	43.2	8.2	113.4	14.2	47.7	5626.4	1552.7	21.1
1996	6.9	232.5	4.0	40.3	8.1	118.8	9.4	56.7	6040.6	1504.3	19.6
1997	5.7	286.1	5.3	40.5	6.0	128.7	6.9	73.2	5883.8	1504.1	19.1
1998	6.8	190.9	5.1	41.8	4.1	129.1	8.5	173.2	5785.7	1452.1	15.6
1999	6.3	282.2	4.5	33.2	2.7	144.3	13.2	229.3	4779.3	1430.3	14.3
2000	7.0	275.9	2.1	23.0	2.9	149.7	23.1	374.7	4454.9	1401.1	14.7
2001	9.1	284.6	4.0	31.0	2.8	144.2	14.7	378.0	4468.2	1385.0	14.7
2002	10.4	280.6	4.2	38.0	3.4	137.1	51.6	404.9	5180.8	1351.2	13.3
2003	9.7	166.6	5.1	41.3	5.2	149.4	106.8	446.0	5871.0	1332.0	13.3
2004	9.8	200.6	3.8	45.9	10.7	155.4	116.3	346.2	6641.9	1283.2	10.3
2005	8.9	180.6	4.2	45.9	5.6	184.6	120.4	550.2	6395.0	1261.0	11.7
2006	14.0	191.3	1.3	47.8	7.3	200.4	133.5	333.9	7367.3	1226.5	11.9
2007	14.7	216.2	1.4	51.1	7.6	231.0	134.3	423.2	6349.1	1207.2	8.7
2008	12.4	184.2	2.0	260.4	7.5	23.5	139.3	500.2	6415.5	1199.3	8.7
2009	10.5	152.5	5.6	260.3	16.4	24.7	96.2	441.4	6624.2	1000.0	8.1
2010	12.2	161.6	6.1	265.3	20.0	24.8	87.8	576.9	6641.6	950.0	8.0
2011	13.8	114.5	2.3	274.5	25.2	26.2	102.2	557.5	7005.1	1000.0	7.2
2012	14.7	141.9	5.4	276.4	40.8	26.4	101.5	500.4	6431.3	1000.0	7.2
2013	16.5	127.7	4.1	278.9	41.0	27.2	84.8	440.6		1001.0	7.2
沈阳	7.5			115.0		11.5		383.1			
大连	2.7	61.6			32.4	5.0	73.8	57.5			
鞍山					4.6	2.0					
抚顺	2.0					1.2					
本溪	2.5					0.9					
丹东					3.4	1.0					
锦州						1.4					
营口	1.7	21.8		163.9	0.5		11.0				
阜新						0.5					
辽阳						0.4					
盘锦		43.6				0.8				1001.0	7.2
铁岭	0.1	0.3	0.2			0.8					
朝阳			3.9			1.3					
葫芦岛		0.4			0.1	0.5					

注：1993年以前纱产量的计量单位为万件。2007年及以前卷烟产量的计量单位为万箱、啤酒产量的计量单位为万吨；从2009年起自行车产量中不仅包括两轮自行车，还包括电动自行车。

14-16 续表 2

年份、地区	发电量(亿千瓦小时)	#水电	生铁(万吨)	钢(万吨)	成品钢材(万吨)	铁合金(万吨)	水泥(万吨)	平板玻璃(万重量箱)	硫酸(万吨)	纯碱(万吨)	烧碱(万吨)
1990	435.8	35.5	1145.5	1216.3	939.9	16.0	1092.0	995.3	74.1	76.2	28.3
1991	448.3	40.3	1227.8	1262.5	978.8	15.9	1312.2	1022.4	81.2	71.2	29.4
1992	489.1	32.4	1262.7	1349.9	1082.9	20.3	1644.4	1188.5	86.2	72.4	29.7
1993	505.3	27.4	1314.0	1413.3	1270.3	21.4	1947.9	1350.2	78.6	74.8	27.8
1994	504.0	18.5	1274.1	1340.6	1186.9	24.1	1891.2	1299.0	95.8	73.9	30.5
1995	540.1	41.7	1337.1	1335.9	1074.2	30.4	1911.0	1233.3	106.9	69.1	26.3
1996	583.9	45.2	1358.5	1369.3	1210.3	30.2	1743.1	1591.6	108.7	71.9	37.5
1997	615.2	28.8	1358.1	1354.9	1223.5	23.9	1829.0	1494.2	108.7	71.2	33.4
1998	608.1	21.6	1419.0	1406.5	1149.2	19.5	1663.7	1546.9	100.0	69.2	32.5
1999	610.5	25.5	1448.9	1492.2	1235.6	14.3	1711.1	1536.8	105.5	72.1	30.9
2000	645.6	14.9	1555.4	1553.8	1443.2	13.3	1954.9	1475.3	119.9	74.1	33.4
2001	662.1	22.7	1593.7	1660.7	1655.2	13.6	2090.5	1537.7	118.8	76.5	37.2
2002	725.3	14.5	1886.4	1942.5	2086.7	12.9	2145.8	1470.9	113.1	82.5	45.0
2003	837.0	22.9	2061.0	2169.0	2334.0	17.2	2332.0	1362.0	110.6	80.0	48.3
2004	874.9	38.6	2547.8	2612.8	2657.9	48.6	2495.7	1785.2	121.7	80.7	48.1
2005	904.2	56.7	3113.9	3059.0	3235.9	36.4	2680.7	1854.0	120.7	74.9	53.6
2006	1013.4	47.0	3759.5	3702.3	3848.9	52.3	3341.4	1650.9	107.6	47.4	62.6
2007	1115.0	43.8	4057.6	4140.3	4364.3	61.6	3893.2	1941.2	105.6	32.8	63.4
2008	1139.0	41.8	4101.5	4068.6	4285.3	60.2	4074.4	2275.2	90.5	24.7	55.1
2009	1162.5	28.8	5062.2	4783.2	4943.4	77.0	4704.8	1674.2	81.1		45.8
2010	1295.1	44.0	5508.1	5389.8	5669.4	83.2	4790.9	1635.3	84.4	13.2	56.4
2011	1369.9	31.7	5450.2	5424.8	5761.1	89.7	5791.1	2258.0	78.9	33.8	56.2
2012	1453.1	38.2	5338.2	5178.4	5924.2	92.9	5809.0	2523.4	74.6	45.4	56.7
2013	1516.0	37.6	5968.6	6356.5	6863.0	95.3	6066.3	3015.7	75.5	46.8	56.4
沈　阳	193.8			5.0	76.3		262.7	579.0			14.7
大　连	266.9			178.3	264.4		1227.5	633.3	4.1	46.8	
鞍　山	47.6		1862.8	1812.2	1778.7	1.9	309.3				
抚　顺	89.2	0.1	396.8	387.2	364.0	3.8	228.3		6.1		
本　溪	51.7	14.7	1941.0	1682.6	1921.3	0.5	336.1	868.9	4.7		
丹　东	82.7	21.6	6.1	20.4	13.5		240.6		4.1		
锦　州	52.8			32.3	31.3	68.6	415.8		9.2		
营　口	131.0		742.2	949.8	860.6	8.3	319.7				6.1
阜　新	115.4		46.3				169.6	622.0			
辽　阳	14.4	1.2	17.6	534.3	762.2	6.0	1609.4		0.1		
盘　锦	10.2						139.3				1.0
铁　岭	204.6			1.0	17.3	0.6	200.3				
朝　阳	69.1		685.6	753.5	730.3	0.5	396.0	312.5	2.5		
葫芦岛	186.7		0.2		43.1	5.1	211.7		44.7		34.5

注：1993年以前纱产量的计量单位为万件。2007年及以前卷烟产量的计量单位为万箱、啤酒产量的计量单位为万吨；从2009年起自行车产
中不仅包括两轮自行车，还包括电动自行车。

14-16 续表 3

年份、地区	农用氮、磷、钾化肥(万吨)	#氮肥	#磷肥	化学农药(万吨)	乙烯(万吨)	电石(万吨)	塑料(万吨)	轮胎外胎(万条)	金属切削机床(万台)	汽车(万辆)	铁路机车(台)
1990	63.4	55.0	8.3	1.5	8.4	6.4	14.0	191.8	1.6	2.4	
1991	60.3	51.4	8.9	1.5	14.9	6.8	24.3	223.5	1.8	4.2	
1992	62.8	50.9	11.9	1.5	20.4	5.2	30.0	311.1	2.1	6.1	
1993	54.8	49.6	5.2	1.2	25.1	6.1	39.1	426.7	2.4	5.1	
1994	79.1	67.0	10.3	1.2	28.8	6.8	42.0	292.4	1.7	3.0	238.0
1995	78.2	70.1	7.8	2.3	32.1	8.9	51.3	303.7	1.4	2.5	257.0
1996	82.0	73.9	6.9	1.7	35.3		58.5	309.5	1.3	2.8	300.0
1997	84.7	74.3	8.9	2.1	35.7	3.2	65.7	361.2	1.1	3.9	274.0
1998	76.8	70.7	4.2	1.9	38.7	2.6	71.5	472.9	0.9	4.3	
1999	87.2	78.5	5.2	2.3	39.7	1.4	80.9	499.6	0.9	5.8	
2000	97.6	82.4	8.4	2.2	41.7	2.6	94.1	576.0	1.6	8.2	63.0
2001	97.9	86.6	8.7	2.2	40.2	2.2	99.7	621.2	2.1	7.9	58.0
2002	88.8	80.9	6.1	2.6	44.2	4.3	104.6	643.5	3.1	9.0	71.0
2003	91.7	82.6	6.9	2.1	47.9	5.3	117.4	787.1	5.6	13.0	
2004	88.1	85.4	2.8	1.8	48.2	11.6	129.5	935.7	9.4	14.3	242.0
2005	89.6	84.9	4.7	2.7	47.1	1.9	121.6	1095.6	11.3	15.0	202.0
2006	87.7	79.7	7.9	3.6	49.3	6.9	122.6	1141.8	13.1	29.0	256.0
2007	89.4	84.7	4.7	4.0	42.3	18.4	126.9	1263.3	15.0	37.7	310.0
2008	89.1	85.1	3.9	4.0	46.2	11.8	117.3	1275.8	14.6	34.1	406.0
2009	85.8	70.4	5.4	4.5	48.0	8.9	108.6	1281.9	14.1	50.9	435.0
2010	75.1	67.1	5.1	3.0	91.8	8.7	150.7	1507.9	13.6	70.8	589.0
2011	67.5	65.8	1.6	2.1	106.8	14.0	177.9	1669.9	16.9	75.5	701.0
2012	83.2	82.1	0.8	2.1	103.1	13.7	175.2	1767.2	12.0	87.3	486.0
2013	77.2	77.2		1.8	128.5	5.8	208.4	1956.7	10.4	108.0	437.0
沈 阳	0.2	0.2		0.5	7.3		19.2	561.5	5.2	104.1	
大 连	10.3	10.3		0.4			37.3	851.9	4.8		437.0
鞍 山	1.9	1.9					0.1	86.3			
抚 顺					38.6		56.5				
本 溪	6.7	6.7				4.8					
丹 东	0.4	0.4				1.0		0.3	0.2	3.9	
锦 州							0.4	20.5			
营 口	0.8	0.8		0.1					0.1		
阜 新											
辽 阳				0.3	15.1		7.7				
盘 锦	29.3	29.3		0.4	67.5		83.5				
铁 岭											
朝 阳								436.2			
葫芦岛	27.6	27.6		0.2			3.5				

注：1993年以前纱产量的计量单位为万件。2007年及以前卷烟产量的计量单位为万箱、啤酒产量的计量单位为万吨；从2009年起自行车产量中不仅包括两轮自行车，还包括电动自行车。

14-17 工业产品产量

产品名称	单位	2005年	2006年	2008年	2009年	2010年	2011年	2012年	2013年
化学纤维	万吨	24.1	22.5	17.0	21.4	19.9	16.4	18.4	17.9
#合成纤维	万吨	18.1	16.6	11.6	14.0	11.5	9.4	11.5	11.1
纱	万吨	18.7	18.3	16.8	16.0	15.4	13.8	12.9	10.3
布	亿米	5.7	5.4	4.7	5.0	7.2	7.2	4.6	4.1
#纯棉布	亿米	1.5	2.8	1.8	1.8	4.7	4.7	2.5	2.3
混纺交织布	亿米	1.4	1.3	1.1	1.7	1.1	0.8	0.7	0.4
毛　　线	吨	1541.0	1811.0		1736.0	2191.0	2402.7	1526.1	2796.0
呢　　绒	万米	106.0	118.4	54.1	88.6	74.0			
丝	吨	2190.9	2592.0	3045.0	4812.0	7182.0	4184.3	2462.5	2310.4
丝 织 品	万米	465.2	1186.1	2560.8					
机制纸及纸板	万吨	83.4	67.5	56.9	77.2	88.5	76.2	73.3	48.8
缝 纫 机	万架	0.6	0.6	0.1		0.1			
自 行 车	万辆	0.4				1.2		5.0	10.0
表	万只	169.6	145.1	139.3	9.1	5.7	6.2		
日用玻璃制品	万吨	8.4	10.4	33.3	31.9	24.7	3.7	2.0	2.2
灯　　泡	万只	18491.7	51401.7	81217.6	10797.0	14101.0	15319.0	20915.0	19531.0
合成洗涤剂	吨	89198.5	140546.0	123528.0	104685.4	122031.4	137701.8	146668.4	164651.0
牙　　膏	万支	3379.1	11158.3	10342.0	11496.8	14413.0			
原　　盐	万吨	180.6	191.3	184.2	152.5	161.6	114.5	141.9	127.7
糖	万吨	1.1	1.3	2.0	5.6	6.1	2.3	5.4	4.1
卷　　烟	亿支	45.9	47.8	260.4	260.3	265.3	274.5	276.4	278.9
白　　酒	亿升	27.3	28.9	4.3	4.7	6.4	6.8	8.1	5.5
啤　　酒	亿升	184.6	200.4	23.5	24.7	24.8	26.2	26.4	27.2
味　　精	万吨	4.7	5.2	3.8	4.0	3.5			
食用植物油	万吨	89.6	136.9	171.7	177.8	193.7	171.8	236.4	244.9
化学原料药	万吨	3.8	4.0	3.8	14.4	13.2	11.9	14.4	18.0
家用电冰箱	万台	120.4	133.5	139.3	96.2	87.8	102.2	101.5	84.8
电 视 机	万部	550.2	333.9	500.2	441.4	576.9	557.5	500.4	440.6
#彩　　电	万部	550.2	333.9	500.2	441.4	576.9	557.5	500.4	440.6
农 用 化 肥	万吨	89.6	87.7	89.1	85.8	75.1	67.5	83.2	77.2
#氮　　肥	万吨	84.9	79.7	85.1	70.4	67.1	65.8	82.1	77.2
磷　　肥	万吨	4.8	7.9	3.9	5.4	5.1	1.6	0.8	
化 学 农 药	万吨	2.7	3.6	4.0	4.5	3.0	2.1	2.1	1.8
乙　　烯	万吨	47.1	49.3	46.2	48.0	91.8	106.8	103.1	128.5
合 成 橡 胶	吨	11119.0	26826.0	22190.6	28270.7	36628.7	40170.1	25026.6	23535.7
轮 胎 外 胎	万条	1095.7	1141.8	1275.8	1281.9	1507.9	1669.9	1767.2	1956.7
交流电动机	万千瓦	773.4	720.8	585.7	671.6	830.5	758.4	612.8	505.4
金属切削机床	台	112727	130967	145771	140988	135872	168760	119672	104469
数 控 机 床	台	14887	22213	34332	37212	39426	48984	46356	45994
汽　　车	辆	150488	290085	340778	508452	707690	755421	872692	1080121
#载货汽车	辆	43438	67925	96262	95480	100015	114606	120490	168474
摩 托 车	辆	1952	26837	22125	30195	33045	34900	27900	1575
轴　　承	万套	10312.0	10265.0	10249.0	7492.0	19798.0	16811.0	19938.0	17248.4
原　　煤	万吨	6395.0	7367.3	6415.5	6624.2	6641.6	7005.1	6431.3	
原　　油	万吨	1261.0	1226.5	1199.3	1000.0	950.0	1000.0	1000.0	1001.0
汽　　油	万吨	965.6	1032.3	1017.1	1043.6	1057.7	1017.5	1088.1	1069.0
柴　　油	万吨	1899.6	1911.2	2045.9	2101.4	2379.9	2284.8	2358.0	2396.5
天 然 气	亿立方米	11.7	11.9	8.7	8.1	8.0	7.2	7.2	7.2
发 电 量	亿千瓦小时	904.2	1014.5	1139.0	1162.5	1295.1	1369.9	1453.1	1516.0
#水　　电	亿千瓦小时	56.7	47.0	41.8	28.8	44.0	31.7	38.2	37.6
生　　铁	万吨	3114.0	3759.5	4101.5	5062.2	5508.1	5450.2	5338.2	5968.6
钢	万吨	3059.1	3702.3	4068.6	4783.2	5389.8	5424.8	5178.4	6356.5
成 品 钢 材	万吨	3235.9	3848.9	4285.3	4943.4	5669.4	5761.1	5924.2	6863.0
#铁道用钢材	万吨	75.1	75.2	88.1	112.5	91.2	76.0	77.5	91.5
线　　材	万吨	261.8	307.5	394.9	506.9	572.1	688.6	664.8	750.5
铁 合 金	万吨	36.4	52.3	60.2	77.0	83.2	89.7	92.9	95.3
焦　　炭	万吨	1237.9	1503.4	1738.1	1876.5	1875.8	2027.0	2127.8	2146.6
水　　泥	万吨	2680.7	3341.4	4074.4	4704.8	4790.9	5791.1	5809.0	6066.3
平 板 玻 璃	万重量箱	1854.0	1650.9	2275.2	1674.2	1635.3	2258.0	2523.4	3015.7
硫　　酸	万吨	120.7	107.6	90.5	81.2	84.4	78.9	74.6	75.5
纯　　碱	万吨	74.9	47.4	24.7		13.2	33.8	45.4	46.8
烧　　碱	万吨	53.6	62.6	55.1	45.8	56.4	56.2	56.7	56.4
合 成 氨	万吨	99.1	78.4	77.0	80.0	79.1	82.9	103.4	106.0

注：2007年及以前卷烟产量的计量单位为万箱、啤酒及白酒产量的计量单位为万吨；从2009年起自行车产量中不仅包括两轮自行车，还包
电动自行车。

14-18 规模以上农产品加工业主要经济指标

单位：亿元

甲栏分组	企业单位数（个）	资产总计	流动资产合计	负债合计	主营业务收入	主营业务成本
农产品加工业合计	**3863**	**3834.05**	**1757.53**	**1739.80**	**9193.60**	**7905.60**
农副食品加工业	1533	1823.03	837.46	848.35	4635.09	4094.92
焙烤食品制造	44	35.32	11.04	6.33	109.30	91.61
糖果、巧克力及蜜饯制造	13	12.19	5.66	7.13	46.72	32.35
方便食品制造	33	41.17	18.65	17.35	83.39	69.26
乳制品制造	23	160.01	86.84	63.92	140.06	119.24
罐头食品制造	62	38.41	21.48	19.36	124.77	111.58
调味品、发酵制品制造	53	53.57	26.65	20.59	91.51	79.50
营养食品制造	17	15.40	2.80	11.11	48.81	37.60
保健食品制造	14	24.75	14.39	14.46	21.37	16.10
冷冻饮品及食用冰制造	19	13.66	7.62	3.87	42.83	37.21
食品及饲料添加剂制造	26	13.95	5.42	6.72	31.56	27.71
其他未列明的食品制造	7	1.73	0.54	0.94	6.61	5.62
酒、饮料和精制茶制造	230	274.59	100.64	121.90	485.21	389.11
烟草制品业	4	50.23	25.81	48.46	74.74	23.04
纺织业	313	228.98	100.23	109.12	491.94	429.07
纺织服装、服饰业	523	274.60	137.85	116.11	831.60	711.31
皮革、毛皮、羽毛及其制品和制鞋业	96	89.42	43.85	29.42	264.95	219.62
木制品制造	188	139.31	63.85	56.87	411.74	339.90
竹、藤、棕、草等制品制造	7	1.18	0.69	0.28	5.62	4.98
木质家具制造	152	131.43	68.36	48.70	335.87	291.99
竹、藤家具制造						
其他家具制造	11	12.14	2.21	0.68	28.48	23.61
造纸和纸制品业	233	173.73	62.46	80.39	425.04	367.77
印刷	105	101.19	52.54	54.84	163.84	135.71
装订及印刷相关服务	5	1.44	0.79	0.21	2.07	1.59
天然植物纤维编织工艺品制造	21	7.36	1.64	1.07	40.67	37.29
地毯、挂毯制造	2	3.45	1.34	2.61	1.56	1.28
动物胶制造	2	1.49	0.36	0.02	6.43	4.99
肥皂及合成洗涤剂制造	18	15.03	7.90	6.96	24.35	18.88
中药饮片加工	62	37.69	15.18	12.76	123.90	107.02
中成药生产	42	48.61	24.99	22.54	75.79	60.44
纤维素纤维原料及纤维制造	3	7.89	7.44	6.33	14.61	12.65
鬃毛加工、制刷及清扫工具的制造	2	1.09	0.82	0.40	3.19	2.64

14-18 续表

单位：亿元

甲栏分组	主营业务税金及附加	利润总额	利税总额	本年应交增 值 税	全部从业人员年平均人数（万人）
农产品加工业合计	**99.03**	**642.41**	**951.40**	**209.41**	**75.58**
农副食品加工业	25.31	301.82	425.83	98.45	29.72
焙烤食品制造	0.77	10.40	13.63	2.46	0.89
糖果、巧克力及蜜饯制造	0.41	3.05	4.10	0.65	0.13
方便食品制造	0.45	5.43	8.05	2.16	0.83
乳制品制造	0.88	9.07	11.91	1.96	0.91
罐头食品制造	0.96	7.10	12.22	4.16	1.46
调味品、发酵制品制造	0.55	6.08	9.17	2.53	0.75
营养食品制造	0.21	5.06	7.58	2.31	0.55
保健食品制造	0.09	2.60	2.98	0.30	0.14
冷冻饮品及食用冰制造	0.19	2.78	3.82	0.84	0.33
食品及饲料添加剂制造	0.36	1.35	2.20	0.50	0.29
其他未列明的食品制造	0.07	0.62	0.76	0.07	0.05
酒、饮料和精制茶制造	11.54	40.47	65.76	13.61	3.90
烟草制品业	38.88	4.81	51.92	8.23	0.22
纺织业	4.25	35.51	54.72	14.93	5.44
纺织服装、服饰业	5.06	53.52	77.27	18.62	13.93
皮革、毛皮、羽毛及其制品和制鞋业	1.01	37.58	41.16	2.57	1.58
木制品制造	1.65	29.42	35.73	4.65	3.01
竹、藤、棕、草等制品制造	0.02	0.46	0.56	0.08	0.04
木质家具制造	1.21	19.07	27.33	7.04	3.61
竹、藤家具制造					
其他家具制造	0.16	1.48	2.03	0.39	0.22
造纸和纸制品业	2.02	31.18	43.09	9.89	3.75
印刷	0.83	13.70	17.89	3.35	1.39
装订及印刷相关服务	0.02	0.15	0.24	0.07	0.08
天然植物纤维编织工艺品制造	0.13	2.67	3.43	0.63	0.27
地毯、挂毯制造		-0.03	-0.01	0.02	0.04
动物胶制造	0.20	0.56	0.77		0.01
肥皂及合成洗涤剂制造	0.10	1.87	2.73	0.77	0.25
中药饮片加工	1.19	9.35	15.75	5.18	0.58
中成药生产	0.48	4.73	7.63	2.42	0.78
纤维素纤维原料及纤维制造	0.01	0.18	0.65	0.45	0.35
鬃毛加工、制刷及清扫工具的制造	0.02	0.37	0.50	0.11	0.09

14-19 规模以上原材料工业主要经济指标

(2013年) 单位：亿元

甲栏分组	企业单位数(个)	资产总计	流动资产合计	负债合计	主营业务收入	主营业务成本
原材料工业合计	**6466**	**15882.82**	**6717.54**	**9348.24**	**22625.72**	**19597.25**
石化工业	2129	5906.76	2526.05	3556.21	9552.91	8278.59
石油和天然气开采业	1	620.74	106.78	305.46	350.12	217.91
石油加工、炼焦和核燃料加工业	267	1843.37	861.57	1235.96	4253.23	3738.40
化学原料和化学制品制造业	978	2351.92	1108.00	1519.87	3196.35	2816.77
化学纤维制造业	20	38.21	16.94	22.51	53.23	48.60
橡胶和塑料制品业	863	1052.53	432.76	472.42	1699.98	1456.91
冶金工业	2232	7815.54	3231.41	4686.08	8883.54	7762.73
黑色金属矿采选业	819	841.79	356.44	407.87	1875.64	1575.67
有色金属矿采选业	191	161.60	75.45	71.69	341.94	282.09
黑色金属冶炼和压延加工业	889	5818.17	2209.73	3642.22	5305.78	4729.64
有色金属冶炼和压延加工业	333	993.97	589.79	564.30	1360.19	1175.33
建材工业	2105	2160.52	960.07	1105.95	4189.26	3555.93
非金属矿采选业	391	212.50	75.24	71.28	502.37	419.46
非金属矿物制品业	1714	1948.02	884.83	1034.67	3686.89	3136.47

14-19 续表 单位：亿元

甲栏分组	主营业务税金及附加	利润总额	利税总额	本年应交增值税	全部从业人员年平均人数(万人)
原材料工业合计	**576.71**	**1159.58**	**2455.75**	**716.98**	**139.18**
石化工业	466.96	267.70	1031.44	296.11	47.38
石油和天然气开采业	16.57	61.05	107.76	30.15	4.88
石油加工、炼焦和核燃料加工业	361.77	-19.16	472.15	129.32	10.01
化学原料和化学制品制造业	78.18	119.27	292.78	94.98	16.83
化学纤维制造业	0.06	0.45	2.38	1.87	0.67
橡胶和塑料制品业	10.38	106.10	156.37	39.80	14.99
冶金工业	75.48	587.71	937.15	272.76	61.95
黑色金属矿采选业	38.03	185.59	321.08	97.05	10.33
有色金属矿采选业	3.14	33.22	53.39	17.01	4.49
黑色金属冶炼和压延加工业	24.91	186.79	336.38	124.25	40.43
有色金属冶炼和压延加工业	9.41	182.10	226.31	34.44	6.69
建材工业	34.26	304.18	487.16	148.12	29.85
非金属矿采选业	5.96	40.92	66.84	19.88	4.52
非金属矿物制品业	28.30	263.26	420.32	128.23	25.33

14-20 规模以上装备制造业主要经济指标

(2013年)　　单位：亿元

甲栏分组	企业单位数(个)	资产总计	流动资产合计	负债合计	主营业务收入	主营业务成本
装备制造业合计	**5851**	**12988.65**	**7344.06**	**7501.46**	**16072.19**	**13585.40**
金属制品业	943	1129.48	538.38	533.01	1955.36	1685.63
通用设备制造业	2020	2772.94	1472.86	1395.66	4368.07	3698.14
专用设备制造业	947	2111.59	1256.98	1241.12	2323.14	1986.65
汽车制造业	433	2207.64	1178.13	1441.44	2751.54	2171.87
铁路、船舶、航空航天和其他运输设备制造业	216	2354.58	1570.29	1755.93	1093.63	967.43
电气机械和器材制造业	854	1377.43	776.46	672.98	2234.12	1932.31
计算机、通信和其他电子设备制造业	202	743.71	409.92	341.68	916.54	787.09
仪器仪表制造业	175	197.21	103.64	89.21	248.38	210.87
金属制品、机械和设备修理业	61	94.08	37.39	30.44	181.41	145.44

14-20 续表　　单位：亿元

甲栏分组	主营业务税金及附加	利润总额	利税总额	本年应交增值税	全部从业人员年平均人数(万人)
装备制造业合计	**176.59**	**1016.86**	**1604.32**	**397.75**	**133.07**
金属制品业	15.82	119.01	186.07	51.14	17.69
通用设备制造业	40.10	289.35	448.18	110.66	40.51
专用设备制造业	11.95	137.82	208.54	58.57	18.73
汽车制造业	87.23	201.61	387.26	94.23	14.96
铁路、船舶、航空航天和其他运输设备制造业	3.94	55.48	74.97	15.30	11.72
电气机械和器材制造业	10.10	120.48	173.03	42.38	15.63
计算机、通信和其他电子设备制造业	4.35	60.82	77.13	11.72	8.27
仪器仪表制造业	1.36	17.42	27.45	8.68	2.60
金属制品、机械和设备修理业	1.74	14.87	21.69	5.08	2.94

主要统计指标解释

工业 指从事自然资源的开采，对采掘品和农产品进行加工和再加工的物质生产部门。具体包括：(1)对自然资源的开采，如采矿、晒盐、森林采伐等(但不包括禽兽捕猎和水产捕捞)；(2)对农副产品的加工、再加工，如粮油加工、食品加工、轧花、缫丝、纺织、制革等；(3)对采掘品的加工、再加工，如炼铁、炼钢、化工生产、石油加工、机器制造、木材加工等，以及电力、自来水、煤气的生产和供应等；(4)对工业品的修理、翻新，如机器设备的修理、交通运输工具(包括小卧车)的修理等。

1984 年以前农村的村及村以下办工业归属农业，1984 年以后的划归工业。

工业统计调查单位 工业统计调查单位分为两类：独立核算法人工业企业和工业活动单位。

(1)独立核算法人工业企业是指从事工业生产经营活动的单位。独立核算法人工业企业应同时具备以下条件：①依法成立，有自己的名称、组织机构和场所，能够承担民事责任；②独立拥有和使用资产，承担负债，有权与其他单位签订合同；③独立核算盈亏，并能够编制资产负债表。

(2)工业活动单位是指在一个场所从事一种或主要从事一种工业生产活动的经济单位。它包括独立核算工业企业按主营业务活动(即工业生产活动)划分的主营业务活动单位和非工业企业所属的工业生产活动单位(即原非独立核算工业生产单位)。工业活动单位，一般应同时具备以下三个条件：①具有一个场所，从事一种或主要从事一种工业活动；②单独组织工业生产、经营或业务活动；③单独核算收入和支出。

国有经济工业(即过去的全民所有制工业或国营工业) 指生产资料归国家所有的一种经济类型。包括中央和地方各级国家机关、部队、科研机构、学校、人民团体和国有经济企事业单位等举办的国有经济工业。1957 年以前的公私合营和私营工业，后均改造为国营工业，1992 年改为国有工业，这部分工业的资料不单独分列时，均包括在国有工业内。

集体经济工业 指生产资料归公民集体所有的一种经济类型，是社会主义公有制经济的组成部分。包括城乡所有使用集体投资举办的企业，以及部分个人通过集资自愿放弃所有权并依法经工商行政管理机关认定为集体所有制的企业。

其他经济类型工业 指除国有经济工业、集体经济工业以外的其他经济类型工业企业(单位)。包括私营经济、个体经济、联营经济、股份制经济(股份有限公司，有限责任公司)；外商投资经济(中外合资经营、中外合作经营、外资企业)；港、澳、台投资经济(与大陆合资经营、与大陆合作经营、港、澳、台独资企业)及其他经济类型的工业。

轻工业 指主要提供生活消费品和制作手工工具的工业。按其所使用的原料不同，可分为两大类：(1)以农产品为原料的轻工业，是指直接或间接以农产品为基本原料的轻工业。主要包括食品制造、饮料制造、烟草加工、纺织、缝纫、皮革和毛皮制作、造纸以及印刷等工业；(2)以非农产品为原料的轻工业，是指以工业品为原料的轻工业。主要包括文教体育用品、化学药品制造、合成纤维制造、日用化学制品、日用玻璃制品、日用金属制品、手工工具制造、医疗器械制造、文化和办公用机械制造等工业。

重工业 是指为国民经济各部门提供物质技术基础的主要生产资料的工业。按其生产性质和产品用途，可以分为下列三类：(1)采掘(伐)工业，是指对自然资源的开采，包括石油开采、煤炭开采、金属矿开采、非金属矿开采和木材采伐等工业；(2)原材料工业，指向国民经济各部门提供基本材料、动力和燃料的工业。包括金属冶炼及加工、炼焦及焦炭化学、化工原料、水泥、人造板以及电力、石油和煤炭加工等工业；(3)加工工业，是指对工业原材料进行再加工制造的工业。包括装备国民经济各部门的机械设备制造工业、金属结构、水泥制品等工业，以及为农业提供的生产资料如化肥、农药等工业。根据上述划分原则，修理业中以重工业产品为修理作业对象的划为重工业，反之划为轻工业。

工业总产值 是以货币表现的工业企业在一定时期内生产的已出售或可供出售工业产品总量，它反映一定时间内工业生产的总规模和总水平。它包括：在本企业内不再进行加工，经检验、包装入库(规定了需包装的产品除外)的成品价值，工业性作业价值，自制半成品、在产品期末初差额价值(生产周期较长的企业计算)。工业总产值采用“工厂法”计算，即以工业企业作为一个整体，按企业工业生产活动的最终成果来计算，企业内部不允许重复计算，不能把企业内部各个车间(分厂)生产的成果相加。但在企业之间、行业之间、地区之间存在着重复计算。

轻重工业总产值的划分也是按“工厂法”计算的，即一个工业企业在正常情况下生产的主要产品的性质属于轻工业，则该企业的全部总产值作为轻工业总产值；一个工业企业生产的主要产品的性质属于重工业，则该企业的全部总产值作为重工业总产值。

工业销售产值 是以货币表现的工业企业在一定时期内销售的本企业生产的工业产品产量。包括已销售的成品、半成品价值，对外提供的工业性作业价值和对本单位基本建设部门、生活福利部门等提供的产品和工业性作业及自制设备的价值。已销售的成品、半成品不论是本期生产的、还是上期生产的，只要是本期销售出去的均包括在内。对外提供的工业性作业是指企业按合同对外提供的工业性劳务。企业为本单位基本建设部门、生活福利部门等提供的产品和工业性作业及自制设备也应视同销售，这部分也作为销售统计。

工业销售产值的计算范围、计算价格和计算方法与工业总产值一致，但两者计算的基础不同：工业销售产值计算的基础是产品销售总量，工业总产值计算的基础是工业产品生产总量。

工业增加值 是指工业企业在报告期内以货币表现的工业生产活动的最终成果。是企业生产产品或提供劳务过程中新增加的价值，是总产出与中间投入之间的差额。

固定资产原值 指企业在建造、购置、安装、改建、扩建、技术改造某项固定资产时所支出的全部货币总额。它一般包括买价、包装费、运杂费和安装费等。

固定资产净值 是指固定资产原价减去历年已提折旧额后的净额。

流动资产 流动资产是指可以在一年或者超过一年的一个营业周期内变现或者耗用的资产，包括现金及各种存款、短期投资、应收及预付货款、存货等。

总资产贡献率 反映企业全部资产的获利能力，是企业经营业绩和管理水平的集中体现，是评价和考核企业盈利能力的核心指标。计算公式为:

总资产贡献率(%)=（(利润总额+税金总额+利息支出)／平均资产总额）×100%

资产负债率 该指标既反映企业经营风险的大小，也反映企业利用债权人提供的资金从事经营活动的能力。计算公式为:

资产负债率(%)=（负债总额／资产总额）×100%

利税总额 指企业产品销售税金及附加加本年应交增值税加利润总额之和。

资金利税率 指在一定时期内已实现的利润、税金总额与同期的资产(固定资产净值和流动资产)之比。计算公式:

资金利税率(%)=（报告期累计实现利税总额／（固定资产净值平均余额+流动资产平均余额））×100%

资金利税率反映每单位(通常是每万元)资金所提供的利税金额。它是考察和评价部门或企业资金运用的经济效益，分析资金投入效果的主要分析指标。

工业成本利润率 指在一定时期的利润与成本费用之比，是反映工业生产成本及费用投入的经济效益指标，同时也是反映降低成本的经济效益的指标。计算公式:

工业成本费用利润率(%)=（利润总额／成本费用总额）×100%

工业增加值率 指在一定时期内工业增加值占同期工业总产值的比重，反映降低中间消耗的经济效益。

计算公式:

工业增加值率(%)=（工业增加值(现价)／（工业总产值(现价)+本年应交销项税额））× 100%

流动资产周转次数 指在一定时期内流动资产完成的周转次数，反映流动资产的周转速度。计算公式:

流动资金周转次数=（产品销售收入／全部流动资产平均余额）

产品销售率 指一定时期内销售产值与同期全部工业总产值之比，反映工业产品生产已实现销售的程度。计算公式:

工业产品销售率(%)=（报告期现价工业销售产值／报告期现价工业总产值) × 100%

产品销售收入 指企业销售产品的销售收入和提供劳务等主要经营业务取得的业务收入总额。

产品销售工厂成本 指企业销售产品和提供劳务等主要经营业务的实际成本。

产品销售税金及附加 指企业销售产品和提供工业性劳务等主要经营业务应负担的城市维护建设税、消费税、资源税和教育费附加。

产品销售利润 指企业销售产品和提供工业性劳务等主要经营业务收入扣除其成本、费用、税金后的利润。

利润总额 指企业实现的利润。

应交增值税 指企业在报告期内应交纳的增值税额。

全员劳动生产率 指根据产品的价值量指标计算的平均每一个职工在单位时间内的产品生产量。是考核企业经济活动的重要指标，是企业生产技术水平、经营管理水平、职工技术熟练程度和劳动积极性的综合表现。目前我国的全员劳动生产率是将工业企业的工业增加值除以同一时期全部职工的平均人数来计算的。计算公式:

全员劳动生产率=（工业增加值／全部职工平均人数）

为了使各年度的全员劳动生产率数字可以比较，各年的全员劳动生产率均按指数换算成1990年不变价格。

实物劳动生产率 指根据某种产品实物量计算的平均每个职工(或工人)在单位时间内生产的产品数量。这是通过产品实物来反映劳动者在生产中的劳动效率指标。我国目前有全员实物劳动生产率(通常简称全员效率)和工人实物劳动生产率两个指标。计算公式:

全员实物劳动生产率(全员效率)=（产品产量／全部职工平均人数）

工人实物劳动生产率=（产品产量／生产工人(包括学徒)平均人数）

计算实物劳动生产率的产品产量，是指报告期生产的，并经检验符合质量标准或合同规定的技术要求的合格产品产量。不包括不合格品和废品的数量。

资本金 指企业在工商行政管理部门登记的注册资金合计。企业资本金按投资主体可分为国家资本金、法人资本金、个人资本金和外商资本金等。资本金合计包括企业各种投资主体注册的全部资本金。

总资产 指企业拥有或控制的全部资产。包括流动资产、长期投资、固定资产、无形及递延资产、其他长期资产等，即为企业资产负债表的资产总计项。

(1)流动资产指企业可以在一年内或者超过一年的一个生产周期内变现或耗用的资产合计。包括现金及各种存款、短期投资、应收及预付款项、存货等。

(2)固定资产指企业固定资产净值、固定资产清理、在建工程、待处理固定资产损失所占用的资金合计。

(3)无形资产指企业长期使用而没有实物形态的资产。包括专利权、非专利技术、商标权、著作权、土地使用权、商誉等。

总负债 指企业承担并需要偿还的全部债务。包括流动负债和长期负债等，即为企业资产负债表的负债合计项。

(1)流动负债指企业在一年内或者超过一年的一个营业周期内需要偿还的债务合计，其中包括短期借款、应付及预收款项、应付工资、应交税金和应交利润等。

(2)长期负债指企业在一年以上或者超过一年的一个生活周期内需要偿还的债务合计，其中包括长期借款、应付债务、长期应付款项等。

所有者权益 指企业投资人对企业净资产的所有权。企业净资产等于企业全部资产减去全部负债后的余额，其中包括投资者对企业的最初投入，以及资本公积金、盈余公积金和未分配利润，对股份制企业即为股东权益。

十五、建筑业

Chapter 15 Construction

15-1 建筑业企业概况

年　份	施工企业	内资企业	国有企业	集体企业	港澳台商投资企业	外商投资企业
企业单位数(个)						
1985	892	892	192	700		
1990	1537	1537	294	1243		
1991	1509	1509	302	1207		
1992	1652	1652	340	1312		
1993	2425	2396	464	1908	8	21
1994	2757	2715	554	2130	9	33
1995	2648	2607	568	1999	13	28
1996	2410	2368	562	1747	23	19
1997	2387	2329	554	1712	26	32
1998	2366	2299	557	1447	38	29
1999	2626	2547	580	1465	39	40
2000	2738	2667	556	1463	38	33
2001	2662	2585	555	1027	47	30
2002	2505	2426	448	657	42	37
2003	2716	2633	397	526	35	48
2004	3124	3044	373	409	30	50
2005	3299	3215	348	370	33	51
2006	3435	3357	319	350	28	50
2007	3493	3417	298	324	28	48
2008	4265	4189	293	318	24	52
2009	4785	4704	282	299	24	57
2010	5417	5345	277	335	21	51
2011	5534	5460	253	253	24	50
2012	6428	6359	274	323	24	44
2013	6724	6654	189	298	30	40
年末从业人员(万人)						
1985	69.26	69.26	36.63	32.63		
1990	97.07	97.07	44.81	52.26		
1991	97.34	97.34	45.27	52.07		
1992	108.55	108.55	47.86	60.69		
1993	159.70	159.70	46.80	63.90		
1994	135.20	135.20	40.08	45.07		
1995	89.66	89.66	37.48	49.49		
1996	102.69	102.69	48.63	52.43		
1997	107.35	107.35	50.39	54.87		
1998	98.51	97.66	43.88	44.89	0.44	0.41

注：1.施工企业总产值即是施工产值。
2.1996年建筑业统计范围为资质等级四级以上。
3.从1996年以后，农村建筑队改为建筑业企业资质等级四级以下即非等级企业。
4.2004年以后数据，建筑业部分的所有指标口径均为总承包与专业承包企业。

15-1 续表

年份	施工企业	内资企业	国有企业	集体企业	港澳台商投资企业	外商投资企业
1999	103.22	102.26	43.08	43.78	0.39	0.57
2000	95.99	95.06	35.96	40.55	0.42	0.51
2001	98.62	97.40	31.26	31.48	0.83	0.39
2002	95.14	94.07	25.97	23.72	0.58	0.49
2003	96.68	95.04	22.41	19.80	0.34	1.30
2004	100.35	98.79	19.85	15.58	0.32	1.24
2005	91.72	89.92	19.27	13.07	0.36	1.44
2006	99.65	97.65	16.79	12.37	0.80	1.20
2007	99.35	97.08	15.67	10.90	0.42	1.85
2008	109.31	107.61	16.26	11.24	0.42	1.28
2009	132.61	130.66	16.21	12.82	0.46	1.49
2010	165.80	163.80	16.71	14.00	0.33	1.72
2011	171.70	168.24	18.10	11.67	1.63	1.83
2012	203.19	201.83	15.85	13.15	0.48	0.87
2013	197.88	196.44	10.69	11.14	0.40	1.03
建筑业总产值(亿元)						
1980	18.4	18.4	14.5	3.9		
1985	49.6	49.6	30.4	19.2		
1990	126.6	126.6	74.5	52.1		
1991	144.1	144.1	82.6	61.5		
1992	217.3	217.3	120.5	96.8		
1993	318.7	317.3	162.5	144.7	0.4	1.0
1994	385.2	383.0	209.0	168.5	0.4	1.8
1995	407.3	405.0	222.3	176.8	0.4	1.9
1996	400.5	396.9	174.3	130.9	1.7	1.9
1997	429.1	425.1	245.7	169.5	1.7	2.3
1998	419.0	412.7	216.9	143.8	4.1	2.2
1999	489.3	476.7	224.9	160.0	7.2	5.4
2000	598.1	584.9	252.1	176.3	7.7	5.5
2001	761.2	581.5	262.8	162.9	114.8	64.9
2002	839.3	819.9	265.3	140.7	10.1	9.3
2003	1017.1	981.7	285.5	131.6	6.6	28.8
2004	1245.1	1209.8	323.7	104.3	4.6	30.7
2005	1481.7	1447.0	386.6	114.0	6.2	28.5
2006	1775.0	1716.7	387.9	130.2	16.8	41.5
2007	2100.0	2038.7	413.7	133.2	10.7	50.6
2008	2505.2	2467.4	492.0	139.4	9.8	37.8
2009	3384.6	3333.2	565.0	172.0	8.8	42.6
2010	4690.3	4637.5	601.9	219.4	7.1	45.7
2011	6218.3	6086.1	682.4	308.7	71.2	61.0
2012	7543.3	7490.1	750.2	344.8	17.2	35.7
2013	8629.7	8574.7	500.9	346.1	23.3	31.7

15-2 建筑施工企业个数

(2013年)

单位：个

地 区	企业个数	按登记注册类型分组						
		国有企业	集体企业	股份合作企业	联营企业	有限责任公司	股份有限公司	私营企业
全 省	**6724**	**189**	**298**	**53**	**3**	**1998**	**184**	**3914**
沈 阳	2023	49	49	11	1	506	58	1325
大 连	1698	32	34	19	1	372	20	1188
鞍 山	422	18	51	2	1	173	25	145
抚 顺	229	10	32	1		104	10	68
本 溪	234	7	37	1		108	5	74
丹 东	241	11	14	5		72	13	125
锦 州	262	10	18	1		103	9	117
营 口	247	7	6	1		64	1	164
阜 新	231	9	4			73	2	142
辽 阳	275	6	21	3		61	5	178
盘 锦	213	11	3	8		108	22	59
铁 岭	118	8	7			25	4	72
朝 阳	219	2	7			91	6	113
葫芦岛	312	9	15	1		138	4	144

15-2 续表

单位：个

地 区				按经济组织类型分组			
	其他企业	港澳台商投资企业	外商投资企业	独资企业	合作伙伴企业	股份有限公司	有限责任公司
全 省	**15**	**30**	**40**	**531**	**77**	**373**	**5743**
沈 阳	3	10	11	108	17	96	1802
大 连	1	13	18	79	23	81	1515
鞍 山	3	2	2	72	6	46	298
抚 顺	1	1	2	43	3	17	166
本 溪	2			46	3	12	173
丹 东	1			25	6	29	181
锦 州			4	29	1	15	217
营 口	2	1	1	14	3	8	222
阜 新		1		14	1	3	213
辽 阳			1	33	3	13	226
盘 锦	2			14	10	27	162
铁 岭		2		17		8	93
朝 阳				9		9	201
葫芦岛			1	28	1	9	274

15-3 建筑施工企业主要经济指标

(2013年)

指 标	单位	合计	按登记注册类型分组						
			国有企业	集体企业	股份合作企 业	联营企业	有限责任公 司	股份有限公 司	私营企业
施工企业单位个数	个	6724	189	298	53	3	1998	184	3914
全部从业人员年期末人数	万人	197.9	10.7	11.1	1.6	0.2	75.7	10.3	86.8
固定资产原价	亿元	885.9	96.6	30.5	4.7	2.2	377.1	40.1	319.2
固定资产合计	亿元	637.9	62.5	18.1	3.5	1.2	255.4	26.8	257.1
年末自有施工机械设备台数	万台	42.1	3.9	2.8	0.4	0.0	15.5	2.0	17.0
年末自有施工机械设备净值	亿元	259.2	20.8	7.9	1.2	0.0	103.4	15.8	109.0
年末自有施工机械设备总功率	万千瓦	1767.2	163.2	44.3	4.0	1.5	800.9	79.0	661.6
建筑业总产值	亿元	8629.7	500.9	346.1	41.7	3.2	3877.4	497.5	3300.1
资产合计	亿元	5568.8	461.5	143.4	15.8	2.9	2583.7	401.0	1861.4
流动资产合计	亿元	4470.1	369.6	116.4	10.5	1.6	2089.2	342.6	1466.9
#实收资本	亿元	988.8	61.5	28.1	6.6	0.7	380.1	62.3	437.8
#固定资产本年折旧	亿元	53.9	2.6	1.7	0.1	0.1	24.4	2.2	21.9
#营业收入	亿元	7830.9	452.9	282.7	37.8	5.3	3561.5	433.2	2999.0
#营业成本	亿元	6863.3	400.8	252.9	32.4	5.0	3164.0	393.6	2563.8
#应付职工薪酬	亿元	955.5	48.8	41.7	4.7	0.7	424.6	59.1	367.7
#营业税金及附加	亿元	274.0	13.8	10.0	1.8	0.1	123.0	14.3	109.6
#管理费用	亿元	305.1	24.4	14.0	2.0	0.27	123.7	12.5	124.9
#管理费用中的税金	亿元	21.3	1.2	0.7	0.5	0.004	8.8	0.5	9.5
#财务费用	亿元	42.1	1.8	0.1	0.15	-0.015	20.4	1.7	17.3
#营业利润	亿元	320.1	11.0	5.9	1.1	0.03	120.2	10.4	169.6
房屋建筑施工面积	万平方米	42289.0	1185.3	1591.0	195.6		18556.1	3056.5	17640.6
#本年新开工房屋建筑面积	万平方米	18119.6	346.9	1032.3	161.1		7507.5	1111.1	7924.9
房屋建筑竣工面积	万平方米	19786.4	418.2	1103.5	107.7		7735.1	998.5	9383.5
利润总额	亿元	315.7	10.1	5.8	1.1	0.0	119.7	10.7	166.5
利税总额	亿元	602.0	23.9	16.2	3.4	0.1	248.0	25.3	282.0
从事主营业务活动的从业人员平均人数	万人	240.5	11.4	13.4	1.8	0.2	101.0	11.6	99.5
全员劳动生产率	–								
按总产值计算	元/人	358872	438264	258577	232299	186478	384024	429571	331689
技术装备率	元/人	10779	18217	5898	6558	2369	10241	13608	10960
动力装备率	千瓦/人	7.3	14.3	3.3	2.2	8.8	7.9	6.8	6.6
房屋建筑面积竣工率	%	0.5	0.4	0.7	0.6		0.4	0.3	0.5
产值利润率	%	3.7	2.0	1.7	2.6	1.1	3.1	2.1	5.0
产值利税率	%	7.0	4.8	4.7	8.2	3.8	6.4	5.1	8.5
亏损企业个数	个	902	27	55	5		302	26	466

15-3 续表

指　　标	单位				按经济组织类型分组			
		其他企业	港澳台商投资企业	外商投资企业	独资企业	合作伙伴企业	股份有限公司	有限责任公司
施工企业单位个数	个	15	30	40	531	77	373	5743
全部从业人员年期末人数	万人	0.1	0.4	1.0	23.3	1.9	15.0	157.8
固定资产原价	亿元	1.3	3.5	10.7	135.5	8.8	58.8	682.7
固定资产合计	亿元	1.4	4.1	7.8	86.5	6.4	46.5	498.5
年末自有施工机械设备台数	万台	0.0	0.3	0.2	7.0	0.5	2.9	31.8
年末自有施工机械设备净值	亿元	0.2	0.3	0.6	29.4	1.5	22.1	206.2
年末自有施工机械设备总功率	万千瓦	0.4	8.3	4.1	210.2	8.1	137.1	1411.7
建筑业总产值	亿元	7.8	23.3	31.7	897.0	54.2	700.8	6977.7
资产合计	亿元	6.4	25.3	67.3	660.7	27.8	515.8	4364.4
流动资产合计	亿元	3.6	17.9	51.8	528.8	17.4	431.1	3492.8
#实收资本	亿元	1.5	3.7	6.5	93.9	9.4	84.2	801.2
#固定资产本年折旧	亿元	0.0	0.1	0.6	5.0	0.3	3.3	45.3
#营业收入	亿元	5.3	22.6	30.6	787.5	50.2	628.0	6365.2
#营业成本	亿元	4.1	20.4	26.3	700.2	43.0	562.0	5558.1
#应付职工薪酬	亿元	0.8	1.4	6.1	93.5	6.3	81.0	774.8
#营业税金及附加	亿元	0.2	0.5	0.8	25.4	2.1	21.8	224.7
#管理费用	亿元	0.4	0.9	1.9	39.7	2.9	17.3	245.3
#管理费用中的税金	亿元	0.0	0.03	0.1	2.2	0.5	1.2	17.5
#财务费用	亿元	0.0	0.44	0.2	2.2	0.2	2.4	37.3
#营业利润	亿元	0.5	0.2	1.1	17.4	1.7	23.7	277.4
房屋建筑施工面积	万平方米	18.1	0.0	45.8	3186.8	213.7	4163.9	34724.6
#本年新开工房屋建筑面积	万平方米	10.6		25.3	1423.4	171.7	1526.7	14997.9
房屋建筑竣工面积	万平方米	13.1		26.8	1561.7	120.8	1561.1	16542.7
利润总额	亿元	0.5	0.2	1.1	15.9	1.6	22.9	275.2
利税总额	亿元	0.6	0.7	1.8	42.0	4.2	45.3	510.5
从事主营业务活动的从业人员平均人数	万人	0.3	0.4	1.0	25.8	2.3	18.6	193.8
全员劳动生产率	-							
按总产值计算	元/人	268396	633287	321882	348358	234958	376979	360007
技术装备率	元/人	8481	7117	5660	11415	6455	11897	10639
动力装备率	千瓦/人	1.3	22.6	4.1	8.2	3.5	7.4	7.3
房屋建筑面积竣工率	%	0.7		0.6	0.5	0.6	0.4	0.5
产值利润率	%	6.3	0.7	3.4	1.8	3.0	3.3	3.9
产值利税率	%	8.0	2.9	5.8	4.7	7.8	6.5	7.3
亏损企业个数	个	2	7	12	88	7	52	755

15-4 建筑业总产值

(2013年)

单位：千元

地　区	建筑业总产值	按登记注册类型分组						
		国有企业	集体企业	股份合作企业	联营企业	有限责任公司	股份有限公司	私营企业
全　省	**862966380**	**50087007**	**34608520**	**4173943**	**318504**	**387740456**	**49753809**	**330006787**
沈　阳	200851372	11952986	5739937	744766	52498	98105441	25493074	56859707
大　连	228740318	7469786	2318486	880244	211006	85168019	1859988	128726401
鞍　山	63724941	2704682	6279352	159710	55000	33051966	3156489	17746610
抚　顺	40887519	727292	3034244	235000		29267332	2258110	5112448
本　溪	33014484	625470	926606			23850100	731350	6880958
丹　东	36742551	1594763	1557542	1034993		19491888	6582041	6459844
锦　州	31565371	3695960	1946622	17000		14251191	3087336	8262930
营　口	38207322	1503056	416087	16800		9353820	684794	26107348
阜　新	26339303	1119973	678548			10672270	219514	13548367
辽　阳	27435968	1619354	3003063	304616		12351146	295001	9829828
盘　锦	30644683	8964323	124936	766314		12977404	1757318	5840485
铁　岭	31060581	4201990	2329187			10177949	1401594	12411100
朝　阳	38340160	271860	2140750			16279098	566710	19081742
葫芦岛	35411807	3635512	4113160	14500		12742832	1660490	13139019
	538291098	30882458	26011689	2335074	263504	231980047	24813104	217787174

15-4　续表

单位：千元

地　区				按经济组织类型分组			
	其他企业	港澳台商投资企业	外商投资企业	独资企业	合作伙伴企业	股份有限公司	有限责任公司
全　省	**783986**	**2326696**	**3166672**	**89702082**	**5418133**	**70080702**	**697765463**
沈　阳	59400	720669	1122894	18078168	856664	27403130	154513410
大　连	2679	833742	1269967	13510724	1110398	10550107	203569089
鞍　山	205207	112000	253925	9422034	419917	6431051	47451939
抚　顺	176000	793	76300	3763963	435600	3439578	33248378
本　溪				1564076		1264450	30185958
丹　东	21480			3152305	1056473	7368184	25165589
锦　州			304332	5646782	17000	3225442	22676147
营　口	105317	20100		1926149	122117	2087707	34071349
阜　新		100631		1798521	100631	275954	24164197
辽　阳			32960	4792941	304616	905194	21433217
盘　锦	213903			9089259	980217	2056161	18519046
铁　岭		538761		6631127		1608094	22821360
朝　阳				2412610		933910	34993640
葫芦岛			106294	7913423	14500	2531740	24952144
	514573	1724040	1979435	57727410	3189668	38486757	438887263

15-5 建筑业企业资产

(2013年) 单位：千元

地　区	资产合计	按登记注册类型分组						
		国有企业	集体企业	股份合作企　业	联营企业	有限责任公　司	股份有限公　司	私营企业
全　省	**556876584**	**46153101**	**14335911**	**1579484**	**293086**	**258369707**	**40102996**	**186142192**
沈　阳	158151335	11887209	3838447	380371	70170	64214447	26355752	47231273
大　连	160000490	5667624	855544	354321	184215	72831673	1166521	75039517
鞍　山	37615769	1757966	3244803	513375	38701	24183059	909736	6540656
抚　顺	16659561	645327	726786	1687		12292592	581307	2070149
本　溪	14619986	239248	631932			10708867	330096	2709843
丹　东	30655377	1123612	508077	142060		19228799	5191256	4416015
锦　州	20350450	3036498	957272	38933		8251597	2374229	5535392
营　口	19685814	1184901	373445	14743		5117728	304848	12558473
阜　新	12780762	697199	131576			6047165	562961	5261641
辽　阳	16489964	1051176	938123	42359		7237414	389753	6809660
盘　锦	29721988	13317925	799218	90985		10287953	1430036	3499618
铁　岭	15223342	4311270	298916			5940295	144761	4407578
朝　阳	10003175	315675	148511			5069487	165401	4304101
葫芦岛	14918571	917471	883261	650		6958631	196339	5758276

15-5 续表 单位：千元

地　区				按经济组织类型分组			
	其他企业	港澳台商投资企业	外商投资企　业	独资企业	合作伙伴企　业	股份有限公　司	有限责任公　司
全　省	**639675**	**2528149**	**6732283**	**66071800**	**2781448**	**51580740**	**436442596**
沈　阳	54078	965263	3154325	18456352	504619	28058339	111132025
大　连	6727	1299347	2595001	8868461	549732	7038189	143544108
鞍　山	40557	29555	357361	5088522	592633	1616252	30318362
抚　顺	93652	4416	243645	1374115	279853	1113387	13892206
本　溪				874170		640259	13105557
丹　东	45558			1631689	187618	5837035	22999035
锦　州			156529	3997480	38933	2437371	13876666
营　口	102850	28826		1572271	117593	857627	17138323
阜　新		80220		829797	80220	673276	11197469
辽　阳			21479	2306419	42359	685824	13455362
盘　锦	296253			14117143	387238	1666159	13551448
铁　岭		120522		4669891		472452	10080999
朝　阳				464186		219807	9319182
葫芦岛			203943	1821304	650	264763	12831854

15-6 各地区建筑业企业负债

(2013年) 单位：千元

地　区	负债合计	按登记注册类型分组						
		国有企业	集体企业	股份合作企　业	联营企业	有限责任公　司	股份有限公　司	私营企业
全　省	**372444707**	**34306366**	**9932568**	**611709**	**218275**	**187436056**	**31278755**	**101094860**
沈　阳	109817815	7345645	2724779	167378	44612	49143420	21253296	25934863
大　连	98954605	4338483	435752	109679	144112	51555764	799363	38436918
鞍　山	26305100	987236	2364851	208792	29551	17850096	605536	3982639
抚　顺	10522575	527122	457055	723		7939166	399388	954928
本　溪	9746701	170631	457789			7472870	241840	1403571
丹　东	20033743	808323	298806	47890		13019888	3891511	1943569
锦　州	15365573	2362474	751819	30956		6241447	2070835	3822591
营　口	10477122	635155	166390	7410		3351223	130412	6102113
阜　新	8501467	538630	53025			4449215	94087	3312320
辽　阳	11947941	1057480	571480	22338		5586157	313248	4383737
盘　锦	23867935	11243214	784699	16543		8060042	1156946	2364518
铁　岭	11259435	3700602	196477			4915010	77204	2319620
朝　阳	5004483	176264	56657			2243642	122395	2405525
葫芦岛	10640212	415107	612989			5608116	122694	3727948

15-6 续表 单位：千元

地　区				按经济组织类型分组			
	其他企业	港澳台商投资企业	外商投资企　业	独资企业	合作伙伴企　业	股份有限公　司	有限责任公　司
全　省	**433485**	**1632571**	**5500062**	**48766774**	**1442193**	**37076439**	**285159301**
沈　阳	28747	302317	2872758	12656518	240737	21794718	75125842
大　连	771	1198008	1935755	6423849	255262	3746437	88529057
鞍　山	7077	10833	258489	3423638	245420	902871	21733171
抚　顺	60000	3443	180750	984823	184557	754530	8598665
本　溪				626410		467763	8652528
丹　东	23756			1107129	71646	4308447	14546521
锦　州			85451	3114293	30956	2100862	10119462
营　口	71161	13258		811685	78571	442203	9144663
阜　新		54190		591677	54190	137315	7718285
辽　阳			13501	1792387	22338	507742	9625474
盘　锦	241973			12027913	258516	1325522	10255984
铁　岭		50522		3938456		308312	7012667
朝　阳				232921		140006	4631556
葫芦岛			153358	1035075		139711	9465426

15-7 各地区建筑业企业实收资本

(2013年)

单位：千元

地　区	实收资本合　计	按登记注册类型分组						
		国有企业	集体企业	股份合作企　业	联营企业	有限责任公　司	股份有限公　司	私营企业
全　省	**98875895**	**6148794**	**2808639**	**662329**	**72095**	**38007446**	**6232020**	**43778364**
沈　阳	27082501	1502485	545103	112167	28600	9387236	3510733	11619421
大　连	29703265	666513	223093	114607	34345	9863303	285651	18114058
鞍　山	6925711	560902	669526	303500	9150	3867989	236686	1192269
抚　顺	3004677	65849	232384			1963544	157380	530805
本　溪	2997118	36560	141686			2102574	74060	642238
丹　东	3780531	139360	137176	61801		1166424	1097153	1158617
锦　州	3546232	499696	200844	6000		1405562	210132	1188929
营　口	4079003	326557	57890	5100		939479	157790	2561280
阜　新	2689133	121664	67314			1176270	134000	1169885
辽　阳	3302584	179121	282173	15404		1180067	23600	1612928
盘　锦	3338105	988159	26022	43100		1516265	200795	511610
铁　岭	2702760	557090	46231			825091	52000	1152348
朝　阳	2925372	61194	25389			1754382	21500	1062907
葫芦岛	2798903	443644	153808	650		859260	70540	1261069

15-7 续表

单位：千元

地　区				按经济组织类型分组			
	其他企业	港澳台商投资企业	外商投资企　业	独资企业	合作伙伴企　业	股份有限公　司	有限责任公　司
全　省	**147303**	**365567**	**653338**	**9393358**	**944727**	**8415646**	**80122164**
沈　阳	22000	119490	235266	2133713	162767	3764092	21021929
大　连	5080	130999	265616	1133981	157032	1269648	27142604
鞍　山	20000	9740	55949	1242688	332650	443124	4907249
抚　顺	12000	500	42215	299233	52000	219599	2433845
本　溪				183246		137080	2676792
丹　东	20000			276536	81801	1240653	2181541
锦　州			35069	704250	6000	239953	2596029
营　口	16069	14838		387447	21169	294992	3375395
阜　新		20000		189978	20000	169000	2310155
辽　阳			9291	511699	15404	107270	2668211
盘　锦	52154			1014181	95254	254495	1974175
铁　岭		70000		618321		126200	1958239
朝　阳				86583		41000	2797789
葫芦岛			9932	611502	650	108540	2078211

15-8 各地区建筑业企业工程结算税金及附加与管理费用中的税金

(2013年)

单位：千元

地　区	税金合计	按登记注册类型分组						
		国有企业	集体企业	股份合作企　业	联营企业	有限责任公　司	股份有限公　司	私营企业
全　省	**28631654**	**1375188**	**1037905**	**232997**	**8461**	**12829545**	**1462989**	**11543867**
沈　阳	5885824	338412	168420	25284	1911	3006363	656474	1659430
大　连	7803218	155838	72626	29708	4863	2751684	57457	4671371
鞍　山	2114255	64020	153841	16469	1687	972879	76645	824162
抚　顺	1502686	39424	112247	24860		1045809	79781	190791
本　溪	1744493	21071	50747			1273985	26683	372007
丹　东	1230342	42315	55687	44363		657478	189228	241266
锦　州	941184	96344	38052	1888		474198	81011	240433
营　口	1466382	101594	22718	1209		312435	50648	973223
阜　新	759910	27854	11346			348909	6684	361767
辽　阳	959474	114561	85980	17219		434297	5751	301628
盘　锦	864551	160372	4341	71997		395542	47706	183000
铁　岭	992883	119428	84886			274289	104535	395573
朝　阳	1412392	4824	79087			531165	29163	768153
葫芦岛	954060	89131	97927			350512	51223	361063

15-8 续表

单位：千元

地　区				按经济组织类型分组			
	其他企业	港澳台商投资企业	外商投资企　业	独资企业	合作伙伴企　业	股份有限公　司	有限责任公　司
全　省	**12946**	**51205**	**76551**	**2604968**	**259487**	**2234435**	**23532764**
沈　阳	554	6646	22330	516541	27749	722585	4618949
大　连	119	25409	34143	373514	34893	343821	7050990
鞍　山	152	920	3480	239078	18308	167220	1689649
抚　顺	6421	255	3098	151760	32811	131366	1186749
本　溪				73063		69369	1602061
丹　东	5			98002	44368	222237	865735
锦　州			9258	134636	1888	84728	719932
营　口	4102	453		124346	5311	172395	1164330
阜　新		3350		39200	3350	8640	708720
辽　阳			38	206354	17219	24804	711097
盘　锦	1593			164713	73590	59862	566386
铁　岭		14172		206125		106189	680569
朝　阳				83911		39595	1288886
葫芦岛			4204	193725		81624	678711

15-9 各地区建筑业企业利润总额

(2013年)　　单位：千元

地　区	利润总额	按登记注册类型分组						
		国有企业	集体企业	股份合作企业	联营企业	有限责任公司	股份有限公司	私营企业
全　省	**31570347**	**1014526**	**581948**	**107799**	**3583**	**11969131**	**1067624**	**16651993**
沈　阳	5156197	228524	96656	32051	1914	2004475	465543	2269559
大　连	12024030	185400	88312	40142	659	3751211	33946	7978152
鞍　山	1863069	140339	84456	5308	1010	963405	81409	571170
抚　顺	1631766	58488	112251	11070		1134211	69752	206878
本　溪	1299231	50844	65991			695435	3504	483457
丹　东	1708899	36307	28111	15900		898870	165482	562780
锦　州	565513	1442	2746	11		144604	39753	328894
营　口	3083109	61310	52731	411		822242	27392	2105376
阜　新	615026	34682	361			177528	9031	393374
辽　阳	445783	-42889	11361	74		144696	1441	331049
盘　锦	575656	133737	-68	2682		243290	63423	131765
铁　岭	775022	113609	34051			186067	4522	438547
朝　阳	1167416	9406	9474			541120	16498	590918
葫芦岛	659630	3327	-4485	150		261977	85928	260074

15-9 续表　　单位：千元

地　区				按经济组织类型分组			
	其他企业	港澳台商投资企业	外商投资企业	独资企业	合作伙伴企业	股份有限公司	有限责任公司
全　省	**49783**	**15825**	**108135**	**1593927**	**164442**	**2292355**	**27519623**
沈　阳	681	34456	22338	348271	34646	596733	4176547
大　连	537	-24557	-29772	229172	41405	735021	11018432
鞍　山	-187	4812	11347	228698	6131	220771	1407469
抚　顺	34602	585	3929	170835	48832	96708	1315391
本　溪				116830		23660	1158741
丹　东	1449			64418	17349	217233	1409899
锦　州			48063	4348	11	46983	514171
营　口	11874	2253	-480	114379	12285	86101	2870344
阜　新		50		35021	50	14989	564966
辽　阳			51	-19091	74	14278	450522
盘　锦	827			133669	3509	83342	355136
铁　岭		-1774		148525		12583	613914
朝　阳				18880		57143	1091393
葫芦岛			52659	-28	150	86810	572698

15-10 各地区建筑业企业利税总额

(2013年)

单位：千元

地区	利税总额	按登记注册类型分组						
		国有企业	集体企业	股份合作企业	联营企业	有限责任公司	股份有限公司	私营企业
全省	**60202001**	**2389714**	**1619853**	**340796**	**12044**	**24798676**	**2530613**	**28195860**
沈阳	11042021	566936	265076	57335	3825	5010838	1122017	3928989
大连	19827248	341238	160938	69850	5522	6502895	91403	12649523
鞍山	3977324	204359	238297	21777	2697	1936284	158054	1395332
抚顺	3134452	97912	224498	35930		2180020	149533	397669
本溪	3043724	71915	116738			1969420	30187	855464
丹东	2939241	78622	83798	60263		1556348	354710	804046
锦州	1506697	97786	40798	1899		618802	120764	569327
营口	4549491	162904	75449	1620		1134677	78040	3078599
阜新	1374936	62536	11707			526437	15715	755141
辽阳	1405257	71672	97341	17293		578993	7192	632677
盘锦	1440207	294109	4273	74679		638832	111129	314765
铁岭	1767905	233037	118937			460356	109057	834120
朝阳	2579808	14230	88561			1072285	45661	1359071
葫芦岛	1613690	92458	93442	150		612489	137151	621137

15-10 续表

单位：千元

地区				按经济组织类型分组			
	其他企业	港澳台商投资企业	外商投资企业	独资企业	合作伙伴企业	股份有限公司	有限责任公司
全省	**62729**	**67030**	**184686**	**4198895**	**423929**	**4526790**	**51052387**
沈阳	1235	41102	44668	864812	62395	1319318	8795496
大连	656	852	4371	602686	76298	1078842	18069422
鞍山	-35	5732	14827	467776	24439	387991	3097118
抚顺	41023	840	7027	322595	81643	228074	2502140
本溪				189893		93029	2760802
丹东	1454			162420	61717	439470	2275634
锦州			57321	138984	1899	131711	1234103
营口	15976	2706	-480	238725	17596	258496	4034674
阜新		3400		74221	3400	23629	1273686
辽阳			89	187263	17293	39082	1161619
盘锦	2420			298382	77099	143204	921522
铁岭		12398		354650		118772	1294483
朝阳				102791		96738	2380279
葫芦岛			56863	193697	150	168434	1251409

15-11 各地区总承包与专业承包建筑企业个数、设备及人数

(2013年)

地区	建筑业企业个数(个)	年末自有机械设备总功率(万千瓦)	年末自有机械设备净值(万元)	计算建筑业劳动生产率的平均人数(万人)	劳动生产率(元/人)
全省	**6371**	**1767.1**	**2591943.2**	**198.0**	**435850**
沈阳	1899	226.1	535916.3	46.9	427876
大连	1644	454.0	763601.4	51.5	444278
鞍山	403	419.6	132263.6	11.4	559153
抚顺	200	39.9	106928.8	9.9	411542
本溪	196	77.9	145969.8	7.2	457473
丹东	239	59.8	190377.1	6.9	529775
锦州	247	46.8	77421.6	10.6	297388
营口	232	132.8	158241.1	8.2	468531
阜新	221	25.4	77249.0	5.5	481999
辽阳	259	53.9	85583.5	7.5	364787
盘锦	205	49.4	96141.7	7.0	439749
铁岭	116	98.5	79845.0	5.9	528538
朝阳	216	39.0	76534.1	11.1	345774
葫芦岛	294	44.2	65870.2	8.4	421735

15-12 各地区国有总承包与专业承包建筑企业个数、设备及人数

(2013年)

地区	建筑业企业个数(个)	年末自有机械设备总功率(万千瓦)	年末自有机械设备净值(万元)	计算建筑业劳动生产率的平均人数(万人)	劳动生产率(元/人)
全省	**247**	**206.0**	**335375.5**	**17.3**	**498388**
沈阳	68	16.5	33892.3	4.4	443119
大连	43	25.3	56447.7	2.9	737315
鞍山	20	8.6	24318.7	1.0	786786
抚顺	13	1.7	6461.9	0.9	201565
本溪	13	3.4	29759.4	1.0	257701
丹东	11	3.2	5698.7	0.4	354944
锦州	12	10.3	16363.7	1.7	315257
营口	8	66.2	23628	0.8	319710
阜新	14	5.1	21245.7	0.5	432441
辽阳	6	7.5	11677.9	0.6	258229
盘锦	11	19.1	44692.9	0.9	957625
铁岭	9	23.4	26684.5	1.0	452180
朝阳	7	10.5	23107.6	0.5	468621
葫芦岛	12	5.2	11396.5	0.6	626592

15-13 各地区集体总承包与专业承包建筑企业个数、设备及人数

(2013年)

地　区	建筑业企业个数(个)	年末自有机械设备总功率(万千瓦)	年末自有机械设备净值(万元)	计算建筑业劳动生产率的平均人数(万人)	劳动生产率(元/人)
全　省	**352**	**48.4**	**90880.7**	**12.6**	**307694**
沈　阳	61	7.5	14484.9	2.5	259608
大　连	53	6.6	11883.4	1.2	273958
鞍　山	53	10.4	12949.8	2.0	323636
抚　顺	33	3.3	4751.8	0.8	405312
本　溪	38	0.6	613.2	0.5	200607
丹　东	19	1.5	7526.2	0.6	417343
锦　州	19	2.7	7726.4	0.9	225652
营　口	7	1.1	2789.3	0.2	204578
阜　新	4	0.7	4112	0.1	935928
辽　阳	24	3.4	8741.7	1.0	334244
盘　锦	11	1.1	1586.8	0.7	133481
铁　岭	7	3.5	2275.9	0.7	356472
朝　阳	7	0.6	949.3	0.4	591367
葫芦岛	16	5.6	10490	1.2	335773

15-14 各地区总承包与专业承包建筑企业施工及竣工产值

(2013年)

单位：千元

地　区	建筑业总产值	建筑工程产值	安装工程产值	其他产值	竣工产值
全　省	**862966380**	**718758720**	**106342761**	**37864899**	**538291098**
沈　阳	200851372	173094753	26743600	1013019	96558733
大　连	228740318	195256316	23946410	9537592	138020124
鞍　山	63724941	46501185	9500574	7723182	39665775
抚　顺	40887519	32827347	5956928	2103244	28952905
本　溪	33014484	25610114	4853749	2550621	23087928
丹　东	36742551	32257299	1801724	2683528	22947963
锦　州	31565371	28032667	3326757	205947	23170246
营　口	38207322	36246692	1854719	105911	27322167
阜　新	26339303	21102485	2395439	2841379	17352339
辽　阳	27435968	22838743	3964399	632826	19446959
盘　锦	30644683	19111355	9099061	2434267	20753783
铁　岭	31060581	24156770	4392008	2511803	27034356
朝　阳	38340160	33911573	4150885	277702	30071714
葫芦岛	35411807	27811421	4356508	3243878	23906106

15-15 各地区国有总承包与专业承包建筑企业施工及竣工产值

(2013年)

单位：千元

地区	建筑业总产值				竣工产值
		建筑工程产值	安装工程产值	其他产值	
全省	**86311336**	**65960672**	**15919729**	**4430935**	**49003470**
沈阳	19556622	18117817	1293753	145052	11221767
大连	21661569	18632218	2767262	262089	11001480
鞍山	8028361	6459206	1273475	295680	3566940
抚顺	1803802	1346222	345580	112000	1488522
本溪	2533971	1665469	836819	31683	1329106
丹东	1594763	1513121	16700	64942	343890
锦州	5399090	4519942	879148		1659163
营口	2506526	2157825	336711	11990	1287317
阜新	2005228	1623213	205572	176443	1669180
辽阳	1619354	1018239	548087	53028	1437598
盘锦	8964323	1705192	5933968	1325163	5053725
铁岭	4476126	2480961	729440	1265725	3800350
朝阳	2270467	2262033	8434		1594544
葫芦岛	3891134	2459214	744780	687140	3549888

15-16 各地区集体总承包与专业承包建筑企业施工及竣工产值

(2013年)

单位：千元

地区	建筑业总产值				竣工产值
		建筑工程产值	安装工程产值	其他产值	
全省	**38834961**	**29111576**	**7430299**	**2293086**	**28399261**
沈阳	6537201	2820321	3708459	8421	4482744
大连	3198730	2571383	215702	411645	1769015
鞍山	6439062	4487405	914951	1036706	5319589
抚顺	3269244	2333861	507613	427770	2489425
本溪	926606	531236	276270	119100	842456
丹东	2592535	2259488	85327	247720	1747892
锦州	1963622	1809141	137481	17000	1842720
营口	432887	412879	20008		299387
阜新	678548	556618	121930		330467
辽阳	3307679	3126233	177202	4244	2564613
盘锦	891250	742234	149016		169136
铁岭	2329187	2248157	71160	9870	2329187
朝阳	2140750	2140750			1800700
葫芦岛	4127660	3071870	1045180	10610	2411930

15-17 各地区总承包与专业承包建筑企业施工及竣工房屋面积

(2013年)　　单位：万平方米、千元

地区	房屋建筑施工面积	#本年新开工面积	#投标承包面积	房屋建筑竣工面积	房屋建筑竣工价值
全省	**42289.0**	**24407.6**	**31007.4**	**19786.4**	**28362354.0**
沈阳	12223.1	5235.8	8731.8	3013.2	4354353.2
大连	11206.0	5733.7	8546.0	4940.3	8186629.3
鞍山	3158.6	1794.2	2446.8	1467.2	2012549.3
抚顺	1347.3	1075.8	1284.1	1106.7	1619209.1
本溪	1070.2	832.1	776.2	737.1	1140842.5
丹东	1076.6	750.9	664.5	716.7	1061382.3
锦州	1532.5	1026.3	1214.5	1032.4	1370532.0
营口	2248.2	1570.1	1243.0	1187.3	1667222.7
阜新	1250.8	898.4	923.4	695.2	803463.7
辽阳	961.6	617.5	802.2	535.7	730900.2
盘锦	1125.7	955.6	871.6	890.1	747818.1
铁岭	1508.7	1204.1	1030.4	1203.6	1683821.3
朝阳	2154.8	1635.8	1499.4	1466.6	1799938.9
葫芦岛	1424.7	1077.4	973.6	794.3	1183691.4

15-18 各地区国有总承包与专业承包建筑企业施工及竣工房屋面积

(2013年)　　单位：万平方米、千元

地区	房屋建筑施工面积	#本年新开工面积	#投标承包面积	房屋建筑竣工面积	房屋建筑竣工价值
全省	**2262.8**	**985.7**	**1761.5**	**712.5**	**1066204.4**
沈阳	1143.5	480.7	775.7	330.5	447168.5
大连	183.5	81.8	155.9	77.0	138372.8
鞍山	549.2	229.8	489.8	117.6	187204.5
抚顺	40.0	8.8	40.0	37.4	51260
本溪	34.9	12.4	19.0		
丹东	10.5	2.6	10.5	7.9	20600
锦州	91.9	45.0	91.9	28.4	56459.4
营口	11.3	11.3	11.3		
阜新					
辽阳	100.7	46.3	100.7	21.0	30371.3
盘锦	7.9	7.9	3.9	7.9	17440.5
铁岭	4.5	4.5	4.5	4.5	5070
朝阳					
葫芦岛	84.9	54.5	58.4	80.2	112257.4

15-19 各地区集体总承包与专业承包建筑企业施工及竣工房屋面积

(2013年) 单位：万平方米、千元

地区	房屋建筑施工面积	#本年新开工面积	#投标承包面积	房屋建筑竣工面积	房屋建筑竣工价值
全省	**1786.6**	**1434.3**	**1423.8**	**1211.2**	**1546064.3**
沈阳	252.6	168.8	222.4	111.5	117858.7
大连	101.8	63.4	93.2	56.9	68422.5
鞍山	266.0	244.0	131.6	213.7	291536.3
抚顺	90.4	85.3	90.2	86.1	138693.1
本溪	24.0	23.8	20.0	17.1	29123.7
丹东	192.4	150.0	192.4	107.4	131419
锦州	76.0	67.7	52.7	53.8	55392
营口	37.2	37.2		16.1	21900
阜新	45.1	45.1	45.1	19.5	20853.7
辽阳	181.9	147.1	163.6	135.9	182834.5
盘锦	53.9	37.4	52.4	3.4	3300
铁岭	146.2	146.2	124.5	146.2	206057.8
朝阳	184.6	127.6	154.5	150.5	143145
葫芦岛	134.7	90.8	81.4	93.2	135528

15-20 各地区总承包与专业承包建筑企业年末资产负债

(2013年) 单位：千元

地区	流动资产合计	固定资产合计	固定资产原价	固定资产累计折旧	资产总计	流动负债合计	长期负债合计	负债合计	所有者权益合计
全省	**447012419**	**63787754**	**88585599**	**36301301**	**556876584**	**326639408**	**20618844**	**372444707**	**184194140**
沈阳	130807602	15074182	18530791	7066475	158151335	96299654	6017657	109817815	48325844
大连	127874952	20278578	28081077	11569255	160000490	88306886	7616020	98954605	60941753
鞍山	28821639	3929772	6119327	3045939	37615769	23769212	594633	26305100	11184740
抚顺	11680697	2228645	3817287	1786104	16659561	8881588	392011	10522575	6136986
本溪	11400107	2546199	3687464	1638831	14619986	9096553	222936	9746701	4873285
丹东	23919627	3359362	5155741	2088893	30655377	16633420	2607454	20033743	10621634
锦州	15394566	2195880	3120135	1291283	20350450	13538262	924487	15365573	4984877
营口	15991910	2795857	3907484	1355387	19685814	7812277	508104	10477122	9208692
阜新	10029438	1622384	2189361	746656	12780762	7141624	543539	8501467	4279295
辽阳	13788250	2121528	3651323	1685335	16489964	11139742	309093	11947941	4542023
盘锦	26339247	2179629	3460259	1686369	29721988	21912081	456023	23867935	5854053
铁岭	12263268	1321896	2146609	913466	15223342	9467380	27250	11259435	3963907
朝阳	7140067	2181306	2144619	630905	10003175	3616095	181984	5004483	4998692
葫芦岛	11561049	1952536	2574122	796403	14918571	9024634	217653	10640212	4278359

15-21 各地区国有总承包与专业承包建筑企业年末资产负债

(2013年)

单位：千元

地区	流动资产合计	固定资产合计	固定资产原价	固定资产累计折旧	资产总计	流动负债合计	长期负债合计	负债合计	所有者权益合计
全省	**65533671**	**9427251**	**14580304**	**6236645**	**81046097**	**58414973**	**1333240**	**63740912**	**17304822**
沈阳	11398697	3207298	3539875	690102	15762682	7281899	48293	10043027	5719655
大连	14832132	1614380	3074838	1514039	17982861	14630672	266108	15183526	2798972
鞍山	9030790	629737	1003611	434048	11149986	9064990	307782	9400099	1749887
抚顺	1317237	107316	240874	133558	1556637	1255465	6935	1400379	156258
本溪	3177245	347289	746560	415396	3560100	2886911	75732	2962643	597457
丹东	913716	177648	256468	92320	1123612	774622	2977	808323	315289
锦州	4555670	342274	668306	397210	5114980	4269039	16270	4289247	825733
营口	847578	355732	485430	190563	1288840	634955	200	708666	580174
阜新	1406034	304017	508640	210102	1845273	1363088	142781	1505869	339404
辽阳	821982	214503	482373	269707	1051176	1057480		1057480	-6304
盘锦	12413909	616222	1629773	1026052	13317925	10239525	425350	11243214	2074711
铁岭	3325123	383109	807122	447026	4610830	3970789		3970789	640041
朝阳	764226	905702	778274	277136	1705283	675947	40162	716109	989174
葫芦岛	729332	222024	358160	139386	975912	309591	650	451541	524371

15-22 各地区集体总承包与专业承包建筑企业年末资产负债

(2013年)

单位：千元

地区	流动资产合计	固定资产合计	固定资产原价	固定资产累计折旧	资产总计	流动负债合计	长期负债合计	负债合计	所有者权益合计
全省	**12719676**	**2200915**	**3523120**	**1568411**	**15985565**	**9255401**	**44545**	**10588889**	**5393609**
沈阳	3635054	458995	858447	450905	4288988	2720473	3279	2936769	1352219
大连	934939	225603	314659	139819	1209865	474705	6971	545431	664434
鞍山	2837808	514629	752175	260465	3758178	1976769	7297	2573643	1181468
抚顺	594629	121844	256017	135735	728473	450569	7206	457778	270695
本溪	498292	35938	76759	46799	631932	436041	20	457789	174143
丹东	394936	191300	235289	44055	650137	334783	6	346696	303441
锦州	855194	119612	176716	57104	996205	739721	7951	782775	213430
营口	351770	34095	46169	12074	388188	72517		173800	214388
阜新	85976	45600	12900	5448	131576	53025		53025	78551
辽阳	760869	174466	428397	276467	980482	544376		593818	386664
盘锦	832235	34952	48270	18980	890203	800306		801242	88961
铁岭	205927	44745	79612	39685	298916	40550	415	196477	102439
朝阳	97374	47745	29217	10721	148511	27793		56657	91854
葫芦岛	634673	151391	208493	70154	883911	583773	11400	612989	270922

15-23 各地区总承包与专业承包建筑企业损益及分配

(2013年)　　单位：千元

地　区	主营业务收入	主营业务成本	主营业务税金及附加	其他业务利润	管理费用	营业利润	利润总额	应收工程款	亏损企业个数(个)
全　省	**779474423**	**661873817**	**26496859**	**494179**	**30512850**	**32005641**	**31570347**	**129349877**	**902**
沈　阳	179304105	155226117	5568202	122956	7654335	5211029	5156197	40985711	322
大　连	217861271	182128674	7354717	157273	7253769	12080278	12024030	37383010	205
鞍　山	52227497	43106356	1911668	27754	2275352	1802167	1863069	9093779	49
抚　顺	39751962	35078134	1414955	21145	1375516	1669748	1631766	4391684	31
本　溪	32464283	24604909	1528847	21909	1691812	1567405	1299231	3879289	21
丹　东	32011513	26934328	1102897	40027	1202070	1701869	1708899	4228522	28
锦　州	29374090	26539689	890931	2009	927607	555003	565513	5226532	43
营　口	34429648	28579142	1271054	4649	1038623	3106630	3083109	4565956	13
阜　新	20199481	17310668	726779	12187	884421	640274	615026	2351958	27
辽　阳	25779539	22554029	889620	24671	1273980	415878	445783	4059899	42
盘　锦	24037361	21196028	776743	17025	1043547	651744	575656	5417123	34
铁　岭	27036798	22735366	888060	40714	1284784	775827	775022	3138600	14
朝　阳	35544968	30630107	1306209	1384	1514888	1170935	1167416	1905509	16
葫芦岛	29451907	25250270	866177	476	1092146	656854	659630	2722305	57

15-24 各地区国有总承包与专业承包建筑企业损益及分配

(2013年)　　单位：千元

地　区	主营业务收入	主营业务成本	主营业务税金及附加	其他业务利润	管理费用	营业利润	利润总额	应收工程款	亏损企业个数(个)
全　省	**79695360**	**69731675**	**2409619**	**55435**	**3782659**	**1601827**	**1613171**	**18472304**	**37**
沈　阳	17604030	14978261	545849	16849	691343	208232	217134	3386697	16
大　连	20905001	18978471	591144	8109	812238	374388	358467	3895962	6
鞍　山	8035470	6993169	245524	681	307498	232311	243269	3890500	2
抚　顺	1797800	1581603	76514	2110	61806	77517	69831	740976	1
本　溪	2497292	2083692	49417	887	260118	104152	104223	1963871	
丹　东	1603067	1454245	41813	565	64652	35940	36307	373303	2
锦　州	5178741	4873242	154966	1605	149279	-32702	-32894	1525902	3
营　口	2088109	1632984	85124		108428	255267	255088	244934	1
阜　新	1933459	1660945	94995	-62	99961	40307	40434	198602	1
辽　阳	1856385	1693671	102941	2554	100258	-55062	-42889	487255	1
盘　锦	6063823	5346004	141231	7531	361768	124844	133737	632996	1
铁　岭	4925531	3822544	115275	14606	535501	114597	113634	626702	
朝　阳	2229601	1877019	77607		111104	119183	114051	182440	
葫芦岛	2977051	2755825	87219		118705	2853	2779	322164	3

15-25 各地区集体总承包与专业承包建筑企业损益及分配

(2013年)

单位：千元

地　区	主营业务收　入	主营业务成　本	主营业务税金及附加	其他业务利　润	管理费用	营业利润	利润总额	应收工程款	亏损企业个　数（个）
全　省	**31646181**	**27552845**	**1156148**	**20156**	**1604524**	**702385**	**691661**	**3295653**	**60**
沈　阳	5693683	4465992	182213	3087	641564	112114	130621	548601	8
大　连	2746935	2270846	95760	198	95685	129321	128454	418369	3
鞍　山	5087530	4663102	166036	6104	159544	88209	89764	867029	10
抚　顺	3236746	2807590	119373	7661	185135	149468	123321	148735	9
本　溪	855310	652112	47814	1767	78776	66752	65991	267112	6
丹　东	2210554	1883823	97184	211	37612	44041	44011	126157	4
锦　州	1026994	940339	36309	357	47262	3003	2757	345139	6
营　口	418401	324397	22159		14102	53161	53142	25360	
阜　新	341297	319335	11105		10114	361	361	45607	2
辽　阳	2198269	2025312	100289	50	59644	13696	11435	169837	6
盘　锦	708068	596667	41631	390	48726	1433	2614	13969	2
铁　岭	2353187	2192147	78226		41859	35635	34051	112015	
朝　阳	1929766	1788778	62772		66374	9476	9474	4462	1
葫芦岛	2839441	2622405	95277	331	118127	-4285	-4335	203261	3

主要统计指标解释

建筑业统计单位 指从事房屋、构筑物建造和设备安装活动的生产单位，根据不同的组织方式，建筑业统计的调查单位分为法人建筑业企业和附营建筑施工单位。法人建筑业企业是指专门组织的独立核算的法人建筑业企业，它应同时具备的条件是：①依法成立，有自己的名称、组织机构和场所，能够承担民事责任；②独立拥有和使用资产，承担负债，有权与其他单位签订合同；③独立核算盈亏，能够编制资产负债表。另一种调查单位是其他行业的企业、事业单位为完成本单位固定资产建造任务而自行组织的附营建筑施工单位，它应同时具备的条件是：①具有一个场所，从事或主要从事建筑安装活动；②单独组织生产经营活动；③在企业内部单独核算收支。

建筑业总产值(即自行完成施工产值) 指建筑业企业或附属施工单位自行完成的按工程进度计算的建筑安装生产总值。施工产值包括：

①建筑工程产值：指列入建筑工程预算内的各种工程价值。

②设备安装工程产值：指设备安装工程价值。

③房屋、构筑物修理产值：指房屋、构筑物修理所完成的价值，但不包括被修理房屋、构筑物本身的价值和生产设备的修理价值。

④非标准设备制造产值：指加工制造没有定型的、非标准的生产设备的加工费和原材料价值，不论是现场还是附属加工厂为本单位承建工程制造的非标准设备的价值，都应计算产值。

竣工产值 指在报告期内，按照设计所规定的工程内容全部完成，达到了设计规定的交工条件，经有关部门检查验收鉴定合格的单位工程价值之和。

房屋建筑施工面积 指在报告期内施工的全部房屋建筑面积。包括本期内新开工的、上期施工跨入本期继续施工、上期停建本期复工的房屋建筑面积；不包括上期开工后又停工，本期未施工的房屋建筑面积。

房屋建筑竣工面积 指在报告期内，按照设计所规定的工程内容全部完成，达到了设计规定的交工条件，经有关部门检查验收鉴定合格的房屋建筑面积。

住宅竣工面积 指房屋建筑竣工面积中供居住用的房屋建筑竣工面积。

自有机械设备年末总台数 指归本企业(或单位)所有，属于本企业固定资产的生产性机械设备年末总台数。包括施工机械、生产设备、运输设备以及其他设备。

自有机械设备年末总功率 指本企业(或单位)自有施工机械、生产设备、运输设备以及其他设备等列为在册固定资产的生产性机械设备年末总功率，按设定能力或查定能力计算。包括机械本身的动力和为该机械服务的单独动力设备，如电动机等。计量单位用千瓦，动力换算可按 1 马力=0.735 千瓦折合成千瓦数。电焊机、变压器、锅炉不计算动力。

工程结算收入 指企业(或单位)按工程的分部分项自行完成的建筑产品价值并已与甲方在报告期内办理结算手续的工程价款收入，以及向甲方收取的除工程价款以外的按规定列作营业收入的各种款项，如临时设施费、劳动保险费、施工机械调迁费等以及向甲方收取的各种索赔款。

工程结算利润 指已结算工程实现的利润。如为亏损以“-”号表示。其计算公式为： 工程结算利润=工程结算收入-工程结算成本-工程结算税金及附加

企业总收入 指与企业生产经营直接有关的各项收入，包括工程结算收入和其他业务收入，即：

企业总收入=工程结算收入+其他业务收入

主要统计指标解释

十六、运输和邮电

Chapter 16 Transport, Post and Telecommunication Services

16-1 交通运输业基本情况

指　　标	2005年	2006年	2008年	2009年	2010年	2011年	2012年	2013年
运输线路长度(公里)								
铁路营业里程	3922	3927	3928	3962	3988	4035	4757	4875
公路	53521	97191	101144	101117	101545	104026	104679	110072
内河	813	813	813	813	813	813	813	813
民航	329166	376435	200359	243991	242959	255196	244980	294175
#国际航线	69703	63516	32901	43718	45094	51294	34188	39564
管道	1195	1195	1195	1195	1195	1195	1195	1195
客运量总计(万人)	60599	64543	90729	96172	102241	99328	104113	92629
铁路	9503	9883	11958	13336	13298	12016	12018	13012
公路	49917	53317	77510	81585	87699	86013	90650	78168
水运	650	714	597	543	490	549	588	534
民用航空	529	629	664	708	754	750	857	915
货运量总计(万吨)	97748	109140	126939	139541	163303	190329	212957	212306
铁路	14271	15750	17400	18262	18622	18716	17388	17817
公路	74799	82142	92938	105088	127361	151773	174355	172923
水运	5730	7518	9267	9651	10434	11632	12631	13379
民用航空	9	11	10	10	10	9	10	10
管道	2939	3719	7323	6531	6876	8199	8573	8177
民用汽车拥有量(万辆)	153.8	187.1	242.0	300.1	347.9	402.2	449.6	482.8
载客汽车辆数(万辆)	89.6	107.3	144.9	182.4	225.7	276.2	328.6	379.9
载货汽车辆数(万辆)	42.4	47.3	44.0	56.8	67.4	76.9	82.2	73.5
私人汽车拥有量(万辆)	71.8	98.2	155.8	200.7	242.3	288.9	334	377.8
民用运输船舶拥有量(艘)								
#机 动 船	735	771	862	736	553	546	557	524
驳船	25	27	23	20	11	10	17	10
私人运输船舶拥有量(艘)								
#机 动 船	293	282	304	292				
沿海主要港口货物吞吐量(万吨)	30208	35666	48768	55513	67952	78374	88502	98354

16-2 运输线路长度

单位：公里

年 份	铁路营业里程	#辽宁省	公路通车里程	#有铺装路面简易铺装路面	#高速公路	内河航道里程	民航通航里程	#国内航线	输油里程	#辽宁省
1990	8798	3702	40109	10172	375	508	99545	89199	2238	1419
1991	8993	3758	40195	11471	375	508	136027	129195	2238	1419
1992	8993	3758	41548	13644	391	508	204870	200822	2238	1419
1993	8993	3758	41638	15382	406	508	271841	258947	2238	1419
1994	8807	3758	42763	17155	420	508	305884	242445	2238	1419
1995	8811	3568	43434	18590	509	508	277945	259264	2238	1419
1996	8811	3568	43753	19365	509	508	321207	246776	2235	1415
1997	8813	3569	44041	20171	509	508	179369	166238	2235	1415
1998	8796	3558	44483	21419	707	508	124089	110587	2235	1415
1999	8798	3558	45020	23023	877	813	192148	170339	2237	1195
2000	8800	3556	45547	24264	1068	813	219198	201702	2237	1195
2001	8792	3548	46603	25664	1068	813	192148	170339	2237	1195
2002	8809	3565	48051	27557	1637	813	239243	211331	2237	1195
2003	8887	3939	50095	30600	1637	813	238429	191061	2237	1195
2004	9299	3939	52415	34838	1637	813	335729	276409	2237	1195
2005	9282	3922	53521	37930	1773	813	329166	255545	2237	1195
2006	9309	3927	97191	43333	1849	813	376435	312239	2237	1195
2007	9321	3934	98101	46738	1975	813	248179	204584	2237	1195
2008	9431	3928	101144	52762	2747	813	200359	167458	2237	1195
2009	9437	3962	101117	62497	2833	813	243991	200273	2237	1195
2010	9460	3988	101545	63324	3056	813	242959	197865	2237	1195
2011	9843	4035	104026	65636	3300	813	255196	199802	2237	1195
2012	10948	4757	104679	68762	3912	813	244980	210792	2337	1195
2013	11579.974	4875	110072	71425	4023	813	294175	254611	2337	1195

16-3 旅客运输量

单位：万人

年　份	总计	铁路	公路	水运	民航
1990	44547	15823	28367	302	55
1991	46643	14733	31480	355	75
1992	50908	15083	35263	465	97
1993	49756	15072	34050	521	113
1994	50223	15366	34223	502	132
1995	52228	13928	37591	533	176
1996	55828	11884	43193	553	198
1997	53430	10403	42276	540	211
1998	51140	9960	40468	474	238
1999	49239	9937	38382	595	325
2000	51555	10174	40385	616	380
2001	52259	10038	41207	602	412
2002	54339	9701	43554	626	458
2003	50813	8706	41076	542	489
2004	58099	9591	47370	637	501
2005	60599	9503	49917	650	529
2006	64543	9883	53317	714	629
2007	71322	10417	59562	651	692
2008	90729	11958	77510	597	664
2009	96172	13336	81585	543	708
2010	102241	13298	87699	490	754
2011	99328	12016	86013	549	750
2012	104113	12018	90650	588	857
2013	92629	13012	78168	534	915

16-4 旅客周转量

单位：亿人公里

年 份	总计	铁路	公路	水运	民航
1990	369.3	254.9	97.4	5.9	11.1
1991	392.8	259.1	111.5	6.9	15.3
1992	503.7	285.2	125.9	8.7	19.6
1993	465.9	306.0	121.3	8.7	29.9
1994	471.4	312.8	120.4	7.7	30.5
1995	451.5	292.5	109.9	8.6	40.5
1996	457.0	261.2	149.5	9.4	36.9
1997	460.9	271.5	145.5	9.2	34.7
1998	476.3	276.7	159.1	7.3	33.2
1999	496.4	291.9	149.6	11.9	43.0
2000	534.4	314.1	159.9	10.7	49.7
2001	562.4	326.5	167.1	8.4	60.4
2002	585.5	340.1	173.8	8.6	63.0
2003	545.3	306.9	164.1	7.2	67.0
2004	662.2	370.4	194.9	8.4	88.5
2005	673.1	381.4	210.1	8.4	73.2
2006	747.2	412.6	236.6	9.2	88.8
2007	806.1	436.6	263.5	8.4	97.6
2008	892.6	465.9	323.0	7.8	95.9
2009	940.0	483.5	350.1	7.0	99.4
2010	1014.0	510.1	388.8	6.4	108.7
2011	1065.4	549.0	399.7	7.0	109.7
2012	1099.4	542.2	427.2	7.5	122.5
2013	1072.9	571.7	362.4	6.5	132.2

注：1.铁路1978以前为沈阳、锦州两路局合计数，1979年以后扣除长春分局数，1983年以后为辽宁境内数，1988年以后还包括地方铁路。
2.公路、水运口径同客运量。

16-5 货物运输量

单位：万吨

年 份	总计	铁路	公路	水运	民航	管道
1990	76326.3	14306	56105	1521	1.3	4393
1991	79057.3	14624	58197	1861	2.3	4373
1992	81084.0	14852	59739	2145	2.0	4346
1993	91578.0	14953	69964	2325	2.0	4334
1994	89876.0	14096	68953	2396	3.0	4428
1995	88464.9	13073	68524	2649	3.2	4216
1996	84823.0	13053	65174	2472	4.0	4120
1997	99588.0	12972	80471	2145	5.0	3995
1998	83478.0	12100	65481	1977	5.4	3915
1999	84625.0	12162	66253	2542	7.4	3660
2000	83603.9	12523	64515	3091	8.9	3466
2001	82295.0	12990	63281	2726	6.8	3292
2002	83573.1	13126	64101	3071	8.1	3264
2003	85825.6	13135	65981	3649	9.0	3052
2004	91401.6	13844	70164	4447	8.6	2938
2005	97748.4	14271	74799	5730	9.4	2939
2006	109140.0	15750	82142	7518	11.0	3719
2007	120615.2	16552	90387	8778	11.2	4887
2008	126938.7	17400	92938	9267	10.4	7323
2009	139541.3	18262	105088	9651	9.5	6531
2010	163303.2	18622	127361	10434	10.2	6876
2011	190329.0	18716	151773	11632	8.9	8199
2012	212956.6	17388	174355	12631	9.6	8573
2013	212305.6	17817	172923	13379	9.6	8177

16-6 货物周转量

单位：亿吨公里

年 份	总计	铁路	公路	水运	民航	管道
1990	1062.5	943.3	150.8	289.3	0.2	218.9
1991	1791.1	980.1	174.2	419.6	0.3	216.9
1992	1947.6	1023.2	207.6	501.3	0.4	215.1
1993	2078.8	1044.1	227.8	593.7	0.6	212.7
1994	2085.8	1038.2	221.3	605.8	0.6	219.9
1995	2090.2	1011.4	198.5	671.1	0.7	208.5
1996	1929.0	1003.6	245.1	479.4	0.9	200.0
1997	1846.7	1047.8	297.6	316.1	0.7	191.5
1998	1568.3	900.7	206.5	314.7	0.9	145.5
1999	1794.3	926.2	207.7	531.2	1.2	127.9
2000	1809.2	962.4	209.4	572.4	1.1	63.9
2001	1861.8	976.7	215.8	607.9	1.1	60.3
2002	1914.3	970.6	221.8	661.0	1.4	59.6
2003	2426.5	1012.8	226.5	1130.6	1.6	55.0
2004	2995.6	1154.2	327.0	1461.1	1.7	51.6
2005	3400.6	1194.8	415.6	1738.2	1.6	50.5
2006	4090.9	1206.0	474.7	2361.6	1.8	46.7
2007	5865.1	1293.3	568.1	3956.6	1.8	45.2
2008	7076.8	1342.5	1354.2	4333.0	1.8	45.3
2009	7793.8	1302.1	1550.5	4896.8	1.6	42.8
2010	9071.2	1398.3	1930.3	5695.7	1.7	45.2
2011	10464.3	1540.7	2328.5	6529.4	1.5	64.2
2012	11616.2	1399.6	2675.4	7483.3	1.6	56.3
2013	12014.7	1332.5	2792.0	7837.2	1.6	51.4

16-7 铁路机车车辆年末实有数

指 标	单位	2005年	2006年	2008年	2009年	2010年	2011年	2012年	2013年
中央铁路									
机车台数总计	台	1600	1543	1560	1232	1705	2111	2041	2011
内燃机车	台	1372	1321	1282	891	1282	1444	1453	1415
客车辆数总计	辆	3969	4017	4286	4579	4608	4751	5094	5100
软座车	辆	75	85	277	331	333	407	646	707
硬座车	辆	1969	1965	1464	1562	1887	1854	1849	1650
软卧车	辆	258	263	237	275	348	354	374	379
硬卧车	辆	1334	1369	1907	1998	1714	1793	1872	1831
餐车	辆	205	205	209	214	212	221	220	210
辽宁省境内各分局									
机车台数总计	台	889	964	967	883	990	1205	1146	1111
内燃机车	台	661	742	689	542	567	538	558	515
客车辆数总计	辆	2058	2208	2269	2897	3006	3013	3226	3475
软座车	辆	54	61	127	198	303	65	615	690
硬座车	辆	1002	1042	776	978	1208	1180	1158	1105
软卧车	辆	112	127	210	242	209	531	238	248
硬卧车	辆	708	783	946	1233	1090	1036	1016	1093
餐车	辆	121	115	101	121	128	125	119	126

16-8 辽宁省辖区铁路主要站旅客发送量

单位：万人

车站名称	2005年	2006年	2008年	2009年	2010年	2011年	2012年	2013年
总　计	**9503.4**	**9883.0**	**111958.0**	**13336.0**	**13298.0**	**12016.4**	**12017.5**	**13011.6**
开原	100.6	113.5	153.6	173.7	157.3	143.3	140.1	127.7
铁岭	178.8	189.2	230.4	288.2	297.3	233.2	200.0	187.7
沈阳	1121.4	1272.0	1472.9	1509.3	1433.3	1500.5	1618.8	1808.2
苏家屯	138.0	130.8	144.8	147.4	142.5	92.2	94.8	98.6
辽阳	217.4	217.9	257.3	280.1	284.0	199.4	218.7	311.1
黑山	2.2	2.3	0.4	0.7	0.3	0.2	--	--
鞍山	306.9	291.5	418.6	477.3	484.5	462.0	441.1	392.6
海城	145.6	151.7	200.8	220.6	236.9	229.1	216.4	203
大石桥	114.0	122.7	159.4	160.6	168.9	179.1	175.0	152.1
瓦房店	156.9	177.0	223.0	230.1	233.5	279.6	272.6	240.5
金州	137.3	144.8	179.2	200.7	247.9	209.0	224.5	199.5
南关岭	2.6	1.7	2.7	1.8	1.9	1.7	1.7	1.3
周水子	29.5	24.3	33.1	28.6	58.8	64.6	127.7	108.7
大连	897.5	948.5	1207.6	1261.9	1247.9	1350.9	1219.7	1103.9
皇姑屯	9.9	8.5	10.1	54.1	103.0	68.7	2.8	--
大成	5.5	3.7	5.7	3.7	12.2	4.8	0.8	0.7
抚顺北	96.3	102.1	59.1	86.2	84.0	87.1	107.7	112.9
大官屯	5.1	3.8	2.2	6.8	0.9	1.5	2.0	1.7
沈阳东	1.5	0.7	1.6	1.7	0.9	1.4	1.0	0.7
沈阳北	1217.6	1377.8	1680.7	1882.7	1894.3	1709.8	1541.1	1820
营口	35.1	37.3	52.6	66.2	65.5	64.8	66.6	38.4
旅顺	3.2	2.6	5.3	7.7	3.8	3.2	3.3	1.8
丹东	168.0	189.0	216.6	248.3	262.0	254.3	239.2	227.6
凤凰城	93.6	106.7	115.4	105.4	104.2	111.9	116.1	112.6
本溪	706.7	775.0	1050.0	1232.4	1179.4	850.4	920.3	901.4
本溪湖	34.8	32.5	20.7	13.9	6.8	--	--	--
安平	10.0	11.8	9.8	13.3	157.0	17.0	17.2	15.4
沈阳西	3.6	3.2	1.8	1.3	1.0	0.6	0.2	0.2
锦州	406.4	406.6	465.3	482.2	464.6	475.6	466.4	499.3
葫芦岛	109.6	118.8	169.0	184.4	176.8	173.1	175.1	183.5
大虎山	53.4	58.5	79.4	85.7	85.8	90.9	87.8	94.8
渤海	1.8	0.4	0.8	1.7	0.5	0.4	0.3	0.1
盘锦	40.6	49.9	80.9	87.9	84.4	84.8	90.9	112.4
朝阳	75.3	79.9	89.9	91.9	86.9	84.3	83.7	82.7
阜新	114.7	127.5	133.3	142.9	140.6	139.2	145.3	161.4

16-9 辽宁省辖区铁路主要站货物发送量

单位：万吨

车站名称	2005年	2006年	2008年	2009年	2010年	2011年	2012年	2013年
总　计	**14270.9**	**15750.0**	**17400.0**	**18262.0**	**18622.0**	**18716.2**	**17387.5**	**17817.1**
开原	69.3	53.0	66.9	54.3	33.1	73.0	23.4	34.3
铁岭	49.2	37.0	37.0	88.4	132.2	16.9	11.5	14.1
沈阳	53.1	42.8	31.7	1.5	0.1			--
苏家屯	46.4	37.4	44.9	62.2	135.2	52.6	36.3	26.2
辽阳	30.6	17.6	27.8	48.5	28.5	68.6	37.2	24.5
黑山	8.9	9.0	6.8	5.5	4.0	0.2	--	1.8
鞍山	9.2	7.3	7.0	1.5	--	--	--	--
海城	72.4	79.5	80.7	89.7	62.2	62.9	61.6	43.4
大石桥	136.0	121.0	151.7	121.2	409.4	112.8	106.5	83.4
瓦房店	3.1	2.3	1.8	2.4	1.2	2.5	0.8	0.9
金州	35.7	50.7	63.2	63.8	47.6	34.3	22.0	25.6
南关岭	24.2	18.8	25.3	22.8	14.4	21.8	16.2	9.2
周水子	17.2	18.5	3.1	2.5	2.1	2.1	1.3	0.4
大成	105.7	103.2	202.8	113.3	101.4	68.5	44.2	32.3
抚顺北	6.7	11.2	23.2	2.4	10.3	6.7	3.1	2.9
大官屯	754.9	629.0	588.0	629.9	571.4	512.8	470.1	581.6
沈阳东	59.6	73.4	62.7	73.4	81.6	82.2	67.9	68.9
营口	78.5	67.2	118.2	125.1	101.3	90.1	67.1	67.7
甘井子	332.6	316.1	269.5	272.2	403.9	380.5	292.7	215.4
旅顺	4.8	3.7	2.9	2.9	2.3	2.1	2.0	1.6
丹东	194.2	250.2	241.5	379.1	303.9	275.4	317.8	446.3
凤凰城	15.5	9.3	7.9	4.5	5.2	7.2	5.8	5.2
本溪	589.4	736.1	1188.1	984.6	1075.7	1078.0	1030.3	1083.9
本溪湖	168.9	173.0	142.9	167.0	143.6	114.0	138.1	130.7
安平	269.2	346.8	370.7	455.1	342.4	394.1	463.5	431.8
沈阳西	15.5	9.7	--	--	--	--	--	--
锦州	300.9	323.9	336.7	294.2	303.3	334.8	338.4	342.6
葫芦岛	290.7	271.3	247.4	214.2	252.5	273.8	242.9	157.1
大虎山	11.9	8.7	11.4	5.6	1.8	0.0	0.2	0.6
渤海	174.3	153.1	160.3	124.5	110.3	118.9	152.4	186.1
盘锦	46.3	52.5	53.3	53.4	150.5	177.7	175.7	227.6
朝阳	45.3	43.9	30.9	32.1	32.3	36.9	30.7	23.6
阜新	577.8	673.6	741.1	772.1	818.7	782.2	638.7	683.6

16-10 民用车辆拥有量

(2013年末)

单位：辆

指　标	总计	总计中:			总计中:			报废
		营运	非营运	校车	进口	个人	新注册	
合　计	**6954400**	**890107**	**5905026**	**4778**	**293791**	**5610754**	**722824**	**178071**
一、汽车	4827736	782057	4040901	4778	293300	3778228	639338	119184
1.载客汽车	3799227	151269	3643180	4778	290759	3189570	548340	42964
#大型	61864	39263	18469	4132	896	5230	8661	5751
中型	55974	5200	50188	586	1176	22268	2364	13290
小型	3596043	106678	3489306	59	287579	3085411	533848	20696
微型	85346	128	85217	1	1108	76661	3467	3227
#轿车	2441553	95329	2346224		122698	2134849	342335	11470
2.载货汽车	735137	498515	236622		1272	361587	83032	53382
#重 型	201173	175174	25999		367	45458	22832	14951
中 型	49227	40384	8843		36	23293	4286	7030
轻 型	482616	281705	200911		867	291296	55906	30741
微 型	2121	1252	869		2	1540	8	660
#普通载货	359105	215118	143987		769	219113	36004	26446
3.其它汽车	293372	132273	161099		1269	227071	7966	22838
二、电车	146	133	13					
无轨	61	61						
有轨	85	72	13					
三、摩 托 车	1560700	38724	1521976		300	1557180	64454	55559
普通	1547241	38650	1508591		279	1544001	64207	53182
轻便	13459	74	13385		21	13179	247	2377
四、拖拉机	488816		334327		9	266035	10466	393
五、挂车	70521	67907	2614		81	6792	8086	2265
六、其它类型车	6481	1286	5195		101	2519	480	670

16-11 公路线路年底到达数

(2013年) 单位：公里

指 标	公路里程总计	等级公路					
		合计	专用公路		一般公路		
			高速	一级	二级	三级	四级
本年年底到达数	**110072.1**	**95081.1**	**4023.5**	**2882.0**	**17342.2**	**32076.5**	**38757.0**
1.干 线 公 路	15651.3	15651.3	4023.5	1968.7	9324.6	334.5	
国 道	6672.6	6672.6	3263.3	777.9	2578.2	53.1	
省 道	8978.7	8978.7	760.2	1190.8	6746.4	281.4	
2.县 道	12566.9	12566.9		868.1	7108.5	4462.0	128.3
3.乡 道	31295.1	31295.1		21.9	702.1	23624.8	6946.3
4.专 用 公 路	907.6	887.5		10.8	71.4	367.6	437.7

16-12 船舶拥有量

指 标	单位	2005年	2006年	2008年	2009年	2010年	2011年	2012年	2013年
民用船舶拥有量									
水 运 船 舶	艘	735	798	862	736	553	564	574	534
净 载 重 吨	吨	2981843	4027037	5096348	6222736	7202719	7655909	8113429	8095948
#拖 轮	艘	18	17	12	11	4	5	11	8
驳 船	艘	25	27	23	20	11	10	17	10
净 载 重 吨	吨	12710	21139	38651	48214	40011	32719	31006	31108

16-13 全社会水运客货运输量

年 份	货运量（万吨）	#交通部门	货运周转量（万吨公里）	#交通部门	客运量（万人）	#交通部门	旅客周转量（万人公里）	#交通部门
1990	1521	1433	2892885	2891254	302	290	59396	58990
1991	1861	1787	4196000	4194000	355	342	59296	58990
1992	2145	1894	5013673	4829714	465	418	86880	83157
1993	2325	1843	5936798	5072678	521	396	86605	78167
1994	2426	1969	6152164	5314440	501	379	78201	70172
1995	2649	2262	6711204	5823222	533	400	86146	75792
1996	2472	2136	4794110	3721911	553	415	94208	80454
1997	2145	1916	3161179	2360667	540	404	91795	76555
1998	1977	1679	3147000	2231000	474	340	73000	59000
1999	2542	2270	4528000	3465000	595	425	119000	98000
2000	3091	2733	5724000	4723000	616	421	107000	87469
2001	2726	2019	6079116	4576611	602	381	84299	59082
2002	3071	2567	6609993	4908246	626	356	86095	59785
2003	3649	2942	11305708	9875729	542	307	71790	51295
2004	4447		14611161		637		84187	
2005	5730		17381637		650		83902	
2006	7518		23616152		714		91583	
2007	8778		39565875		651		84116	
2008	9267		43330070		597		77776	
2009	9651		48968411		543		70385	
2010	10434		56957104		490		63899	
2011	11632		65293536		549		70435	
2012	12631		74833231		588		75042	
2013	13379		78371594		534		65178	

16-14 沿海港口码头长度和泊位数

港　名	2005年	2006年	2008年	2009年	2010年	2011年	2012年	2013年
港口码头长度(米)	**38699**	**49037**	**58715**	**55427**	**63654**	**67353**	**73168**	**70622**
#大连港	26119	31112	37045	33318	37563	37855	40749	38149
营口港	5994	8896	11307	11520	13533	15465	16898	16363
丹东港	2605	3610	3352	3677	4814	5326	6407	6407
锦州港	2058	3542	4853	4698	5530	5530	5530	6119
港口码头泊位(个)	**288**	**310**	**351**	**320**	**371**	**384**	**399**	**388**
#大连港	192	191	223	196	225	223	231	217
营口港	47	57	59	55	68	76	82	76
丹东港	26	31	26	27	33	40	38	45
锦州港	9	15	19	18	21	21	21	23

注：1.码头泊位包括浮筒泊位。
2.05年均为生产用码头长度和泊位。

16-15 沿海港口吞吐量

指　标	2005年	2006年	2008年	2009年	2010年	2011年	2012年	2013年
货物吞吐量(万吨)	**30208**	**35666**	**48768**	**55513**	**67952**	**78374**	**88502**	**98354**
#大连港	17085	20046	24588	27207	31399	33691	37426	40746
营口港	7537	9477	15085	17603	22579	26085	30107	32013
进　港	13106	16106	22434	26842	32998	37140	44631	50339
#外　贸	5447	5445	7470	10391	16845	17369	12168	14046
内　贸	7659	10661	14964	16451	16153	19771	32463	36294
出　港	17102	19560	26334	28671	34954	41235	43871	48014
#外　贸	4195	4540	4588	3806	4748	5324	5433	5736
内　贸	12907	15020	21746	24865	30205	35911	38438	42279
旅客进出港量(万人)	**659**	**664**	**648.8**	**669.5**	**630.7**	**703.5**	**662.2**	**631.3**
进　港	329	329	328.5	338.8	320.4	354.0	332.5	311.6
出　港	330	335	320.3	330.7	310.3	349.5	329.7	319.7

16-16 民用航空运输量

指　　标	单位	2005年	2006年	2008年	2009年	2010年	2011年	2012年	2013年
(一)客运量	**万人**	**531.9**	**628.9**	**664.1**	**707.9**	**753.7**	**750.5**	**857.3**	**915.1**
国际航线	万人	71.9	76.0	87.1	79.9	98.5	90.6	96.1	97.8
国内航线	万人	457.1	552.9	573.3	628.0	655.3	658.4	761.2	818.5
其中：地区航线	万人	2.9	3.4	3.8	4.7	7.3	8.7	9.6	9.5
(二)旅客周转量	**万人公里**	**732629.0**	**866387.2**	**959480.2**	**993579.6**	**1086836.0**	**1096744.2**	**1222682.4**	**1322338.5**
国际航线	万人公里	96213.4	99478.9	128426.9	110980.8	132347.0	125136.7	126835.0	124194.3
国内航线	万人公里	635654.9	766908.3	820718.3	882598.8	954490.0	968947.7	1095847.4	1198144.2
其中：地区航线	万人公里	7991.0	9468.0	10649.0	12022.3	17751.0	19819.7	21176.2	21126.3
(三)货(邮)运量	**吨**	**94355.0**	**106806.0**	**104328.1**	**94938.2**	**102411.0**	**88692.6**	**95692.6**	**96032.6**
国际航线	吨	17888.3	17635.0	14101.7	9412.5	8976.0	8914.6	8935.5	8731.9
国内航线	吨	76406.1	89191.0	89909.4	85525.7	93436.0	79745.7	86757.1	87300.7
其中：地区航线	吨	365.1	400.0	317.5	312.0	438.0	485.3	337.6	409.7
(四)货邮周转量	**万吨公里**	**15769.2**	**17990.2**	**17622.5**	**16081.9**	**17059.0**	**15223.6**	**15998.3**	**16034.7**
国际航线	万吨公里	2117.6	2148.3	2014.9	1288.3	1355.0	1114.8	1138.0	1083.9
国内航线	万吨公里	13651.6	15841.9	15520.1	14793.6	15704.0	14103.3	14860.3	14950.8
其中：地区航线	万吨公里	98.7	108.7	87.6	86.0	118.0	128.5	87.7	102.9
(五)总周转量	**万吨公里**	**81122.0**	**95289.9**	**103181.2**	**104626.0**	**108442.0**	**112727.9**	**124473.0**	**124688.5**
国际航线	万吨公里	10693.6	11009.7	13460.4	11347.3	12723.0	12221.9	12918.8	11602.1
国内航线	万吨公里	80028.4	84280.2	88712.8	93278.7	95719.0	100264.3	111554.2	244318.3
其中：地区航线	万吨公里	811.7	949.6	1035.5	990.6	1249.0	1885.7	1955.0	1866.0

注:此表数为北方航空公司提供。

16-17 邮电业务基本情况

指　　标	单位	2005年	2006年	2008年	2009年	2010年	2011年	2012年	2013年
邮电业务总量	**亿元**	**450.7**	**564.9**	**819.7**	**948.5**	**1159.9**	**472.2**	**514.1**	**579.6**
邮政业务总量	亿元	23.6	27.7	33.2	39.6	37.2	38.2	42.9	50.2
电信业务总量	亿元	427.1	537.2	786.5	908.9	1122.7	434.0	471.2	529.5
函　件	亿件	1.3	1.0	0.8	0.8	0.8	0.9	0.7	0.7
包　件	万件	309.2	297.1	243.6	223.6	223.6	219.1	243.3	243.9
快　递	万件	804.4	911.6	1146.6	1319.6	1400.1	6211.5	7757.4	11411.1
报刊期发数	万份	338.9	379.7	375.1	356.1	383.7	554.6	404.0	365.9
固定电话年末用户	万户	1407.8	1418.7	1604.3	1529.1	1428.0	1353.3	1285.1	1222.4
城市电话用户	万户	979.6	970.0	1142.1	1075.7	985.8	922.7	861.3	800.1
农村电话用户	万户	428.3	448.8	462.2	453.4	442.2	430.6	423.8	422.3
年末移动电话用户	万户	1394.9	1677.8	2421.5	2882.1	3341.8	3844.5	4291.3	4583.6
年末国际互联网用户	万户	331.8	327.1	455.6	535.4	595.6	665.1	707.9	726.9
邮电局、所	处	1685	1645	1572	1560	1564	1554	1552	1548
邮路总长度	万公里	29.0	27.2	30.6	32.6	19.8	13.6	5.0	5.0
汽车邮路	公里	34187.0	33136.0	52072.8	55638.4	48162.0	57748.0	41729.0	42056.0
铁路邮路	公里	4158.0	4158.0	4021.0	7296.0	7016.0	7774.0	7774.0	7374.0

注：1.邮电业务总量2010年前数据按2000年不变价计算，2011年后按2010年不变价计算。
　　2.特快专递数据2010年前取至省邮政公司，2011年后取至省邮政管理局。2010年前的汽车邮路和铁路邮路为单程。

16-18 邮电业务量

年 份	邮电业务总量(万元)	邮政业务总量	电信业务总量	函件(万件)	报刊期发数(万份)	特快专递(万件)	集邮业务(万枚)	移动电话用户(万户)	互联网用户(万户)	固定电话年末用户(万户)	城市电话用户	农村电话用户
1980	10576			14908	953					15.4	10.3	5.1
1985	17303			21002	1791					22.4	16.5	5.9
1986	18962			22048	1610	3				24.6	18.5	6.1
1987	21733			24175	1752	5				27.7	21.2	6.5
1988	26878			24464	1325	9	786			32.8	25.8	7
1989	34519			23146	705	20	1337			38	30.5	7.5
1990	83986			21964	1176	20	3586			43.1	35.2	7.9
1991	108122			19454	1123	28	5651	0.2		50.3	41.6	8.7
1992	154881			21281	903	46	7817	0.5		66.6	56.5	10.1
1993	242108			23791	1163	92	9812	1.8		98.8	85.3	13.5
1994	322406			25001	816	166	10940	7.9		155.6	135.9	19.7
1995	500819			24288	698	215	13977	19.8		229.1	194.8	34.3
1996	625297			22317	630	259	17290	36.2	0.1	319	261.7	57.3
1997	883518			21642	701	254.2	22681	67.2	0.5	394.3	309.7	84.6
1998	1322580			23450	745	261.9	24367	128.8	2.3	476.8	366.4	110.4
1999	1578635			18140	594	315.8	24179	207.7	12.2	579.2	439.3	139.9
2000	2426099	87084	2339015	17309	415	389.7	19834	429.3	61.8	699.5	519.7	179.8
2001	2130799	160002	1970796	14867	440	466.6	12014	703.8	163.4	860.7	621.5	239.2
2002	2492992	172483	2320509	13094	379	509.1	7822	846.6	335.9	1016.5	712.4	304.1
2003	2909994	190453	2719542	15985	352	619.8	4413	962.9	382.6	1278.6	907.3	371.2
2004	3651650	204598	3447052	13858	352	744.3	3714	1180.9	448.9	1492.7	1074.4	411.8
2005	4507393	235650	4271743	12466	339	804.4	4371	1394.9	331.8	1661.2	1203.4	449.9
2006	5649857	277553	5372304	9938	380	911.6	3800	1677.8	327.1	1701.8	1229.7	472.1
2007	7061352	293973	6767379	8270	330	1019.8	4465	2097.2	395.5	1728.8	1257.1	471.6
2008	8197008	331618	7865390	8330	375	1146.6	4639	2421.5	458.9	1604.3	1142.1	462.2
2009	9485359	396315	9089044	7486	356	1319.6	4160	2882.1	535.4	1529.1	1075.7	453.4
2010	11599440	372194	11227246	8463	384	1400.1	4399	3341.8	595.6	1428.0	985.8	442.2
2011	4721766	382248	4339518	8776	555	6211.5	6202	3844.5	665.1	1353.3	922.7	430.6
2012	5141147	428941	4712206	7433	404	7757.4	--	4291.3	707.9	1285.1	861.3	423.8
2013	5796430	501524	5294906	6899	366	11411.1	--	4583.6	726.9	1222.4	800.1	422.3

注：1.邮电业务总量2010年前数据按2000年不变价计算，2011年后按2010年不变价计算。

2.特快专递数据2010年前取至省邮政公司，2011年后取至省邮政管理局。

16-19 各地区邮电业务量

(2013年)

地区	邮电业务总量(万元)	邮政业务总量	电信业务总量	函件(万件)	报刊期发数(万份)	移动电话用户(万户)	互联网用户(万户)	固定电话年末用户(万户)	城市电话用户	农村电话用户
全省	**5796429.7**	**501524.1**	**5294906**	**6899.1**	**365.9**	**4583.6**	**726.9**	**1222.4**	**800.1**	**422.3**
沈阳	1446376.7	137151.0	1309226	2477.8	85.0	988.7	139.8	262.0	240.2	21.8
大连	1190346.9	115405.0	1074942	1038.2	77.8	908.7	129.6	252.8	217.2	35.6
鞍山	445353.1	36267.3	409086	595.8	24.4	361.1	62.4	92.9	84.7	8.2
抚顺	239013.3	17133.0	221880	1223.1	17.3	209.7	37.6	59.0	53.0	6.0
本溪	182832.6	13834.2	168998	400.4	13.0	149.7	33.1	39.7	34.9	4.8
丹东	262650.6	22234.6	240416	193.4	14.6	210.3	38.5	77.4	65.6	11.9
锦州	357035.9	20343.4	336693	228.6	15.9	282.5	54.4	84.4	70.7	13.7
营口	290727.4	16815.6	273912	118.4	15.3	244.4	40.7	58.9	53.1	5.8
阜新	210977.0	8274.0	202703	66.3	8.5	179.7	32.6	45.6	40.8	4.8
辽阳	213226.9	19563.9	193663	75.7	16.7	182.1	31.8	44.0	37.2	6.8
盘锦	211326.8	21421.1	189906	96.9	16.6	160.7	22.0	34.0	29.7	4.3
铁岭	238386.5	17848.8	220538	156.9	16.4	225.5	32.3	47.7	44.2	3.6
朝阳	253441.1	24238.0	229203	126.6	19.4	248.8	36.3	68.4	52.8	15.6
葫芦岛	252050.0	30994.4	221056	100.9	18.7	231.7	36.0	55.5	52.1	3.4

注：邮电业务总量按各个时期的不变价格计算。

16-20 邮电通信水平

指标	单位	2005年	2006年	2008年	2009年	2010年	2011年	2012年	2013年
平均每一邮电局所服务面积	平方公里	87.5	89.7	93.8	94.6	95.0	95.2	96.9	96.9
平均每一邮电局所服务人口	万人	2.5	2.6	2.6	2.7	2.7	2.7	2.8	2.8
设有邮政局所的乡(镇)比重	%	91.3	90.9	91.0	87.0	87.0	85.0	86.0	88.8
已通邮的行政村比重	%	100.0	100.0	100.0	100.0	100.0	100.0	100.0	100.0
平均每人每年发函件数	件	3.0	2.3	2.0	1.8	2.0	2.1	1.8	1.6
平均每百人每年订报刊数	份	8.0	8.9	9.0	8.4	9.0	13.0	9.5	8.6
固定电话普及率	部/百人	39.4	39.9	37.7	35.4	33.6	30.9	30.2	29
移动电话普及率	部/百人	33.1	39.3	57.0	66.8	78.5	87.8	100.9	108
进入长话自动网的县(市)比重	%	100	100	100	100	100	100	100	100
已通固定电话的乡(镇)比重	%	100	100	100	100	100	100	100	100
已通固定电话的行政村比重	%	100	100	100	100	100	100	100	100

主要统计指标解释

铁路营业里程 又称营业长度，指办理客货运输业务的铁路正线总长度。凡是全线或部分建成双线及以上的线路，以第一线的实际长度计算；复线、站线、段管线、岔线和特殊用途线以及不计算运费的联络线都不计算营业里程。铁路营业里程是反映铁路运输业基础设施发展水平的重要指标，也是计算客货周转量、运输密度和机车车辆运用效率等指标的基础资料。

铁路正线延展里程 是正线第一线、第二线、第三线和其他正线建筑里程之和，不包括站线、段管线、岔线及特殊用途线的延展里程。它是作为计算铁路线上钢轨、枕木及路基砂石需要量的主要依据。

铁路电气化里程 指在全部铁路营业里程中已安装了供电线路及设备，可以供电力机车牵引列车运行的区段的总里程。电气化里程占铁路营业里程的比重。

铁路自动闭塞里程 为保证列车安全运行，在一个区间，同一时间内，一般只允许一列列车运行，这种保证列车在这个区间安全间隔运行的技术方法称为"闭塞"，自动闭塞里程是指装有列车自动完成闭塞作用设备的铁路里程。自动闭塞里程占铁路营业里程的比重也是反映铁路现代化的重要标志之一。

公路里程 指在一定时期内实际达到《公路工程技术标准 JTJ01-88》规定的等级公路，并经公路主管部门正式验收交付使用的公路里程数。其计算单位为：Km。它包括大中城市的郊区公路以及通过小城镇街道部分的公路里程，也包括桥梁、渡口的长度，但不包括大中城市的街道、厂矿、林区生产用道和农业生产用道的里程。两条或多条公路共同经由同一路段，只计算一次，不得重复计算里程长度。公路里程是反映公路建设发展规模的重要指标，也是计算运输网密度等指标的基础资料。

内河航道里程 也称"内河通航里程"，是反映内河水运网规模、水平和发展情况的主要指标；是指在一定时期内，能通航运输船舶及排筏的天然河流、湖泊水库、运河及通航渠道的长度。包括全年季节性通航累计三个月以上的航道，但不包括仅供零散流放竹、木排的河道。

民用航空航线里程 指民航运输定期班机飞行的航线长度的总和。航线长度按机场之间的距离计算，通常有两种计算方法：将每条航线长度相加称为重复计算航线里程；如将两线或两条以上航线经过同一区段里程，只计算一次航线长度称为不重复计算航线里程。一般常用的是后者，它能确切反映民航运输网的规模，表明民航事业为国民经济服务和方便人民生活程度的主要指标。

输油(气)管道长度 也称"输油(气)里程"，是反映管道运输发展规模和水平的主要指标；是指油品(或天然气)的实际输送距离，一般按输油(气)管道的单线长度计算。若包括复线和备用线长度则称为输油(气)管道延展长度，是指管道辅设的实际长度。我们通常使用的是不包括复线的"输油(气)管道里程"。

货(客)运量 指在一定时期内，各运输部门实际运送的货物(旅客)数量。是反映运输业为国民经济和人民生活服务的数量指标，也是制定和检查运输生产计划，研究运输发展规模和速度的重要指标。货运按吨计算，客运按人计算。货物不论运输距离长短，货物类别，均按实际重要统计；旅客不论行程远近或票价多少，均按一人一次作为客运量统计。半价票、小孩票也按一人统计。

货(客)运密度 指在一定时期内某种运输方式运输线路的某一区段平均每公司线路通过的货物(旅客)运输周转量。计算单位是吨(人)公里/公里。计算公式为：

货(客)运密度=（货物(旅客)周转量／营业线路长度）

货(客)运密度是反映交通运输线路上货物(旅客)运输量运输繁忙程度的主要指标。是平衡运输线路运输能力和通过能力，规划线路建设及改造、配备技术设备，研究运输网布局的重要依据。

货物(旅客)周转量 指在一定时期内，由各种运输工具运送的货物(旅客)数量与其相应运输距离的乘积之总和，是反映运输生产总成果的重要指标，也是编制和检查运输生产计划，计算运输效率、劳动生产率以及核算运输单位成本的主要基础资料。通常以吨公里和人公里为计算单位。计算货物周转量通常按发出站与到达站之间的最短距离，也就是计费距离计算。

铁路货车平均静载重 指铁路货车在始发站静止状态下平均每车装载的货物重量，用以分析货车完成装车时车辆载重力的利用情况。计算单位为“吨”，计算公式为:

货车平均静载重(吨)=（货物发送吨数／装车数）

静载重的多少取决于运送货物的性质、种类、车辆的类型和装载技术的高低。根据货车的平均标记载重与静载重进行对比，可以反映货车载重能力的利用程度。计算公式为:

货车载重力利用率(%)=（货车平均静载重／货车平均标记载重）×100%

铁路货运机车日产量 指平均每台货运机车在一昼夜内所完成的总重吨公里数。它既包括载运货物的重量，也包括车辆本身的自重，它从时间和牵引能力两方面反映了机车运用效率。计算单位为“吨公里”，计算公式为:

货运机车平均日产量(吨公里)=（货运总重吨公里数／货运机车台日数)

沿海主要港口货物吞吐量 指由水运进出沿海主要港区范围，并经过装卸的货物数量，包括邮件及办理托运手续的行李、包裹以及补给运输船舶的燃、物料和淡水。其计量单位为吨。货物吞吐量的货种分类及其主要流向流量，反映了港口在国内外物资交流和对外贸易运输中的地位和作用。吞吐量可以分为进口、出口，又可以分为国内贸易和对外贸易。

邮电业务总量 指以货币表现的邮电部门用于传递信息和提供其他邮电服务的总数量。它综合反映了一定时期邮电工作的总成果，是研究邮电业务量构成和发展趋势的重要指标。根据邮电管理体制不同，分为中央国营业务总量和地方国营业务总量。它用各种邮电分类业务量，如函件件数、电报份数、长话张数、市内电话和农村电话的年均户数、订销报刊累计份数等，分别乘以相应的平均单价(不变价)，加总后再加上出租电路和设备的收入、代用户维护电话交换机和线路等设备的收入、其他业务收入求得。

市内电话 指接入县城(包括个别城镇)及县以上城市的市内电话网上，并按市内电话进行经营管理的电话。按计费办法分为包月制和计次制两种。

(1)住宅电话指话机装在居民住宅里的电话。它包括私人付费、公费和免费三个部分。

(2)私人付费电话指住宅居民自费安装并自己缴纳通话费的电话。

十七、国内贸易

Chapter 17 Domestic Trade

17-1 限额以上批发零售贸易业基本情况

登记注册类型	2010年		2011年		2012年		2013年	
	法人企业（个）	从业人数（人）	法人企业（个）	从业人数（人）	法人企业（个）	从业人数（人）	法人企业（个）	从业人数（人）
总　计	**4785**	**300555**	**5522**	**305791**	**6276**	**333843**	**7385**	**375183**
一、批发业	**2352**	**92162**	**2897**	**93292**	**3321**	**101057**	**3887**	**133065**
1.按登记注册类型分组								
内资	2264	88248	2795	88857	3223	95487	3782	127366
国有	139	18287	158	18996	153	19515	123	14883
集体	34	1397	44	1536	40	1044	39	788
股份合作	13	299	13	308	14	217	13	620
联营企业	1	15	2	41	3	285	3	46
国有联营	1	15	1	13	1	12	2	40
集体联营							0	0
国有与集体联营					1	243	1	6
其他联营			1	28	1	30	0	0
有限责任公司	519	17259	599	18509	678	20531	922	46278
国有独资公司	14	1499	17	986	14	349	30	3310
其他有限责任公司	505	15760	582	17523	664	20182	892	42968
股份有限公司	60	19220	73	12240	72	10986	85	10560
私营企业	1495	31732	1855	36049	2162	41117	2562	53476
私营独资	146	3579	180	3579	192	3826	93	1111
私营合伙	19	292	13	196	11	261	4	93
私营有限责任公司	1280	26392	1591	30617	1879	35379	2348	42182
私营股份有限公司	50	1469	71	1657	80	1651	117	10090
其他	3	39	51	1178	101	1792	35	715
港澳台商投资企业	18	1757	22	2019	24	2551	29	2812
与港澳台商合资经营	5	507	6	592	6	1066	8	931
与港澳台商合作经营			1	24	1	9	2	188
港澳台商独资	13	1250	14	1400	17	1476	19	1693
港澳台商独资股份有限公司			1	3			0	0
外商投资企业	70	2157	80	2416	74	3019	76	2887
中外合资经营	15	892	18	980	16	915	15	975
中外合作经营							1	3
外资企业	54	1240	58	1325	54	1993	56	1795
外商投资股份有限公司	1	25	3	96	4	111	4	114
2.按国民经济行业分组								
农畜产品批发业	123	3867	145	3961	169	4247	220	5198
食品、饮料及烟草制品批发业	189	18109	225	16788	263	19300	312	21043
米、面制品及食用油批发业	65	5079	76	3261	74	3058	85	3136
烟草制品批发业	15	8484	15	8212	14	7794	15	8368
纺织、服装及日用品批发业	124	4644	147	5245	210	7457	245	34550
服装批发业	59	2214	73	2705	86	2880	114	21896
文化、体育用品及器材批发业	34	1065	41	1202	49	1544	61	1558
医药及医疗器材批发业	149	8096	172	8847	180	8776	220	9067
矿产品、建材及化工产品批发业	1158	39404	1475	37813	1757	40116	1992	41597
煤炭及制品批发业	115	3106	155	3617	240	4048	269	4228
石油及制品批发业	209	20716	312	16557	344	15848	381	15340
金属及金属矿批发业	546	9083	606	9109	711	10534	731	11595
建材批发业	71	1424	152	2652	170	3400	232	3726
化肥批发业	31	1219	34	1678	42	1584	56	1452
机械设备、五金交电及电子产品批发	518	14392	614	16110	624	16119	752	16777
汽车、摩托车及零配件批发业	115	3545	117	4126	133	4604	64	1865
家用电器批发业	29	1689	40	1690	36	1403	37	1482
计算机、软件及辅助设备批发业	40	1003	60	1651	70	1930	64	1493
贸易经纪与代理	4	1023	10	1198	8	1165	11	1442
其他批发业	53	1562	68	2128	61	2333	74	1833

17-1 续表

登记注册类型	2010年		2011年		2012年		2013年	
	法人企业(个)	从业人数(人)	法人企业(个)	从业人数(人)	法人企业(个)	从业人数(人)	法人企业(个)	从业人数(人)
二、零售业	**2433**	**208393**	**2625**	**212499**	**2955**	**232786**	**3498**	**242118**
1.按登记注册类型分组								
内资	2365	187570	2548	190849	2873	208600	3410	211613
国有	121	13319	113	10802	117	11994	99	7843
集体	105	4482	95	3223	102	3862	100	4237
股份合作	15	270	19	243	20	570	19	315
联营企业	6	535	5	210	6	579	6	81
国有联营	3	78	3	73	3	71	4	68
集体联营	2	450	2	137	3	508	2	13
国有与集体联营								
其他联营	1	7						
有限责任公司	566	63350	612	64972	705	74468	899	83924
国有独资公司	5	1118	2	189	4	1600	7	1547
其他有限责任公司	561	62232	610	64783	701	72868	892	82377
股份有限公司	66	25111	64	28257	76	31268	84	27283
私营企业	1483	80478	1598	82068	1793	82072	2168	86526
私营独资	428	14667	421	11292	466	13233	410	8030
私营合伙	17	306	21	298	16	178	9	64
私营有限责任公司	991	61729	1089	66986	1245	66032	1657	75266
私营股份有限公司	47	3776	67	3492	66	2629	92	3166
其他	3	25	42	1074	54	3787	35	1404
港澳台商投资企业	32	6094	38	10062	44	10539	52	14908
与港澳台商合资经营	12	2974	15	4285	17	3896	19	5845
与港澳台商合作经营	2	43						
港澳台商独资	16	3044	20	5611	23	5907	29	8279
港澳台商独资股份有限公司	2	33	3	166	4	736	4	784
外商投资企业	36	14729	39	11588	38	13647	36	15597
中外合资经营	14	7105	15	4285	17	7161	13	7394
中外合作经营	1	65						
外资企业	19	3909	20	5611	19	5986	21	7351
外商投资股份有限公司	2	3650	3	166	1	410	2	852
2.按国民经济行业分组								
综合零售业	314	112605	326	110664	349	112812	396	114462
百货零售业	182	83675	184	77628	203	77209	227	75082
超级市场零售业	98	25899	108	29669	109	32467	115	36107
食品、饮料及烟草制品专门零售业	87	3509	120	4756	131	4254	182	5137
纺织、服装及日用品专门零售业	161	9334	166	9019	194	11185	235	11872
服装零售业	84	5678	88	6156	108	8188	125	8345
文化、体育用品及器材专门零售业	139	8456	141	7067	151	7306	169	7524
体育用品零售业	7	418	8	442	10	444	10	440
图书零售业	59	5311	58	4440	63	4597	62	4601
医药及医疗器材专门零售业	160	19888	171	18925	188	21591	223	22747
药品零售业	146	19213	156	18739	169	21331	198	22480
汽车、摩托车、燃料及零配件专门	945	34327	1019	39035	1150	48454	1330	50670
汽车零售业	521	21367	582	24841	684	29809	776	32298
机动车燃料零售业	323	11418	328	12760	351	16681	416	16360
家用电器及电子产品专门零售业	320	12217	351	16775	396	16806	448	16998
家用电器零售业	130	7740	140	8827	166	7867	180	8036
计算机、软件及辅助设备零售业	139	2996	167	6661	175	6993	197	6912
通讯设备零售业	35	1258	31	1133	42	1799	49	1827
五金、家具及室内装修材料专门零	187	5063	196	3726	215	5911	286	7745
无店铺及其他零售业	120	2994	135	2532	181	4467	229	4963
邮购及电子销售业	4	646	4	511	1	1200	0	0

注：除社会消费品零售总额以外，其他表2009年和2010年数据均为法人企业数据。

17-2 限额以上住宿餐饮业基本情况

登记注册类型	2010年		2011年		2012年		2013年	
	法人企业（个）	从业人数（人）	法人企业（个）	从业人数（人）	法人企业（个）	从业人数（人）	法人企业（个）	从业人数（人）
总　　计	**1189**	**113081**	**1242**	**106562**	**1274**	**112109**	**1308**	**103247**
一、住宿业	**523**	**58637**	**558**	**58972**	**557**	**60584**	**593**	**56719**
1.按登记注册类型分组								
内资	451	44393	492	48052	491	49615	532	47496
国有	118	13837	127	14453	117	13955	95	10663
集体	41	2115	42	2084	38	2135	36	1893
股份合作	2	73	1	20	2	75	2	70
联营企业	2	77	2	109	1	48	1	27
国有联营	1	45	1	45	1	48	1	27
集体联营	1	32	1	64				
国有与集体联营								
其他联营								
有限责任公司	94	11603	108	14402	106	15140	130	16509
国有独资公司	1	122	3	1956	4	2126	7	1874
其他有限责任公司	93	11481	105	12446	102	13014	123	14635
股份有限公司	7	1148	6	597	10	622	13	763
私营企业	187	15540	195	15168	204	15960	249	17148
私营独资	58	3348	54	2856	53	3663	62	2948
私营合伙	1	60	3	205	6	180	5	132
私营有限责任公司	119	10338	125	9451	135	11175	172	13187
私营股份有限公司	9	1794	13	2656	10	942	10	881
其他			11	1219	13	1680	6	423
港澳台商投资企业	38	9037	38	7984	33	6973	27	5105
与港澳台商合资经营	22	5191	23	4550	19	3843	16	3446
与港澳台商合作经营	4	2118	3	1116	3	1098	1	355
港澳台商独资	8	1428	9	1983	10	1936	10	1304
港澳台商独资股份有限公司	4	300	2	142	1	96	0	0
外商投资企业	34	5207	28	2936	33	3996	34	4118
中外合资经营	26	3382	21	2292	23	3317	22	2992
中外合作经营	1	235	1	241	2	264	2	241
外资企业	6	1170	5	368	7	382	10	885
外商投资股份有限公司	1	420	1	35				
2.按国民经济行业分组								
旅游饭店	404	52278	429	53187	411	54107	421	49325
一般旅馆	107	5525	109	4843	129	5792	153	6604
其他住宿服务	12	834	20	942	17	685	19	790

17-2 续表

登记注册类型	2010年		2011年		2012年		2013年	
	法人企业(个)	从业人数(人)	法人企业(个)	从业人数(人)	法人企业(个)	从业人数(人)	法人企业(个)	从业人数(人)
二、餐饮业	**666**	**54444**	**684**	**47590**	**717**	**51525**	**715**	**46528**
1.按登记注册类型分组								
内资	573	33692	588	30825	639	35889	645	33887
国有	19	1234	22	1579	27	1687	22	1316
集体	21	531	21	499	22	566	12	358
股份合作	5	128	5	234	5	152	3	103
联营企业								
国有联营								
集体联营								
国有与集体联营								
其他联营								
有限责任公司	69	5451	74	5052	93	6006	113	7194
国有独资公司							2	88
其他有限责任公司	69	5451	74	5052	93	6006	111	7106
股份有限公司	6	649	7	290	10	1006	9	973
私营企业	449	25411	443	21695	460	25076	472	23186
私营独资	243	10104	217	7591	208	8501	201	7403
私营合伙	9	235	11	244	8	210	5	149
私营有限责任公司	185	14331	201	13372	230	15952	252	14991
私营股份有限公司	12	741	14	488	14	413	14	643
其他	4	288	16	1476	22	1396	14	757
港澳台商投资企业	34	3443	34	2936	22	2305	21	2265
与港澳台商合资经营	19	1995	18	1244	9	801	8	568
与港澳台商合作经营	2	165	2				1	17
港澳台商独资	13	1283	13	1632	13	1504	12	1680
港澳台商独资股份有限公司			1	60				
外商投资企业	59	17309	62	13829	56	13331	49	10376
中外合资经营	26	2146	27	1542	24	1353	20	1079
中外合作经营	4	1450	4	415	2	861	2	910
外资企业	28	13683	30	11736	29	10982	26	8277
外商投资股份有限公司	1	30	1	136	1	135	1	110
2.按国民经济行业分组								
正餐服务业	622	36567	635	32914	663	36749	662	34415
快餐服务业	24	16126	26	12946	29	12928	28	10156
饮料及冷饮服务业	10	468	11	444	12	474	13	592
其他餐饮服务业	10	1283	12	1286	13	1374	12	1365

17-3 社会消费品零售总额

(按城乡分) 单位：亿元

年份、城市	社会消费品零售总额	按城乡分	
		城镇	乡村
1978	71.2	52.8	18.4
1985	195.5	137.5	58.0
1986	244.3	175.0	69.3
1987	285.9	205.7	80.2
1988	368.0	269.6	98.4
1989	411.7	307.7	104.0
1990	421.1	322.3	98.8
1991	467.3	363.6	103.7
1992	540.6	415.6	125.0
1993	682.1	589.3	92.8
1994	870.5	756.8	113.7
1995	1122.0	984.4	137.6
1996	1289.4	1130.3	159.1
1997	1450.6	1270.2	180.4
1998	1568.7	1373.0	195.7
1999	1696.1	1493.8	202.3
2000	1847.6	1632.2	215.4
2001	2034.9	1797.8	237.1
2002	2258.4	2005.0	253.4
2003	2330.8	2075.6	255.2
2004	2642.8	2351.2	291.6
2005	2999.0	2669.3	329.7
2006	3434.6	3036.4	398.2
2007	4030.1	3566.5	463.6
2008	4917.5	4350.1	567.5
2009	5812.6	5124.1	688.5
2010	6809.6	6003.0	806.6
2011	8003.6	7446.0	557.7
2012	9256.6	8475.3	781.3
2013	10524.4	9629.1	895.4
沈　阳	3186.1	3074.4	111.7
大　连	2526.5	2419.1	107.4
鞍　山	800.1	674.2	125.9
抚　顺	518.4	489.0	29.4
本　溪	297.4	286.4	11.0
丹　东	427.0	362.2	64.8
锦　州	494.0	431.0	62.9
营　口	389.2	352.4	36.9
阜　新	230.6	173.2	57.4
辽　阳	322.4	305.8	16.6
盘　锦	286.7	256.2	30.5
铁　岭	350.1	229.2	120.9
朝　阳	335.0	303.1	32.0
葫芦岛	360.9	272.9	88.0

注：1.1993年以后是将市和县视为城镇，县以下为乡村。2010年按地区和城乡分组数据为了与历史数据可比按2009年的比重推算。
2.2010年社会消费品零售总额中，不含其他行业零售额。

17-4 各地区社会消费品零售总额

(2013年) 单位：万元

项　目	沈阳市	大连市	鞍山市	抚顺市	本溪市	丹东市	锦州市
社会消费品零售总额	31860935.6	25265048.0	8000849.4	5184214.0	2973592.1	4270122.4	4939821.5
按销售单位所在地分							
1.城镇	30744061.9	24191116.8	6742175.7	4890076.2	2864069.3	3621756.5	4310388.8
其中：城区	29271102.2	22384028.0	5197325.9	4323684.7	2697652.6	2870865.5	3238976.0
2.乡村	1116873.7	1073931.2	1258673.7	294137.8	109522.8	648365.9	629432.7

17-4 续表 单位：万元

项　目	营口市	阜新市	辽阳市	盘锦市	铁岭市	朝阳市	葫芦岛市
社会消费品零售总额	3892106.8	2306016.0	3224286.0	2867072.3	3501489.0	3350285.1	3608541.3
按销售单位所在地分							
1.城镇	3523510.7	1732244.1	3058155.1	2561667.3	2292144.1	3030629.0	2728622.9
其中：城区	2967206.1	1455142.3	1870817.4	2116632.0	1429243.5	2095359.0	1800367.3
2.乡村	368596.1	573771.9	166130.9	305405.0	1209344.9	319656.1	879918.4

17-5 限额以上批发零售贸易业商品销售总额

(2013年) 单位：万元

登记注册类型、行业	销售总额	#批发	#零售
总 计	**170668304.9**	**128409378.4**	**42258926.5**
一、批发业	**130126399.8**	**124798949.5**	**5327450.3**
1.按登记注册类型分组			
内资企业	126850913.8	121709231.8	5141682.0
国有企业	9968875.8	9847042.1	121833.7
集体企业	449218.3	416568.4	32649.9
股份合作企业	117222.8	106987.4	10235.4
联营企业	12787.2	8341.2	4446.0
国有联营企业	11540.6	7094.6	4446.0
集体联营企业			
国有与集体联营企业	1246.6	1246.6	
其他联营企业			
有限责任公司	40286564.8	38557385.9	1729178.9
国有独资企业	6273449.0	6122132.4	151316.6
其他有限责任公司	34013115.8	32435253.5	1577862.3
股份有限公司	45383230.0	43809327.9	1573902.1
私营企业	30519978.6	28859254.6	1660724.0
私营独资企业	285042.9	272855.0	12187.9
私营合伙企业	23292.7	23292.7	
私营有限责任公司	27732373.4	26124410.0	1607963.4
私营股份有限公司	2479269.6	2438696.9	40572.7
其他企业	113036.3	104324.3	8712.0
港、澳、台商投资企业	748801.2	701703.7	47097.5
合资经营企业	109583.4	91753.8	17829.6
合作经营企业	45202.4	35087.9	10114.5
独资经营企业	587707.8	568554.4	19153.4
投资股份有限公司	6307.6	6307.6	
外商投资企业	1886314.9	1814319.0	71995.9
中外合资经营企业	276307.7	268503.0	7804.7
中外合作经营企业	767.9	767.9	
外资企业	1540544.9	1479573.9	60971.0
外商投资股份有限公司	68694.4	65474.2	3220.2
2.按国民经济行业分组			
农畜产品批发业	4642461.2	4592642.1	49819.1
食品、饮料及烟草制品批发业	7746095.3	7435112.9	310982.4
米、面制品及食用油批发业	1330659.5	1243185.1	87474.4
烟草制品批发业	3889168.1	3881082.7	8085.4
纺织、服装及日用品批发业	7878512.1	7593942.2	284569.9
服装批发业	4686104.9	4590731.3	95373.6
文化、体育用品及器材批发业	528698.5	476510.2	52188.3
医药及医疗器材批发业	4634968.6	3551829.3	1083139.3
矿产品、建材及化工产品批发	94759278.0	92057482.3	2701795.7
煤炭及制品批发业	7331776.7	7147577.0	184199.7
石油及制品批发业	55342954.8	53358966.0	1983988.8
金属及金属矿批发业	23134086.9	22807731.1	326355.8
建材批发业	2422379.3	2312583.9	109795.4
化肥批发业	1220899.5	1216266.0	4633.5
机械设备、五金交电及电子产	8739520.4	7965779.6	773740.8
汽车、摩托车及零配件批发	1065328.8	961582.0	103746.8
家用电器批发业	1249240.9	1155501.3	93739.6
计算机、软件及辅助设备批	640596.5	522971.3	117625.2
贸易经纪与代理	561837.5	529379.6	32457.9
其他批发业	635028.2	596271.3	38756.9

17-5 续表 单位：万元

登记注册类型、行业	销售总额	#批发	#零售
二、零售业	**40541905.1**	**3610428.9**	**36931476.2**
1.按登记注册类型分组			
内资企业	33844724.6	3375494.0	30469230.6
国有企业	1884703.9	872701.2	1012002.7
集体企业	320938.0	52248.1	268689.9
股份合作企业	48860.5	10661.9	38198.6
联营企业	24775.2		24775.2
国有联营企业	19860.3		19860.3
集体联营企业	4914.9		4914.9
国有与集体联营企业			
其他联营企业			
有限责任公司	11962251.6	397893.1	11564358.5
国有独资企业	125624.2	3106.0	122518.2
其他有限责任公司	11836627.4	394787.1	11441840.3
股份有限公司	6932376.5	1431193.7	5501182.8
私营企业	12580137.1	604610.8	11975526.3
私营独资企业	1037591.5	112730.6	924860.9
私营合伙企业	12417.6	1974.6	10443.0
私营有限责任公司	11109326.5	471102.8	10638223.7
私营股份有限公司	420801.5	18802.8	401998.7
其他企业	90681.8	6185.2	84496.6
港、澳、台商投资企业	2047344.1	108153.2	1939190.9
合资经营企业	1020543.3	22280.8	998262.5
合作经营企业	5317.2		5317.2
独资经营企业	914199.9	69176.0	845023.9
投资股份有限公司	107283.7	16696.4	90587.3
外商投资企业	1589444.9	14924.1	1574520.8
中外合资经营企业	676999.4	12153.5	664845.9
中外合作经营企业	79445.2		79445.2
外资企业	796048.6	2770.6	793278.0
外商投资股份有限公司	36951.7		36951.7
2.按国民经济行业分组			
综合零售业	11694615.3	86157.9	11608457.4
百货零售业	8803647.1	63996.1	8739651.0
超级市场零售业	2660342.6	4467.3	2655875.3
食品、饮料及烟草制品专门零	791612.6	58314.4	733298.2
纺织、服装及日用品专门零售	2563433.7	82924.4	2480509.3
服装零售业	1773022.2	58056.4	1714965.8
文化、体育用品及器材专门零	1097596.1	68494.7	1029101.4
体育用品零售业	91110.0	4664.6	86445.4
图书零售业	174451.1	6362.2	168088.9
医药及医疗器材专门零售业	2135988.1	272880.0	1863108.1
药品零售业	2055371.8	266698.1	1788673.7
汽车、摩托车、燃料及零配件	17144510.6	2749743.4	14394767.2
汽车零售业	9829684.2	247209.0	9582475.2
机动车燃料零售业	6961585.0	2473909.1	4487675.9
家用电器及电子产品专门零售	2774188.6	149700.7	2624487.9
家用电器零售业	1739624.2	42712.7	1696911.5
计算机、软件及辅助设备零	603790.0	89639.6	514150.4
通讯设备零售业	390245.7	13392.6	376853.1
五金、家具及室内装修材料专	1368951.1	75309.7	1293641.4
无店铺及其他零售业	971009.0	66903.7	904105.3
邮购及电子销售业			

17-6 各地区限额以上批发零售贸易业商品销售总额

(2013年)

单位：万元

登记注册类型、行业	沈阳	大连	鞍山	抚顺	本溪	丹东	锦州
总　计	**81844979.8**	**39793639.4**	**14770899.8**	**3935964.6**	**1930090.7**	**2176906.2**	**3612298.8**
一、批发业	**64487731.9**	**31268705.3**	**11470100.6**	**2396571.7**	**1102190.2**	**1065383.3**	**1660229.8**
1.按登记注册类型分组							
内资	63028670.3	29854744.8	11375033.2	2330041.7	999879.6	1044379.8	1629260.8
国有	2053936.7	1702596.9	2513419.9	249831.6	187816.0	189223.2	365481.6
集体	60644.8	272667.6	18140.1	8205.9	9720.2	4293.7	4599.9
股份合作	87191.9	11206.4		9307.9		9516.6	
联营企业	2895.2	9892.0					
国有联营	1648.6	9892.0					
集体联营							
国有与集体联营	1246.6						
其他联营							
有限责任公司	14801465.0	11700967.6	5329781.7	1077062.3	184805.9	452435.8	344237.1
国有独资公司	3071312.4	470803.8	85814.8	510582.2	27406.7		8552.5
其他有限责任公司	11730152.6	11230163.8	5243966.9	566480.1	157399.2	452435.8	335684.6
股份有限公司	37548486.1	3148748.0	588748.4	475049.6	293187.1	7632.8	9110.3
私营企业	8443864.9	12966905.6	2915103.1	510584.4	324350.4	381277.7	905831.9
私营独资	99594.7	37752.4	69627.6	19352.6	2376.7	2320.0	12806.5
私营合伙		10411.6					
私营有限责任公司	8012240.7	12202963.3	1831140.9	472251.7	254742.1	310553.7	776183.2
私营股份有限公司	332029.5	715778.3	1014334.6	18980.1	67231.6	68404.0	116842.2
其他	30185.7	41760.7	9840.0				
港澳台商投资企业	465360.7	147118.0		42420.4	87828.5		
与港澳台商合资经营	23078.4	69947.7			10483.7		
与港澳台商合作经营		2782.0		42420.4			
港澳台商独资	442282.3	68080.7			77344.8		
港澳台商独资股份有限公司		6307.6					
外商投资企业	587399.8	1253019.2	7460.0				30969.0
中外合资经营	19947.3	254890.5					
中外合作经营							
外资企业	545543.3	982312.5	7460.0				
外商投资股份有限公司	21909.2	15816.2					30969.0
2.按国民经济行业分组							
农畜产品批发业	312920.5	3209751.1	99834.8	54242.2	4377.4	22874.0	370412.9
食品、饮料及烟草制品批发业	2069677.2	2242864.3	394266.3	280574.6	219483.8	210851.7	596908.9
米、面制品及食用油批发业	315514.7	457484.3	92381.2	7114.9	48944.1	9196.8	151673.2
烟草制品批发业	919395.3	867758.0	251071.3	184477.0	134494.5		236478.2
纺织、服装及日用品批发业	1421885.2	1516830.7	4545749.1	48150.0	20242.1	223644.1	77343.8
服装批发业	181570.5	686819.8	3721041.3	5729.6	12673.0	78270.7	
文化、体育用品及器材批发业	327600.8	121066.7	58834.3			1091.9	7987.0
医药及医疗器材批发业	3416480.8	612574.5	190007.2	1963.5	139066.6	2381.0	118683.7
矿产品、建材及化工产品批发业	53560261.2	19273462.5	5870933.9	1884977.3	615543.7	117930.6	421193.2
煤炭及制品批发业	1327511.8	2727627.5	63154.3	481593.2	84693.5	56511.6	72481.6
石油及制品批发业	38036089.2	9286682.1	734718.6	866315.3	269356.9		264976.4
金属及金属矿批发业	10122931.1	5351444.0	4372618.3	401768.5	182946.1	29417.4	44416.7
建材批发业	1485118.0	496501.7	59649.9	33407.0	47037.7	12209.8	
化肥批发业	655398.4	118321.9	245090.2	8524.7	7149.0		
机械设备、五金交电及电子产品批发	3288312.5	3920596.3	216978.1	108577.1	72592.6	411797.1	67700.3
汽车、摩托车及零配件批发业	468840.2	547949.7	7358.0		2501.1		
家用电器批发业	793365.4	374667.1				2576.0	69787.4
计算机、软件及辅助设备批发业	542163.1	84328.3		2912.5			3828.4

17-6 续表 1 单位：万元

登记注册类型、行业	沈阳	大连	鞍山	抚顺	本溪	丹东	锦州
贸易经纪与代理	43855.0	112350.6					
其他批发业	46738.7	259208.6	93496.9	18087.0	30884.0	74812.9	
二、零售业	**17357247.9**	**8524934.1**	**3300799.2**	**1539392.9**	**827900.5**	**1111522.9**	**1952069.0**
1.按登记注册类型分组							
内资	15365534.2	6470290.2	2085039.9	1473897.1	732694.1	917925.4	1767442.8
国有	1598075.2	37838.7	16009.8	67259.5	17438.5	2684.4	30166.1
集体	122477.1	35932.7	51053.1	6163.3	4582.1	11556.7	57077.6
股份合作	32537.5	4498.4		3533.3	1572.0		
联营企业		8207.3					2279.9
有限责任公司	5715578.3	1748966.2	998918.3	660831.6	407929.0	137431.7	485147.7
国有独资公司	50599.6			41487.7			
其他有限责任公司	5664978.7	1748966.2	998918.3	619343.9	407929.0	137431.7	485147.7
股份有限公司	2398763.9	2763068.4	56044.6	474951.6	8271.0	493754.5	451638.2
私营企业	5487109.8	1848603.9	947450.1	261157.8	291165.9	271622.2	741133.3
私营独资	289237.7	45668.4	262691.1	15666.7	8850.6	29462.1	64650.5
私营合伙	2218.8	352.9	3695.4			3059.5	
私营有限责任公司	5156066.4	1712295.8	635242.9	207200.5	279607.6	231319.4	644968.1
私营股份有限公司	39586.9	90286.8	45820.7	38290.6	2707.7	7781.2	31514.7
其他	10992.4	23174.6	15564.0		1735.6	875.9	
港澳台商投资企业	582450.5	1140246.5	154089.8		891.1	12707.8	
与港澳台商合资经营	68228.4	786513.2	103603.5			12707.8	
与港澳台商合作经营	5317.2						
港澳台商独资	489185.2	328492.7	22498.3		891.1		
港澳台商独资股份有限公司	19719.7	25240.6	27988.0				
外商投资企业	803269.7	721744.2		3879.0			34698.0
中外合资经营	500069.1	153086.8					
中外合作经营	44447.3	34997.9					
外资企业	221801.6	533659.5		3879.0			34698.0
外商投资股份有限公司	36951.7						
2.按国民经济行业分组							
综合零售业	4122449.0	2514891.3	746878.8	1053136.1	354983.1	190807.5	507136.5
百货零售业	2967804.1	1859105.3	494825.3	948935.3	323998.8	106595.6	404448.5
超级市场零售业	1060254.2	566357.0	244364.0	93653.0	25233.4	69923.3	102095.3
食品、饮料及烟草制品专门零售业	436376.9	71751.3	83720.6	6913.8	30836.8	36787.9	42171.4
纺织、服装及日用品专门零售业	705015.2	423697.4	597741.4	17825.9	34888.1	127001.2	116085.9
服装零售业	486180.3	237223.4	353925.8	16127.7	13116.7	95604.9	99033.3
文化、体育用品及器材专门零售业	495791.9	131466.4	281269.6		13989.0	36556.4	71413.0
体育用品零售业	17639.9	70699.9	2770.2				
图书零售业	92454.3	24039.8	10113.3		5361.4	4271.1	2872.0
医药及医疗器材专门零售业	1453740.2	374312.3	74696.4	38066.8	23013.1	28802.0	36003.4
药品零售业	1390766.3	369537.3	73119.3	36242.7	18637.0	27933.4	34501.2
汽车、摩托车、燃料及零配件专门	135931.8	33442.0	56691.2	1824.1	8829.9	6130.8	14517.7
汽车零售业	7827283.8	4255697.4	904615.7	154993.5	160143.5	523643.5	897451.0
机动车燃料零售业	4486987.8	2307241.5	664288.4	146204.3	133739.9	122956.2	309029.2
家用电器及电子产品专门零售业	3410111.4	1936832.4	245282.8	22671.5	19518.3	430372.2	584779.2
家用电器零售业	1430905.1	412608.1	208045.0	55914.6	85699.2	101866.5	89830.7
计算机、软件及辅助设备零售业	704596.1	315264.9	159613.2	41947.6	21549.3	55889.5	63429.0
通讯设备零售业	333516.6	80772.2	14331.0	1627.5	51909.4	29399.2	16821.8
五金、家具及室内装修材料专门零	470210.0	138628.0	122250.7	7267.4	43127.2	32318.9	65834.4
无店铺及其他零售业	209356.2	79366.6	92461.1	190690.4	56045.6	11939.6	60302.9
邮购及电子销售业	429102.0	101968.2	132982.8	12804.9	28508.3	8770.6	47383.0

17-6 续表 2 单位：万元

登记注册类型、行业	营口	阜新	辽阳	盘锦	铁岭	朝阳	葫芦岛
总　计	**4639075.8**	**3212333.7**	**2772773.5**	**4881908.7**	**2054165.4**	**2649709.3**	**2393559.2**
一、批发业	**3532297.7**	**2402922.2**	**1885303.8**	**3863626.5**	**1335105.7**	**1910189.1**	**1746042.0**
1.按登记注册类型分组							
内资	3520333.2	2394248.6	1882540.2	3863626.5	1335105.7	1847775.3	1745274.1
国有	242432.8	1252705.2	189999.7	307592.1	242597.1	202306.7	268936.3
集体	13727.3	43183.5	2100.0		50.0	11885.3	
股份合作							
联营企业							
国有联营							
集体联营							
国有与集体联营							
其他联营							
有限责任公司	1761703.3	339736.4	810101.0	1485949.9	587927.1	710446.8	699944.9
国有独资公司	16166.4	270976.9	302915.4	1280013.6		228904.3	
其他有限责任公司	1745536.9	68759.5	507185.6	205936.3	587927.1	481542.5	699944.9
股份有限公司	552598.5	301607.6	745122.1	764489.4	291269.9	291295.1	365885.1
私营企业	944008.4	457015.9	135217.4	1305595.1	198178.4	631841.4	400204.0
私营独资	3402.8	14132.6		1508.7	8501.7	8618.9	5047.7
私营合伙			12881.1				
私营有限责任公司	918039.1	430609.9	119858.1	1281503.6	179653.8	547477.0	395156.3
私营股份有限公司	22566.5	12273.4	2478.2	22582.8	10022.9	75745.5	
其他	5862.9				15083.2		10303.8
港澳台商投资企业		6073.6					
与港澳台商合资经营		6073.6					
与港澳台商合作经营							
港澳台商独资							
港澳台商独资股份有限公司							
外商投资企业	6699.0						767.9
中外合资经营	1469.9						
中外合作经营							767.9
外资企业	5229.1						
外商投资股份有限公司							
2.按国民经济行业分组							
农畜产品批发业		94777.3	16620.2	19096.5	69126.9	83713.9	284713.5
食品、饮料及烟草制品批发业	398843.0	238474.6	201862.2	124087.0	253398.1	312900.8	201902.8
米、面制品及食用油批发业	99404.0	37525.7	18694.7		27459.1	65266.8	
烟草制品批发业	232169.9	156241.7	165141.3	124087.0	224289.0	199999.6	193565.3
纺织、服装及日用品批发业	13618.7					2203.4	8845.0
服装批发业							
文化、体育用品及器材批发业	7738.5			4379.3			
医药及医疗器材批发业	5742.3	6717.1		74427.5	11808.5	31955.6	23160.3
矿产品、建材及化工产品批发业	2872730.4	2053319.2	1626108.3	3315141.6	977763.8	1383646.1	786266.2
煤炭及制品批发业	107392.0	1711421.1	21202.5	30888.9	574195.8	67245.4	5857.5
石油及制品批发业	901720.7	293842.2	307631.4	2867259.3	388274.6	586984.0	539104.1
金属及金属矿批发业	1460490.9	16247.5	479807.1			662367.3	9632.0
建材批发业	250309.1	18990.0	6306.7	2859.3		9990.1	
化肥批发业	18929.1	12057.9		64140.3	8702.0	22760.3	59825.7
机械设备、五金交电及电子产品批发	62197.5	9634.0	10752.1	92168.0	12087.2	28833.1	437294.5
汽车、摩托车及零配件批发业	9956.7		2478.2	23639.7		2605.2	
家用电器批发业							8845.0
计算机、软件及辅助设备批发业				5486.5			1877.7

17-6 续表 3

单位：万元

登记注册类型、行业	营口	阜新	辽阳	盘锦	铁岭	朝阳	葫芦岛
贸易经纪与代理	171305.3			234326.6			
其他批发业	122.0		29961.0		10921.2	66936.2	3859.7
二、零售业	**1106778.1**	**809411.5**	**887469.7**	**1018282.2**	**719059.7**	**739520.2**	**647517.2**
1.按登记注册类型分组							
内资	1015605.8	773682.5	405421.8	979939.8	591179.4	647532.4	618539.2
国有	3073.3	2639.8	52196.5	1836.4	30717.4	13984.5	10783.8
集体	2713.4	18009.0	2452.0		1500.5	5331.0	2089.5
股份合作				6719.3			
联营企业		4496.8					9791.2
有限责任公司	116960.1	408259.0	131869.7	431399.2	83987.2	344794.0	290179.6
国有独资公司	1901.3					31635.6	
其他有限责任公司	115058.8	408259.0	131869.7	431399.2	83987.2	313158.4	290179.6
股份有限公司	46268.7	13860.6	3500.0	136232.2	84746.2		1276.6
私营企业	827178.3	326417.3	215403.6	399198.8	375854.7	283422.9	304418.5
私营独资	21037.9	27044.8	8976.2	7511.7	86891.8	35068.3	134833.7
私营合伙						3091.0	
私营有限责任公司	768081.9	287319.5	190129.0	329256.1	253653.8	245263.6	168921.9
私营股份有限公司	38058.5	12053.0	16298.4	62431.0	35309.1		662.9
其他	19412.0			4553.9	14373.4		
港澳台商投资企业	83262.7	25948.6	1758.2			20369.3	25619.6
与港澳台商合资经营	48927.3					563.1	
与港澳台商合作经营							
港澳台商独资		25948.6	1758.2			19806.2	25619.6
港澳台商独资股份有限公司	34335.4						
外商投资企业	3743.5		22110.5				
中外合资经营	3743.5		20100.0				
中外合作经营							
外资企业			2010.5				
外商投资股份有限公司							
2.按国民经济行业分组							
综合零售业	378039.9	444578.7	53423.6	454223.3	294369.3	297526.8	282171.4
百货零售业	231467.5	420561.6	2520.0	324534.7	258987.3	203837.1	256026.0
超级市场零售业	144082.1	24017.1	48231.1	128453.6	35382.0	92151.1	26145.4
食品、饮料及烟草制品专门零售业	36260.7	14938.4	4722.1	8949.7	6860.5	8642.7	2679.8
纺织、服装及日用品专门零售业	24244.5	7457.8	415620.6	13901.1	42748.0	25848.9	11357.7
服装零售业	11995.6		411691.7	12086.1	7696.4	23205.8	5134.5
文化、体育用品及器材专门零售业	6209.7	17925.3	10840.3	5189.0	6568.7	16064.5	4312.3
体育用品零售业							
图书零售业	3062.4	4848.5	3770.9	3241.8	5522.6	11341.2	3551.8
医药及医疗器材专门零售业	13368.8	2134.5	2568.2	31530.0	13617.0	28403.4	15732.0
药品零售业	13368.8	2134.5	2568.2	29663.0	12764.7	28403.4	15732.0
汽车、摩托车、燃料及零配件专门			543.1	16732.1	6065.3	2341.8	
汽车零售业	481607.8	248886.2	246257.4	425102.1	251922.1	292507.5	284283.6
机动车燃料零售业	409088.6	227078.1	188886.4	317783.7	171769.3	231333.8	229427.3
家用电器及电子产品专门零售业	66481.7	20826.6	59327.5	86015.3	134534.4	54930.4	51755.4
家用电器零售业	65056.3	27271.8	63231.1	37199.3	63988.9	40916.7	40737.6
计算机、软件及辅助设备零售业	45348.0	9625.9	26940.7	17939.9	12796.0	24927.7	22639.2
通讯设备零售业	6397.2	5398.1	33683.9	17357.6	120.0	6018.5	5133.5
五金、家具及室内装修材料专门零	14460.4	11599.5	27867.3	6714.2	2864.7	19495.2	11372.5
无店铺及其他零售业	43355.7	9905.4	7912.4	13283.1	19729.4	5709.6	2545.3
邮购及电子销售业	57445.8	34871.2	54568.6	5148.9	10677.6	2063.1	3697.5

17-7 限额以上批发、零售贸易业商品销售类值

(2013年) 单位：万元

	销售合计	批发	零售
总　计	**159268339.2**	**119039665.4**	**40228673.8**
1.食品、饮料、烟酒类	13721068.9	9760120.1	3960948.8
(1)食品类	8182494.5	5195103.9	2987390.6
#粮油类	4743938.4	3953101.2	790837.2
肉禽蛋类	611943.5	153654.5	458289
(2)饮料类	674903.3	304905.6	369997.7
(3)烟酒类	4863671.1	4260110.6	603560.5
2.服装、鞋帽、针纺织品类	6608093.5	1028099.3	5579994.2
(1)服装类	4840307.8	756686.3	4083621.5
(2)鞋帽类	1069774.5	80945.3	988829.2
(3)针、纺织品类	698011.2	190467.7	507543.5
3.化妆品类	649910.8	64520	585390.8
4.金银珠宝类	1459166.2	21413.2	1437753
5.日用品类	1760681.9	395493.5	1365188.4
#洗涤用品类	316569.2	37884.4	278684.8
儿童玩具类	120905	244	120661
6.五金、电料类	836614	476045.8	360568.2
7.体育、娱乐用品类	152456.1	26031.9	126424.2
8.书报杂志类	226314.7	62397.3	163917.4
9.电子出版物及音像制品类	36506.4	8977.4	27529
10.家用电器和音像器材类	3350922	698811.6	2652110.4
11.中西药品类	6232045.8	3140183.3	3091862.5
#西药	4146801.6	2098034.7	2048766.9
中草药及中成药	859828.6	359441.1	500387.5
12.文化办公用品类	1576067.4	646020.6	930046.8
13.家俱类	385535.6	31997.4	353538.2
14.通讯器材类	1536263.5	537907.6	998355.9
15.煤炭及制品类	7774706.4	7478793.1	295913.3
16.木材及制品类	57813.1	57813.1	
17.石油及制品类	60948415.1	54314817.8	6633597.3
18.化工材料及制品类	8619123.1	8619123.1	
#化肥类	1034641.7	1034641.7	
19.金属材料类	18887539.1	18887539.1	
20.建筑及装潢材料类	2629631.3	2079237	550394.3
21.机电产品及设备类	4151207.3	3992073	159134.3
#农机类	229525	229525	
22.汽车类	12268830.1	1959061.6	10309768.5
23.种子饲料类	411016.8	411016.8	
24.棉麻类	55230.4	54876.7	353.7
25.其他类	4933179.7	4287232.5	645947.2

注：此表为快报数，统计范围为限上法人、产业单位和个体。

17-8 限额以上批发零售贸易业主要财务指标

(2013年) 单位：万元

登记注册类型、行业	流动资产合计	固定资产原价	累计折旧	资产总计	负债合计	实收资本	主营业务收入
总计	**51579370.4**	**9005009.5**	**2623290.2**	**67673585.0**	**51811217.5**	**9960068.8**	**158495679.9**
一、批发业	**40476233.9**	**4326812.8**	**1250769.3**	**49177923.4**	**38480804.9**	**6473541.2**	**126079030.3**
1.按登记注册类型分组							
内资	38789127.0	4280933.8	1224885.5	46848280.4	36892245.4	5939196.0	124151662.9
国有	4459919.4	458211.2	213747.5	5484089.9	3474402.1	345274.0	9151773.7
集体	79011.7	10728.0	4069.7	90259.3	76740.9	8352.8	403812.4
股份合作	12596.0	3569.3	1354.0	14931.9	8517.0	2713.7	103335.1
联营企业	6885.4	1099.8	163.3	8174.3	6121.0	2989.5	11475.9
国有联营	6885.4	1099.8	163.3	8174.3	6121.0	2989.5	11475.9
集体联营							
国有与集体联营							
其他联营							
有限责任公司	21378692.1	1885197.9	288534.5	24425624.0	21634954.8	2399359.7	36580434.8
国有独资公司	2532670.8	75141.4	29085.7	2680833.3	2594440.1	192916.0	5202582.0
其他有限责任公司	18846021.3	1810056.5	259448.8	21744790.7	19040514.7	2206443.7	31377852.8
股份有限公司	2721851.9	709655.8	332855.2	4525393.6	1942248.6	1468639.3	49304015.3
私营企业	10121220.0	1191146.4	378341.5	12265168.7	9738367.6	1693584.5	28508619.8
私营独资	38137.7	49024.2	10094.4	91881.6	43062.5	14987.7	278510.4
私营合伙	4374.4	223.5	159.1	4465.4	3544.3	135.0	21206.0
私营有限责任公司	9384265.8	1081078.2	345191.4	11358670.8	9008073.3	1559658.0	25851120.2
私营股份有限公司	694442.1	60820.5	22896.6	810150.9	683687.5	118803.8	2357783.2
其他	8950.5	21325.4	5819.8	34638.7	10893.4	18282.5	88195.9
港澳台商投资企业	934605.2	26236.3	16785.3	1342278.4	1114196.8	136352.5	603257.2
与港澳台商合资经营	667529.6	20513.2	13398.6	1024870.1	914583.4	17682.9	113595.4
与港澳台商合作经营	12173.9	143.2	75.5	12386.4	12133.4	125.0	38488.8
港澳台商独资	254901.7	5579.9	3311.2	305021.9	187480.0	118544.6	451173.0
港澳台商独资股份有限公司							
外商投资企业	752501.7	19642.7	9098.5	987364.6	474362.7	397992.7	1324110.2
中外合资经营	69446.1	5633.9	2909.5	74666.1	56639.4	17528.7	198137.6
中外合作经营	15873.8	237.0	151.3	58860.1	56279.8	800.0	767.9
外资企业	659416.7	13035.4	5707.9	845664.8	354545.2	378614.0	1106173.0
外商投资股份有限公司	7765.1	736.4	329.8	8173.6	6898.3	1050.0	19031.7
2.按国民经济行业分组							
农畜产品批发业	2229567.1	191317.3	55833.9	2651232.4	2349060.5	224856.0	4221271.3
食品、饮料及烟草制品批发业	2932572.3	548798.0	202282.7	3469904.3	1626260.7	347988.6	6701474.6
米、面制品及食用油批发业	538180.6	182324.6	42060.6	759054.8	701164.8	59899.3	1243793.5
烟草制品批发业	1339077.9	196290.7	105673.8	1471769.8	75184.0	27163.3	3364257.1
纺织、服装及日用品批发业	1595588.3	852192.4	60306.4	2697907.6	1388627.7	1202626.5	7059484.7
服装批发业	965616.8	779025.5	39059.8	1931048.2	786854.6	1076288.3	4544402.2
文化、体育用品及器材批发业	203514.7	27231.2	11340.3	254524.5	172998.2	39367.1	420844.0
医药及医疗器材批发业	1574225.1	175987.1	58559.5	1811570.9	1378550.8	270391.4	4026941.0
矿产品、建材及化工产品批发业	26247919.1	2204685.0	751977.4	31287093.6	25719316.5	3615920.6	94655601.2
煤炭及制品批发业	2837887.4	149170.0	44302.4	4205186.8	2696566.1	459265.3	6319454.4
石油及制品批发业	4003690.8	1363822.8	524834.9	5386394.4	3467177.4	1570218.6	59513742.1
金属及金属矿批发业	14109817.2	330022.8	104294.0	15871486.0	14363040.2	1034962.4	20740409.7
建材批发业	1065827.5	133283.6	17112.1	1258013.4	994721.9	207409.1	2146423.4
化肥批发业	923705.3	49239.2	5879.7	1047626.2	925134.3	94007.3	1114137.2
机械设备、五金交电及电子产品批发	5156661.8	295611.2	100454.4	6430081.6	5423712.7	641612.8	7858565.0
汽车、摩托车及零配件批发业	392828.0	39651.0	13135.5	475882.0	389695.7	52103.9	994034.2
家用电器批发业	267444.8	18446.5	3701.9	309388.4	263837.6	35848.4	800139.9
计算机、软件及辅助设备批发业	144093.8	9169.1	4547.5	156695.6	103584.3	32575.8	570372.0
贸易经纪与代理	261070.0	7523.1	2931.8	266389.6	178025.8	81284.5	540656.5
其他批发业	275115.5	23467.5	7082.9	309218.9	244252.0	49493.7	594192.0

17-8 续表 1

单位：万元

登记注册类型、行业	流动资产合计	固定资产原价	累计折旧	资产总计	负债合计	实收资本	主营业务收入
二、零售业	**11103136.5**	**4678196.7**	**1372520.9**	**18495661.6**	**13330412.6**	**3486527.6**	**32416649.6**
1.按登记注册类型分组							
内资	9937630.5	3870406.9	1124526.9	15898602.5	11514492.0	2570807.5	29522626.3
国有	203574.7	420048.6	72566.5	747489.6	314665.5	390731.4	1652209.2
集体	62535.5	43396.8	11818.4	117993.0	68663.5	33026.0	285872.2
股份合作	19147.4	4135.3	1604.4	24107.9	16297.2	3695.4	43486.4
联营企业	7275.5	1781.2	1010.6	8227.2	5900.0	1177.2	23720.4
有限责任公司	3994961.0	1368481.2	418226.0	6338515.2	4969966.9	816644.7	10150833.6
国有独资公司	20961.4	86027.2	13477.7	94700.0	91844.2	4727.3	98129.2
其他有限责任公司	3973999.6	1282454.0	404748.3	6243815.2	4878122.7	811917.4	10052704.4
股份有限公司	1188379.2	819946.9	294147.1	2515811.6	1588147.2	197077.4	5720767.7
私营企业	4435876.6	1203532.0	323012.0	6111250.3	4523801.6	1122189.6	11570059.4
私营独资	170586.0	148413.8	34567.4	343800.9	167499.8	137861.4	955902.3
私营合伙	1542.4	825.5	220.2	2522.6	1257.5	385.2	10685.2
私营有限责任公司	4105154.0	1015006.5	274448.9	5542158.7	4191510.1	939249.9	10216359.2
私营股份有限公司	158594.2	39286.2	13775.5	222768.1	163534.2	44693.1	387112.7
其他	25880.6	9084.9	2141.9	35207.7	27050.1	6265.8	75677.4
港澳台商投资企业	636954.4	389097.7	124745.8	1417458.0	915083.8	551056.9	1688865.6
与港澳台商合资经营	395432.5	146427.0	71666.6	535130.8	342001.6	109206.8	865815.6
与港澳台商合作经营							
港澳台商独资	228589.8	231343.5	50818.7	858133.2	547187.2	435311.1	741248.4
港澳台商独资股份有限公司	12932.1	11327.2	2260.5	24194.0	25895.0	6539.0	81801.6
外商投资企业	528551.6	418692.1	123248.2	1179601.1	900836.8	364663.2	1205157.7
中外合资经营	175804.9	141413.7	74600.2	280276.0	194440.9	62204.3	542833.9
中外合作经营							
外资企业	327975.2	272931.0	47377.0	865383.8	670959.1	285351.7	630405.9
外商投资股份有限公司	24771.5	4347.4	1271.0	33941.3	35436.8	17107.2	31917.9
2.按国民经济行业分组							
综合零售业	4243705.4	2206499.3	690558.9	7934269.7	6059245.3	1364072.3	9213881.7
百货零售业	3242347.5	1708793.6	517142.3	6310989.1	4528989.1	1109394.2	6984001.4
超级市场零售业	968865.9	482083.1	167111.6	1577619.6	1491714.9	242351.1	2066176.2
食品、饮料及烟草制品专门零售业	141791.8	52257.6	13986.0	215838.6	112517.1	72406.2	449520.0
纺织、服装及日用品专门零售业	494142.0	187520.4	61018.0	774710.7	549853.7	231217.2	1136030.6
服装零售业	347102.5	146293.7	47783.5	552800.8	415230.3	166658.6	780734.8
文化、体育用品及器材专门零售业	213208.2	158225.5	45395.1	467382.1	313440.2	102628.4	659703.5
体育用品零售业	7573.6	6412.3	2407.9	18477.1	12496.6	7831.6	43017.1
图书零售业	65801.3	49738.5	20470.1	114621.2	84065.3	22137.5	146065.5
医药及医疗器材专门零售业	799963.8	81213.7	23852.5	911754.2	730256.0	139712.6	1782499.1
药品零售业	764339.9	77785.6	22895.0	870951.7	702229.2	132371.9	1717395.4
汽车、摩托车、燃料及零配件专门	4057510.8	1483399.2	433420.8	6305793.6	4311036.6	1111516.5	15322852.8
汽车零售业	3463471.3	667403.4	203951.9	4611413.3	3481985.7	594290.5	9096452.8
机动车燃料零售业	495366.1	789639.1	219555.3	1550204.2	718721.5	485697.7	5957591.0
家用电器及电子产品专门零售业	676581.0	152178.0	34129.2	942426.2	646436.5	233460.7	2337797.8
家用电器零售业	440735.6	127711.0	26010.1	648293.3	452828.3	160308.7	1445226.4
计算机、软件及辅助设备零售业	157984.1	15656.3	6027.4	195694.1	127222.0	56840.0	528026.6
通讯设备零售业	72826.6	7628.2	1683.9	89962.9	62405.2	13406.3	329209.1
五金、家具及室内装修材料专门零	219882.0	204048.1	47751.4	451176.5	356136.6	124349.1	675933.4
无店铺及其他零售业	256351.5	152854.9	22409.0	492310.0	251490.6	107164.6	838430.7
邮购及电子销售业							

17-8 续表 2 单位：万元

登记注册类型、行业	主营业务成本	主营业务税金及附加	管理费用	营业利润	利润总额	应付职工薪酬	应交增值税
总计	**149083884.9**	**714636.3**	**2725726.3**	**2524188.3**	**2596166.9**	**1852131.5**	**1783957.1**
一、批发业	**120310788.6**	**463810.7**	**1388740.7**	**1743381.9**	**1783485.5**	**768708.3**	**949827.9**
1.按登记注册类型分组							
内资	118638125.1	459018.1	1329782.4	1679373.6	1716677.4	724736.5	912431.3
国有	8108277.6	214972.1	215564.3	523087.2	547244.9	170133.9	136816.6
集体	383416.5	1758.8	4728.5	6380.3	6138.0	2518.2	2537.6
股份合作	96683.2	457.4	2021.6	1404.5	1404.5	1961.8	451.9
联营企业	10750.1	26.4	109.0	145.1	135.0	255.7	148.4
国有联营	10750.1	26.4	109.0	145.1	135.0	255.7	148.4
集体联营							
国有与集体联营							
其他联营							
有限责任公司	34153634.8	90694.1	589706.1	686796.1	662215.2	252914.3	323650.0
国有独资公司	5022382.3	4622.7	34902.0	-71819.6	-71038.7	26944.7	20915.0
其他有限责任公司	29131252.5	86071.4	554804.1	758615.7	733253.9	225969.6	302735.0
股份有限公司	49137819.4	17477.7	108833.3	-144504.3	-145654.7	120044.6	100762.5
私营企业	26674304.4	132922.1	405945.3	597147.9	639129.0	175125.0	346577.5
私营独资	240851.5	3777.8	8439.7	17873.5	16607.8	2454.7	4832.3
私营合伙	19304.8	12.9	305.0	224.5	236.6	380.5	101.3
私营有限责任公司	24281224.9	123748.6	375264.5	418491.0	461488.7	157448.0	313521.2
私营股份有限公司	2132923.2	5382.8	21936.1	160558.9	160795.9	14841.8	28122.7
其他	73239.1	709.5	2874.3	8916.8	6065.5	1783.0	1486.8
港澳台商投资企业	539301.7	1544.7	16379.1	15262.6	16536.9	13658.6	9064.2
与港澳台商合资经营	90250.3	785.3	7542.1	7358.4	8461.8	5539.5	3038.4
与港澳台商合作经营	34948.3	62.6	746.1	-1866.4	-1854.4	678.5	532.5
港澳台商独资	414103.1	696.8	8090.9	9770.6	9929.5	7440.6	5493.3
港澳台商独资股份有限公司							
外商投资企业	1133361.8	3247.9	42579.2	48745.7	50271.2	30313.2	28332.4
中外合资经营	177629.2	264.4	3901.7	587.1	274.8	3198.7	3127.7
中外合作经营	749.4		74.2	129.8	129.8	8.2	
外资企业	938350.2	2928.4	37894.0	47541.2	49378.4	26595.5	24867.5
外商投资股份有限公司	16633.0	55.1	709.3	487.6	488.2	510.8	337.2
2.按国民经济行业分组							
农畜产品批发业	4047796.4	9804.4	37420.6	10991.8	21215.2	18328.0	21724.8
食品、饮料及烟草制品批发业	5521351.1	228932.0	215224.3	550623.1	570050.5	165210.3	169396.2
米、面制品及食用油批发业	1175535.4	8588.8	17352.0	1991.9	11687.3	10861.7	12471.5
烟草制品批发业	2525057.5	199054.3	148904.4	455589.8	458960.9	112324.7	125182.1
纺织、服装及日用品批发业	5577118.2	34846.7	381964.8	576607.9	537015.9	140423.2	66186.3
服装批发业	3326363.9	29643.8	344529.0	422239.6	378150.4	112846.1	52711.8
文化、体育用品及器材批发业	373223.7	1034.0	13455.4	14760.0	17663.9	7327.1	5413.7
医药及医疗器材批发业	3681656.9	13637.5	86976.1	101860.3	97984.9	42761.9	61700.2
矿产品、建材及化工产品批发业	92729066.9	135934.5	475488.3	343361.2	382894.3	292717.0	499468.9
煤炭及制品批发业	6054729.1	14618.4	65045.1	178704.1	182310.3	22555.8	56018.3
石油及制品批发业	59099918.0	28714.6	158260.4	-175130.6	-170073.6	159249.2	175898.1
金属及金属矿批发业	19886921.0	61469.7	154700.7	234014.6	232460.9	67089.4	122590.4
建材批发业	1992323.0	10654.2	27204.5	69656.6	70401.3	12558.6	84714.8
化肥批发业	1099850.4	1964.7	8989.4	-20237.8	3868.8	3087.5	31666.2
机械设备、五金交电及电子产品批发	7310537.9	34425.3	157594.1	136492.9	144506.1	89212.4	101110.3
汽车、摩托车及零配件批发业	920331.8	7175.5	20602.7	22064.2	22970.0	10622.1	9876.8
家用电器批发业	758596.8	1244.8	10202.6	4356.8	5305.1	8767.1	5582.3
计算机、软件及辅助设备批发业	525884.6	1211.2	7469.6	27940.0	28498.0	7553.2	2566.2
贸易经纪与代理	523129.0	268.3	5374.0	2388.7	2599.4	5161.8	1185.3
其他批发业	546908.5	4928.0	15243.1	6296.0	9555.3	7566.6	23642.2

17-8 续表 3

单位：万元

登记注册类型、行业	主营业务成本	主营业务税金及附加	管理费用	营业利润	利润总额	应付职工薪酬	应交增值税
二、零售业	**28773096.3**	**250825.6**	**1336985.6**	**780806.4**	**812681.4**	**1083423.2**	**834129.2**
1.按登记注册类型分组							
内资	26268010.4	230978.8	1152310.7	766261.4	787455.6	942352.4	770796.9
国有	1509146.2	5449.5	40915.2	21194.1	21612.0	103887.1	19863.3
集体	237329.6	2826.0	10814.1	21329.1	21227.4	9536.9	7419.4
股份合作	39844.4	262.6	1355.0	11.3	31.1	748.8	259.3
联营企业	21973.9	80.8	398.4	266.3	265.4	385.0	227.6
有限责任公司	8951881.5	83042.6	445821.1	190283.9	216307.0	302990.8	178633.1
国有独资公司	87003.9	714.0	6832.9	1095.8	1253.0	2024.7	737.4
其他有限责任公司	8864877.6	82328.6	438988.2	189188.1	215054.0	300966.1	177895.7
股份有限公司	5194899.3	34661.6	191771.3	171322.1	156625.8	195684.3	292627.7
私营企业	10249530.5	104091.3	457625.1	358393.9	368426.7	325371.4	271479.0
私营独资	812294.5	16390.0	32859.8	64489.9	62157.6	20573.6	28750.5
私营合伙	8787.6	373.0	286.8	948.2	948.2	155.4	262.1
私营有限责任公司	9093953.7	83149.8	406385.2	279904.1	291479.3	293832.4	235276.8
私营股份有限公司	334494.7	4178.5	18093.3	13051.7	13841.6	10810.0	7189.6
其他	63405.0	564.4	3610.5	3460.7	2960.2	3748.1	287.5
港澳台商投资企业	1479572.7	12223.1	106647.5	-22189.2	-21713.3	65259.6	38240.2
与港澳台商合资经营	764612.8	4954.1	57530.5	-2328.7	-1629.6	36968.5	17280.9
与港澳台商合作经营							
港澳台商独资	656654.0	6552.9	47779.0	-37259.6	-37502.0	25984.2	20317.2
港澳台商独资股份有限公司	58305.9	716.1	1338.0	17399.1	17418.3	2306.9	642.1
外商投资企业	1025513.2	7623.7	78027.4	36734.2	46939.1	75811.2	25092.1
中外合资经营	476151.9	3430.1	33040.6	7597.0	7299.7	39666.0	9290.4
中外合作经营							
外资企业	520803.9	3824.9	37219.7	38133.8	39170.9	33994.8	15712.6
外商投资股份有限公司	28557.4	368.7	7767.1	-8996.6	468.5	2150.4	89.1
2.按国民经济行业分组							
综合零售业	7824699.2	118118.5	698533.4	284319.6	287819.0	516178.7	218333.8
百货零售业	5927289.4	93551.3	579394.9	283478.9	274651.3	384730.0	174256.9
超级市场零售业	1756723.5	23000.1	114353.9	-1824.0	10661.2	122584.2	40477.4
食品、饮料及烟草制品专门零售业	386735.7	5174.5	21076.2	12919.7	16271.5	16073.5	8995.3
纺织、服装及日用品专门零售业	907317.3	11728.8	86697.3	27848.2	27050.7	39870.9	25006.1
服装零售业	619939.0	8211.5	67813.0	7157.1	6573.3	27050.4	14580.9
文化、体育用品及器材专门零售业	561946.4	10640.8	43011.1	9711.0	13011.9	35082.0	13157.8
体育用品零售业	36225.8	344.6	3903.7	-639.7	-226.3	1459.6	1482.0
图书零售业	115366.4	1330.3	20944.9	-2777.9	-550.5	15556.0	2072.9
医药及医疗器材专门零售业	1560056.7	8237.1	53820.9	39369.3	39925.6	70095.5	34588.7
药品零售业	1503907.8	7779.6	50701.5	37149.6	37656.2	69152.9	32539.8
汽车、摩托车、燃料及零配件专门	14143251.1	55231.9	302912.0	293580.9	297655.1	321171.1	472056.3
汽车零售业	8423264.4	36950.6	213009.8	129168.4	140123.8	135960.1	178575.9
机动车燃料零售业	5483453.1	15176.9	80750.6	152875.8	145971.0	179497.8	284809.1
家用电器及电子产品专门零售业	2098228.7	20703.8	68185.3	44760.5	43716.1	50717.0	35132.2
家用电器零售业	1282818.0	14922.3	36914.4	23913.2	23226.1	29328.4	27342.0
计算机、软件及辅助设备零售业	483359.5	2852.0	21390.9	8899.0	8725.6	14619.1	4313.0
通讯设备零售业	300072.4	2374.8	9126.1	10471.4	10290.3	6271.8	3344.6
五金、家具及室内装修材料专门零	569019.3	10822.7	40946.8	20580.5	23913.5	16169.9	12447.8
无店铺及其他零售业	721841.9	10167.5	21802.6	47716.7	63318.0	18064.6	14411.2
邮购及电子销售业							

17-9 限额以上住宿业和餐饮业经营情况

(2013年) 单位：万元

登记注册类型、行业	法人单位(个)	年末从业人数(人)	营业额	客房收入	餐费收入	商品销售收入	其他收入
总　计	**1296**	**102704**	**2495966.6**	**534746.8**	**1819344.1**	**41805.5**	**100070.2**
一、住宿业	**590**	**56582**	**1068762.2**	**476767.1**	**491140.4**	**24011.6**	**76843.1**
1.按登记注册类型分组							
内资	529	47359	872416.2	386430.2	408860.9	15324.9	61800.2
国有	95	10663	179336.1	72862.1	92823.4	2559.2	11091.4
集体	36	1893	33653.6	15545.2	15294.1	158.9	2655.4
股份合作	2	70	873.0	449.6	340.0	83.4	
联营企业	1	27	437.5	126.3	34.1	12.4	264.7
国有联营	1	27	437.5	126.3	34.1	12.4	264.7
集体联营							
国有与集体联营							
其他联营							
有限责任公司	130	16509	265506.5	120515.9	124332.6	2137.9	18520.1
国有独资公司	7	1874	39302.7	17350.4	20426.6	148.0	1377.7
其他有限责任公司	123	14635	226203.8	103165.5	103906.0	1989.9	17142.4
股份有限公司	12	741	30024.8	10062.8	19344.1	285.0	332.9
私营企业	247	17033	354122.2	165506.1	151502.5	8220.4	28893.2
私营独资	62	2948	50710.8	24437.2	22465.3	1059.5	2748.8
私营合伙	5	132	2238.2	1848.5	369.1	18.6	2.0
私营有限责任公司	171	13075	287611.7	131253.4	124566.0	6870.2	24922.1
私营股份有限公司	9	878	13561.5	7967.0	4102.1	272.1	1220.3
港澳台商投资企业	27	5105	119827.2	54764.7	51030.5	7710.7	6321.3
与港澳台商合资经营	16	3446	72856.7	32833.6	31116.2	3257.2	5649.7
与港澳台商合作经营	1	355	7821.1	3394.1	4087.9		339.1
港澳台商独资	10	1304	39149.4	18537.0	15826.4	4453.5	332.5
港澳台商独资股份有限公司							
外商投资企业	34	4118	76518.8	35572.2	31249.0	976.0	8721.6
中外合资经营	22	2992	56446.0	22378.9	25389.9	962.2	7715.0
中外合作经营	2	241	3987.0	1903.1	2077.5		6.4
外资企业	10	885	16085.8	11290.2	3781.6	13.8	1000.2
外商投资股份有限公司							
2.按国民经济行业分组							
旅游饭店	418	49188	920419.6	390283.7	442200.2	18979.1	68956.6
一般旅馆	153	6604	129276.3	75451.3	42668.1	4900.5	6256.4
其他住宿服务	19	790	19066.3	11032.1	6272.1	132.0	1630.1

17-9 续表

单位：万元

登记注册类型、行业	法人单位(个)	年末从业人数(人)	营业额	客房收入	餐费收入	商品销售收入	其他收入
二、餐饮业	**706**	**46122**	**1427204.4**	**57979.7**	**1328203.7**	**17793.9**	**23227.1**
1.按登记注册类型分组							
内资	637	33482	789963.4	56874.2	698874.9	15256.0	18958.3
国有	22	1316	23441.1	7034.7	13878.1	344.1	2184.2
集体	12	358	10355.5	503.0	9621.9	223.2	7.4
股份合作	3	103	1091.0	136.2	954.8		
联营企业							
国有联营							
集体联营							
国有与集体联营							
其他联营							
有限责任公司	111	7151	130834.3	12268.0	109684.9	1092.9	7788.5
国有独资公司	2	88	629.6	3.7	625.1		0.8
其他有限责任公司	109	7063	130204.7	12264.3	109059.8	1092.9	7787.7
股份有限公司	9	973	33611.8	1985.7	31428.9	193.2	4.0
私营企业	466	22824	568822.5	33170.8	515082.3	12011.9	8557.5
私营独资	197	7161	215254.5	4237.5	206844.4	3152.7	1019.9
私营合伙	5	149	3286.2		3286.2		
私营有限责任公司	250	14871	334707.9	28658.5	290720.6	8010.8	7318.0
私营股份有限公司	14	643	15573.9	274.8	14231.1	848.4	219.6
其他	14	757	21807.2	1775.8	18224.0	1390.7	416.7
港澳台商投资企业	21	2265	74875.9	388.1	72061.5	1654.1	772.2
与港澳台商合资经营	8	568	13763.6		13058.3	174.4	530.9
与港澳台商合作经营	1	17	744.3		744.3		
港澳台商独资	12	1680	60368.0	388.1	58258.9	1479.7	241.3
港澳台商独资股份有限公司							
外商投资企业	48	10375	562365.1	717.4	557267.3	883.8	3496.6
中外合资经营	19	1078	53330.7	557.1	50606.5	883.8	1283.3
中外合作经营	2	910	32338.0		32338.0		
外资企业	26	8277	474178.7	160.3	471805.1		2213.3
外商投资股份有限公司	1	110	2517.7		2517.7		
2.按国民经济行业分组							
正餐服务业	653	34009	813866.3	57631.5	720575.1	15089.7	20570.0
快餐服务业	28	10156	578363.3		576716.0	283.6	1363.7
饮料及冷饮服务业	13	592	16991.5		14791.4	2200.1	
其他餐饮服务业	12	1365	17983.3	348.2	16121.2	220.5	1293.4

17-10 限额以上住宿业和餐饮业主要财务指标

(2013年)　　单位：万元

登记注册类型、行业	流动资产合计	固定资产原价	累计折旧	资产总计	负债合计	实收资本	主营业务收入
总　计	**1551629**	**2960392**	**1241994**	**4323491**	**3294876**	**1344839**	**2469891**
一、住宿业	**1024733**	**2276080**	**1005109**	**2929606**	**2292319**	**985042**	**1058528**
1.按登记注册类型分组							
内资	725386	1555712	587655	2186309	1616048	677022	865062
国有	99769	354738	146309	357353	214005	135959	174685
集体	12539	27250	11982	30412	23922	7490	33562
股份合作	256	337	139	679	1370	86	851
联营企业	165	354	276	283	1005	300	439
国有联营	165	354	276	283	1005	300	439
集体联营							
国有与集体联营							
其他联营							
有限责任公司	241936	663231	246628	824652	582827	296917	269858
国有独资公司	19554	135428	42346	116051	51544	64187	38488
其他有限责任公司	222382	527803	204282	708602	531283	232731	231370
股份有限公司	3945	23264	4518	48827	24247	14636	29928
私营企业	344040	469715	174724	886602	730827	220514	347298
私营独资	46827	39384	8405	89285	42840	40376	49885
私营合伙	1038	1207	145	2970	596	667	2230
私营有限责任公司	252480	395559	156182	706263	615674	154735	281128
私营股份有限公司	43695	33565	9992	88084	71717	24736	14055
其他	22736	16823	3080	37500	37846	1120	8441
港澳台商投资企业	185334	472711	251047	488357	319888	188996	118390
与港澳台商合资经营	156614	268129	150100	310438	263671	87802	71474
与港澳台商合作经营	8955	12421	5855	18381	1134	7697	7821
港澳台商独资	19765	192161	95092	159538	55083	93497	39095
港澳台商独资股份有限公司							
外商投资企业	114012	247657	166408	254940	356383	119025	75076
中外合资经营	80852	190106	128199	198951	240450	88306	55712
中外合作经营	1449	34475	26000	10326	63016	20563	3987
外资企业	31711	23077	12209	45663	52917	10156	15377
外商投资股份有限公司							
2.按国民经济行业分组							
旅游饭店	948296	2114089	954789	2694913	2133029	902886	914262
一般旅馆	67941	127403	41424	186394	143296	51658	122970
其他住宿服务	8496	34588	8896	48300	15994	30498	21296

17-10 续表 1

单位：万元

登记注册类型、行业	流动资产合计	固定资产原价	累计折旧	资产总计	负债合计	实收资本	主营业务收入
二、餐饮业							
1.按登记注册类型分组							
内资	429667	523087	154552	1082649	770226	311989	778668
国有	13987	35252	8121	53547	35756	14752	23639
集体	1123	1367	898	2483	1168	544	10140
股份合作	1488	743	555	1718	1435	225	1091
联营企业							
国有联营							
集体联营							
国有与集体联营							
其他联营							
有限责任公司	84293	125738	28814	277423	219444	75233	129665
国有独资公司	95	76	19	152	224	80	629
其他有限责任公司	84198	125662	28795	277271	219220	75153	129037
股份有限公司	3904	39347	14582	28866	17643	9939	33710
私营企业	320192	317093	100444	708905	486207	209200	561471
私营独资	40490	74998	24987	135882	43453	62059	209502
私营合伙	2205	201	145	2474	2379	214	3286
私营有限责任公司	263542	237586	72995	519150	408286	125072	333227
私营股份有限公司	13955	4308	2317	51398	32089	21854	15456
其他	4681	3547	1138	9708	8574	2096	18952
港澳台商投资企业	23034	57210	31744	56453	43312	12341	74603
与港澳台商合资经营	5926	4442	3133	7504	7521	2266	13764
与港澳台商合作经营	132	43	8	166	87	900	744
港澳台商独资	16977	52725	28603	48783	35704	9175	60095
港澳台商独资股份有限公司							
外商投资企业	74195	104014	50589	254783	189020	35466	558092
中外合资经营	25263	14653	5668	48590	35014	5403	53100
中外合作经营	3367	13942	5638	22210	23841	4239	28453
外资企业	43994	75274	39157	182329	129242	25625	474022
外商投资股份有限公司	1572	145	126	1654	925	200	2518
2.按国民经济行业分组							
正餐服务业	437170	566186	181467	1104925	812035	317808	802210
快餐服务业	72059	98002	48097	250771	178893	24990	574035
饮料及冷饮服务业	5627	3414	1537	11431	4295	6467	16892
其他餐饮服务业	12040	16710	5784	26759	7335	10532	18227

17-10 续表 2 单位：万元

登记注册类型、行业	主营业务成本	主营业务税金及附加	管理费用	营业利润	利润总额	应付职工薪酬	应交增值税
总　计	**1252928**	**131213**	**445817**	**34965**	**58254**	**344466**	
一、住宿业	**497783**	**54459**	**294745**	**-44425**	**-22430**	**185499**	
1.按登记注册类型分组							
内资	446701	43494	202271	-36110	-14058	147825	
国有	100020	8294	50121	-13434	-6928	37606	
集体	20812	1938	4828	-802	-604	5342	
股份合作	407	48	196	-24	-24	226	
联营企业	64	22	201	33	33	46	
国有联营	64	22	201	33	33	46	
集体联营							
国有与集体联营							
其他联营							
有限责任公司	135208	13469	74276	-22606	-14946	50084	
国有独资公司	34583	1643	5029	-3314	-349	6495	
其他有限责任公司	100626	11825	69248	-19292	-14597	43589	
股份有限公司	21611	688	1923	931	955	2085	
私营企业	162841	18768	69216	336	8073	51208	
私营独资	29414	3061	4891	5141	5571	8188	
私营合伙	1343	123	366	190	139	278	
私营有限责任公司	128030	14707	60722	-5509	1872	41329	
私营股份有限公司	4053	877	3238	514	491	1413	
其他	5739	268	1510	-544	-618	1227	
港澳台商投资企业	25071	6761	60916	-2739	-2917	24636	
与港澳台商合资经营	16387	4202	31495	-1893	-2162	14482	
与港澳台商合作经营	2349	427	2768	62	66	1769	
港澳台商独资	6335	2132	26654	-908	-821	8386	
港澳台商独资股份有限公司							
外商投资企业	26010	4204	31558	-5576	-5455	13038	
中外合资经营	20536	3165	22119	-3495	-3381	9295	
中外合作经营	1335	223	1578	-384	-385	1103	
外资企业	4139	816	7860	-1697	-1690	2640	
外商投资股份有限公司							
2.按国民经济行业分组							
旅游饭店	412866	47819	265754	-44180	-23651	162459	
一般旅馆	70856	5751	24026	1416	1959	19692	
其他住宿服务	14060	889	4965	-1661	-738	3348	

17-10 续表 3　　单位：万元

登记注册类型、行业	主营业务成本	主营业务税金及附加	管理费用	营业利润	利润总额	应付职工薪酬	应交增值税
二、餐饮业							
1.按登记注册类型分组							
内资	463616	42521	91559	39090	40633	97391	
国有	12989	1083	4395	-179	214	3899	
集体	6948	461	358	1545	1542	874	
股份合作	560	74	124	24	24	214	
联营企业							
国有联营							
集体联营							
国有与集体联营							
其他联营							
有限责任公司	70619	6187	20316	-4487	-3758	20856	
国有独资公司	440	44	118	-214	-214	312	
其他有限责任公司	70179	6143	20198	-4273	-3544	20544	
股份有限公司	23136	2001	2691	1295	1296	2830	
私营企业	335757	31361	62787	38736	39100	66291	
私营独资	134745	12631	13791	32828	33112	19987	
私营合伙	1954	137	75	801	801	359	
私营有限责任公司	189383	17863	47281	4010	4100	44652	
私营股份有限公司	9675	730	1639	1097	1087	1293	
其他	13608	1354	888	2155	2215	2427	
港澳台商投资企业	31865	3822	9085	1870	1667	10351	
与港澳台商合资经营	9381	538	2101	379	287	744	
与港澳台商合作经营	581	44	518	-415	-426	40	
港澳台商独资	21903	3240	6466	1907	1806	9567	
港澳台商独资股份有限公司							
外商投资企业	259664	30412	50429	38431	38384	51226	
中外合资经营	24122	2626	6698	2481	2338	9396	
中外合作经营	10852	1389	1790	-2951	-2884	2614	
外资企业	223630	26256	41845	39065	39093	38431	
外商投资股份有限公司	1060	141	97	-164	-164	785	
2.按国民经济行业分组							
正餐服务业	476891	43928	98317	36019	36153	100915	
快餐服务业	262134	31360	47331	40661	41969	52788	
饮料及冷饮服务业	5785	974	1187	1707	1642	3414	
其他餐饮服务业	10336	492	4237	1004	920	1850	

17-11 各地区限额以上批发零售贸易业企业资产、负债及所有者权益

(2013年)

单位：万元

地　区	资产合计		负债合计	所有者权益合计
		#流动资产		
全　省	**6673435**	**51579370**	**51811218**	**15708720**
沈　阳	2356040	14656348	14757069	5349460
大　连	1275911	18684379	18411805	5257112
鞍　山	1428526	4055209	4202466	2510230
抚　顺	196915	672967	660378	274154
本　溪	99348	1874437	1870171	195373
丹　东	114996	650617	634461	216662
锦　州	141050	671614	685549	250728
营　口	278181	4818090	4818261	423319
阜　新	165894	907480	1034806	213779
辽　阳	100710	962689	991700	131654
盘　锦	151882	1148110	1136751	270151
铁　岭	109205	383325	379679	180263
朝　阳	136316	1183539	1261804	236384
葫芦岛	118463	910568	966319	199453

17-12 各地区限额以上批发零售贸易业企业主要财务指标

(2013年)

单位：万元

地　区	主营业务收入	主营业务成本	主营业务税金及附加	管理费用	管理费用中的税金
全　省	**158495680**	**149083885**	**714636**	**2725726**	**172431**
沈　阳	80213192	77555528	194885	920555	47381
大　连	36406611	34432235	101970	695073	31680
鞍　山	13169835	10929366	147744	487462	51996
抚　顺	2826863	2492553	43442	74175	3447
本　溪	1594157	1408361	13446	62201	1971
丹　东	1920941	1751423	21731	41405	3352
锦　州	2990832	2699223	27636	70937	4072
营　口	4314414	3757200	56534	78451	11226
阜　新	2608871	2425404	14306	46250	1617
辽　阳	2107666	2001384	11171	29620	1864
盘　锦	4201920	4006009	12955	61909	3917
铁　岭	1829544	1670609	14381	50394	1853
朝　阳	2232323	2013110	40570	58747	5418
葫芦岛	2078511	1941480	13866	48548	2639

17-13 各地区限额以上批发零售贸易业企业增加值

(2013年) 单位：万元

地区	增加值合计	本年提取的固定资产折旧	本年应付职工薪酬	主营业务税金及附加	利润总额	管理费用中税金额
全省	**7958656.2**	**2623290.2**	**1852131.5**	**714636.3**	**2596166.9**	**172431.3**
沈阳	1955339.2	876972.2	625840.4	194884.7	210261.1	47380.8
大连	1884572.9	714040.9	534311.9	101969.5	502570.8	31679.8
鞍山	1674656.1	245129.5	178408.2	147744.2	1051378.1	51996.1
抚顺	383159.2	166655.4	65169.4	43441.5	104445.6	3447.3
本溪	167658.3	53384.7	38570.6	13446.4	60285.9	1970.7
丹东	155366.4	54405.4	35770	21731.3	40107.6	3352.1
锦州	281203.8	84654.9	50657.4	27636.3	114183	4072.2
营口	516253.7	93137	69614.3	56533.6	285742.5	11226.3
阜新	202379.2	61331.6	66579.5	14305.8	58545.8	1616.5
辽阳	114123.9	44463.5	22912.9	11170.6	33713.4	1863.5
盘锦	174134	65323.3	46873.8	12955.2	45065.1	3916.6
铁岭	132776.7	53601.1	34983	14380.9	27958.6	1853.1
朝阳	193756	57050.3	41081.8	40570	49636.1	5417.8
葫芦岛	123276.8	53140.4	41358.3	13866.3	12273.3	2638.5

17-14 各地区限额以上住宿餐饮业增加值

(2013年) 单位：万元

地区	增加值合计	本年提取的固定资产折旧	本年应付职工薪酬	主营业务税金及附加	利润总额	管理费用中税金额
全省	**1779174.2**	**1241994.1**	**344466**	**131212.9**	**34965.4**	**26535.8**
沈阳	509163.5	350362.6	103143	48766.2	2706.7	4185
大连	758972.9	601828.6	133273.5	35771.3	-20168.2	8267.7
鞍山	142756.6	64013.5	23224.3	13930.7	36340.9	5247.2
抚顺	23244.5	17943.6	5877.2	1603.2	-2608.2	428.7
本溪	20946.2	14335.1	4745.1	1613.7	-410.5	662.8
丹东	40440.5	15768.4	10793.6	6311.9	6351.6	1215
锦州	45332.6	26766.4	8672.9	3326.8	5920.4	646.1
营口	132454	79638.1	22500.1	8925	18810.9	2579.9
阜新	7533	3782.3	3624.3	1232.2	-1351.1	245.3
辽阳	22608.5	17690.3	7870.2	1720.9	-5164.3	491.4
盘锦	25920.9	18223.8	7301.6	2842.8	-3967.8	1520.5
铁岭	12189.1	8151.2	2927	1341.2	-606.7	376.4
朝阳	12759.5	4686.9	4184.9	1631.5	1871.4	384.8
葫芦岛	24852.4	18803.3	6328.3	2195.5	-2759.7	285

主要统计指标解释

社会消费品零售额 指各种经济类型的批发零售贸易业、餐饮业、和其他行业对城乡居民和社会集团的消费品零售额的总和。这个指标反映通过各种商品流通渠道向居民和社会集团供应的生活消费品来满足他们生活需要，是研究人民生活、社会消费品购买力、货币流通等问题的重要指标。社会消费品零售额包括:（1）售给城乡居民作为生活用的商品及修建房屋用的建筑材料;（2）售给机关、团体、学校、部队、企业、事业单位的职工食堂和旅店（招待所）附设专门供本店旅客食用，不对外营业的食堂的各种食品、燃料; 企业、单位和国营农场直接售给本单位职工和职工食堂的自己生产的产品;（3）售给部队干部、战士生活用的粮食、副食品、衣着品、日用品、燃料;（4）售给来华的外国人、华侨、港澳台同胞的消费品（包括友谊商店、在海关前后设立的免税商店、外轮供应公司等);（5）居民自费购买的中、西药品、中药材及医疗用品;（6）报社、出版社直接售给居民和社会集团的报纸、图书、杂志，集邮公司（包括邮局集邮专柜）出售的新旧纪念邮票、特种邮票、首日封、集邮册、集邮工具等;（7）旧货寄售商店自购、自销部分的商品零售额;（8）煤气公司、液化石油气站售给居民和社会集团的煤气灶具和罐装液化石油气;

批发零售贸易业商品购、销、存总额 指以各种经济类型的批发、零售贸易业为总体的商品购、销、存。

商品购进总额 指从本企业（单位）以外的单位和个人购进（包括从国外直接进口）作为转卖或加工后转卖的商品。这个指标反映批发零售贸易业从国内、国外市场上购进商品的总量。商品购进总额包括:（1）从工农业生产者购进的商品;（2）从出版社、报社的出版发行部门购进的图书、杂志和报纸;（3）从各种经济类型的批发零售贸易企业（单位）购进的商品;（4）从其他单位购进的商品，如从机关、团体、企业、单位购进的剩余物资，从餐饮业、服务业购进的商品，从海关、市场管理部门购进的缉私和没收的商品，从居民收购的废旧商品等;（5）从国（境）外直接进口的商品。

商品销售总额 指对本企业（单位）以外的单位和个人出售（包括对国（境）外直接出口）的商品。这个指标反映批发零售贸易业在国内市场上销售商品以及出口商品的总量。商品销售总额包括:（1）售给城乡居民和社会集团消费用的商品;（2）售给工业、农业、建筑业、运输邮电业、批发零售贸易业、餐饮业、服务业、公用事业等作为生产、经营使用的商品;（3）售给批发零售贸易业作为转卖或加工后转卖的商品;（4）对国（境）外直接出口的商品。

批发零售贸易业年末库存 指年末各种经济类型的批发零售贸易企业（单位）已取得所有权的商品。它反映各地区、各批发零售贸易企业（单位）的商品库存情况和对市场商品供应的保证程度。期末库存包括:（1）存放在批发零售贸易业经营单位（如门市部、批发站、经营处）仓库、货场、货柜和货架中的商品;（2）挑选、整理、包装中的商品;（3）已记入购进而尚未运到本单位的商品，即发货单或银行承兑凭证已到而货未到部分;（4）寄放他处的商品，如因购货方拒绝承付而暂时存放在购货方的商品和已办完加工成品收回手续而未提回的商品;（5）委托其他单位代销（未作销售或调出）尚未售出的商品;（6）代其他单位购进尚未交付的商品。

城乡集市贸易成交额 指在农村集市和城市集市上买卖双方（包括农民、非农业居民、机关、团体、工商企业、个体商贩）成交的全部商品金额，是反映集市贸易规模的综合性指标。

十八、对外经济贸易

Chapter 18 Foreign Trade and Economy Cooperation

18-1 对外经济贸易基本情况

单位：户、个、亿美元

指　标	2005年	2006年	2008年	2009年	2010年	2011年	2012年	2013年
进出口总额	**410.1**	**483.9**	**724.4**	**629.2**	**806.7**	**959.6**	**1039.9**	**1142.8**
出口总额	234.4	283.2	420.5	334.4	431.2	510.4	579.5	645.4
进口总额	175.7	200.7	303.8	294.8	375.5	449.2	460.4	497.4
进出口差额	58.7	82.5	116.7	39.6	55.7	61.2	119.1	148.0
外商直接投资合同项目	**2686**	**2336**	**1319**	**1629**	**1480**	**1050**	**745**	**565**
外商直接投资合同金额	**110.2**	**152.4**	**203.0**	**281.8**	**256.4**	**196.4**	**247.7**	**216.3**
实际外商直接投资额	**35.9**	**59.9**	**120.2**	**154.4**	**207.5**	**242.7**	**267.9**	**290.4**
外商投资企业基本情况								
年底登记户数	16542	16402	14564	12928	18377	11787	17960	17250
投资总额	815.1	944.9	1247.6	1317.8	1476.2	1659.7	1855.6	1832.1
注册资本	495.3	596.7	801.3	849.4	975.4	1057.7	1171.3	1135.9
#外方	361.7	432.2	642.1	692.9	801.5	864.9	962.6	927.6
对外经济合作								
合同金额	7.1	8.5	26.2	29.1	19.7	20.0	22.9	27.7
#对外承包工程	5.5	6.6	23.2	25.6	17.2	17.5	19.3	23.7
对外劳务合作	1.7	1.9	3.0	2.6	2.4	2.4	3.6	3.9
完成营业额	6.5	7.2	11.1	18.2	15.1	16.1	19.5	23.8
#对外承包工程	4.3	4.9	8.5	15.8	13.2	14.0	16.3	20.6
对外劳务合作	2.3	2.2	2.6	2.4	2.2	2.0	3.2	3.1

18-2 外贸进出口总额

单位：亿美元、%

年 份	进出口总额				指数(上年=100)		出口额指数(1953年=100)
		出口额	进口额	差额(+、-)	出口额	进口额	
1978	15.9	15.2	0.7	14.5	130.1	190.6	1614.9
1980	40.5	39.8	0.7	39.1	152.9	104.2	4234.0
1985	53.9	50.4	3.5	46.9	101.0	280.6	5363.8
1986	34.3	30.8	3.5	27.0	61.1	100.3	3276.6
1987	42.2	37.9	4.3	33.6	123.0	132.1	4029.8
1988	44.5	38.7	5.8	32.9	102.3	124.9	4121.3
1989	53.4	44.5	8.9	35.6	114.8	154.2	4729.8
1990	63.2	56.1	7.1	49.0	126.0	78.3	5957.4
1991	67.3	57.7	9.6	48.1	103.0	138.3	6138.3
1992	76.6	61.8	14.8	37.0	106.9	153.2	6569.3
1993	84.6	62.1	22.5	39.6	100.7	151.7	6901.1
1994	97.0	68.7	28.3	40.4	110.5	125.5	7627.8
1995	109.9	82.6	27.3	55.2	120.3	96.7	9175.6
1996	112.5	83.4	29.1	54.3	100.9	106.4	9264.4
1997	129.6	88.9	40.7	48.2	106.6	139.9	9877.8
1998	127.4	80.5	46.9	37.1	87.8	75.4	8942.3
1999	137.3	82.0	55.3	26.7	101.9	117.9	9111.1
2000	190.2	108.5	81.7	26.8	132.3	147.7	12055.5
2001	199.1	111.1	88.0	23.1	102.4	107.7	12344.4
2002	217.4	123.7	93.7	30.0	111.3	106.5	13744.4
2003	265.6	146.3	119.3	27.0	118.3	127.3	16255.5
2004	344.4	189.2	155.2	34.0	129.3	130.1	21022.2
2005	410.1	234.4	175.7	58.7	123.9	113.2	26044.4
2006	483.9	283.2	200.7	82.5	120.8	114.2	31466.7
2007	594.7	353.3	241.5	111.8	124.7	120.3	39239.0
2008	724.4	420.5	303.8	116.7	119.0	125.8	46722.2
2009	629.2	334.4	294.8	39.6	79.5	97.0	37155.6
2010	806.7	431.2	375.5	55.7	128.9	127.4	47911.2
2011	959.6	510.4	449.2	61.2	118.4	119.6	56711.1
2012	1039.9	579.5	460.4	119.1	113.5	102.5	64388.9
2013	1142.8	645.4	497.4	148.0	111.4	107.8	69556.7

注:1998年以后为海关统计数。

18-3 按贸易性质分进出口总额

单位：万美元

分　类	2010年	2011年	2012年	2013年	2013年比上年增长%	比重(%)			
						2010年	2011年	2012年	2013年
进出口总额	**8067121**	**9595724**	**10399104.9**	**11428474.9**	**9.8**				
出口总额	**4311970**	**5104050**	**5795017.9**	**6454062.6**	**11.4**	**100**	**100**	**100.0**	**100**
一般贸易	1800132	2228121	2956298.2	3651281.6	23.5	41.7	43.7	51.0	56.6
国家间、国际组织无偿援助和赠送的物资	689.3	545	2100.4	4493.9	114.0				0.1
来料加工装配贸易	551159.4	579241	478659.3	604354.4	25.9	12.8	11.3	8.3	9.4
进料加工贸易	1510317	1824227	1828754.5	1674077.6	-8.4	35	35.7	31.6	25.9
边境小额贸易	40559	49456	63124.4	73051.4	15.7	0.9	0.9	1.1	1.1
对外承包工程货物	5094.9	26721	29430.8	15666.6	-46.7	0.1	0.5	0.5	0.2
租赁贸易	441.3	15	104.6	1035.3	889.4				
出料加工贸易	286.7	54		1.3	.				
易货贸易	45.7	68		10.4	.				
海关特殊监管区域		348909	323885.2	345925.5	6.8		6.8	5.6	5.4
保税监管场所进出境货物		224035	205978.8	195921.1	-4.9		4.4	3.6	3.0
海关特殊监管区域物流货物		124874	117906.4	150004.4	27.2		2.4	2.0	2.3
其他贸易	68896.5	46678	112660.5	84164.6	-25.3	1.6	0.9	1.9	1.3
进口总额	**3755151**	**4491674**	**4604087**	**4974412.2**	**7.8**	**100**	**100**	**100**	**100**
一般贸易	1931520	2477696	2603561	2836244.3	8.6	51.4	55.2	56.5	57.0
华侨、港澳同胞、外籍华人捐赠物资	42.9	7	33		.				
来料加工装配贸易	520143.7	507725	487389	593380.7	21.8	13.9	11.3	10.6	11.9
进料加工贸易	712366.4	905437	788930	805442.9	2.1	19	20.2	17.1	16.2
边境小额贸易	13954.8	31727	37091	31443.3	-15.1		0.7	0.8	0.6
来料加工装配进口的设备	1244.3	1180	600	563.8	-6.1				
租赁贸易	116.1	63	40	13.2	-67.2				
外商投资企业作为投资进口的设备、物品	23340.2	53962	45479	34974.1	-23.1	0.6	1.2	1.0	0.7
出料加工贸易	33.4	27			.				
易货贸易	48.4	119	15	3.5	-81.8				
海关特殊监管区域		500357	628434	660481.9	5.1		11.1	13.6	13.3
保税监管场所进出境货物		287279	430512	452865.0	5.2		6.4	9.4	9.1
海关特殊监管区域物流货物		201901	190083	203100.3	6.8		4.5	4.1	4.1
其他贸易	22362.4	13374	12515	11861.6	-5.2	0.6	0.3	0.3	0.2

18-4 各地区进出口总额

单位：万美元

地　区	2006年	2007年	2008年	2009年	2010年	2011年	2012年	2013年
进口总额								
总　计	**2006871**	**2414687**	**3038290**	**2948357**	**3755151**	**4491674**	**4604087**	**4974412**
沈　阳	263091	275007	300527	304679	377887	579513	678313	733289
大　连	1453765	1729200	2168111	2006491	2472262	2881629	2943100	3138534
鞍　山	66186	100699	150181	152582	246151	273417	173491	218296
抚　顺	14749	23236	34001	42957	50144	38189	26909	21773
本　溪	40254	54510	126198	150165	189236	218424	168557	176685
丹　东	33428	41600	49888	56234	105408	151813	172230	171002
锦　州	26783	33646	46990	94046	113938	111589	127653	143277
营　口	48110	53482	69951	47262	71567	107763	161021	232164
阜　新	508	992	628	793	2510	4662	9539	6762
辽　阳	17475	48971	46423	22616	28788	25587	31363	23541
盘　锦	5420	6535	10671	8288	11322	26219	40568	48882
铁　岭	1438	2103	1485	1078	8408	1875	8504	21814
朝　阳	7124	4058	3573	8318	8349	22538	22667	15821
葫芦岛	28540	40648	29663	52848	69181	48456	40172	22573
出口总额								
总　计	**2832250**	**3532507**	**4205447**	**3344142**	**4311970**	**5104050**	**5795032**	**6454063**
沈　阳	265822	331933	412336	352349	407717	482512	596514	699581
大　连	1725809	2145260	2530561	2177367	2725909	3169350	3468242	3743743
鞍　山	213853	240689	317427	103906	144221	200499	237445	269713
抚　顺	52457	66265	88227	45881	52355	61464	70706	85628
本　溪	85989	123570	242452	64629	158375	193931	240515	269614
丹　东	140501	161847	138491	144908	187443	235980	287511	340612
锦　州	65553	95748	74063	80647	117852	149552	175144	207205
营　口	117326	135281	168578	120037	220593	325860	388176	436890
阜　新	4038	9063	10534	10608	12036	15323	18861	26580
辽　阳	39410	68135	79115	87013	96151	51192	59855	68395
盘　锦	10182	20597	25908	29230	36662	53823	70551	81780
铁　岭	10028	13273	15201	42017	46129	53190	46429	63614
朝　阳	26074	30965	35026	37028	41277	31274	39809	50423
葫芦岛	75208	89881	67528	48522	65250	80100	95273	110287

18-5 海关同主要国家(地区)进出口总额

单位：万美元

国家、地区	进出口总额				进口总额				出口总额			
	2010年	2011年	2012年	2013年	2010年	2011年	2012年	2013年	2010年	2011年	2012年	2013年
香　港	292175	380050	352473	417016	10939	10257	15244	9874	281236	369793	337229	407142
澳　门	120	169	1635	1636	9		1144	1	111	169	492	1635
日　本	1533814	1721208	1558982	1563288	560624	623327	546351	551361	973190	1097881	1012631	1011927
菲律宾	45906	70292	61640	69141	13752	22399	22299	24431	32154	47893	39340	44710
韩　国	707507	865247	901567	944830	309059	377018	344214	404365	398448	488229	557353	540465
泰　国	97126	117233	143627	218330	55724	55642	55132	119635	41402	61591	88496	98695
马来西亚	73788	79270	145786	232403	38385	42346	55941	42877	35403	36924	89845	189525
新加坡	302379	240257	297949	417894	17513	30464	35708	30076	284866	209793	262241	387819
印度尼西亚	218267	273427	267348	291428	58981	56688	60422	56410	159286	216739	206926	235018
土耳其	39725	32187	32100	35466	21360	6717	9025	12080	18364	25470	23075	23386
孟加拉	8865	9900	8265	17881	155	187	178	334	8710	9713	8087	17547
巴基斯坦	18609	14432	22558	22825	3120	2631	3235	2796	15488	11801	19323	20029
匈牙利	23742	22286	19569	25386	14950	12399	7679	13319	8792	9888	11890	12066
德　国	413691	570366	715864	750283	309108	452353	576246	574033	104583	118013	139618	176249
法　国	71127	90251	88275	91202	48471	62051	49443	40087	22656	28200	38832	51115
意大利	87712	96902	92840	101704	22877	31998	35356	32911	64835	64904	57485	68793
比利时	41052	60793	57097	55445	8123	11391	13984	7923	32929	49402	43113	47522
英　国	100721	110662	116647	159475	34386	31924	22378	27565	66335	78738	94269	131910
丹　麦	18563	28050	33364	31162	8853	16154	18077	16551	9710	11896	15286	14611
瑞　典	49399	35819	31538	38505	37773	21452	17135	19897	11626	14367	14403	18608
瑞　士	13932	24502	18210	13201	10625	20104	12772	8631	3307	4398	5437	4570
奥地利	12254	17661	19549	15113	8239	12578	16277	11106	4015	5084	3272	4008
西班牙	45907	56262	67262	74580	5905	11125	13553	16228	40002	45137	53708	58352
荷　兰	140521	145779	179185	235562	7810	8761	24333	64451	132712	137018	154852	171111
俄罗斯	160125	216756	245462	241897	85243	115152	135627	128338	74882	101603	109835	113558
波　兰	16434	22563	53376	39662	3656	4911	4132	6942	12779	17652	49244	32720
捷　克	7880	10268	13318	14109	5042	6371	6366	6342	2838	3897	6951	7766
罗马尼亚	4245	6205	8655	8246	1378	2909	3346	4143	2867	3296	5308	4103
保加利亚	1450	2155	3142	3910	237	652	546	1548	1214	1503	2595	2362
埃　及	8858	34651	17593	21214	105	157	30	15	8753	34494	17563	21199
利比亚	3568	755	33532	4576	35		29392	41	3533	755	4139	4535
加拿大	109095	113710	153295	167477	57931	51544	69066	71639	51164	62166	84229	95838
美　国	703666	784037	1023228	1089378	229767	285603	336354	295019	473899	498434	686874	794359
巴　西	284012	328223	323068	422674	222931	255454	228292	299696	61081	72769	94776	122979
澳大利亚	412986	469487	401624	472108	321368	393486	286956	391392	91618	76001	114668	80716
新西兰	15304	28002	33634	54193	9094	20886	24386	42840	6209	7116	9248	11352

18-6 海关主要商品出口数量

品　名	单位	2005年	2006年	2008年	2009年	2010年	2011年	2012年	2013年
冻鸡	吨	14923.0	13253.0	23513.0	17925.0	32393.8	30840.9	19416.0	31172.0
水海产品	吨	312342.0	405784.0	423595.0	395516.0	441945.7	572674.5	627047.0	680007.0
玉米	万吨	83.5	53.3	2.0	1.6	2.3	2.3	14.0	1.3
鲜苹果	吨	26571.0	25220.0	57371.0	59390.0	61846.9	60582.1	56032.0	62798.0
大豆	吨	123968.0	127976.0	172235.0	176835.0	82412.2	85979.0	171388.0	121952.0
食用植物油	吨	54876.0	68184.0	55430.0	46443.0	25521.0	23742.6	34615.0	74529.0
天然蜂蜜	吨	3053.0	2914.0	3896.0	4323.0	5831.5	3571.8	4326.0	9304.0
蘑菇罐头	吨	8250.0	9987.0	16913.0	9956.0	17171.6	16376.3	15467.0	16239.0
烤烟	吨	1935.0	541.0	3327.0	3784.0	1818.1	2986.8	1678.0	2657.0
滑石	吨	185522.0	214999.0	228772.0	144826.0	208655.3	246540.2	260084.0	268570.0
粗苯	吨	7970.0	59360.0	83346.0	14987.0				
原油	万吨	52.3	5.1	23.7	28.9	7.6	8.9	11.0	
成品油	万吨	314.9	386.4	343.9	534.6	487.1	426.3	315.0	475.6
石蜡	吨	344942.0	342066.0	290621.0	306405.0	284712.2	279939.0	293996.0	299684.0
合成有机染料	吨	14725.0	19935.0	11529.0	9304.0	8853.2	6367.9	6408.0	4672.0
纸及纸板	吨	4937.0	2635.0	2930.0	4249.0	5916.0	6963.8	15481.0	35670.0
棉坯布	万米	623.8	486.5						
合成短纤与棉混纺机织物	万米	3790.7	4158.8	4926.3	3066.2	4131.5	4359.5	3962.0	3605.0
水泥	万吨	63.2	49.2	25.8	4.4	11.8	14.5	14.0	10.0
钢材	万吨	300.1	580.0	745.2	291.5	567.1	593.0	739.0	818.0
金属加工机床	台	9914	21576	31597	22267	29339	28206	28332	22827
轴承	万套	4707.7	4061.8	4546.0	2713.0	4284.9	5092.4	5224.0	4634.0
电动机及发电机	万个	36095.7	34949.6	30528.9	21684.8	32271.6	29258.2	26232.0	20515.0
变压器	万个	2321.0	3963.0	7794.3	8215.2	11468.0	8802.8	5788.0	4844.0
电视机	万个	258.3	300.2	481.6	450.4	561.9	470.0	421.0	396.0
汽车和汽车底盘	个	5212	9148	23305	13828	16523	19026	24924	24653
船舶	个	6247	7822	8425	8487	10194	11433	18846	20163
皮革服装	万个	202.3	176.4	105.5	85.4	61.6	60.5	85.0	53.0
鞋	万双	4029.2	5224.8	3210.4	2665.7	3503.9	3695.4	6559.0	11265.0

18-7 海关主要商品进口数量

品　名	单位	2005年	2006年	2008年	2009年	2010年	2011年	2012年	2013年
大豆	万吨	161.5	95.0	75.1	113.0	214.5	195.0	225.0	236.0
食用植物油	吨	50531.0	16037.0	33270.0	1437.0	3487.5	1514.7	2858.0	3929.0
食糖	吨	8695.0	9831.0	7175.0	22507.0	28143.1	35910.7	115558.0	603324.0
天然橡胶	吨	49816.0	61869.0	54594.0	33988.0	40253.3	41909.0	34158.0	53731.0
纸浆	吨	27097.0	20028.0	12859.0	23902.0	19226.7	35945.4	66929.0	101957.0
棉花	吨	15381.0	19449.0	23211.0	15424.0	24078.9	23700.6	29169.0	19624.0
铁矿砂及其精矿	万吨	1381.9	1458.4	2169.0	2915.0	2920.7	3105.6	2592.0	2800.0
煤	万吨	90.2	66.6	143.6	610.5	643.7	794.0	952.0	1762.0
原油	万吨	773.1	951.8	1157.9	1728.8	1552.1	1166.6	1348.0	1573.0
成品油	万吨	10.8	33.8	36.8	47.2	87.1	121.6	159.0	154.0
纸及纸板	吨	32174.0	28412.0	36777.0	28784.0	34344.5	36916.5	30932.0	32019.0
棉机织物	万米	2809.4	2883.2	1698.1	1075.8	1180.4	1147.7		1.2
合成纤维长丝机织物	万米	7116.8	7927.1	8331.5	5934.4	6929.5	7895.4	5912.0	6246.0
钢坯及粗锻件	吨	20357.0	8932.0	7666.0	227156.0	37134.1	16981.5	6401.0	9327.0
钢材	吨	590661.0	488538.0	703322.0	649117.0	756953.4	932075.6	728949.0	667980.0
金属加工机床	个	3419	19515	4232	14876	16677	3825	2579	1796
电动机及发电机	万个	3997.5	5169.8	7277.9	5099.1	4778.9	4514.8	4733.0	3460.0
印刷电路	万个	34216.6	38662.6	39206.8	34084.8	60204.5	90389.5	65988.0	51329.0
汽车和汽车底盘	个	22531	26570	7134	7734	10788	6847	19071	12059

18-8 利用外资概况

单位：个、万美元

年份	总计		对外借款		外商直接投资		外商其他投资	
	项目	金额	项目	金额	项目	金额	项目	金额
签订利用外资合同								
1990	550	85298	70	34403	365	46703	115	4192
1991	720	92238	40	33733	575	54006	105	4499
1992	2264	269694	39	68353	2148	197922	77	3419
1993	4147	431588	27	49074	4054	379615	66	2899
1994	2810	499888	63	50495	2677	448846	70	547
1995	2484	466820	54	60702	2406	397449	24	8669
1996	1901	502673	27	24728	1853	445601	21	32344
1997	1734	550991	17	57080	1698	438835	19	55076
1998	1740	506974	26	46747	1708	438957	6	21270
1999	1785	505987	44	51200	1736	444517	5	10270
2000	1908	555807	17	26983	1883	517775	8	11049
2001	1893	592312	14	31611	1876	546649	3	14052
2002	2132	742914	5	11194	2125	718520	2	13200
2003	2328	982243	1	12000	2327	970243		
2004	2491	866200			2491	866200		
2005	2686	1101596			2686	1101596		
2006	2336	1524039			2336	1524039		
2007	1844	2078104			1844	2078104		
2008	1319	2029661			1319	2029661		
2009	1629	2818381			1629	2818381		
2010	1480	2563510			1480	2563510		
2011	1050	1963942			1050	1963942		
2012	745	2476813			745	2476813		
2013	565	2163235			565	2163235		
实际利用外资额								
1990		78725		51749		24831		2145
1991		97157		61429		31360		4368
1992		85931		39512		43916		2503
1993		169055		43402		122731		2922
1994		198135		55230		142388		517
1995		190691		49377		140405		909
1996		237915		44637		167142		26136
1997		305876		29775		221446		54655
1998		314104		71742		220471		21891
1999		303820		85470		206366		11984
2000		301620		35472		255219		10929
2001		358627		33282		311293		14052
2002		425538		20777		391561		13200
2003		571074		12812		558262		
2004		540679				540679		
2005		359042				359042		
2006		598554				598554		
2007		909673				909673		
2008		1201925				1201925		
2009		1544390				1544390		
2010		2075010				2075010		
2011		2426739				2426739		
2012		2679315				2679315		
2013		2903996				2903996		

18-9 各地区实际利用外商投资额

单位：万美元

地 区	2005年	2006年	2008年	2009年	2010年	2011年	2012年	2013年
总 计	**359042**	**598554**	**1201925**	**1544390**	**2075010**	**2426739**	**2679315**	**2903996**
沈 阳	212312	303444	528842	531038	505361	550247	580435	581093
大 连	100153	224475	441180	600199	1003025	1101208	1235033	1359985
鞍 山	6936	13534	58161	74177	90496	110256	127520	138391
抚 顺	4207	5279	12866	31284	44182	20826	12635	52108
本 溪	3856	5035	11305	20108	30100	35214	46140	51449
丹 东	6432	11449	30606	50003	70454	101688	120100	110012
锦 州	6647	9557	31090	36805	50045	53780	100409	114009
营 口	7840	10078	32035	50491	86036	110283	121330	133041
阜 新	1328	1844	5166	6413	11013	14958	18295	20506
辽 阳	3299	5121	20038	81718	33352	39118	45093	52009
盘 锦	1464	2052	8390	30178	91335	200108	161004	150334
铁 岭	1564	3172	12021	17197	26288	30345	40217	55539
朝 阳	584	2494	5020	7332	11039	14269	18103	21020
葫 芦 岛	2420	1020	5205	7447	22284	44439	53001	64500

18-10 按国别、地区分实际利用外商投资额

单位：万美元

国别、地区	2005年	2006年	2008年	2009年	2010年	2011年	2012年	2013年
香 港	139993	167937	532055	674180	1147685	1610711	1465255	1518436
澳 门	1436	1332	7835	32817	30242	12464	13720	26713
台 湾	5793	16668	31574	79920	90200	69762	43008	60379
印度尼西亚	395	12		3			50	80
日 本	41003	73991	98480	115592	126158	144210	214451	430131
马来西亚	4675	3440	6821	13910	8064	1422	1663	8045
菲 律 宾	373	450	924	987	660	8918	2589	2849
新 加 坡	13158	27636	26259	26408	50185	13050	37755	112578
韩 国	51435	93564	162223	156053	135474	139784	146673	201222
泰 国	2780	2472	5066	2732	40	2825	4540	587
比 利 时	495	1050	1000	7		1	1299	815
丹 麦	215	596		8976	2	6	239	165
英 国	4861	3508	12907	17235	18597	14813	7016	18839
德 国	3693	7238	2048	14030	7198	23975	52073	39122
法 国	31	1520	438	1317	1463	1906	2320	3377
意 大 利	2426	4986	2397	473	219	1780	6663	13012
荷 兰	2921	4255	2875	3539	5799	1222	2415	30654
西 班 牙	84	1036	492	1242	5324	443	6038	11231
芬 兰		25	280		42	28	17	408
瑞 士	503	101	2856	1194	234	35898	11496	19824
加 拿 大	4499	13849	6390	23996	19657	10580	13413	17122
美 国	28262	55693	67548	82296	67450	55484	120614	78931
澳大利亚	3949	9726	7863	11457	7177	2225	15287	11221
新 西 兰	1005	903	1466	1152	9057	2070	8590	366

18-11 项目、合同外资额

（按国别、地区分）

单位：个、万美元

国别、地区	2007年		2008年		2009年		2010年		2011年		2012年		2013年	
	项目	合同外资额	项目	合同外资额	项目	合同外资额	项目	合同外资额	项目	合同外资额	项目	合同外资额	项目	合同外资额
香　港	455	913623	337	747395	509	1224091	521	1444286	392	1254359	244	1267282	210	1173266
澳　门	11	8839	8	19819	20	65623	22	38708	23	13745	12	4645	2	10845
台　湾	77	67182	90	169541	137	264515	145	260442	48	67519	21	63380	18	32130
印度尼西亚	2	-34		-130						-77				57
日　本	305	85584	233	198502	231	204429	221	112441	196	85834	176	232852	91	261811
马来西亚	14	10022	6	6534	6	11277	8	10005	3	-1814	13	-494	3	4180
菲律宾	3	13325	1	-969	2	1235	1	315	3	10115	1	12726		1320
新加坡	42	44165	34	62084	23	43892	25	34943	27	25182	16	99631	23	106784
韩　国	507	266657	343	272915	352	418856	256	172781	126	82325	99	77653	86	142270
泰　国	1	-229	1	5179	1	2600		-876	1	-152	1	5560		-2215
比利时	1	-3628		990	2	-136	1	117	2	-197	1	1589		3229
丹　麦	1	366	1	8237	1	-189		-5		-358	2	196	1	66
英　国	25	46789	18	29353	16	6448	5	18198	14	6946	1	8287	5	6546
德　国	20	17137	17	8173	14	30050	18	7611	15	11022	12	35913	12	24781
法　国	3	-647	5	-38	6	8653	4	1168	8	4181	3	4522	4	1074
意大利	10	8124	5	3045	3	-3156	2	632	7	4031	4	4958	3	5966
荷　兰	6	602	11	7437	2	-1014	1	1596	4	2087	5	7348	4	-1401
西班牙	6	3946	3	2663	3	3025	5	4421	2	5069	5	4524	3	7646
芬　兰				338	1	314							1	218
瑞　士	4	4490	1	58	3	206	2	2686	4	41510	1	3288	5	20153
加拿大	60	31488	24	24300	38	64563	28	37098	20	11552	9	16162	11	19383
美　国	132	101580	89	133151	113	153389	62	44853	37	13561	28	99654	23	39902
澳大利亚	18	8550	14	3915	6	9391	18	8931	11	17009	5	7175	8	14777
新西兰	4	6984	3	4130	5	724	4	9924	2	18471	2	415		-4

18-12 按行业分实际利用外商投资项目及合同额情况

行 业	2005年	2006年	2008年	2009年	2010年	2011年	2012年	2013年
一、合同项目(个)								
总 计	**2686**	**2336**	**1319**	**1629**	**1480**	**1050**	**745**	**565**
农、林、牧、渔业	69	55	37	38	26	32	13	12
采 矿 业	25	16	7	6	4	6	9	7
制 造 业	1717	1366	682	538	463	372	257	124
电力、燃气及水的生产和供应业	15	29	19	24	26	29	18	9
建 筑 业	42	38	14	30	28	29	28	3
交通运输、仓储及邮政业	12	24	18	15	17	18	11	18
信息传输、计算机服务和软件业	129	90	79	139	86	57	34	23
批发和零售业	151	158	127	137	185	177	158	165
住宿和餐饮业	125	101	49	24	40	28	26	15
金 融 业	4	2	3	2	3	3		5
房地产业	178	242	43	120	182	75	64	58
租赁和商务服务业	139	122	164	190	148	112	81	81
科学研究、技术服务和地质勘查业	31	46	48	291	211	84	33	25
水利、环境和公共设施管理业	3	9	7	12	14	11	5	7
居民服务和其他服务业	28	17	12	44	36	11	6	7
教育	2	1			1			
卫生、社会保障和社会福利业	1	2		2				2
文化、体育和娱乐业	15	18	10	17	10	6	2	4
公共管理和社会组织								
国际组织								
二、合同外资额(万美元)								
总 计	**1101596**	**1524039**	**2029661**	**2818381**	**2563510**	**1963942**	**2476813**	**2163235**
农、林、牧、渔业	21048	25350	28955	50217	24257	58736	54900	34462
采 矿 业	6938	8470	13548	17037	5373	1897	13639	16001
制 造 业	716719	898064	1193627	1006115	690925	590282	1206273	1089177
电力、燃气及水的生产和供应业	10534	20512	48938	34665	34899	96486	67258	92742
建 筑 业	6333	6743	5142	41671	68918	82021	140841	15097
交通运输、仓储及邮政业	11875	32056	40903	30601	51753	18496	77602	160889
信息转输、计算机服务和软件业	41606	21198	117275	198482	109805	24811	83029	56605
批发和零售业	32004	29688	49065	14828	50439	79976	82493	142071
住宿和餐饮业	15442	15115	20524	8370	1694	13349	34719	19554
金 融 业	3767	837	12779	-6778	9500	16368	4366	17546
房地产业	180554	365030	351803	409007	701894	586127	400008	365711
租赁和商务服务业	29677	27549	57172	145132	116944	115743	120101	66195
科学研究、技术服务和地质勘查业	11235	46610	72689	593208	441232	114210	116458	63882
水利、环境和公共设施管理业	2006	3995	8452	27588	61070	24796	11695	3010
居民服务和其他服务业	4658	8213	2384	224129	172766	113634	42448	-7152
教育	12	18	37		4			
卫生、社会保障和社会福利业	2084	3008	30	4000		79		3983
文化、体育和娱乐业	5104	11583	6338	20109	22037	26931	20983	23462
公共管理和社会组织								
国际组织								

18-13　按行业分实际利用外商投资额情况

单位：万美元

行　业	2005年	2006年	2008年	2009年	2010年	2011年	2012年	2013年
总　计	**359042**	**598554**	**1201925**	**1544390**	**2075010**	**2426739**	**2679315**	**2903996**
农、林、牧、渔业	2353	5367	15759	14150	18622	33769	42030	40877
采 矿 业	1660	2252	7830	11015	4137	235	8363	24290
制 造 业	176122	342981	525614	695686	761130	1132689	1245637	1468341
电力、燃气及水的生产和供应业	3915	11202	31389	28020	38321	55448	281335	159734
建 筑 业	5575	1698	2636	5826	33075	41593	73382	63142
交通运输、仓储及邮政业	9059	9211	31017	22499	31424	8658	67133	143036
信息传输、计算机服务和软件业	8315	15871	35468	70799	48026	27845	88680	99319
批发和零售业	4647	19912	19339	28767	35741	103071	75823	120873
住宿和餐饮业	3789	5750	10426	2701	8011	9683	51047	18027
金 融 业	559	334	6149	869	40344	26916	25070	25205
房地产业	98312	152248	448306	353215	702800	697546	458258	577257
租赁和商务服务业	5928	10159	45072	50407	46954	67868	50286	66124
科学研究、技术服务和地质勘查业	1639	7734	13051	132051	115323	54851	106336	40211
水利、环境和公共设施管理业	1132	871	2995	4504	39741	43274	5509	6661
居民服务和其他服务业	3965	8157	1377	113335	131414	100536	74633	29510
教育	98				1	1	2	
卫生、社会保障和社会福利业	17	58		23	1010	7	35	113
文化、体育和娱乐业	1835	4749	5497	10523	18936	22119	22756	21276
其 他						630		

18-14　年末登记外商投资企业行业分布情况

行　业	企业数(户)					投资总额(百万美元)				
	2009年	2010年	2011年	2012年	2013年	2009年	2010年	2011年	2012年	2013年
总　计	**18377**	**11787**	**11787**	**17960**	**17250**	**147615**	**165969**	**165969**	**185564**	**183207**
农、林、牧、渔业	276	255	255	252	217	1195	1589	1589	1822	1839
采 矿 业	50	41	41	48	43	415	521	521	910	694
制 造 业	7387	6715	6715	6835	6157	65912	74760	74760	78797	78645
电力、燃气及水的生产和供应业	146	133	133	170	174	5780	6880	6880	7568	10506
建 筑 业	378	302	302	416	387	4894	6188	6188	7301	5635
交通运输、仓储及邮政业	356	151	151	380	417	4437	4683	4683	5119	6206
信息转输、计算机服务和软件业	2936	516	516	2387	2337	4941	3006	3006	3062	2646
批发和零售业	2015	1059	1059	2548	2690	2714	4048	4048	4401	6244
住宿和餐饮业	858	385	385	995	1063	1968	1973	1973	1851	1695
金 融 业	166	24	24	231	279	1186	1140	1140	1091	1093
房地产业	1107	910	910	1006	994	35158	42824	42824	54029	48741
租赁和商务服务业	1767	633	633	1838	1678	7327	8783	8783	9428	9342
科学研究、技术服务和地质勘查业	597	385	385	486	466	8386	4768	4768	5483	5300
水利、环境和公共设施管理业	63	66	66	72	56	1421	2511	2511	2531	2742
居民服务和其他服务业	162	116	116	181	189	527	589	589	271	366
教育	5	3	3	4	4	2	1	1	1	1
卫生、社会保障和社会福利业	6	5	5	4	5	99	69	69	53	55
文化、体育和娱乐业	102	88	88	107	94	1256	1636	1636	1845	1418

18-14 续表

行业	注册资本(百万美元)									
	2009年	2010年	2011年	2012年	2013年	#外方				
						2009年	2010年	2011年	2012年	2013年
总　计	**97535**	**105770**	**105770**	**117131**	**113599**	**80151**	**86489**	**86489**	**96255**	**92762**
农、林、牧、渔业	727	930	930	1205	1008	549	744	744	1009	1008
采矿业	303	348	348	520	374	213	248	248	407	271
制造业	38599	41692	41692	42954	42188	29837	32575	32575	33333	32423
电力、燃气及水的生产和供应业	2515	3097	3097	3161	3896	1734	2210	2210	2258	2996
建筑业	3044	3989	3989	5322	4189	2629	3540	3540	4797	3835
交通运输、仓储及邮政业	2306	2490	2490	2782	3178	1291	1449	1449	1518	1706
信息转输、计算机服务和软件业	3294	2009	2009	2030	1739	2930	1646	1646	1658	1409
批发和零售业	1570	2129	2129	2392	3056	1304	1880	1880	2121	2704
住宿和餐饮业	985	983	983	889	984	685	723	723	660	777
金融业	843	916	916	876	886	671	739	739	687	728
房地产业	27316	33058	33058	40375	37492	23039	27527	27527	34084	31458
租赁和商务服务业	6260	7466	7466	7987	8087	6165	7286	7286	7769	7714
科学研究、技术服务和地质勘查业	7522	3522	3522	3795	3764	7251	3195	3195	3386	3386
水利、环境和公共设施管理业	1042	1616	1616	1579	1583	942	1509	1509	1462	1444
居民服务和其他服务业	369	399	399	176	233	204	235	235	150	191
教育	2	1	1	0		2	1	1		
卫生、社会保障和社会福利业	59	29	29	23	25	44	25	25	23	24
文化、体育和娱乐业	778	1096	1096	1065	771	660	957	957	931	686

18-15 外商投资企业分国别、地区注册登记情况

(2013年)

国别、地区	企业个数(个)		投资总额(万美元)		注册资本(万美元)		#外方(万美元)	
	年末实有	本年新增	绝对数	比重	绝对数	比重	绝对数	比重
合　计	**10851**	**509**	**18315922**	**100.0**	**11355158**	**100.0**	**9274749**	**100.0**
香　港	2677	155	9951507	54.3	6418408	56.5	5345953	57.6
澳　门	52		56620	0.3	45552	0.4	35988	0.4
台　湾	428	16	301009	1.6	224018	2.0	188272	2.0
日　本	2801	103	2233595	12.2	1198789	10.6	953361	10.3
马来西亚								
菲律宾								
新加坡								
韩　国	1907	79	992875	5.4	571599	5.0	506066	5.5
泰　国								
比利时								
英　国	137	4	126628	0.7	82843	0.7	67495	0.7
德　国	167	10	389064	2.1	166086	1.5	126334	1.4
法　国	49	4	210974	1.2	82506	0.7	77625	0.8
奥地利								
意大利								
卢森堡								
荷　兰								
西班牙								
瑞　士								
加拿大	235	9	109385	0.6	82463	0.7	65830	0.7
美　国	807	21	618259	3.4	403682	3.6	294466	3.2
澳大利亚	134	4	66512	0.4	38598	0.3	32233	0.3
新西兰	30		68798	0.4	65295	0.6	60860	0.7

18-16 对外承包工程和劳务合作

年份	合同份数（份）	合同金额（万美元）	完成营业额（万美元）	营业利润（万美元）	外汇净收入（万美元）	派出人员（人）	年末在外人数（人）
总计							
1985	77	8045	3547	231	347	1236	2415
1990	223	23984	8445	478	830	10354	8459
1991	253	13942	9037	392	741	12074	9945
1992	354	27501	14170	985	948	18197	13167
1993	396	39143	20609			18983	16821
1994	609	55763	31484				24569
1995	795	62925	32117			20946	26868
1996	832	48704	29599			21159	23573
1997	1002	63469	37784			23866	29095
1998	1173	56681	44406			25925	31717
1999	1362	44661	35574			31052	36724
2000	1381	62229	41334			38781	45936
2001	1284	50554	46512			42240	47744
2002	1017	54504	50326			51585	57292
2003	981	49749	48368			58376	64126
2004	917	60022	55715			64263	66575
2005	900	71200	65200			69364	71100
2006	1200	85000	71500			76490	78500
2007	1402	97500	78200			81771	82100
2008	1745	261657	110727			90202	85456
2009	1381	291257	181998			74462	84576
2010	1422	196538	150634			67095	81362
2011		199510	160635			70300	
2012	103	229637	195368			70580	71592
2013	260	276574	237575			13967	39868
承包工程							
1985	32	6523	2392	59	38	207	297
1990	46	14052	6767	332	280	1999	2280
1991	54	6433	4505	132	302	3842	2555
1992	79	18867	9231	428	380	6441	3009
1993	136	26818	10877			4883	3556
1994	180	44900	19600				
1995	191	39414	17626			4509	4966
1996	209	28875	15850			5616	3027
1997	216	39754	20980			3399	4263
1998	247	35901	28258			4467	4305
1999	215	21137	17503			2722	2860
2000		32811	20309				

18-16 续表

年　份	合同份数(份)	合同金额(万美元)	完成营业额(万美元)	营业利润(万美元)	外汇净收入(万美元)	派出人员(人)	年末在外人数(人)
2001	72	9327	15962			2751	2265
2002	156	23330	18474			1749	2741
2003	228	20644	17151			1801	2000
2004	200	31043	25920			5539	5800
2005	281	54600	42662			3176	4045
2006	171	66131	49429			6340	7416
2007	243	65500	54500			9810	10657
2008	366	231848	84588			26970	17262
2009	157	255818	157858				
2010	137	172372	132250				
2011	154	175336	140447				
2012	103	193467	163255			4110	7879
2013	260	237250	206287				
劳务合作							
1985	45	1522	1155	172	309	1029	2118
1990	177	9932	1678	146	550	8355	6179
1991	199	7509	4532	260	439	8232	7390
1992	275	8634	4939	557	568	11756	10158
1993	260	12325	9732			14100	13265
1994	429	10863	11884				24569
1995	596	22804	14451			16408	21848
1996	618	19634	13616			15504	20545
1997	763	22776	16313			20459	24823
1998	922	20397	15660			21428	27401
1999	1129	23478	18006			28316	33851
2000		29310	20926				
2001	926	27486	20326			26766	33599
2002	850	30175	31700			49748	54551
2003	750	29001	31005			56508	62059
2004	712	28410	29662			58661	60770
2005	619	16600	22538			66188	67055
2006	1029	18869	22071			70150	71084
2007	1159	32000	23700			71961	71443
2008	1379	29809	26139			63232	68194
2009	1218	26063	24140				
2010	1285	24178	21651				
2011		24174	20188				
2012		36170	32113			66470	63713
2013		39324	31288			13967	39868

主要统计指标解释

利用外资　指我国各级政府、部门、企业和其他经济组织通过对外借款、吸收外商直接投资以及用其他方式筹措的境外现汇、设备、技术等。

外商直接投资　是指外国企业和经济组织或个人（包括华侨、港澳台胞以及我国在境外注册的企业）按我国有关政策、法规，用现汇、实物、技术等在我国境内开办外商独资企业、与我国境内的企业或经济组织共同举办中外合资经营企业、合作经营企业或合作开发资源的投资（包括外商投资收益的再投资）以及经政府有关部门批准的项目投资总额内，企业从境外借入的资金。

对外承包工程　包括各对外承包公司以招标议标承包方式承揽的下列业务（1）承包国外工程建设项目;（2）承包我国对外经援项目;（3）承包我国驻外机构的工程建设项目;（4）承包我国境内利用外资进行建设的工程项目;（5）与外国承包公司合营或联合承包工程项目时我国公司分包部分;（6）以服务成果向业主收费的技术服务项目（包括承担地形地貌测绘；地质资源勘探与普查；建设区域规划；提供设计文件、图纸、生产工艺技术资料和工程技术经济咨询；工程项目的可行性考察、研究和评估；进行技术指导和培训人员等);（7）对外承包兼营的房屋开发业务。对外承包工程的营业额是以货币表现的本期内完成的对外承包工程的工作量，包括以前年度签订的合同和本年度新签订的合同在报告期完成的工作量。

对外劳务合作　指以收取工资的形式向业主或承包商提供技术和劳动服务的活动。我国对外承包公司在境外开办的合营企业，中国公司同时又提供劳务的，其劳务部分也纳入劳务合作统计。劳务合作营业额按报告期内向雇主提交的结算数（包括工资、加班费和奖金等）统计。

十九、旅游

Chapter 19 Tourism

19-1 旅游事业发展情况

指　　标	单位	2005年	2006年	2008年	2009年	2010年	2011年	2012年	2013年
入境旅游人数	**人次**	**1301955**	**1612987**	**2418707**	**2931954**	**3617999**	**4103329**	**4731340**	**5031286**
外 国 人	人次	1111091	1372550	2072737	2507403	3070097	3444122	3885864	4017005
港澳台同胞	人次	190864	240437	345970	424551	547902	659207	845476	1014281
平均逗留天数	**天**	**3.2**	**3.1**	**3.0**	**3.1**	**3.1**	**3.2**	**3.2**	**2.9**
国内居民出境人数	**人次**	**212996**	**438156**	**969000**	**1623038**	**1469022**	**1324000**	**1416000**	**2035000**
国内旅游人数	**万人次**	**9860**	**13166**	**19836**	**24195**	**28277.5**	**32563.5**	**36281.5**	**40427.2**
旅游收入									
国际旅游收入	万美元	73777	93430	152618	185621	225932.9	271314	318345	347713.6
国内旅游收入	亿元	674.7	896.1	1635.5	2098.8	2533.4	3159.3	3742	4432.6
星级饭店总数	**个**	**499**	**497**	**540**	**515**	**543**	**551**	**512**	**512**
旅行社数	**个**	**1003**	**1073**	**1116**	**1110**	**1170**	**1162**	**1165**	**1243**

19-2 按国别分外国入境旅游人数

单位：人次

国　　别	2005年	2006年	2008年	2009年	2010年	2011年	2012年	2013年
总　　计	**1111091**	**1372550**	**2072737**	**2507403**	**3070097**	**3444122**	**4731340**	**5031286**
日　　本	429841	503850	708085	869432	1018917	1072999	1035389	742632
菲 律 宾	5932	9118	14701	21446	21327	25659	28556	20541
新 加 坡	17977	20676	36907	40618	51797	75938	95820	106024
泰　　国	5002	6784	10285	9483	10725	16563	15390	13966
印度尼西亚	4632	8821	11346	13219	14486	16275	18005	18069
美　　国	31497	38973	63346	77118	118961	119775	117337	122329
加 拿 大	8671	11163	18297	21283	27374	29143	33629	34437
英　　国	9659	14338	34614	41504	55666	59156	47153	49747
法　　国	6542	9466	17671	16678	22617	25970	32384	34115
德　　国	17234	22356	34106	34398	37634	41400	49736	57598
意 大 利	4149	6031	10162	10475	10811	13879	20378	20158
俄 罗 斯	63459	88553	132801	159078	216104	224800	276869	323372
澳大利亚	7325	9332	14980	18303	21471	26869	35315	35408
新 西 兰	1846	2588	4691	6262	6771	9213	14669	16223

19-3 按地区分接待入境旅游人数

单位：人次

地　区	2005年	2006年	2008年	2009年	2010年	2011年	2012年	2013年
接待旅游人数	**1301955**	**1612987**	**2418707**	**2931954**	**3617999**	**4103329**	**4731340**	**5031286**
沈　阳	326513	400036	476357	495325	550313	634895	750011	813067
大　连	600030	700032	950045	1050043	1166020	1170035	1284176	1190035
鞍　山	68409	86246	155055	202293	264607	291745	383265	438511
抚　顺	19669	33097	77201	87069	111529	138539	169685	200307
本　溪	52201	82199	217816	367384	562000	594217	578611	619822
丹　东	103494	128000	190762	267860	326796	400540	491701	530891
锦　州	54952	68117	114820	150381	200134	253092	308580	344131
营　口	17011	21109	49670	59787	85708	155538	198032	241280
阜　新	2313	3033	10953	19190	23000	25531	27225	28633
辽　阳	9803	12660	18080	21058	27864	33470	38506	44332
盘　锦	14464	33626	82110	115000	180936	243895	314184	365184
铁　岭	7051	13006	33054	39827	48061	57203	66057	70210
朝　阳	1544	3180	7563	11010	13847	16626	19073	21268
葫芦岛	24501	28646	35221	45727	57184	88003	102234	123615

19-4 按地区分旅游外汇收入

单位：万美元

地　区	2005年	2006年	2008年	2009年	2010年	2011年	2012年	2013年
旅游外汇收入	**73777**	**93430**	**152618**	**185621**	**225933**	**271314**	**318345**	**347714**
沈　阳	17272	23156	33009	36999	40024	49980	63195	66451
大　连	40000	46500	65835	72748	80386	80519	87349	81341
鞍　山	4945	6080	12052	15607	22435	21614	27400	50086
抚　顺	504	915	3439	3965	5882	10828	12982	15123
本　溪	1702	3891	10985	19715	27095	43209	48878	48636
丹　东	3680	4493	9040	12535	16151	21310	26642	24473
锦　州	1841	3095	6512	8317	11820	14754	18506	21213
营　口	718	943	2159	2641	3728	6186	7187	10657
阜　新	90	136	488	835	1005	1133	1153	1243
辽　阳	468	649	1007	1212	1699	2080	1896	2869
盘　锦	747	1359	3828	5486	8916	11095	13327	13201
铁　岭	330	634	1776	2275	2698	3321	4014	4689
朝　阳	77	167	464	664	853	1026	1181	1403
葫芦岛	676	938	2024	2622	3241	4259	4634	6329

19-5 按地区分国内旅游人数及收入

(2013年)

单位：万人次、百万元

地　区	国内旅游接待人数	过夜旅游者	一日游游客	国内旅游收　入	过夜旅游者	一日游游客
全　省	**40427.2**	**16979.4**	**23447.8**	**443263**	**186170**	**257092**
沈　阳	7574.1	3181.1	4393.0	79222	33273	45949
大　连	5230.9	2197.0	3033.9	85044	35718	49325
鞍　山	3281.8	1378.3	1903.4	32391	13604	18787
抚　顺	2987.6	1254.8	1732.8	32701	13734	18966
本　溪	3216.1	1350.8	1865.3	28985	12174	16811
丹　东	2990.1	1255.8	1734.3	34863	14642	20220
锦　州	3211.0	1348.6	1862.4	22255	9347	12908
营　口	1620.0	680.4	939.6	20637	8667	11969
阜　新	923.6	387.9	535.7	6723	2824	3899
辽　阳	2454.2	1030.8	1423.5	22094	9280	12815
盘　锦	1911.7	802.9	1108.8	24582	10324	14257
铁　岭	1660.7	697.5	963.2	14613	6138	8476
朝　阳	1431.1	601.1	830.0	18547	7790	10757
葫芦岛	1934.3	812.4	1121.9	20608	8655	11952

主要统计指标解释

旅游者人数 （1）入境国际旅游者人数：指来中国参观、访问、旅行、探亲、访友、休养、考察、参加会议和从事经济、科技、文化、教育、宗教等活动的外国人、港澳同胞和台湾同胞的人数。包括入境旅游者和入境一日游游客。不包括外国在我国的常驻机构，如使领馆、通讯社、企业办事处的工作人员；来我国常住的外国专家、留学生以及在岸逗留不过夜人员。

（2）出境居民人数：指大陆居民因公务活动或私人事务短期出境的人数。公务活动出境居民人数包括在国际交通工具上的中国服务员工，因私出境居民人数不包括在国际交通工具上的中国服务员工。

（3）国内旅游者人数：指我国大陆居民和在我国常住1年以上的外国人、港澳台同胞离开常住地在境内其他地方的旅游设施内至少停留一夜，最长不超过12个月的人数；和国内居民离开惯常住地10公里以上，出游时间超过6小时不足24小时，并未在境内其他地方的旅游住宿设施过夜的国内一日游游客。

国际旅游（外汇）收入 指入境旅游的外国人、港澳同胞和台湾同胞在中国大陆旅游过程中发生的一切旅游支出，对于国家来说就是国际旅游（外汇）收入。

国际旅行社 指经营对外招徕并接待外国人、港澳同胞和台湾同胞来中国、回内地旅游业务的旅行社。

国内旅行社 指负责经营招徕、组团、接待国内游客的旅游业务，以及不对外招徕，负责经营接待国际旅行社或其它涉外部门组织的外国人、港澳同胞和台湾同胞来中国、回内地的旅游业务的旅行社。

星级饭店 指设备、设施、服务符合《旅游饭店星级的划分与评定》（中华人民共和国国家标准），通过相关旅游管理部门评定，并取得星级饭店称号的饭店（含预备星级饭店）。

二十、金融业

Chapter 20 Financial Intermediation

20-1 金融机构存款、贷款余额

单位：亿元

指　标	2005年	2006年	2008年	2009年	2010年	2011年	2012年	2013年
年末存款余额	**11967.0**	**13596.8**	**18223.2**	**22758.6**	**27372.5**	**30832.4**	**35303.5**	**39418.0**
其中：财政存款	116.6	144.3	306.7	515.6	593.2	655.6	776.6	880.6
储蓄存款	6950.2	7701.2	10127.3	12030.9	13690.3	15529.6	17967.4	19857.9
委托存款	34.6	36.5	129.0	189.0	313.9	137.6	143.2	217.6
年末贷款余额	**7958.1**	**9117.2**	**11794.6**	**15549.6**	**18689.8**	**22831.7**	**26306.5**	**29722.0**

20-2 金融机构贷款余额

单位：亿元

指　标	2010年	2011年	2012年	2013年
年末贷款余额	**18689.8**	**22831.7**	**26306.5**	**29722.0**
一、境内贷款	**18688.4**	**22683.4**	**26092.5**	**29484.2**
其中：(一)短期贷款	6143.8	8122.4	9819.4	11643.4
1.个人贷款及透支	875.2	1052.8	1247.4	1686.9
其中：个人消费贷款	68.1	89.8	121.7	254.2
2.单位普通贷款及透支	4888.1	6023.0	7203.7	8381.2
其中：经营性贷款	4511.5	5857.8	7091.1	8274.6
固定资产贷款	305.6	163.4	112.6	105.4
3.普通并购贷款			0.2	4.0
4.银团贷款	60.5	71.9	33.5	22.7
5.贸易融资	320.1	974.7	1334.5	1548.5
(二)中长期贷款	11481.2	13757.0	15418.8	17004.4
1.个人贷款	2572.3	3216.0	3699.4	4386.3
其中：个人消费贷款	2135.0	2608.6	2979.8	3543.0
2.单位普通贷款	8250.1	9603.1	10582.5	11309.3
其中：经营性贷款	2127.4	2054.4	2109.3	2320.2
固定资产贷款	6062.0	7548.6	8473.2	8989.1
3.普通并购贷款	2.5	10.3	23.8	31.8
4.银团贷款	533.5	764.8	901.1	1039.0
5.贸易融资	122.9	156.2	206.3	232.9
6.境外筹资转贷款		6.6	5.8	5.2
(三)融资租赁		19.7	14.3	8.4
(四)票据融资	957.6	779.2	820.3	792.7
(五)各项垫款	2.4	5.0	19.8	35.2
二、境外贷款	**1.3**	**148.3**	**213.9**	**237.8**

20-3 各地区金融机构存款余额

单位：万元

地区	2010年		2011年		2012年		2013年	
	金融机构存款余额	#储蓄存款余额	金融机构存款余额	#储蓄存款余额	金融机构存款余额	#储蓄存款余额	金融机构存款余额	#储蓄存款余额
全省	**273725498**	**136902654**	**308324441**	**155295877**	**353034740**	**179673816**	**394180177**	**198579193**
沈阳	80919886	33382310	90406779	37782809	104415503	43707886	115765816	48215573
大连	85035192	33748155	93950797	37387777	107677779	42372326	119536466	45692427
鞍山	19026424	11211010	20639697	12457395	22694349	14451960	25300889	15911886
抚顺	9276919	6205005	10419733	6966516	11617016	8197299	12838892	9012553
本溪	7275114	4708767	8596851	5294505	9444047	5973127	10293344	6604490
丹东	9194074	6544583	10617870	7706864	12448375	8996650	13629915	9929407
锦州	10114016	6892809	11375584	7811064	12955839	9080531	15172334	10221011
营口	9461850	5957239	11120831	6839406	12942493	8095744	15106731	9267086
阜新	5052726	3231482	6070627	3794163	6861254	4443717	8042587	5044477
辽阳	8294317	5284981	9756015	5890931	11550523	6822162	13221259	7544870
盘锦	8398341	5151827	9526352	5842839	11079089	6802846	12376247	7736680
铁岭	6249288	4327388	7355191	5263886	8364831	6237771	9228533	7039437
朝阳	7055481	5003437	8832094	6147210	10241619	7349783	11608798	8407145
葫芦岛	8111707	5249017	9361708	6101069	10741971	7142014	12057875	7952151

20-4 各地区金融机构贷款余额

(2013年)

单位：万元

地区	金融机构贷款余额	境内贷款			境外贷款
			短期	中长期	
全省	**297220360**	**294842290**	**116434314**	**170044119**	**2378071**
沈阳	91287346	90407179	26339551	61776997	880167
大连	101849897	100807980	38162346	60237008	1041917
鞍山	15464789	15010984	8074137	6648312	453804
抚顺	5910292	5910270	3050175	2550334	23
本溪	7660697	7660696	4783111	2139216	1
丹东	7879744	7878272	4002315	3702654	1472
锦州	9882702	9882702	3493251	6150148	
营口	13612339	13611655	6949108	6341994	684
阜新	6281087	6281087	2868458	3301871	
辽阳	8740903	8740903	5718872	2558284	
盘锦	7024822	7024822	3722986	3216971	
铁岭	7055849	7055849	3382378	3325849	
朝阳	7254630	7254628	2521441	4515836	2
葫芦岛	7315264	7315264	3366185	3578646	

主要统计指标解释

信贷资金 国家银行用于发放贷款的资金叫信贷资金。中国人民银行信贷资金的来源有各项存款、对国际金融机构负债、流通中货币、银行自有资金及当年结益等。信贷资金的运用有各项贷款、黄金占款、外汇占款、财政借款及在国际金融机构中的资产等。

存款 企业、机关、团体或居民根据可以收回的原则，把货币资金存入银行或其他信用机构保管并取得一定利息的一种信用活动形式。根据存款对象的不同可划分为企业存款、财政存款、机关团体存款、基本建设存款、城镇储蓄存款、农村存款等科目。它是银行信贷资金的主要来源。

贷款 银行或其他信用机构根据必须归还的原则，按一定利率，为企业、个人等提供资金的一种信用活动形式。我国银行贷款，分流动资金贷款、固定资产贷款、城乡个体工商户贷款以及农户贷款等科目。

二十一、服务业

Chapter 21 Service

21-1 分地区重点服务业企业主要财务指标

(2013年)

单位：万元

年份、地区	企业单位数(个)	固定资产原价	本年折旧	资产总计	负债合计	所有者权益合计	营业收入	营业成本
全　省	**8010**	**49456884**	**3013038**	**112392622**	**66354507**	**46038115**	**34430963**	**24503300**
沈　阳	2056	8825097	739205	21609237	14829905	6779332	6519009	4206525
大　连	2272	17879356	875319	42486951	24110267	18376683	14978868	11282415
鞍　山	979	2863457	279478	5652401	2817967	2834434	2947296	1826026
抚　顺	298	1717779	100118	1938108	606377	1331730	890302	630039
本　溪	152	2184106	91824	6497988	4302608	2195380	1547315	1229176
丹　东	297	1741285	102757	5170938	3305616	1865322	847093	449745
锦　州	461	2593309	189566	3014253	1444678	1569576	1231727	875357
营　口	414	6115074	288424	14021472	8629749	5391723	2508222	1917701
阜　新	141	627465	40826	648993	258522	390472	292778	202486
辽　阳	265	1036902	65717	2735504	1722288	1013216	527451	337524
盘　锦	239	944215	77339	5265519	2571992	2693527	941039	720606
铁　岭	94	1325455	49617	1291460	629383	662077	354012	252854
朝　阳	196	683606	59256	800973	394731	406242	404454	257226
葫芦岛	146	919777	53593	1258826	730427	528400	441397	315621

21-1 续表

单位：万元

年份、地区	营业税金及附加	销售费用、管理费用、财务费用合计	营业利润	利润总额	应付职工薪酬	应交增值税	从业人员平均人数(人)
全　省	**745854**	**6884471**	**2813564**	**3063241**	**5275508**	**206681**	**851177**
沈　阳	191024	1787099	413750	500975	1125581	40417	187554
大　连	270885	2606572	1156610	1210416	2376571	71285	280451
鞍　山	72542	492836	552158	582089	348406	27654	84472
抚　顺	22473	192631	45322	38321	193314	3725	35269
本　溪	19100	260795	28527	39085	157124	37374	29268
丹　东	20246	243613	150470	174959	107271	7251	26088
锦　州	27320	251183	88291	95086	155087	4863	37151
营　口	40060	354307	246662	214087	386253	4643	70859
阜　新	7020	78704	9255	11232	59107	690	14619
辽　阳	30282	149078	42322	52003	84685	3243	22140
盘　锦	17692	184615	20482	67378	88904	4106	20643
铁　岭	7549	77810	16499	15395	55052	74	10185
朝　阳	9501	100261	33433	45147	58106	118	14063
葫芦岛	10161	104969	9785	17069	80048	1238	18415

21-2 按企业性质分重点服务业企业主要财务指标

(2013年) 单位：万元

项目	企业单位数(个)	固定资产原价	本年折旧	资产总计	负债合计	所有者权益合计	营业收入	营业成本
总计	**8010**	**49456884**	**3013038**	**112392622**	**66354507**	**46038115**	**34430963**	**24503300**
内资企业	7595	37250825	2245292	99325186	58781934	40543252	28108707	20802007
国有企业	791	10641482	620876	22249249	14976548	7272702	6287053	5317110
集体企业	254	648107	77102	1433698	659599	774099	894071	539690
股份合作企业	59	99792	9361	646322	553024	93298	94718	58641
联营企业	12	20857	2617	31944	21845	10099	27692	17513
有限责任公司	2431	15068828	791643	53164915	30819126	22345789	10670810	7845106
国有独资公司	171	7535696	280876	28083284	17219588	10863696	3177317	2408743
其他有限责任公司	2260	7533132	510767	25081631	13599538	11482093	7493493	5436364
股份有限公司	319	6947784	406201	10897291	5313754	5583536	4589549	3269657
私营企业	3334	3529655	299869	10276506	6078700	4197806	5065352	3447502
私营独资企业	343	249556	21569	389644	186380	203264	281002	158973
私营合伙企业	90	22319	2484	49515	22112	27404	52084	17600
私营有限责任公司	2675	3001178	255374	8582136	5448377	3133760	4429845	3098849
私营股份有限公司	226	256603	20442	1255210	421832	833378	302421	172081
其他企业	395	294321	37624	625262	359338	265924	479463	306788
港、澳、台商投资企业	108	6319845	394560	3982757	2659804	1322953	1983023	1236523
其中：与港澳台商合资经营企业								
港澳台商独资经营企业								
外商投资企业	307	5886214	373186	9084679	4912769	4171910	4339233	2464770
其中：中外合资经营企业								
外资企业								

21-2 续表 单位：万元

项目	营业税金及附加	销售费用、管理费用、财务费用合计	营业利润	利润总额	应付职工薪酬	应交增值税	从业人员平均人数(人)
总计	**745854**	**6884471**	**2813564**	**3063241**	**5275508**	**206681**	**851177**
内资企业	604384	5377572	1859855	2103176	4282164	186514	750092
国有企业	87433	1051782	4240	61251	1025451	20604	169210
集体企业	22440	169355	163430	164446	182883	12820	44851
股份合作企业	2342	32845	5231	3306	14499	283	3135
联营企业	548	5359	4169	4406	2477	13	616
有限责任公司	262729	2182684	675821	821306	1637908	92940	244706
国有独资公司	62873	722966	92257	192887	552658	48702	62472
其他有限责任公司	199856	1459718	583564	628419	1085250	44238	182234
股份有限公司	75033	752649	542703	576134	429363	25792	49073
私营企业	142451	1081151	433973	445933	908663	31462	218282
私营独资企业	8754	68307	38599	39090	42955	1636	14191
私营合伙企业	2148	20171	11447	11166	12140	255	2285
私营有限责任公司	122061	914808	342547	350976	816180	26132	192015
私营股份有限公司	9489	77865	41380	44702	37389	3439	9791
其他企业	11409	101749	30289	26395	80920	2602	20219
港、澳、台商投资企业	59463	450821	219382	228432	238354	3903	27321
其中：与港澳台商合资经营企业							
港澳台商独资经营企业							
外商投资企业	82007	1056077	734327	731633	754990	16264	73764
其中：中外合资经营企业							
外资企业							

21-3 分行业重点服务业企业主要财务指标

(2013年) 单位:万元

行　业	企业单位数(个)	固定资产原价	本年折旧	资产总计	负债合计	所有者权益合计	营业收入	营业成本
总　计	**8010**	**49456884**	**3013038**	**112392622**	**66354507**	**46038115**	**34430963**	**24503300**
铁路运输业	9	588550	22917	785848	223178	562670	489860	401263
道路运输业	1240	4479361	360255	8475838	4954054	3521785	3697655	2798640
水上运输业	97	13544042	461373	29489819	18312405	11177413	4604814	3757538
航空运输业	11	1228994	127389	1488638	606276	882361	347219	296879
管道运输业	4	572766	52514	434324	96327	337998	102975	92736
装卸搬运和运输代理业	335	1537679	108616	3754334	1942775	1811559	2452936	2132093
仓储业	254	1315134	77598	5073957	4082788	991169	2612066	2383850
邮政业	37	332615	12872	351136	167629	183508	403388	350157
电信、广播电视和卫星传输服务	134	13208789	974112	7116837	3576421	3540416	4649636	2356049
互联网和相关服务	53	59071	8369	192454	133638	58816	365616	300605
软件和信息技术服务业	512	686757	63126	2804262	1745959	1058303	3615864	2693152
房地产业	856	1695696	102482	4412349	2810569	1601780	1110121	618713
其中:物业管理	671	890181	42463	2337973	1771245	566728	813302	509647
房地产中介服务	107	214585	18270	418300	327293	91007	139011	47335
自有房地产经营活动	70	579087	40591	1601390	662304	939086	152382	57764
其他房地产业	8	11843	1159	54686	49727	4959	5427	3967
租赁业	79	100772	13824	132202	67482	64720	72124	42776
商务服务业	1616	4640298	252912	31932815	19512328	12420487	3693429	2221129
研究和试验发展	64	307666	18901	1021429	395563	625865	245464	175939
专业技术服务业	917	713958	63617	3142126	1820092	1322033	2709731	1856222
科技推广和应用服务业	182	254474	10849	1085713	680761	404952	210227	135040
水利管理业	15	1446750	33960	1220632	116574	1104058	40967	51168
生态保护和环境治理业	16	86781	4503	132083	32807	99276	26286	16194
公共设施管理业	164	196102	17032	1042352	723140	319212	333371	233725
居民服务业	206	264752	28193	495306	333038	162269	243428	95175
机动车、电子产品和日用产品修理业	166	84029	6188	176163	99147	77015	188079	153020
其他服务业	14	4184	261	7252	3495	3757	10288	4527
教育	176	235660	13304	331955	175613	156342	162434	90136
卫生	274	935352	101002	1276784	792855	483930	988604	799897
社会工作	6	3186	46	4909	471	4438	1856	1154
新闻和出版业	54	196372	11171	1135064	482883	652180	302657	182237
广播、电视、电影和影视录音制作业	58	69058	6652	183214	110241	72974	131950	80314
文化艺术业	21	22701	1336	95252	51358	43894	47102	8944
体育	31	98612	4768	165489	146722	18767	22960	11633
娱乐业	102	437760	41073	538317	298346	239971	179895	86195
其他	307	108966	11826	3893772	1859574	2034198	367961	76202

注：铁路运输业中不含沈阳铁路局数据。

21-3 续表

单位:万元

行　　业	营业税金及附加	销售费用、管理费用、财务费用合计	营业利润	利润总额	应付职工薪酬	应交增值税	从业人员平均人数
总　　计	**745854**	**6884471**	**2813564**	**3063241**	**5275508**	**206681**	**851177**
铁路运输业	6663	27954	55133	56077	45912	1689	4844
道路运输业	89981	595405	232802	327036	648693	31778	149197
水上运输业	65508	716056	206319	281547	470346	25735	42177
航空运输业	9242	72527	-31673	-23183	111401	3011	10463
管道运输业	2191	9786	-1574	-1575	32495	198	1219
装卸搬运和运输代理业	18818	174960	133181	112525	277626	8014	41779
仓储业	15497	236267	-4954	44425	70583	4920	11744
邮政业	3970	57155	-2309	-647	209542	479	26491
电信、广播电视和卫星传输服务	147721	1289927	860391	802376	441068	4044	54882
互联网和相关服务	4144	39869	23758	26339	130991	3939	9206
软件和信息技术服务业	29226	629391	348182	336783	670690	26785	62419
房地产业	59217	391153	44047	35586	305711	1519	83122
其中：物业管理	40197	249161	15397	12487	237634	1225	72272
房地产中介服务	7417	81945	1208	1355	52985	210	7900
自有房地产经营活动	11450	58264	27895	22268	13246	78	2457
其他房地产业	153	1783	-452	-525	1847	6	493
租赁业	2453	15035	8445	8501	8566	845	2138
商务服务业	133930	1124722	323416	395202	688119	43837	159979
研究和试验发展	3678	71493	34949	44828	44477	2922	3762
专业技术服务业	70074	590253	223937	232529	532389	24115	65155
科技推广和应用服务业	5077	44091	27636	28234	22719	4225	5927
水利管理业	1662	14902	-27140	-25915	9716	254	1724
生态保护和环境治理业	355	7486	3167	3077	3698	66	909
公共设施管理业	15466	70249	24330	20669	52550	321	15014
居民服务业	11837	104675	27865	29104	36168	662	11616
机动车、电子产品和日用产品修理业	3126	26860	4930	5755	24688	3445	5738
其他服务业	350	4557	580	563	3571	228	1443
教育	3707	59801	5676	6996	49064	451	10081
卫生	2648	160384	42592	37159	241971	866	44838
社会工作	26	433	256	275	480		165
新闻和出版业	6358	108701	13608	36789	65124	9824	9517
广播、电视、电影和影视录音制作业	3623	44250	8748	10698	13315	1456	2533
文化艺术业	1551	32232	3281	3482	7308	132	1354
体育	1782	17655	-6085	-5984	5645	251	1695
娱乐业	8210	55469	28535	31316	21872	417	5022
其他	17761	90780	201533	202676	29009	255	5024

主要统计指标解释

重点服务业企业 指一定规模以上的服务业法人单位，包括：交通运输、仓储和邮政业，信息传输、软件和信息技术服务业，租赁和商务服务业，科学研究和技术服务业，水利、环境和公共设施管理业，居民服务、修理和其他服务业，教育，卫生和社会工作，文化、体育和娱乐业；以及物业管理、房地产中介服务、自有房地产经营活动、其他房地产业等行业。

二十二、教育和科技

Chapter 22 Education, Science and Technology

22-1 教育事业基本情况

指　标	2005年	2008年	2009年	2010年	2011年	2012年	2013年
学校数（所）	**12222**	**9630**	**8747**	**8195**	**7848**	**7377**	**7263**
普通高等学校	75	83	107	112	112	112	115
中等学校	2836	2650	2603	2560	2618	2486	2442
# 专业学校	101	98	97	95	121	124	120
普通中学	2274	2142	2112	2076	2059	2024	1988
小学	9311	6987	6037	5523	5118	4779	4631
专任教师(人)	**382111**	**379662**	**382092**	**381394**	**381448**	**380715**	**382142**
普通高等学校	43960	53495	55835	57404	58742	60502	62706
中等学校	174562	175128	176546	177068	177249	175580	174760
# 专业学校	7361	7898	8549	8657	10390	10864	10397
普通中学	144647	143922	145118	145358	147448	148359	147682
小学	163589	151039	149711	146922	145457	144633	142656
招生数（人）	**1554585**	**155963**	**1449068**	**1419122**	**1414724**	**1364711**	**1348709**
普通高等学校	210495	252385	245312	252234	263843	275676	282103
中等学校	964149	910381	866573	818423	780743	735978	715121
# 专业学校	76976	61537	59245	60917	61592	62561	60734
普通中学	761646	702791	676153	637545	613089	597895	581115
小学	379941	393197	337183	348465	370138	353057	350633
在校学生(人)	**6161325**	**5921657**	**5739346**	**5581973**	**5416473**	**5331863**	**5163615**
普通高等学校	659351	820374	852354	880247	902231	934078	968034
中等学校	2835819	2733933	2631015	2519204	2346168	2268090	2143546
# 专业学校	201740	182035	175255	173779	193828	194753	183128
普通中学	2314498	2161725	2077827	1987738	1908629	1830518	1738948
小学	2666155	2367350	2255977	2182522	2168074	2129695	2044058
毕业生数(人)	**1547257**	**1544103**	**1542591**	**1476849**	**1457477**	**1405303**	**1370125**
普通高等学校	144984	202312	206211	219564	236341	235984	241049
中等学校	903204	882423	907838	859769	843909	797933	762943
# 专业学校	53096	56394	63664	60857	66918	65725	68035
普通中学	757448	720992	724286	681478	669700	648670	618182
小学	499069	459368	428542	397516	377227	371386	365054
每一教师负担学生数(人)							
普通高等学校	15.0	15.3	15.3	17.2	17.7	17.2	17.7
中等学校	16.2	15.6	15.2	15.3	15.3	15.1	15.0
小学	16.3	15.7	15.1	14.9	14.9	14.7	14.3

22-2 各级各类学校情况

年 份	普通高等学 校	中等专业学 校	#中等师范学校	普通中学	农业中学职业中学	小学	幼儿园	盲、聋哑学校
一、学校数(所)								
1985	62	149	28	2511	775	15904	7424	36
1986	64	160	31	2507	750	15762	7177	35
1987	64	163	31	2517	734	15729	6672	38
1988	63	169	32	2509	681	15732	11416	46
1989	63	167	31	2499	653	15679	8633	48
1990	63	166	31	2489	618	15630	9714	51
1991	62	167	31	2478	613	15540	9300	53
1992	61	165	30	2457	598	15230	9372	52
1993	61	166	30	2433	608	14805	12536	53
1994	61	165	30	2448	606	14655	10923	52
1995	61	171	30	2459	594	14594	11220	50
1996	61	173	29	2447	561	14464	9945	51
1997	62	174	30	2434	537	14386	10176	53
1998	61	170	26	2444	523	14084	9899	52
1999	64	151	12	2429	450	13748	9935	52
2000	58	133	9	2401	383	13356	9990	50
2001	61	119	5	2376	333	12739	6913	73
2002	66	137	5	2362	340	12161	6639	75
2003	69	130	5	2341	298	11339	7033	75
2004	70	127	4	2317	309	10281	6891	75
2005	75	125	4	2274	285	9311	7069	74
2006	77	127	4	2237	274	8434	7071	74
2007	78	133	4	2181	252	7670	7229	75
2008	83	128	4	2142	237	6987	7492	75
2009	107	125	4	2112	224	6037	7374	75
2010	112	125	4	2076	214	5523	8613	74
2011	112	121	4	2059	217	5118	8661	74
2012	112	124	4	2024	192	4779	8667	74
2013	115	120	2	1988	190	4631	9261	74
二、教职工数(人)								
1985	51718	20282	3622	168036	16390	230139	59594	1102
1986	52404	22437	4052	170815	18218	233434	64637	1169
1987	54572	23448	4577	176662	20075	235433	69138	1208
1988	56047	24981	4656	181151	20998	241978	88908	1364
1989	58438	24885	4926	182481	20918	246153	81554	1431
1990	57825	25143	5049	184851	20920	249322	77645	1551
1991	58277	24832	4869	187373	21253	248415	78709	1686
1992	59008	25295	4904	189663	20774	248454	82566	1775
1993	59138	25492	4973	186545	21518	239700	83082	1876
1994	58687	25429	5029	184758	21266	237673	71633	2056
1995	58455	25757	5044	189553	22979	237981	69346	1847
1996	57727	25935	4785	189329	21597	235189	64877	1907
1997	57359	25368	4424	188057	22068	233770	62089	1882
1998	58078	24387	3681	175632	20291	224535	56463	2012

22-2 续表 1

年 份	普通高等学校	中等专业学校	#中等师范学校	普通中学	农业中学职业中学	小学	幼儿园	盲、聋哑学校
1999	59590	22602	1984	175820	19443	222460	54582	1891
2000	61707	18651	1457	175455	17858	216677	52422	1911
2001	65237	16211	719	178162	16974	211684	39271	2375
2002	69667	16560	622	177547	17104	205229	39592	2457
2003	75632	15615	627	179521	20123	199829	42852	2474
2004	79093	15062	423	180225	20480	194973	45983	2563
2005	82816	15052	422	180016	20833	190548	48558	2565
2006	84535	15658	639	177916	20683	180474	50258	2589
2007	87215	16789	536	177652	18464	176929	52539	2598
2008	89848	16437	541	178899	17746	173159	56110	2646
2009	91974	16935	535	180483	16740	170584	59595	2658
2010	93183	16096	560	180343	16080	167199	78647	2682
2011	94834	15664	525	182269	15896	164991	64742	2642
2012	96584	15840	501	182553	14903	163205	71829	2648
2013	97536	14847	304	180436	14119	162234	77888	2657
三、教师数(人)								
1985	19046	8658	1834	114708	10218	191669	32490	717
1986	21196	9586	2060	117852	11417	195086	33925	742
1987	21963	10114	2264	123376	12645	197593	34294	790
1988	22640	11466	2495	129309	13195	206399	37070	884
1989	23933	11587	2545	130884	13091	209873	44427	964
1990	23292	11633	2665	132769	13067	212196	42776	1061
1991	23384	11703	2642	135487	13464	211353	43835	1152
1992	23503	11856	2686	137044	13045	210141	49473	1257
1993	23575	12003	2661	135397	13336	201664	48909	1254
1994	23530	12129	2735	135499	13429	202349	43828	1378
1995	23400	12378	2730	137185	13765	198815	44598	1326
1996	23079	12502	2592	139660	13561	198408	43103	1369
1997	23109	12435	2367	140643	13915	197347	42274	1334
1998	23394	12282	2059	138546	13983	192539	38981	1398
1999	25179	11286	1103	139497	13691	191011	37881	1357
2000	27508	9285	795	139731	12517	185884	36383	1399
2001	30364	8441	391	142503	11875	181444	22801	1743
2002	33819	8742	337	142232	11798	175549	23521	1829
2003	38086	8521	349	144016	13453	170947	24946	1854
2004	40697	8472	257	144608	13718	167203	26937	1927
2005	43960	8728	259	144647	14031	163589	28594	1903
2006	46816	9230	401	143219	13932	155848	29818	1948
2007	50344	10492	354	143532	12432	153693	31217	2012
2008	53495	10407	360	143922	12057	151039	33604	2064
2009	55835	10916	359	145118	11279	149711	35901	2095
2010	57404	10546	381	145358	10983	146922	45437	2147
2011	58742	10390	362	147448	11021	145457	40447	1965
2012	60502	10864	391	148359	10387	144633	45493	1967
2013	62706	10397	236	147682	9954	142656	48866	2020

22-2 续表 2

年 份	普通高等学校	中等专业学校	#中等师范学校	普通中学	农业中学职业中学	小学	幼儿园	盲、聋哑学校
四、在校学生数(人)								
1985	95161	70371	20350	1868360	147212	4223416	929591	3365
1986	107434	81860	26526	2014999	149910	4189324	928257	3446
1987	112652	89384	30526	2048761	137783	4107393	937057	3617
1988	120510	97540	31018	1962214	146140	4082650	1270266	3958
1989	122543	102879	28894	1830394	147422	4126831	976651	4065
1990	123314	103902	28442	1810876	149780	4073374	936852	4468
1991	124777	104269	28888	1887654	151572	3915360	1037576	4769
1992	134671	110011	29447	1969532	155112	3736363	1134184	5089
1993	155554	124707	32019	1911632	155231	3686796	1257278	5100
1994	171284	133067	33162	1922132	167876	3750611	1090474	5186
1995	179412	140870	32182	2008338	182984	3751941	1021123	5050
1996	182684	143911	27537	2029776	185244	3790718	936111	4815
1997	188159	149730	24426	1950241	195742	3886760	879987	4870
1998	199223	155459	23723	1884915	207315	3829655	853886	4882
1999	235819	156847	18872	1961673	194860	3666131	838133	4837
2000	297710	148905	16845	2167017	170517	3444172	835542	4933
2001	372336	143044	7949	2323395	154398	3230517	726634	8590
2002	450536	151810	2857	2398928	164241	3061398	667930	8926
2003	514191	173347	4006	2410745	186817	2891925	675118	8429
2004	583465	208597	4233	2360549	197555	2794330	673088	8539
2005	659351	220233	4438	2314498	201774	2666155	685587	8296
2006	720548	209940	4596	2268575	218446	2546811	715301	8300
2007	777758	202506	3921	2220860	227583	2452598	725300	8742
2008	820374	206802	3464	2161725	230088	2367350	740804	8972
2009	852354	204307	3178	2077827	216180	2255977	779370	8776
2010	880247	203438	3105	1987738	197993	2182522	834469	8921
2011	902231	193828	2727	1908629	184869	2168074	861961	8935
2012	934078	194753	2415	1830518	157402	2129695	859492	8593
2013	968034	183128	1706	1738948	138493	2044058	856147	7977
五、招生数(人)								
1985	34076	29545	7929	715460	80307	717494		772
1986	32827	33191	11544	715455	69237	748948		690
1987	34756	34311	10929	683593	57539	669707		757
1988	38398	36156	10388	657379	59625	674101		1012
1989	35149	31655	8539	610627	59407	710199		635
1990	35102	30047	8911	629468	55550	596030		975
1991	36094	33803	9101	696406	58782	523096	498215	836
1992	45129	39517	10232	721178	60251	559753	596844	768
1993	55071	44226	10398	653170	60781	652210	689042	705
1994	52183	43849	9637	690513	68753	750424		750
1995	53310	43821	7957	756666	67881	703538	607336	715
1996	55048	41930	6385	660620	61469	643884	564749	766
1997	56373	47282	7732	600728	74485	611404	527969	721
1998	60302	45681	7290	668295	75897	512002	502367	693
1999	87851	42839	3523	755550	56341	503795	481840	609

22-2 续表 3

年 份	普通高等学校	中等专业学校	#中等师范学校	普通中学	农业中学职业中学	小学	幼儿园	盲、聋哑学校
2000	110211	30399	3743	830026	50470	508907	483092	576
2001	127577	37222	2303	817663	52691	484661	440299	913
2002	151116	56814	1376	812406	63208	463091	394029	1082
2003	163802	73948	1708	820180	72508	432650	376388	803
2004	184473	78223	1582	766071	66032	416143	358325	738
2005	210495	83121	1446	761646	73151	379941	344990	698
2006	220608	70802	1341	763321	94223	388660	344455	753
2007	234466	67808	1152	711588	88520	395108	339963	986
2008	252385	74434	1049	702791	78835	393197	333416	746
2009	245312	72651	1073	676153	72557	337183	340807	846
2010	252234	68279	1069	637545	64558	348465	352199	688
2011	263843	61592	848	613089	62942	370138	354701	1069
2012	275676	62561	726	597895	48218	353057	322689	905
2013	282103	60734	459	581115	47008	350633	342110	852
六、毕业生数(人)								
1985	17495	20226	6318	502101	27994	689598		517
1986	20583	22752	6138	494658	43709	704016		459
1987	29394	26932	7019	522777	54614	680861		405
1988	31552	28004	9724	587835	42195	637753		471
1989	32708	26326	10882	572508	47204	593257		429
1990	33768	29716	9400	550359	45627	591654		377
1991	33530	33223	8484	538346	49550	660343	415665	419
1992	35208	33377	9564	540132	50882	685996	516460	439
1993	33615	30449	7821	542163	50122	630759	650232	330
1994	35923	30362	8588	575786	49965	636786		478
1995	44072	33966	9304	601421	51246	672482		522
1996	51068	37503	11093	573876	57709	576164		543
1997	49591	40340	10497	626046	63502	500252		513
1998	47557	37850	7721	686541	66788	555892		527
1999	49964	40100	7158	618065	60060	644042		551
2000	49834	35843	5921	551157	70175	722325		467
2001	60271	42499	4825	581476	66852	679852	379010	883
2002	72791	42856	559	666377	53324	622536	366891	871
2003	98908	47479	1964	740994	48605	595278	350428	790
2004	115889	39344	715	752884	50831	511757	324423	878
2005	144984	58457	1045	757448	61219	499069	299493	971
2006	154970	60828	1451	766410	62835	506789	307386	853
2007	169576	67809	1739	717773	60167	480567	308819	799
2008	202312	61674	1175	720992	63311	459368	306091	770
2009	206211	68063	995	724286	72545	428542	270357	889
2010	219564	61075	971	681478	76029	397516	250929	906
2011	236341	66918	918	669700	69010	377227	267333	926
2012	235984	65725	909	648670	57464	371386	289174	804
2013	241049	68035	620	618182	52033	365054	290291	1079

22-3 研究生数

单位：人

年 份	招生数	在校学生数			毕业生数		
		小计	攻读硕士学位	攻读博士学位	小计	攻读硕士学位	攻读博士学位
1980	143	709					
1985	2091	3687	3170	155	584	578	6
1986	1989	5009	4146	208	670	639	13
1987	1771	5570	4857	317	1193	838	17
1988	1575	5160	4668	379	1929	1604	24
1989	1322	4637	4180	417	1763	1599	86
1990	1404	4343	3858	462	1677	1558	84
1991	1320	4144	3581	563	1500	1401	75
1992	1415	4290	3671	619	1245	1159	85
1993	2016	4955	4185	770	1307	1222	85
1994	2602	6274	5298	976	1273	1138	135
1995	2367	7236	5972	1264	1425	1272	153
1996	2647	7787	6313	1474	1962	1753	209
1997	2978	8304	6621	1683	2316	2106	210
1998	3197	9164	7292	1872	2126	1852	274
1999	4005	10574	8203	2371	2426	2101	325
2000	5804	13655	10726	2929	2910	2532	378
2001	7898	18446	14637	3809	2971	2589	382
2002	9569	23949	19131	4818	3674	3135	539
2003	13242	31796	25694	6102	5027	4395	632
2004	16254	40678	33392	7286	6726	5914	812
2005	18901	49772	41340	8432	9342	8315	1027
2006	20998	58424	49283	9141	11516	10249	1267
2007	22407	65025	55403	9622	15177	13530	1647
2008	24490	67806	57622	10184	21010	19446	1564
2009	27104	73997	63345	10652	20160	18432	1728
2010	29031	82019	69613	12406	21676	19700	1976
2011	30615	87078	74161	12917	24178	22188	1990
2012	31917	90061	76808	13253	27110	25035	2075
2013	32824	93189	79341	13848	28780	26537	2243

22-4 分学科研究生情况

(2013年)

单位：人

项 目	招生数	博士	硕士	在 校 学生数	博士	硕士	毕业生数	博士	硕士
总 计	**32824**	**2959**	**29865**	**93189**	**13848**	**79341**	**28780**	**2243**	**26537**
哲 学	216	35	181	719	179	540	228	13	215
经济学	1665	203	1462	4534	696	3838	1525	173	1352
法 学	1677	94	1583	4752	414	4338	1678	68	1610
教育学	1560	24	1536	3779	68	3711	1279	20	1259
文 学	1385	15	1370	4012	44	3968	1449	11	1438
历史学	154	2	152	491	5	486	173		173
理 学	2350	291	2059	6926	1405	5521	1953	259	1694
工 学	12715	1416	11299	35803	7291	28512	10576	977	9599
农 学	733	87	646	2031	420	1611	580	59	521
医 学	5155	533	4622	14980	1879	13101	4447	427	4020
军事学									
管理学	4206	259	3947	12369	1446	10923	4003	236	3767
艺术学	1008		1008	2793	1	2792	889		889
普通高校	**32034**	**2625**	**29409**	**90683**	**12517**	**78166**	**28243**	**1975**	**26268**
哲 学	216	35	181	719	179	540	228	13	215
经济学	1665	203	1462	4534	696	3838	1525	173	1352
法 学	1667	94	1573	4723	414	4309	1669	68	1601
教育学	1560	24	1536	3779	68	3711	1279	20	1259
文 学	1385	15	1370	4012	44	3968	1449	11	1438
历史学	154	2	152	491	5	486	173		173
理 学	2126	173	1953	6207	948	5259	1831	166	1665
工 学	12178	1208	10970	34093	6443	27650	10178	807	9371
农 学	714	79	635	1983	394	1589	572	54	518
医 学	5155	533	4622	14980	1879	13101	4447	427	4020
军事学									
管理学	4206	259	3947	12369	1446	10923	4003	236	3767
艺术学	1008		1008	2793	1	2792	889		889
科研院所	**790**	**334**	**456**	**2506**	**1331**	**1175**	**537**	**268**	**269**
哲 学									
经济学									
法 学	10		10	29		29	9		9
教育学									
文 学									
历史学									
理 学	224	118	106	719	457	262	122	93	29
工 学	537	208	329	1710	848	862	398	170	228
农 学	19	8	11	48	26	22	8	5	3
医 学									
军事学									
管理学									
艺术学									

22-5 普通高等学校基本情况

单位：人

项　目	2011年					
	学校数（所）	招生数	在校学生数	毕业生数	教职工数	#专任教师
总　计	**112**	**263843**	**902231**	**236341**	**94834**	**58742**
综合大学	15	43566	147030	43271	15038	9182
理工院校	46	115995	404870	102120	41547	25468
农林院校	6	15192	47257	13259	4378	2684
医药院校	13	19277	69253	15734	9294	5773
师范院校	8	22253	71038	20388	8374	5435
语文院校	2	3945	15132	3865	1347	961
财经院校	11	21881	72048	18372	7447	4403
政法院校	2	5063	15021	5420	1287	692
体育院校	2	2244	8026	1875	880	542
艺术院校	6	10526	37809	9089	3937	2785
民族院校	1	3901	14747	2948	1305	817

22-5 续表 1

单位：人

项　目	2012年					
	学校数（所）	招生数	在校学生数	毕业生数	教职工数	#专任教师
总　计	**112**	**275676**	**934078**	**235984**	**96584**	**60502**
综合大学	14	45462	156465	44936	16155	9711
理工院校	47	124658	425757	103720	42407	26432
农林院校	6	17343	50936	13177	4630	2871
医药院校	13	21675	75685	14968	9414	6018
师范院校	8	21762	73410	19108	8338	5442
语文院校	2	3679	14670	3823	1332	934
财经院校	11	19773	65158	16433	6509	4018
政法院校	3	5148	11732	4093	1656	875
体育院校	2	2020	8013	1949	874	548
艺术院校	5	10159	37408	9979	3934	2815
民族院校	1	3997	14844	3798	1335	838

22-5 续表 2

单位：人

项　目	2013年					
	学校数(所)	招生数	在校学生数	毕业生数	教职工数	#专任教师
总　计	**115**	**282103**	**968034**	**241049**	**97536**	**62706**
综合大学	14	44549	155117	45319	15998	9846
理工院校	50	130467	451323	108894	43934	28500
农林院校	5	15516	46602	11292	4416	2685
医药院校	13	22102	80863	16402	9856	6428
师范院校	9	22156	75375	19868	8586	5723
语文院校	2	3692	14544	3787	954	784
财经院校	11	21089	68508	17533	6011	3683
政法院校	3	5239	14525	2341	1666	932
体育院校	2	2034	7968	1980	925	495
艺术院校	5	11226	38350	9934	3855	2778
民族院校	1	4033	14859	3699	1335	852

22-6　高等教育学校(机构)学生数

单位：人

项　目	2011年			
	招生数	在　校学生数	毕(结)业生数	授予学位　数
研究生数	30615	87078	24178	23924
博士	2863	12917	1990	1873
硕士	27752	74161	22188	22051
普通本科、专科生	263843	902231	236341	137482
本科	165587	624546	140017	137482
专科	98256	277685	96324	
成人本科、专科生	88292	196973	76725	4099
本科	33395	77196	30912	4099
专科	54897	119777	45813	
网络本科、专科生	88408	183338	37419	1661
本科	41736	92568	19072	1661
专科	46672	90770	18347	
在职人员攻读博士、硕士学位	5921	18667		5074
自考助学班		3455	1620	
研究生课程进修班		615	455	
普通预科生		1240		
进修及培训		21020	141982	
留学生	3886	6524	2386	886

22-6 续表 1

单位：人

项　目	2012年			
	招生数	在　校 学生数	毕(结) 业生数	授　予 学位数
研究生数	31917	90061	27110	26759
博士	2930	13253	2075	1917
硕士	28987	76808	25035	24842
普通本科、专科生	275676	934078	235984	145610
本科	174209	645816	147471	145610
专科	101467	288262	88513	
成人本科、专科生	88243	207804	71885	4905
本科	32839	80737	26711	4905
专科	55404	127067	45174	
网络本科、专科生	95246	225026	48731	2194
本科	45957	111567	23779	2194
专科	49289	113459	24952	
在职人员攻读博士、硕士学位	5966	19235		4603
自考助学班		1609	903	
研究生课程进修班		2218	494	
普通预科生		1264		
进修及培训		59889	200703	
留学生	5298	8797	3715	969

22-6 续表 2

单位：人

项　目	2013年			
	招生数	在　校 学生数	毕(结) 业生数	授　予 学位数
研究生数	32824	93189	28780	28421
博士	2959	13848	2243	2021
硕士	29865	79341	26537	26400
普通本科、专科生	282103	968034	241049	145225
本科	180758	675819	146687	145225
专科	101345	292215	94362	
成人本科、专科生	90083	213041	79082	4767
本科	31338	81634	28631	4767
专科	58745	131407	50451	
网络本科、专科生	108705	258143	66645	3306
本科	55729	132811	31085	3306
专科	52976	125332	35560	
在职人员攻读博士、硕士学位	6828	21507		4337
自考助学班		2148	1774	
研究生课程进修班		1634	1637	
普通预科生		1664		
进修及培训		99504	188749	
留学生	5147	9873	3663	1055

22-7 普通本科分学科学生数

单位：人

项目	2011年			2012年			2013年		
	招生数	在校学生数	毕业生数	招生数	在校学生数	毕业生数	招生数	在校学生数	毕业生数
总计	**165587**	**624546**	**140017**	**174209**	**645816**	**147471**	**180758**	**675819**	**146687**
#师范	5353	21666	6379	5607	21636	6529	6711	24008	5942
哲学	77	253	74	68	305	39	79	347	56
经济学	7716	29764	7184	8188	30556	7097	8847	32673	7184
法学	3943	15482	4694	3944	14719	4488	4514	15762	3709
教育学	3996	14850	3634	4439	15488	3673	4757	16672	3498
文学	32631	121021	26298	30836	121728	29086	13401	54010	13636
历史学	339	1276	263	314	1272	294	377	1343	306
理学	10209	38373	8762	11268	40738	9519	8425	31245	6823
工学	65396	245707	56570	69945	253315	58423	73180	270860	59334
农学	1750	6346	1499	2161	6894	1613	2257	7411	1508
医学	11842	48912	8980	13999	53340	9296	14402	57708	9810
军事学									
管理学	27688	102562	22059	29047	107461	23943	31091	114528	25416
艺术学							19428	73260	15407

22-8 普通专科(高职)分学科学生数

单位：人

项目	2011年			2012年			2013年		
	招生数	在校学生数	毕业生数	招生数	在校学生数	毕业生数	招生数	在校学生数	毕业生数
总计	**98256**	**277685**	**96324**	**101467**	**288262**	**88513**	**101345**	**292215**	**94362**
#师范生	6210	13950	5954	6007	15280	4237	6065	15868	5388
农林牧渔大类	2673	8053	2860	3007	7975	2965	2884	8207	2575
交通运输大类	6182	16170	4359	8591	20623	5122	8602	23139	5015
生化与药品大类	3465	9851	3304	3489	10331	3008	2836	9563	3451
资源开发与测绘大类	1877	5540	1772	2737	6505	1753	2514	6768	1928
材料与能源大类	2079	5948	2084	2166	6482	1603	1520	5540	2139
土建大类	8085	19355	5762	8526	22554	4998	9041	25423	6447
水利大类	318	1044	226	319	1075	276	455	1079	446
制造大类	17275	49096	16330	18198	51742	15273	18702	53409	16549
电子信息大类	9327	30365	12012	8700	26760	11029	7733	24971	9996
环保、气象与安全大类	235	635	329	309	761	175	211	746	218
轻纺食品大类	1177	3874	1483	1139	3368	1395	1087	3420	1276
财经大类	17020	50235	15849	15464	49590	15656	16612	48597	17003
医药卫生大类	4861	12583	4616	5069	14009	3706	5401	14650	4883
旅游大类	3877	12015	3710	4054	11834	4010	4015	11836	3905
公共事业大类	1039	2831	995	1211	2946	803	992	2973	912
文化教育大类	13643	35934	14978	12914	36261	12225	12508	35726	12830
艺术设计传媒大类	3842	11077	4155	4211	11952	3515	5021	12585	3721
公安大类	52	245	617	149	299	111	149	386	52
法律大类	1229	2834	883	1214	3195	890	1062	3197	1016

22-9 成人本科分学科学生数

单位：人

项 目	2011年			2012年			2013年		
	招生数	在校学生数	毕业生数	招生数	在校学生数	毕业生数	招生数	在校学生数	毕业生数
总 计	**33395**	**77196**	**30912**	**32839**	**80737**	**26711**	**31338**	**81634**	**28631**
#师范生	2064	4974	2328	700	2480	1042	555	2291	985
哲 学	7	7		26	33		21	54	
经济学	447	1368	602	444	1236	590	330	1175	332
法 学	2678	4880	2008	2632	5429	1844	2211	4965	2484
教育学	2065	4828	2809	1971	4972	1703	1635	4712	1724
文 学	2971	7755	5103	2755	6453	3784	1911	4636	2272
历史学	14	41	81	23	46	15	13	41	17
理 学	318	734	519	384	838	340	300	739	296
工 学	11700	25701	9508	10797	27530	7762	11095	28029	9759
农 学	570	1051	374	495	1066	378	504	1022	474
医 学	6111	16510	4273	6635	18152	4761	6912	19577	5233
管理学	6514	14321	5635	6677	14982	5534	5984	15320	5650
艺术学							422	1364	390

22-10 成人专科分学科学生数

单位：人

项 目	2011年			2012年			2013年		
	招生数	在校学生数	毕业生数	招生数	在校学生数	毕业生数	招生数	在校学生数	毕业生数
总 计	**54897**	**119777**	**45813**	**55404**	**127067**	**45174**	**58745**	**131407**	**50451**
总计中：师范生	1439	2210	616	1203	2144	450	1347	2355	764
农林牧渔大类	1259	2975	447	842	3027	744	626	2155	1412
交通运输大类	5003	12164	4354	4346	11706	4174	3922	11171	4700
生化与药品大类	893	1524	756	923	1990	592	707	1681	942
资源开发与测绘大类类	1515	2987	1341	1695	3219	1378	2042	3754	1368
材料与能源大类	475	1213	911	416	1033	583	368	1012	366
土建大类	2041	3528	840	2524	5025	941	3124	5855	2213
水利大类	30	104	69	33	63	25	27	60	41
制造大类	10824	24129	10767	12214	25546	10134	12758	26714	10312
电子信息大类	3742	8358	4743	3851	8335	3945	3511	7652	3357
环保、气象与安全大类		31	4		2	31			
轻纺食品大类	123	239	143	117	243	75	153	263	93
财经大类	9959	20705	9924	9504	20706	8910	9786	20250	9692
医药卫生大类	7557	19860	3003	6118	20893	4565	7833	23609	4837
旅游大类	1787	3225	1181	1727	3688	1164	1960	3734	1740
公共事业大类	679	1180	428	876	1581	501	1098	1965	584
文化教育大类	5688	10624	4215	7128	13194	4447	7286	14435	5550
艺术设计传媒大类	3057	6396	2543	2796	6239	2711	3212	6449	2979
公安大类									
法律大类	265	535	144	294	577	254	332	648	265

22-11 网络本科分学科学生数

单位：人

项 目	2011年			2012年			2013年		
	招生数	在校学生数	毕业生数	招生数	在校学生数	毕业生数	招生数	在校学生数	毕业生数
总 计	**41736**	**92568**	**19072**	**45957**	**111567**	**23779**	**55729**	**132811**	**31085**
#师范生									
哲 学									
经济学	1795	4200	1007	1902	4777	1215	1856	4877	1536
法 学	1259	4491	1620	998	3744	1555	1088	3231	1253
教育学									
文 学		70	25		51	5		26	4
历史学									
理 学		89	15		49	39		38	11
工 学	16191	28569	4219	18927	39920	6468	23203	52355	9967
农 学									
医 学	7418	20974	3786	7688	22862	4986	10224	26870	6047
管理学	15073	34175	8400	16442	40164	9511	19358	45398	12267
艺术学								16	

22-12 网络专科分学科学生数

单位：人

项 目	2011年			2012年			2013年		
	招生数	在校学生数	毕业生数	招生数	在校学生数	毕业生数	招生数	在校学生数	毕业生数
总 计	**46672**	**90770**	**18347**	**49289**	**113459**	**24952**	**52976**	**125332**	**35560**
#师范生									
农林牧渔大类									
交通运输大类	1558	2859	448	1362	3556	669	1207	3853	1045
生化与药品大类									
资源开发与测绘大类	2075	3430	140	3335	5708	809	5502	9394	1649
材料与能源大类	632	956	55	367	1018	256	425	943	473
土建大类	10444	19232	3963	11250	25149	5138	12858	29188	7507
水利大类	820	1599	346	998	2128	443	1175	2706	549
制造大类	7837	14401	2096	8019	18899	3314	7621	20774	5217
电子信息大类	1306	3196	663	1298	3527	850	1371	3790	909
环保、气象与安全大类	339	549		792	1213	96	1090	1991	272
轻纺食品大类									
财经大类	9423	18527	4761	13375	32255	8697	7995	20994	7593
医药卫生大类	4514	9836	1801	4550	10858	3058	6447	13671	3538
旅游大类	147	434	158	179	469	133	189	423	130
公共事业大类	6903	13872	3123	3149	6832	879	6520	16216	6037
文化教育大类		10	21		7	3			
艺术设计传媒大类									
公安大类									
法律大类	674	1869	772	615	1840	607	576	1389	641

22-13　各类中等职业学校(机构)基本情况

(2013年)　　单位：人

项　　目	学校数(所)	毕业生数	招生数	在校学生数	教职工数	#专任教师
1、调整后中职	31	12753	13059	37618	3944	2824
2、普通中等专业学校	89	55282	47675	145510	10903	7573
# 中等师范学校	2	620	459	1706	304	236
3、成人中专	1	7699	10245	28291	533	399
4、职业高中	190	52033	47008	138493	14119	9954

22-14　中等职业学校(机构)学生分科类情况

(2013年)　　单位：人

项　　目	招生数	#应届毕业生	#初中毕业生	在校学生数	毕业生数	#获得职业资格证书
总　　计	117987	97290	93168	349912	127767	83504
其中：女	52800	44816	43124	170041	62159	38562
农林牧渔类	16454	8593	7982	47367	15102	8437
资源环境类	450	326	307	1980	1099	774
能源与新能源类	280	271	271	754	119	101
土木水利类	3044	2343	2106	8696	3671	3102
加工制造类	21400	19383	18685	58857	23559	17372
石油化工类	1674	1500	1270	5115	2169	1313
轻纺食品类	181	173	173	935	233	63
交通运输类	11906	10084	9897	31802	11680	9204
信息技术类	13424	11534	11194	39812	16454	10453
医药卫生类	9289	8419	7791	36179	15416	9665
休闲保健类	2193	1973	1942	5745	1727	1304
财经商贸类	9166	7730	7404	26483	9486	5750
旅游服务类	6430	5757	5519	16917	5175	3558
文化艺术类	6310	5222	4881	21209	7061	3217
体育与健身	1459	1433	1411	4734	1277	671
教育类	12383	11643	11447	39080	12070	7286
司法服务类	861	385	385	1282	863	833
公共管理与服务类	268	213	203	1194	265	202
其他	815	308	300	1771	341	199

22-15 普通高中学校和学生情况

(2013年) 单位：人

项目	学校数(所)	高级中学	完全中学	十二年一贯制学校	招生数	在校学生数	毕业生数
总计	**416**	**333**	**73**	**10**	**222938**	**681460**	**231626**
教育部门	326	279	45	2	195612	601293	207198
其他部门办	1	1			406	1437	478
地方企业							
社会力量办	89	53	28	8	26920	78730	23950
城区	315	246	65	4	152483	467340	158243
教育部门	235	196	39		128278	397318	137419
其他部门办	1	1			406	1437	478
地方企业							
社会力量办	79	49	26	4	23799	68585	20346
镇区	93	82	7	4	67310	203887	69824
教育部门	87	79	6	2	64947	196400	67102
其他部门办							
地方企业							
社会力量办	6	3	1	2	2363	7487	2722
乡村	8	5	1	2	3145	10233	3559
教育部门	4	4			2387	7575	2677
其他部门办							
地方企业							
社会力量办	4	1	1	2	758	2658	882

22-16 普通初中学校和学生情况

(2013年) 单位：人

项目	学校数(所)	初级中学	九年一贯制	招生数	在校学生数	毕业生数
总计	**1572**	**1033**	**539**	**358177**	**1057488**	**386556**
教育部门	1524	1014	510	337583	995952	368503
其他部门办	9	4	5	672	2029	707
地方企业						
社会力量办	39	15	24	19922	59507	17346
城区	649	505	144	186248	554196	187790
教育部门	612	489	123	170564	507612	174052
其他部门办	8	4	4	638	1952	674
地方企业						
社会力量办	29	12	17	15046	44632	13064
镇区	599	353	246	132877	388474	152344
教育部门	589	350	239	128605	375193	148592
其他部门办	1		1	34	77	33
地方企业						
社会力量办	9	3	6	4238	13204	3719
乡村	324	175	149	39052	114818	46422
教育部门	323	175	148	38414	113147	45859
其他部门办						
地方企业						
社会力量办	1		1	638	1671	563

22-17 普通小学学校和学生情况

(2013年) 单位：人

项 目	学校数(所)	招生数	在校学生数	毕业生数
总 计	**4631**	**350633**	**2044058**	**365054**
教育部门	4604	344130	1998725	357565
其他部门办		214	1670	443
地方企业	1	50	111	11
社会力量办	26	6239	43552	7035
城区	1215	191658	1035336	177860
教育部门	1197	187133	1007486	173361
其他部门办		187	1517	404
地方企业				
社会力量办	18	4338	26333	4095
镇区	733	90982	575979	105045
教育部门	727	89492	561164	102249
其他部门办		27	153	39
地方企业				
社会力量办	6	1463	14662	2757
乡村	2683	67993	432743	82149
教育部门	2680	67505	430075	81955
其他部门办				
地方企业	1	50	111	11
社会力量办	2	438	2557	183

22-18 各级普通学校毕业生升学率和学龄儿童入学率

单位：%

年 份	学龄儿童入学率	小学升初中	初中升高级中学
1990	99.4	92.0	34.7
1991	99.0	92.5	37.1
1992	99.0	92.6	38.7
1993	99.0	90.3	39.1
1994	99.1	93.4	40.9
1995	99.4	93.0	41.7
1996	99.3	96.0	41.9
1997	99.4	96.1	44.7
1998	99.4	95.7	48.2
1999	99.3	95.2	50.0
2000	99.3	93.9	57.4
2001	99.7	95.6	57.4
2002	99.4	98.1	66.3
2003	99.7	98.7	68.1
2004	99.7	99.2	74.7
2005	99.7	99.3	82.7
2006	99.8	99.6	85.4
2007	99.9	99.4	94.4
2008	99.9	99.8	97.7
2009	99.9	99.8	97.7
2010	99.9	99.9	97.3
2011	99.9	99.9	93.4
2012	99.9	99.5	92.9
2013	99.9	98.1	94.9

注：初中升高级中学包含升入技工学校(2012年数据)。

22-19 教育发展水平

年 份	各类学校在校生占全省人口(%)	平均每万人口中有(人)			大中小学生各占学生总数(%)		
		大学生	中学生	小学生	大学生	中学生	小学生
1980	20.7	18.0	778.5	1276.8	0.9	37.3	61.2
1985	17.4	25.9	549.1	1150.6	1.5	31.5	65.9
1986	17.6	29.0	584.1	1130.4	1.6	33.1	64.0
1987	17.2	30.0	582.8	1094.8	1.7	33.7	63.2
1988	16.8	31.7	554.6	1074.0	1.9	32.9	63.7
1989	16.3	31.8	513.6	1071.7	1.9	31.2	65.2
1990	15.6	31.6	464.7	1045.3	2.0	29.6	66.7
1991	15.7	31.8	519.2	996.8	2.0	33.0	63.3
1992	15.1	34.1	598.8	946.3	2.3	33.1	62.8
1993	17.9	38.7	470.6	918.0	2.2	26.6	51.2
1994	18.2	44.7	524.7	941.7	2.5	28.8	51.7
1995	18.0	46.0	538.8	922.5	2.6	30.0	51.4
1996	15.8	46.8	604.6	927.7	3.0	38.3	58.7
1997	15.9	48.4	584.6	953.3	3.0	36.9	60.1
1998	15.1	50.3	540.7	921.3	3.3	35.8	60.9
1999	17.2	60.2	563.8	893.5	3.9	38.2	58.9
2000	21.5	71.4	596.2	825.7	4.8	39.9	55.3
2001	22.3	87.9	618.4	762.3	6.0	42.1	51.9
2002	22.5	107.4	647.3	730.0	7.2	43.6	49.2
2003	19.3	123.7	666.8	695.9	8.3	44.9	46.8
2004	18.0	140.2	664.8	671.5	9.5	45.0	45.5
2005	17.5	158.0	655.8	638.9	10.9	45.1	44.0
2006	18.7	172.0	643.8	607.9	12.1	45.2	42.7
2007	16.5	184.7	629.6	582.5	13.2	45.1	41.7
2008	16.4	193.9	614.1	559.4	14.2	44.9	40.9
2009	15.8	200.8	588.4	531.3	15.2	44.6	40.2
2010	15.5	206.8	561.4	512.8	16.1	43.8	40.0
2011	15.6	279.0	569.2	509.9	20.5	41.9	37.5
2012	15.1	289.5	544.0	500.5	21.7	40.8	37.5
2013	15.0	300.2	512.2	481.5	23.2	39.6	37.2

22-20 各地区普通高等学校基本情况

(2013年) 单位：人

地 区	学校数(所)	招生数	在校学生数	毕业生数	教职工数	#专任教师
总 计	**115**	**282103**	**968034**	**241049**	**97536**	**62706**
沈 阳	46	112141	384794	93697	41415	26161
大 连	30	78169	276275	63492	27662	17678
鞍 山	3	9881	37541	9749	3291	2224
抚 顺	5	11173	42869	11038	3594	2472
本 溪	2	3968	12661	3620	1376	740
丹 东	3	8225	26153	7467	2553	1521
锦 州	9	22767	80511	21062	6979	4767
营 口	3	5666	13662	3603	1575	1031
阜 新	2	9506	32629	8889	2878	2118
辽 阳	3	5712	18144	6840	1308	1080
盘 锦	2	2429	6264	1850	1177	542
铁 岭	4	5440	14936	4286	1897	1088
朝 阳	1	1784	4952	1263	732	475
葫芦岛	2	5242	16643	4193	1099	809

22-21 各地区中等职业学校基本情况

(2013年) 单位：人

地 区	学校数(所)	招生数	在校学生数	毕业生数	教职工数	#专任教师
总 计	**311**	**117987**	**349912**	**127767**	**29499**	**20750**
沈 阳	84	29169	85342	30907	8349	5562
大 连	57	19203	51440	16504	4363	2990
鞍 山	15	6301	18261	5523	1547	1141
抚 顺	16	4963	16837	4878	1605	1135
本 溪	9	3716	13725	6513	1597	1204
丹 东	18	7093	20638	7111	1374	1003
锦 州	13	7974	22991	9357	1615	1214
营 口	15	5042	18750	6035	1501	1111
阜 新	16	6567	20373	6938	1595	1048
辽 阳	11	4933	12754	4795	834	653
盘 锦	6	3533	11166	3587	711	582
铁 岭	23	7545	21682	8057	1348	962
朝 阳	14	7635	22552	12492	1962	1331
葫芦岛	14	4313	13401	5070	1098	814

22-22 各地区普通高中基本情况

(2013年) 单位：人

地　区	学校数(所)	招生数	在校学生数	毕业生数	教职工数	#专任教师
总　计	**416**	**222938**	**681460**	**231626**	**58616**	**48320**
沈　阳	89	35260	107384	36481	11107	9245
大　连	79	32299	97701	33133	9341	7706
鞍　山	35	15986	49840	17974	4276	3531
抚　顺	26	9623	30560	10399	2948	2309
本　溪	14	6971	22003	8096	2103	1705
丹　东	22	14221	43836	14337	3016	2529
锦　州	27	15744	48345	16734	3638	2847
营　口	15	11311	33905	11640	2925	2517
阜　新	19	11038	32960	11411	2263	1814
辽　阳	13	8847	27740	8319	2170	1841
盘　锦	10	10586	30184	9667	2351	1942
铁　岭	20	13853	42403	14108	3153	2607
朝　阳	27	22347	69895	24366	5882	4888
葫芦岛	20	14852	44704	14961	3443	2839

22-23 各地区普通初中基本情况

(2013年) 单位：人

地　区	学校数(所)	招生数	在校学生数	毕业生数	教职工数	#专任教师
总　计	**1572**	**358177**	**1057488**	**386556**	**121820**	**99362**
沈　阳	233	56279	165073	56703	19129	14573
大　连	206	49818	148135	50691	16222	14075
鞍　山	129	29537	85321	30885	10711	8611
抚　顺	92	14115	40922	16925	5767	4810
本　溪	45	10033	29969	12848	4418	3491
丹　东	105	19312	59509	24635	6715	5578
锦　州	106	25068	74833	27822	8055	6547
营　口	84	20946	59904	20360	6560	5515
阜　新	76	16393	48843	19280	6198	4735
辽　阳	67	16922	51291	17660	4835	3990
盘　锦	62	13591	42486	13364	5213	3753
铁　岭	110	25069	73103	29868	8742	7455
朝　阳	144	34269	98470	36695	10981	9056
葫芦岛	113	26825	79629	28820	8274	7173

22-24 各地区普通小学基本情况

(2013年) 单位：人

地区	学校数(所)	招生数	在校学生数	毕业生数	教职工数	#专任教师
总计	**4631**	**350633**	**2044058**	**365054**	**162234**	**142656**
沈阳	320	65125	344662	56817	24754	21709
大连	569	52311	283790	50312	20300	17942
鞍山	576	29594	171415	30180	13804	11404
抚顺	139	13173	77312	14138	7711	6841
本溪	74	9172	55771	10572	6307	5209
丹东	462	15479	108507	19457	9113	8148
锦州	403	22424	143805	25469	11484	10285
营口	172	20150	114367	22206	8196	7515
阜新	89	14181	87950	16637	8695	7648
辽阳	216	14281	88750	16954	6264	5523
盘锦	49	12062	67856	13598	5579	5173
铁岭	334	22128	140317	25188	12250	10796
朝阳	683	33227	197186	35906	16118	14045
葫芦岛	545	27326	162370	27620	11659	10418

22-25 各地区特殊教育基本情况

(2013年) 单位：人

地区	学校数(所)	招生数	在校学生数	毕业生数	教职工数	#专任教师
总计	**74**	**852**	**7977**	**1079**	**2657**	**2020**
沈阳	14	173	1460	221	516	387
大连	11	198	1552	217	457	339
鞍山	7	13	503	77	270	183
抚顺	3	78	424	49	105	86
本溪	2	17	213	25	57	42
丹东	6	38	627	95	217	177
锦州	7	45	480	39	205	159
营口	4	64	775	116	217	176
阜新	5	24	310	15	144	109
辽阳	3	29	239	29	93	82
盘锦	2	18	105	15	25	22
铁岭	4	75	621	44	142	115
朝阳	3	54	360	121	136	96
葫芦岛	3	26	308	16	73	47

22-26 各地区每十万人口各级学校平均在校生数

(2013年) 单位：人

地　区	幼儿园	小学	初中阶段	高中阶段	高等学校
总　计	**2016.9**	**4815.4**	**2491.3**	**2631.0**	**3001.9**
沈　阳	1970.1	4755.3	2277.5	2099.3	7179.5
大　连	2282.6	4807.6	2509.5	2217.5	6377.2
鞍　山	2094.4	4893.4	2435.7	2141.1	1393.4
抚　顺	1468.1	3525.4	1866.0	2294.1	2130.9
本　溪	1752.9	3640.4	1956.2	2311.1	1100.3
丹　东	1696.0	4511.7	2474.4	2626.7	1221.9
锦　州	1942.5	4672.0	2431.2	2377.3	3512.1
营　口	2019.9	4864.6	2548.0	2252.1	609.8
阜　新	1904.0	4590.3	2549.2	2913.2	2579.8
辽　阳	1930.1	4922.4	2844.8	2418.5	1021.2
盘　锦	2199.9	5268.3	3298.6	3025.4	487.0
铁　岭	2286.9	4643.2	2419.0	2277.4	513.9
朝　阳	2037.6	5789.4	2891.1	2795.6	177.0
葫芦岛	2143.0	5798.9	2843.9	2329.8	627.0

注：高中阶段为生源数据且各市不含技工学校数据。

22-27 科技活动基本情况

指　　标	单位	2005年	2006年	2008年	2009年	2010年	2011年	2012年	2013年
科技活动人员	万人	**18.6**	**18.8**	**20.4**	**23.5**	**21.9**	**23.8**	**25.5**	**27.6**
#科学家和工程师	万人	12.3	12.9	14.8					
研究与试验发展折合全时人员	万人年	**6.7**	**7.0**	**7.9**	**9.2**	**8.5**	**8.1**	**8.7**	**9.5**
#科学家和工程师	万人年	5.6	5.9	6.8					
科技经费筹集额	亿元	**217.0**	**231.1**	**363.4**					
#政府资金	亿元	42.7	48.9	78.4					
企业资金	亿元	153.3	158.0	263.3					
金融机构贷款	亿元	7.4	11.6	9.2					
科技经费内部支出	亿元	**204.2**	**224.2**	**346.1**					
#劳务费	亿元	36.2	39.5	57.0					
固定资产购建费	亿元	43.0	62.8	96.7					
研究与试验发展经费支出	亿元	**125.3**	**136.4**	**194.2**	**241.1**	**287.5**	**363.8**	**390.9**	**445.9**
#基础研究	亿元	3.0	6.2	5.1	6.2	7.3	11.6	14.8	15.7
应用研究	亿元	23.2	20.4	29.6	25.8	36.2	52.7	60.9	55.6
试验发展	亿元	93.1	103.4	153.0	209.1	244.0	299.5	315.2	374.6
研究与试验发展经费支出占生产总值比重	%	**1.6**	**1.5**	**1.1**	**1.6**	**1.6**	**1.6**	**1.6**	**1.6**
技术市场成交额	亿元	**86.5**	**80.6**	**99.7**	**119.8**	**130.7**	**159.7**	**230.7**	**180**
专利申请受理数	件	**15672**	**17052**	**20899**	**25803**	**34218**	**37123**	**39490**	**45996**
发明	件	3267	4368	6499	7125	9884	14715	19740	
实用新型	件	8192	8594	10348	12634	14996	17684	15691	
外观设计	件	4213	4090	4052	6045	9338	4724	4059	
专利申请授权数	件	**6195**	**7399**	**10665**	**12198**	**17093**	**19176**	**21216**	**21656**
发明	件	942	1063	1516	1994	2357	3164	3995	
实用新型	件	4235	5277	8256	8585	12067	13584	14824	
外观设计	件	1018	1059	893	1620	2669	2428	2397	

22-28 科学研究和开发机构基本情况

指　标	单位	2005年	2006年	2008年	2009年	2010年	2011年	2012年	2013年
科技活动人员	万人	**2.00**	**1.90**	**2.00**	**1.90**	**1.81**	**1.88**	**1.93**	**2.26**
#科学家和工程师	万人	1.60	1.30	1.60					
研究与试验发展折合全时人员	万人年	**0.55**	**0.55**	**0.59**	**1.09**	**1.13**	**1.22**	**1.29**	**1.38**
#科学家和工程师	万人年	0.49	0.49	0.55					
#基础研究	万人年	0.05	0.06	0.06	0.10	0.13	0.12	0.16	0.17
应用研究	万人年	0.16	0.15	0.20	0.36	0.37	0.40	0.52	0.54
试验发展	万人年	0.34	0.20	0.32	0.63	0.63	0.70	0.61	0.65
科技经费筹集额	亿元	**26.00**	**29.00**	**41.60**					
#政府资金	亿元	14.90	16.50	25.70					
企业资金	亿元	6.40	8.90	8.50					
金融机构贷款	亿元		0.50						
科技经费内部支出	亿元	**25.90**	**28.40**	**38.10**					
#劳务费	亿元	6.50	6.90	9.70					
固定资产购建费	亿元	5.30	6.10	8.20					
研究与试验发展经费支出	亿元	11.20	12.00	16.90	31.10	44.15	45.74	53.31	58.80
#基础研究	亿元	**1.00**	**1.30**	**1.80**	**2.60**	**3.26**	**3.69**	**5.55**	**5.44**
应用研究	亿元	3.20	4.00	5.90	12.30	14.66	16.05	22.09	27.02
试验发展	亿元	5.00	3.00	6.10	16.20	26.22	26.01	25.67	26.30

22-29 大中型工业企业科技活动基本情况

指　标	单位	2006年	2008年	2009年	2010年	2011年	2012年	2013年
有科技活动的企业	个	294	303			253	276	369
占全部企业的比重	%	27.1	22.0			13.8	12.5	16.3
科技机构数	个	303.0	332.0	399.0	358.0	280.0	309.0	354.0
科技活动人员	万人	9.8	10.5		10.5	11.4		12.8
#科学家和工程师	万人	5.9	7.1					
研究与试验发展折合全时人员	万人年	3.4	4.0	5.2	4.5	4.0	4.2	4.6
#科学家和工程师	万人年	2.7	3.3					
科技机构科技活动人员	万人	3.3	3.8	4.1		3.1	4.2	4.0
#科学家和工程师	万人	2.1						
科技经费筹集额	亿元	137.9	242.3					
#政府资金	亿元	9.8	20.9					
企业资金	亿元	116.5	213.9					
金融机构贷款	亿元	7.3	6.1					
科技经费内部支出	亿元	136.7	233.2					
#开发新产品经费支出	亿元	82.9	122.6	199.2	196.7	241.8	254.4	293.6
科技经费支出占主营业务收入比重	%	1.4	1.6	1.4	1.0	1.1	1.1	1.2
研究与试验发展经费支出	亿元	85.9	129.0	166.4	191.3	238.2	259.8	290.8
技术引进经费支出	亿元	19.4	22.7	27.4	6.4	3.5	5.2	5.5
消化吸收经费支出	亿元	2.1	3.2	4.7	4.6	3.0	6.1	4.7
购买国内技术支出	亿元	2.8	20.3	18.9	15.8	17.4	14.4	6.2

22-30 高等学校科技活动情况

指　标	单位	2005年	2006年	2008年	2009年	2010年	2011年	2012年	2013年
科技活动人员	万人	2.6	2.9	3.3	5.7	5.8	5.9	5.7	6.4
#科学家和工程师	万人	2.2	2.5	2.8					
研究与试验发展机构	个	277	320	396					
研究与试验发展折合全时人员	万人年	1.3	1.5	1.6	1.5	1.6	1.5	1.6	1.7
#科学家和工程师	万人年	1.3	1.5	1.6					
#基础研究	万人年	0.4	0.6	0.6	0.6	0.6	0.6	0.6	0.7
应用研究	万人年	0.6	0.7	0.9	0.8	0.8	0.9	0.9	0.9
试验发展	万人年	0.3	0.2	0.1	0.1	0.1	0.1	0.1	0.1
科技经费筹集额	亿元	21.4	24.0	31.6					
#政府资金	亿元	8.0	8.7	12.8					
企业资金	亿元	11.6	13.7	17.3					
金融机构贷款	亿元								
科技经费内部支出	亿元	19.1	22.0	28.0					
#劳务费	亿元	3.9	4.1	4.3					
固定资产购建费	亿元	2.7	3.3	5.2					
研究与试验发展经费支出	亿元	12.3	15.6	21.1	23.6	24.5	32.6	37.3	41.4
#基础研究	亿元	1.4	2.4	3.1	3.6	4.0	7.9	8.6	10.3
应用研究	亿元	7.1	8.9	9.9	11.8	15.8	20.5	18.9	19.8
试验发展	亿元	3.7	4.2	8.1	8.3	4.7	4.2	9.8	11.3

主要统计指标解释

普通高等学校 指按照国家规定的设置标准和审批程序批准举办的，通过全国普通高等学校统一招生考试，招收高中毕业生为主要培养对象，实施高等教育的全日制大学、独立设置的学院和高等专科学校、高等职业学校和其他机构。

大学、独立设置的学院主要实施本科层次以上教育，高等专科学校、高等职业学校实施专科层次教育，其他机构是承担国家普通招生计划任务不计校数的机构。包括普通高等学校分校和批准筹建的普通高等学校等。

成人高等学校 指按照国家规定的设置标准和审批程序批准举办的，通过全国成人高等学校统一招生考试，招收具有高中毕业或同等学历的在职从业人员为主要培养对象，利用函授、业余、脱产等多种形式对其实施高等学历教育的学校。包括职工高等学校、农民高等学校、管理干部学院、教育学院、独立函授学院、广播电视大学、其他机构等。其他机构是承担国家成人招生计划任务不计校数的机构。

小学学龄儿童净入学率 指调查范围内已入小学学习的学龄儿童占校内外学龄儿童总数（包括弱智儿童，不包括盲聋哑儿童）的比重。计算公式为:

小学学龄儿童净入学率=已入学的小学学龄儿童数/校内外小学学龄儿童总数 × 100%

国家财政性教育经费 包括国家财政预算内教育经费，各级政府征收用于教育的税费，企业办学校教育经费，校办产业、勤工俭学和社会服务收入用于教育的经费。

财政预算内教育经费 指中央、地方各级财政或上级主管部门在年度内安排，并计划拨到教育部门和其他部门主办的各级各类学校、教育事业单位，列入国家预算支出科目的教育经费，包括教育事业拨款、科研经费拨款、基建拨款和其他经费拨款。

科技活动 指在自然科学、农业科学、医药科学、工程与技术科学、人文与社会科学领域（简称科学技术领域）中，与科技知识的产生、发展、传播和应用密切相关的有组织的活动。可分为研究与试验发展（R&D)、研究与试验发展成果应用及相关的科技服务三类活动。该定义是联合国教科文组织考虑成员国特别是发展中国家开展科技统计工作的需要，而对科技活动所作的统计界定。

科技活动人员 指直接从事科技活动、以及专门从事科技活动管理和为科技活动提供直接服务，累计的实际工作时间占全年制度工作时间 10%及以上的人员。(1) 直接从事科技活动的人员包括: 在独立核算的科学研究与技术开发机构、高等学校、各类企业及其他事业单位内设的研究室、实验室、技术开发中心及中试车间（基地）等机构中从事科技活动的研究人员、工程技术人员、技术工人及其它人员；虽不在上述机构工作，但编入科技活动项目（课题）组的人员；科技信息与文献机构中的专业技术人员；从事论文设计的研究生等。(2) 专门从事科技活动管理和为科技活动提供直接服务的人员，包括: 独立核算的科学研究与技术开发机构、科技信息与文献机构、高等学校、各类企业及其他事业单位主管科技工作的负责人，专门从事科技活动的计划、行政、人事、财务、物资供应、设备维护、图书资料管理等工作的各类人员，但不包括保卫、医疗保健人员、司机、食堂人员、茶炉工、水暖工、清洁工等为科技活动提供间接服务的人员。该指标用来反映投入科技活动人力的规模。

科学家与工程师 指科技活动人员中具有高、中级技术职称（职务）的人员和不具有高、中级技术职称（职务）的大学本科及以上学历人员。该指标用来反映投入科技活动人力的素质。

研究与试验发展（R&D) 指在科学技术领域，为增加知识总量，以及运用这些知识去创造新的应用进行的系统的创造性的活动，包括基础研究、应用研究、试验发展三类活动。国际上通常采用 R&D 活动的规模和强度指标反映一国的科技实力和核心竞争力。

基础研究 指为了获得关于现象和可观察事实的基本原理的新知识（揭示客观事物的本质、运动规律，获得新发现、新学说）而进行的实验性或理论性研究，它不以任何专门或特定的应用或使用为目的。其成果以科学论文和科学著作为主要形式。用来反映知识的原始创新能力。

应用研究 指为获得新知识而进行的创造性研究，主要针对某一特定的目的或目标。应用研究是为了确定基础研究成果可能的用途，或是为达到预定的目标探索应采取的新方法（原理性）或新途径。其成果形式以科学论文、专著、原理性模型或发明专利为主。用来反映对基础研究成果应用途径的探索。

试验发展 指利用从基础研究、应用研究和实际经验所获得的现有知识，为产生新的产品、材料和装置，建立新的工艺、系统和服务，以及对已产生和建立的上述各项作实质性的改进而进行的系统性工作。其成果形式主要是专利、专有技术、具有新产品基本特征的产品原型或具有新装置基本特征的原始样机等。在社会科学领域，试验发展是指把通过基础研究、应用研究获得的知识转变成可以实施的计划（包括为进行检验和评估实施示范项目）的过程。人文科学领域没有对应的试验发展活动。主要反映将科研成果转化为技术和产品的能力，是科技推动经济社会发展的物化成果。

研究与试验发展人员 指参与研究与试验发展项目研究、管理和辅助工作的人员， 包括项目（课题）组人员，企业科技行政管理人员和直接为项目（课题）活动提供服务的辅助人员。反映投入从事拥有自主知识产权的研究开发活动的人力规模。

研究与试验发展人员全时当量 指全时人员数加非全时人员按工作量折算为全时人员数的总和。例如:有两个全时人员和三个非全时人员（工作时间分别为20%、30%和70%），则全时当量为2+0.2+0.3+0.7=3.2人年。为国际上比较科技人力投入而制定的可比指标。

专业技术人员 指从事专业技术工作和专业技术管理工作的人员，即企事业单位中已经聘任专业技术职务从事专业技术工作和专业技术管理工作的人员，以及未聘任专业技术职务，现在专业技术岗位上工作的人员。包括工程技术人员，农业技术人员，科学研究人员，卫生技术人员，教学人员，经济人员，会计人员，统计人员，翻译人员，图书资料、档案、文博人员，新闻出版人员，律师、公证人员，广播电视播音人员，工艺美术人员，体育人员，艺术人员及企业政治思想工作人员，共十七个专业技术职务类别。用来反映科技人力资源情况。

科技活动经费筹集 指从各种渠道筹集到的计划用于科技活动的经费，包括政府资金、企业资金、事业单位资金、金融机构贷款、国外资金和其他资金等。反映各社会经济主体对促进科技进步所做的努力。

政府资金 指从各级政府部门获得的计划用于科技活动的经费，包括科学事业费、科技三项费、科研基建费、科学基金、教育等部门事业费中计划用于科技活动的经费以及政府部门预算外资金中计划用于科技活动的经费等。

企业资金 指从自有资金中提取或接受其他企业委托的，科研院所和高校等事业单位接受企业委托获得的，计划用于科研和技术开发的经费。不包括来自政府、金融机构及国外的计划用于科技活动的资金。

金融机构贷款 指从各类金融机构获得的用于科技活动的贷款。

科技活动经费内部支出 指报告年内用于科技活动的实际支出，包括劳务费、科研业务费、科研管理费，非基建投资购建的固定资产、科研基建支出以及其他用于科技活动的支出。不包括生产性活动支出、归还贷款支出及转拨外单位支出。反映科技投入实际完成情况。

劳务费 指以货币或实物形式直接或间接支付给从事科技活动人员的劳动报酬及各种费用。包括各种形式的工资、津贴、奖金、福利、离退休人员费用、人民助学金等。反映改善科技人员待遇情况。

固定资产购建费 指报告年内使用非基建投资购建的固定资产和用于科研基建投资的实际支出额，即固定资产实际支出和科研基建投资实际完成额之和。固定资产是指长期使用而不改变原有实物形态的主要物资设备、图书资料、实验材料和标本以及其他设备和家具、房屋、建筑物。反映用于改善科研条件和科研手段方面的投入情况。

新产品 指采用新技术原理、新设计构思研制、生产的全新产品，或在结构、材质、工艺等某一方面比原有产品有明显改进，从而显著提高了产品性能或扩大了使用功能的产品。既包括政府有关部门认定并在有效期内的新产品，也包括企业自行研制开发，未经政府有关部门认定，从投产之日起一年之内的新产品。用来反映科技产出及对经济增长的直接贡献。

二十三、文化、体育和卫生

Chapter 23 Culture, Sports and Public Health

23-1 文化事业基本情况

项 目	2005年	2006年	2008年	2009年	2010年	2011年	2012年	2013年
一、文化事业机构数(个)	**20871**	**19085**	**17479**	**15255**	**14690**	**13563**	**13054**	**12910**
文化部门	12315	10338	6475	2279	2130	2106	2093	2074
其他部门	8556	8747	11004	12976	12560	11457	10961	10836
二、文化事业人员数(人)	**76970**	**92380**	**68767**	**78359**	**75215**	**70313**	**67659**	**71622**
文化部门	53698	61946	33248	19677	19044	19307	19731	20009
其他部门	23272	30434	35519	58682	56171	51006	47928	51613
三、各类文化艺术事业单位数(个)								
文化馆、艺术馆	124	123	123	122	122	122	123	123
公 共 图 书 馆	126	126	128	128	128	128	129	129
博物馆	37	37	54	61	61	61	62	63
电影院								
艺术表演场所	59	50	40	40	38	38	30	26
艺术表演团体	70	66	65	63	52	38	23	23
电影放映单位								

23-2 广播电视事业

项 目	单位	2010年	2011年	2012年	2013年
一、职 工 人 数	**人**	**26392**	**27332**	**28531**	**28436**
二、广播事业情况					
广 播 电 台	座	15	4	4	4
发射台及转播台	座	34	35	34	34
发射机功率	千瓦	1151	1200	1225	1225
平均每天播音时间	小时：分	82	83	80	80
广播人口综合覆盖率	%	98.48	98.51	98.59	98.63
年广播节目制作时间	小时	457602	442709	432646	393806
新闻	小时	53662	59338	60348	
综艺	小时	153476	136956	133584	
专题	小时	145270	148479	135010	
广播剧	小时	4404	2176	7652	
广告	小时	62729	58229	56210	
其他	小时	38064	37529	39839	
三、电视事业情况					
电 视 台	座	13	5	5	5
电视发射及转播台	座	367	368	368	369
发射机功率	千瓦	578	583	581	579
平均每周播出时间	小时：分	13547:42	14017:11	14065:15	14120:39
电视人口综合覆盖率	%	98.59	98.64	98.68	98.72
电视节目制作时间	小时	188895	184320	176710	184836
新闻	小时	30945	30247	28514	
综艺	小时	56107	53809	50333	
专题	小时	33836	30122	37961	
影视剧	小时	1189	1080	1335	
广告	小时	39673	42997	35758	
其他	小时	27148	26064	22806	

23-3 图书、杂志和报纸出版情况

年 份	图书				杂志			报纸		
	种数(种)	#新出版	总印数(万册)	总印张数(万印张)	种数(种)	总印数(万册)	总印张数(万印张)	种数(种)	总印数(万份)	总印张数(万印张)
1990	2776	2087	20000	79000	236	14000	30000	65	83000	63000
1991	3603	2799	22000	94000	242	15000	33000	67	99000	71000
1992	3203	2336	21000	90000	255	16000	30000	70	94000	70000
1993	3602		23000	120000	289	16000	38000	84	87000	88000
1994	4419	2986	24000	108000						
1995	3585	1975	18000	79000	295	15000	34000	88	90000	88000
1996	4419	2228	23000	107000	288	14000	31000	97	88000	117000
1997	4979	2678	22000	104000	286	14000	31000	89	99000	124000
1998	5251	2838	24000	114000	274	13000	31000	85	105000	175000
1999	5256	2711	23000	106000	277	13000	32000	85	110000	206000
2000	5008	2752	17082	108047	289	8634	22369	87	125845	319018
2001	5117	2719	18176	123953	306	14043	33907	97	124584	1097498
2002	6632	3026	16374	106225	321	12896	31246	17	52989	110635
2003	6519	2826	15428	92405	322	10881	30241	17	50631	150874
2004	5511	2899	11666	83959	234	6891	25647	81	145408	510101
2005	6598		12394	88222	325	10890	30251	81	145800	510235
2006	7370		12355	91425	324	8025	30537	123	159117	720835
2007	5533	3043	6686	51332	326	10793	39720	122	268855	743621
2008	7216	3592	13588	85791	322	10033	39777	81	179132	830147
2009					317	8424	37759	113	144362	702087
2010	9060	4925	14705	115552	317	4507	40073	75	156800	820203
2011	9883	5208	15148	120937	316	10003	41657	73	161277	998342
2012	9994	5596	11680	95977	312	9840	41715	69	165968	989664
2013	10737	6772	11788	96271	315	9185.15	39698	70	163232	814552

注：2002年报纸为省级报纸统计数。

23-4 图书出版分类构成情况

(2013年)

	种数(种)	总印数(万册)	总印张(千印张)
标准图书合计	**10736**	**11787**	**962707**
马列主义、毛泽东思想	27	10	1445
哲　　学	96	47	6847
社会科学总论	143	46	7610
政治、法律	218	159	17912
军　　事	44	19	2411
经　　济	989	448	79865
文化、科学、教育、体育	4507	8501	562543
语言、文字	764	489	52122
文　　学	1030	1034	100226
艺　　术	832	252	24546
历史、地理	336	150	21942
自然科学总论	11	3	366
数理科学、化学	136	38	5998
天文学、地球科学	24	8	830
生物科学	44	18	1423
医药、卫生	245	84	10619
农业科学	79	31	2223
工业技术	902	309	42351
交通运输	220	100	16950
航空、航天	3	1	72
环境科学	28	8	905
综合性图书	58	31	3502
非标图书合计	1	1	5

23-5 体委系统职工人数

(2013年)　　单位：人

人员分类	合计	#优秀运动队	#体育运动学校	#少儿业余体校	#公共体育场馆	#体育服务公司
全　省	**4317**	**1971**	**1313**	**444**	**589**	
运动员	1560	1436	124			
专职教练员	1231	277	471	190	293	
专职文化教师	339	8	303	28		
科技人员	10	3	7			
宣传出版人员						
医务人员	17	7	6	1	3	
管理人员	1079	207	389	190	293	
其它人员	81	33	13	35		

23-6 运动员历年创世界纪录情况

年　份	项数(项)	#女子	人数(人)	#女子	次数(次)	#女子
1985	1	1	2	2	2	2
1986	1	-	1	-	1	-
1987	3	2	7	5	12	9
1988	2	2	4	4	9	9
1989	10	10	4	4	10	10
1990	2	1	4	3	2	1
1991	8	8	6	6	10	10
1992	3	3	8	8	20	20
1993	20	18	14	12	30	27
1994	3	3	4	4	4	4
1995	1	1	1	1	1	1
1996	2	2	1	1	3	3
1997	9	9	5	5	11	11
1998	17	15	14	12	20	18
1999	13	12	9	8	22	21
2000	4	3	2	1	7	6
2001	4	4	6	6	4	4
2002	11	11	7	7	13	13
2003	13	-	7	-	34	-
2004	4	4	3	3	4	4
2005	3	3	3	3	4	4
2006	3	3	1	1	3	3
2007						
2008						
2009	3	3	2	2	4	4
2010						
2011	1	1	1	4	4	4
2012	3	3	1	1	4	4
2013						

注：总计的项数和人数中剔除了历年重复数(以下同)。

23-7 运动员分项获得世界冠军情况

(2013年)

项　目	项数(项)	#女子	人数(人)	#女子	次数(次)	#女子
乒乓球	1	1	1	1	1	1
自由式滑雪空中技巧	2	1	2	1	3	2
羽毛球	1	1	1	1	1	1
体操						
蹦床						
击剑						
蹼泳	6	5	3	2	7	6
摔跤	3	3	5	5	3	3

23-8 运动员近年获得世界冠军情况

年　份	项数(项)	#女子	人数(人)	#女子	次数(次)	#女子
1985	3	1	3	1	4	1
1986	6	4	8	4	8	4
1987	4	3	6	4	8	6
1988	2	1	4	3	10	8
1989	11	10	5	4	11	10
1990	11	7	7	4	12	8
1991	15	13	7	5	16	14
1992	6	5	8	7	13	12
1993	24	24	18	18	24	24
1994	4	4	7	5	12	8
1995	7	3	9	5	8	4
1996	6	6	5	5	8	8
1997	7	7	4	4	7	7
1998	14	8	11	9	15	8
1999	14	12	9	8	15	13
2000	9	7	6	5	9	7
2001	9	9	4	4	9	9
2002	12	10	10	8	12	10
2003	18	-	12	-	19	-
2004	11	10	11	10	12	11
2005	6	6	6	6	6	6
2006	11	10	11	10	11	10
2007	14	14	12	12	20	20
2008	13	13	10	10	15	15
2009	7	7	4	4	7	7
2010	6	6	12	12	13	13
2011	7	9	11	23	26	23
2012	7	5	9	7	8	6
2013	13	11	12	10	15	13

23-9 运动员分项创获亚洲冠军情况

(2013年)

项　目	项数(项)	#女子	人数(人)	#女子	次数(次)	#女子
总　计	**13**		**19**		**13**	
艺术体操	2	2	2	2	2	2
现代五项	2	2	1	1	2	2
赛　艇	4	3	11	9	4	3
皮划艇	3	3	2	2	3	3
击　剑	1	1	2	2	1	1
羽毛球	1	1	1	1	1	1

23-10 与外国体育活动交往情况

项　目	单位	2005年	2006年	2008年	2009年	2010年	2011年	2012年	2013年
来我省的体育团体									
次　数	次	17	6	29	15	10	5	5	8
人　数	人	148	97	214	188	98	74	92	151
我省派出的体育团体									
次　数	次	86	104	42	15	20	13	10	2
人　数	人	326	336	176	108	140	164	101	38

23-11 卫生机构、床数、人员数

(2013年)

卫生机构名称	机构数(个)	床位数(张)	人员数(人)				
			合计	卫生技术人员			
				小计	执业(助理)医师	#执业医师	注册护士
总　计	**35546**	**242080**	**338655**	**254813**	**103426**	**92360**	**103433**
一、医院	**905**	**197574**	**213946**	**173291**	**62732**	**59267**	**80370**
综合医院	555	136954	157756	129405	46264	44034	61634
中医医院	106	20396	22019	18107	7330	6701	6779
中西医结合医院	6	790	691	570	275	225	204
民族医院	1	300	156	113	54	48	17
专科医院	235	38889	33259	25064	8791	8247	11722
口腔医院	20	374	2078	1738	922	872	588
眼科医院	15	863	1294	869	264	244	420
肿瘤医院	5	3030	2273	1821	679	675	829
心血管病医院	3	220	141	95	43	32	32
胸科医院	2	1416	1000	765	295	288	356
妇产(科)医院	31	4489	6653	5168	1908	1819	2375
儿童医院	4	1059	1666	1384	489	488	600
精神病医院	37	13196	5885	4247	1145	1046	2460
传染病医院	14	5151	4330	3218	933	898	1565
皮肤病医院	6	314	406	299	109	106	126
结核病医院	6	1802	1218	772	233	202	397
骨科医院	18	2274	2030	1534	670	585	595
康复医院	19	2159	1411	946	309	277	412
整形外科医院	4	85	68	56	25	21	24
美容医院	6	115	277	212	94	84	76
其他专科医院	45	2342	2529	1940	673	610	867
护理院	2	245	65	32	18	12	14
二、基层医疗卫生机构	**33452**	**34868**	**98506**	**63059**	**32617**	**26198**	**19552**
社区卫生服务中心(站)	1136	5340	14924	12504	5268	4602	5035
社区卫生服务中心	351	5203	10727	8796	3565	3067	3457
社区卫生服务站	785	137	4197	3708	1703	1535	1578
卫生院	1028	29193	25283	19135	8939	5817	4962
街道卫生院	14	239	280	220	107	79	68
乡镇卫生院	1014	28954	25003	18915	8832	5738	4894
中心卫生院	250	10506	9878	7651	3547	2398	2105
乡卫生院	764	18448	15125	11264	5285	3340	2789
村卫生室	19939		30402	4696	3659	2527	1037
门诊部	485	335	5545	4857	2529	2241	1594
综合门诊部	257	222	3406	2986	1510	1330	934
中医门诊部	53	23	461	371	232	219	73
中西医结合门诊部	14	1	128	119	54	45	38
专科门诊部	161	89	1550	1381	733	647	549
诊所.卫生所.医务室	10864		22352	21867	12222	11011	6924
诊所	9201		18912	18569	10678	9781	6079
卫生所、医务室	1663		3440	3298	1544	1230	845
三、专业公共卫生机构	**1038**	**3692**	**23387**	**16779**	**7363**	**6305**	**2954**
疾病预防控制中心	128		8064	5920	3238	2732	426

23-11 续表 1

卫生机构名称	机构数(个)	床位数(张)	人员数(人)				
			合计	卫生技术人员			
				小计	执业(助理)医师	#执业医师	注册护士
省属	1		431	261	118	116	2
省辖市(地区)属	17		2213	1680	919	880	122
地辖市属	73		3381	2502	1365	1058	222
县属	29		1650	1179	629	485	45
其他	8		389	298	207	193	35
专科疾病防治院(所、站)	87	2342	3177	2315	1069	879	631
专科疾病防治院	8	1077	804	612	255	200	223
职业病防治院	6	772	626	482	189	175	166
其他	2	305	178	130	66	25	57
专科疾病防治所(站、中心)	79	1265	2373	1703	814	679	408
口腔病防治所(站、中心)	11	6	388	329	178	161	91
精神病防治所(站、中心)	1	135	34	20	7	7	11
结核病防治所(站、中心)	50	956	1478	1016	455	356	265
职业病防治所(站、中心)	3	100	190	146	62	57	29
地方病防治所(站、中心)	11		240	182	107	93	9
药物戒毒所(中心)	1	50	41	8	3	3	3
其他	2	18	2	2	2	2	
健康教育所(站、中心)	10		168	74	58	48	7
妇幼保健院(所、站)	110	1230	4694	3679	1924	1710	934
省属	1	53	174	138	44	44	55
省辖市(地区)属	13	15	447	341	195	192	52
地辖市属	62	637	2484	1969	1037	912	525
县属	29	525	1459	1127	590	509	278
其他	5		130	104	58	53	24
妇幼保健院	36	1117	2489	1975	926	814	618
妇幼保健所	44	80	1478	1145	659	603	222
妇幼保健站	30	33	727	559	339	293	94
急救中心(站)	13	120	1045	639	298	296	303
采供血机构	23		1334	864	191	170	420
卫生监督所(中心)	88		2620	2132			
省属	1		108	76			
省辖市(地区)属	14		741	607			
地辖市属	53		1170	967			
县属	20		548	450			
其他			53	32			
计划生育技术服务机构	579		2285	1156	585	470	233
四、其他卫生机构	**151**	**5946**	**2816**	**1684**	**714**	**590**	**557**
疗养院	15	5946	1664	987	377	317	408
医学科学研究机构	6		102	64	35	34	6
医学在职培训机构	3		51	14	4	1	3
临床检验中心(所、站)	2		16	10			
统计信息中心	2		28	1			
其他	123		955	608	298	238	140

23-11 续表 2

卫生机构名称	药师(士)	技师(士)	#检验师	其他	其他技术人员	管理人员	工勤技能人员
总　　计	**13433**	**14222**	**9975**	**20299**	**13070**	**17272**	**27794**
一、医院	**9748**	**9758**	**6585**	**10683**	**9082**	**11398**	**20175**
综合医院	6655	7031	4732	7821	6025	7802	14524
中医医院	1681	1087	707	1230	1085	1022	1805
中西医结合医院	44	32	23	15	19	36	66
民族医院	30	9	6	3		39	4
专科医院	1338	1599	1117	1614	1924	2497	3774
口腔医院	26	39	14	163	93	102	145
眼科医院	32	25	20	128	102	201	122
肿瘤医院	94	143	83	76	86	191	175
心血管病医院	5	4	4	11	5	5	36
胸科医院	48	66	31		61	54	120
妇产(科)医院	246	411	309	228	423	394	668
儿童医院	64	81	67	150	100	50	132
精神病医院	164	135	113	343	273	492	873
传染病医院	285	304	228	131	270	288	554
皮肤病医院	36	21	19	7	27	20	60
结核病医院	56	70	41	16	107	56	283
骨科医院	87	103	49	79	126	223	147
康复医院	49	48	31	128	98	149	218
整形外科医院	4	2	2	1	3	4	5
美容医院	11	9	9	22	19	24	22
其他专科医院	131	138	97	131	131	244	214
护理院					29	2	2
二、基层医疗卫生机构	**3169**	**2240**	**1422**	**5481**	**2107**	**2510**	**5124**
社区卫生服务中心(站)	947	651	480	603	636	950	834
社区卫生服务中心	767	546	385	461	520	715	696
社区卫生服务站	180	105	95	142	116	235	138
卫生院	1426	1206	687	2602	1471	1560	3117
街道卫生院	18	12	8	15	17	16	27
乡镇卫生院	1408	1194	679	2587	1454	1544	3090
中心卫生院	562	489	279	948	508	474	1245
乡卫生院	846	705	400	1639	946	1070	1845
村卫生室							
门诊部	267	295	195	172			688
综合门诊部	177	234	146	131			420
中医门诊部	48	14	10	4			90
中西医结合门诊部	11	9	6	7			9
专科门诊部	31	38	33	30			169
诊所.卫生所.医务室	529	88	60	2104			485
诊所	480	53	32	1279			343
卫生所、医务室	49	35	28	825			142
三、专业公共卫生机构	**435**	**2146**	**1905**	**3881**	**1586**	**2983**	**2039**
疾病预防控制中心	66	1220	1174	970	478	1012	654

23-11 续表 3

卫生机构名称					其他技术人员	管理人员	工勤技能人员
	药师(士)	技师(士)	#检验师	其他			
省属		127	127	14	15	106	49
省辖市(地区)属	20	480	460	139	150	246	137
地辖市属	27	395	379	493	211	465	203
县属	10	181	173	314	99	146	226
其他	9	37	35	10	3	49	39
专科疾病防治院(所、站)	143	248	170	224	246	321	295
专科疾病防治院	35	68	56	31	83	47	62
职业病防治院	32	64	54	31	45	38	61
其他	3	4	2		38	9	1
专科疾病防治所(站、中心)	108	180	114	193	163	274	233
口腔病防治所(站、中心)	3	1		56	22	27	10
精神病防治所(站、中心)	1	1	1			2	12
结核病防治所(站、中心)	93	135	81	68	109	187	166
职业病防治所(站、中心)	4	23	18	28	16	13	15
地方病防治所(站、中心)	7	18	13	41	16	16	26
药物戒毒所(中心)		2	1			29	4
其他							
健康教育所(站、中心)	2	2	2	5	54	25	15
妇幼保健院(所、站)	155	365	294	301	239	471	305
省属	8	12	10	19	4	15	17
省辖市(地区)属	12	60	54	22	28	54	24
地辖市属	76	186	147	145	127	246	142
县属	54	90	69	115	73	143	116
其他	5	17	14		7	13	6
妇幼保健院	91	170	127	170	106	211	197
妇幼保健所	44	138	119	82	81	177	75
妇幼保健站	20	57	48	49	52	83	33
急救中心(站)	17	7	5	14	76	69	261
采供血机构	15	199	197	39	158	115	197
卫生监督所(中心)				2132	99	256	133
省属				76	9	17	6
省辖市(地区)属				607	27	65	42
地辖市属				967	39	111	53
县属				450	24	43	31
其他				32		20	1
计划生育技术服务机构	37	105	63	196	236	714	179
四、其他卫生机构	**81**	**78**	**63**	**254**	**295**	**381**	**456**
疗养院	41	35	26	126	107	199	371
医学科学研究机构	4	3	3	16	11	24	3
医学在职培训机构	6			1	9	18	10
临床检验中心(所、站)		10	10		3	2	1
统计信息中心				1	20	5	2
其他	30	30	24	110	145	133	69

23-12 各地区卫生机构、床位数

(2013年)

地区	卫生机构数(个)	#医院	#乡镇卫生院	#门诊部	#疾病预防控制中心(防疫站)	#妇幼保健院(所站)	医疗机构床位数(张)	每千人口医疗机构床位数(张)
总计	**35546**	**905**	**1014**	**485**	**128**	**110**	**242080**	**5.5**
沈阳	4886	199	115	156	16	15	53515	6.5
大连	3801	121	95	180	16	12	38845	5.6
鞍山	3371	79	70	44	8	8	22640	6.3
抚顺	1430	51	48	19	9	8	12385	5.9
本溪	636	32	33	11	8	7	10838	6.3
丹东	1536	45	76	8	8	5	15082	6.2
锦州	2551	33	73	2	8	8	11775	3.8
营口	2190	73	48	15	9	6	11111	4.6
阜新	1428	43	64		8	8	9966	5.5
辽阳	1895	55	36	7	8	8	12050	6.5
盘锦	1120	40	32	8	6	3	7784	5.4
铁岭	3094	24	92	13	9	7	10067	3.8
朝阳	4591	57	136	13	8	8	14280	4.8
葫芦岛	3017	53	96	9	7	7	11742	4.5

23-13 各地区卫生机构人员数

(2013年)

单位：人

地区	卫生机构人员合计	#卫生技术人员				
			#执业(助理)医师	#注册护士	每千人口执业(助理)医师数	每千人口注册护士数
总计	**338655**	**254813**	**103426**	**103433**	**2.4**	**2.4**
沈阳	74871	59360	23392	25376	2.8	3.1
大连	57123	44650	17750	19548	2.6	2.8
鞍山	26943	20383	8144	8213	2.2	2.3
抚顺	15661	12589	5207	5255	2.5	2.5
本溪	13621	10536	3866	4723	2.2	2.7
丹东	18052	12958	5543	5014	2.3	2.1
锦州	17234	12083	5082	4060	1.6	1.3
营口	16315	11952	5052	4733	2.1	1.9
阜新	15556	11347	4135	4838	2.3	2.7
辽阳	12703	9488	4024	3722	2.2	2.0
盘锦	12593	9591	3893	4018	2.7	2.8
铁岭	18717	12803	5855	4257	2.2	1.6
朝阳	23435	16025	6922	5522	2.3	1.8
葫芦岛	15831	11048	4561	4154	1.8	1.6

主要统计指标解释

文化事业机构 指从事专业文化工作和为专业文化工作服务的独立建制的单位。不包括这些单位另外举办独立核算的其他机构和各部门的业余文化组织。该指标主要反映文化事业机构发展规模水平。

艺术表演团体 指从事戏曲、音乐、舞蹈、杂技等专业艺术表演，有独立帐户的单位，不包括半工半艺、半农半艺和民间职业剧团。该指标主要反映全国专业艺术表演团体发展规模水平。

艺术表演观众人数（人次） 指售票、包场演出或民族地区免费演出的艺术表演观众人次数，不包括彩排审查和内部观摩演出的观看人次数。该指标主要反映全国观看专业艺术表演团体演出的效益规模。

卫生机构 包括医疗机构、疾病预防控制中心（防疫站）、采供血机构、卫生监督及监测（检验）机构、医学科研和在职培训机构、健康教育所等。

医疗机构 包括医院、社区卫生服务中心（站）、疗养院、卫生院、门诊部、诊所（卫生所、医务室）、妇幼保健院（所、站）、专科疾病防治院（所、站）、急救中心（站）和临床检验中心。医疗机构分为非赢利性医疗机构和赢利性医疗机构。

医院 包括综合医院、中医医院、中西医结合医院、民族医院、各类专科医院和护理院。

卫生技术人员 指卫生机构中医生、护理人员、药剂人员、检验人员等卫生技术人员。

医生 指在医疗、预防保健机构工作且取得《执业医师证书》的执业医师和执业助理医师。

卫生服务总费用 反映全国当年用于医疗卫生保健服务所消耗的资金总额，用筹资来源法测算。政府预算卫生支出指各级政府用于卫生事业的财政预算拨款。社会卫生支出指政府预算外的卫生资金投入，主要表现为社会医疗保险。其中包括如企事业单位和乡村集体经济单位举办的医疗卫生机构的设施建设费，企业职工医疗卫生费，行政事业单位负担的职工公费医疗超支部分等。居民个人卫生支出指城乡居民用自己可支配的经济收入支付的各项医疗卫生费用和医疗保险费用。

二十四、其他社会活动

Chapter 24 Others Social Activities

24-1 历届省人民代表大会的代表人数

届 别	年份	代表总数			占代表总数比重(%)	
			#女代表	#少数民族代表	#女代表	#少数民族代表
一 届	1954	588		100		17.00
二 届	1959	566	107	39	18.90	6.89
三 届	1964	795				
四 届	1975					
五 届	1978	1200	292	160	24.33	13.33
六 届	1983	900	219	146	24.33	16.22
七 届	1988	725	142	118	19.59	16.28
八 届	1993	745	159	115	21.34	15.44
九 届	1998	622	123	97	19.77	15.59
十 届	2003	619	108	102	17.45	16.48
十一届	2008	616	115	87	18.67	14.12
十二届	2013	619	140		22.62	

24-2 历届省政治协商会议的委员人数

届 别	年份	委员总数			占委员总数比重(%)	
			#中国共产党委员	#少数民族委员	#中国共产党委员	#少数民族委员
一 届	1954	122	28	16	22.95	13.11
二 届	1959	376	123	32	32.71	8.51
三 届	1963	403	125	31	31.02	7.69
四 届	1977	586	245	57	41.81	9.73
五 届	1983	595	220	65	36.97	10.92
六 届	1988	696	245	83	35.20	11.93
七 届	1993	695	242	81	34.82	11.65
八 届	1998	723	283	97	39.14	13.42
九 届	2003	750	284	98	37.87	13.07
十 届	2008	796	285	119	35.80	14.95
十一届	2013	845	321	129	37.99	15.27

24-3 工会组织情况

年 份	工会基层组织数(个)	全省已建工会组织的基层单位的职工与会员人数(人)				工会专职工作人员数(人)
		职工人数	#女职工	会员人数	#女会员	
1980	19004	6149000	2340000	5182000		26000
1985	22763	8267000	3388000	7421000	3078000	43709
1986	23190	8341973	3462049	7605645	3202109	47842
1987	24742	8536873	3532603	7880001	3257621	47301
1988	25753	8712119	3611855	8034410	3370064	41910
1989	27217	8840457	3665482	8181168	3394077	44150
1990	27836	8968227	3750636	8340951	3497883	46875
1991	28642	8979281	3768625	8387414	3541636	48521
1992	29222	9164759	3828618	8567567	3584922	45584
1993	30083	9177011	3781547	8537051	3540817	41276
1994	27629	9133500	3843987	8420047	3501514	31215
1995	28448	9290683	3987323	9234588	3796173	36167
1996	27517	9095895	3796520	8577752	3564856	39693
1997	24310	8395588	3276594	7180188	2956720	33321
1998	23317	7198855	2994485	6694517	2784204	23766
1999	21647	6199418	2529928	5659855	2315330	21406
2000	41167	8018747	3360629	7515909	3100980	27396
2001	64659			8155000		
2002	41715	8877337	2566828	8606854	2454640	18372
2003	35717	7933711	2540304	7698113	2388475	18683
2004	39963	8402783	2947246	8223150	2820343	20346
2005	43614	8830676	3351654	8621046	3121658	19626
2006	48691	9685316	2927952	9371941	2756933	19931
2007	54264	10882834	2709465	10459638	2578179	21363
2008	67933	11757290	3002389	11338255	2879836	60436
2009	70531	17864409	2998480	11338291	2941172	41272
2010	70055	10617046	3082698	10383383	3025012	32154
2011	91353	9427994	3342545	9114672	3250838	44785
2012	103187	10093887	3551648	9813753	3484323	43643
2013	93575	10154010	3598173	9920926	3527320	56282

注:1998年以后工会专职工作人员数为工会专职干部人数。

24-4 妇联组织情况

项　目	单位	2006年	2008年	2009年	2010年	2011年	2012年	2013年
妇联组织总计								
一、地方妇联	个	**1703**	**1709**	**1634**	**1871**	**1633**	**1612**	**1662**
省级和市级	个	15	15	15	15	15	15	15
县(市)、区、乡(镇)级	个	1130	1144	1103	1063	1034	1023	1042
街道妇联	个	558	550	516	793	584	574	605
二、农林场妇联	个							
建立基层妇代会组织数	个	15711	15313	17427	11216	11133	10937	15713
#一类妇代会	人							
二类妇代会	人							
各类妇女工作委员会	个	10023	10489	31010	22491	20324	18075	34737
各类妇女联谊组织数	个	76	79		47			
民主党派中的妇女组织	个	56	59	68	53	77	76	

24-5 律师、公证、调解工作基本情况

项　目	单位	2005年	2006年	2008年	2009年	2010年	2011年	2012年	2013年
一、律师工作									
律师事务所	个	484	506	569	586	644	685	719	741
律师	人	5134	5301	5943	6298	6648	7430	7925	8540
专职律师	人	4890	5067	5443	5649	5985	6771	7204	7762
兼特邀职律师	人	244	234	500	313	339	349	337	339
聘请担任常年法律顾问的单位	处	7978	8015	7722	9319	8243	7963	8745	9221
民事诉讼代理	件	31768	31602	35373	40558	43807	41708	48999	52395
经济诉讼代理	件	12902	12337						
行政诉讼代理	件	2022	2074	2747	1757	1535	1486	1769	1868
刑事 辩 护	件	13332	13608	17631	22447	19336	21584	20660	22402
非诉讼法律事务	件	37468	34974	13211	16783	14339	17649	13095	12999
解答法律咨询	万人次	20.56	24.69	16.16	15.90	15.77	19.16	17.89	16.35
代写法律事务文书	万件	5.44	5.75	3.80	3.46	3.80	2.98	3.08	2.56
涉外及港澳台	件	1119	678	9	85	284	234	199	
二、公证工作									
公证处	个	107	106	107	106	106	106	108	108
公证人员	人	1021	1110	1141	1118	1118	1219	1260	1356
#公证员	人	576	562	546	510	510	523	516	521
公证员助理	人	138	218	245	252	252	342	342	451
办理公证文书	万件	63.42	69.09	66.40	74.00	74.80	74.67	71.62	77.03
三、人民调解工作									
专职司法助理员	人	1682	1734	3892	2642	3449	3824	4744	3603
人民调解委员会	个	21513	22371	20682	19929	20267	20008	20118	20289
调 解 人 员	万人	16.59	15.51	15.50	17.40	17.20	15.17	15.09	15.37
调解民间纠纷	万件	14.13	14.41	13.31	16.10	15.30	17.71	16.13	18.48

24-6 国内公证文书分类

(2013年)

分　类	办证件数(件)	比重(%)
合　计	**555365**	**100.00**
合同(协议)	151114	27.21
继承	70890	12.76
单方法律行为	167558	30.17
现场监督	33458	6.02
保全证据	5133	0.92
公司章程	11	0.00
组织资格	23	0.00
财产权	690	0.12
身份	909	0.16
收养关系	23	0.00
婚姻状况	610	0.11
亲属关系	2957	0.53
有无违法犯罪记录	225	0.04
其他有法律意义事实	2668	0.48
证书(执照)	1164	0.21
签名(印鉴)	6943	1.25
文本相符	25534	4.60
赋予执行效力	55266	9.95
执行证书	860	0.15
抵押登记	521	0.09
提存	273	0.05
保管	1	0.00
其他	28534	5.14

24-7 涉外公证文书分类

(2013年)

分　类	办证件数(件)	比重(%)
合　计	**211942**	
合同(协议)	356	0.17
继承	48	0.02
委托	2633	1.24
声明	2478	1.17
遗嘱		
其他单方法律行为	282	0.13
公司章程	28	0.01
组织资格	741	0.35
收养关系	14	0.01
婚姻状况	11054	5.22
亲属关系	34352	16.21
出生	28653	13.52
死亡	1145	0.54
生存、居住	992	0.47
学历(学位)	9004	4.25
经历	645	0.30
职务(职称)	524	0.25
身份	847	0.40
有无违法犯罪记录	29177	13.77
其他有法律意义事实	1383	0.65
证书(执照)	17919	8.45
签名(印鉴)	3969	1.87
文本相符	45425	21.43
其他	20273	9.57

24-8 调解民间纠纷分类

项　目	调节纠纷(件)						
	2007年	2008年	2009年	2010年	2011年	2012年	2013年
合　计	**133895**	**133078**	**161055**	**152950**	**177117**	**161251**	**184754**
婚姻	35295	33958	42316	34582	41944	35019	41080
继承							
赡、抚、扶养							
家庭							
房屋宅基地	9102	9825	10741	10701	13488	8916	10714
债务							
生产经营							5193
邻里	28656	29629	42316	48363	59923	58896	73095
损害赔 偿	6704	7130	8067	6973	5866	5748	5955
其他	54138	52536	57615	86913	55896	52672	48717

24-8　续表

项　目	各类纠纷所占比重(%)						
	2007年	2008年	2009年	2010年	2011年	2012年	2013年
合　计	**100**	**100**	**100**	**100**	**100**	**100**	**100**
婚姻	26.36	25.52	26.27	22.61	23.68	21.60	22.24
继承							
赡、抚、扶养							
家庭							
房屋宅基地	6.80	7.38	6.67	7.00	7.62	5.50	5.80
债务							
生产经营							2.81
邻里	21.40	22.26	26.27	31.62	33.83	36.32	39.56
损害赔 偿	5.01	5.36	5.01	4.56	3.31	3.54	3.22
其他	40.43	39.48	64.23	56.82	31.56	32.48	26.37

24-9 交通事故发生情况

(2013年)

类　别	发生起数(起)	死亡人数(人)	受伤人数(人)	损失折款(万元)
总　计	**5778**	**2015**	**5536**	**2887.0**
机动车	4507	1507	4364	2594.0
# 摩托车	895	377	848	200.0
拖拉机	16	4	18	3.9
非机动车	125	23	125	19.0
# 自行车				
行人乘车	28	15	20	6.0
其他	155	70	134	143.0

24-10 火灾事故发生情况

(2013年)

指　标	单位	合计	按事故发生程度分		
			特大	重大	一般
发生起数	起	32618			32618
死亡	人	94			94
受伤	人	50			50
损失折款	万元	21207			21207
平均每起事故损失	元	6501			6501

24-11 结婚登记和离婚情况

年 份	准予登记结婚(对)			准予登记离婚(对)	离婚率(‰)
		初婚(人)	再婚(人)		
1983	331960	640749	23171	8649	0.24
1984	387829	748957	26701	8810	0.24
1985	419729	811197	28261	8963	0.24
1986	440722	845008	36436	14416	0.39
1987	472011	900299	43723	19006	0.51
1988	415219	785176	45262	22379	0.59
1989	395049	739189	43448	22530	0.59
1990	383976	710383	57569	24459	0.63
1991	340245	628962	51528	23541	0.60
1992	411425	772983	49867	24565	0.62
1993	330506	612579	48433	26825	0.68
1994	294877	539149	50605	29890	0.75
1995	304103	553927	54279	29554	0.74
1996	308500	560821	56179	30279	0.75
1997	275310	496601	54019	32828	0.81
1998	264684	473115	56253	34772	0.85
1999	257598	462363	52833	34657	0.85
2000	272644	482897	62391	35300	0.86
2001	253586	448154	59018	40376	0.97
2002	235007	402638	67376	40731	0.98
2003	250933	427360	74506	49299	1.18
2004	290391	496718	84064	74093	1.78
2005	257021	426672	92552	79680	1.90
2006	308815	516992	106182	77273	1.84
2007	288947	481636	101872	86000	2.03
2008	321107	519911	128017	92354	2.18
2009	381661	624029	139293	101452	2.37
2010	321965	504961	138969	99762	2.39
2011	372640	610054	135226	111152	2.45
2012	372862	669605	76119	113198	2.46
2013	369619	671778	67460	123743	2.47

24-12 各地区结婚登记和离婚情况

(2013年)

地　　区	准予登记结婚(对)	初婚(人)	再婚(人)	准予登记离婚(对)
全　　省	**369619**	**671778**	**67460**	**123743**
沈　　阳	64799	118374	11224	27851
大　　连	62956	113013	12899	18798
鞍　　山	29766	55762	3770	8470
抚　　顺	16400	29435	3365	7531
本　　溪	12947	23170	2724	5385
丹　　东	17825	34129	1521	5580
锦　　州	21353	39993	2713	7357
营　　口	29348	47528	11168	6684
阜　　新	13184	24723	1645	5113
辽　　阳	15485	29114	1856	5225
盘　　锦	11911	22070	1752	4230
铁　　岭	24548	42844	6252	9571
朝　　阳	24692	47020	2364	5786
葫 芦 岛	22541	42431	2651	5974

24-13 收养性社会福利事业单位基本情况

(2013年)

指　　标	单位数(个)	工作人员数(人)	床位数(张)	年末收养人数(人)
收养性福利事业单位	**1636**	**19426**	**168766**	**106781**
#光荣院	22	425	2512	1333
社会福利院	50	1845	10878	7290
城镇老年性福利机构	606	7513	70387	42467
农村老年性福利机构	841	7186	72893	46143

24-14 各地区城乡居民最低生活保障制度情况

(2013年)

地区	城乡居民最低生活保障情况			
	城镇低保人数(人)	保障资金(万元)	农村低保人数(人)	保障资金(万元)
全省	**960553**	**264188**	**883982**	**109801**
沈阳	94066	19400	79237	7952
大连	60642	28605	59312	13916
鞍山	49284	22329	48800	9192
抚顺	113555	31013	47311	6583
本溪	51326	19658	18509	3678
丹东	49132	13652	46721	6060
锦州	60755	114	92001	98
营口	70908	19069	70291	9304
阜新	95822	14806	57927	1416
辽阳	45249	14748	55223	8279
盘锦	39225	11145		
铁岭	72141	24028	114721	18864
朝阳	102321	35040	96488	15181
葫芦岛	56127	10582	97441	9279

24-15 各地区优抚事业基本情况

(2013年) 单位：人

地区	优抚对象总人数	革命伤残人员	烈军属人数	在乡复员军人	其他人员
全省	**235358**	**30801**	**8235**	**32102**	**164220**
沈阳	24690	4826	620	2155	17089
大连	31204	4829	1008	3079	22288
鞍山	19386	2777	591	3032	12986
抚顺	8307	1825	683	1293	4506
本溪	8080	1645	353	1712	4370
丹东	14928	2486	629	3587	8226
锦州	27659	2898	929	4270	19562
营口	15252	1996	551	2159	10546
阜新	8824	1128	507	1330	5859
辽阳	8328	881	265	621	6561
盘锦	4078	687	170	985	2236
铁岭	28002	1583	400	3062	22957
朝阳	19176	1805	590	2761	14020
葫芦岛	17444	1435	939	2056	13014

24-16 各地区基本养老保险情况

年份、地区	年末参加基本养老保险人数(万人)	在职职工	#企业	离退休人数	基金收支情况(亿元) 基金征缴收入	基金支出
2000	1029.9	748.9	679.7	281.0	134.6	469.5
2001	1022.8	733.9	666.7	288.9	135.4	178.6
2002	1039.2	737.0	669.6	302.2	162.2	202.9
2003	1070.4	754.9	688.6	315.5	178.2	216.4
2004	1101.0	767.2	695.1	333.8	215.0	243.9
2005	1193.6	832.8	760.5	360.8	252.0	287.7
2006	1248.8	865.8	790.2	383.0	294.3	356.8
2007	1299.7	891.6	825.8	408.1	352.0	425.9
2008	1406.2	976.4	910.6	429.9	464.2	525.5
2009	1457.4	1008.0	943.8	449.4	524.6	644.6
2010	1496.9	1024.2	961.5	472.7	583.1	754.8
2011	1556.6	1070.1	1008.2	486.5	727.2	883.6
2012	1609.2	1098.8	1036.9	510.4	850.3	1037.5
2013	1729.5	1171.6997	1109.5063	557.8	1422.2	1251.1
沈　阳	345.8	238.3	230.6	107.5	274.8	232.7
大　连	274.3	192.3	180.4	82.0	290.8	207.8
鞍　山	105.0	75.2	70.6	29.8	75.5	68.0
抚　顺	101.3	64.3	63.5	37.0	65.6	74.7
本　溪	93.2	66.5	61.2	26.7	49.9	53.6
丹　东	88.1	57.5	54.9	30.6	56.4	60.2
锦　州	86.6	55.5	48.5	31.1	60.1	60.1
营　口	77.5	55.4	53.5	22.1	56.5	48.5
阜　新	53.4	36.0	33.8	17.4	29.5	32.0
辽　阳	64.8	46.8	44.7	18.1	46.0	39.3
盘　锦	61.3	40.1	36.0	21.2	35.1	36.0
铁　岭	59.8	41.2	38.6	18.5	35.7	38.8
朝　阳	57.6	43.8	41.3	13.8	37.5	29.9
葫芦岛	54.2	37.8	35.8	16.4	37.1	34.6
省　直		120.9	116.1	85.6		

注：铁岭含昌图，葫芦岛含绥中。

24-17 各地区失业保险情况

单位：万人

年份、地区	参保人数	企业	国有企业	集体企业	其他企业	事业单位	领取失业保险金人数
2000	694.0	638.4	415.6	164.2	24.8	54.5	18.2
2001	648.0	590.0	364.6	158.4	34.2	66.5	20.3
2002	591.1	517.2	315.7	128.4	37.7	73.9	82.0
2003	622.2	486.3	248.4	124.6	77.4	102.5	67.0
2004	616.2	467.3	214.0	120.7	94.2	108.8	81.7
2005	607.7	454.6	204.4	119.2	93.9	108.9	46.5
2006	614.1	456.3	209.2	116.1	92.8	109.0	25.9
2007	622.1	458.9	209.3	115.9	93.9	106.2	19.6
2008	622.7	472.1	199.9	117.1	111.0	99.4	15.7
2009	625.3	473.8	207.3	112.5	125.5	97.0	13.4
2010	626.9	489.8	202.3	85.9	134.6	95.9	11.4
2011	632.3	495.7	194.6	94.8	143.5	97.4	9.7
2012	660.7	517.6	209.7	83.9	158.0	97.0	7.4
2013	663.2	520.1	202.0	85.9	232.1	92.6	7.5
沈阳	134.3	111.1	33.2	20.1	57.7	17.5	1.7
大连	136.6	93.0	28.5	10.0	54.5	17.2	1.9
鞍山	62.4	55.8	27.9	14.2	13.7	6.6	0.2
抚顺	49.0	44.4	20.4	5.4	18.6	3.0	0.4
本溪	39.7	30.4	14.7	9.8	5.9	4.2	0.2
丹东	25.8	21.3	4.9	3.6	12.8	3.9	0.4
锦州	33.0	25.9	14.2	5.3	6.3	7.2	0.4
营口	22.3	20.7	4.0	0.9	15.7	0.7	0.7
阜新	21.0	14.8	6.6	3.4	4.8	4.4	0.2
辽阳	22.3	18.6	6.2	2.5	9.9	3.5	0.4
盘锦	30.8	26.4	14.7	0.8	10.9	3.6	0.1
铁岭	25.8	18.4	8.4	3.1	6.9	5.3	0.1
朝阳	24.0	15.6	3.8	1.8	10.0	6.7	0.2
葫芦岛	24.7	16.4	7.3	4.9	4.3	5.0	0.3

注：表中数据来自人社厅(2012年铁岭不含昌图、葫芦岛不含绥中)。
2013年铁岭含昌图，葫芦岛含绥中。

24-18 各地区基本医疗保险情况

年份、地区	年末参保人数(万人)				基金收支情况(亿元)	
	合计	在职职工	退休人员	居民医疗	基金征缴收入	基金支出
2000	108.1	71.5	36.6		6.9	
2001	304.3	216.9	87.4		10.7	
2002	619.0	430.3	188.7		27.1	15.5
2003	697.6	480.4	217.2		37.5	26.3
2004	783.7	536.4	247.3		53.3	39.8
2005	864.2	584.2	280.0		68.2	55.2
2006	959.3	651.9	307.4		89.4	66.6
2007	1200.2	741.3	346.5	112.4	112.7	84.2
2008	1507.4	822.8	386.5	298.1	148.9	108.5
2009	1895.7	902.6	444.5	548.6	191.3	144.3
2010	2056.2	944.6	464.1	647.5	196.5	173.9
2011	2120.1	1005.3	494.1	620.7	233.6	219.4
2012	2251.9	1062.1	524.8	664.9	279.3	258.8
2013	2333.3	1077.9	546.9	708.5	348.3	312.2
沈　阳	480.8	231.8	126.1	122.9	103.9	88.7
大　连	484.8	278.6	89.4	116.7	87.9	79.7
鞍　山	177.7	63.8	51.6	62.3	19.3	19.5
抚　顺	147.5	63.2	52.7	31.6	16.2	15.9
本　溪	108.7	50.3	28.3	30.1	12.9	12.5
丹　东	105.2	48.0	31.4	25.8	11.9	11.0
锦　州	127.8	61.7	36.3	29.9	12.6	10.5
营　口	115.5	46.4	22.6	46.6	11.9	11.4
阜　新	86.2	34.4	21.2	30.5	7.8	8.0
辽　阳	83.5	38.7	19.9	24.8	12.7	11.8
盘　锦	111.1	37.3	12.6	61.2	16.5	13.3
铁　岭	100.5	45.6	20.0	34.9	11.0	7.8
朝　阳	100.9	30.7	14.4	55.9	9.6	8.6
葫芦岛	92.8	40.7	16.9	35.2	10.1	9.5

注：支出为医院(药店)实际发生额。
铁岭含昌图，葫芦岛含绥中。

主要统计指标解释

社会福利事业单位 指集中收养社会孤老、残、幼的机构，包括由民政部门管理的社会福利院、儿童福利院、精神病人福利院和城镇集体举办的福利院及农村集体举办的敬老院以及优抚医院和具有收养能力的社区服务中心等。该指标主要反映我国在社会福利性单位投入的水平。

社会福利事业单位收养人数 包括民政部门管理和城镇、农村集体举办的社会福利事业单位中收养的老人、少年儿童、缺乏生活自理能力的残疾人员和精神病人。该指标主要反映收养性社会福利单位的收养能力。

社会福利企业单位 指以安置城镇有一定劳动能力的盲、聋、哑和肢体残疾人员就业为目的，享受国家减免税待遇的国有或集体企业。包括福利工厂、福利商业和服务业、假肢厂和安置农场等单位。该指标主要反映我国对残疾人照顾的特殊政策。

农村五保户 指农村中既无劳动能力，又无经济来源的老、弱、孤、残的农民，其生活由集体供养，实行保吃、保穿、保住、保医、保葬（孤儿保教），简称“五保”，享受五保待遇的家庭叫五保户。该指标主要反映农村弱势群体的人员数量。

离婚率 指当年离婚人数占年平均人口的比重，计算公式为:

离婚率=当年离婚对数 × 2/年平均人口数 × 1000‰

聋儿入普幼普小率 指本年度内进入普通幼儿园、普通小学的聋儿数与在训聋儿数（不含当年新收训聋儿数）之比。该指标主要反映经过康复训练的聋儿进入普通幼儿园和普通小学的情况。

综合防治康复精神病人数 指在开展精神病防治康复工作地区，采取不同形式，接受综合性防治康复措施、开放式管理的精神病人数。该指标主要反映精神病患者接受治疗康复情况。

监护率 指通过监护小组、家庭病床、工疗站、社会就业以及精神卫生机构，接受社会化、综合性、开放式治疗与康复的精神病人占经调查摸底、登记在册的精神病人数的百分比。该指标主要反映对精神病患者落实治疗康复措施的情况。

精神病人社会参与率 指生活能自理，并参加生产劳动和社会生活的精神病人数占监护精神病人数的百分比。该指标主要反映精神病人康复状况和参与社会的情况。

未入学适龄残疾儿童少年 指根据义务教育法规定应接受义务教育，但因各种原因未能入学的适龄视力残疾、听力与言语残疾、智力残疾、肢体残疾、精神残疾、多重残疾儿童少年。适龄残疾儿童少年的年龄段参照各省级人民政府依照义务教育法规定的入学年龄。该指标主要反映因各种原因未能入学的适龄残疾儿童的年度变化,为制定残疾儿童义务教育发展规划及其应采取的方针、政策和措施提供依据,同时为各地开展资助残疾儿童就学工作提供依据。

律师 指依法取得律师执业证书，担任法律顾问，民事（刑事、行政）案件代理人、刑事案件辩护人、办理非诉讼业务，解答法律询问，代写法律事务文书等，为社会提供法律服务的人员。

公证人员 指在公证处工作的人员总称，包括公证处主任、副主任、公证员、公证员助理（助理公证员）和其他从事辅助性工作的人员。

公证文书 指公证处根据当事人申请，依照事实和法律，按照法定程序制作的，具有法律效力的司法证明文书。根据公证书用途和使用地，公证书分为国内公证书、国内经济公证书、涉外民事公证书、涉外经济公证书四类。

调解员 指在人民调解委员会担负调解民间纠纷工作的人员，包括调解委员会的委员和调解小组的调解员。该指标主要反映从事人民调解工作的人员数量。

调解民间纠纷 指调解委员会按照法律规定，根据自愿原则，用说服教育的方法调解民间发生的有关民事权利和义务争执的件数，包括调解成功数和调解未成功数。该指标主要反映人民调解委员会的工作量。

立案 指人民检察院对受理的报案、控告、举报或自首及自行发现的犯罪线索、犯罪嫌疑人进行初步调查后，认为存在职务犯罪事实和应追究刑事责任，并决定作为刑事案件进行侦查的诉讼活动，是追究犯罪的开始。该指标主要反映人民检察院依法将职务犯罪线索作为刑事案件进行侦查的诉讼活动。

大案 指贪污、贿赂案数额在5万元以上，挪用公款案数额在10万元以上，集体私分、巨额财产来源不明、隐瞒境外存款案数额在50万元以上以及按照《人民检察院直接受理的渎职、侵权重、特大案件标准（试行）》认定的案件。该指标主要反映人民检察院立案查办的职务犯罪案件中经济损失大、社会危害严重的案件。

要案 指县、处级以上干部的犯罪案件。该指标主要反映国家工作人员中县、处级以上干部因职务犯罪被人民检察院依法立案侦查的情况。

决定逮捕 指人民检察院对直接受理、自行侦查的案件，认为需要逮捕犯罪嫌疑人时，依据法律做出的逮捕决定。该指标主要反映人民检察院对直接受理的案件行使决定逮捕权的情况。

批准逮捕 指人民检察院对公安机关、国家安全机关、监狱管理机关提出逮捕的犯罪嫌疑人进行审查，根据事实，依法做出逮捕决定。该指标主要反映人民检察院对提请逮捕机关提请逮捕犯罪嫌疑人进行审查后依法做出批准逮捕决定的情况。

决定起诉 指人民检察院对公安机关、国家安全机关、监狱管理机关和检察机关内设机构反贪污贿赂部门等移送起诉的案件进行审查，根据事实，做出提起公诉的案件。该指标主要反映人民检察院对各种刑事案件向人民法院提起公诉的情况。

申诉 指经检察机关信访部门审查处理后，移送到检察机关申诉部门的申诉案件，包括不服检察机关处理决定和不服法院刑事判决和裁定的申诉的案件。

受理劳动争议案件数 指劳动争议仲裁委员会根据国家有关规定，对劳动争议当事人的申请予以审查，符合受理条件而正式立案、准备处理的劳动争议案件数。

基本养老保险

1.（参保）职工人数：指报告期末按照国家法律、法规和有关政策规定参加基本养老保险并在社保经办机构已建立缴费记录档案的职工人数，包括中断缴费但未终止养老保险关系的职工人数，不包括只登记未建立缴费记录档案的人数。

2.（参保）离退休人员人数：指报告期末参加基本养老保险的离休、退休和退职人员的人数。

3.基本养老保险基金收入：指根据国家有关规定，由纳入基本养老保险范围的缴费单位和个人按国家规定的缴费基数和缴费比例缴纳的养老保险基金，以及通过其他方式取得的形成基金来源的收入。包括单位和职工个人缴纳的基本养老保险费、基本养老保险基金利息收入、上级补助收入、下级上解收入、转移收入、财政补贴和其他收入。

4.基本养老保险基金支出：指按照国家政策规定的开支范围和开支标准从养老保险基金中支付给参加基本养老保险的离休、通休、退职人员个人的养老金、丧葬抚恤补助，以及由于保险关系转移、上下级之间调剂资金等原因而发生的支出。包括离休金、退休金、退职金、各种补贴、医疗费、死亡丧葬补助费、抚恤救济费、社会保险经办机构管理费、补助下级支出、上解上级支出、转移支出、其他支出等。

5.基本养老保险基金累计结余：指截止报告期末基本养老保险基金收支相抵后的累计余额。

离休、退休、退职人员　指正式办理了离休、退休、退职手续，并享受相应的离休、退休、退职待遇的人员。

基本医疗保险

1.参保人数：指报告期末按国家有关规定参加基本医疗保险的人数。包括参加保险的职工人数和退休人员人数。

2.基金收入：指根据国家有关规定，由纳入基本医疗保险范围的缴费单位和个人，按国家规定的缴费基数和缴费比例缴纳的基金，以及通过其他方式取得的形成基金来源的款项，包括：单位缴纳的社会统筹基金收入、个人缴纳的个人账户基金收入、财政补贴收入、利息收入、其他收入。

3.基金支出：指按照国家政策规定的开支范围和开支标准从社会统筹基金中支付给参加基本医疗保险的职工和退休人员的医疗保险待遇支出，和从个人帐户基金中支付给参加基本医疗保险的职工和退休人员的医疗费用支出，以及其他支出。包括：住院医疗费用支出、门急诊医疗费用支出、个人账户基金支出、其他支出。

4.基金累计结余：指截止报告期末基本医疗保险的社会统筹和个人帐户基金累计结余金额。包括银行存款、财政专户、债券投资和其他。

失业保险

1.参保人数：指报告期末按照国家法律、法规和有关政策规定参加了失业保险的城镇企业事业单位的职工及地方政府规定参加失业保险的其他人员的人数。

2.失业保险基金收入：指按照规定从企业、事业及其他单位筹集的失业保险费及其他并入失业保险基金收入的总额。包括单位和个人缴纳的失业保险费、失业保险基金利息收入、上级补助收入、下级上解收入、转移收入、财政补贴和其他收入。

3.失业保险基金支出：指报告期内为保障失业人员和下岗职工基本生活、促进其再就业等支出的基金总额。包括失业救济金、医疗费、死亡丧葬补助费、抚恤救济费、转业训练费支出、失业保险经办机构管理费、补助下级支出、上解上级支出、转移支出和其他支出。

4.基金累计结余：指截止报告期末失业保险基金收支相抵后的累计余额。

工伤保险

1.参加保险人数：指报告期末依据国家有关规定参加工伤保险的职工人数。

2.享受保险待遇人数：指劳动者因工负伤致残、死亡或因患职业病致残，根据有关规定享受工伤保险待遇职工或供养直系亲属人数。包括伤残人数、职业病人数、因工死亡人数、供养直系亲属人数。

3.基金收入：指根据国家有关规定，由参加工伤保险的单位按国家规定的缴费基数和缴费比例缴纳的工伤保险基金，以及通过其他形式取得的形成基金来源的款项。包括：单位缴纳的社会统筹基金收入、财政补贴收入、利息收入、其他收入。

4.基金支出：指按照国家政策规定的开支范围和开支标准从工伤保险基金中支付给参加工伤保险的人员及供养直系亲属工伤保险待遇支出及其他支出。包括工伤医疗费、伤残补助金、工亡补助金、护理费、丧葬补助费、工伤预防费用、职业康复费用和其他支出。

5.基金累计结余：指截止报告期末工伤保险基金累计结余金额。包括银行存款、财政专户、债券投资和其他。

生育保险

1.参保人数：指报告期末依据有关规定参加生育保险的职工人数。

2.基金收入：指根据国家有关规定，由参加生育保险的单位按照国家规定的缴费基数和缴费比例缴纳的生育保险基金，以及通过其他方式取得的形成基金来源的款项，包括：单位缴纳的基金收入、利息收入和其他收入。

3.基金支出：指按照国家政策规定的开支范围和开支标准，从生育保险基金中支付给参加生育保险的职工，因妊娠、分娩和计划生育手术而享受的待遇及其他支出。包括：生育津贴、医疗费用支出及其他支出。

4.基金累计结余：指截止报告期末生育保险基金累计结余金额。包括银行存款、财政专户、债券投资和其他。

离休、退休、退职人员保险福利费用 指离休、退休、退职人员实际得到的生活费用总额，包括从社会保险经办机构和单位得到的费用。

1.离休金：指按规定支付给离休人员的生活费用。

2.退休金：指按规定支付给退休人员的生活费用。

3.退职生活费：指按规定支付给退职人员的生活费用。

4.医疗卫生费：指单位直接支付给离休、退休、退职人员的医疗费、住院费以及住院伙食补助等费用。

5.其他：指离休金、退休金、退职生活费和医疗卫生费以外的其他保险福利费用，如丧葬抚恤救济费、生活补贴、物价补贴、冬季取暖补贴等。

附　录

Appendix

附录1 2013年各省(市、区)

地 区	地区生产总值				第一产业增加值	
	绝对值(亿元)	位次	比上年增长(%)	位次	绝对值(亿元)	位次
全 国	**568845.2**		**7.7**		**56957.0**	
北 京	19500.6	13	7.7	30	161.8	29
天 津	14370.2	19	12.5	1	188.5	28
河 北	28301.4	6	8.2	27	3500.4	4
山 西	12602.2	23	8.9	23	773.8	24
内蒙古	16832.4	15	9	21	1599.4	17
辽 宁	**27077.7**	**7**	**8.7**	**24**	**2321.6**	**12**
吉 林	12981.5	21	8.3	26	1509.3	19
黑龙江	14382.9	17	8	29	2516.8	9
上 海	21602.1	12	7.7	30	129.3	30
江 苏	59161.8	2	9.6	19	3646.1	3
浙 江	37568.5	4	8.2	27	1784.6	15
安 徽	19038.9	14	10.4	11	2348.1	10
福 建	21759.6	11	11	6	1936.3	13
江 西	14338.5	20	10.1	13	1636.5	16
山 东	54684.3	3	9.6	19	4742.6	1
河 南	32155.9	5	9	21	4059.0	2
湖 北	24668.5	9	10.1	13	3098.2	7
湖 南	24501.7	10	10.1	13	3099.2	6
广 东	62164.0	1	8.5	25	3047.5	8
广 西	14378.0	18	10.2	12	2343.6	11
海 南	3146.5	28	9.9	17	756.5	25
重 庆	12656.7	22	12.3	3	1016.7	22
四 川	26260.8	8	10	16	3425.6	5
贵 州	8006.8	26	12.5	1	1029.1	21
云 南	11720.9	24	12.1	4	1895.3	14
西 藏	807.7	31	12.1	4	86.8	31
陕 西	16045.2	16	11	6	1526.1	18
甘 肃	6268.0	27	10.8	9	879.4	23
青 海	2101.1	30	10.8	9	207.6	27
宁 夏	2565.1	29	9.8	18	223.0	26
新 疆	8360.2	25	11	6	1468.3	

注：1.地区生产总值绝对值按现价计算，速度按不变价计算。
2.工业增加值统计范围是全部国有及规模以上非国有工业企业。
2.本部分数据为各地(含我省)快报数，与年报略有出入。

主要经济指标

第二产业增加值		第三产业增加值		人均地区生产总值		全社会固定资产投资	
绝对值(亿元)	位次	绝对值(亿元)	位次	绝对值(亿元)	位次	绝对值(亿元)	位次
249684.4		**262203.8**		**41907.6**		**447074.4**	
4352.3	24	14986.4	5	93213.0	2	6847.1	25
7276.7	17	6905.0	14	99607.0	1	9130.3	22
14762.1	6	10038.9	9	38716.0	16	23194.2	5
6792.7	20	5035.8	21	34813.0	22	11031.9	18
9084.2	13	6148.8	16	67498.0	6	14215.5	14
14269.5	**7**	**10486.6**	**7**	**61686.0**	**7**	**25107.7**	**4**
6858.2	19	4613.9	24	47191.0	11	10133.5	20
5918.2	22	5947.9	17	37509.0	17	12126.0	16
8027.8	15	13445.1	6	90092.0	3	5647.8	27
29094.0	2	26421.6	2	74607.0	4	36373.8	2
18446.7	4	17337.2	4	68462.0	5	20777.1	7
10404.0	12	6286.8	15	31684.0	26	18621.6	10
11315.3	11	8508.0	13	57856.0	9	15327.4	12
7671.4	16	5030.6	22	31771.0	25	12866.1	15
27422.5	3	22519.2	3	56323.0	10	36789.1	1
17806.4	5	10290.5	8	34174.0	23	26220.9	3
12171.6	9	9398.8	11	42613.0	14	19307.3	9
11517.4	10	9885.1	10	36763.0	19	17846.4	11
29427.5	1	29689.0	1	58540.0	8	22307.9	6
6863.0	18	5171.4	20	30588.0	27	11907.7	17
871.3	30	1518.7	28	35317.0	21	2697.4	28
6397.9	21	5242.0	19	42795.0	12	10429.6	19
13579.0	8	9256.1	12	32454.0	24	20325.2	8
3243.7	26	3734.0	25	22922.0	31	7373.6	24
4927.8	23	4897.8	23	25083.0	29	9968.3	21
292.9	31	427.9	31	26068.0	28	876.0	31
8911.6	14	5607.5	18	42692.0	13	14867.3	13
2821.0	27	2567.6	27	24296.0	30	6527.9	26
1204.3	29	689.2	30	36510.0	20	2361.1	30
1265.0	28	1077.1	29	39420.0	15	2651.1	29
3766.0		3126.0		37181.0		7724.5	23

附录1 续表 1

地 区	商品房销售面积				商品房销售额			
	绝对值(万平方米)	位次	比上年增长(%)	位次	绝对值(亿元)	位次	比上年增长(%)	位次
全 国	**130550.6**		**17.3**		**81428.3**		**26.3**	
北 京	1903.1	24	-2.1	29	3530.8	9	6.7	29
天 津	1847.1	25	11.2	20	1615.5	17	18.3	22
河 北	5676.0	9	10.3	22	2779.7	13	20.7	20
山 西	1642.8	26	9.7	23	728.3	27	25.6	18
内蒙古	2737.7	20	8.5	25	1177.4	23	15.1	24
辽 宁	**9292.3**	**4**	**5.3**	**27**	**4759.2**	**5**	**9.1**	**28**
吉 林	2215.0	22	-9.7	30	993.0	25	-2.4	31
黑龙江	3340.0	14	-12.3	31	1582.3	19	2.2	30
上 海	2382.2	21	25.5	11	3911.6	8	46.5	4
江 苏	11454.8	1	27.0	10	7913.7	2	30.4	15
浙 江	4887.0	11	22.0	15	5396.0	3	26.6	17
安 徽	6265.4	7	29.7	8	3182.9	10	36.6	12
福 建	4676.2	13	43.5	2	4232.1	6	50.2	2
江 西	3167.1	16	32.1	5	1647.9	16	44.9	5
山 东	10329.8	2	19.7	16	5215.1	4	26.8	16
河 南	7310.2	6	22.5	14	3074.1	11	34.4	14
湖 北	5298.5	10	31.2	6	2790.3	12	37.0	11
湖 南	5952.4	8	15.6	17	2525.6	15	21.1	19
广 东	9836.4	3	24.5	13	8941.1	1	39.5	10
广 西	2995.6	18	8.6	24	1375.8	21	18.6	21
海 南	1191.2	28	27.8	9	1032.7	24	40.4	8
重 庆	4817.6	12	6.5	26	2682.8	14	16.8	23
四 川	7312.8	5	13.3	18	4020.3	7	14.3	25
贵 州	2972.3	19	35.9	4	1276.7	22	41.8	7
云 南	3309.3	15	2.2	28	1487.2	20	9.1	27
西 藏	25.4	31	12.9	19	10.6	31	44.2	6
陕 西	3045.7	17	10.5	21	1608.1	18	13.2	26
甘 肃	1220.0	27	24.7	12	474.1	28	35.7	13
青 海	381.6	30	45.1	1	158.8	30	49.2	3
宁 夏	1048.3	29	30.3	7	443.7	29	39.7	9
新 疆	2017.0	23	41.0	3	861.0	26	53.6	1

居民消费价格指数(上年＝100)				农林牧渔业总产值			
绝对值(%)	位次	比上年增长(%)	位次	绝对值(亿元)	位次	比上年增长(%)	位次
102.6		**206.0**		**96995.3**		**4.0**	
103.3	5	3.3	5	421.8	27	2.1	29
103.1	8	3.1	8	412.4	28	3.8	20
103.0	11	3.0	11	5832.9	4	3.3	25
103.1	8	3.1	8	1447.0	24	4.5	13
103.2	6	3.2	6	2699.5	16	4.7	9
102.4	**24**	**2.4**	**24**	**4349.7**	**10**	**4.1**	**18**
102.9	13	2.9	13	2670.6	17	3.5	22
102.2	29	2.2	29	4633.3	9	4.7	9
102.3	26	2.3	26	323.5	29	-2.9	31
102.3	26	2.3	26	6158.0	3	2.6	27
102.3	26	2.3	26	2837.4	15	0.4	30
102.4	24	2.4	24	4009.2	11	3.4	24
102.5	19	2.5	19	3282.0	13	4.5	13
102.5	19	2.5	19	2578.4	18	4.5	13
102.2	29	2.2	29	8750.0	1	3.8	20
102.9	13	2.9	13	7198.1	2	4.4	16
102.8	15	2.8	15	5160.6	6	5.6	5
102.5	19	2.5	19	5043.6	7	2.7	26
102.5	19	2.5	19	4946.8	8	2.2	28
102.2	29	2.2	29	3755.2	12	4.4	16
102.8	15	2.8	15	1144.9	25	6.2	3
102.7	18	2.7	18	1513.7	23	4.6	12
102.8	15	2.8	15	5620.3	5	3.5	22
102.5	19	2.5	19	1663.0	21	6.0	4
103.1	8	3.1	8	3056.0	14	7.0	2
103.6	3	3.6	3	128.0	31	4.0	19
103.0	11	3.0	11	2562.5	19	4.8	8
103.2	6	3.2	6	1517.7	22	4.9	7
103.9	1	3.9	1	310.3	30	5.6	5
103.4	4	3.4	4	430.0	26	4.7	9
103.9	1	3.9	1	2538.9	20	7.2	1

附录1 续表 2

地 区	粮食		油料		蔬菜		水果	
	绝对量(万吨)	位次	绝对量(万吨)	位次	绝对量(万吨)	位次	绝对量(万吨)	位次
全 国	**60193.8**		**3517.0**		**73512.0**		**25093.0**	
北 京	96.1	31	1.0	30	266.9	29	103.9	27
天 津	174.7	27	0.6	31	455.1	27	54.2	29
河 北	3365.0	7	151.1	8	7902.1	2	1863.3	3
山 西	1312.8	18	19.5	24	1198.5	22	711.8	16
内蒙古	2773.0	10	158.1	7	1421.1	20	294.8	22
辽 宁	**2195.6**	**12**	**113.6**	**11**	**3270.9**	**8**	**944.7**	**8**
吉 林	3551.0	4	84.0	14	938.1	24	234.7	25
黑龙江	6004.1	1	19.0	25	946.2	23	274.4	23
上 海	114.2	28	1.5	29	398.4	28	74.7	28
江 苏	3423.0	5	150.4	9	5237.8	4	814.2	13
浙 江	734.0	23	37.8	21	1764.3	12	715.7	15
安 徽	3279.6	8	225.4	5	2418.0	11	905.1	10
福 建	664.4	24	28.8	23	1729.7	13	744.3	14
江 西	2116.1	13	119.3	10	1257.6	21	637.8	17
山 东	4528.2	3	349.6	2	9658.2	1	3028.8	1
河 南	5713.7	2	589.1	1	7112.5	3	2599.7	2
湖 北	2501.3	11	333.2	3	3578.3	7	920.5	9
湖 南	2925.7	9	224.4	6	3603.6	6	879.4	11
广 东	1315.9	17	101.0	12	3144.5	9	1485.4	5
广 西	1521.8	15	57.2	19	2435.6	10	1433.4	6
海 南	190.9	26	10.9	27	524.8	25	439.5	20
重 庆	1148.1	20	53.1	20	1600.6	17	319.3	21
四 川	3387.1	6	290.4	4	3910.7	5	840.1	12
贵 州	1030.0	22	91.5	13	1500.5	19	167.8	26
云 南	1824.0	14	60.7	16	1625.5	16	634.5	18
西 藏	96.2	30	6.4	28	67.0	31	1.3	31
陕 西	1215.8	19	59.5	18	1629.4	15	1764.4	4
甘 肃	1138.9	21	69.7	15	1578.7	18	611.5	19
青 海	102.4	29	32.6	22	158.9	30	3.0	30
宁 夏	373.4	25	16.8	26	509.0	26	264.3	24
新 疆	1377.0	16	60.6	17	1669.9	14	1326.9	7

糖料		肉类合计		猪肉		牛肉		羊肉	
绝对量(万吨)	位次	绝对量(万吨)	位次	绝对量(万吨)	位次	绝对量(万吨)	位次	绝对量(万吨)	位次
13746.1		**8535.0**		**5493.0**		**673.2**		**408.1**	
	28	41.8	27	24.6	27	2.1	29	1.2	27
	28	46.5	26	29.8	26	3.3	25	1.5	26
74.2	9	448.8	5	265.3	8	52.3	3	29.1	4
22.5	18	83.2	24	61.2	22	5.2	24	6.2	19
181.4	6	244.9	15	73.4	21	51.8	4	88.8	1
17.1	**20**	**420.1**	**8**	**233.6**	**12**	**43.2**	**6**	**8.1**	**16**
6.2	23	262.7	14	136.3	18	45.1	5	4.2	20
123.2	8	221.3	16	133.4	19	39.7	7	11.8	10
0.7	24	23.8	31	18.3	28		31	0.6	31
9.6	22	383.2	11	229.9	13	3.2	26	7.8	17
63.9	12	174.3	20	138.8	17	1.1	30	1.7	25
20.2	19	403.8	10	253.4	10	18.2	13	15.0	8
58.6	13	211.2	17	157.8	15	2.6	27	2.1	24
64.6	11	321.9	13	245.1	11	12.7	18	1.1	28
0.0	27	774.8	1	392.9	4	67.9	2	33.7	3
28.3	16	699.1	2	454.1	2	80.6	1	24.8	5
28.7	15	430.1	7	330.6	5	20.2	11	8.2	15
73.7	10	519.2	4	430.6	3	18.2	12	10.7	11
1553.2	3	435.2	6	277.8	6	7.0	23	0.9	30
8104.3	1	420.0	9	261.3	9	14.3	16	3.2	22
440.8	5	82.9	25	50.5	24	2.6	28	1.1	29
10.9	21	207.9	18	155.0	16	7.6	21	3.0	23
57.1	14	690.4	3	510.8	1	31.1	10	24.6	6
159.3	7	199.7	19	163.7	14	14.1	17	3.5	21
2146.3	2	359.4	12	276.0	7	31.8	9	14.0	9
	28	26.8	30	1.5	31	15.9	15	8.6	14
0.2	25	112.6	22	88.3	20	7.5	22	7.0	18
24.7	17	91.0	23	50.8	23	17.2	14	16.6	7
0.0	26	31.8	28	9.9	29	10.3	19	10.5	12
	28	27.4	29	7.1	30	8.7	20	9.0	13
476.5	4	139.4	21	31.3	25	37.8	8	49.7	2

附录1 续表 3

地区	原油		发电量		生铁		粗钢	
	绝对量（万吨）	位次	绝对量（亿千瓦小时）	位次	绝对量（万吨）	位次	绝对量（万吨）	位次
全　国	**20946.9**		**53975.9**		**70897.0**		**77904.1**	
北　京			335.8	29			2.3	29
天　津	3044.5	3	624.3	27	2214.2	8	2289.5	9
河　北	591.0	9	2499.4	9	17027.6	1	18849.6	1
山　西			2627.9	7	4303.2	5	4519.6	5
内蒙古			3520.7	3	1367.2	17	1978.6	11
辽　宁	**1001.0**	**7**	**1544.3**	**16**	**5698.0**	**4**	**5972.9**	**4**
吉　林	620.3	8	769.5	25	1116.2	19	1245.4	20
黑龙江	4001.0	1	834.0	24	716.3	23	740.2	24
上　海	7.2	18	959.5	22	1637.6	14	1800.6	13
江　苏	201.5	12	4289.4	1	6690.6	2	8469.1	2
浙　江			2939.3	5	1059.8	20	1387.0	19
安　徽			1965.8	12	2017.3	9	2351.5	8
福　建			1767.7	13	588.3	24	1624.6	17
江　西			874.6	23	2012.2	10	2156.6	10
山　东	2765.6	5	3510.9	4	6580.3	3	6119.8	3
河　南	476.5	10	2861.8	6	2551.9	6	2736.0	7
湖　北	80.1	13	2158.2	10	2416.2	7	2887.8	6
湖　南			1347.0	18	1739.8	13	1746.5	14
广　东	1291.8	6	3964.8	2	1149.9	18	1442.9	18
广　西	43.7	15	1259.5	19	1567.6	15	1666.6	16
海　南	26.5	16	230.7	30				
重　庆			627.4	26	556.2	25	608.9	25
四　川	22.4	17	2597.3	8	2011.4	11	1711.5	15
贵　州			1676.3	14	529.9	26	485.2	26
云　南			2148.4	11	1936.5	12	1883.9	12
西　藏			29.1	31				
陕　西	3688.0	2	1508.7	17	882.5	22	916.9	23
甘　肃	72.8	14	1195.0	20	897.5	21	953.9	22
青　海	214.5	11	600.3	28	135.1	27	147.6	27
宁　夏	6.1	19	1096.5	21	123.0	28	32.2	28
新　疆	2792.5	4	1611.7	15	1370.7	16	1176.9	21

钢材		水泥		农用化肥		汽车		主营业务收入	
绝对量（万吨）	位次	绝对量（万吨）	位次	绝对量（万吨）	位次	绝对量（万辆）	位次	绝对值（亿元）	位次
106762.2		**241613.6**		**7037.0**		**2211.7**		**1029149.8**	
219.0	27	900.5	29			200.0	3	18624.8	18
6640.9	5	951.9	28	13.5	28	55.7	14	27011.1	14
22861.6	1	12676.2	6	218.4	12	97.4	12	45766.3	7
4486.2	6	4984.8	21	446.1	6	0.0	28	18404.7	19
1797.7	19	6395.7	17	113.6	15	1.7	25	19550.8	17
6863.0	**4**	**6005.2**	**19**	**77.1**	**19**	**108.0**	**8**	**52150.4**	**6**
1510.1	21	3391.0	24	48.8	24	164.7	6	21950.7	16
631.0	25	4028.5	23	61.5	23	10.5	22	13569.8	23
2322.8	16	750.3	30	2.1	29	226.9	2	34533.5	10
12398.0	2	17991.9	1	250.8	11	107.2	9	132270.4	2
3823.4	8	12462.9	7	33.1	27	30.6	18	61765.5	4
3138.6	11	12131.4	8	277.3	10	100.7	11	33079.5	11
2782.8	14	7890.4	16	44.1	26	20.6	19	32847.1	12
2463.8	15	9204.2	12	107.3	16	36.8	16	26700.2	15
8109.1	3	16217.8	3	760.0	2	104.4	10	132319.0	1
4255.2	7	16764.4	2	488.6	4	40.6	15	59454.8	5
3344.9	10	11042.5	10	1156.9	1	158.7	7	37864.5	8
1977.9	18	11264.7	9	135.5	14	32.1	17	31616.6	13
3384.5	9	13394.9	5	45.7	25	231.6	1	103655.0	3
2790.7	12	10707.5	11	105.7	17	186.9	4	16726.0	21
27.0	30	1988.4	25	65.9	21	10.8	20	1640.7	30
1269.6	23	6127.0	18	215.4	13	184.0	5	15417.1	22
2785.2	13	13897.1	4	473.7	5	80.5	13	35251.8	9
562.6	26	8140.5	15	533.6	3	0.0	27	6878.4	27
2053.9	17	9009.2	13	341.9	9	8.0	23	9773.1	24
		295.8	31					93.4	31
1565.2	20	8545.5	14	100.7	18	10.5	21	17763.0	20
1021.6	24	4412.7	22	62.4	22	2.1	24	8443.7	26
130.8	29	1786.3	27	425.2	7			2045.4	29
149.8	28	1914.3	26	70.3	20			3374.5	28
1395.3	22	5040.2	20	361.8	8	1.0	26	8608.0	25

附录1 续表 4

地 区	主营业务成本		利润总额		资产总额		负债合计	
	绝对值（亿元）	位次	绝对值（亿元）	位次	绝对值（亿元）	位次	绝对值（亿元）	位次
全 国	**877522.4**		**62831.0**		**850625.9**		**491708.3**	
北 京	15798.3	17	1254.8	18	31398.3	10	16363.6	12
天 津	23208.4	15	1992.8	11	22059.4	17	14095.8	14
河 北	40019.9	7	2560.9	6	36040.2	7	21164.6	7
山 西	15687.3	19	547.9	25	28058.3	12	20011.0	9
内蒙古	15732.7	18	1682.6	16	23141.7	15	13893.7	15
辽 宁	**45093.2**	**6**	**2461.6**	**7**	**37989.3**	**6**	**22220.0**	**5**
吉 林	18396.7	16	1230.1	19	15257.9	20	8354.6	21
黑龙江	10694.5	23	1150.2	20	14059.2	22	8033.3	24
上 海	28569.0	11	2415.2	8	33538.3	9	16885.8	11
江 苏	115111.6	1	7834.1	2	92081.7	1	52286.7	1
浙 江	53100.9	4	3385.9	5	59633.1	4	35787.5	4
安 徽	28607.4	10	1758.8	14	25168.1	13	14957.1	13
福 建	28241.1	12	1959.5	13	24671.1	14	13489.3	16
江 西	23246.9	14	1756.7	15	13640.1	23	7402.1	25
山 东	114856.6	2	8507.7	1	78881.1	2	44011.5	3
河 南	51194.0	5	4410.8	4	42021.9	5	20506.4	8
湖 北	32146.6	8	2080.7	10	30131.8	11	16968.4	10
湖 南	25830.0	13	1585.1	17	19031.6	18	10284.8	18
广 东	88559.8	3	5854.9	3	77943.5	3	44656.6	2
广 西	14228.6	20	874.0	22	13063.4	25	8215.2	23
海 南	1312.8	30	110.8	30	2328.0	30	1243.4	30
重 庆	13149.8	22	878.4	21	13135.9	24	8315.1	22
四 川	29353.2	9	2168.4	9	34729.2	8	21804.2	6
贵 州	5383.6	27	477.3	26	9703.6	27	6155.2	27
云 南	7587.1	24	549.1	24	15344.4	19	9918.3	19
西 藏	80.2	31	7.2	31	548.6	31	186.7	31
陕 西	13753.7	21	1973.3	12	22443.1	16	12581.2	17
甘 肃	7321.0	25	286.7	27	10159.4	26	6537.5	26
青 海	1632.6	29	141.3	28	4597.7	29	3045.7	29
宁 夏	2879.5	28	139.1	29	5588.0	28	3717.6	28
新 疆	6745.8	26	795.4	23	14238.0	21	8615.7	20

客运量		货运量		社会消费品零售总额			
绝对量 (万人)	位次	绝对量 (万吨)	位次	绝对值 (亿元)	位次	比上年增长 (%)	位次
2122991.6		**4102495.0**		**237809.9**		**13.1**	
64161.0	15	25748.0	28	8375.1	11	8.7	30
17995.0	26	45233.0	25	4470.4	23	14.0	11
61718.0	16	198009.0	5	10516.7	9	13.6	21
34899.0	23	156045.0	12	5139.3	17	14.0	7
20819.0	25	164346.0	11	5114.2	19	11.8	29
91735.0	**8**	**206868.0**	**4**	**10581.4**	**7**	**13.7**	**18**
34148.0	24	44811.0	26	5426.4	16	13.7	19
45566.0	20	61094.0	23	6251.2	15	13.8	14
11691.0	28	84305.0	20	8052.0	13	8.6	31
151444.0	3	181775.0	9	20796.5	3	13.4	24
135348.0	5	188679.0	6	15225.5	4	12.0	28
126710.0	7	396391.0	1	6542.4	14	14.0	3
55107.0	17	96674.0	18	8275.3	12	14.0	5
65067.0	14	135172.0	15	4576.1	22	13.6	22
75074.0	11	264100.0	3	22294.8	2	13.4	23
136237.0	4	184823.0	7	12426.6	5	13.8	16
91522.0	9	131000.0	16	10885.9	6	13.8	17
159726.0	1	184535.0	8	9018.6	10	13.8	15
153120.0	2	349011.0	2	25453.9	1	12.2	27
49275.0	18	151143.0	13	5133.1	18	13.6	20
13328.0	27	17325.0	29	992.9	28	14.0	9
65183.0	13	87241.0	19	4599.8	21	14.0	8
134775.0	6	167759.0	10	10561.4	8	13.9	13
83436.0	10	72703.0	21	2366.2	25	14.0	12
47626.0	19	104329.0	17	4004.6	24	14.0	6
1455.0	31	1850.0	31	293.2	31	15.2	1
70133.0	12	141579.0	14	4999.5	20	14.0	4
36163.0	22	51463.0	24	2173.8	26	14.0	10
4790.0	30	13372.0	30	544.1	30	14.3	2
8418.0	29	40914.0	27	610.5	29	12.5	26
40926.0	21	66908.0	22	2108.2	27	13.4	25

附录1 续表 5

地 区	进出口总额				出口总额			
	绝对值(亿美元)	位次	比上年增长(%)	位次	绝对值(亿美元)	位次	比上年增长(%)	位次
全 国	**41596.9**		**7.6**		**22093.7**		**7.8**	
北 京	4291.3	4	5.2	25	631.1	8	5.8	23
天 津	1285.1	8	11.1	13	490.1	9	1.4	28
河 北	549.0	13	8.6	20	309.6	13	4.6	25
山 西	157.9	24	5.0	26	80.0	23	14.0	14
内蒙古	120.0	26	6.5	23	40.9	27	3.1	27
辽 宁	**1144.9**	**9**	**10.0**	**15**	**645.4**	**7**	**11.4**	**18**
吉 林	258.6	20	5.3	24	67.6	25	12.9	15
黑龙江	388.8	15	3.4	28	162.3	19	12.4	16
上 海	4412.2	3	1.1	29	2041.8	4	-1.2	30
江 苏	5508.1	2	0.5	30	3288.1	2	0.1	29
浙 江	3357.9	5	7.5	22	2487.5	3	10.8	20
安 徽	455.6	14	16.0	7	282.5	14	5.6	24
福 建	1693.3	7	8.6	19	1064.8	6	8.8	22
江 西	367.5	16	10.0	16	281.7	15	12.2	17
山 东	2665.6	6	8.6	21	1341.9	5	4.3	26
河 南	599.5	12	15.9	8	359.9	12	21.3	6
湖 北	363.8	17	13.8	11	228.4	16	17.7	10
湖 南	251.7	22	14.7	10	148.2	21	17.6	11
广 东	10915.9	1	10.9	14	6363.7	1	10.9	19
广 西	328.3	18	11.4	12	186.9	18	20.9	7
海 南	149.8	25	4.6	27	37.1	28	18.2	9
重 庆	687.0	10	29.1	3	468.0	10	21.3	5
四 川	645.7	11	9.2	18	419.5	11	9.0	21
贵 州	82.9	28	25.0	4	68.9	24	39.0	3
云 南	257.9	21	22.7	5	159.4	20	59.1	1
西 藏	33.2	29	-3.1	31	32.7	29	-2.6	31
陕 西	201.3	23	36.0	2	102.3	22	18.2	8
甘 肃	102.3	27	15.0	9	46.8	26	30.9	4
青 海	14.0	31	21.2	6	8.5	31	16.3	12
宁 夏	32.2	30	45.2	1	25.5	30	55.5	2
新 疆	275.6	19	9.5	17	222.7	17	15.1	13

城镇居民人均可支配收入				农村居民人均纯收入			
绝对值(元)	位次	比上年增长(%)	位次	绝对值(元)	位次	比上年增长(%)	位次
26955.1		**9.7**		**8895.9**		**12.4**	
40321.0	2	10.6	4	18337.5	2	11.3	28
32293.6	6	9.0	31	15841.0	4	12.9	9
22580.3	19	9.9	19	9101.9	12	12.6	16
22455.6	20	10.0	16	7153.5	23	12.5	18
25496.7	10	10.1	13	8595.7	15	12.9	10
25578.2	**9**	**10.1**	**12**	**10522.7**	**9**	**12.1**	**24**
22274.6	23	10.2	10	9621.2	11	11.9	26
19597.0	29	10.3	7	9634.1	10	12.0	25
43851.4	1	9.1	30	19595.0	1	10.1	31
32537.5	5	9.6	25	13597.8	5	11.4	27
37850.8	3	9.6	28	16106.0	3	10.7	30
23114.2	15	9.9	17	8097.9	20	13.1	7
30816.4	7	9.8	20	11184.2	7	12.2	21
21872.7	24	10.1	14	8781.5	14	12.2	22
28264.1	8	9.7	23	10619.9	8	12.4	20
22398.0	21	9.6	27	8475.3	16	12.6	15
22906.4	17	9.9	18	8867.0	13	12.9	11
23414.0	12	9.8	21	8372.1	17	12.5	19
33090.0	4	9.5	29	11669.3	6	10.7	29
23305.4	13	9.7	24	6790.9	25	13.0	8
22928.9	16	9.6	26	8342.6	18	12.6	17
25216.1	11	9.8	22	8332.0	19	12.8	12
22367.6	22	10.1	11	7895.3	21	12.8	14
20667.1	26	10.5	6	5434.0	30	14.3	3
23235.5	14	10.3	8	6141.3	29	13.4	5
20023.4	27	11.1	1	6578.2	26	15.0	2
22858.4	18	10.2	9	6502.6	27	12.8	13
18964.8	31	10.5	5	5107.8	31	13.3	6
19498.5	30	11.0	2	6196.4	28	15.5	1
21833.3	25	10.1	15	6931.0	24	12.1	23
19873.8	28	10.9	3	7296.5	22	14.1	4

附录2 2013年省辖市

指标名称	单位	沈阳		大连		鞍山	
		全市	市辖区	全市	市辖区	全市	市辖区
一、行政区划、人口、劳动力及土地资源							
(一)行政区划							
所辖行政区数	个	9		6		4	
所辖行政县(旗)数	个	3		1		3	
所辖行政县级市数	个	1		3		1	
(二)人口							
年末总人口	万人	727.11	524.59	591.45	301.24	349.75	151.42
年平均人口	万人	725.95	523.36	590.88	300.20	350.05	151.65
常住人口	万人	825.70	645.70	694.30		360.80	157.45
年出生人口	人	58056	43869	47887	26979	25632	9400
年死亡人口	人	57205	41964	46804	21152	28290	13406
年末总户数	万户	260.18	190.36	211.84	112.81	119.62	55.20
(三)从业人员							
从业人员期末人数(城镇)	万人	152.78	141.52	131.41	102.55	62.87	44.69
第一产业(农、林、牧、渔业)	万人	0.34	0.17	0.57	0.23	0.39	0.08
第二产业	万人	70.91	66.27	73.42	52.68	33.60	27.47
(1)采矿业	万人	2.79	2.71	0.21		0.28	0.24
(2)制造业	万人	36.14	33.93	54.78	38.00	22.10	18.48
(3)电力、热力、燃气及水生产和供应业	万人	3.55	3.16	1.67	1.42	1.28	0.97
(4)建筑业	万人	28.43	26.47	16.76	13.26	9.94	7.78
第三产业	万人	81.53	75.08	57.42	49.64	28.88	17.14
(1)交通运输、仓储和邮政业	万人	10.59	10.13	6.71	6.31	3.71	1.38
(2)信息传输、计算机服务和软件业	万人	2.64	2.61	5.67	5.66	0.58	0.56
(3)批发和零售业	万人	8.55	8.16	5.54	5.37	3.74	1.41
(4)住宿、餐饮业	万人	3.07	3.04	2.42	2.36	0.46	0.35
(5)金融业	万人	5.21	5.21	5.57	5.00	1.74	1.50
(6)房地产业	万人	3.02	2.91	4.45	4.23	1.00	0.81
(7)租赁和商务服务业	万人	3.14	2.88	2.42	2.10	1.10	0.70
(8)科学研究、技术服务和地质勘查业	万人	6.38	6.19	2.03	1.83	2.26	1.67
(9)水利、环境和公共设施管理业	万人	4.36	3.98	1.39	1.26	1.73	1.27
(10)居民服务和其他服务业	万人	0.92	0.87	0.46	0.43	0.32	0.27
(11)教育	万人	14.21	12.21	8.19	5.86	4.83	2.74
(12)卫生、社会保障和社会福利业	万人	8.37	7.55	4.48	3.29	2.80	1.96
(13)文化、体育和娱乐业	万人	1.80	1.70	1.31	1.22	0.34	0.25
(14)公共管理和社会组织	万人	9.27	7.64	6.78	4.72	4.27	2.27
(15)国际组织	万人						
城镇私营和个体从业人员	人	1455415	1268549	2081695		169335	145311
年末城镇登记失业人员数	人	84312	78287	95396	67228	22128	14804
(四)土地面积及水资源							
行政区域土地面积	平方公里	12980	3471	12574	2567	9255	792
其中：建成区面积	平方公里		455		396		167
城市建设用地面积	平方公里		455		389		151
其中：居住用地面积	平方公里		152		130		43
公共设施用地面积	平方公里		43		30		13
工业用地面积	平方公里		99		93		55
水资源总量	万平方米	316958		532900		385200	
二、综合经济							
(一)地区生产总值(当年价格)	**万元**	**71585745**	**58204950**	**76507861**	**49095246**	**26232539**	**12734016**
第一产业增加值	万元	3216129	859270	4775852	980439	1318817	95000
第二产业增加值	万元	36989129	29162410	38919546	22282126	13919617	6651554
第三产业增加值	万元	31380487	28183270	32812463	25832681	10994105	5987462
地区生产总值(2010年价格)	万元	67381406	54970709	70322436	44936766	26021104	12141829
人均地区生产总值	元	86850	89481	110600		74939	83971
地区生产总值增长率	%	8.76	8.60	9.00	8.70	8.90	8.60

基本情况(地区数)

抚顺		本溪		丹东		锦州	
全市	市辖区	全市	市辖区	全市	市辖区	全市	市辖区
4		4		3		3	
3		2		1		2	
				2		2	
217.96	143.23	152.30	93.60	239.65	78.45	305.90	97.67
218.61	143.67	152.75	93.90	240.06	78.53	306.88	97.73
209.20	145.90	172.80	111.30	242.60	78.44	308.70	104.97
13630	8424	9500	4953	14917	4847	20365	6721
20040	13793	13540	8663	21467	6473	31035	6582
81.87	57.89	56.84	36.28	84.31	29.93	103.86	35.67
32.83	27.70	31.66	25.57	31.80	19.06	32.05	23.44
0.44	0.14	0.08		0.55	0.01	1.06	0.27
18.70	16.52	17.05	13.59	14.30	8.85	14.25	11.97
3.58	2.96	1.43	1.14	0.34	0.02	0.43	
7.27	6.66	8.62	7.79	6.58	4.11	6.25	5.08
1.33	1.27	0.85	0.76	1.19	0.89	1.67	1.51
6.52	5.63	6.15	3.90	6.19	3.83	5.90	5.38
13.69	11.04	14.53	11.98	16.95	10.20	16.74	11.20
1.07	0.81	1.04	0.94	1.33	1.06	1.68	1.11
0.26	0.24	0.42	0.36	0.46	0.38	0.41	0.34
1.10	1.02	0.68	0.55	0.82	0.64	1.19	0.92
0.20	0.17	0.16	0.13	0.29	0.24	0.16	0.13
1.04	0.91	0.97	0.92	0.83	0.55	1.48	1.48
0.41	0.33	0.60	0.54	1.14	0.92	0.54	0.45
1.04	0.98	1.02	0.98	0.32	0.19	0.51	0.29
0.56	0.50	0.52	0.46	1.31	0.65	0.85	0.63
0.91	0.78	0.87	0.65	1.12	0.78	0.60	0.34
0.18	0.17	0.05	0.04	0.09	0.07	0.15	0.07
2.57	1.72	2.58	1.84	3.97	1.99	3.60	1.84
1.45	1.16	3.29	2.92	2.31	1.28	1.87	1.23
0.24	0.23	0.16	0.12	0.21	0.13	0.34	0.26
2.66	2.02	2.17	1.53	2.75	1.32	3.36	2.11
274320		147684	114932	200760		356216	243358
24620	19435	29647	23442	15278	7439	14420	11867
11272	1416	8411	1518	15290	941	10047	825
	134		109		53		77
	134		92		53		77
	34		28		20		50
	6		20		1		8
	45		22		13		13
604600		427000		1201227		130600	
13404459	**9817353**	**11936598**	**8434548**	**11072964**	**3383737**	**13449310**	**6323044**
945751	249306	623990	154650	1478310	102003	2021473	216238
7947735	5853134	7122380	5207223	5473442	1525502	6567326	3161247
4510973	3714913	4190228	3072675	4121212	1756232	4860511	2945559
12287122	9430448	11769322	8352400	10147524	3127991	12405938	5956108
63922	67127	69118	75803	46206	43138	43497	64701
9.10	8.20	9.50	9.00	9.30	9.60	8.80	9.00

附录2 续表 1

指标名称	单位	沈阳		大连		鞍山	
		全市	市辖区	全市	市辖区	全市	市辖区
(二)财政							
公共财政收入	万元	8009997	7017318	8501646	6684002	2392487	1721291
其中：税收收入	万元	6508537	5714068	6778282	5475504	1644282	1226140
其中：企业所得税	万元	816083	793035	774668	706567	138812	101156
个人所得税	万元	197698	193227	228963	215584	28578	20149
公共财政支出	万元	8812817	7322309	10835360	8653017	3253879	2232040
一般性公共服务支出	万元	954001	785691	823384	683025	286137	172216
科学技术支出	万元	277931	274397	462566	451389	25441	21425
教育支出	万元	1316194	958736	1222048	843768	308368	176699
文化体育与传媒支出	万元	146140	129458	182262	154432	37502	26702
医疗卫生支出	万元	361458	271854	442463	378961	147738	65490
节能保护支出	万元	183678	107150	105412	99671	84785	50664
城乡社区事务支出	万元	1667345	1522209	2201173	1799699	895941	768712
交通运输支出	万元	307104	262932	736307	711004	83963	45765
社会保障和就业支出	万元	1378986	1293575	1336267	1151394	613765	471846
住房保障支出	万元	500839	469126	191898	156569	64233	48579
(三)金融							
年末金融机构各项存款余额	万元	114372103	110100728	114817355	101062616	25162627	18211949
其中：居民储蓄存款余额	万元	47654786	44186012	44837717	34898877	15829678	9914281
年末金融机构各项贷款余额	万元	88670501	86485300	91085545	82135314	14234124	11009545
(四)保险							
保费收入	万元	1476276		1760042		443966	
其中：财产险	万元	560303		636012		167150	
人身险	万元	897970		1124030		276816	
赔款、给付	万元	587864		344773		185817	
其中：财产险	万元	316661		321169		95502	
人身险	万元	262884		23604		90315	
三、工业							
规模以上工业法人企业:							
(一)工业企业数	个	3901	2375	3101	1280	1229	292
(1)内资企业	个	3484	1984	2311	736	1163	262
其中：国有企业	个	42	35	35	28	12	7
私营企业	个	2588	1328	1807	467	724	128
(2)港、澳、台商投资企业	个	116	112	136	92	24	13
(3)外商投资企业	个	301	279	654	452	42	17
(二)工业总产值(当年价)	万元	137351780	97176631	115215700	58852837	33535900	12466100
(1)内资企业	万元	106991206	67753119	78994509	31831364	31987400	11982800
其中：国有企业	万元	2050907	1908683	1583937	1443079	6418400	6315600
私营企业	万元	67550495	34040047	45050897	4769456	17242500	3595400
(2)港、澳、台商投资企业	万元	4331766	4147984	7094813	5450159	508700	200300
(3)外商投资企业	万元	26028808	25275528	29126378	21571314	1039800	283000
(三)企业财务							
从业人员年平均人数	万人	89.94	62.20	95.84	44.47	33.13	20.28
流动资产合计	万元	37449720	34836474	50893653	40681808	16715800	11943500
固定资产合计	万元	32773125	25096680	31699462	17546325	9262400	5233600
主营业务收入	万元	134263122	94254369	108753577	55842652	34086800	13303300
主营业务成本	万元	113765963	79972656	92722167	47319191	28631800	10758500
主营业务税金及附加	万元	1615936	1367118	2586287	1967219	396900	141700
本年应交增值税	万元	2708593	1981183	3786530	1833727	1184700	451700
利润总额	万元	7724545	4786806	5939962	2418845	1949300	465800

抚顺		本溪		丹东		锦州	
全市	市辖区	全市	市辖区	全市	市辖区	全市	市辖区
1342095	1007635	1297005	950702	1363630	285688	1360902	775670
1003757	737817	972271	752413	1026984	244547	1026940	590069
76589	50435	41408	24860	78456	39218	56492	39390
19225	15692	16009	10500	14565	7777	19029	12967
2289177	1623977	1823992	1273838	2243175	253760	2242213	1140046
192646	126771	352859	226516	178944	39218	197489	118525
26890	19287	28830	21480	21594	1947	25658	9615
178120	108505	252985	151452	274860	40980	249797	117691
21111	10574	34774	25832	26356	1144	30634	14654
81349	49732	68593	40066	98701	13848	117415	42380
77848	63790	50526	33058	66069	1226	60910	43370
370680	302293	298433	256729	373250	33782	305758	178570
56670	37146	45058	21256	89234	3136	105476	51153
570560	482289	287455	259774	386570	64215	440101	265905
40555	26211	52393	27812	40309	4925	31395	19304
12694832	10311037	10070833	7843774	13629915	7543537	15080576	10207475
8892384	7091700	6567202	4938892	9929407	4991356	10183018	5987963
5867515	4747251	6515858	5570356	7879744	4456123	9732976	6996452
249286		197494		268988		256703	
68013		49025		73410		100014	
181273		148469		195578		156688	
95970		68658		114864		103632	
46256		27234		40668		54228	
49714		41424		74196		49404	
967	521	647	461	792	139	826	201
906	468	605	435	701	110	759	150
7	4	5	2	8	4	12	8
665	322	292	232	537	77	551	65
19	16	21	16	14	8	25	19
42	37	21	10	77	21	42	32
27137758	17946787	24121130	20360714	13614250	2027514	28223897	10464603
25755789	16741514	18933619	15455102	11567936	1558541	25311620	8215197
178066	165752	20072	5834	71256	53273	278910	211279
13242885	5935917	6398795	4728154	7617221	818319	13404199	1234794
569068	466914	3996234	3936158	418519	158224	1263930	1150003
812901	738359	1191277	969454	1627795	310749	1648347	1099403
19.43	14.36	14.65	11.97	14.68	2.69	14.90	4.90
6335368	5495243	7908699	6883065	3799875	929418	4529784	2832815
6935539	6127720	7115871	6255736	2330459	647782		
26813510	17910848	22232076	18532623	13200127	1898027	27611180	10209880
23743311	15765714	20023967	16878546	11810846	1684377	23591171	8684280
683269	648365	166812	112072	86685	10845	649215	522777
458507	338644	670451	521200	382686	52809	743040	321932
649960	102675	929329	604116	562784	84967	2069345	480935

附录2 续表 2

指标名称	单位	沈阳		大连		鞍山	
		全市	市辖区	全市	市辖区	全市	市辖区
四、交通运输、邮电通信、能源电力							
(一)交通运输							
铁路旅客运量	万人	3815.81		2298.69		790.26	
铁路货物运量	万吨	530		2393		1339	
公路客运量(全社会)	万人	20254.00		10058.00		7632.00	
公路货运量(全社会)	万吨	20957		26276		18651	
水运客运量(全社会)	万人			435.00			
水运货运量(全社会)	万吨			11883			
民用航空客运量	万人	413.56		501.49			
民用航空货邮运量	吨	44228		51805			
沿海港口货物吞吐量(规模以上)	万吨			40746			
内河港口货物吞吐量(规模以上)	万吨						
公路里程	公里	12350		12333		7362	
境内高速公路里程	公里	617		531		229	
民用汽车拥有量	辆	1253273		1026029		346994	
其中：私人汽车拥有量	辆	961941		818208		258294	
(二)邮电通信							
年末邮政局(所)数	处	209	140	235	136	102	36
邮政业务收入	万元	150663		134001		33882	
电信业务收入	万元	1147776		987046		306894	
固定电话年末用户数	万户	268.72		252.85		92.89	
移动电话年末用户数	万户	1015.87		908.71		361.09	
其中：3G移动电话用户	万户	306.45		318.80		85.10	
互联网宽带接入用户数	万户	151.10		129.60		62.38	
(三)能源电力							
综合能源消费量	万吨/标准煤	1376		1690		2175	
全社会用电量	万千瓦时	2889183	2479961	3020330	2631966	2505802	1635265
其中：工业用电	万千瓦时	1491181	1221312	1963891	1811990	2151436	1421353
城乡居民生活用电	万千瓦时	489591	420246	399098	284191	167322	88273
五、贸易、外经、旅游							
(一)贸易							
社会消费品零售总额	万元	31860936	29000106	25265048	20334956	8000849	4092326
限额以上批发零售贸易业商品销售总额	万元	81844980	79107483	39793639	35707742	14770900	6829459
限额以上批发零售企业数(法人数)	个	1920	1662	1670	1349	826	433
其中：零售业	个	843	731	468	384	484	248
限额以上批发零售贸易业企业财务							
年末从业人数	万人	11.45	10.49	7.78	6.73	4.98	1.38
流动资产合计	万元	14656348	14330488	18684379	14290906	4055209	2922524
固定资产合计	万元	2356040	2170425	1275911	1085929	1428526	312526
主营业务收入	万元	80213192	78064255	36406611	23902453	13169835	6323608
主营业务成本	万元	77555528	75712258	34432235	22368525	10929366	5801301
主营业务税金及附加	万元	220027	188243	101970	89814	147744	68380
本年应交增值税	万元	466885	427859	756127	562642	200546	82972
利润总额	万元	210261	56673	502571	402304	1051378	294081
(二)外经							
货物进口额(海关数)	万美元	733289		3138534		218296	
货物出口额(海关数)	万美元	699581		3743743		269713	
外商直接投资合同项目	个	155	143	240	216	87	83
当年实际使用外资金额	万美元	581093	552745	1359985	1008300	138391	101477

抚顺		本溪		丹东		锦州	
全市	市辖区	全市	市辖区	全市	市辖区	全市	市辖区
196.13		1744.94		448.01		967.99	
1135		2976		539		555	
2871.00		2670.78		5157.00		5850.00	
8584		7466		6652		15904	
				43.00			
				532		156	
				12019		8533	
				46			
6253		4230		8616		7747	
267		209		336		234	
192360		108436		172163		295022	
149948		74711		133919		232817	
81	37	69	35	94	27	99	34
19269		15663		23214		21717	
169667		125525		188621		207507	
59.02		39.71		77.44		84.38	
209.71		149.68		210.33		282.53	
		48.93		55.65		80.10	
37.63		33.09		38.47		54.38	
1209		1425		255		338	
1433642	1073571	1424420	1285880	855523		835478	479210
1234001	942891	1281565	1180210	633745		535763	167037
103355	68018	71328	50067	108884		145232	94243
5184214	4480095	2973592	2157977	4270122	2870866	4939822	2940297
3935965	3657748	1930091	1813019	2176906	806125	3612299	2590757
218	169	302	257	201	102	226	153
105	74	212	179	157	69	146	96
1.10	1.05	1.50	1.32	12.20	4.80	1.50	1.00
672967	652049	1874437	1777089	650617	453766	671614	584321
196915	182882	99348	88917	114996	45868	141050	96603
2826863	2656553	1594157	1499308	1920941	803535	2990832	2184325
2492553	2360881	1408361	1334356	1751423	745668	2699223	1958446
43442	35830	13446	12591	21731	7379	27636	21675
92235	79993	17951	15128	16855	6116	51710	28413
104446	95961	60286	58878	40108	7660	114183	77972
21773		176685		171002		143277	
85628		269614		340612		207205	
24	12	7	4	21	12	36	29
52108	38052	51449	33441	110012	29536	114009	59734

附录2 续表 3

指标名称	单位	沈阳		大连		鞍山	
		全市	市辖区	全市	市辖区	全市	市辖区
(三)旅游							
入境游客人数(含一日游游客)	人	813652		1190035		438511	
其中：外国人	人	633832		1011757		361924	
港、澳、台同胞	人	179820		178278		76587	
国际旅游(外汇)收入	万美元	66474		81341		50086	
六、固定资产投资							
(一)固定资产投资							
固定资产投资(不含农户)	万元	63839125	50599958	64781048	43116993	18583643	8191420
其中：房地产开发投资	万元	21840129	21789188	17103585	15464956	4559099	3462024
其中：住宅	万元	15745799	13750147	12579700	11355651	3063727	2245638
全年新增固定资产	万元	37323775	26376868	30654621	17178684	7413439	2086871
(二)房地产							
商品房屋销售面积	万平方米	2262.33	1755.66	1222.13	809.82	889.61	571.88
其中：住宅	万平方米	2017.37	1525.85	1104.02	732.90	690.54	399.43
其中：别墅、高档公寓	万平方米	117.24	117.24	16.98	14.39	22.61	3.71
商品房屋销售额	万元	14360531	12613296	10098738	7926622	3665196	2577059
其中：住宅	万元	12252851	10295273	8676651	6818164	2891740	1915300
其中：别墅、高档公寓	万元	914496	914496	298508	274562	135271	37089
待售面积	万平方米	1022.00	781.58	765.87	558.90	180.22	54.85
七、教育、科技、体育、文化及卫生							
(一)教育							
学校数							
普通高等学校数	所	46		30		3	
中等职业教育学校数	所	114	110	84	76	22	15
普通中学数	所	322	223	285	155	164	67
小学数	所	320	252	569	233	576	86
专任教师数							
普通高等学校专任教师数	人	26161	26161	17678	17678	2224	2224
中等职业教育学校专任教师数	人	7209	6966	4382	3817	1547	940
普通中学专任教师数	人	23818	17178	21781	12330	12954	6225
小学专任教师数	人	21709	14635	17942	9870	10592	4368
在校学生数							
普通高等学校在校学生数	人	383543	383543	276275	276275	37541	37541
高中阶段在校学生数	人	188493	167287	167923	93788	71675	41220
中等职业教育学校在校学生数	人	103408	98477	70222	63547	18261	13516
普通中学在校学生数	万人	27.25	20.26	24.58	14.35	13.52	5.51
小学在校学生数	万人	34.47	24.95	28.38	17.49	17.14	5.58
初中毕业生升学率	%	111	141	93	99	82	97
成人高等学校在校学生数	人	92177	92177	60875	60875	12552	12552
(二)科技							
科技活动人员	人	101373	100663	78323	72721	14523	8506
R&D人员数	人	53503	53125	46686	42822	9001	5216
R&D内部经费支出	万元	1418585		1233969		422427	
专利申请受理量	项	13190		21376		2856	
专利申请授权量	项	6924		7316		2055	
其中：发明	项	1574		1331		355	
(三)体育							
体育场馆数	个	15	13	56	49	7	4
(四)文化							
剧场、影剧院数	个	45	45	6	6	11	8
公共图书馆图书总藏量	千册、件	12721.00	12364.00	14511.71	13175.84	2408.00	2088.00
订销报刊杂志累计份数	千份	136263.40	114753.00	109626.45	83293.04	55390.00	41893.00
广播节目综合人口覆盖率	%	100.00	100.00	99.36	100.00	97.20	100.00
电视节目综合人口覆盖率	%	100.00	100.00	99.85	100.00	96.38	100.00
有线电视入户率	%	78.89	122.99	88.11	146.50	58.92	86.36

抚顺		本溪		丹东		锦州	
全市	市辖区	全市	市辖区	全市	市辖区	全市	市辖区
200307		619822		530891		344131	
123636		519196		525298		246184	
76671		100626		5593		97947	
15123		48636		24473		21213	
10963568	8104220	8430476	5855750	10036544	4719106	9521408	4629003
1495420	1318852	1327049	883362	2562833	1696028	1879992	1373664
1033728	889599	924125	615858	1846817	1227949	1381343	1007173
8760965	6664530	6432335	4864346	7437881	3698808	6873435	2673872
335.65	295.00	527.06	332.43	490.83	316.10	528.13	361.27
289.06	255.00	358.62	251.36	444.53	294.40	499.98	347.12
4.59	4.59	0.70	0.70	0.61	0.50	20.92	20.92
1680682	1500731	1969323	1296532	2117326	1342915	1887418	1366904
1299038	1178461	1298184	937624	1748858	1159958	1746215	1302217
45701	45602	6025	6025	8978	8428	65042	65042
139.84	76.70	181.93	145.91	73.79	31.90	122.43	57.56
5		3		3		9	
16	13	13	11	15	11	13	9
118	74	59	39	127	39	133	45
139	65	74	45	462	74	403	75
2472	2472	1539	1539	1521	1521	4767	4767
1135	1003	2320	1947	1003	604	1214	843
7119	4702	6521	4023	8107	2548	9394	3153
6841	3950	6307	3573	8148	1971	10285	2891
44246	44246	14861	14861	29386	29386	85265	85265
47397	36178	41595	31487	62412	27980	71336	36245
16837	14604	19592	17383	18576	15324	22991	17646
7.15	5.56	5.20	3.28	10.33	2.95	12.32	4.26
7.73	4.61	5.58	3.28	10.85	2.66	14.38	4.44
72	85	95	116	94	99	87	100
2485	2485	2202	2202	3935	3935	22838	22838
10873	8938	7291	5525	7650		9210	
6661	5757	4773	4038	3577		6067	
92941		302246		65182		150320	
1060		508		425		1008	
696		290		23		603	
70		35		5		108	
8	4	5	4	6	3	50	34
8	7	5	3	9	3	7	4
1100.84	929.45	1032.95	873.89	955.01	123.88	1395.50	895.90
27538.19	21890.83	21188.00	15816.00	24520.00	11261.00	28701.86	15351.31
98.93	98.95	99.51	99.81	98.43	99.80	99.13	100.00
98.81	98.83	98.97	99.13	98.50	100.00	99.09	100.00
96.52	96.55	98.78	99.08	95.00	98.00		91.00

附录2 续表 4

指标名称	单位	沈阳		大连		鞍山	
		全市	市辖区	全市	市辖区	全市	市辖区
(五)卫生							
医院、卫生院数	个	314	256	216	107	152	58
医院、卫生院床位数	张	53515	50129	36931	24282	19018	11986
医生数(执业医师+执业助理医师)	人	23392	21686	17487	13161	5412	3413
注册护士	人	25376	24102	19467	15068	6570	4918
八、人民生活、社会保障							
在岗职工平均人数	万人	144.80	134.22	125.75	97.80	60.64	42.45
在岗职工工资总额	万元	7596413	7214558	7427139	6164368	2441401	1779169
(一)居民收支							
家庭总收入	元		33744		34255		28470
工资性收入	元		18814		20805		15231
经营净收入	元		4853		2321		1993
财产性收入	元		626		675		687
转移性收入	元		9451		10454		10559
城镇居民人均可支配收入	元		29074		30238		26662
最低10%户人均可支配收入	元		14898				
最高10%户人均可支配收入	元		60337				
城镇居民人均消费支出	元		22252		22516		17456
其中:(1)食品	元		6791		8163		5998
(2)衣着	元		2349		2160		2039
(3)居住	元		2378		1988		2045
(4)家庭设备用品及服务	元		1398		1325		1114
(5)医疗保健	元		1679		1401		1491
(6)交通和通信	元		3707		3939		2224
(7)教育文化娱乐服务	元		2784		2584		2145
(二)居民生活							
每百户居民家庭拥有:							
(1)家用汽车	辆		24				16
(2)家用电脑	台		88				76
(3)固定电话	部		64				53
(4)移动电话	部		211				183
(5)电冰箱(柜)	台		100				98
(6)彩色电视机	台		107				129
(7)钢琴	架		5				2
(8)照相机	架		64				38
(9)摄像机	架		17				6
(10)洗衣机	台		97				94
城镇人均住房建筑面积	平方米		31.22				26.89
居民消费价格指数(上年为100)	%		102.50		102.50		102.40
(三)社会保障							
城镇基本养老保险参保人数	人	3458415	3254544	1922784	1608114	883323	597071
城镇基本医疗保险参保人数	人	3578653	3379968	4847527	3987205	1153914	959650
城镇职工基本医疗保险参保人数	人	1228872	1144398	3680522	3016638	637648	525281
失业保险参保人数	人	1343125	1268532	1426823	1212895	624033	540749
工伤保险参保人数	人	1778129	1632386	2400007	2146281	604332	463191
生育保险参保人数	人	2843032	2697502	1413588	1206286	467743	363968
社会福利院数	个	164	150	300	205	172	73
社会福利院床位数	张	35314	25662	38000	22000	18558	9613
社区服务设施数	个	959	959	704	524	380	298
社区服务中心覆盖率	%	100.00	100.00	100.00	100.00	32.79	80.10
城镇居民最低生活保障人数	人	94179	71310	60470	36411	49284	38308

抚顺		本溪		丹东		锦州	
全市	市辖区	全市	市辖区	全市	市辖区	全市	市辖区
99	51	66	30	121	37	106	19
10433	8128	10357	7653	14198	6388	11476	7058
5207	4141	2969	2292	5543	1732	5082	2765
5255	4589	4048	3231	5014	2480	4060	2841
34.58	29.37	30.11	24.30	28.79	19.62	31.23	22.65
1470479	1297511	1242888	1026626	926547	589568	1241447	998532
	22801		28140		20922		
	11242		13907		12187		
	1554		4341		2137		
	1418		1408		1045		
	8587		8484		5553		
			24960		20923		
	15343		17863		13773		
	4763		5677		4815		
	1320		1733		1385		
	3742		3281		2753		
	828		1153		866		
	1213		1823		966		
	1666		1551		1158		
	1421		1948		1492		
	5		4				
	47		62				
	49		46				
	165		193				
	86		92				
	105		106				
	2		2				
	21		23				
	5		4				
	81		84				
	25.78		23.93				
	102.50		102.20		102.10		102.40
1000502	874976	953425	797666	836500	478243	758059	505000
1475206	1387837	1087275	915008	1051539	614204	1278400	698606
1159114	1088261	786230	669698	793943	486283	979265	519007
490056	448596	397001	356888	258061	167001	330486	248419
569096	516274	396300	341147	281239	180654	364038	272085
434064	419043	270499	210585	266120	156503	257050	195377
136	99	85	81	110	43	125	39
11766	7676	7714	6855	10386	3313	9437	1570
1768	1672	228	169	178	118	1342	276
100.00	100.00	100.00	100.00	100.00	100.00	30.00	51.00
113555	95481	51327	38296	49132	23740	60754	37221

附录2 续表 5

指标名称	单位	沈阳		大连		鞍山	
		全市	市辖区	全市	市辖区	全市	市辖区
九、公共管理							
(一)事故							
交通事故死亡人数	人	452	399	239	164	153	69
交通事故损失额	万元	673	512	869	456	160	80
火灾事故死亡人数	人	30	25	10	10	5	2
火灾事故损失额	万元	9087	7272	2940	2271	2382	391
(二)社会治安							
刑事案件立案数	起	11510	9346	6225	4334	2850	1529
罪犯人数	人	14914	12132	7704	5284	4096	2482
其中：青少年人数(年龄1425周岁)	人	1320	1067	771	635	764	310
十、市政公用事业							
(一)基础设施							
城市维护建设资金支出	万元		1797090		712311		75461
年末实有城市道路面积	万平方米		7777		4362		1427
排水管道长度	公里		3981		2654		905
供水综合生产能力(包括自备水源)	万立方米/日		171.10		163.00		163.00
城市供水总量	万吨		54879		40972		31178
售水量	万吨		38779		28307		26072
其中：居民生活用水量	万吨		20965		10593		3463
用水人口	万人		573.90		323.20		161.90
用水普及率	%		100.00		100.00	100.00	100.00
(二)供气							
供气总量(人工、天然气)	万立方米		47277		25523		16489
其中：家庭用量	万立方米		20315		18011		9565
用气人口	人		5116000		2251000		1532000
液化石油气供气总量	吨		149000		158312		5100
其中：家庭用量	吨		21500		53030		5100
用液化气人口	人		623000		980300		87000
(三)公共交通							
年末实有公共汽(电)车运营车辆数	辆		5510		5037		1649
全年公共汽(电)车客运总量	万人次		115000.00		104900.80		27573.56
年末实有出租汽车数	辆		19021		10693		5375
轨道交通线路长度	公里		115		87		
轨道交通客运总量	万人次		22531.50		9482.90		
(四)绿地							
绿地面积	公顷		29219		18301		6372
其中：公园绿地面积	公顷		7112		3627		1814
建成区绿化覆盖面积	公顷		19210		17698		6463
十一、环境保护							
工业废水排放量	万吨	8533		26154		6322	
工业二氧化硫产生量	吨	219002		242863		146957	
工业二氧化硫排放量	吨	130672		102938		124889	
工业烟(粉)尘去除量	吨	2108881		4179954		1982473	
工业烟(粉)尘排放量	吨	60425		46332		98218	
一般工业固体废物综合利用率	%	92.69		90.33		24.19	
污水处理厂集中处理率	%	95.00		95.96		87.00	
生活垃圾无害化处理率	%	100.00		87.90		100.00	

抚顺		本溪		丹东		锦州	
全市	市辖区	全市	市辖区	全市	市辖区	全市	市辖区
107	62	80	55	140	28	101	35
103	84	52	38	110	32	73	26
7	5	3	2	3	3	3	
342	222	301	194	522	151	509	252
2007	1513	1509	1010	2050	866	6303	3050
2641	2493	1750	1292	2366	2235	1566	651
282	273	282	213	402	371	191	66
	43238		110793		78509		170510
	1386		1024		1051		1075
	921		361		782		493
	129.00		117.60		32.09		76.10
	21646		25753		5400		13587
	15609		23624		3885		10564
	2232		1634		1471		2673
	131.60		93.00		64.31		95.70
	98.63	97.10	98.50	100.00	100.00	100.00	100.00
	11808		5715		4609		10081
	6845		3757		3393		6952
	735300		740000		675080		941400
	38742		6650		5186		111
	24780		2840		4680		111
	567000		154299		97800		6900
	1231		715		625		543
	23107.00		26896.00		11215.20		11312.00
	4121		2724		1932		4293
	5046		5350		2038		3049
	1382		953		715		1228
	5587		5422		2071		3216
2089		2953		5521		4940	
128207		79817		78049		82089	
51430		70002		34200		36584	
2062756		2482995		909000		858193	
48169		61697		39000		20004	
40.41		16.24		96.20		93.32	
75.00		92.24		62.99		74.96	
100.00		99.95		100.00		87.42	

附录2 续表 6

指标名称	单位	营口		阜新		辽阳	
		全市	市辖区	全市	市辖区	全市	市辖区
一、行政区划、人口、劳动力及土地资源							
(一)行政区划							
所辖行政区数	个	4		5		5	
所辖行政县(旗)数	个			2		1	
所辖行政县级市数	个	2				1	
(二)人口							
年末总人口	万人	232.51	91.78	191.09	77.50	180.03	87.79
年平均人口	万人	233.79	91.62	191.33	77.68	180.17	87.90
常住人口	万人	244.40	105.50	179.20	72.48	185.30	92.87
年出生人口	人	19752	7984	12303	4487	11265	5314
年死亡人口	人	25470	5046	14490	7260	10968	5787
年末总户数	万户	88.02	36.98	68.32	30.51	67.84	34.21
(三)从业人员							
从业人员期末人数(城镇)	万人	29.12	22.72	22.70	17.67	19.89	16.04
第一产业(农、林、牧、渔业)	万人	0.05	0.04	0.41	0.05	0.43	0.32
第二产业	万人	14.59	12.34	12.10	10.95	9.90	8.41
(1)采矿业	万人	0.09	0.02	5.74	5.68	0.13	0.12
(2)制造业	万人	8.70	7.29	2.46	1.88	6.35	5.78
(3)电力、热力、燃气及水生产和供应业	万人	0.78	0.74	0.81	0.70	0.37	0.32
(4)建筑业	万人	5.02	4.29	3.09	2.69	3.05	2.19
第三产业	万人	14.48	10.34	10.19	6.67	9.56	7.31
(1)交通运输、仓储和邮政业	万人	2.41	2.02	0.43	0.27	0.49	0.44
(2)信息传输、计算机服务和软件业	万人	0.38	0.33	0.33	0.28	0.28	0.25
(3)批发和零售业	万人	1.16	0.86	0.64	0.49	0.39	0.38
(4)住宿、餐饮业	万人	0.35	0.32	0.10	0.07	0.15	0.15
(5)金融业	万人	0.93	0.93	0.86	0.71	0.65	0.56
(6)房地产业	万人	0.47	0.41	0.34	0.32	0.34	0.31
(7)租赁和商务服务业	万人	0.50	0.39	0.24	0.21	0.49	0.46
(8)科学研究、技术服务和地质勘查业	万人	0.34	0.26	0.31	0.24	0.30	0.24
(9)水利、环境和公共设施管理业	万人	0.82	0.53	0.58	0.38	0.92	0.74
(10)居民服务和其他服务业	万人	0.04	0.02	0.03	0.01	0.06	0.05
(11)教育	万人	2.42	1.30	2.63	1.49	1.91	1.16
(12)卫生、社会保障和社会福利业	万人	1.25	0.77	1.26	0.85	1.14	0.85
(13)文化、体育和娱乐业	万人	0.20	0.16	0.17	0.14	0.15	0.12
(14)公共管理和社会组织	万人	3.21	2.04	2.27	1.21	2.29	1.60
(15)国际组织	万人						
城镇私营和个体从业人员	人	502876	313321	259161	241020	149511	57693
年末城镇登记失业人员数	人	12101	7263	19579	18598	11643	5600
(四)土地面积及水资源							
行政区域土地面积	平方公里	5242	702	10355	490	4736	1081
其中：建成区面积	平方公里		110		77		104
城市建设用地面积	平方公里		110		160		104
其中：居住用地面积	平方公里		33		43		37
公共设施用地面积	平方公里		4		8		3
工业用地面积	平方公里		6		40		27
水资源总量	万平方米	132100		92500		157674	
二、综合经济							
(一)地区生产总值(当年价格)	**万元**	**15131145**	**8635099**	**6151240**	**3155772**	**10799909**	**5635799**
第一产业增加值	万元	1095572	272413	1334457	63194	676483	150523
第二产业增加值	万元	7976932	4723842	2849621	1983248	6797050	3086022
第三产业增加值	万元	6058641	3638844	1967162	1109330	3326376	2399254
地区生产总值(2010年价格)	万元	13873699	7948427	5195101	2782465	10043853	5308329
人均地区生产总值	元	61937	94080	34259	40381	58236	60685
地区生产总值增长率	%	9.54	9.71	8.70	8.70	9.00	4.40

盘锦		铁岭		朝阳		葫芦岛	
全市	市辖区	全市	市辖区	全市	市辖区	全市	市辖区
2		2		2		3	
2		3		3		2	
		2		2		1	
128.95	64.08	301.89	43.86	339.52	60.65	279.91	98.37
128.86	63.98	302.04	43.98	340.05	60.71	279.96	98.43
143.80	78.40	266.60	44.48	298.00	67.10	258.60	95.70
9729	4523	20073	2702	32735	5355	25209	7946
7081	2366	17552	3055	31032	6872	19975	6632
46.48	23.23	105.94	15.99	113.08	19.87	97.32	36.57
49.82	25.62	28.16	7.33	30.42	12.75	27.19	19.19
16.78	0.01	1.65	0.01	0.26	0.03	0.31	0.05
20.80	17.10	13.85	3.13	13.07	5.82	14.96	13.13
10.44	10.44	5.26		1.22	0.01	2.07	1.83
4.05	3.41	4.58	1.37	4.84	1.44	6.81	6.43
0.50	0.39	0.85	0.58	0.95	0.68	0.65	0.42
5.81	2.86	3.16	1.18	6.06	3.69	5.43	4.45
12.24	8.51	12.66	4.19	17.09	6.90	11.92	6.01
0.49	0.37	0.62	0.29	0.72	0.36	0.70	0.42
0.34	0.32	0.32	0.26	0.31	0.29	0.32	0.32
1.15	1.01	0.98	0.76	1.15	1.02	0.55	0.44
0.27	0.19	0.06		0.13	0.09	0.23	0.11
0.90	0.84	0.65	0.10	1.36	0.84	1.02	0.80
0.57	0.52	0.44	0.09	0.47	0.24	0.23	0.16
1.54	1.10	0.33	0.16	0.28	0.19	0.29	0.13
0.47	0.35	0.57	0.20	0.51	0.24	0.46	0.23
0.82	0.59	0.57	0.18	0.60	0.26	0.61	0.27
0.07	0.06	0.04	0.01	0.36	0.31	0.03	0.01
1.79	0.78	2.98	0.53	4.61	0.95	2.77	1.00
0.88	0.57	1.38	0.50	1.65	0.52	1.23	0.50
0.18	0.13	0.16	0.11	0.15	0.07	0.11	0.04
2.77	1.68	3.56	1.00	4.79	1.52	3.37	1.58
142753	108309	224100	12998	215236		221387	62301
17472	5905	14540	3636	9560	4176	16908	5724
4065	251	12985	659	19698	1137	10414	2347
	70		38		59		76
	70		38		53		26
	25		16		26		3
	1		7		7		3
	20		8		19		20
79850		428600		120100		134700	
13510562	**8328458**	**10312722**	**2640376**	**10028603**	**2495819**	**7751057**	**3621398**
1145297	37060	2057646	80272	2183791	189633	1016154	263369
9113499	5950688	5217750	1679419	4999991	1181401	3635409	1999766
3251766	2340710	3037326	880685	2844821	1124785	3099494	1358263
12792550	7825831	9534421	2314962	9016671	2363125	6959436	3322405
94052	111716	34143	60032	33591	37691	29973	37841
9.40	6.70	6.50	6.80	8.90	8.20	7.21	3.11

附录2 续表 7

指标名称	单位	营口		阜新		辽阳	
		全市	市辖区	全市	市辖区	全市	市辖区
(二)财政							
公共财政收入	万元	1842545	1335032	704970	495934	1113222	629537
其中：税收收入	万元	1373340	1000066	503286	349080	814020	485059
其中：企业所得税	万元	106542	84119	38947	28435	72403	56119
个人所得税	万元	18655	12833	10887	8961	18466	12130
公共财政支出	万元	2477586	1653034	1720375	1062225	1627540	1152344
一般性公共服务支出	万元	246027	159327	132923	96297	174610	106605
科学技术支出	万元	37897	26408	12707	12038	20528	7544
教育支出	万元	298149	184182	196254	93744	225870	139151
文化体育与传媒支出	万元	30706	21815	18228	10961	20942	12921
医疗卫生支出	万元	156719	63085	92104	41176	80902	60970
节能保护支出	万元	22958	16320	83270	46260	37766	25214
城乡社区事务支出	万元	527017	404909	201065	135816	235247	119589
交通运输支出	万元	74256	58007	47841	43194	69863	44871
社会保障和就业支出	万元	393923	235177	263263	212098	282214	234351
住房保障支出	万元	110341	77725	62714	54174	54946	43135
(三)金融							
年末金融机构各项存款余额	万元	14997109	10462306	8014821	5985006	12954354	9693496
其中：居民储蓄存款余额	万元	9227242	5763609	5097666	3662362	7605093	5102033
年末金融机构各项贷款余额	万元	13114247	10242005	6273728	4690019	8078436	6253921
(四)保险							
保费收入	万元	326868		151328		205663	
其中：财产险	万元	134170		55630		91745	
人身险	万元	192698		95698		113918	
赔款、给付	万元	104515		60810		82053	
其中：财产险	万元	79231		30188		44898	
人身险	万元	25284		30622		37155	
三、工业							
规模以上工业法人企业:							
(一)工业企业数	个	1468	948	603	392	665	271
(1)内资企业	个	1298	842	573	372	631	250
其中：国有企业	个	5	3	25	22	8	8
私营企业	个	1072	706	548	350	512	171
(2)港、澳、台商投资企业	个	47	33	12	4	14	5
(3)外商投资企业	个	123	73	18	16	20	16
(二)工业总产值(当年价)	万元	29445981	18065513	8969323	6478781	20967470	8796502
(1)内资企业	万元	23427581	13981068	8324760	5982199	18348153	6605648
其中：国有企业	万元	35447	29712	1046101	969714	182276	182276
私营企业	万元	15651079	9346074	7278659	5012485	11636974	1453746
(2)港、澳、台商投资企业	万元	1743696	1374671	215565	111368	1743021	1457392
(3)外商投资企业	万元	4274704	2709774	428998	385214	876296	733462
(三)企业财务							
从业人员年平均人数	万人	20.33	13.11	11.80	9.84	12.21	7.31
流动资产合计	万元	10218031	7758973	3919877	3044427	9003899	7077824
固定资产合计	万元	8372298	6784824	4691497	3528465	5270069	3224719
主营业务收入	万元	29542211	18164361	8237660	5933257	20876599	8768505
主营业务成本	万元	24541005	15172905	7242163	5188317	17805446	7488663
主营业务税金及附加	万元	421060	303203	49573	36896	521981	440441
本年应交增值税	万元	1378434	783536	202125	176524	428243	226410
利润总额	万元	2916850	1662427	320787	242071	1179686	27341

盘锦		铁岭		朝阳		葫芦岛	
全市	市辖区	全市	市辖区	全市	市辖区	全市	市辖区
1487670	872168	1036379	230034	1124884	284317	883756	369442
1140369	681849	774945	203309	814118	200157	652138	308687
56216	35429	49673	10594	42196	19548	39083	20707
26023	21554	11996	4576	19271	4600	12076	7064
1952589	1064235	2195327	250598	2290576	594631	1805623	436564
213170	126346	270081	52605	236416	61220	207000	69044
21346	10180	34341	5773	16567	6193	23792	2216
191099	124339	288148	27055	327697	83040	276376	78664
21617	14661	22965	1658	31932	13169	29579	3938
77029	40419	124044	8431	155364	35602	109081	23455
40180	27776	118064	2779	93515	32996	25231	2001
383532	203378	291621	68331	188698	34085	148574	46589
33982	31182	79867	1744	85138	23294	59754	5314
255741	192184	264385	9611	405091	149546	350441	64563
67407	33948	47662	3689	115954	9051	73055	34198
12246575	9942930	9173828	4429805	11576281		12058000	7515793
7699529	5941057	7002127	3259302	8389787		7952000	3872897
6655523	5100363	7023267	3663513	7211862		7315000	4821742
264173		228976		208002		201000	
85668		72536		80304		92000	
178505		156440		127698		109000	
130452		65929		91837		50000	
48777		33139		38386		47000	
81675		32790		53451		3000	
534	199	1301	268	817	133	328	85
502	181	1259	256	794	131	317	82
6	6	7	2	3	1	7	5
318	55	1043	216	648	89	219	30
8	5	13	3	11	1	1	
24	13	29	9	12	1	10	3
28260420	16840732	27645468	5858199	14463786	3503877	9968120	5533013
27078909	16279509	26658526	5407770	14159608	3498948	9736128	5446159
1153181	1153181	190965	50965	26246	4412	538304	515228
10415779	1178850	19392224	4476741	8885655	1373695	3316313	263204
126859	18187	411747	305538	153851	2649	2375	
1054652	543036	575195	144891	150327	2280	229617	86854
18.69	14.55	21.94	4.14	13.29	2.58	19.93	6.48
7796074	5245297	5572427	1156557	4192729	1078126	4541836	3253804
10957905	8471650	11967259	3116405	5090702	1639613	4159444	2012354
28196578	17516955	27726208	5866379	13982131	3210480	9735376	5477950
24498074	14620890	23518418	5030139	12125571	2798020	8455344	4720385
824258	730026	171341	33760	166666	11871	450600	424516
821920	665372	838418	121181	641893	55227	267398	171933
1598186	990340	1639876	258124	1110054	250630	138821	57606

附录2 续表 8

指标名称	单位	营口		阜新		辽阳	
		全市	市辖区	全市	市辖区	全市	市辖区
四、交通运输、邮电通信、能源电力							
(一)交通运输							
铁路旅客运量	万人	602.70		235.00		358.43	
铁路货物运量	万吨	2228		1256		1550	
公路客运量(全社会)	万人	3802.00		1492.00		4047.00	
公路货运量(全社会)	万吨	15278		4451		13136	
水运客运量(全社会)	万人						
水运货运量(全社会)	万吨	744					
民用航空客运量	万人						
民用航空货邮运量	吨						
沿海港口货物吞吐量(规模以上)	万吨	32013					
内河港口货物吞吐量(规模以上)	万吨						
公路里程	公里	4271		6679		3482	
境内高速公路里程	公里	189		311		131	
民用汽车拥有量	辆	228792		185481		152242	
其中：私人汽车拥有量	辆	179136		159576		116029	
(二)邮电通信							
年末邮政局(所)数	处	70	32	65	15	58	43
邮政业务收入	万元	20065		9854		23551	
电信业务收入	万元	220107		120896		143146	
固定电话年末用户数	万户	58.93		45.63		44.01	
移动电话年末用户数	万户	244.40		179.67		182.10	
其中：3G移动电话用户	万户	64.50		32.96		149.60	
互联网宽带接入用户数	万户	40.69		32.57		31.80	
(三)能源电力							
综合能源消费量	万吨/标准煤	1144		346		608	
全社会用电量	万千瓦时	1704945	1005255	499622	389705	1263358	955105
其中：工业用电	万千瓦时	1408848	833712	350159	297635	1095246	574049
城乡居民生活用电	万千瓦时	114173	62192	86111	41333	80131	36794
五、贸易、外经、旅游							
(一)贸易							
社会消费品零售总额	万元	3892107	2242357	2306016	1762451	3224286	1928895
限额以上批发零售贸易业商品销售总额	万元	4639076	3712711	3212334	2784464	2772774	2211975
限额以上批发零售企业数(法人数)	个	366	219	200	139	135	98
其中：零售业	个	220	140	119	91	84	63
限额以上批发零售贸易业企业财务							
年末从业人数	万人	1.84	1.18	0.74	0.56	0.50	0.42
流动资产合计	万元	4818090	4359390	907480	752871	962689	938656
固定资产合计	万元	278181	126889	165894	131173	100710	86925
主营业务收入	万元	4314414	3471537	2608871	2239939	2107666	1955482
主营业务成本	万元	3757200	3040566	2425404	2097911	2001384	1864164
主营业务税金及附加	万元	56534	33211	14306	13226	11171	10152
本年应交增值税	万元	60257	29869	18199	14015	11562	10069
利润总额	万元	285743	241535	58546	34437	33713	30223
(二)外经							
货物进口额(海关数)	万美元	232164		6762		23541	
货物出口额(海关数)	万美元	436890		26580		68395	
外商直接投资合同项目	个	17	14	14	8	5	3
当年实际使用外资金额	万美元	133041	95106	20506	12410	52009	47250

盘锦		铁岭		朝阳		葫芦岛	
全市	市辖区	全市	市辖区	全市	市辖区	全市	市辖区
165.45		506.35		262.83		579.81	
519		1412		998		521	
3223.00		4774.00		2873.00		3464.00	
12551		7152		4794		11071	
						56.00	
13						51	
2997						2045	
3550		11079		14709		7651	
125		314		386		146	
213650		175717		281023		196554	
171014		144004		230444		148187	
77	30	119	25	162	23	108	49
24526		21465		27689		27062	
134683		165894		179869		167531	
34.00		47.73		68.41		55.45	
160.72		225.51		248.81		231.67	
42.43		30.60		75.59			
22.02		32.25		36.26		35.99	
866		613		713		619	
738048	518600	639433	146193	1136492	273012	885046	
580146	438000	408548	107397	946591	203238	626705	
56886	31620	105242	30163	99951	30569	97257	
2867072	2173306	3501489	885877	3350285	945855	3608541	2055854
4881909	3840884	2054165	850740	2649709	1227506	2393559	1487422
196	153	155	39	201	50	135	77
130	105	100	25	125	21	85	52
1.22	1.03	0.93	0.38	1.40	1.10	1.10	0.60
1148110	987167	383325	201746	1183539	252561	910568	625997
151882	113000	109205	62345	136316	85050	118463	46699
4201920	3747700	1829544	1204564	2232323	1070336	2078511	1288653
4006009	3570586	1670609	804264	2013110	966377	1941480	1226643
12955	12267	14381	10867	40570	11703	13866	8079
23200	21477	17263	13546	36499	11277	14668	12270
45065	42835	27959	18676	49636	23420	12273	4195
48882		21814		15821		22573	
81780		63614		50423		110287	
16	6	3		8	1	15	2
150334	78383	55539	19286	21020	3564	64500	17417

附录2 续表 9

指标名称	单位	营口		阜新		辽阳	
		全市	市辖区	全市	市辖区	全市	市辖区
(三)旅游							
入境游客人数(含一日游游客)	人	241280		28633		44332	
其中：外国人	人	216586		16201		42243	
港、澳、台同胞	人	24694		12432		2089	
国际旅游(外汇)收入	万美元	10657		1243		2869	
六、固定资产投资							
(一)固定资产投资							
固定资产投资(不含农户)	万元	12711897	8891575	5732327	3716734	6963299	3977448
其中：房地产开发投资	万元	3074737	2566147	1328399	982433	1469125	1164266
其中：住宅	万元	2421699	2016077	884416	635316	910675	782605
全年新增固定资产	万元	9086340	6047716	3125777	1603422	3992975	2227573
(二)房地产							
商品房屋销售面积	万平方米	620.98	509.90	210.74	152.65	275.07	218.50
其中：住宅	万平方米	536.58	433.16	166.35	123.78	244.34	193.10
其中：别墅、高档公寓	万平方米	1.04	1.04	1.44	1.44		
商品房屋销售额	万元	2704327	2333634	802278	606594	1168420	931705
其中：住宅	万元	2159635	1830036	561652	441313	969214	765913
其中：别墅、高档公寓	万元	7792	7792	3735	3735		
待售面积	万平方米	197.60	126.24	121.85	92.87	23.85	18.70
七、教育、科技、体育、文化及卫生							
(一)教育							
学校数							
普通高等学校数	所	3		2		2	
中等职业教育学校数	所	16	14	19	18	11	10
普通中学数	所	99	50	95	37	80	43
小学数	所	172	58	89	40	216	61
专任教师数							
普通高等学校专任教师数	人	1111	1111	2118	2118	993	479
中等职业教育学校专任教师数	人	1367	1103	1048	938	834	664
普通中学专任教师数	人	10022	6020	6758	1668	7001	4151
小学专任教师数	人	5582	3383	5195	2219	6264	3384
在校学生数							
普通高等学校在校学生数	人	22039	22039	45688	45688	17010	5297
高中阶段在校学生数	人	55760	46964	53333	15734	40494	24628
中等职业教育学校在校学生数	人	21855	18154	20373	18273	12754	10158
普通中学在校学生数	万人	9.38	6.61	4.88	1.82	8.50	6.12
小学在校学生数	万人	11.43	6.97	8.80	3.09	8.88	6.35
初中毕业生升学率	%	94	96	68	94	98	97
成人高等学校在校学生数	人	3782	3782	5741	3741	268	268
(二)科技							
科技活动人员	人	8322	5962	5916	4437	7599	5237
R&D人员数	人	6028	4591	3263	2776	4965	3633
R&D内部经费支出	万元	184318		43199		190117	
专利申请受理量	项	1013		667		544	
专利申请授权量	项	641		455		351	
其中：发明	项	51		31		38	
(三)体育							
体育场馆数	个	16	7	13	7	11	7
(四)文化							
剧场、影剧院数	个	2	2	3	1	2	2
公共图书馆图书总藏量	千册、件	1341.01	774.45	376.00	268.00	1085.00	891.00
订销报刊杂志累计份数	千份	34834.91	25072.03	67.00	59.00	26566.66	18261.57
广播节目综合人口覆盖率	%	99.25	100.00	95.34	100.00	98.51	99.91
电视节目综合人口覆盖率	%	99.25	100.00	98.44	100.00	98.02	99.02
有线电视入户率	%	34.56	53.79	53.71	59.08	55.68	74.46

盘锦		铁岭		朝阳		葫芦岛	
全市	市辖区	全市	市辖区	全市	市辖区	全市	市辖区
365184		70210		21268		123615	
164680		35761		16895		103326	
200504		34449		4373		20289	
13201		4689		1403		6329	
11376933	3900686	10444128	2078975	8203199	1699873	6326423	1754988
2257521	1317084	2439878	1346487	1350923	428004	1818823	839863
1389340	820322	1941822	692250	1042228	336328	1484509	651033
7833491	842574	8580771	1829422	5459704	1555627	4191226	556791
372.94	227.59	494.49	134.23	749.06	120.82	313.30	157.11
320.99	193.29	398.00	125.33	648.16	97.42	296.25	151.00
7.90	7.73	4.17	4.17				
1559885	1047746	1827826	525397	2314320	452221	1435836	884724
1252899	828783	1387048	469384	1875876	351521	1298781	798634
60417	59057	26936	26936				
152.70	102.87	371.58	216.02	48.03	32.99	24.91	21.70
2		4		1		1	
6	3	23	16	14	6	14	
72	35	130	23	171	27	113	
49	45	334	32	683	84	545	
542	542	1088	1088	475	475	494	
582	364	962	404	1331	678	814	
5695	3182	10062	2218	13944	1721	10012	
5173	2682	9652	1096	14045	2222	10418	
6264	6264	17894	17894	4952	4952	8402	
30184	17453	63206	20057	89659	24122	45009	
11166	7339	17495	6385	19764	9367	11235	
7.27	4.52	11.55	2.47	9.85	2.18	12.28	
6.78	3.72	14.03	2.45	19.72	3.94	16.23	
92	93	65	143	85	100	75	
1600	1600	1632	1632	7256	7256	397	
8354	7364	8055	954	5191	1696	3571	2863
3369	2968	1766	384	2692	986	2020	1751
169558		25784		95646		65031	
862		806		537		196	
527		525		344		378	
31		36		31		50	
10	6	8	3	5	2	9	6
3	1	7	2	5	2	15	6
577.92	401.27	64.00	36.50	833.20	437.20	335.00	35.00
25108.34	16256.70	31418.16	11634.15	28264.55	9728.99		
100.00	100.00			98.36	100.00	98.38	100.00
100.00	100.00			98.48	100.00	97.46	100.00
58.80	77.90	45.59	96.70	58.91	75.28	100.00	100.00

附录2 续表 10

指标名称	单位	营口		阜新		辽阳	
		全市	市辖区	全市	市辖区	全市	市辖区
(五)卫生							
医院、卫生院数	个	123	57	107	41	94	47
医院、卫生院床位数	张	10714	6388	9680	7077	11270	7924
医生数(执业医师+执业助理医师)	人	5052	3169	2776	1849	4024	2846
注册护士	人	4733	3324	4180	3518	3722	3185
八、人民生活、社会保障							
在岗职工平均人数	万人	28.77	22.23	20.84	16.00	20.85	13.65
在岗职工工资总额	万元	1139923	904533	834667	661605	897437	587871
(一)居民收支							
家庭总收入	元		30977		22176		24104
工资性收入	元		14543		11055		13550
经营净收入	元		4473		1327		2665
财产性收入	元		1348		1035		1530
转移性收入	元		5504		5903		6359
城镇居民人均可支配收入	元		25868		19321		
最低10%户人均可支配收入	元				9344		
最高10%户人均可支配收入	元				37831		
城镇居民人均消费支出	元		16467		14914		15090
其中:(1)食品	元		3667		4387		4296
(2)衣着	元		1174		1632		1643
(3)居住	元		3405		2823		3135
(4)家庭设备用品及服务	元		1042		928		1004
(5)医疗保健	元		1028		1456		1025
(6)交通和通信	元		2394		1599		1907
(7)教育文化娱乐服务	元		1766		1742		1889
(二)居民生活							
每百户居民家庭拥有:							
(1)家用汽车	辆		19		7		11
(2)家用电脑	台		64		61		41
(3)固定电话	部		41		36		29
(4)移动电话	部		209		187		136
(5)电冰箱(柜)	台		96		92		69
(6)彩色电视机	台		114		109		78
(7)钢琴	架		5		2		2
(8)照相机	架		24		22		21
(9)摄像机	架		7		5		6
(10)洗衣机	台		96		95		67
城镇人均住房建筑面积	平方米		29.98		27.80		28.22
居民消费价格指数(上年为100)	%		102.51		102.20		101.70
(三)社会保障							
城镇基本养老保险参保人数	人	535127	345565	501050	386752	618888	423794
城镇基本医疗保险参保人数	人	1155325	756859	861844	712622	834679	574621
城镇职工基本医疗保险参保人数	人	689247	473827	556380	478608	586451	422901
失业保险参保人数	人	225572	101329	210137	165027	223377	57994
工伤保险参保人数	人	333016	127670	218463	189971	271448	214291
生育保险参保人数	人	268511	112012	130456	112997	189409	153481
社会福利院数	个	86	52	94	36	29	29
社会福利院床位数	张	8992	5465	3730	860	3872	3872
社区服务设施数	个	258	174	183	139	293	293
社区服务中心覆盖率	%	54.35	57.38	48.02	87.91	33.18	87.23
城镇居民最低生活保障人数	人	70908	39986	147000	96000	45249	31678

盘锦		铁岭		朝阳		葫芦岛	
全市	市辖区	全市	市辖区	全市	市辖区	全市	市辖区
1120	590	116	16	193	29	3052	124
7784	6233	9202	2634	13785	4265	13341	3930
3893	3104	5855	1876	4319	1306	7524	3346
4018	3512	4277	1444	4972	1799	6372	3346
47.10	22.84	28.05	7.40	31.71	13.15	25.21	15.60
1778419	1335766	1115273	293415	1239660	519147	1001364	663609
			20037		20729		
			10488		10568		
			3415		3593		
			1017		1068		
			5118		5499		
	30148		20576		18941		
			11590		11981		
			3499		2554		
			1374		1216		
			2711		2592		
			601		831		
			965		1204		
			980		940		
			1201		1384		
			5		3		
			45		17		
			39		21		
			159		64		
			87		32		
			100		37		
			1		1		
			22		6		
			5		1		
			93		33		
			27.72		28.34		
	102.10		101.80		102.40		102.20
596253	317523	450000	22000	542492	211460	521808	126391
1000528	604018	239000	13450	1009410	376738	928228	253742
499001	390206	573000	24700	450331	174550	575800	102340
344187	303526	230000	17500	240384	94614	246625	44512
333000	273250	250000	5500	261520	101528	341368	52036
193283	146355	222000	16500	174225	85279	250106	40303
32	6	43	9	199	27	7	1
3634	1563	8463	680	10842	1150	1000	200
233	149	151	85	184	75	31	27
100.00	100.00	86.36	86.36	45.55	100.00	100.00	100.00
39225	13191	72141	20115	102321	41470	56127	19200

附录2 续表 11

指标名称	单位	营口		阜新		辽阳	
		全市	市辖区	全市	市辖区	全市	市辖区
九、公共管理							
(一)事故							
交通事故死亡人数	人	111	60	77	42	93	47
交通事故损失额	万元	77	30	145	105	103	24
火灾事故死亡人数	人	5	3	7	2	2	2
火灾事故损失额	万元	420	163	625	70	422	335
(二)社会治安							
刑事案件立案数	起	5150	2791	3447	1798	1950	1104
罪犯人数	人	1984	981	1057	468	2050	1494
其中：青少年人数(年龄1425周岁)	人	358	170	1055	468	320	145
十、市政公用事业							
(一)基础设施							
城市维护建设资金支出	万元		99890		62321		17051
年末实有城市道路面积	万平方米		720		503		1331
排水管道长度	公里		550		275		1307
供水综合生产能力(包括自备水源)	万立方米/日		56.30		38.00		65.80
城市供水总量	万吨		7099		7847		11429
售水量	万吨		4656		6672		9031
其中：居民生活用水量	万吨		1918		2388		1875
用水人口	万人		97.46		77.30		80.37
用水普及率	%	96.30	97.17	99.79	99.79	100.00	100.00
(二)供气							
供气总量(人工、天然气)	万立方米		1913		4039		2574
其中：家庭用量	万立方米		1420		1635		1143
用气人口	人		690000		420000		377300
液化石油气供气总量	吨		6005		5120		11372
其中：家庭用量	吨		6000		4850		11372
用液化气人口	人		253000		167000		410500
(三)公共交通							
年末实有公共汽(电)车运营车辆数	辆		822		452		539
全年公共汽(电)车客运总量	万人次		12780.00		7362.00		9591.00
年末实有出租汽车数	辆		4997		2771		3579
轨道交通线路长度	公里						
轨道交通客运总量	万人次						
(四)绿地							
绿地面积	公顷		4061		2875		3984
其中：公园绿地面积	公顷		1081		946		767
建成区绿化覆盖面积	公顷		4332		3215		4261
十一、环境保护							
工业废水排放量	万吨	2790		3615		6807	
工业二氧化硫产生量	吨	97536		145488		109044	
工业二氧化硫排放量	吨	52069		102913		44580	
工业烟(粉)尘去除量	吨	1918319		1747437		3844503	
工业烟(粉)尘排放量	吨	33569		24785		34575	
一般工业固体废物综合利用率	%	86.01		85.63		74.00	
污水处理厂集中处理率	%	79.00		51.12		100.00	
生活垃圾无害化处理率	%			99.55		100.00	

盘锦		铁岭		朝阳		葫芦岛	
全市	市辖区	全市	市辖区	全市	市辖区	全市	市辖区
135	55	107		92	17	124	
141	92	179		53	4	102	
3	1	2				2	1
164	99	470		715	183	92	45
4823	3313	1647	440	1660	475	2213	833
1025	630	1701	512	943	145	2779	1126
162	132	203	20	169	27	769	187
	86946		35821		37434		160795
	923		833		401		557
	613		465		636		627
	30.45		22.10		23.07		33.47
	7637		3491		5147		4929
	6092		2124		2200		4059
	1948		1278		1490		2089
	69.12		44.08		54.20		41.82
100.00	100.00		97.70	99.00	99.00	100.00	100.00
	2240		4364		1293		6413
	1981		2157		911		1750
	414900		342000		454700		414100
	14655		3118		5976		4052
	14589		1610		3997		2899
	276300		97300		122900		57800
	488		365		243		665
	9542.00		4430.80		4635.00		10041.80
	3187		2184		1971		4363
	2518		2058		1306		3026
	804		539		541		694
	2751		2242		1409		3105
9712		1667		810		2592	
93741		106279		115816		536729	
58565		33061		50542		72920	
684955		3621175		977501		1500232	
18110		24120		48209		19552	
92.15		67.70		57.96		54.03	
100.00		100.00		93.00		92.48	
100.00		100.00		100.00		85.64	

附录3 2013年各市

区名称	行政区域土地面积(平方公里)	年末总人口(万人)	年平均人口(万人)	常住人口(万人)	年出生人口(人)	年死亡人口(人)	年末总户数(万户)	从业人员期末人数(城镇)(万人)	#第二产业	#第三产业	城镇私营和个体从业人员(人)
沈阳市											
和平	61.1	64.05	64.1	70	4498	4847	22.76	20.1	6.5	13.6	108580
沈河	58	72.21	72.21	84.21	5479	5733	25.99	24.64	11.03	13.61	
大东	101	69.26	69.45	79.4	5049	5963	25.59	12.18	7.26	4.92	78864
皇姑	66.9	81.3	81.12	94.3	5736	6278	28.83	14.14	3.1	11.04	
铁西	487.4	104.26	105.16	115	8033	7367	38.08	25.9	19.21	6.69	143525
大连市											
中山	40.00	35.96	35.87		2995	2654	13.63	15.82	0.76	15.02	
西岗	24.00	29.75	29.82		2353	2504	11.51	11.47	5.24	6.22	
沙河口	35.00	65.63	65.77		5985	4690	24.01	12.29	4.75	7.54	
鞍山市											
铁东	58.75	53.47	54.35	62.87	1858	1657	18.74	14.74	4.13	10.22	
铁西	142.87	38.79	38.89	36.69	1781	3047	12.40	5.75	4.16	1.54	
立山	52.14	41.80	42.80	41.85	2334	4146	15.70	9.86	2.28	0.88	
抚顺市											
新抚	110.90	30.80	30.98	30.02	1815	3820	12.23	8.60	5.10	3.50	
东洲	604.00	30.93	31.17	30.93	1525	3267	13.27	4.89	3.56	1.26	24412
望花	112.00	30.86	30.95		1561	2683	12.66	4.90	2.91	1.99	44031
丹东市											
元宝	91.60	18.45	18.45	18.45	1020	1495	7.45	2.90	1.44	1.46	172
振兴	130.08	37.26	37.26	37.26	2223	2878	14.23	13.41	6.10	7.31	39406
锦州市											
古塔	67.80	26.20	26.32	26.20	1685	1715	9.54	4.50	3.24	1.26	91474
凌河	30.00	37.62	37.80	37.62	2207	2819	14.08	5.51	3.75	1.66	19000
营口市											
站前	82.32	27.19	27.16	30.79	1891	1882	11.17	7.01	4.09	2.92	
西市	35.00	16.60	16.63	16.60	858	957	7.47	2.64	1.04	1.60	
辽阳市											
白塔	35.00	36.40	36.45	36.60	2226	2430	14.61	6.55	2.45	4.10	129704
文圣	305.00	12.89	12.92	12.89	743	882	4.76	1.72	1.28	0.44	32936
宏伟	149.84	14.00	14.00	14.00	926	792	5.36	5.11	4.21	0.90	

注：本表数据为快报数。

市辖区基本情况

年末城镇登记失业人员数(人)	地区生产总值(当年价格)(万元)	第二产业增加值	第三产业增加值	地区生产总值(2010年价格)(万元)	人均地区生产总值(元)	地区生产总值增长率(%)	公共财政收入(万元)	税收收入	公共财政支出(万元)	一般性公共服务支出
10125	7565104	831891	6732389	6989099	108073	7.8	1014321	906459	508869	103468
	8911077	1316121	7594956	8349366	105832	8.5	1020207	892129	484960	135845
9136	5671466	3821926	1847806	5354339	71429	9	758308	743139	433059	48192
10463	4511108	1162778	3348330	4184960	47838	7.8	356916	332369	200438	31178
13800	11989165	2063747	9905255	11281570	104254	8.7	1201409	959500	825301	39292
	7281144	277023	7004121	6342212		8	337372	330126	332300	23136
	3334826	1170423	2164403	3057113		7	177530	167247	207838	35805
	3770876	1006630	2764246	3482548		8	319811	249257	340470	24889
6155	4262805	749888	3421958	4081514	79717	9	211818	176598	241984	25617
4775	3657845	2501207	1136138	3530848	94299	9	205302	177863	214395	25625
5722	3586522	2399424	1182498	3437101	85802	8	236207	193739	344624	28940
	1751171	667253	1063717	1669209	56856	7	165456	133468	123363	11979
5537	2090908	1575787	445975	2059160	67667	7	168935	143707	140899	14109
3819	1440046	974257	448633	1459856	46668	6	164014	83651	85108	11266
1911	569836	224175	332948	524401	30886	10	58517	52493	55236	9538
4933	1968575	760594	1186841	1827702		9	167100	149374	115067	19924
1213	1794748	700747	1091825	1651888	68190	8	100636	84032	102195	15558
3095	1062967	481279	576195	955715	28121	9	120078	101964	121545	28433
	1399103	687485	709618	1295811	45440	11	243749	183923	172800	28656
	850116	542617	306599	773723	51119	10	81892	57822	63638	31441
6410	1758109	324860	1431951	1653500	48036	6.9	130710	125552	61981	14738
5510	598785	292308	261977	554861	46457	6.6	36976	32953	79518	9299
1960	1806968	1558507	235083	1715771	129047	-0.8	121095	107767	92503	14124

附录3 续表 1

区名称								规模以上工业企业数(个)	规模以上工业总产值(当年价、万元)	
	科学技术支出	教育支出	文化体育与传媒支出	医疗卫生支出	城乡社区事务支出	社会保障和就业支出	住房保障支出			内资企业
沈阳市										
和平	13330	82042	3219	20812	120026	68979	53088	28	481877.8	416933.3
沈河	4538	89488	1476	18968	111376	73107	13272	62	1042018.1	965776.3
大东	8358	94719	2967	18528	96486	31961	70372	201	17637047.5	4489298.5
皇姑	3587	58060	4075	13447	27696	29041	2903	62	2037612.1	2028757.7
铁西	36261	102358	7963	23291	244897	53583	143621	493	26144348.9	19874819
大连市										
中山	10000	82270	5530	10311	85415	46194	8683	6	74899	64700
西岗	302	22504	1426	10650	20297	40426	5941	20	2924824	2913723
沙河口	2180	54630	1088	8170	20463	49112	1248	37	1472317	1296244
鞍山市										
铁东	1363	35108	694	3817	123439	35388	3424	9	95034	74962
铁西	1847	21574	521	3918	116079	37908	2224	129	3154764	2851014
立山	11824	23726	724	3815	181238	51121	4820	106	1837382	1755115
抚顺市										
新抚	250	9123	141	3208	6452	15576	1614	22	867046	760247
东洲	273	11280	409	5911	11280	28812	2851	140	6814463	6659115
望花	589	11085	671	3849	7632	17537	1475	23	2059249	2052834
丹东市										
元宝	130	9868	225	2635	11142	11459	1447	27	481128	415650
振兴	1413	17136	191	5256	16333	31058	774	30	368239	154082
锦州市										
古塔	1158	13714	281	2813	17192	30602	5967	25	3811388	3765328
凌河	483	17195	173	2735	29275	26953	2288	11	107076	82104
营口市										
站前	405	24085	335	2260	41270	8885	21427	316	4021570	3835054
西市	422	6863	269	1335	2185	11052	5456	194	1949739	1742489
辽阳市										
白塔	906	15170	393	3296	8754	13654	448	15	155628	110251
文圣	626	6955	318	3555	12929	6357	21673	77	718717	718717
宏伟	1758	14109	692	4406	9650	6836	708	60	6588500	4630600

		规模以上工业从业人员年平均数（万人）	规模以上工业流动资产合计（万元）	规模以上工业固定资产合计（万元）	规模以上工业主营业务收入（万元）	规模以上工业主营业务成本（万元）	主营业务税金及附加（万元）	规模以上工业本年应交增值税（万元）	规模以上工业利润总额（万元）	社会消费品零售总额（万元）	限额以上批发零售贸易业商品销售总额（万元）
港、澳、台商投资企业	外商投资企业										
55323	9621	0.8	917507.6	673835.3	520168.7	467922.9	3273.1	14750.2	-18059.9	6291884	5424886.6
38441.4	37800.4	1.5666	950888.3	430939.1	1064021.5	933771.4	5533.2	18907.1	24421.1	8474363.6	48394010.5
210221.2	12937528	8.1162	6813803	2849495.9	16834290	12808704	809366	678842	1301234.8	2366413	4281296.4
4148	4706.4	2.3524	1519014	476653.7	1816932.1	1618072.6	6454.9	16059	57652.2	2514911.9	4832844.4
1942798.6	4326731	17.9168	13872200	6780940.9	25364597	22363076	111748.6	468114.7	524595.3	4891898	8927755.6
10198		0.12	89006	19107	72131	62531	310	633	1442	5252716	13456507
	11102	1.71	8225372	1484618	2677993	2406806	3030	22211	167765	2250336	2148721
	176074	2.02	1230071	861393	1811147	1578191	6892	60611	69402	3889492	3704466
20072		0.34	166439	81016	91762	92092	378	2325	-5218	2122824	3875248
139558	164193	6.27	224723	79412	409815	357023	7612	5939	5312	1389392	515533
21237	61030	3.47	1894631	666455	1939494	1489588	26203	73709	179808	518252	7000399
5105	101694	0.50	240445	100185	362805	332716	1988	1896	-3329	2013843	1147433
23786	131562	6.00	1413021	3028132	6874801	6113767	593148	118495	-429227	610926	205756
6415		2.50	1026195	1211828	2059534	1908029	6380	40218	-17214	629287	115187
52241	13236	0.56	140893	79505	469603	407614	5107	18515	26058	753763	190983
53259	160897	0.73	240134	72207	345173	325217	794	7485	2682	869362	448510
10350	35710	1.47	457103	178491	3711459	2995414	498262	147405	37178	1242015	1100567
13378	11594	0.52	164652	91399	112230	81684	784	4015	3355	1192731	664275
56430	130085	4.14	701531	456650	3957165	325800	257379	128891	284082	734665	649567
38795	168455	1.42	425410	318768	1905947	1555456	12688	79875	139823	112964	198020
	45378	0.43	321148	73199	144850	114700	2574	1125	2346	1278000	649139
		1.20	474611	529766	687364	569243	13883	32553	81150	89144	34012
1431000	526900	3.97	5464000	2069400	6711200	5759900	411100	135700	-129000	164000	1263039

附录3 续表 2

区名称	限额以上批发零售企业数(法人数、个)	限额以上批发零售企业年末从业人数(万人)	限额以上批发零售企业流动资产合计(万元)	限额以上批发零售企业固定资产合计(万元)	限额以上批发零售企业主营业务收入(万元)	限额以上批发零售企业主营业务成本(万元)	限额以上批发零售企业主营业务税金及附加(万元)	限额以上批发零售企业本年应交增值税(万元)	限额以上批发零售企业利润总额(万元)	当年实际使用外资金额(万美元)
沈阳市										
和 平	249	2.12	1662347	362654	4509145	4171798	11685.6	58694	99986	87332
沈 河	287	3.9	4264026.4	726192.6	52374086	51568013.5	99234.3	159510.4	-45248.8	76815
大 东	149	0.78	1454187	119163	3590920	3358309	9833	55370	27397	65337
皇 姑	190	0.83	1606263	547743	3870214	3559099	21809	50149	85588	30083
铁 西	330	1.96	2915109	261435	7685537	7331204	11648	76662	-136580.2	113837
大连市										
中 山	336	3.00	5410620	647322	11691256	11021848	24289	339166	212798	51600
西 岗	157	0.72	1394004	99223	1929391	1615720	49505	46791	139205	32100
沙河口	199	1.05	1306388	99646	3321122	3119486	4941	42355	11887	32000
鞍山市										
铁 东	102	0.70	3043518	81655	3814304	3545740	28330	21002	152107	14665
铁 西	151	0.20	279991	19388	987584	842113	23555	26825	95578	30363
立 山	135	1.25	710468	163947	5974205	5354074	152444	115364	206108	36696
抚顺市										
新 抚	41	0.57	216323	100569	1343602	1194678	25049	37870	47046	5076
东 洲	22	0.05	14078	7294	176851	170560	364	13396	-1282	7637
望 花	6	0.19	23772	11154	99687	86873	519	2060	7517	5076
丹东市										
元 宝	42	0.10	29508	4183	189316	171237	5082	3411	3958	10000
振 兴	54	0.24	259595	39397	447385	416547	2284	2669	3796	12056
锦州市										
古 塔	37	0.41	191105	24396	964560	840471	18791	17797	60792	2800
凌 河	43	0.46	132579	36812	499506	433876	2204	6975	16122	11100
营口市										
站 前	91	0.89	245069	66423	547845	446684	8371	10308	60577	12830
西 市	35	0.12	29865	7138	191049	152596	11055	2299	14070	7200
辽阳市										
白 塔	40	0.26	95037	50562	572396	506424	9296	4481	25397	505
文 圣	6	0.01	5860	531	29988	27838	111	309	815	1775
宏 伟	19	0.06	748551	4427	1135242	1122885	219	-1138	3777	19600

固定资产投资(不含农户)(万元)	房地产开发投资(万元)	住宅(万元)	全年新增固定资产(万元)	商品房销售额(万元)	住宅(万元)	待售面积(万平方米)	普通中学数(所)	小学数(所)	普通中学专任教师数(人)	小学专任教师数(人)	高中阶段在校学生数(人)	普通中学在校学生数(万人)
5936647	2819133	1673510	2115845	890923	759947	105.31	11	26	1363	2009	7368	1.17
5681813	2891675	1235571	2356254	1686713	1030796	171.39	25	31	2950	1870	9894	1.62
4748992	693619	547669	2876042	602095	475143	69.55	17	29	1446	1253	6827	1.35
4705490	1369626	945313	2575603	1120415	942499	57.18	33	37	3150	2109	22381	1.64
7349076	1682813	1267052	3593126	1981697	1707855	157.43	38	51	2649	2551	13730	3.6
2328432	1895996	1108670	140378	921496	441044	82.66	13	23	1296	1051	2487	1.11
417996	199378	134573	261263	83173	76307	8.38	11	20	781	726	1451	0.69
1836243	1391510	743242	526174	1076627	984657	80.43	20	31	1271	1273	938	1.24
1551337	1474495	57844	77387	505077		4.90	12	23	1311	1212	1201	1.09
2919438	851411	466385	387037	799620	284122	0.90	12	23	1563	1239		0.75
2936083	1054751	979753	483172	1005746	925319	22.22	15	19	1233	1191		0.77
650672	238103	35802	270181	230880	163316	4.70	9	14	664	745		0.57
1281122	162909	131711	545852	245063	181961	8.03	11	17	727	884		0.45
710069	147752	116122	562317	197599	71572	0.40	12	12	975	706	6282	0.44
805103	666438	548995		409049	383972	1.45	1	10	89	360		0.08
1130769	461884	300514	480310	376281	301543	5.32	3	20	119	715	268	0.09
692288	315805	158895	361807	384306	318985	5.40	1	10	60	767		0.03
700078	348575	233280	263410	444427	440052	6.45		15		1130		
1024920	355551	322710	461236	546434	409464	4.60		11		682		
950810	369570	311883	310770	408277	339373	0.06		8		504		
659095	464795	464795	316368	311610	275487	14.49		13		999		
1044611	352964	217348	111795	445923	264107		6	6	448	374	2842	0.28
1270303	92377	65137	740196	83796	71875	4.20	6	11	581	364	4021	0.79

附录3 续表 3

区名称	小学在校学生数（万人）	医院、卫生院数（个）	医院、卫生院床位数（张）	医生数(执业医师+执业助理医师)（人）	注册护士（人）	在岗职工平均人数（万人）	在岗职工工资总额（万元）	城镇居民人均可支配收入（元）	城镇基本养老保险参保人数（人）	城镇基本医疗保险参保人数（人）
沈阳市										
和　平	2.55	27	12812	4702	7016	19.75	1076405	31590	237285	560347
沈　河	3.22	44	7821	5874	3312	22.84	1025331		9424	9479
大　东	2.39	34	6530	2305	2161	12.83	807351	28702	155747	404926
皇　姑	3.94	33	8186	3460	3639	11.89	650168	28449	344600	122541
铁　西	4.2	35	8747	4204	5068	25.04	1233634		335692	755487
大连市										
中　山	1.29	10	4128	2051	2453	14.13	1042733	30700		
西　岗	1.08	13	3443	1907	2681	10.74	666422	30012		
沙河口	2.24	18	7369	4268	4943	11.60	734899	29767		
鞍山市										
铁　东	1.97	27	4144	1481	1942	10.73	479779		108245	
铁　西	1.51	10	1984	658	1016	4.92	164449		71889	
立　山	1.43	12	4134	1028	1489	5.50	181944		66325	
抚顺市										
新　抚	0.92	9	230	365	530	9.40	433040	24590	56967	40617
东　洲	0.74	15	822	491	711	4.91	189068	22642	185942	160591
望　花	0.86	8	705	186	219	4.77	179713	19324	9427	17198
丹东市										
元　宝	0.49	6	20	68	50	2.77	69525	20895		
振　兴	1.14	12	390	503	321	11.92	356273	23363		
锦州市										
古　塔	0.96	202	350	406	234	3.68	211008		15031	21835
凌　河	1.60	3	289	375	127	4.40	204429		15202	23956
营口市										
站　前	1.08	28	928	820	619	6.60	269245	26780	32939	
西　市	0.56	4	80	357	328	2.54	72188	23718	21509	
辽阳市										
白　塔	1.43	7	3240	1526	3167	6.01	259632		89756	58764
文　圣	0.58	8	527	178	156	1.28	46485		23953	94209
宏　伟	0.65	5	955	203	292	5.01	299144		31090	33934

失业保险参保人数(人)	社会福利院数(个)	社会福利院床位数(张)	社区服务设施数(个)	城市居民最低生活保障人数(人)	交通事故死亡人数(人)	交通事故损失额(万元)	刑事案件立案数(起)	犯罪人数(人)	绿地面积(公顷)	
										公园绿地面积
255000	6	544	16910	10685	7	61	6379	1416	996.9	519.7
256854	7	1158	9420	28620	367	1254	9521	1054	1985	450.6
193822	1	252	129	12940	17	85.5	856	1072	2248.3	469.9
119000	11	1470	118	13119	22	80	6726	1812	1807.1	657
285000	10	1817	670	16815	58	497	1848	2326	1997	647
	15	1152	60	3985	4	1	368	438		
	19	1608	73	4790	6	42	354	405		
	31	2257	100	8694	17	22	655	1003		
21175	18		770	9681	19	18.5	560	782	1998.0	266.4
15669	15		152	13556	11	16.4	333	519	432.0	44.0
8079	16		166	12956	14	12.8	291	446	225.0	29.5
14916	19	1375	22232	18979			1957	529		
87265	13	1165	322	31244			239	337	1150.0	117.5
8322	12	934			29	21	221	325	223.0	
	8	440	35	9637			936	267		
	12	626		10178			1377	329	1020.5	316.7
9674				12533					1.0	1.0
9300	9	750	63	17001						
18843	16	921		14092			118	224		
10183	18	1026		16438						
38679	9	520	66	20626	86	354	115	186		
4800	4	326	8	38830	26	75	141	245		
17595	7	703	62	2729	6	390	121	182	584.8	122.8

附录4　沈阳经济区主要经济指标

年　份	年末总人口(万人)	生产总值(亿元)	全社会固定资产投资(亿元)	社会消费品零售总额(亿元)	实际利用外商直接投资(亿美元)	出口总额(亿美元)	地方财政一般预算收入(亿元)
2000	2311.5	2433.5	625.6	1059.7	10.4	24.6	136.0
2001	2316.9	2670.9	720.6	1169.2	13.3	22.6	166.5
2002	2319.1	2985.6	873.1	1299.6	20.0	26.1	182.5
2003	2320.5	3420.2	1173.5	1377.2	29.8	34.9	178.1
2004	2327.8	4161.6	1784.3	1554.8	30.0	52.7	228.0
2005	2334.8	4907.6	2479.2	1762.0	24.1	61.2	289.6
2006	2343.8	5790.6	3256.4	2016.7	34.8	78.5	353.8
2007	2354.1	7059.3	4297.4	2367.3	57.1	97.9	467.0
2008	2359.4	8539.3	5739.0	2899.9	68.0	132.3	601.8
2009	2363.5	9694.9	7237.8	3428.4	81.2	81.6	719.1
2010	2363.3	11737.0	9130.5	3941.0	82.7	112.6	1088.0
2011	2363.6	13939.9	9921.5	4632.5	91.1	138.4	1431.7
2012	2356.8	15297.6	12199.6	5358.1	99.2	165.9	1662.2
2013	2352.7	16555.4	13889.1	6094.3	108.4	192.0	1773.9

附录5　沿海经济带主要经济指标

年　份	年末总人口(万人)	生产总值(亿元)	全社会固定资产投资(亿元)	社会消费品零售总额(亿元)	实际利用外商直接投资(亿美元)	出口总额(亿美元)	地方财政一般预算收入(亿元)
2000	1715.8	2040.7	580.1	807.5	16.4	87.4	125.5
2001	1722.9	2226.3	623.3	888.3	19.4	92.6	154.2
2002	1729.5	2470.3	727.6	985.2	21.0	102.1	160.8
2003	1733.9	2843.3	943.9	987.4	28.2	116.8	176.6
2004	1738.1	3373.2	1260.7	1125.3	25.5	142.6	190.5
2005	1746.1	3915.3	1822.7	1280.0	12.5	180.7	231.8
2006	1757.7	4632.0	2366.2	1466.4	25.9	213.5	304.8
2007	1769.9	5533.2	3176.8	1719.3	34.8	264.9	406.2
2008	1779.6	6726.4	4245.7	2087.5	54.9	300.5	518.0
2009	1784.9	7613.7	5450.5	2467.4	77.5	260.1	636.3
2010	1784.7	9259.9	7349.2	2901.9	132.3	335.4	898.8
2011	1785.9	11150.9	8119.7	3410.6	161.2	401.5	1181.4
2012	1782.5	12606.4	10012.9	3945.5	179.1	448.5	1404.0
2013	1778.3	13742.3	11590.1	4484.3	193.2	492.1	1544.0

附录6　辽西北主要经济指标

年　份	年末总人口(万人)	生产总值(亿元)	全社会固定资产投资(亿元)	社会消费品零售总额(亿元)	实际利用外商直接投资(亿美元)	出口总额(亿美元)	地方财政一般预算收入(亿元)
2000	824.8	282.0	98.3	134.8	0.5	0.7	15.8
2001	826.1	310.9	110.0	147.5	0.9	0.8	19.3
2002	827.5	350.6	123.7	159.9	1.1	0.9	20.2
2003	828.9	413.8	160.1	171.4	1.6	1.3	21.4
2004	830.1	514.9	201.6	198.8	1.2	2.5	25.1
2005	834.0	620.0	266.2	226.6	0.3	3.4	39.9
2006	837.6	739.1	443.9	260.7	0.8	4.0	40.2
2007	838.7	936.6	643.3	306.8	1.5	5.3	55.8
2008	839.3	1206.5	1000.3	378.7	2.2	6.1	79.5
2009	841.0	1411.8	1352.9	448.0	3.1	9.0	108.7
2010	836.7	1757.4	1809.5	592.8	4.8	9.9	176.4
2011	838.0	2167.1	1761.2	696.9	6.0	10.0	242.1
2012	834.4	2455.9	2165.2	805.0	7.7	10.5	285.7
2013	832.5	2649.3	2484.3	915.8	9.7	14.1	286.6

附录7　2013年各市农业

县　名	行政区域面积(平方公里)	乡(镇)个数(个)	常住户数(户)	常住人口(万人)	户籍人口(万人)	其中：农业户籍人口(万人)	第一产业从业人员(人)	第二产业从业人员(人)	第三产业从业人员(人)
苏家屯区	782		159396	43	43	20	51996	53606	33681
东陵区	600		148600	38	24	14	43756	33963	39162
沈北新区	892				31	17	50615	41600	29800
于洪区	499		243059	65	35	16	24648	35326	28415
辽中县	1470	15	162480	46	47	37	136472	42514	65835
康平县	2175	12	118564	35	32	28	75659	14846	31024
法库县	2281	19	138172	41	45	36	146527	31364	51872
新民市	3297	24	231255	73	69	53	168352	54679	71408
甘井子区	492		275513	75	72				
旅顺口区	405		94151	25	22	4			
金州区	1044		223741	60	67	19	43166		
长海县	142	5	26326	9	7	0	22804	3190	16237
瓦房店市	3643	21			100	64	271419	177270	155533
普兰店市	3375	8	330399	94	93	61	233721	217591	124547
庄河市	4114	21	285290	91	90	66	153173	152499	172489
千山区	337	3	35249		11	9	18341	23982	16519
台安县	1393	10	109666	33	38	30	116415	36785	57724
岫岩满族自治县	4502	21	148039	51	52	41	122791	56463	70721
海城市	2563	21	370946	117	109	81	181680	303742	255950
顺城区	348	3	168303	43	43	6	14644	12751	10347
抚顺县	1754	8	38473	11	12	10	52051	13303	15677
新宾满族自治县	4287	15	100956	30	30	21	92041	15419	32400
清原满族自治县	3921	14	97677	33	33	23	101280	16777	34034
平山区	179		127600	35	32	2	4024	121945	42918
溪湖区	303		32820	21	21	3	9210	11403	13359
明山区	413		126587	34	34	3			
南芬区	619		30823	8	8	3	7610		
本溪满族自治县	3343	11	100149	29	29	17	45319	29685	38031
桓仁满族自治县	3547	12	105475	30	30	21	63728	29146	52826
振安区	672	5	70281	20	16	9			
宽甸满族自治县	6115	22	152960	43	49	33			
东港市	2399	15	207402	65	61	46			
凤城市	5515	18	200869	57	57	39			
太和区	290	3			15	8		11453	5395
黑山县	2497	20	217930	62	62	45	175163	31842	68052
义县	2476	16	134802	43	42	35	111099	42866	62301
凌海市	2585	18	176322	53	52	40	145271	52303	49967
北镇市	1694	17	156181	52	52	42	163247	23289	11609
鲅鱼圈区	259	3	124419	33	36	14	32174	18419	18527

县区基本情况

地区生产总值（万元）	第一产业增加值（万元）	农业（万元）	林业（万元）	牧业（万元）	渔业（万元）	第二产业增加值（万元）	其中：工业（万元）	第三产业增加值（万元）	其中：农林牧渔服务业（万元）
3520458	303819	128671	515	168937	5696	2024950	1899731	1191689	4608
4799511	62676	42208	2378	18065	25	3351641	3108151	1385194	3368
5438822	303780	132970	462	166427	3921	3836070	3731923	1298972	20879
4710598	114479	75751	3906	29997	4825	3023766	2865382	1572353	8345
3920163	724127	272540	14177	379268	58142	2208160	2155636	987876	46200
1975360	348571	148882	8005	189474	2210	1107286	1040577	519503	11868
2968933	456240	186060	20142	248192	1846	1887119	1831614	625574	14618
4516339	781723	394976	6133	339533	41081	2643387	2519713	1091229	23943
11985013	129249	22403	2010	7871	96965	7103270	6256336	4752494	13694
3265027	179593	40301	1584	17755	119953	1709742	1590055	1375692	23213
19591911	552190	255114	2476	127270	167330	11434673	9761293	7605048	57866
844786	490986	1145	50	810	488981	82479	66732	271321	63600
10559408	900022	398837	6301	209965	284919	6930966	6632990	2728420	82691
7823705	955761	407065	9951	298168	240577	4747100	4357820	2120844	74067
8184716	1168403	295977	17368	230721	624337	4876875	4329825	2139438	59883
909700	60922	28014	49	31813	1046	601910	548178	246868	1002
2728401	470515	207897	846	245118	16654	1429140	1328170	828746	4320
2202859	296874	192019	5703	90161	8991	1221283	1173556	684702	3126
8775709	451874	232840	2129	203101	13804	4339302	4012942	3984533	6501
2090021	84871	31553	11986	33101	8231	800568	504565	1204582	2331
844154	167512	70208	22745	46140	28419	475819	422750	200823	4481
1272560	254701	108546	33782	73176	39197	589746	541776	428113	7120
1520230	255875	100012	41458	75448	38957	855854	766451	408501	6756
2224285	12648	4170	1560	6832	86	613499	405630	1598138	623
1445705	36811	14368	3054	17626	1763	1185659	1149112	223235	1232
1636195	70087	31273	16573	21624	617	685975	455131	880133	1099
570988	38857	9593	5198	19820	4246	400565	378532	131566	1306
1794023	212589	63515	81630	46733	20711	1062527	993073	518907	2106
1707027	253572	94555	99046	39005	20966	853200	782640	600255	3783
845326	66424	50707	2398	10413	2906	540733	477971	238169	1726
2113230	281648	115799	27112	67214	71523	1104721	977090	726861	7214
5115706	712548	247129	1344	65223	398852	2433341	2222754	1969817	18099
4560756	294852	124427	34093	106758	29574	2578229	2343747	1687675	10863
1078689	72276	44193	212	26981	890	838096	777406	168317	337
1796371	520823	203387	3300	307519	6617	580379	561514	695169	6927
1178300	223397	83106	1677	137497	1117	730998	722473	223905	2054
2656900	527002	255791	2593	166542	102076	1570661	1547890	559237	7617
1461930	474712	326855	2999	135244	9614	524041	499514	463177	8010
5202486	101974	26647	3500	10722	61105	2980730	2715730	2119782	700

附录7 续表 1

县 名	行政区域面积(平方公里)	乡(镇)个数(个)	常住户数(户)	常住人口(万人)	户籍人口(万人)	其中：农业户籍人口(万人)	第一产业从业人员(人)	第二产业从业人员(人)	第三产业从业人员(人)
老边区	217.37	4	43451	12.39	10.84	7.8	16755	19948	12919
盖州市	2946	21	242920	69.75	70.36	61.9	182200	68032	82655
大石桥市	1598	13	257857	68.8	70.4	56.2	114933	93551	85564
海州区	70.9	1			29.1	2.1	3164	16135	23978
新邱区	125.62	1			8.48	1.8		920	3651
太平区	94.8	2			16.6	2	4838	1573	5021
清河门区	98	2			4.6	2.5	5151	4850	2675
细河区	69.59	1			14.5	1.3	2101	12275	10826
阜新蒙古族自治县	6246.2	35			72.4	63.4	222701	56922	29783
彰武县	3623.34	24			41.2	32.9	134870	17914	52553
文圣区	305	4	47648	12.9	12.9	7.5	27415	17024	16256
弓长岭区	329	2	38506	9.1	9.1	3.3	7396	3368	7985
太子河区	273.4	4	54344	15.7	15.7	11.03	40008	21942	24001
辽阳县	2485	15	167793	49.5	47.7	39.7	125257	59666	58899
灯塔市	1166	11	157086	45.6	44.5	35.15	140097	66253	64150
双台子区	128	1	84265	24	20	4	9821	11310	17202
兴隆台区	276		223089	56.4	43.7	2.5	18342	55046	74480
大洼县	1734	15	156187	41.9	38.5	9.8	124804	39789	52885
盘山县	2007.77	26	97691	29.37	27.73	11.49	100563	28163	40733
银州区		1	114941	31	30	2	4394		
清河区	480	3	32916	9.6	9.6	6.4	16682	2492	6939
铁岭县	2249.5	14	136755	38.77	38.77	35.05	107491	44569	58840
西丰县	2685	18	121841	29.94	34.39	26.89	85680	17773	49516
昌图县	4317	33	309555	97.8	102.9	80	229051	831	22072
调兵山市	262	3	96443	24.8	23.76	5.9	17800	63463	9032
开原市	2838	18	199372	55.56	58.26	42.98	116810	61101	123709
双塔区	502	4	133561	40	40	9.3	20081	49570	94823
龙城区	635.54	6	64949	20.56	20.56	15.26	40343	8277	16399
朝阳县	3762	27	168257	55.65	56.41	53.2	201513	71764	58756
建平县	4868	24	184486	58.65	58.23	45.45	185947	55686	88853
喀喇沁左翼蒙古族自	2238	21	136972	31.4	42.3	33.3	104116	19438	66644
北票市	4469	27	220031	58	56	35	112276	52559	126341
凌源市	3282	22	197107	55.5	64.5	51.9	192798	67282	68827
连山区	1150	9	155905	42	42	17	350	27800	17942
龙港区	181.2	1	86092	22.4	22.4	2.29	9551	73661	77238
南票区	993	10	102481	28.6	28.6	21.5	221	7878	5075
绥中县	2763	25	200358	62.92	64.64	51.98	199619	42673	46158
建昌县	3195	28	188242	62.68	62.68	54.77	149127	56518	125823
兴城市	2118.5	19	187806	53.6	54.3	41.1	150835	54595	54216

地区生产总值（万元）	第一产业增加值（万元）	农业（万元）	林业（万元）	牧业（万元）	渔业（万元）	第二产业增加值（万元）	其中：工业（万元）	第三产业增加值（万元）	其中：农林牧渔服务业（万元）
2568402	160425	27468	2556	40582	89819	1939472	1839472	468505	3451
2303096	365546	176038	10631	85653	93224	1082536	979535	855014	4865
5141337	444485	219331	6571	155021	63562	3156336	3055336	1540516	1150
671436	7457	2584		4873		247152	137273	416827	99
352099	12980	5309		7671		250336	225668	88783	265
425952	9417	1526		7891		258683	213495	157852	106
293888	13457	5741	601	7115		208019	134500	72412	308
493539	8059	2961	1149	3949		268744	153651	216736	232
1737678	631497	355885	11088	262758	1766	544947	498740	561234	18581
1257790	527658	281716	39010	202625	4307	321426	276359	408706	15965
598785	44386	22303	213	21746	124	292308	286227	262091	112
752100	21120	6582	1807	11628	1103	534654	525582	196326	60
719834	68911	30167	2535	27943	8266	375693	355675	275230	1253
2636498	250332	102662	5720	101252	40698	1984580	1949092	401586	1630
2550638	261780	132139	3081	95313	31247	1747805	1708477	541053	12220
1476533	17856	9073	51	4294	4438	1006453	928565	452224	354
3489839	18434	13530	114	3587	1203	1549610	1232293	1921795	416
3340290	629633	281834	1968	69384	276447	2137464	1930436	573193	10874
1838038	463498	207406	804	90050	165238	1027394	956211	347146	4232
953428	9720	7656	201	1695	168	426067	376059	517641	113
815012	38024	13721	2758	21055	490	524528	493710	252460	352
3031345	363221	137023	18776	201984	5438	1807374	1734580	860750	647
802563	249598	82258	15544	147228	4568	317534	288606	235431	285
3002493	804525	344097	16032	438021	6375	1436727	1318493	761241	7678
1801050	77409	27845	689	48120	755	1234087	1171858	489554	76
3300858	474626	173762	27654	266012	7198	1806737	1704512	1019495	648
1595347	59162	31053	4250	23859		629732	379949	906453	4277
848786	124985	57039	19612	48269	65	499983	331594	223818	1200
1465606	368547	215282	23419	129301	545	648744	554198	448315	15876
2080365	362722	162220	70146	130186	170	1110367	1006888	607276	10000
1240576	345645	259302	17463	68466	414	550790	473347	344141	5704
2305298	459954	280064	21372	158138	380	1253754	1118226	591590	2000
1960534	419208	267825	11743	138587	1053	865720	769775	675606	4503
1905425	99362	44382	790	53268	922	1274222	1104222	531841	2184
1307661	23500	5806	47	3296	14351	603086	460597	681075	490
404127	130692	68173	1122	61397		122458	118358	150977	3446
1674536	407036	181431	3125	116312	106168	715960	614841	551540	8965
553620	152506	84113	5843	62003	547	176514	115014	224600	4045
1489194	192723	50457	4360	59361	78545	754680	708872	541791	4412

附录7 续表 2

县　　名	公共财政收入（万元）	各项税收（万元）	公共财政支出（万元）	其中：农林水事务支出（万元）	科学技术支出（万元）	医疗卫生支出（万元）	教育支出（万元）
苏家屯区	292418	234900	320850	29718	701	17118	70107
东陵区	933494	818822	594668	22301	37700	14667	50567
沈北新区	411431	361361	435041	42080	7569	13511	61649
于洪区	415333	369773	302690	23000	2800	12000	59500
辽中县	246077	192277	331685	26637	907	23372	84027
康平县	169590	137669	312622	58765	671	15638	66807
法库县	277348	217564	395700	57000	306	20823	87600
新民市	299662	246958	450905	83550	1650	29271	119024
甘井子区	596811	513660	545172	9710	8045	12961	116046
旅顺口区	351678	270116	378579	17098	5874	17689	68983
金州区	1196173	927294	1277847	55647	63903	41343	131240
长海县	50078	22590	78354	6704	748	4150	12264
瓦房店市	765600	562231	906680	68856	3328	22261	157785
普兰店市	486042	343334	568341	30591	2859	21158	83487
庄河市	515924	374623	628968	48309	5834	30243	161020
千山区	103875	158844	126098	11079	548	5612	10538
台安县	110099	93829	206890	45733	981	15971	25633
岫岩满族自治县	151080	62297	275037	51565	895	23032	32325
海城市	410017	440626	539912	63250	2140	43245	73711
顺城区	162162	143752	130733	6573	505	6156	16549
抚顺县	88181	67170	139640	33510	837	6724	15498
新宾满族自治县	107290	85625	234788	69283	2014	12640	30819
清原满族自治县	138989	113145	290840	104438	4752	12163	23298
平山区	126043	112920	133368	2187	2051	1440	12701
溪湖区	285475	282536	295042	4655	8335	3074	17405
明山区	124066	103732	117212	4834	2070	2851	18134
南芬区	70353	69582	82830	6935	142	1438	13170
本溪满族自治县	197480	178078	284369	45135	3686	11896	53232
桓仁满族自治县	148823	102767	265785	45852	3664	16631	48301
振安区	60071	42680	90477	13930	404	5957	13976
宽甸满族自治县	235810	186190	323177	71864	4510	19081	56931
东港市	358511	274364	532991	66454	644	24280	63229
凤城市	311277	216832	471945	51554	892	20683	59555
太和区	106103	89004	126870	13122	1574	5008	15853
黑山县	126700	90865	290568	56650	4361	23248	27757
义县	117266	88951	233473	56477	4560	16499	35124
凌海市	236018	181537	307811	80374	3712	18388	38921
北镇市	193453	102661	261739	47330	3411	17050	30081
鲅鱼圈区	468447	338530	401402	12093	1916	22099	68040

年末金融机构各项存款余额（万元）	其中：城乡居民储蓄存款余额（万元）	年末金融机构各项贷款余额（万元）	耕地面积（公顷）	设施农业占地面积（公顷）	农业机械总动力（万千瓦特）	化肥使用量（折纯量）（吨）	农药使用量（吨）	地膜使用量（吨）	有效灌溉面积（公顷）
2459135	1598438	947904	44758	3914	36	10748	312	389	10698
1152041	975232	512625	20123	120	14	4901	129	191	3057
2416861	1452907	1662989	49606	377	35	8714	345	494	16120
227451	114311	997460	22779	1226	27	6742	286	637	15230
1179649	1027167	531175	102205	9495	41	29838	513	707	41653
657439	533519	411281	123661	855	36	28040	446	575	9009
895547	669317	548565	155825	4734	52	41649	827	1898	31480
1548362	1279774	766500	216853	19822	103	69028	1049	4065	88200
			1680	72	8	1057	164	10	746
2876900	1822562	1799509	6755	1004	32	4094	299	101	2350
14520838	6906973	9781675	23459	3162	31	15180	805	538	14380
441388	306152	184431	1365	11	6	180	7	5	133
5394858	3899345	3858634	107670	4400	120	57611	4696	1905	14290
4034572	2922947	2441388	125658	6826	90	39880	4191	807	11063
3936286	2900132	2525896	133560	5395	77	46877	2391	1480	30663
682139	352491	480323	9159	57	21	4799	299	52	7840
831294	682618	599599	80304	12000	41	30030	749	517	26020
1457881	1253726	775263	56668	1887	34	16817	1241	507	9080
4670334	3986242	1849743	83269	7063	65	41232	1257	687	47770
1372226	1275530	661563	8448	87	6	2157	79	29	6271
344802	301001	217216	25047	286	12	4223	148	208	3385
868827	674775	316430	57406	310	29	10131	523	78	7572
954118	679350	425900	33567	148	21	13465	409	360	15050
1005565	648629	993436	1128	66	3	614	18	12	1128
1107134	707520	715700	2581	82	8	720	52	42	350
136337	89730	99627	5092	158	6	831	46	141	1000
256800	202700	82000	5050	13	3	845	57	23	641
1147469	837594	151308	32239	23	21	4089	331	77	1231
1079590	797101	430194	35504	244	19	5906	258	164	7554
844400	731000	569100	9452	864	10	3291	184	184	5000
1249728	1034122	548088	40313	621	52	16557	478	743	6550
2779335	2201234	1714913	79111	7030	63	35844	1197	1291	51695
1940952	1642255	1010327	57608	1591	70	17967	904	1586	16990
700619	691706	315955	8744	814	11	3213	197	103	4160
1337944	1145036	597188	171845	28093	76	70416	1836	458	44967
825517	688743	473253	86383	2800	43	20489	409	266	34750
1343454	1132808	955576	115045	3980	72	31645	1936	1601	39700
1398761	1269832	788702	80465	10822	73	38775	1954	552	51897
4120497	2117196	5571706	4476	390	12	4983	463	111	2970

附录7 续表 3

县 名	公共财政收入（万元）	各项税收（万元）	公共财政支出（万元）	其中：农林水事务支出（万元）	科学技术支出（万元）	医疗卫生支出（万元）	教育支出（万元）
老边区	307928	233673	263727	18316	3277	9016	36700
盖州市	228021	176230	408668	42000	53700	40900	63600
大石桥市	279493	197071	403057	44515	6117	52702	55270
海州区	90832	46777	80612	1013	637	2497	19496
新邱区	39313	47998	53072	1560	1101	2192	5977
太平区	62691	26264	56338	1069	288	2516	11719
清河门区	32180	33170	31430	750	55	510	4890
细河区	53656	44117	70552	2556	254	2116	11031
阜新蒙古族自治县	117164	116792	388764	132756	305	29773	67345
彰武县	91872	66644	269386	92436	364	21155	35165
文圣区	93529	82101	127520	2693	626	3591	10598
弓长岭区	92658	70526	121490	6276	354	2210	16651
太子河区	45693	12099	12465	2302	1755	412	681
辽阳县	281257	135547	258909	41761	10182	18555	41134
灯塔市	259779	294155	322948	37985	2802	18077	45585
双台子区	87035	65020	85283	4348	2240	4106	6282
兴隆台区	350156	260432	240311	4987	5890	5793	10570
大洼县	393134	365033	559338	78905	6241	19175	36144
盘山县	371564	152117	369550	63838	4925	17435	30316
银州区	106417	90981	78427	2754	338	4860	11019
清河区	55019	45303	75700	12726	701	2989	8318
铁岭县	162122	139446	231705	56406	4383	15054	33059
西丰县	69260	44527	175222	41102	1059	12556	26202
昌图县	105681	79478	446875	107977	5108	36483	70504
调兵山市	229541	105532	139418	9851	2939	5461	29167
开原市	249168	211153	362039	66334	9000	25892	46276
双塔区	81000	77000	102269	7716	1473	6643	14595
龙城区	72646	61369	100188	14286	1417	7569	11473
朝阳县	136527	95440	300055	57046	809	25007	52779
建平县	251205	180691	425552	94847	1581	23019	66228
喀喇沁左翼蒙古族自	85638	75147	236495	54292	2159	20824	33691
北票市	221120	263514	423628	61299	1337	23945	39190
凌源市	146077	105932	310644	60767	4488	25652	53659
连山区	170699	144030	178694	17853	3006	9369	38300
龙港区	160666	137402	122773	3986	1707	4120	19491
南票区	38077	29332	135097	14592	350	9297	19587
绥中县	171610	128364	325800	58541	8150	22378	43917
建昌县	60016	48268	222569	49386	2227	22492	49116
兴城市	132741	121085	285846	40610	3650	22588	52882

年末金融机构各项存款余额（万元）	其中：城乡居民储蓄存款余额（万元）	年末金融机构各项贷款余额（万元）	耕地面积（公顷）	设施农业占地面积（公顷）	农业机械总动力（万千瓦特）	化肥使用量（折纯量）（吨）	农药使用量（吨）	地膜使用量（吨）	有效灌溉面积（公顷）
562504	430845	509841	6394	204	20	2683	168	87	8000
1632156	1325568	892085	35628	5607	40	26704	2622	767	13480
2902646	2138046	1980157	67267	1286	46	24311	993	1033	42000
1695058	1016957	1138279	1361	25	3	941	8	4	200
			3106	52	3	997	10	2	414
			1132	435	3		15	15	226
45600	32900	29600	3670	350	3	1111	54	14	347
			2400	292	2	521	19	5	630
1222284	925487	924807	319129	6667	164	93169	2112	1095	12000
807531	609817	658902	170565	1951	68	36909	2370	470	21523
			10200	130	5	2073	93	66	1800
620675	502191	200834	4909	36		841	69	52	
			18520	359	6	4110	207	213	7750
1533080	1239079	1008574	59960	2381	29	25664	1174	783	18348
1768821	1285930	896958	66068	2404	29	20898	691	242	23940
3153296	1842087	1892928	4998	31	4	5346	79	7	4032
4506314	2603421	2715435	7120		6	2947	132	33	7800
1354683	954683	1104897	73172	4139	31	23400	561	267	56093
949211	803877	450263	59639	5212	36	21797	545	290	45564
1227663	405716	395171				1919	25	81	795
374326	293280	346907	9556	16	6	1875	61	58	540
1016384	1016384	1046614	105064	5964	39	33526	1732	358	31786
582418	443451	430851	80474	1200	43	25989	807	349	20050
1441180	1133975	1062178	327047	8700	98	129310	4601	1746	70599
1469190	1102879	893588		48	8	3865	168	127	2500
1251235	1062520	973137	118903	2743	54	37430	1140	614	50400
96014	80120	726	8467	1933	5	1919	9	184	3011
25520	22120	397788	19700	3400	9	3432	75	103	7890
358162	322834	301459	93474	15160	35	27186	96	442	28333
1810618	1431439	855591	183495	3402	60	24580	302	3563	34264
883575	743254	533298	63586	22467	24	18351	129	782	26230
1526724	1141920	739086	116899	11262	39	23747	50	1275	19141
1845892	1463325	1033489	44809	28211	25	23447	220	2342	23307
402600	319387	140999	25052	300	15	8675	319	72	2544
5187728	3243527	5244888	2436	3	1	1500	24	38	200
446629	309983	114691	24288	831	15	3009	394	208	6200
1714928	1421855	1041477	81483	5705	74	36002	4091	532	25461
823265	710982	579542	68506	1415	36	19308	358	57	7600
1737000	1341000	1137000	79550	1954	21	17885	756	125	19768

附录7 续表 4

县 名	农作物播种面积(公顷)	粮食作物播种面积(公顷)	其中：良种播种面积(公顷)	其中：稻谷(公顷)	小麦(公顷)	玉米(公顷)	大豆(公顷)	油料播种面积(公顷)
苏家屯区	36299	29037	29037	9921		18437	605	301
东陵区	19686	17913	17913	1126		15874	449	618
沈北新区	40518	27911	27911	10894		16050	510	100
于洪区	23448	19187	19187	7288	18	10674	1084	
辽中县	90014	71422	71422	35193	574	33749	1573	2938
康平县	102000	70136	66692	2563	228	57797	2943	26771
法库县	132336	102340	102340	4777	120	92381	2596	8052
新民市	209338	158106	158106	39265	427	110003	2495	7082
甘井子区	1700	572				480	51	1
旅顺口区	4522	2493	2493		105	2125	139	13
金州区	22972	15339	10667	409		11709	2026	686
长海县	629	572	572			490	23	1
瓦房店市	93169	73980	73980	806		52669	8818	1354
普兰店市	90623	75500	78666	6322		53303	10797	3064
庄河市	106503	94770	101667	18443		59187	10772	1042
千山区	9696	8382	8382			7982	347	105
台安县	84048	70250	70250	16540	100	52610	800	3026
岫岩满族自治县	58397	47790	47790	1561		41947	2788	1950
海城市	93016	80110	80110	17590		61048	776	409
顺城区	5796	4838	4838	525		3975	152	79
抚顺县	16769	13910		2294		10741	208	269
新宾满族自治县	38844	33110	33110	8940		21345	1951	21
清原满族自治县	46185	32180	31560	7460		23079	1060	32
平山区	1128	822		20		755	18	
溪湖区	2274	1847	1822	79		1667	61	125
明山区	3698	2331	2320	139		1901	124	96
南芬区	2568	1984	1984	8		1826	113	
本溪满族自治县	23392	20093	20093	1222		16054	1217	127
桓仁满族自治县	25728	22370	22370	7391		13205	985	100
振安区	10584	6852	185	392		5812	246	61
宽甸满族自治县	37547	30107	30107	541	79	25273	2474	472
东港市	88283	70290	70290	42966		24575	620	1799
凤城市	62290	50640	50640	3910		42090	3220	987
太和区	9535	5650				5320	155	71
黑山县	159434	128110	208	6235	114	117483	1307	16653
义县	81204	62310		87	7	56821	2127	10950
凌海市	99527	79792	79792	13857		55835	2738	4169
北镇市	93289	70460	70460	10515		57726	1159	4951
鲅鱼圈区	3741	2816				2461	126	33

花生 (公顷)	蔬菜播种面积 (公顷)	粮食总产量 (吨)	其中: 稻谷 (吨)	小麦 (吨)	玉米 (吨)	大豆 (吨)	油料产量 (吨)	花生 (吨)	糖料产量 (吨)
301	5922	237697	98204		137069	1948	1240	1240	
618	940	146310	9280		131452	1410	1890	1890	
100	8410	236004	96017		134819	1760	390	390	125
	4008	183991	67706	95	111468	3675			
2938	14091	614490	316802	2404	288236	4859	9075	9075	
26743	4452	563000	17419	1288	507360	6564	85481	85418	
8052	14633	765000	35265	350	711005	7583	28985	28985	
4622	29666	1053673	310680	1849	686722	7346	17983	12092	
1	1025	2964			2516	169	2	2	
13	1964	15000		709	13336	397	45	45	
669	5393	90882	3004		75711	5766	2576	2066	
1	56	2801			2474	42	4	4	
1309	10224	465275	5940		374549	25367	3836	3774	
2942	10840	405000	36855		325390	23605	9611	9198	
1042	7373	580000	125216		399922	26660	3914	3914	
105	1138	59154			58078	873	380	380	
3026	9891	515000	127011	450	384104	2520	8465	8465	
1950	8078	247428	9163		224617	6965	6320	6320	
409	11852	575000	144957		424285	2269	1226	1226	
75	789	33405	4627		27141	473	202	192	
267	1822	118403	17307		95676	551	1021	1014	
19	1733	205000	49617		146017	4508	63	61	
26	2730	190000	42182		141824	2388	130	98	
	266	4948	135		4635	34			
125	285	15882	635		14523	257	732	732	
96	765	14169	938		12361	403	128	128	
	554	11952	44		11430	352			
127	1262	110000	7149		96276	1680	486	486	
93	1233	135146	45779		81163	2319	275	251	
60	3240	30073	1767		25980	545	156	154	
292	2574	149823	2627	223	137115	4373	812	527	
1799	9304	500974	327283		162177	1396	7513	7513	
972	4501	248040	23286		214694	4423	3026	2827	
	3761	27973			26995	162	150		
15821	9150	1025000	63130	550	937004	4275	65225	64656	
10950	7769	310000	520	35	289504	3017	22379	22379	
3915	9749	560000	120432		384874	7176	10022	9671	8557
4951	17846	544500	94630		440090	3045	15450	15450	
33	688	17493			16277	376	108	108	

附录7 续表 5

县　名	农作物播种面积（公顷）	粮食作物播种面积（公顷）	其中：良种播种面积（公顷）					油料播种面积（公顷）
				其中：稻谷（公顷）	小麦（公顷）	玉米（公顷）	大豆（公顷）	
老边区	6919	6018		3552		2435	26	
盖州市	38824	29861		2702		24494	1142	109
大石桥市	55401	50190		32730		17460		41
海州区	1523	1343	1371	46	3	1262	12	
新邱区	2957	2463	2463	22		2270	40	267
太平区	1033	929			6	889	11	
清河门区	4160	2728	3610			2200	140	420
细河区	2408	1308			3	1129	20	771
阜新蒙古族自治县	333246	186430		96	5	165375	10377	115167
彰武县	180386	110755		4495	88	96817	3507	57786
文圣区	10038	9205		1539		7508	50	10
弓长岭区	2985	2606		125		2353	35	18
太子河区	16907	13876		5665		7754	99	259
辽阳县	66637	58640	58640	18280		37970	820	287
灯塔市	60340	52310		23940		27360	450	532
双台子区	4032	3767		3616			151	
兴隆台区	7383	7259		7170		48	41	
大洼县	69786	60170	51145	56093		653	3424	
盘山县	63105	56880	56880	40703		14590	1456	90
银州区	2489	1790		761		1005	23	5
清河区	9719	9556		540		8788	193	6
铁岭县	85309	72000		18800		50880	1452	120
西丰县	53495	47052	47052	4872		40340	839	47
昌图县	337334	240233	240233	11270	760	220000	100	71857
调兵山市	11986	10692	10692	719		9797	149	
开原市	96041	75528	85903	23269		48317	3703	768
双塔区	10079	7601	7601		101	6604	113	147
龙城区	22062	14219	14219			12864	35	295
朝阳县	81249	67750	62689		930	57180	1410	1160
建平县	157609	136833	136833	34	23	94064	3339	2734
喀喇沁左翼蒙古族自治县	49496	38170	36386		440	31682	1055	1537
北票市	98376	63560	57350		380	57350	750	802
凌源市	64672	35710	32140	32	246	30387	660	60
连山区	22678	19079	19079			17629	366	1657
龙港区	2545	2404				2397	5	9
南票区	26662	22785	22785	7	6	21622	248	826
绥中县	80133	57570	56418	7410		39488	3590	5506
建昌县	48526	44688	44688		9	37195	1865	57
兴城市	61231	42165	42165	408		38277	1154	15694

花生(公顷)	蔬菜播种面积(公顷)	粮食总产量(吨)	其中:稻谷(吨)	小麦(吨)	玉米(吨)	大豆(吨)	油料产量(吨)	花生(吨)	糖料产量(吨)
	891	40973	25153		15716	81			
109	6324	154774	23180		122561	2797	246	246	
41	4578	455000	329952		125048		127	127	
	180	7734	66	11	7532	29			
267	227	18517	198		17573	119	763	763	
	104	8322		23	8135	41			
420	895	21305			18291	1035	1570	1570	
771	292	10434		30	10161	95	3469	3469	
114418	11519	1575500	708	35	1500333	18522	375092	373452	
57534	7210	840000	33350	272	775062	12385	204872	204299	
10	687	56047	13186		42045	147	28	28	
18	361	15997	1059		14024	116	79	79	
259	2772	84574	41557		40022	213	1062	1062	
285	7710	420000	155317		252642	2067	1248	1244	
532	6662	425000	197408		222227	1456	1945	1945	
	265	25008	24670			338			
	124	57274	56665		346	263			
	9616	513237	495560		5785	11892			
90	6115	505000	390976		108817	4150	228	228	35
5	678	12889	6850		5962	72	18	18	
6	157	79088	3780		74640	508	21	21	
120	12986	555000	145900		398927	4121	274	274	
47	4005	260000	26309		227870	2442	85	85	
43493	25244	2116299	98020	6300	1939620	250	152771	152771	
	1161	69853	5662		63524	466			
768	12003	590000	172491		407806	7688	3163	3163	
15	2320	33091		511	26446	254	1264	253	
41	7063	70695			64779	64	670	500	
178	11249	503300		5606	452000	3100	5218	860	
8	4088	915000	262	114	750134	5043	4306	60	162500
369	9438	270000		2418	241283	3064	5264	1687	
326	33586	505000		2710	490062	1799	1800	1222	
	28281	211474	281	1199	197645	796	94		
1657	1713	116303			111365	780	2983	2983	
9	132	20334			20279	14	27	27	
796	3001	136920	63	36	129648	441	1412	1352	
5361	16385	391041	58098		270545	10007	11342	11025	
44	3353	345151		51	321730	3497	113	77	
15568	2843	272649	2446		252263	2631	38759	38560	

附录7 续表 6

县　名	园林水果产量(吨)	肉类总产量(吨)	猪肉产量(吨)	禽蛋产量(吨)	奶类产量(吨)	蔬菜产量(吨)	水产品产量(吨)	规模以上工业总产值(万元)
苏家屯区	76050	153769	35831	93585	25341	351861	11134	8725327
东陵区	24344	11879	6954	11114	5631	86480	1520	9506169
沈北新区	12440	111797	29487	124299	132242	570549	6700	18437480
于洪区	11398	18368	13284	8419	14766	380314	4934	12513073
辽中县	42582	221226	93655	110420	38490	1263693	88820	10100093
康平县	46682	137577	64853	30528	3432	361491	4370	5972168
法库县	23981	193951	83146	75699	183370	454577	2050	11811730
新民市	25512	175107	112422	305691	98251	2001376	57817	11770284
甘井子区	19388	8312	7251	60	760	38954	97993	4221528
旅顺口区	34920	16295	6081	19780	11065	97765	192034	2615440
金州区	90331	38352	15422	32472	39071	473980	360060	28491869
长海县	398	937	878	55		2548	570031	92350
瓦房店市	735167	248199	48300	54328	9145	734706	158674	26008893
普兰店市	461176	279901	72000	99570	16470	728713	213993	14273530
庄河市	405214	216036	65651	74618	1975	451597	589775	18865942
千山区	109692	16692	4435	47760	1820	63257	2061	1176400
台安县	99686	439480	93966	101076	5070	701225	27003	4209600
岫岩满族自治县	44092	100525	35946	25159	868	788430	14000	3948500
海城市	125418	127826	55029	244484	5199	1046016	21500	12911600
顺城区	16642	28607	17845	10320	12297	48771	930	1422191
抚顺县	71810	29793	12778	17545	38944	110314	2490	3037157
新宾满族自治县	5760	50434	13877	16238	2250	127349	4152	2492845
清原满族自治县	11567	52522	10257	49798	1500	75176	4500	3605965
平山区	811	2117	1100	3425	156	11036	115	1018447
溪湖区	10673	7148	5094	2082	1481	16546	127	35272561
明山区	1916	8317	5244	9554	3269	44899	440	1528355
南芬区	2666	22219	11178	8849	1011	32752	610	1324615
本溪满族自治县	13902	42841	17155	15236	309	65582	7518	2592600
桓仁满族自治县	26791	29372	10054	9029		46785	8032	1176642
振安区	6362	28211	10171	7238	7917	188586	2420	1076147
宽甸满族自治县	45288	60961	23830	24515	3626	124500	73100	2018223
东港市	132002	99917	37113	100764	10082	516772	429652	5184014
凤城市	10332	149571	32098	22955	4935	167365	22815	2626038
太和区	6498	10137	5860	22111	17330	549129	340	3556207
黑山县	101003	296315	191925	652536	78370	767061	11300	4047106
义县	49779	116605	69551	21261	184884	420067	1650	3110605
凌海市	62517	144378	110251	60068	16962	802137	177401	7775226
北镇市	396611	157704	97117	146229	1372	826706	11300	2803720
鲅鱼圈区	107617	7353	3883	5635	549	34062	118000	6962314

规模以上工业企业从业人员年平均人数（人）	规模以上工业企业主营业务收入（万元）	公路里程（公里）	民用汽车拥有量（辆）	固定电话用户（户）	移动电话用户（户）	互联网宽带接入用户（户）	全社会用电量（万千瓦时）	社会消费品零售总额（万元）	出口总额（万美元）
32761	8531571	922	16339	134620	308543	36875	180347	1224981	17165
66963	9200554	955	18586	112523	130315	13021	83347	1563692	122200
94319	18603185	887	8180	82450	560116	46311	145180	808017	57056
108555	11722680	1210	25334	112705	127434	67454	132894	801452	41286
46467	10082550	1511	47369	135116	128685	50185	99687	852324	5656
80726	5885572	1741	17820	66500	232000	38500	50327	412387	1840
79754	11798266	1769	50830	61442	240000	30320	122579	529654	1160
40212	11667355	2600	20176	137600	514572	61550	83664	1066465	11653
52157	3191000			143850	304731	94847	307808	4131570	421622
21409	1778549	288		115000	452000	84700	108124	610737	133727
151062	24908622	814	206120	337831	1592396	174778	811895	3422053	1212000
947	72962	302	4540	23000	59500	10000	12424	119714	1100
179672	25418922	3432	132998	460000	860000	175000	367591	1655264	121525
158724	12509677	2938	85304	186459	470513	64702	246080	1595149	164000
163851	18453442	3663	83909	215809	530474	58031	108011	1560516	166556
8900	1185900	305						61857	2173
33700	4195900	1518	28936	123454	286147	36843	125300	681442	4476
20300	3883500	2557	29011	245622	295897	111544	84780	919772	5303
74500	12704000	2328	103048	216253	982200	135837	628769	2307310	49332
14117	1307502	160	22428	151166	167814	31827	65851	1106433	13451
14102	2965240	1062	6196	43852	55334	23597	69278	76151	1986
13255	2436506	1718	21817	65570	169625	33739	35994	307515	2563
21800	3475436	2069	12689	71080	216000	41000	35506	320453	
8348	1075805	110	9321	92815	121825	15942	429829	1273990	450
23449	2353918	320	11200	40123	91456	54157	316245	201466	15100
9610	1243308	175	27300	119273	191035	7890	211798	643249	5200
7701	1270293	350	12100	22000	59800	11500	38700	39270	3500
16100	2586700	1332	7160	78203	56721	6450	106306	439358	
10938	1112793	1676	7598	55338	329313	37941	38045	376257	1245
10267	986572	640	2800	53000	61000	9830	29714	161435	26106
17057	2037557	2773	8512	136535	82135	21955	50115	582209	4420
59412	5038158	1852	24796	176487	235473	47285	100901	1042528	79346
28163	2639014	2346	23800	151000	396000	64375	205820	728965	14675
23036	3485287	237					81333	184959	5032
	3904706	429	9560	211065	466376	89807	61435	578443	2017
20592	3006992	1635	21184	80450	258000	34870	50485	240696	3808
30789	7765343	1758	25528	91000	414000	49900	101173	664680	4183
12731	2748233	1479	31625	110175	143360	45337	64085	515705	272
39728	7440913	173	17450	96687	96000	9390	494187	961402	213686

附录7　续表 7

县　名	园林水果产量(吨)	肉类总产量(吨)	猪肉产量(吨)	禽蛋产量(吨)	奶类产量(吨)	蔬菜产量(吨)	水产品产量(吨)	规模以上工业总产值(万元)
老边区	630	24327	8598	6079	2379	80273	86014	3926654
盖州市	517202	81813	23755	48730	2081	302536	191000	3305367
大石桥市	52763	108127	36920	103610	6287	441850	87000	8075091
海州区	928	4044	2914	8102	6415	10081		509205
新邱区	3512	5860	3914	3910	2215	13300		636401
太平区	1059	4930	3355	1983	645	8189		814280
清河门区	5514	12176	4928	437	650	36895		704700
细河区	561	2650	2194	4206	3245	8285		646424
阜新蒙古族自治县	158475	397527	228978	177131	211020	648819	2180	1416220
彰武县	224862	180208	108636	93580	84048	498394	5000	1128536
文圣区	7104	6661	3130	12991	1524	34361	1140	718717
弓长岭区	3254	2329	866	2001	118	22156	1985	460859
太子河区	9362	9205	5630	6016	2895	85271	420	872769
辽阳县	67421	53267	24792	39914	3730	417366	37199	4995098
灯塔市	17465	55105	34748	28899	1253	328725	49503	7175870
双台子区		2751	2115	3040		9789	4300	940935
兴隆台区	13	3314	2312	3400	6	8450	1270	4916138
大洼县	9720	140031	54344	35818	7869	782811	244000	7639188
盘山县	2536	73469	27276	59606	15627	540511	127054	3865955
银州区	1492	1963	625	258	508	28568	205	1171831
清河区	23696	32394	13220	4690	41309	10866	650	2490101
铁岭县	31707	178500	74559	15946	46478	704819	5146	8551644
西丰县	49898	119279	39230	10498	1098	209333	2021	898801
昌图县	114387	729194	215456	186078	48387	1746614	6235	5821200
调兵山市	5286	38037	16810	15587	15261	95684	320	2819982
开原市	119630	323802	120727	61392	14970	823336	6247	8249152
双塔区	13013	12467	5151	34551	4920	112061		1347235
龙城区	23536	31544	7661	96403	22344	200278	70	1129079
朝阳县	323720	129128	74057	69518	56014	1083613	770	1840896
建平县	23338	85355	39700	90204	79274	199877	300	1649179
喀喇沁左翼蒙古族自治县	51327	92609	42558	92882	1762	1126604	814	2087453
北票市	60483	153336	61776	31829	8470	1088731	680	2703310
凌源市	52230	125881	40320	40756	9018	1708952	1220	1150759
连山区	51500	33113	19670	33853	11573	114100	3000	3325882
龙港区	845	1456	1073	2191	922	9338	40029	2000049
南票区	44753	39966	18885	73199	19300	226166		280051
绥中县	755531	279134	169454	64477	3411	1926337	225085	1993052
建昌县	162880	74515	51979	39599	682	185487	1200	214562
兴城市	63202	101842	79661	16355	12322	199120	156350	1796207

规模以上工业企业从业人员年平均人数（人）	规模以上工业企业主营业务收入（万元）	公路里程（公里）	民用汽车拥有量（辆）	固定电话用户（户）	移动电话用户（户）	互联网宽带接入用户（户）	全社会用电量（万千瓦时）	社会消费品零售总额（万元）	出口总额（万美元）
20465	3683035	387	2350	34030	150500	23951	65002	170775	57644
21409	3254153	1755	32514				97479	604460	13157
50808	8125298	1684	92924	149324	502578	76114	533220	1045290	98378
10899	490849	520	7908	45965	417563	22479	11573	1200551	1656
3887	602159	100	5189				10688	58088	550
12828	806981	60					11231	96168	4009
2800	690000	62	3870	10650	54900	7910	21774	38930	
7582	629580	155	40556				27292	179015	429
12533	1289001	3287					95151	391850	3860
9125	1075068	2540	33712	115913	112850	22908	33558	151715	2244
12040	687364	157						89144	2718
4598	463941	230	7500	20115	62324	4100	30124	208637	671
12531	761105	281	7211	42161	88756	35983		189250	10000
22083	5006388	1516	11356	154992	119699	21765	205303	444547	7871
26942	7101705	935	28050	100000	358714	80000	232490	850844	2959
3799	903852	755	36082	49880	54530	46637	31221	779910	7624
18860	4775024	920	98215	194351	262342	362415	55433	1393396	15523
30347	6927848	1331	34706	103570	356558	49280	79117	471058	18183
14914	3754172	1652	25142	73000	183600	38096	84817	222708	9292
10022	1165562	46		109548	863752	132638	132682	484778	1868
12211	2497968	379	3920	15500	33000	2760	28360	154000	5413
43558	8444748	2236	26804	36600	222424	19165	53004	399066	11197
4095	887325	854	3779	42554	92031	21519	24826	295000	2792
29197	5271094	4095	15960	186850	207055	15200	58883	704000	7018
66176	3129511	363	18425	27232	131858	32230	21381	402769	8491
48711	7989099	2375	16719	126874	465751	83611	57565	703392	13822
10139	1269502	305	7851	30432	178250	22423	98180	714000	
13421	963640	414	1480	31500	23100	3600	157086	232155	
11716	1818246	2254	3226	89150	200512	16950	97651	440416	2400
14132	1563005	3360	33405	140980	360000	46000	149521	478412	4137
14946	2086508	752	3273	80686	300189	43351	130115	333804	7650
34354	2647910	2882	83800	112000	298352	44000	159690	545471	3820
42017	1150519	2006	59619	121000	360000	120000	278325	609326	4205
35641	3581006	481	5900	117530	34300	15305	242557	1177742	4050
29013	1716030	161	5507	43046	84652	6175	51264	647629	25800
8301	222799	717	480	64187	68420	9874	72504	230483	1405
28882	1911880	2112	33828	119321	198720	50012	63676	628069	5054
6389	224143	1925	16352	98400	317000	36433	47389	216300	450
18978	1725600	372	29522	118570	267880	7850	76000	639433	10550

附录7 续表 8

县 名	当年实际使用外资金额（万美元）	固定资产投资（万元）	新增固定资产（万元）	房地产开发投资（万元）	住宅（万元）	普通中学（所）	小学数（所）	普通中学专任教师数（人）
苏家屯区	12418	4060325	2972740	718231	643058	26	14	1518
东陵区	61160	7000332	3262904	3707335	2999589	11	22	976
沈北新区	73750	6608436	4344518	3306136	2679417	23	21	1504
于洪区	32013	4150281	1236096	2759834	2175523	16	34	888
辽中县	5700	3887350	3248435	700779	658824	24	22	2446
康平县	4000	2031817	1898392	50685	40881	18	9	2158
法库县	10355	3346659	2519790	133906	108507	3	22	1089
新民市	8095	3973341	3064973	848384	650528	31	8	1807
甘井子区	92000	7737263	6079215	6114678	4654310	23	67	1996
旅顺口区	35000	5109363	2660610	1927759	1736912	14	28	956
金州区	390000	18533015	7852849	3935635	2977944	39	54	3165
长海县	10000	665000	430396	36232	21778	7	8	293
瓦房店市	222000	9233354	5076927	764375	539877	41	80	2907
普兰店市	55000	6706260	3378879	332684	265890	45	100	3225
庄河市	67000	5781593	3935807	505338	396604	34	147	2807
千山区	30100	578943	265674	76764	61804	9	19	748
台安县	6152	2096754	1249017	167760	126049	18	101	877
岫岩满族自治县	5043	1117675	407608	175104	144909	26	130	1221
海城市	25714	7177794	3668648	754211	547131	38	266	2727
顺城区	5233	975152				9	15	552
抚顺县	2537	432662	444798	4730	3850	8	8	293
新宾满族自治县	5108	1180470	1063903	77609	62506	16	32	1001
清原满族自治县		1216216	848868	94229	77773	15	44	763
平山区	3501	1157500	736967	189150	70527	11	20	960
溪湖区	10661	2821150	901230	334306	135820	11	18	726
明山区	8007	1211200	965674	313929		9	11	791
南芬区	7003	666200	666200	45977	45977	4	5	230
本溪满族自治县		1404300	819956	173047	114960	10	14	1169
桓仁满族自治县	9018	1170426	292271	270640	193307	14	20	591
振安区	10040	830609	365008	195060	128240	9	34	507
宽甸满族自治县	10020	1592415	1729627	120345	104020	27	145	1210
东港市	24048	2100761	1091655	561976	377602	30	124	1689
凤城市	10048	1624262	1276148	180484	137246	28	127	1384
太和区	12	694958	355791	260878	220530	7	26	339
黑山县	7019	1065481	929818	120053	97489	10	87	2159
义县	11900	1119736	1119736	79349	58331	21	111	1237
凌海市	11155	1483615	1416059	158316	112493	30	42	1543
北镇市	7030	1065257	826059	208610	148610	23	86	1766
鲅鱼圈区	35008	2641720	1733424	1030406	802609	15	32	1621

小学专任教师数（人）	普通中学在校学生数（人）	小学在校学生数（人）	专业技术人员（人）	农业技术人员（人）	全年专利授权数（件）	公共图书馆图书总藏量（千册）	医疗卫生机构床位数（床）	医疗卫生机构技术人员（人）	执业(助理)医师（人）
1618	15587	21673	11345	986	86	130	2606	2836	1046
985	10275	15704	9312	4210		162	1783	876	436
1300	19718	17914	9276	185	312	210	1527	1337	595
1223	8677	22957	411	304	463	205	970	713	265
2199	20422	24619	880	739	21	139	1180	2347	538
427	13896	16302	10473	1234	8	97	1285	1044	513
1693	10273	19607	8537	1174	29	85	384	1447	421
2248	18524	34643	9323	493	77	140	2063	2100	815
2760	28117	55637	7295	325	143	560			
758	10639	12905	10051	140	37	445	2049	1548	506
2779	39209	50187	9187	291	2452	998	3541	3432	1401
287	3268	3543	1509	126	25	121	232	297	130
2456	32143	34917	32724	1245	168	1640	6332	4115	1427
2608	31736	34292	40119	7802	13	1464	3365	3020	1153
2434	32007	31939	16673	1123	87	1172	3033	3704	1594
651	5720	5542	3602	298		49	299	156	84
1475	9816	17994	5983	330	32	49	1292	1914	813
2083	12789	28633	7150	498	13	80	1656	2086	1053
5200	32395	68641	13302	657	216	128	3431	3165	3081
921	5530	11300	4840	50		10	382	394	171
541	2932	4814	1915	165	15	33	449	330	173
1159	9767	13027	6624	496	13	65	804	1332	300
1442	7927	13364	5485	138	10	60	1115	1564	556
1278	7800	11245	3524	24	66	677	2670	127	42
884	8230	10892	1513	81	20	40	1290	890	312
1197	8293	10565	7400	210	107	117	83	107	55
430	2730	2200	686	17	3	8	75	67	20
1079	10996	11668	8212	187	53	18	1142	1104	316
835	5055	11292	4757	114	20	50	781	993	382
642	3764	5354	1814	85	36	62	432	334	152
2258	15358	20755	8015	586	2	97	2169	1237	440
1865	19567	30841	11198	453	17	170	2626	2084	896
2223	18055	34770	10703	650	48	98	1938	1642	817
635	2053	6119	4454	384	42	110	777	740	146
2427	18986	25613	9149	675	10	86	1954	1510	818
1875	14906	20178	5809	430	15	100	1050	1031	351
1621	23134	27728	7242	612	10	107	1267	957	704
1731	19914	24762	7175	603	10	115	1410	1071	1047
1299	16819	26234	4741	62	42	200	2874	4100	1600

附录7 续表 9

县　名	当年实际使用外资金额(万美元)	固定资产投资(万元)	新增固定资产(万元)	房地产开发投资(万元)	住宅(万元)	普通中学(所)	小学数(所)	普通中学专任教师数(人)
老边区	18916	1938370	2019067	422787	372854	4	3	370
盖州市	12913	1960281	1394083	279947	193791	31	85	2894
大石桥市	25022	1925634	1565044	228643	211831	27	62	2522
海州区	1743	458737	183881	245146	167091	8	10	867
新邱区	1551	804486	18403	13150	10350	4	12	195
太平区	1740	372836	237010	68110	51901	7	12	153
清河门区		349000	21000	82000	67000	2	8	181
细河区	1726	547819	181947	352361	243743	4	9	452
阜新蒙古族自治县	4200	1328839	837189	148330	95269	25	29	2362
彰武县	3838	1150226	1032753	197636	40941	29	6	1286
文圣区	1775	1044611	697569	352964	217348	6	6	448
弓长岭区	1865	469609	370772	67305	26643	2	3	211
太子河区	1613	533830	102668	186825	140932	1	7	26
辽阳县	467	1509761	707784	110258	52629	21	93	1018
灯塔市	4292	1476090	1009878	194601	75441	16	65	1415
双台子区	7879	759000	133000	310000	187000	7	13	729
兴隆台区	24812	3141151	709442	1006136	632920	21	27	1671
大洼县	54033	5528684	5528684	819443	607443	19	21	1893
盘山县	17723	1826408	1472684	120929	69126	18	16	2218
银州区	5538	703001	537091	642801	613930		20	
清河区	5552	574267	716457	89756	73468	4	5	297
铁岭县	9278	2332972	1605122	153998	110090	7	53	988
西丰县	3000	450000	450000	46000	35847	16	42	994
昌图县	6502	1475556	897425	214734	142028	41	41	2698
调兵山市	6251	1100593	628152	472875	344042	9	14	629
开原市	9067	3004000	2914433	495639	327710	26	69	1444
双塔区	1755	732265	508145	161006	145303	3	34	130
龙城区		967608	463660	266998	191025	8	54	450
朝阳县	3800	1042239	851439	190800	151565	35	196	2563
建平县	3853	1031040	792081	270409	189438	34	103	2260
喀喇沁左翼蒙古族自治县	2910	1111351	448016	132607	109530	10	54	1883
北票市	3039	1686027	566410	158138	104250	27	105	2390
凌源市	3750	940407	369359	170965	141136	28	133	2094
连山区	10337	925089	551805	358264	248874	15	50	1361
龙港区	5037	695379	251922	479620	401273	6	10	662
南票区		134520	76340	1979	1979	12	13	814
绥中县	13000	1876129	1341157	451316	407600	33	133	2041
建昌县	2050	448720	225169	124776	114356	25	178	2384
兴城市	10257	1456354	1161125	237663	199839	25	116	1654

小学专任教师数(人)	普通中学在校学生数(人)	小学在校学生数(人)	专业技术人员(人)	农业技术人员(人)	全年专利授权数(件)	公共图书馆图书总藏量(千册)	医疗卫生机构床位数(床)	医疗卫生机构技术人员(人)	执业(助理)医师(人)
505	3037	5199	2613	121	54	33	300	449	327
3166	18160	38973	8548	476	22	114	2043	1479	889
2073	27510	35335	7783	167	153	1572	2414	2358	899
805	4552	9798	1834	13	29	96	4071	3993	1285
307	1180	2323	766	21		9	240	175	12
653	2441	4763	95	8			550	520	160
331	1316	3265	365	31		10	116	218	126
520	4686	8410	1293	53	8	2	200	207	87
3504	32561	34090			7	62	1347	1652	839
1414	14398	20309	7523	403	17	45	1455	1137	500
374	2759	5822	1124	18		15	527	438	178
367	1705	3952	920	22	4	30	1173	595	175
383	229	3818	7798	1632	10	10	269	157	44
1700	12751	20677	638	331		13	1876	775	648
1703	17476	21419	6696	459	14	50	871	595	558
590	9918	8879	4305	130	15	15	1361	1004	326
1162	21969	17413	1046	47		55	2553	2447	975
1944	18931	20822	10722	1051	12	216	1355	1047	700
1156	22104	12619	5361	276	26	79	536	632	254
988		17592	22	10	120	9	350	506	315
394	1871	3963	1357	10	18	17	216	214	95
1314	11467	15154	4578	310	71	35	936	835	286
1928	11079	13874	5360	2027	20	51	1077	934	514
4637	25613	52301	22358	10895	57	58	2043	1933	1461
840	5575	9907	4127	67	48	17	1013	1809	735
2093	12912	26092	13281	1537	16	116	1282	1207	631
1796	1020	28445	2805	249		59	208	127	5
935	3169	8225	1850	33	37	10	430	228	141
2814	23712	35513	8910	310	5	94	1102	1629	750
2380	26910	31550	8919	602	22	470	1923	1944	755
2188	23206	21830	8387	705	23	60	1310	2205	695
2252	26868	27520	12403	506	10	98	2871	2059	1020
2922	32385	43305	10023	1020	12	90	2623	2650	863
1292	12168	26000	4460	156	29	30	662	555	186
759	7766	12969	1773	28	42	22	2093	530	500
1276	8576	10982	2459	72		15	517	220	109
2091	30288	37023	7307	942	88	73	1145	960	177
2544	27730	37963	8378	205	8	50	1800	1492	1012
2567	15364	30451	7500	380	10	75	1455	1265	352

附录7 续表 10

县　名	城镇居民人均可支配收入（元）	农村居民人均纯收入（元）	各种社会福利收养性单位数（个）	各种社会福利收养性单位床位数（床）	城镇基本养老保险参保人数（人）	城镇基本医疗保险参保人数（人）	失业保险参保人数（人）	新型农村合作医疗参保人数（人）
苏家屯区	24259	15548	12	1707	109509	169400	62138	188430
东陵区	29442	16296	24	1129	52300	86142	82539	134596
沈北新区	25634	15548	8	1005	70101	187666	74575	163131
于洪区	29411	17120	9	1530	82778	70918	65900	136805
辽中县	25417	14081	11	1820	25700	58350	21599	352590
康平县	12000	11609	8	1230	35054	39310	14869	226456
法库县	19500	12110	8	1310	34355	16950	19240	345408
新民市	24190	13949	10	2000	32094	84000	30303	494253
甘井子区								
旅顺口区	27637		18	2460	129054	174200	47104	61239
金州区	31220		18	2221	305126	671495	240539	177159
长海县	26301	27550	4	454	14888	57286	8667	2018
瓦房店市		14870	37	4900	89630	211080	59682	575197
普兰店市	22500	14668	31	4354	90003	253000	53701	603149
庄河市	21972	14685	30	5687	91009	202400	36596	641395
千山区	21621	15981	16	831	55279	31323	21913	90430
台安县		16340	15	1500	57417	46651	5503	302450
岫岩满族自治县		11296	28	2527	98033	78154	8641	423186
海城市		14859	40	3421	161288	113585	63000	752895
顺城区	24104	14030		1840	154877	98932	50812	49755
抚顺县		11636	8	545	17985	16345	10379	99123
新宾满族自治县		10410	16	1068	48342	35928	10893	206783
清原满族自治县		10660	21	938	48086	52025	20506	221328
平山区	25872	16678	4	165	137112	79086	128458	16954
溪湖区	23277	16222	3	192	6152	376		33789
明山区	25981	16385	31	2890	5932	14502	151256	31964
南芬区	20995	13446	1	300	38000	37700	1800	28091
本溪满族自治县		11619	6	550	28950	7106	36567	163450
桓仁满族自治县		10700	8	1242	44292	46684	18500	193358
振安区	20621	12822	7	718	18000	9200	7000	94904
宽甸满族自治县		11563	12	1006	71820	49100	24900	358767
东港市	24302	13941	23	1701	169281	120365	33066	445531
凤城市		12391	19	2200	89578	181738	39029	388230
太和区	25340		5	342	14485	20151	3295	71852
黑山县		12028	25	1872	46993	155455	19080	456346
义县			18	1884	40700	45780	12002	309989
凌海市		13720	26	1820	63425	117415	25986	373423
北镇市	14987	12987	18	1090	9038	71530	11343	378141
鲅鱼圈区	26918		6	1280	114825	243008	46126	185278

新型农村社会养老保险参保人数（人）	城镇居民最低生活保障人数（人）	农村居民最低生活保障人数（人）	森林面积（公顷）	自然保护区面积（公顷）	工业二氧化硫排放量（吨）	氮氧化物排放量（吨）	烟(粉)尘排放量（吨）	污水处理厂数（座）	污水处理厂集中处理率(%)
98184	2659	3811	13533	4267	6575	4596	3468	2	99
5216	5312	3882	7547		4644	1208	4931	2	100
66825	1505	1946	15533		7996	3617	3644	8	95
50921	4106	2593	8372		6520	3053	3670	7	82
193000	5663	20208	26400		1130	290	1414	1	100
128733	4107	14028	90667	12750	10387	12423	5684	2	90
132554	4323	11482	66667	30000	7418	7869	6237	2	90
253181	8017	20626	64045	467	2253	664	1180	3	100
	9016		19998		18000	28000	12000		
14500	4099		19125	9072				2	86
20112	4358	3755	22600		7299	9222	5825	5	77
426	1704		6428	1720	307	60	201	25	60
362976	9641	13429	135441		5959	4040	3670	3	90
408012	7441	23276	120537						
364000	4554	21894	186502	3775	10828	11785	3701	3	75
7874	986	2783	9863						
148252	1967	10920	37682		1194	617	1876	5	100
143502	4359	19981	329343	10299	9019	4199	5022	1	90
447662	4600	12843	94359	35268	8400	7336	12618	4	95
28693	17687	3053	16375		368	259	1270	1	92
60872	651	4620	114362	10434	125	33	69	19	69
110806	8199	14062	338956	10466	906	295	3926	3	95
147521	9125	22512	278904	18931	1941	1487	5856	2	74
	13275	362	10305		1352	102	100	1	90
13001	198759	8175	23194	1547	2120	258	142	3	100
5700	9808	2150	28533		1454	456	3256	1	90
13500	2034	1138	48067		957	320	1000	1	85
93301	16612	6981	270539	2524	5933	919	4910	1	100
136207	7038	7021	278000	15200	3509		1285	1	83
16797	5020	3000	40694	2281	2180	3260	2768	1	
69376	8890	13500	491991	43717	4074	604	4048	1	100
151409	3499	14844	50507	81430	2800	520	2700	2	81
114621	11912	12062	296269	66796	7100	2018	90	1	100
40226	2190	3098	2881		907	8087	8989		
181135	7098	20980	24000	8350	3071	545	1026	1	97
199400	6361	24775	87379	5921	319	513	572	1	90
338658	6214	21618	40929		3477	1416	1282	1	80
262431	3598	18028	39792	14000	2107	579	882	2	100
13527	6840	7014	2333		2223	580	1391	2	84

附录7 续表 11

县 名	城镇居民人均可支配收入(元)	农村居民人均纯收入(元)	各种社会福利收养性单位数(个)	各种社会福利收养性单位床位数(床)	城镇基本养老保险参保人数(人)	城镇基本医疗保险参保人数(人)	失业保险参保人数(人)	新型农村合作医疗参保人数(人)
老边区	25496		8	2213	39569	42036	23989	67312
盖州市		12435	25	2235	63583	183000	14000	508096
大石桥市	27590	14965	7	1300	148103	130420	40986	422361
海州区	19191	12000	12	602	34341	47871	12007	13392
新邱区	16018	8903	4	179	19847	13279	9504	16442
太平区	17697	8903	6	1303	21918	34549	10461	12050
清河门区	18600	9350	1	52	3450	2531	1413	20490
细河区	20911	20700	7	900	22950	32868	11654	17239
阜新蒙古族自治县	14400	10110	31	1730	68107	83724	25953	
彰武县	16805	9492	16	1081	42268	37891	19002	320183
文圣区	19333	12379	4	320	23953	94209	4800	67662
弓长岭区	21671		6	475	24896	29554	7700	29311
太子河区	19500		5	320	800	80800	10182	98735
辽阳县		11730	13	1353	85096	70170	23674	362813
灯塔市		12358	14	1493	90918	118455	17711	344296
双台子区			2	450	469840	94138	16271	33224
兴隆台区	34623		1	222	59260	199965	55116	31215
大洼县	26500	14695	14	756	54849	70254	18130	261523
盘山县		14712	13	1449	60374	68843	7329	162020
银州区	20740		6	713	30362		5577	23220
清河区	39866	11575	5	848	6287	16579	7763	50606
铁岭县		12929	6	830	43772	68085	21678	316404
西丰县		9624	20	850	39148	66092	2428	257611
昌图县		11311	18	1950	64082	192062	25000	803026
调兵山市	31000	13045	3	240	73559	108607	69562	53715
开原市	25800	13057	6	2500	85837	162622	41880	396289
双塔区	19570		6	1000	14867	67536	10039	84697
龙城区	16446		11	650	17959	54746	10046	148385
朝阳县		9708	29	2352	39768	42821	14606	491032
建平县		9797	16	1879	57634	135569	28054	442801
喀喇沁左翼蒙古族自治县	22194	9721	6	940	33016	75051	26354	282191
北票市		10100	75	3000	63167	171847	37151	342723
凌源市		9803	19	646	59599	141767	27500	461920
连山区	19249	10198	14	1247	51356	110324	846	167035
龙港区	25367				51347	94899	20105	32208
南票区	12214		8	662	14081	47543	4200	175198
绥中县		9867	21	1785	62451	123850	16000	441924
建昌县		9325	16	1788	39420	40741	11108	527889
兴城市		10083	8	1031	60485	114000	17000	395148

新型农村社会养老保险参保人数(人)	城镇居民最低生活保障人数(人)	农村居民最低生活保障人数(人)	森林面积(公顷)	自然保护区面积(公顷)	工业二氧化硫排放量(吨)	氮氧化物排放量(吨)	烟(粉)尘排放量(吨)	污水处理厂数(座)	污水处理厂集中处理率(%)
9865	1672	2433	927		1507	850	1100	2	100
239798	15430	40849	163963	31947	1130	396	20185	2	89
233041	15661	20259	56666	11505	13986	3773	8316	1	
5534	27781	838	467		1985	1732	987		
1082	10596	575	3290		19616	1216	614		
852	29143	619	2057		2500	95	100		93
5430	9841	1280	360		1650	110	2500	4	90
1013	14475	700	2733					2	
223500	5039	30339	15	22243					
143956	2852	16688	4		5960	440		1	100
7820	38830	38203	7052		1086	8961	1395	1	
11732	2040	1860	16313		1497	672	1747	1	95
29046	3010	4713	1360		1503	1497	939	1	100
54324	9338	23375	127333	1990	2500	560	1800	2	90
125000	4233	19976	18755		13251	10767	4480	3	98
9359	10028		190		177	33	106	1	100
2248	3059		479		1360	293	696		100
127086	5007	7093	7470	17469	1167	175	834	9	98
47188	4550	8334	10536	400	1189	336	1592	10	100
1816	13106	894	617					1	96
31569	2735	4496	26798		7497	21632	1545	1	85
176706	4300	18000	65610	32051	9235	22934	3213		
146204	11500	29626	157333	6667	362	407	859	5	90
345822	12365	35328	79333		642			1	90
21725	5545	3519	3232		10598	1234	5622	1	79
163582	11357	21765	125826	2536	2133	3458	4795	1	92
8942	30427	4878	13600		1416	248	622	2	80
9008	11019	7728	75333	4857					
187400	2459	16994	58714	35179	1394	1738			
227670	7538	16372	226667	13134	5811	3357	8789	1	80
135455	10024	14161	94667	28795	3675	1751	4360	1	87
150959	43000	20360	27000	2200	3800	630	6000	3	84
270784	10502	16377	220000	699	4517	1323	12406	3	100
91251	4090	10797		10008	1863	130	140		
10725	1747	1602			493	177	436	2	100
120437	10343	11718	23700		1013	358	791	1	100
295000	6708	24769	149882	2502	11143	34469	4226	1	100
319421	9504	21822	90822	22349	2450	230	515	1	86
235070	9378	29116	54770	18663	800	500	1400	1	90

附录8　2013年东北三省国民经济主要指标

指　标	合 计	辽　宁	吉 林	黑龙江	辽宁相当于三省合计(%)
国民经济核算					
地区生产总值(亿元)	54442.0	27077.7	12981.5	14382.9	49.7
第一产业	6305.2	2321.6	1466.7	2516.8	36.8
第二产业	27043.8	14269.5	6856.1	5918.2	52.8
第三产业	21093.1	10486.6	4658.6	5947.9	49.7
人均地区生产总值(元)	146387.3	61686	47192	37509	42.1
地区生产总值指数(上年=100)		108.7	108.3	108.0	
第一产业		104.8	104.0	105.1	
第二产业		108.9	108.8	106.6	
第三产业		109.2	108.8	110.4	
人均地区生产总值		108.6		107.9	
人　口					
年底总人口(万人)	10824.3	4238.0	2751.3	3835.0	39.2
城镇人口	3692.5		1491.2	2201.3	
乡村人口	2893.8		1260.1	1633.7	
自然增长率 (‰)		-0.5	0.9	0.78	
就　业					
就业人员合计(万人)	5994.7	2518.9	1415.4	2060.4	42.0
城镇就业人员	3027.9	1301.8	658.5	1067.6	43.0
乡村就业人员	2966.8	1217.1	756.9	992.8	41.0
城镇登记失业人数(万人)	103.6	39.6	22.6	41.4	38.2
城镇登记失业率(%)		3.40	3.70	4.43	
固定资产投资					
全社会固定资产投资总额(亿元)	46540.1	25107.7	9979.3	11453.1	53.9
#房地产开发	9308.0	6450.8	1252.4	1604.8	69.3
#国有经济	11043.9	5160.3	2478.7	3404.9	46.7
集体经济	532.7	363.2	59.9	109.6	68.2
个体经济	20366.6	19584.2	382.4	400.0	96.2
财　政					
公共财政收入(亿元)	5778.2	3343.8	1157.0	1277.4	57.9
公共财政支出(亿元)	11007.0	4893.0	2744.8	3369.2	44.5
物价总指数(上年＝100)					
商品零售价格指数		101.6	101.6	101.1	
居民消费价格指数		102.4	102.9	102.2	
人民生活					
城镇居民人均可支配收入(元)		25578	22274	19597	
农村居民人均纯收入(元)		10523	9621	9634	
城市人均住宅建筑面积(平方米)		28.8	28.3	30.0	
农村人均住房面积(平方米)		30.8	23.5	23.7	
城市居民的恩格尔系数(%)		32.2	29.2	35.8	
农村居民的恩格尔系数(%)		32.9	33.0	35.2	

附录8 续表

指 标	合 计	辽 宁	吉 林	黑龙江	辽宁相当于三省合计(%)
农 业					
农林牧渔业总产值(亿元)	11653.6	4349.7	2670.6	4633.3	37.3
播种面积(万公顷)	2430.0	420.9	541.3	1467.8	17.3
粮食产量(万吨)	11750.7	2195.6	3551.0	6004.1	18.7
规模以上工业企业主要指标					
工业总产值(亿元)	88672.7	52892.0	22061.4	13719.3	59.6
#国有及国有控股	26845.6	12437.7	7937.0	6470.8	46.3
利润总额(亿元)	5440.0	2976.2	1278.4	1185.5	54.7
#国有及国有控股	1548.3	240.1	550.8	757.4	15.5
税金总额(亿元)	3672.8	2396.5		1276.3	65.2
#国有及国有控股	1944.0	919.2		1024.8	47.3
产品销售率(%)	293.9	97.8	98.3	97.8	33.3
#国有及国有控股	296.5	98.8	99.0	98.7	33.3
原油产量(万吨)	5622.3	1001.0	620.3	4001.0	17.8
天然气(亿立方米)	65.7	7.2	23.7	34.8	11.0
发电量(亿千瓦小时)	3093.7	1516.0	751.3	826.4	49.0
成品钢材(万吨)	9004.1	6863.0	1510.1	631.0	76.2
水泥产量(万吨)	14597.7	6066.3	4502.9	4028.5	41.6
汽车产量(万辆)	354.5	108.0	234.2	12.2	30.5
交通运输业					
货运量(万吨)	326092.6	212305.6	49470.0	64317.0	65.1
货物周转量(亿吨公里)	15781.0	12014.7	1813.6	1953	76.1
客运量(万人)	173952.0	92629.0	34562.0	46761.0	53.2
旅客周转量(亿人公里)	2207.3	1072.9	455.2	679.2	48.6
邮电通信业					
邮电业务总量(亿元)	1224.5	579.6	277.2	367.7	47.3
本地固定电话用户数(万户)	2549.2	1222.4	579.0	747.8	48.0
移动电话用户数(万户)	9976.1	4583.6	2372.1	3020.4	45.9
互联网用户数(万户)	1576.2	726.9	379.6	469.7	46.1
国内商业					
社会消费品零售总额(亿元)	22202.1	10524.4	5426.4	6251.2	47.4
对外贸易					
进出口总额(亿美元)	1790.1	1142.8	258.5	388.8	63.8
出口总额	875.2	645.4	67.5	162.3	73.7
进口总额	914.9	497.4	191.0	226.5	54.4
利用外资					
实际利用外商直接投资(亿美元)	354.7	290.4	18.2	46.1	81.9
旅 游					
国际旅游人数(万人次)	783.4	503.1	127.4	152.9	64.2
#外国人	657.2	401.7	110.5	145.0	61.1
国际旅游收入(亿美元)	1388.5	34.80	5.71	1348.0	2.5
金 融					
金融机构人民币存款余额(亿元)	72331.3	39418.0	14781.4	18131.8	54.5
#储蓄存款余额	37661.8	19857.9	7745.3	10058.6	52.7
金融机构人民币贷款余额(亿元)	51778.0	29722.0	10696.5	11359.4	57.4